제17판

헌법소송법론

허 영

박영사

VERFASSUNGSPROZESSRECHT
(RULES OF CONSTITUTIONAL LITIGATION)

SEVENTEENTH IMPRESSION
FIRST EDITION 2006

BY

YOUNG HUH, DR. JUR., DR.JUR. h.c.

EMERITUS PROFESSOR OF PUBLIC LAW
LAW SCHOOL
YONSEI UNIVERSITY

CHAIR PROFESSOR
LAW SCHOOL
KYUNG HEE UNIVERSITY

Parkyoung Publishing & Company
SEOUL, KOREA

2023

제17판을 내면서

작년에 개정판을 내지 못하고 이번에 개정 17판을 내게 되어 기쁘다.

이번 판에는 헌법재판소법과 헌법재판소 심판규칙의 개정 내용에 따라 관련 부분을 고쳤다. 또 헌법소송법과 관련한 2022년 12월 말까지의 헌법재판소 결정 내용을 반영해서 update했다. 물론 대법원의 관련 판례도 반영했다. 우리가 참고할 수 있는 독일 연방헌법재판소의 새로운 판례도 소개했다.

나아가 서술 내용에서도 추가 보충한 부분이 적지 않다. 특히 권한쟁의심판에서 헌법재판소가 국회의 입법이 무효임을 확인한 경우의 결정의 법적인 효력에 관해서 법리적인 설명을 추가했다. 특히 이 문제는 헌법재판소가 심리 중인 검찰 수사권을 축소하는 내용의 검찰청법과 형사소송법 등 이른바 '검수완박법'의 결정에서 중요한 의미를 갖는다.

헌법소원 심판청구의 전제가 되는 '공권력 행사'의 판단기준에 관한 헌법재판소의 모호한 기준에 관해서도 지적하며 시정을 촉구했다.

헌법재판소의 한정위헌결정의 기속력과 관련한 대법원과의 불협화음에 대해서도 법리적인 설명을 통해 해결책을 제시했다.

우리 정치 현실이 헌법과 법률의 궤도를 이탈하는 현상이 잦다 보니 정치권에서 해결하지 못한 많은 정치적인 사건이 헌법재판소에 집중되어 헌법재판소에 큰 짐이 되고 있다. 그렇더라도 헌법수호의 큰 책임을 지고 있는 헌법재판소로서는 이념을 떠나 헌법과 법률이 가리키는 방향을 분명히 제시할 책무가 있다. 그렇게 해야만 정치를 다시 헌법과 법률의 궤도 안으로 끌어들여 헌정질서를 정상화할 수 있다.

헌법재판소는 헌법수호의 엄중한 책무를 다시 한번 깊이 되 새기기 바란다.

2023년 1월

저자 Y. H.

제16판을 내면서

　　이번 판은 예년에 비해서 출간이 다소 늦어진 관계로 2021년 2월 25일 결정 선고된 헌법재판소 결정까지를 반영해서 관련부분을 update했다.

　　또 헌법재판소법과 헌법재판소 사무기구규칙 개정 내용도 반영했다.

　　지난 한 해 헌법재판소는 시행유예기간을 갖는 법령소원의 청구기간에 대한 종전의 판례를 변경하는 등 소송절차적인 새 결정도 했다. 모두를 반영했다.

　　스위스의 새 연방대법원법에 따라 해당 부분도 수정 보완했다.

　　헌법재판소는 국회 원내 교섭단체의 권한쟁의심판 청구 당사자능력을 부인하는 결정도 했다. 그렇지만 관련부분에서 지적한 대로 연관 판례와의 논증의 불일치를 떠나 헌법재판 선진국의 판례경향에 비추어 법리적으로 납득하기 어려운 결정이다. 앞으로 판례변경을 통해 재고할 것을 촉구한다.

　　헌법재판소는 실체법적으로도 '사보임 사건'과 '공수처법 사건' 등의 결정에서 설득력이 떨어지는 논증으로 헌법수호의 제 구실을 다 하지 못하고 있다는 비판을 면할 수 없다고 생각한다. 헌법수호의 막중한 책임을 지고 있는 헌법재판소는 국회가 헌법가치를 존중하는 입법권을 행사하도록 유도할 막중한 사명이 있다. 다수결로 헌법가치를 훼손해선 안 되기 때문이다. 그런데도 국회의 입법자율권을 보장한다는 명분을 내세워 절차와 내용면에서 문제점이 많은 법률을 모두 용인하는 태도를 보이는 것은 헌법재판소의 존재 의미를 의심하게 만든다.

　　국민의 신뢰를 잃은 헌법재판소는 그 존립이 위태로워진다는 사실을 잊지 말아야 한다.

　　헌법재판소의 6기 재판부가 우리 헌법재판사에서 좋은 평가를 받는 재판부로 기록될 수 있도록 노력해 주기를 헌법재판소를 사랑하는 모든 독자와 함께 진심으로 기원한다.

2021년 3월

저자 Y. H.

제15판을 내면서

 작년에 헌법재판소 창립 30주년도 지났고 제 7 대 유남석 소장의 6기 재판부가 구성된 지도 1년이 지났다. 그러나 2019년에는 헌법재판소의 결정선고 사건수가 예년에 비해서 많이 줄었다. 매월 마지막 목요일에 하던 결정선고를 10월에는 하지도 않았다. 신임 재판관들의 업무적응기간이라 그렇다고 이해한다.

 그렇더라도 우리 헌정질서에 중요한 영향을 미치는 헌법재판사건은 우선적으로 처리해서 헌법수호의 고유기능에 충실해야 한다고 생각한다.

 대표적인 예가 국회에서 여·야간에 대립도 심했고 논란이 많았던 50% 연동형 비례대표제 도입을 위한 선거법개정안과 고위공직자 범죄 수사처를 새로 설치하는 법안에 대한 패스트트랙 처리과정에서 벌어진 '사보임'의 문제에 대해서 제기된 권한쟁의 심판사건과 그에 관한 효력정지 가처분신청 사건에 대한 심판이다. 국민의 보통·평등·직접·비밀·자유 선거권과 정당 간의 공정한 선거경쟁을 보장해야 하는 선거제도의 변혁은 우리 자유민주주의와 대의제도에 매우 큰 영향을 미치는 일이다. 또 공수처 설치는 우리 사법제도에 중대한 변화를 가져올 뿐 아니라 위헌논란도 제기되고 있는 상황이다. 그런데도 헌법재판소는 이 사건의 심판을 계속해서 미루어 왔다. 그 결과 여·야간의 정치적인 대립만 심화하고 국회의 정상적인 운영은 불가능해져서 두 법안은 결국 변칙적인 방법으로 국회를 통과했다.

 헌법재판소는 좌고우면하지 말고 헌법수호라는 본연의 임무에 충실하기 위해서 앞으로 이런 사건은 신속히 유권적인 판단을 하는 것이 헌법재판소의 존립목적이라는 점을 깊이 성찰하기 바란다. 헌법재판소의 사회적인 위상과 국민의 신뢰에 손상이 가는 일이 있어서는 아니 될 것이다.

 이번 판에서는 특히 오스트리아 헌법재판제도의 변혁을 반영해서 관련부분을 많이 보완해서 update했다. 그리고 소송법적인 의미를 갖는 헌법재판소의 2019년 판례와 독일 판례도 보완했다.

2020년 1월

저자 Y. H.

제14판을 내면서

2018년 헌법재판소는 창립 30주년이 되었다.

2018년 9월 중순 제6대 이진성 재판소장을 비롯한 김이수, 김창종, 안창호, 강일원 재판관이 임기만료로 동시에 퇴임했다.

다행히 유남석 재판관이 2018년 9월 21일 제7대 재판소장으로 취임하고 같은 날 이석태 재판관과 이은애 재판관이 새로 취임했지만 나머지 공석 재판관의 취임이 늦어져 헌법재판소는 한 동안 기능마비 상태가 되었다.

헌법재판관 선임 및 임명제도의 문제점이 그대로 드러난 사태여서 선임 및 임명방법의 개선이 시급함을 다시 한번 일깨워주었다.

뒤늦게 이종석 재판관, 이영진 재판관, 김기영 재판관이 10월 18일 취임해서 재판부 구성은 겨우 마쳤지만 재판관 과반수가 교체되는 바람에 사실상 헌법재판은 지연될 수밖에 없었다.

그 결과 2018년 9월부터 12월 말까지는 9건의 중요결정선고를 하는데 그치고 그 중에서도 소송법적 의미 있는 내용의 결정선고는 거의 이루어지지 않았다.

이 책에 새로 보충한 판례수가 적을 수밖에 없었던 이유이다. 대법원의 의미 있는 헌법소송관련 판례도 보충했다. 헌법재판소법을 비롯한 관련 법령의 개정 내용도 모두 반영해 내용을 update했다. 스위스와 오스트리아 헌법재판제도의 법개정 내용을 반영했다.

새로운 제7기 재판부에 진심으로 바라는 것은 자유민주주의와 법치주의를 최종적으로 지키는 헌법재판소의 책무를 헌법적 가치에 부합하도록 수행함으로써 헌법수호기관으로서의 헌법상 위상을 계속 지키면서 국민의 신뢰를 더욱 높이는 역할을 해 달라는 것이다.

2019년 1월

저자 Y. H.

제13판을 내면서

2017년 우리 헌법재판소는 창설 이래 가장 큰 시련의 한 해를 보냈다. 박근혜 대통령 탄핵심판사건에 대한 탄핵결정을 하기까지 우리 사회가 겪어야 했던 정치적·사회적 혼란은 헌법재판소에도 큰 짐으로 작용할 수밖에 없었다. 대통령에 대한 탄핵심판이 진행되는 중에 2017년 1월 31일 박한철 헌법재판소장이 임기만료로 퇴임함으로써 8인의 헌법재판관체제에서 대통령탄핵사건을 심판해야 하는 비정상적인 상황도 헌법재판소에는 적지 않은 부담을 안겨줬다. 공석인 헌법재판소장을 대리해 이정미 헌법재판소장 권한대행이 2017년 3월 10일 '대통령 박근혜를 파면한다'는 탄핵결정 주문을 결정 선고하는 순간까지 탄핵 찬·반으로 갈린 시위가 계속되고 모든 국민의 이목이 헌법재판소로 집중되어 엄청난 압박감을 느꼈을 것으로 짐작한다.

탄핵결정의 법리적 정당성 여부는 앞으로 헌법학계에서 헌법이론적이고 비교헌법적인 연구의 주제가 되어야 할 것이다. 특히 통치권의 민주적 정당성과 절차적 정당성의 헌법철학적 관점에서 깊이 있는 검토가 필요할 것이다. 헌법재판소로서도 우리 헌정사상 처음인 대통령의 탄핵파면을 결정할 때까지 느꼈던 여러 가지 제도적 문제점과 평결과정에서 제기된 쟁점들에 대한 정확한 기록을 남겨 헌법재판제도의 개선에 기여해야 할 것이다.

헌법재판소가 겪었던 시련은 그뿐만이 아니다. 2017년 3월 13일 이정미 헌법재판소장 권한대행이 임기만료로 퇴임한 후 헌법재판소장 권한대행을 맡게 된 김이수 헌법재판관이 문재인 정부 출범 후에 헌법재판소장 후보자로 지명을 받았지만 헌정사상 처음으로 국회의 임명동의를 받지 못했다. 퇴임한 이정미 재판관의 후임에는 2017년 3월 29일 이선애 재판관이 취임했다. 공석인 헌법재판소장 후임자의 임명에는 우여곡절을 거친 끝에 국회의 임명동의에 실패한 김이수 헌법재판소장 권한대행을 그대로 둔 채, 유남석 광주고등법원장을 헌법재판관으로 지명해 2017년 11월 13일 취임함으로써 겨우 헌법이 정하는 9인 체제를 갖추는 데도 많은 시간이 걸렸다.

헌법재판소장이 없는 매우 비정상적인 상황은 298일 만인 2017년 11월 24일 이진성 재판관이 국회의 임명동의를 받아 27일 제6대 헌법재판소장에 취임하면서 해소되었다. 헌법재판소의 위상과 역할이 지나치게 과소평가된 것이 아닌지 매우 유감스럽다. 대통령과 국회의 성찰을 강하게 촉구한다.

이런 과정에서 헌법재판소는 정상적인 심판활동을 할 수도 없었다. 그 결과 2017년 헌법재판소의 결정선고 건수는 예년에 비해서 아주 많이 줄었다. 2017년 상반기 판례집(29-1)에 수록된 판례가 23건에 불과한 것이 이를 잘 말해 준다.

이번 판에서는 탄핵관련 내용은 물론 2017년 말까지 결정 선고된 헌법판례와 대법원의 중요한 헌법소송 관련판례를 모두 반영해서 up date했다. 또 독일 연방헌법재판소가 2017년 1월 NPD(나치후계극우결사체) 정당에 대한 해산제소를 기각하면서 밝힌 중요한 판시내용도 보충해서 우리 헌법재판에 참고가 되도록 했다.

2018년 1월

저자 Y. H.

제12판을 내면서

2016년 말까지 결정 선고된 헌법재판소의 중요 소송법관련 판례와 헌법소송과 관련 있는 법원의 판례를 모두 반영해서 책을 up date했다.

헌법재판소 판례 중에는 특히 조례와 관습법에 대한 헌법소원을 인정한 판례를 주목할 필요가 있다.

또 이른바 '국회선진화법'에 대한 합헌결정도 그 당 부당을 떠나 우리 헌정질서에 미치는 영향이 크다는 점에서 눈 여겨 볼 필요가 있다. 헌법재판소가 국회의 의사자율권을 존중하는 자세는 매우 바람직하지만, 국회의 자율권도 헌법의 근본이념과 기본원리의 테두리를 벗어난 것이라면 헌법재판소가 헌법보호의 입장에서 제동을 걸어야 한다고 생각한다. 헌법재판소가 앞으로 우리 헌법이 지향하는 근본이념과 기본원리에 한층 더 관심을 갖고 판례에 반영하기를 기대한다.

헌법재판소는 우리 헌정사상 두 번째로 대통령의 탄핵심판을 해야 하는 어렵고 중대한 과제를 안고 있다. 아무쪼록 헌법보호의 마지막 보루로서의 헌법재판소의 위상에 맞게 오로지 헌법과 법률에 따른 공정한 심판을 해서 우리 헌정사에 큰 공을 세우기를 기원한다.

2017년 1월

저자 Y. H.

제11판을 내면서

　　2015년 개정된 헌법소송관련 법령내용과 2015년 12월 23일 헌법재판소의 결정선고내용까지를 반영해서 관련 부분을 고치고 보완했다. 헌법소송과 관련 있는 대법원의 새로운 판례도 추가했다.

　　2015년에 헌법재판소는 법률에 대한 위헌결정의 일반적 구속력에 관해서 보다 명확한 입장을 밝혔다. 또 대법원 판결을 반영해 헌법소원의 보충성의 예외로 인정했던 종전의 예외사유를 제외하는 결정을 했다. 그리고 제3자 소송담당에 관해서 또 한번 입장을 밝히는 등 중요한 소송법적인 의미를 갖는 결정을 여러 번 했다.

　　그 밖에도 헌법관련 실체법적인 판례변경 사례도 적지 않았다.

　　그러나 우리 헌정질서에 전환기적인 영향을 미칠 수 있는 이른바 '국회선진화법'의 위헌여부를 다투는 중요한 계류사건에 대한 심판은 쉽게 이루어지지 않고 있어 아쉬움을 남긴다.

2016년 1월

저자 Y. H.

제10판을 내면서

2014년에 12월 19일 헌법재판소의 결정선고내용까지를 반영해서 관련 부분을 수정 보완했다. 2014년 5월과 12월 두 번에 걸쳐 개정한 헌법재판소법의 개정내용도 관련부분에 반영했다.

2014년 9월 말에는 우리 헌법재판소가 주관한 세계헌법재판회의 제3차 총회가 서울에서 열렸는데 109개 나라와 국제기관이 참여한 가운데 '헌법과 사회통합'이라는 대주제를 다루었다. 헌법재판기관들 상호간의 연대의 중요성에 공감대를 이루었다는 서울 코뮤니케를 채택하고 막을 내렸는데 아주 성공적인 행사였다. 우리 헌법재판의 위상을 국제적으로 한층 드높인 기회였다고 할 것이다.

우리 헌정사상 처음으로 헌법재판소가 통합진보당에 대해서 해산결정을 선고함으로써 우리 헌법이 지향하는 자유민주주의를 굳게 지키려는 국민의 여망에 부응했다. 자유민주주의를 악용하는 정치집단에 대해서는 앞으로도 단호하게 헌법과 법률이 정하는 방어적인 수단을 강구할 필요가 있다.

2015년 1월

저자 Y. H.

제 9 판을 내면서

2013년 12월 26일 선고한 헌법재판소 판례를 포함해서 한해 동안 나온 헌법재판소와 대법원의 중요 판례를 모두 반영해서 관련 내용을 up date 했다.

헌법과 헌법재판소법에서 정하고 있는 헌법재판소의 관할사항 중에서 처음으로 위헌정당해산심판사건이 헌법재판소에 계류 중이어서 머지 않아 이에 관한 헌법재판소의 결정이 나올 것으로 예상한다. 정치적으로 매우 민감한 사안일 뿐 아니라 우리나라의 헌정질서에도 커다란 영향을 미칠 사건이어서 모든 국민이 지켜보고 있는 중이다.

금년은 우리 헌법재판소 주관으로 세계헌법재판회의가 9월에 서울에서 열리게 되어 있어 우리나라의 헌법재판이 국제적으로 더 널리 알려지고 한층 더 성숙해질 수 있는 좋은 기회라고 생각한다. 이 행사의 성공을 기원한다.

2014년 1월

著者 Y. H.

제 8 판을 내면서

2012년 말까지 달라진 법령내용과 12월 27일 헌법재판소가 결정선고한 판례까지를 모두 반영해서 관련내용을 up date 했다. 특히 한정위헌청구를 내용으로 하는 헌법소원을 허용하는 헌법재판소의 판례변경내용을 관련부분에서 설명했고, 헌법불합치 결정에 관한 서술내용을 보완했다. 헌법재판소 심판규칙도 2012년 11월에 개정한 내용으로 바꿨다.

금년은 헌법재판소가 설립 25주년을 기념하는 해이고 제 5 대 재판소장을 맞아 사실상 제 5 기 재판부로 바뀌는 해이어서 헌법재판소의 판례경향에 관심이 모아지고 있다.

이번 판부터는 편집부 김선민 부장이 이 책을 맡고 있다. 김부장의 노고에 감사의 뜻을 전한다.

2013년 1월

著者 Y. H.

제 7 판을 내면서

2011년 12월 정기국회에서 처리된 법령을 비롯해서 2011년에 바뀐 법령과 새로 나온 헌법소송법 관련 판례를 모두 반영해서 관련 부분을 보완했다.

특히 부록의 헌법재판소법을 한글화한 2011년 4월 5일의 새 법률(제10546호)로 교체했고 헌법재판소 심판규칙도 2011년 7월 8일(제265호)의 최신 내용으로 바꿨다.

본문의 서술 내용 중에서 헌법소송의 실무에서 실제로 자주 쟁점이 되는 부분은 보다 상세한 설명을 보완해서 독자들이 이해하기 쉽게 고쳐 썼다.

프랑스의 헌법재판제도에 관한 설명도 최신 문헌을 근거로 보완했다.

2012년 1월

著者 Y. H.

제 6 판을 내면서

2010년 한해 새로 제정 또는 개정된 법령을 반영해서 관련 내용을 보완했다.

특히 2010년 5월 개정된 헌법재판소법의 내용에 따라 달라진 헌법재판관의 임명방법과, 연구 및 교육의 목적으로 새로 설치되는 헌법재판연구원에 관해 항목을 추가했다.

그 밖에도 2010년 12월 28일 결정 선고된 사건을 포함해서 2010년의 헌법재판소 판례 중에서 소송법상 중요한 의미를 갖는 판시내용을 모두 반영했다.

2011년 1월 초

著者 Y. H.

제 5 판을 내면서

제 4 판에서 미처 반영하지 못한 헌법재판소 심판규칙 개정내용을 보완하고 2009년 12월 8일 국회에서 개정된 헌법재판소법을 비롯해서 2009년에 이루어진 법령개정 내용에 따라 필요한 부분을 고쳐 썼다.

헌법재판소의 판례도 2009년 12월 29일 선고한 내용까지 반영했다. 책내용 중에도 검찰항고와 재정신청의 관계를 보다 분명하게 서술했고, 2009년 10월 발족한 영국 대법원(Supreme Court)에 관한 사항을 추가했다. 그 밖에도 오래된 통계자료를 최근 것으로 up date했다.

2009년은 헌법재판소가 여러 가지 사회적인 관심을 끄는 사건을 처리하면서 불필요한 논란의 대상이 되기도 했다. 그럴수록 헌법재판소는 더욱 신중한 자세로 사건처리에 임해야 하리라고 본다.

2010년 1월

著者 Y. H.

제 4 판을 내면서

2008년 말까지의 법령개정과 국내외 중요판례를 보완하고 여러 곳의 설명을 추가하거나 더 자세히 언급했다. 2008년 헌법개정으로 조금 달라진 프랑스의 헌법재판제도도 해당 부분에서 반영했다.

금년 3월에 처음으로 문을 여는 법학전문대학원 교과과정에는 대부분 헌법소송법 강좌가 개설되어 있고 법조 실무에서도 헌법소송의 중요성이 날로 커지는 상황에서 이 책이 그러한 수요에 조금이라도 도움이 되었으면 한다.

작년에 설립 20주년 기념 국제적인 행사를 성공적으로 마친 우리 헌법재판소는 이제 명실공히 아시아는 물론 유럽에서도 그 활동을 주목하면서 큰 관심을 갖는 헌법재판소로 성장하고 있다. 그럴수록 우리 헌법재판소는 더욱 큰 사명감을 가지고 헌법의 규범적인 효력을 지키고 관철하는 데 온 정성을 기울여야 한다. 그래서 국내 정치상황이 암담하면 할수록 국민이 그나마 헌법재판소의 활동을 통해서 자유민주주의와 법치주의 그리고 시장경제에 대한 확고한 믿음과 자부심을 가질 수 있도록 해 주기를 기대한다.

2009년 1월

著者 Y. H.

제 3 판을 내면서

헌법재판소는 2007년 12월 드디어 미루어 오던 헌법재판소 심판규칙을 제정·공포해 2008년 1월 초부터 시행하게 되었다. 제 3 판에서는 이 심판규칙의 내용을 관련부분에 반영하는 수정·보완을 했다. 심판규칙이 헌법소송절차에서 중요한 기준이 되기 때문에 그 전문을 부록에도 추가해서 수록했다.

2007년 말까지의 법령개정과 국내외 중요판례도 보완했다. 특히 헌법재판소법과 형사소송법의 개정으로 헌법재판소 조직관련 부분을 보충했고, 재정신청의 확대에 따라 불기소처분에 대한 헌법소원의 서술을 많이 고쳐 썼다.

2008년 9월 헌법재판소는 설립 20주년을 맞는다. 국가기관 중에서 국민이 가장 신뢰하는 기관으로 자리 굳힌 헌법재판소가 앞으로도 명실공히 헌법수호기관으로 큰 활동을 할 것으로 기대한다.

2008년 1월

著者 Y. H.

제 2 판을 내면서

2006년 말까지의 법령개정과 헌법재판소 및 대법원 판례를 반영하고 일부 내용을 보충 설명했다. 외국의 제도나 법령을 소개한 내용 가운데 해당 국가의 법령개정이나 제도변경이 있는 부분도 up date했다. 그리고 초판에서 잡지 못한 탈·오자를 바로잡았다. 2006년에는 헌법재판소의 재판관이 대부분 바뀌었을 뿐 아니라 헌법재판소장의 인선과 관련해서 우리 헌법재판소가 큰 시련을 겪었다. 여러 달 결정선고가 감소했던 것도 그 영향이었다. 이제 제 4 대 재판소장과 새로 부임한 헌법재판관들이 헌법보호의 주어진 사명을 다 해 주기를 기대한다.

2007년 1월

著者 Y. H.

책 머리에

우리 헌법재판소는 내년에 성년의 나이로 접어 든다. 헌법재판소는 1988년 9월에 조직되고 1989년 9월부터 헌법재판활동을 시작한 후 지금까지 1만 건 이상의 헌법재판사건을 처리하면서 무려 400여 건의 위헌·인용결정을 하는 등 헌법수호의 마지막 보루(堡壘)로서 국민의 의식 속에 헌법재판의 중요성을 각인시키면서 오늘에 이르고 있다.

헌법재판은 헌법과 헌법재판소법에서 정하는 절차와 방법에 따라서 행해지고 있다. 그러나 헌법소송절차가 모두 헌법재판소법에 규정되어 있는 것은 아니다. 민사소송법을 비롯한 행정소송법과 형사소송법 등 다른 재판의 절차법을 준용해야 하는 경우도 적지 않다. 나아가 이들 법률에도 규정이 없거나 규정이 있더라도 헌법소송의 특성상 그 규정들을 준용할 수 없는 경우도 있다. 그런 때에는 헌법재판소가 헌법소송절차의 주체로서 스스로 합리적인 절차규정을 창안해서 적용해야 한다. 또 법률에서 정한 소송절차를 따르는 경우에도 법리상 존중해야 하는 일정한 절차적인 기본원리에 입각한 해석을 통해 합리적인 운용을 해야 한다. 우리 헌법재판소는 지금까지 많은 소송절차적인 규율과 원칙을 판례로 정립하면서 큰 무리 없이 헌법재판을 해 오고 있다.

이 책은 헌법소송절차에서 적용되는 절차적인 법률규정과 소송법의 원칙과 판례를 기초로 헌법소송에 관해서 체계적으로 서술하는 것을 목적으로 집필한 것이다. 그렇기 때문에 헌법재판소법의 해설을 비롯해서 헌법소송에서 준용되는 민사소송법 등 다른 소송절차법의 관련내용도 함께 다루었다. 그 밖에 헌법재판소 판례를 통해 확립된 헌법소송규칙도 빠짐없이 언급했다. 그뿐 아니라 우리 헌법재판제도의 모델이 되고 있는 독일 연방헌법재판소법의 내용과 독일 연방헌법재판소의 헌법소송관련 판례도 우리의 것과 비교해서 상세히 설명했다. 우리 제도의 이해를 돕는 데 매우 유익하다고 믿기 때문이다.

지금까지 헌법소송절차를 체계적으로 다룬 책은 정종섭(鄭宗燮) 교수의 '헌법소송법'이 대표적인 저술이라고 생각한다. 불모지를 개척한 정 교수의 노고와 열의에 경의를 표한다. 이 책을 집필하는 데 적지 않은 도움을 주었다. 또 헌법연구관들의 노력으로 헌법재판소가 발간한 '헌법재판실무제요'도 특히 실무적인 소송진행절차를 기술하는 데 큰 도움이 되었다. 이들 두 저술이 헌법소송절차를 이해하는 데 큰 길잡이가 되는 것은 사실이지만, 보다 심층적인 헌법소송이론서가 필요하다는 인식을 가지고 저술된 것이 이 책이다. 그렇기 때문에 이 책에서는 단순한 소송절차의 설명보다는 각 소송절차를 당위적인 측면에서 비판적인 안목으로 검토하고 바람직한 지향점을 제시하려고 노력했다. 이러한 저자의 의도가 얼마나 실현되었는지는 독자들의 판단에 맡긴다.

저자가 1971년 독일 뮌헨대학에서 헌법소송법에 관한 논문(구체적 규범통제)으로 박사학위를 받고 백림(Berlin)의 Duncker & Humblot출판사에서 책을 출판한 지가 어언 35년이 지났다. 어쩌면 저자의 마지막 전공학술저서가 될지도 모를 이 책이 마침 저자의 첫 저서와 같은 헌법소송법에 관한 것이라는 점에서 감회가 없을 수 없다. 이 책을 출판함으로써 저자는 헌법학자로서 큰 짐을 벗은 느낌이다. 1980년 초 헌법이론서('헌법이론과 헌법')로 출발해서 1990년에는 '한국헌법론'을 출판했고 이제 '헌법소송법론'으로 마무리를 한다는 생각을 하니 많은 상념과 함께 지난 연구생활이 아련한 추억으로 다가온다.

이 책이 나오는 데는 제자 정금례(丁錦禮) 박사의 도움이 컸다. 연세대학교를 비롯한 여러 대학에 출강하는 바쁜 일정 속에서도 이 책의 교정지를 꼼꼼히 읽어 보고 색인작업까지 맡아 주어 참으로 고맙게 생각한다.

이 책의 탈고를 기다리며 인내심을 가지고 매우 오랫동안 참아 준 박영사 안종만(安鍾萬) 회장님에게 미안한 마음과 함께 감사의 뜻을 전한다. 이 책의 편집을 직접 맡아서 책을 시원하고 읽기 좋게 꾸며 준 박영사 송일근(宋逸根) 주간님께 깊은 감사를 드린다. 박영사 기획부 조성호(趙成晧) 차장님과 송창섭(宋昌燮) 님은 기동성을 발휘해서 이 책의 출판에 기여해 주어 고맙게 생각한다.

2006년 1월

著者 Y. H.

차   례

제 4 장 헌법재판의 분류와 종류

제 5 장　헌법재판의 담당기관

제 2 편　우리나라 헌법재판제도의 역사와 발전과정

제 1 장　헌법재판제도의 역사 및 변천과정

제 2 장　현행 헌법의 헌법재판제도 /

제 3 편   헌법재판소와 헌법재판

제 1 장   헌법재판소의 헌법상 위상

제 2 장   헌법재판소의 조직

제 3 장   헌법재판소의 관장사항과 일반심판절차

제 4 편 헌법재판의 종류별 특별심판절차

제 1 장 위헌법률심판

제 2 장   탄핵심판

제 3 장　정당해산심판

제 4 장 권한쟁의심판

제 5 장 헌법소원심판

주요 외국 참고문헌

이 책에서 자주 인용한 외국 주요 참고문헌(단행본)은 다음과 같다(alphabet 순).

G. Anschütz, Die Verfassung des Deutschen Reichs, Kommentar, Nachdruck 1968.

Benda/Klein, Verfassungsprozeßrecht, 2. Aufl., 2001.

BVerfG(Hrsg.), Entscheidungen des Bundesverfassungsgerichts(BVerfGE), Bd. 1 – 125.

Edward S. Corwin, The Constitution of the United States, Analysis and Interpretation, 1953.

Podromos Dagtoglou, Verfassungsgerichtsbarkeit in Griechenland, in: Ch. Starck/ A.Weber(Hrsg.), Verfassungsgerichtsbarkeit in Westeuropa, Teilband 1, S. 363ff., 1986.

Francis Delpérée, Die Verfassungsgerichtsbarkeit in Belgien, in: Ch. Starck/A. Weber(Hrsg.), Verfassungsgerichtsbarkeit in Westeuropa, Teilband 1, S. 343ff., 1986.

E. Denninger, in: Benda/Maihofer/Vogel(Hrsg.), Handbuch des Verfassungsrechts, 2. Aufl., S. 1293ff. 1994.

Martin Düwel, Kontrollbefugnisse des Bundesverfassungsgerichtes bei Verfassungsbeschwerde gegen gerichtliche Entscheidungen, 2000.

Fleiner/Giacometti, Schweizerisches Bundesstaatsrecht, 1976.

Michel Fromont, Der französische Verfassungsrat, in: Ch. Starck/A. Weber(Hrsg.), Verfassungsgerichtsbarkeit in Westeuropa, Teilband 1, 1986.

W. K. Geck, Wahl und Amtszeit der Bundesverfassungsrichter, 1986.

Daniel E. Hall, Constitutional Law, 1997.

G. Hermes, VVDStRL, Bd. 61, S. 119ff. 2002.

Hillgruber/Goos, Verfassungsprozeßrecht, 2. Aufl., 2006.

Francisco Rubio Llorente, Die Verfassungsgerichtsbarkeit in Spanien, in: Ch. Starck/A. Weber(Hrsg.), Verfassungsgerichtsbarkeit in Westeuropa, Teilband 1, 1986.

Leibholz/Rupprecht, Bundesverfassungsgerichtsgesetz(BVerfGG), 1968 mit Nachtrag 1971.

Karl Loewenstein, Verfassungsrecht und Verfassungspraxis der Vereinigten Staaten, 1959.

W. Löwer, in: J. Isensee/P. Kirchhof(Hrsg.), Handbuch des Staatsrechts der Bundesrepublik Deutschland, Bd. 3, §70, 3. Aufl., 2005.

v. Mangoldt/Klein/Starck(Hrsg.), Grundgesetz, Kommentar, Bd. 3, 4. Aufl., 2001.

Maunz/Dürig(Hrsg.), Grundgesetz, Kommentar, 7 Bände, Stand Mai 2010.

Maunz/Schmidt-Bleibtreu/Klein/Bethge, Bundesverfassungsgerichtsgesetz(BVerfGG), Kommentar, 2 Bände, Stand August 2010.

Ch. Pestalozza, Verfassungsprozeßrecht, 3. Aufl., 1991.

Scherzberg, Grundrechtschutz und Eingriffsintensität, 1989.

K. Schlaich, Das Bundesverfassungsgericht, 2. Aufl., 1991.

K. Schlaich/Korioth, Das Bundesverfassungsgericht, 5. Aufl., 2001.

Schumann, Verfassungs- und Menschenrechtsbeschwerde gegen richterliche Entscheidungen, 1963.

Ch. Starck(Hrsg.), Bundesverfassungsgericht und Grundgesetz, 2 Bände, 1976.

Ch. Starck/A. Weber(Hrsg.), Verfassungsgerichtsbarkeit in Westeuropa, Teilband 1, 1986.

Umbach/Clemens, Bundesverfassungsgerichtsgesetz(BVerfGG), 1992.

Walter/Mayer, Grundriß des österreichischen Bundesverfassungsrechts, 7. Aufl., 1992.

* 참고사항:

이 책에서 법령은 2023년 1월 1일을 기준으로 했고, 우리 헌법판례는 2022년 12월 30일 선고한 것(헌재홈페이지(www.ccourt.go.kr) 판례정보)까지를 반영했다.

제 1 편

헌법재판 총론

제1장 헌법재판의 헌법철학적 기초

1. 헌법재판의 본질과 기능

I. 헌법재판의 본질

(1) 헌법과 국가권력과 헌법재판

헌법재판은 헌법적인 분쟁에 대한 재판으로서 국가작용의 합헌성을 보장하기 위한 사법적 형태의 통제절차이다. 따라서 헌법재판은 헌법의 규범적 효력을 지키기 위한 헌법실현작용이다. 헌법을 운용하다 보면 여러 형태의 헌법적인 분쟁이 발생하게 되는데, 이 헌법적인 분쟁을 소송절차를 통해 유권적으로 해결하는 헌법인식작용을 헌법재판이라고 한다. 따라서 헌법재판은 헌법으로 하여금 정치생활의 큰 흐름을 규범적으로 주도하게 함으로써 헌법이 추구하는 사회통합의 목표달성을 촉진하는 헌법실현작용이다. 헌법소송법은 헌법실현을 위한 헌법재판에 관한 절차법이지만 민사·형사·행정재판 등에 관한 절차법과는 그 본질을 달리한다. 헌법재판은 단순한 분쟁해결의 수단이 아니라 헌법철학에 기초하고 있는 사회통합의 절차법이기 때문이다. 헌법재판에서 민사·형사·행정소송법을 준용하는 데 일정한 한계가 있는 것도 그 때문이다.

헌법재판은 헌법의 최고규범성(最高規範性)을 전제로 하는 헌법보호장치이다. 헌법의 최고규범성이 국가작용이나 헌법의 적(敵)에 의해서 침해되는 일이 없도록 헌법을 지키는 작용이 헌법재판이다. 헌법재판은 헌법에 의해서 주어진 통치권의 행사가 항상 헌법이 정한 내용과 절차 및 방법에 따라서 이루어지도록 담보하는 제도적인 장치이다. 따라서 헌법재판은 통치권 행사의 절차적 정당성을 확보하기 위한 중요한 기능적 권력통제수단이기도 하다.

국민주권의 이념에 따라 국민이 제정한 헌법에 의해서 창설된 통치권은 마땅히 헌법적인 제약을 받아야 한다. 통치권으로 징표되는 국가권력은 선재

(先在)하는 것이 아니라 통치권의 구체적인 내용과 한계는 헌법에 의해서 정해지기 때문이다. 그럼에도 불구하고 권력의 속성상 모든 권력은 남용과 악용의 위험성을 내포하고 있어서 권력이 헌법적인 근거를 망각하거나 헌법의 규범적인 테두리를 벗어나려는 유혹에 빠지는 경우가 자주 발생한다. 헌법에 위반되는 법률이 제정되거나 헌법을 무시하는 정책이 추진되는 이유도 그 때문이다. 그런데 위헌적인 법률의 효력을 무효로 만들거나 위헌적인 정책의 집행을 막지 않는다면 국민에 의해서 제정된 헌법은 머지않아 규범적인 효력을 잃게 된다. 따라서 위헌인 법률의 무효를 선언하고 위헌적인 국가정책에 제동을 거는 것은 헌법의 국가창설적 기능을 지켜 헌법적인 가치에 입각한 사회통합을 달성하기 위한 불가피한 수단일 뿐 아니라 궁극적으로는 주권자인 국민의 공감적인 가치를 지키는 길이다.

존 마셜(John Marshall)은 '헌법은 통상적인 방법으로는 개정할 수 없는 최고의 법이거나, 다른 법률처럼 입법권자가 원하면 언제든지 개정할 수 있는 법이거나 둘 중의 하나인데, 만일 전자가 진실이라면 헌법에 어긋나는 법률은 법이 아니고, 후자가 진실이라면 무제한한 권력을 제한하려고 성문헌법을 만든 국민의 시도는 어리석은 일이다'라고 말한 바 있다.[1] 국민과 권력 및 헌법과 법률의 기능적인 상호관계를 상징적으로 잘 표현하고 있는 Marshall의 이 말 속에는 법률의 위헌심사 내지 헌법재판의 불가피성이 잘 함축되어 있다.

헌법재판은 본래 사람에 의한 통치가 아니라 법에 의한 통치를 추구하는 과정에서 탄생한 제도이기 때문에 법치주의와 불가분의 연관성을 가지고 있다. 헌법재판이 법치주의의 실현수단이라고 인식되는 이유도 그 때문이다. 헌법재판제도의 발전 역사를 보더라도 헌법재판제도는 군주주권이론에 근거한 전제정치 내지 독재정치체제가 국민주권의 민주정치체제로 바뀌는 과정에서

---

[1] 미국 연방대법원장 John Marshall이 1803년 위헌법률심사제도를 처음 도입한 Marbury v. Madison 판결에서 한 말이다. "The constitution is either a superior, paramount law, unchangeable by ordinary means, or it is on a level with ordinary legislative acts, and, like other acts, is alterable when the legislature shall please to alter it. If the former part of the alternative be true, then a legislative act contrary to the constitution is not law: if the latter part be true, then written constitutions are absurd attempts, on the part of the people, to limit a power on its own nature illimitable." Marbury v. Madidon, 5 U.S.(1 Cranch) 137(1803) 참조.

생긴 제도이다.[1]

그런데 오늘날 민주정치의 발달과 인권보장의 향상으로 인해서 헌법재판
제도의 도입 배경이 된 국가권력에 대한 경계심은 많이 감소한 것이 사실이
다. 그 반면에 인권을 비롯한 헌법적인 가치를 위협하는 새로운 현상들이 나
타나고 있다. 비정부기구(NGO)로 불려지는 각종 사회적 압력단체의 영향력이
커지고, 과학기술의 발달과 Internet매체의 확산으로 인해 Cyber공간까지 인
권침해의 영역이 넓어지고, 국가간의 연관성 증가로 인해 국정수행의 국제적
제약이 증가하고,[2] 인권의 국제화 현상과 국제적인 인권보호기구의 창설로
인한 개별국가 헌법재판의 한계표출 등이 그 예이다.[3] 이제 헌법재판은 국가
적인 차원의 헌법실현의 차원을 넘어 국제적인 차원의 인권보호의 영역으로
그 기능이 넓어지고 있다. 특히 인권보호문제가 국제적인 관심의 대상으로 부
상함에 따라 인권상황에 대한 국제적인 간섭은 이제 더 이상 내정간섭으로
인식되지 않고 있다.[4] 국가권력으로부터의 인권보호를 위해서 제도화된 헌법
재판이 국제적인 인권보호장치와 연계되면서 국제법상의 내정불간섭원칙에까
지 영향을 미치게 되었다.

---

1) 오늘날 헌법재판제도의 모범국으로 알려진 독일을 비롯해서 스페인, 포르투갈, 이탈리아,
   그리스 등을 예로 들 수 있다. 그리고 옛 동유럽의 공산국가인 유고, 체코, 폴란드 등도
   1990년 체제변화 이후에 비로소 헌법재판제도를 도입했다. 남아프리카도 오랜 인종차별정
   책의 철폐 후에야 헌법재판제도가 정착했다. 우리나라도 제 1 공화국의 이승만 자유당 독재
   체제가 4 · 19혁명으로 무너진 후 제 2 공화국헌법에서 처음으로 헌법재판소제도가 도입되었
   었다. 그리고 지금의 헌법재판제도도 제 5 공화국까지의 군사독재체제가 '6월항쟁'으로 막을
   내리고 제 6 공화국헌법이 제정되는 시점에서 탄생한 제도이다.
2) 유럽연합(EU)의 조직에 따른 회원국들의 정책적인 제약을 비롯해서, 각종 국제조직의 확산
   에 따라 개별 국가들이 받는 제약을 예로 들 수 있다.
3) 1950년 체결되고 1953년에 효력을 발생한 유럽 인권규약의 실효성을 확보하기 위해서 창
   설된 유럽 인권재판소의 활동이 그 대표적인 예이다. 유럽 인권재판소는 회원국들의 헌법
   재판소 판결을 과감하게 파기하는 판례를 통해 인권의 국제화 내지 탈국경화에 기여하고
   있다. EGMR v. 22. 1. 2004, NJW 2004, S. 923ff.(독일 통일 후 옛 동독 주민의 재산권 존속
   보장 범위를 축소해석한 독일 연방헌재의 판결(BVerfG v. 6. 10. 2000-1 BVR 1637/99; v.
   25. 10. 2000-1 BVR 2062/99)을 파기한 판례). 또 EGMR v. 24. 6. 2004, EuGRZ 2004, S.
   404ff.(paparazzi언론보도로 인한 인격권 침해의 경우 공적인 인물의 사생활 보호범위를 좁
   게 인정한 독일 연방헌재의 판결(BVerfGE 101, 361ff.)을 파기한 판례) 참조.
4) 1966년 체결된 국제연합(UN)의 인권규약(A 및 B규약과 B규약 선택 의정서)이 인권의 국
   제화 현상에 적지 않은 영향을 미치고 있다고 할 수 있다.

(2) 법과 정치의 관계 및 헌법재판

1) 법과 정치의 갈등원인과 해결책

법과 정치는 서로 긴장·갈등관계에 있는 경우가 많다. 특히 정당한 목적을 달성하기 위해서는 모든 수단이 정당화된다는 목적지상주의적 사고방식에 의해서 정치가 행해지는 경우 법과 정치는 필연적으로 갈등관계에 서고 서로 충돌할 수밖에 없다. 법적인 사고의 영역에서는 목적과 수단은 언제나 합리적인 균형관계를 유지하도록 과잉금지원칙의 준수를 요구하기 때문이다. 목적지상주의적인 정치행태는 법을 정치의 도구 내지 시녀로 생각하는 경향을 띠게 되지만, 법은 오히려 법치주의 내지 법 우선의 원칙에 따라 정치를 규범의 궤도 속으로 끌어들이려고 노력하게 된다. 이러한 법과 정치의 긴장·갈등관계가 결국 헌법재판으로 표출된다. 따라서 헌법재판은 법과 정치의 긴장관계를 해소시켜 정치가 헌법의 궤도를 이탈하지 못하게 막고, 법이 정치생활의 큰 흐름을 규범적으로 주도해 나갈 수 있도록 법과 정치의 우호적인 접근을 시도하는 작용이다. 따라서 헌법재판과 정치는 상호영향관계에 있다.[1]

그러므로 정치는 헌법재판을 하나의 헌법적인 요소로 인정하고 수용해야 한다. 정치의 관점에서 개별적인 헌법재판의 내용에 대한 비판은 할 수 있지만, 그 비판으로 인해서 헌법재판의 정당성이 부인되는 것은 아니다. 반면에 헌법재판은 정치적인 정책형성의 자유영역에 함부로 뛰어들지 않도록 노력해야 한다. 특히 헌법이 정책형성의 자유를 규범적으로 제한하지 않고 있는 분야에서는 구체적인 정책결정에 따른 정치적인 문제는 발생하더라도 헌법문제는 발생할 여지가 없다. 이런 경우에는 헌법재판은 당연히 사법적(司法的)인 자제(Judicial self-restraint)의 미덕을 발휘해야 한다. 민감한 외교정책의 영역에서 꼭 유념할 문제이다.

---

[1] 노무현 대통령에 대한 탄핵심판사건(헌재결 2004. 5. 14. 2004헌나1)과 수도이전특별법에 대한 헌법소원사건(헌재결 2004. 10. 21. 2004헌마554 등)의 헌법재판이 정치에 미친 영향과 그 반대의 경우를 예로 들 수 있다.

2) 헌법재판과 민주적 정당성

법률의 위헌심사를 비롯해서 민감한 정치적 정책결정에 대한 헌법재판을 비판하는 논리로 자주 제기되는 주장이 민주적 정당성의 문제이다. 민주적 정당성이 취약한 기관의 헌법재판에 의해서 국민의 선거로 구성된 대의기관에서 다수결로 제정한 법률이 무효화되거나 대의기관이 결정한 국가의 중요 정책이 좌절되는 것은 민주적 정당성의 원리에 어긋나는 일이라는 논리이다. 또 다수결원리에 의해서 운용되는 민주정치에서 다수결로 제정한 법률을 무효로 만드는 것은 법률제정에 반대한 소수의 손을 들어 주는 것이어서 다수결원리의 정신[1]에 어긋난다는 논리이다. 독일이 1919년의 바이마르헌법에서 법률의 위헌심사제도를 배척한 가장 핵심적인 논거였다. 또 오늘날에도 이런 논리에 입각해서 헌법재판제도의 도입을 포기한 나라도 있다.[2]

그러나 헌법재판을 민주적 정당성의 관점에서만 평가하는 논리는 옳지 않다고 할 것이다. 물론 헌법소송을 담당하는 기관의 민주적 정당성을 높이는 것은 헌법재판의 실효성을 위해서도 필요한 일이다. 그러므로 헌법재판기관이 최대한의 민주적 정당성을 확보하고 정당정치의 영향으로부터 벗어나 독립성을 보장받을 수 있도록 헌법재판기관의 합리적인 구성방법을 채택하는 것은 언제나 바람직하다. 그렇지만 입법기관이 국민의 직접선거에 의해서 구성되어 강한 민주적 정당성을 가졌다고 해서 입법기관의 결정이 다른 헌법기관의 결정보다 당연히 우월적 효력을 가져야 한다는 주장은 헌법이론적으로 설득력이 약하다.[3]

규범통제를 비롯한 헌법재판은 헌법의 최고규범성(最高規範性)과 통치권의 헌법기속성(憲法羈束性)을 담보하기 위해서 헌법제정권자인 국민이 헌법에 의해서 직접 부여한 헌법적 정당성을 갖는 권력통제적인 권한이다. 입법권과 정책결정권도 헌법적 정당성을 갖는 권한이지만, 입법 또는 정책결정과 같은 정

---

1) 다수결원리를 민주정치의 본질로 착각하는 입장의 부당성과 다수결원리의 본질에 관한 자세한 설명은 졸저(拙著), 헌법이론과 헌법, 2017년, 방주 338~346 참조.
2) 대표적인 예가 스웨덴(Sweden)이다.
3) 독일 연방헌법재판소도 같은 취지의 판시를 하고 있다. BVerfGE 49, 89(125f.); 68, 1(86f.) 참조. 헌법재판과 입법권의 상호관계에 대해서는 졸고, 헌법재판과 입법, 헌법재판소발간 헌법논총 제19집, 2008, 11-51면 참조.

책적인 권한은 그 속성상 상황에 따라 가변적·유동적인 성질의 것이고 국민의 상설적인 input(투입) 내지 주기적인 선거에 의한 영향을 받을 수밖에 없기 때문에 헌법기속성을 지키는 데 취약성을 갖는다. 민주적 정당성이 강한 입법 및 정책결정기관의 이러한 취약성을 보완하는 통제적 장치가 바로 헌법재판제도이다. 헌법재판의 통제적 권한은 그 속성상 고정적·일관적인 성질을 갖는 것이 효과적이므로 선거로부터 자유롭고 국민을 비롯한 타율적인 외부통제에서 벗어나는 것이 바람직하다. 입법·집행·사법기관으로부터 독립한 상설 헌법재판기관을 설치해서 헌법재판을 맡기는 이유도 그 때문이다. 그러므로 민주적 정당성의 논리만으로 헌법재판을 평가하려는 것은 적절치 않은 접근이다. 민주적 정당성의 크기를 따지는 것은 정책적인 권한을 행사하는 기관 상호간에서나 통용될 수 있는 논리이다.

　입법권 또는 정책결정권 같이 형성의 자유가 넓게 보장된 경우에는 정치적인 고려가 헌법적 가치의 보호보다 우선해서 작용하는 경향이 있다. 그래서 입법 또는 정책결정에서 간과하거나 소홀히 다루는 헌법적인 가치를 강조하는 역할을 하는 것이 헌법재판이기 때문에 헌법재판은 헌법해석을 불가결한 수단으로 한다. 그런데 헌법해석의 정확성은 민주적 정당성의 크기와 반드시 정비례하는 것이 아니다. 헌법이 갖는 규범적인 특질(추상성, 개방성, 미완성성 등)의 의미를 충분히 인식하고 헌법이 추구하는 사회통합의 목표 달성을 촉진할 수 있는 올바른 헌법해석은 그 본질상 민주적 정당성과는 관련성이 적은 매우 전문적인 영역이다. 민주적 정당성은 상대주의와 다원주의를 전제로 한 정치투쟁의 산물이지만, 헌법해석은 국민의 공감적 가치를 바탕으로 한 헌법의 규범적 의미를 찾아내려는 학문적인 노력을 뜻하기 때문이다. 그 결과 헌법해석은 민주적 정당성과 반드시 친화관계에 있지 않다. 그러므로 헌법해석 업무는 정치와 무관한 전문가에게 맡기는 것이 가장 효율적이다.

　다만 헌법재판이 헌법적 정당성에 근거를 두고 단순히 입법 내지 정책통제적인 차원에서 행해지는 것과, 국민의 선거로 선출되어 강력한 민주적 정당성을 갖는 대의기관의 진퇴를 결정하는 차원에서 행해지는 것은 그 성질과 평가가 다르다고 보아야 한다. 예컨대 대통령제 국가에서 직선된 대통령을 탄핵심판으로 파면하는 것은 민주적 정당성의 관점에서 심각한 헌법적인 문제를 제기하기 때문이다. 미국처럼 대통령의 탄핵소추와 탄핵심판을 모두 의회의 권한으로 정하고 있는 경우[1]에는 국민의 선거에 뿌리를 둔 의회와 대통령 사이에서 일어나는 민주적 정당성의 경쟁 내지 정치투쟁의 성격을 가져 민주적 정당성 차원의 문제는 발생할 여지가 적다. 또 의원내각제의 독일처럼 연방대통령이 간접선거로 선출되고 의례적·형식적 권한만을 갖는 경우[2]에는 헌법재판소가 대통령을 탄핵심판[3]한다고 해도 특별히 심각한 민주적 정당성의 문제는 생기지 않는다. 그러나 우리나라의 대통령 탄핵심판제도(헌법제65조)는 민주적 정당성의 관점에서 과연 헌법이론적으로 가장 합리적인 해결책인지, 그리고 어떻게 운용하는 것이 바람직한지 신중한 검토가 필요한 부분이다.[4] 민주적 정당성의 관점에서 대통령에 대한 탄핵소추의결에 필요한 국회 재적의원 2/3의 높은 의결정족수는 미국 상원의 탄핵심판의결정족수(출석의원 2/3)보다도 높은 것이어서 그 의미를 결코 과소평가할 수 없다고 할 것이다. 따라서 국회가 높은 의결정족수를 충족시켜 대통령을 탄핵소추하는 경우 헌법재판소의 역할이 과연 무엇인지 생각해 볼 필요가 있다. 대통령에 대한 탄핵파면이 갖는 민주적 정당성과의 긴장관계를 고려한다면, 국회법을 고쳐 국회에서의 대통령에 대한 탄핵소추절차를 보다 명확하고 엄격하게 규율하고[5] 그러한 경성절차(硬性節次)를 거쳐 이루어진 탄핵소추라면 헌법재판소는 단순히 절차적인 적법성을 확인하는 형식적 기능에 그치도록 탄핵심판을 운용하는 방법도 하나의 해결책이 될 수 있으리라고 생각한다. 직선대통령의 진퇴를 결정하는 탄핵재판은 법정이 아닌 정치의 영역에서 실질적인 결정이 이루어지도록 하는

---

1) 미국연방헌법 제 1 조 제 3 항 제 6 절과 제 7 절, 제 2 조 제 2 항과 제 4 항, 제 3 조 제 3 항 참조.
2) 독일 기본법 제54조-제60조 참조. 독일 연방대통령의 지위와 권한에 관해서 자세한 것은 졸저, 헌법이론과 헌법, 2013년, 836면 이하 참조.
3) 독일 기본법 제61조 참조.
4) 노무현 대통령에 대한 헌재의 탄핵심판결정문에도 이러한 문제의식이 잘 나타나 있다. '대통령은 국민의 선거에 의해서 선출되어 직접적인 민주적 정당성을 부여받은 대의기관이라는 점에서 다른 탄핵대상 공무원과는 그 정치적 기능과 비중에 있어서 본질적인 차이가 있으며 이러한 차이는 파면의 효과에 있어서도 근본적인 차이로 나타난다'(헌재결 2004. 5. 14. 2004헌나1, 판례집 16-1, 609(655면) 참조).
5) 예컨대 대통령에 대한 탄핵발의가 있으면 지금의 법사위 대신 국회의원과 변호사 및 법학교수로 구성되는 독립한 탄핵소추기구를 따로 설치해서 탄핵소추를 위한 청문절차를 맡도록 하는 방법도 고려해 볼 수 있을 것이다.

것이 민주적 정당성의 요청과 조화되는 길이기 때문이다.[1]

(3) 헌법재판의 한계

헌법재판의 정치 연관성과 관련해서 자주 논의되는 것이 헌법재판의 한계문제이다. 즉 헌법재판의 대상이 되지 않는 국가작용을 인정할 수 있느냐의 논쟁이다. 헌법철학적인 관점과 정책적인 관점으로 나누어서 살펴볼 필요가 있다. 헌법의 규범적인 측면보다는 정치적인 측면을 강조해서 헌법을 '정치적 결단'이라고 이해하는 결단주의 헌법철학에서는 헌법문제에 대한 분쟁은 정치적 분쟁의 성격을 가지므로 사법적 형태의 통제는 바람직하지 않다고 주장한다. 또 헌법의 규범성을 강조하면서 헌법해석도 법률해석의 일종으로 보고 헌법재판을 일반법원의 관할로 해야 한다고 주장하는 법실증주의 헌법철학에서는 단순히 헌법해석의 차원을 넘는 정치적 성격의 헌법분쟁에 대해서 일반법원이 심판하는 것은 사법작용의 한계를 벗어나는 일이라고 인식하고 있다. 이처럼 결단주의와 법실증주의 헌법철학에서는 비록 그 논증방법은 다르더라도 일단 헌법재판의 한계를 인정하는 입장이라고 볼 수 있다. 헌법재판은 그 본질상 순수한 규범적인 분쟁이라기보다는 정치적인 성격이 강한 정치적인 분쟁이라는 것을 함께 전제로 하고 있는 논리이다. 미국 연방대법원이 판례를 통해 확립한 이른바 '정치문제 불간섭의 원리'(Political questions doctrine)도 비슷한 인식에 바탕을 두고 있는 논리형식이다. 즉 헌법적인 분쟁이라도 정치적인 요소의 비중이 너무 커서 그것을 법적 기준에 따라서만 결정하는 것이 무리라고 판단되는 사건은 그 결정을 정치권에 맡겨 두는 것이 사법작용의 정치화를 막는 길이라는 것이다.

그러나 정치적 성격을 갖는 헌법재판의 본질을 근거로 헌법재판의 한계

---

1) 프랑스도 2008년 개정헌법에서 대통령탄핵제도를 이런 방향으로 고쳤다. 즉 재직중 형사상의 특권을 누리는 대통령이 (헌법 제67조) 직무상의 의무를 어긴 경우 의회가 탄핵법원 (High Court)으로 변신해서 탄핵심판을 한다. 즉 탄핵법원의 소집은 양원의 찬성이 있어야 하는데, 양원 중 한 원이 먼저 탄핵법원의 소집을 결정해서 다른 원에 알리면 그 원은 15일 이내에 동조여부를 결정해야 한다. 양원의원으로 구성되는 탄핵법원은 하원의장이 재판장이 되어 한 달 내에 비밀투표로 탄핵 여부를 결정하는데, 탄핵결정에는 재적의원 2/3 이상의 찬성이 있어야 한다. 탄핵결정은 즉시 효력을 갖는다. 더 구체적인 사항은 법률로 정한다(헌법 제68조).

를 인정하려는 주장은 옳지 않다고 생각한다. 분쟁의 정치적인 성격을 이유로 법적인 판단을 회피하겠다는 것은 재판제도의 본질상 허용되지 않을 뿐 아니라 타당하지도 않다. 헌법적인 분쟁은 크건 작건 대부분 정치적 성격을 띠기 마련이므로 이 주장에 따르면 결국 헌법재판 자체를 포기하는 결과에 이를 수밖에 없다. 나아가 사건의 정치적인 성격 때문에 법적 판단을 회피하는 것은 헌법재판의 탈(脫)정치화가 아니라 오히려 헌법재판의 정치화를 초래할 위험성이 더 크다고 할 것이다. 왜냐하면 사건의 정치성을 따져 심판대상을 선별하는 행위 그 자체가 고도의 정치적인 판단일 수밖에 없기 때문이다. 사건의 정치적 성격을 기준으로 헌법재판의 대상을 정하려는 이론 중에서도 이른바 통치행위이론(Act of state doctrine)은 헌법재판의 대상에서 제외하는 국가작용의 범위를 매우 좁게 이해하려고 한다. 즉 외국 정부가 개입되고 국제정치적인 역학관계에서 불가피하게 행해지는 민감한 외교 내지 국방정책의 결정과 같이 극히 제한된 범위 내의 국정행위에 대해서만 헌법재판의 한계를 인정하겠다는 것이다. 그러나 이 통치행위이론에 따르더라도 헌법재판의 대상에서 제외되는 외교·국방정책의 분명한 기준을 제시하는 것은 쉽지 않다.

생각건대 헌법철학의 관점에서 전개되는 헌법재판의 한계에 관한 논쟁이나 '정치문제불간섭의 원칙' 내지 '통치행위이론'은 헌법재판에 대한 관심을 제고하는 순기능에도 불구하고 헌법재판의 본질과 기능을 왜곡하는 역기능도 함께 나타낸다고 할 것이다. 헌법재판은 그 본질상 헌법실현작용이고 헌법보호와 사회통합을 목표로 하는 기능적 권력통제장치이기 때문에 예외를 인정할 수 없는 헌법적인 제도이다. 다만 헌법재판의 본질과 기능을 훼손하지 않는 범위 내에서 헌법재판에서 '사법적 자제'(Judicial self restraint)[1]의 미덕을 발휘하는 것은 가능한 일이라고 할 것이다. 즉 고도의 정치적인 국가작용이라도 헌법재판을 통해 헌법의 근본가치 내지 기본권 침해 여부의 판단은 해야 하지만, 그 작용의 정치적인 타당성 여부 내지 합목적성을 판단하는 것은 자제하는 것이 옳다. 이처럼 '헌법재판을 통한 정치'를 피하려고 사법적인 자제력을 발휘하는 것은 헌법실현의 약화 내지 축소가 아니라 오히려 헌법재판의

---

1) 이 개념은 1893년 미국의 Thayer에 의해서 처음 사용된 것으로 전해지고 있다. Harvard Law Review 7(1893), S. 129ff.

권위와 실효성을 높이는 길이다. 따라서 헌법재판에서의 사법적 자제는 정치적인 기회주의에 따라 정치적으로 민감한 사안에 눈감아 주거나 소극적인 태도를 보이는 것과는 성질이 다르다고 할 것이다. 우리 헌법재판소가 국회의 동의를 얻어 이루어진 국군의 이라크 파병결정에 대해서 그 옳고 그름을 '사법적 기준만으로 심판하는 것은 자제되어야 한다'고 판시한 것[1]은 일종의 사법적 자제의 미덕을 발휘한 것으로 평가할 수 있다고 생각한다. 따라서 이 결정을 통치행위에 대한 헌법재판의 한계를 인정한 것으로 이해하는 일부 시각은 옳지 않다고 할 것이다. 우리 헌법재판소는 일찍이 통치행위가 헌법재판의 대상이 된다는 점을 분명히 밝히는 판시를 한 일도 있기 때문이다.[2]

Ⅱ. 헌법재판의 기능

헌법재판은 헌법실현작용이기 때문에 헌법의 적(敵)으로부터 헌법의 규범적 효력을 지켜 헌법이 수렴한 공감적 가치에 입각한 사회통합을 촉진하는 기능을 가진다.

헌법재판의 기능을 나누어 살펴보면 다음과 같다.

(1) 헌법보호기능

헌법재판의 기능 중에서 가장 중요한 기능이 헌법을 보호하는 기능이다. 헌법의 실현에 방해가 되는 헌법의 적은 국가권력일 수도 있지만, 개인이나 단체 또는 정당일 수도 있기 때문에 헌법재판은 이 모든 잠재적인 헌법의 적으로부터 헌법을 보호하는 기능을 한다. 연방국가적 쟁의, 권한쟁의, 탄핵심판, 규범통제, 헌법소원 등이 국가권력으로부터 헌법을 보호하기 위한 제도라

---

1) 헌재결 2004. 4. 29. 2003헌마814, 판례집 16-1, 601(607면): '국군의 이라크 파견결정은 그 성격상 국방 및 외교에 관련된 고도의 정치적 결단을 요하는 문제로서, 헌법과 법률이 정한 절차를 거쳐 이루어진 것임이 명백하므로, 대통령과 국회의 판단은 존중되어야 하고 우리 재판소가 사법적 기준만으로 이를 심판하는 것은 자제되어야 한다'.
2) 헌재결 1996. 2. 29. 93헌마186 참조. 만일 헌재가 이 판례를 변경해서 통치행위를 헌법재판의 대상에서 제외하려는 취지였다면 이라크 파병 사건 결정문에서 분명히 그런 의도를 밝혔을 것인데, 그런 언급이 전혀 없는 것으로 보아 판례변경의 뜻이 없었다고 추론할 수 있다.

면, 기본권 실효제도와 위헌정당해산제도는 비(非)국가권력으로부터 헌법을 지키는 기능을 한다. 특히 국민의 이름을 빙자한 헌법침해적인 정치행태나 민주적 정당성을 내세운 권력의 남용·악용으로부터 헌법을 보호하는 것은 헌법에 의해서 형성된 정치공동체의 존립을 위한 필수적인 전제조건이다.

(2) 헌법의 유권적 해석기능

헌법재판은 직접적인 헌법문제에 관한 분쟁을 유권적으로 해결하는 헌법해석기능을 한다. 다른 국가기관도 국가작용에 앞서 나름대로 헌법해석을 하지만, 헌법재판은 헌법해석기관의 다원성 때문에 발생하는 헌법해석의 혼선을 정리하는 유권적인 헌법해석기능을 한다. 따라서 헌법재판기관의 헌법해석에 대한 비판은 가능하지만, 그 헌법해석은 반드시 존중해야 한다. 헌법재판에서 행해진 헌법해석의 내용에 대해서 분명한 논거를 바탕으로 비판하는 것과, 헌법해석의 한계를 벗어났다고 헌법해석의 권능을 부인하는 것은 다르다. 헌법재판기관은 유권적인 헌법해석기관이기 때문에 헌법해석의 한계를 벗어났다고 그 헌법적 권능을 부인할 수는 없다. 그 반면에 헌법재판의 기속력과 수용력은 결국 헌법해석의 설득력에서 나온다고 보아야 하기 때문에 헌법해석을 할 때 되도록 비판의 여지를 남기지 않는 정치(精緻)한 논증을 펴는 것은 헌법재판의 권위와 실효성을 높이는 일이다. 유권적 헌법해석기능을 전문가에게 맡겨야 하는 이유도 그 때문이다.

(3) 기능적 권력통제기능

헌법재판은 고전적 3권분립의 원리에 따라 국가권력을 입법·행정·사법권으로 나누어서 각각 다른 국가기관에 맡기는 국가권력의 조직적·구조적인 분리만으로 기대했던 권력통제의 효과가 나타나지 않는 시대상황의 변화에 대응해서 국가권력을 기능적·효율적으로 통제하는 기능을 한다. 특히 정당정치의 발달과 정당국가 현상으로 인해서 입법권과 행정권이 융화되어 상호 견제·균형의 역할을 하지 못하고 야당의 여당에 대한 정치통제적인 역할도 제구실을 못하는 정치풍토 속에서는 국가권력의 악용과 남용에 의한 헌법적 가치의 침해를 방지할 수 있는 마지막 제도적인 장치가 헌법재판이다. 헌법재판을 제 4 의 국가작용으로 인식하는 이유도 그 때문이다. 따라서 헌법재판이 명실공히 기능적인 권력통제장치로 작용하기 위해서는 헌법재판기관의 독립성이 강하게 보장되는 것이 필수적이다. 헌법재판기관의 독립성과 헌법재판에 의한 기능적 권력통제의 효율성은 상호 정비례관계에 있다.

(4) 기본권 보호기능

헌법재판은 국민의 기본권을 보호하는 마지막 보루의 기능을 한다. 위헌법률의 제정과 위헌·위법한 행정작용에 의한 기본권 침해를 비롯해서 법원이 기본권의 파급효과를 무시하는 잘못된 법 적용으로 기본권을 침해하는 경우 헌법이 보장하는 기본권의 직접적 효력을 담보하는 마지막 제도적인 장치가 헌법재판이다. 따라서 헌법재판은 법리상 입법·행정·사법 등 모든 공권력작용에 의한 기본권 침해를 최종적으로 구제하는 기능을 하게 된다. 규범통제제도와 헌법소원제도가 가장 핵심적인 기본권 보호를 위한 헌법재판제도이다. 헌법재판이 기본권 보호를 위해서 입법권의 한계를 정해 주고 행정처분이 형식적·실질적 법치주의를 존중하도록 법 우선의 원칙을 강조하고 민사·형사·행정재판이 기본권의 파급효과를 존중하는 법 적용을 하도록 감시하는 기능을 할 수 있는 헌법철학적인 근거는 통치권의 기본권 기속성(羈束性)이다. 기본권적인 가치의 실현을 통한 사회통합을 위해서 마련된 통치권능이 기본권에 기속되는 것은 당연한 논리적인 귀결이기 때문이다. 헌법재판의 기본권 보호기능에서 볼 때 헌법소원의 보충성을 강조하면서도 법원의 재판을 헌법소원의 대상에서 제외하는 우리의 헌법소원제도는 체계정당성의 원리에 어긋나 구조적으로 잘못된 제도라고 할 것이다.

(5) 사회안정 및 정치적 평화보장기능

헌법재판은 유권적인 헌법해석에 의해서 헌법적인 분쟁을 조정·해결함으로써 사회를 안정시키고 헌정질서의 순기능과 평화를 보장하는 기능을 한다. 헌법에 의해서 창설된 국가에서 사회와 국가의 기능적인 교차관계가 원만하게 작동되어 사회적 평화가 유지되도록 사회의 투입(input)기능과 국가의 산출(output)기능을 적절히 조절하는 것이 헌법재판이다. 헌법재판은 국가권력의 과잉행사에 제동을 걸어 사회적인 자율기능을 존중하면서도, 기본권 남용·악용에 의한 헌법침해가 발생하지 않도록 자유민주적인 기본질서를 지켜 헌정질서의 평화를 보장하는 기능을 한다. 나아가 헌법에 의해서 마련된 통치구조의 틀 속에서 각 통치기관이 주어진 권능을 원활하게 행사할 수 있도록 통치기관 상호간의 권한다툼을 원만하게 해결하고 연방국가적인 구조 속에서 연방과 지방(支邦)이 각각 통합과 자립기능을 유지해 나가도록 조절하는 것은 통치질서의 안정과 평화를 담보하는 중요한 헌법재판기능이다. 기본권 실효제도와 위헌정당해산제도 및 권한쟁의와 연방국가적인 쟁의 등의 헌법재판제도가 수행하는 이러한 기능은 헌법이 추구하는 사회통합의 밑거름이다.

2. 헌법재판의 특성과 법적 성격

Ⅰ. 헌법재판의 특성

헌법재판은 헌법실현작용이기 때문에 단순히 일상생활에서 발생하는 법적인 분쟁을 해결하는 민사·형사·행정재판과는 다른 특성을 갖는다. 민사·형사·행정재판이 비정치적인 생활영역에서 발생하는 법적인 분쟁을 해결하는 기술적인 소송절차라면, 헌법재판은 헌정질서와 직결되는 헌법적인 분쟁을 해결하는 헌법실현적인 소송절차이기 때문이다. 따라서 헌법재판은 일반재판과는 구별되는 몇 가지 특성을 갖는다.

(1) 정치형성재판으로서의 특성

헌법재판은 정치생활의 큰 흐름을 주도하는 헌법의 규범적 효력을 지키기 위한 것이기 때문에 정치생활의 구체적인 모습은 헌법재판에 의해서 좌우된다. 헌법재판이 정치형성재판으로서의 특성을 갖는다고 인식되는 이유도 그 때문이다. 헌법규범의 특질상 불특정한 법률개념과 추상적인 정치용어 그리고 개방적인 규범을 많이 포함할 수밖에 없기 때문에 그들 용어가 헌정질서에서 구체적으로 어떤 의미를 갖는 것인가를 유권적으로 확정하는 헌법재판은 정치생활에 영향을 미칠 수밖에 없다. 그러나 헌법재판에 의해서 이루어지는 불가피한 정치형성적 기능과 '헌법재판에 의한 정치'는 분명히 구별할 필요가 있다. 헌법재판의 한계 논의는 전자를 회피하려는 것이 아니라 후자를 배척하려는 노력이라고 할 것이다. 프랑스에서 사법적 형태의 헌법재판보다는 정치적인 헌법위원회(Conseil Constitutionnel)를 설치해서 제한적인 헌법재판기능을 맡기는 것은 루소(Rousseau)의 직접민주주의 사상의 표현으로서 '법관에 의한 통치'에 대한 강한 거부감 때문이라고 할 것이다. 그러나 헌법재판의 정치형성적 기능은 '법관에 의한 통치'와는 본질이 다르다. 헌법재판이 정치형성적 작용을 하는 것과 마찬가지로 헌법재판도 정치의 영향에서 완전히 자유로울 수는 없다. 특히 헌법재판에서 행해지는 합목적성의 판단에 정치의 영향이 스며들 가능성이 있다. 그러나 정치의 영향에 지나치게 민감한 헌법재판은 헌법재판의 탈을 쓴 정치의 아류(亞流)로 전락할 위험성이 있어 경계할 필요가 있다.

(2) 강제집행력이 없는 재판으로서의 특성

헌법재판은 일반재판과 달리 재판 결과를 강제할 수 있는 수단이 없거나 약한 특성을 갖는다. 민사집행법상의 강제집행절차, 형사소송법과 형의 집행 및 수용자의 처우에 관한 법률에 의한 형의 집행절차, 행정법규 위반사범에 대한 행정강제 내지 행정벌 등 일반재판에서는 국가의 공권력이 그 실효성을 담보하는 제도적인 장치가 마련되어 있다. 그러나 헌법재판은 대개의 경우 공권력을 담당하고 있는 국가기관 내지 지방자치단체를 소송당사자로 하기 때문에 특별히 이들 기관에게 헌법재판의 결정내용을 준수하도록 강제할 수 있는 수단이 따로 마련되어 있지 않다. 물론 독일 연방헌법재판소법(제35조)처럼 연방헌법재판소가 판결로 강제집행기관과 강제집행방법 등을 선고할 수 있도록 규정하는 방법도 입법론적으로는 고려할 수 있지만, 그러한 선고만으로 헌법재판 내용이 당연히 강제집행되는 것은 아니다. 관련 국가기관의 자발적인 협조의지가 전제되지 않고는 헌법재판의 강제집행은 성립하기 어렵다. 헌법재판소가 법률조항에 대해서 헌법불합치결정을 하고 입법개선의 시한을 정해 준다고 하더라도 입법부가 따르지 않으면 따로 강제할 방법이 없다. 또 과거 헌법재판소가 검사의 불기소처분을 취소하고 기소취지의 결정을 해도 검찰이 또다시 불기소처분을 반복하는 경우도 마찬가지이었다.[1] 헌법재판의 이러한 특성 때문에 헌법재판의 실효성은 궁극적으로는 공권력을 행사하는 국가기관의 헌법준수의지에 달려 있다고 할 것이다. 그런데 모든 국가기관이 헌법재판 내용을 수용해서 헌법재판에 따르도록 하는 데는 국민의 감시자 역할이 중요하다. 국민이 강한 '헌법에의 의지(意志)'를 발휘해서 헌법재판의 내용을 무시하려는 국가기관에 대해서 준엄한 비판을 가함으로써 수용을 촉구하도록 강제할 수 있기 때문이다.

(3) 사회통합재판으로서의 특성

헌법재판은 일상생활의 분쟁 해결과 공공의 안녕질서 유지를 목적으로 하는 기술적인 일반재판과 달라서 헌법적 가치를 실현함으로써 사회공동체가 정치적으로 통합되도록 촉진하는 재판으로서의 특성을 갖는다. 헌법재판에서 행해지는 헌법해석은 일반재판의 전제가 되는 법률해석과 달라서 국가의 통합가치에 관한 것이기 때문에 언제나 헌법의 통일성에 입각한 종합적인 해석을 해야 한다.[2] 법률해석과 헌법해석의 방법이 같을 수 없는 이유이다. 법률해석이 인간의 말초신경에 관련된 것이라면 헌법해석은 인간의 중추신경에 영향을 미치는 것이기 때문에 전체 신경계통의 원활한 기능을 고려한 신중한 접근이 필요하다. 이처럼 특유한 헌법해석을 통해서 이루어지는 헌법재판은 헌법적 분쟁으로 표출된 정치공동체의 불협화음을 해소시켜 공동체를 다시 하나로 통합하도록 유도하는 기능을 하기 때문에 사회통합의 촉매적 역할을 하게 된다. 헌법재판의 사회안정과 정치적 평화보장기능이 바로 그것이다.

II. 헌법재판의 법적 성격

일반재판과 다른 특성을 갖는 헌법재판의 법적 성격을 어떻게 평가할 것인지에 관해서 여러 가지 견해가 있다.

---

1) 우리 헌법재판 역사에서 이러한 사례들은 실제로 매우 자주 발생했다.
2) 헌법해석의 방법론에 관해서 자세한 것은, 졸저(拙著), 헌법이론과 헌법, 2021년, 방주 144 이하 참조할 것.

(1) 사법작용설

헌법재판은 다른 재판과 똑같이 사법작용이라고 주장하는 입장이다. 헌법과 법률을 같은 법규범이라고 보고, 헌법해석과 법률해석을 구별할 이유가 없다고 인식하는 법실증주의 관점에서 볼 때 헌법재판도 다른 재판과 마찬가지로 법인식작용을 본질로 하는 사법작용에 속한다는 것이다. 이 사법작용설의 논리형식에 따르면 헌법재판과 일반재판을 특별히 구별할 필요가 없기 때문에 헌법재판도 일반법원에서 맡는 것이 가장 바람직하게 된다.

그러나 헌법과 법률을 동일한 법규범으로 보는 전제부터가 잘못된 것이다. 헌법은 비록 법규범이라 하더라도 우선 규범구조적으로 일반법률과는 다른 특질(추상성, 개방성, 유동성, 미완성성)을 가지고 있다는 점을 간과해서는 아니 된다. 그렇기 때문에 그 해석의 방법면에서도 법률해석과는 다르다고 할 것이다. 사비니(Savigny)식의 일반적인 법률해석기법을 헌법해석에서 그대로 원용하는 데에 한계가 있는 이유도 그 때문이다. 헌법해석에서는 사비니의 해석기법과는 달리 헌법의 통일성을 존중하는 해석기법 내지 규범조화적인 해석기법을 활용해야 하기 때문이다. 따라서 헌법재판을 사법작용이라고 성격화하면서 일반법원이 헌법재판을 맡아야 한다고 주장하는 이론[1]에는 동의할 수 없다.

(2) 정치작용설

헌법재판은 사법작용이 아닌 정치작용이라고 이해하는 입장이다. 헌법을 정치적인 결단이라고 이해하는 결단주의의 관점에서는 헌법적인 분쟁은 본질적으로 법적인 분쟁이라기보다는 정치적인 분쟁의 성격이 강하기 때문에 헌법적인 분쟁을 해결하는 헌법재판은 정치작용의 성격을 갖는다고 주장한다. 헌법재판이 설령 사법적 형태로 이루어진다고 하더라도 그것은 사법작용이 아니라 '사법적 형태의 정치적 결단'(Carl Schmitt)에 불과하다는 것이다.

헌법을 오로지 정치적 결단으로 이해하면서 헌법에 들어 있는 규범적인 요소와 가치적인 요소를 도외시하는 전제에서 출발하는 정치작용설은 헌법재

---

1) 예컨대 김철수, 헌법학 개론, 2004년, 1409면 참조.

판이 본질적으로는 헌법해석에 의한 법인식작용이라는 사실을 간과하고 있다
고 할 것이다. 헌법이 아무리 정치규범으로서의 특성을 가지고 있고 헌법재판
의 정치연관성이 아무리 크다고 하더라도 헌법해석작용을 정치작용이라고 단
정하는 것은 지나친 논리의 비약이라고 할 것이다. 헌법재판은 헌법으로 하여
금 자신의 규범적인 의미와 내용을 정확히 말하게 하는 법적인 인식작용이지
정치적 형성작용은 아니다. 헌법재판이 법적인 인식영역을 벗어나 정치형성의
영역으로 뛰어든다면 그것은 이미 헌법재판이 아니라 '헌법재판을 통한 정치'
에 불과하다.

(3) 정치적 사법작용설

사법작용설과 정치작용설을 절충해서 헌법재판을 정치적 사법작용이라고
이해하는 입장이다.[1] 사법작용설과 정치작용설의 이론적인 문제점을 극복하기
위해서 두 학설을 조합하려는 노력으로 볼 수 있다.

그러나 정치적 사법작용설은 헌법재판의 본질을 매우 모호하게 하고 있
다는 비난을 면하기 어렵다. 사법작용은 그 본질상 정치적일 수 없는 것을 그
특징으로 하기 때문에 정치적인 요소가 개입된 사법작용은 이미 사법작용으
로 평가하기 어렵다. 정치적 사법작용설의 취지가 헌법재판은 정치적인 요소
가 개입할 수밖에 없으므로 순수한 사법작용으로 볼 수 없다는 점을 강조하
려는 것이라면 애당초 사법작용이라는 명칭을 사용하지 말아야 한다.[2] 상충
하는 두 학설의 절충이 갖는 한계이다.

(4) 입법작용설

헌법재판은 헌법해석을 통한 소극적인 입법작용이라고 이해하는 입장이
다. 사법작용설이 간과하는 헌법의 규범구조적인 특성을 고려한다면 헌법해석
은 법률의 해석과 달리 부분적으로는 규범창조적인 기능을 함께 수행한다는
주장이다. 즉 추상적이고 불특정한 헌법규범의 내용을 구체적이고 특정한 개

---

1) 예컨대 권영성, 헌법학원론, 2004년, 1098면 참조.
2) 전광석 교수가 '특수한 사법작용'이라는 표현을 사용하고, 성낙인 교수가 '좁은 의미의 사법
작용'은 아니라고 설명하는 이유도 그 때문인지 모른다. 그러나 두 사람의 입장은 분명치
않다. 전광석, 한국헌법론, 2004, 529면; 성낙인, 헌법학, 2004년, 948면 참조.

념으로 확정해서 기속력을 부여한다는 것은 단순한 법인식이 아니라 소극적인 입법기능에 해당한다는 것이다.

헌법은 법률과는 다른 규범구조적인 특성을 가진 점을 강조하면서 헌법해석은 법률해석과는 방법상의 차이가 있다는 전제에서 출발하는 입법작용설은 사법작용설의 취약점을 정확하게 파악하고 있는 것은 사실이다. 그렇지만 헌법의 규범구조적인 특성과 헌법해석의 방법론적인 특성을 인정한다고 해서 헌법재판의 본질을 반드시 입법작용으로 보아야 하는 것은 아니다. 헌법재판에서 행해지는 헌법해석이 불특정하고 추상적인 헌법규범의 내용을 보완하고 형성하는 기능을 나타낸다고 해도 그것은 헌법재판의 본질이 아니라 헌법재판의 효과에 불과하기 때문이다. 헌법재판의 본질과 효과를 혼동하는 입법작용설에 동의할 수 없는 이유이다.

(5) 제 4 의 국가작용설

헌법재판은 헌법실현을 위한 기능적 권력통제수단이기 때문에 입법·행정·사법작용 등 모든 공권력작용을 통제대상으로 하는 제 4 의 국가작용이라고 이해하는 입장이다. 헌법재판의 본질에 관한 다른 학설의 이론적인 취약점을 극복해서 헌법재판의 본질을 헌법재판의 기능과 목적에서 찾으려는 시도이다.

(6) 사   견

헌법재판을 통해서 달성하려는 헌법실현의 목적에 비추어 볼 때 헌법재판이 비록 사법적인 형태로 이루어진다고 하더라도 그것은 하나의 수단에 불과할 뿐 헌법재판의 본질은 아니라고 할 것이다. 헌법재판은 헌법해석을 통해서 이루어지고 헌법해석은 법인식기능이지만, 헌법재판을 위한 헌법해석은 그 자체가 목적이 아니라 헌법실현을 위한 수단에 불과하므로 헌법재판의 본질은 수단이 아닌 목적에서 찾아야 한다고 생각한다. 그렇기 때문에 헌법재판의 수단인 헌법해석에 주안점을 두고 주장되는 헌법재판의 본질론에는 동의할 수 없다. 헌법재판의 본질은 어디까지나 헌법재판의 기능과 목적에 무게를 두고 찾아야 하는데 그 기능과 목적이 권력(입법·행정·사법)통제를 통한 헌법실현이기 때문에 헌법재판은 헌법실현을 위해서 마련된 제 4 의 국가작용이라고 이해하는 것이 가장 합리적이라고 생각한다.[1] 고전적인 3권분립이론의 타성에 젖어 모든 국가작용을 항상 입법·행정·사법의 테두리 내로 포섭해서 설명하려는 경직된 사고방식은 이제 벗어날 필요가 있다. 따라서 헌법재판은 비록 헌법해석이라는 법인식기능을 통해서 행해지지만, 그렇다고 해서 헌법재판이 사법작용이 되는 것은 아니다. 법인식은 헌법재판의 목적이 아닌 수단에 불과하기 때문이다. 또 헌법해석에 의해서 이루어지는 헌법의 보충 내지 형성도 헌법실현의 수단에 지나지 않는다. 그리고 헌법재판은 일반재판과 달라서 오로지 법인식을 통한 합법성의 판단만으로 행해지는 것도 아니다. 법인식과는 무관한 합목적성의 판단도 헌법재판에서는 간과하기 어려운 중요한 수단이다. 그러나 헌법재판이 이처럼 합법성과 합목적성을 다같이 사건해결의 판단근거로 삼아야 한다고 해서 헌법재판이 정치적 사법작용이 되는 것은 아니라는 점은 이미 앞에서 언급한 바와 같다. 합법성의 판단이건 합목적성의 판단이건 그것은 최상의 헌법실현목표를 달성하기 위한 수단에 불과하다.

　　그런데 헌법재판이 제대로 기능적인 권력통제를 행함으로써 통치권 행사의 절차적 정당성을 확보해 헌법을 실현하기 위해서는 제 4 의 국가작용을 담당하는 헌법재판기관의 헌법상 위상이 상응하게 설정되어야 한다는 것은 더 말할 나위가 없다.

---

1) 제 4 의 국가작용설이 기존의 국가작용과 구별되는 특성이 무엇인지 실체가 분명치 않다는 일부의 비판은 제 4 의 국가작용설의 내용을 올바로 이해했는지 의문이다. 삼권분립에 따라 행해지는 입법·행정·사법작용이 각각 하나의 고유한 영역의 국가작용이라면 헌법재판은 그들 국가작용과는 본질이 달라(본질의 다른 내용은 이 책에서 자세히 설명한 대로다. 다시 한번 되풀이 하면, 목적이 모든 수단을 정당화할 수 없다는 법리적 한계를 분명히 밝혀주고 정치가 헌법이 정해준 정상궤도에서 이탈하지 못하도록 감시하라고 헌법이 부여한 헌법보호의 헌법적 과제를 수행하는 국가작용이므로) 그 어느 국가작용에도 귀속시킬 수 없는 또 하나의 독립한 국가작용으로 볼 수밖에 없다는 뜻인데 그 이상 더 분명한 실체에 관한 설명이 왜 필요한가.

제 2 장 헌법재판의 연혁적·비교법적 고찰

1. 헌법재판의 연혁

I. 미국 연방대법원과 법률의 위헌심사

헌법재판은 국민주권이론에 의한 민주주의 통치질서가 확립되면서부터 발생한 제도이다. 국민주권이론에 뿌리를 두고 제정된 최초의 헌법은 1787년의 미국 연방헌법인데,[1] 이 헌법에는 아직 헌법재판에 관한 명문규정은 없었다. 그러나 미국 연방헌법(제6조 제2항)에 연방헌법과 연방법률의 주(State) 법률에 대한 우선적 효력(Supreme Law of the Land Clause)과 주(州) 법관의 연방법 기속에 관한 규정은 있었다. 그래서 주(州)가 제정한 법률이 연방헌법과 연방법률에 위배되는지 여부를 심사하는 것은 당연한 일로 인식되었다.[2] 그러나 연방법률의 위헌심사에 관한 명문의 근거규정은 없었다. 그렇지만 1803년 미국 연방대법원장 John Marshall의 주도로 이루어진 연방법률에 대한 위헌결정을[3] 계기로 연방법률에 대한 위헌심사(Judicial Review)가 시작되었다.

즉 미국 제 3 대 대통령 John Adams(1796-1800, 연방주의자)는 임기 말에 Marbury를 Columbia 지역의 법관으로 임명하고 미처 임명장을 주지 못한 채 퇴임했다. 그의 후임 Thomas Jefferson(1800-1808, 민주공화당) 대통령의 지시로 국무장관 Madison은 Marbury에게 임명장을 수여하지 않았다. Marbury는 1789년 제정된 연방법률 Judiciary Act를 근거로 직무집행영장(Write of Mandamus)을 발부해서 Madison에게 임명장 수여를 명령해 달라고 연방대법원에 소송을 제기했다. 연방대법원은 연방헌법만이 연방대법원에 부여할 수 있는 권한(직무

---

1) 미국 연방헌법의 제정에 관해서 자세한 것은, 졸저(拙著), 헌법이론과 헌법, 2021년, 방주 921 이하 참조.
2) Ware v. Hylton, 3 Dall. 199, 1797. 자세한 것은 *Karl Loewenstein*, Verfassungsrecht und Verfassungspraxis der Vereinigten Staaten, 1959, 419f. 참조.
3) Marbury v. Madison 1 Cranch(5 U.S.) 137(1803).

집행영장발부)을 연방법률인 Judiciary Act가 부여한 것은 일종의 입법절차에 의한 헌법보충에 해당하는 것이어서 연방대법원은 직무집행영장을 발부할 권한을 가질 수 없다고 판시하면서 동시에 관련 Judiciary Act규정도 위헌으로 결정했다.[1]

이 판결은 미국의 위헌법률심사제도의 역사에서 세기적인 의미를 갖는 매우 중요한 판례로서 그 이후 미국 헌정사에서 연방대법원의 위상을 높이는 데 결정적으로 기여했을 뿐 아니라, 미국 연방헌법의 규범적 효력을 지켜 미국 연방헌법이 오늘까지 220년 이상 그 사회통합의 기능을 발휘하는 데 큰 공헌을 했다.

그러나 이 판결은 엄밀히 따져 무(無)에서 유(有)를 창조한 것이 아니라, 미국 연방헌법에 들어 있는 세 가지 간접적인 규정에 근거를 둔 것이라고 할 것이다. 첫째 헌법제정권력과 입법권을 분명히 구별하는 규정($\frac{제5}{조}$), 둘째 이 구별에 기초한 최고법조항과 최고법에의 기속에 관한 규정($\frac{제6조}{제2항}$), 셋째 이 헌법 아래 발생하는 모든 분쟁사건을 법원의 관할로 정한 규정($\frac{제3조 \ 제2}{항 \ 제1절}$) 등이 그것이다. 결국 John Marshall 대법원장은 이 세 가지 연방헌법규정 속에서 졸고 있는 법원의 법률에 대한 위헌심사권을 일깨운 것에 지나지 않는다는 뢰븐슈타인(Loewenstein)의 평가[2]도 전혀 근거가 없는 주장은 아니라고 할 것이다.

Ⅱ. 유럽의 헌법재판 역사

유럽에서는 미국보다 늦게 헌법재판제도가 도입되었다. 군주주권이론과 국가주권이론이 늦게까지 유럽 여러 나라의 헌정질서에 영향을 미친 때문이었다.

유럽 국가 중에서 처음으로 헌법에 헌법재판을 도입한 것은 독일의 1849년헌법[3]이었다. 이 헌법은 처음으로 행정기관과 사법기관 간의 권한다툼을

---

1) 이 판결의 더 자세한 내용은 *Daniel E. Hall*, Constitutional Law, 1997, pp. 93 참조.
2) *Karl Loewenstein*, 앞의 책, 421면 참조.
3) Die Verfassung des Deutschen Reichs v. 28. 3. 1949.

따로 설치하는 법원의 관할로 정하고($^{\text{제181}}_{\text{조}}$), 모든 유형의 권리 침해를 법원이 심판하도록 규정했지만($^{\text{제182}}_{\text{조}}$), 이 헌법은 효력을 발생하지 못했다. 1919년의 바이마르공화국 헌법은 국사재판소(Staatsgerichtshof)를 따로 설치해서($^{\text{제108}}_{\text{조}}$) 연방대통령, 연방수상, 각료 등에 대한 탄핵심판($^{\text{제59}}_{\text{조}}$), 연방법률집행에 관한 연방정부와 주(州)정부간의 분쟁($^{\text{제15조}}_{\text{제3항}}$), 주의 경계획정에 관한 분쟁($^{\text{제18조}}_{\text{제7항}}$), 주 내부 또는 주 상호간 내지 연방과 주 간의 헌법적 분쟁($^{\text{제19}}_{\text{조}}$)사건 등을 심판하게 했다. 그러나 연방법률의 위헌심사와 연방 헌법기관 상호간의 권한쟁의심판에 관한 규정은 따로 두지 않았다.[1]

1920년의 오스트리아 헌법은 유럽에서 처음으로 독립한 헌법재판소(Verfassungsgerichtshof)를 설치해서 매우 광범위한 권한을 부여했다($^{\text{제137조-}}_{\text{제148조}}$). 이 헌법에서 처음으로 연방법률의 위헌심사제($^{\text{제140조}}_{\text{제1항}}$)를 도입하면서 연방법률이 직접 기본권을 침해하는 경우 개인도 법률의 위헌심사를 신청할 수 있는 개인신청제도(Individualantrag)까지 두었다.

1789년 혁명을 통해 공화정을 확립한 프랑스는 루소(Rousseau)의 국민주권 내지 직접민주주의 사상의 영향을 받아 '법관에 의한 통치'에 대한 거부감이 강하게 작용해서 1946년 제 4 공화국헌법에서 헌법재판기관으로 정치적 성격의 헌법위원회(Comite constitutionnel)를 설치했는데 이 기관이 1958년의 제 5 공화국헌법에서도 헌법위원회(Conseil constitutionnel)($^{\text{제56}}_{\text{조}}$)로 이어져 법률에 대한 사전(事前)적·예방적 위헌심사권한($^{\text{제61}}_{\text{조}}$)과 선거소송심판권 등($^{\text{제58조-}}_{\text{제60조}}$)을 갖고 있다.

그러나 유럽에서 헌법재판이 본격적으로 활성화하기 시작한 것은 1949년의 독일 기본법(Grundgesetz)에서 연방헌법재판소를 설치하고 규범통제를 비롯한 헌법소원제도 등 중요한 헌법적 분쟁의 심판권을 부여한 후부터였다. 독일의 헌법재판제도가 하나의 모범적인 제도로서 유럽의 다른 나라에 영향을 미쳐 오늘날 이탈리아, 스페인, 포르투갈, 그리스, 터키, 유고, 체코, 폴란드, 헝가리 등 많은 유럽 국가들이 헌법재판제도를 도입·운용하기에 이르렀다.

반면에 스웨덴처럼 독일 헌법재판제도의 역기능을 의식해서 헌법재판제

---

1) 바이마르공화국 헌법상의 국사재판소의 구성과 관할 및 심판절차에 관해서 자세한 것은 *G. Anschütz*, Die Verfassung des Deutschen Reichs, Kommentar, Nachdruck 1968, S. 502ff. 참조.

도를 포기한 나라도 있다. 유럽 국가 중에서 영국은 불문헌법의 나라일 뿐 아
니라 유일하게 의회주권(의회우월주의)사상이 강한 까닭에 의회활동을 통제하
는 헌법재판제도는 존재하지 않는다.

2. 각국의 헌법재판제도

여러 나라의 헌법재판제도 중에서 위헌법률심사의 효시라고 볼 수 있는
미국, 미국처럼 대법원에서 위헌심사를 하는 사법형에 속하면서도 미국과 달
리 여러 가지 헌법재판사항을 규정하고 있는 스위스, 따로 헌법위원회를 설치
해서 헌법재판을 맡기는 프랑스, 헌법재판소를 처음 설치한 오스트리아, 오늘날
헌법재판의 모범국인 독일의 헌법재판제도를 골라 차례로 살펴보기로 한다.

I. 미   국

미국은 대통령이 상원의 동의를 받아 임명하는 9인의 종신직 재판관으로
구성하는 연방대법원(Supreme Court)에서 법률의 위헌심사를 한다. 연방대법원
의 이 위헌심사권은 헌법의 명문규정에 근거를 둔 것이 아니라 1803년부터의
헌법적인 관행에 의한 것이라는 것은 이미 앞에서 설명한 바와 같다. 연방대
법원은 이 권한을 때로는 적극적으로 때로는 소극적으로 행사함으로써 사법적
극주의 또는 사법소극주의라는 평가를 번갈아 받기도 했다.[1] 정치문제(Political
questions)에 간섭하지 않으려는 입장은 사법소극주의의 표현이라고 할 것이
다. 그러나 민주당 Roosevelt 대통령(1932-1945)이 강력하게 추진하던 New
Deal정책을 그 근거법률에 대한 과감한 위헌판결로 막으려고 했던 것은 사법

---

1) 남북전쟁 때까지는 노예제도에 관한 Dred Scott Case(Scott v. Sandford, 19 How. 393,
   1857)를 비롯해서 단 2건이었던 위헌심판이, 남북전쟁 기간(1861-1865)과 그 수습기에는
   20건으로 증가하다가, 한 동안의 소강기를 지나 1890년대부터 다시 급속도로 증가해 1932
   년까지 35건이 되었고, 뉴딜정책의 추진기에는 단 2년(1933-1935년) 사이에 무려 12개의
   법률을 위헌결정할 정도로 적극적이었다. 그 이후에는 1954년 교육평등에 관한 Brown
   Case(Brown v. Board of Education, 347 U.S. 483(1954)) 때까지 위헌심판은 매우 소극적
   인 시기였다. *Karl Loewenstein*, 앞의 책, 423면 참조.

적극주의의 결과였다고 할 것이다. Roosevelt 대통령이 연방대법원의 재판관 수를 대폭 늘리는 입법을 통해 연방대법원을 장악하려고 했던 이른바 '법원장악계획'(Court Packing Plan)도 사법적극주의의 역기능이었다고 할 수 있는데, 미국 정치인들의 성숙한 민주의식 때문에 무산되고 만 것은 연방대법원의 위헌심사권이 오늘까지 꾸준하게 기능하고 있는 중요한 계기가 되었다.[1] 미국 연방대법원은 헌법재판을 위해서 특별히 설치한 기관이 아니고 일반법원의 최고심이라는 특성 때문에 법률의 위헌심사권 이외의 탄핵심판권 등은 갖지 않는다. 미국에서 연방대통령에 대한 탄핵심판은 연방의회(하원의 소추권과 상원의 심판권)의 권한이라는 점도 앞에서 이미 언급했다.[2]

II. 스 위 스

스위스 연방대법원(Bundesgericht)은[3] 2020년 현재 38명(남자 23명과 여자 15명)의 전속대법관과 19명의 비전속대법관(타 법원 법관, 공법교수, 변호사 등)으로 구성하고 있는데, 7개부(공법부 2, 민사부 2, 형사부 1, 사회부 2)로 나뉘어 재판사건을 담당한다. 헌법재판 등 공법사건을 관할하는 두 개의 공법전담부에는 각각 6명의 전속대법관과 7명의 비전속대법관(제1공법부 2명, 제2공법부 5명)이 속해 있다. 법관은 연방하원과 연방상원의 합동총회(Bundesversammlung)

---

1) Corwin에 따르면 미국 연방대법원이 1803년부터 1953년까지 위헌으로 판결한 연방법률은 모두 73건이다. *Edward S. Corwin*, The Constitution of the United States, Analysis and Interpretation, 1953, p. 1241 참조. 또 다른 통계에 의하면 1803-1896년 사이에 연방대법원은 19개의 연방법률과 167개의 주법률을, 1897-1924년 사이에 28개의 연방법률과 212개의 주법률을, 1940-1970년 사이에 직전 시기와 거의 비슷한 수의 연방법률과 278개의 주법률을 위헌결정했다. *Daniel E. Hall*, 앞의 책, 107면 참조.

2) 영국은 종래 대법원을 따로 두지 않고 법률귀족(Law Lords)으로 불리는 상원의원 12명이 하급법원의 재판에 대한 상소사건의 최종판결을 하는 대법원의 기능을 했다. 그러나 2009년 10월에 미국식의 대법원(Supreme Court)을 따로 설치함으로써 사법권을 의회와 완전히 분리했다. 영국 대법원은 대법원장을 포함한 12명의 대법관으로 구성하는데 미국 대법관처럼 종신직이다. 초대 대법관은 과거 12명의 법률귀족이 그대로 승계했지만, 앞으로 충원되는 대법관은 상원의원직을 겸직할 수 없다. 초대 대법원장은 니콜라스 필립스(Phillips)이다. 영국 대법원은 영국의 불문헌법 전통 때문에 미국 대법원과 같은 위헌법률심판권을 행사하기는 어려울 것으로 보이지만 앞으로의 활동방향이 주목된다.

3) 아래의 서술내용은 스위스 연방대법원의 홈페이지 내용을 바탕으로 한 것이다. http://www.bger.ch(방문일자 2020. 2. 11). 신연방대법원법은 2005. 6. 16. 제정되었다.

에서 임기 6년으로 선거하는데($\frac{헌법 \, 제145조와}{제188조}$) 연임이 가능하고 실제로 대부분 연임되는 것이 관례이다. 연방하원의원의 피선거권이 있는 사람은 누구나 법관이 될 수 있다($\frac{헌법}{제143조}$). 대법원장과 부대법원장은 연방대법원의 법관 중에서 연방대법원의 추천으로 양원합동총회에서 임기 2년으로 선거하는데 1회의 연임이 가능하다. 법관선거에서는 스위스에서 공용되는 3개의 언어(프랑스어, 독일어, 이탈리아어)가 균형을 유지하도록 배려해야 하고($\frac{헌법}{제4조}$)[1] 전문성과 출신지역 및 주요정당의 기회균등 등도 고려해야 한다고 정하고 있다. 이외에 교육과 직업에 관해 따로 제한규정은 없지만 대부분 법학을 공부한 사람이 선출된다. 그리고 연방의회에 진출하고 있는 4개의 정당 간에 법관을 안배하는 관행이 확립되어 있다.

스위스 연방대법원은 여러 가지 헌법적인 분쟁사건을 담당하지만($\frac{헌법}{제189조}$), 연방법률에 대한 위헌심사권은 갖지 않는 것이 특징이다($\frac{헌법 \, 제189조}{제4항}$). 그러나 연방의 법규명령과 주(Kanton)법률의 위헌심사권은 갖는다. 그 밖에도 연방정부와 주(州)정부간의 권한쟁의심판권($\frac{헌법 \, 제189조}{제2항}$), 주 상호간의 헌법적 분쟁사건 심판권($\frac{같은}{조항}$), 연방헌법과 주헌법에 의해서 보장된 기본권 침해에 대한 헌법소원심판권($\frac{같은 \, 조 \, 제}{1항 \, d호}$), 지방자치단체의 자율권과 주의 권한침해에 대한 심판권($\frac{같은조}{제1항 \, e호}$), 국가조약 또는 주조약의 침해에 대한 분쟁심판권($\frac{같은 \, 조 \, 제1}{항 \, b호와 \, c호}$), 참정권에 관한 연방과 주의 규정심판권($\frac{같은 \, 조}{제1항 \, f호}$) 등을 갖는다. 연방대법원의 관할은 법률로 확장할 수 있다($\frac{헌법 \, 제189조}{제3항}$). 헌법소원심판권은 연방의 법규명령과 주의 공권력작용(주의 법령, 행정처분, 법원 재판)으로 인해서 생기는 기본권 침해에 대해서만 인정되고 연방법률에 의한 기본권 침해에 대해서는 인정되지 않는다. 연방법률에 대한 위헌심사권이 없는 당연한 결과이다. 연방대법원에의 헌법소원은 보충성의 원칙에 따라 다른 법률에서 정한 권리구제수단, 특히 주법이 정한 권리구제수단을 거친 후에만 허용된다. 그러나 거주이전의 자유와 정당한 재판을 받을 권리 그리고 모든 주에서 동일한 대우를 받을 권리

---

1) 독일어 사용법관이 가장 많은 것이 관례인데, 2020년에도 독일어 23명, 프랑스어 12명, 이태리어 3명 등으로 분포되어 있다.

등이 침해된 경우에는 보충성의 원칙의 예외가 인정된다. 헌법소원에 대해서 연방대법원은 관할공법전담부에서 7인의 재판관이 심판에 참여해야 하지만, 3인의 법관으로 구성된 예심부에서 예비심사를 할 수 있다.[1]

스위스에서 연방법률에 대한 위헌심사권을 인정하지 않는 것은 1874년에 제정된 스위스 연방헌법[2]이 기초하고 있는 국민주권이론과 민주주의원리에 근거한 것이라고 할 것이다. 즉 국민의 대표기관인 의회가 국민의 의사에 따라 제정한 법률에 대해서 법관이 그 효력을 심사하는 것은 민주주의원리에 어긋난다는 발상이다. 그렇지만 민주주의원리를 내세워 규범통제를 배제하는 논리는 오늘날 더 이상 설득력이 없다고 하는 것은 이미 앞에서 언급한 바와 같다. 스위스의 대표적인 헌법학자 Fleiner와 Giacometti도 변화된 시대상황을 외면한 채 1874년의 경직된 사고를 아직도 고집하는 것은 문제가 있다는 점을 지적하면서 최소한 구체적 규범통제의 도입필요성을 강조하고 있다.[3]

Ⅲ. 프 랑 스

프랑스 제5 공화국헌법[4]은 헌법위원회(Conseil constitutionnel)를 설치해서 헌법재판을 맡기고 있다(헌법 제56 조-제63조). 즉 헌법위원회는 대통령과 상원(Sénat) 및 하원(Assemblée nationale)의장이 각각 3명씩 임명하는 9명의 위원으로 구성하는데,[5] 위원의 임기는 9년이며 연임은 금지된다. 그리고 위원은 3년마다 1/3씩 개선하므로 3년마다 임명권자가 각각 1명씩을 임명한다.[6] 위원장은 위원 중

---

1) 스위스의 헌법소원제도에 관해서 자세한 것은 *Fleiner/Giacometti*, Schweizerisches Bundesstaatsrecht, 1976, 881면 이하 참조.
2) 스위스연방헌법은 1999. 4. 18. 전면개정되어 2000. 1. 1.부터 시행되고 있다. 부분최후개정 2018. 9. 23.
3) *Fleiner/Giacometti*, 위의 책, 933면 이하 참조.
4) Constitution de la République Française du 4 octobre 1958. 2008. 7. 21. 최후개정.
5) 9명의 헌법위원 임명에는 대통령의 서명이 있어야 하며, 상원 및 하원의장의 헌법위원회위원 임명에는 각 원의 소관상임위가 입장표명을 하도록 한 점으로 미루어 사전협의를 거치도록 하려는 의도로 보인다(헌법 제56조 제1항).
6) 최초의 헌법위원회는 각각 임기 3년, 6년, 9년의 3그룹의 위원으로 임명되었는데 세 사람의 임명권자가 각 그룹의 1명씩을 임명했다(헌위법 제2조).
   Ordonannce No 58-1067 du 7 novembre 1958 portant loi organique sur le Conseil constitutionnel modifiée par l'ordonnance no 59-223 du 4 février 1959 참조. 헌법위원회

에서 대통령이 임명하는데 위원회에서 가부동수인 경우 결정권 등을 갖는다. 위원은 각료직과 의원직을 겸할 수 없는데 대부분 법학교수와 법조인 중에서 임명된다. 헌법위원회는 9명의 임명직 위원 이외에 당연직 위원도 있는데, 전직 대통령은 헌법위원회의 종신 당연직 위원이 된다. 그러나 1963년 이후 헌법위원회 위원으로 활동한 당연직 위원은 한 사람도 없었기 때문에 헌법위원회는 사실상 9명의 임명직 위원만으로 운영되고 있는 것이 현실이다.

헌법위원회는 2008년 개헌 전까지는 법률(규칙·조약 포함)의 위헌심사권을 갖지만 법률의 공포 전에 그에 대한 사전적·예방적 위헌심사를 하는데 그쳤다. 즉 위헌심사의 청구권자는 헌법위원의 임명권자 3명과 수상 및 각 원(院)의 의원 60명인데, 헌법위원회는 1개월 이내에(긴급을 요하는 경우 정부의 요청으로 이 기간은 8일로 단축된다) 위헌심사의 결정을 해야 한다(헌법 제61조). 위헌인 조문 및 위헌으로 결정된 조문과 불가분한 법령은 공포 및 적용이 금지된다(헌법 제62조 제 1 항 및 헌위법 제22조). 위헌인 조문과 분리할 수 있는 법령은 대통령이 위헌조문을 빼고 공포하든지 의회에 재의를 요청할 수 있다(헌위법 제23조). 특히 국제조약이 위헌 규정을 내포하고 있는 것으로 결정되면 그 조약의 비준동의는 헌법개정 후에야 가능하다(헌법 제54조). 헌법위원회의 결정은 더 이상 다툴 수 없으며 행정기관과 법원 등 공권력을 기속한다(헌법 제62 조 제3 항). 헌법위원회의 결정은 최소한 7명의 위원이 참여해서 행한다(헌위법 제14조).

2008년 개헌으로 헌법위원회는 법률을 예외적으로 사후에 심사하는 경우도 있는데, 의회가 입법사항이 아닌 것을 법률로 정한 경우 그것을 정부가 법규명령(Decret)으로 개정할 수 있는 성질의 것인지를 심사하는 경우이다(헌법 제37조 제 2 항 및 헌위법 제24조-제26조). 이것을 비법률화제도라고 한다. 또 헌법위원회는 법원의 소송절차에서 당해 소송에 적용할 법령규정이 헌법상의 기본권보장에 위배된다는 주장이 제기되어 행정소송을 맡는 꽁세유데따(Conseil d'Etat) 또는 일반소송의 최고법원(Cour de cassation)이 제청한 문제를 심사할 수 있다.[1] 제청 후에

법(헌위법으로 줄임)은 61개 조문으로 되어 있다.
1) 법관의 직권제청은 허용되지 않고, 반드시 소송당사자의 제청신청이 있어야 할 뿐 아니라, 하급심의 제청신청을 송부받은 최고법원은 헌법위원회에 송부하지 않는 결정도 할 수 있는데, 이 결정에 대해서는 불복할 수 없다. 제 1 심 법원이 불송부 결정하면 소송당사자는 상급심에서 다시 제청신청을 할 수 있다.

는 헌법위원회의 결정이 있을 때까지 원심소송절차가 정지되는데 헌법위원회는 3개월 내에 심판해야 한다. 그 자세한 조건과 구체적인 내용은 헌법위원회법이 정한다($\substack{헌법 \\ 제61-1조}$).[1] 2008년 개정헌법에서 새로 추가된 일종의 사후적인 구체적 규범통제의 권한이다.[2] 헌법위원회의 법령규정에 대한 위헌결정은 헌법위원회의 결정에 따라 즉시효 또는 장래효를 갖는다($\substack{헌법\ 제62 \\ 조\ 제2항}$). 헌법위원회는 그 밖에도 대통령선거($\substack{헌법\ 제7조\ 및\ 헌 \\ 위법\ 제30조-제31조}$)와 상·하원의원선거($\substack{헌위법\ 제 \\ 32조\ 이하}$) 및 국민투표($\substack{헌법\ 제11조\ 제4항\ 및 \\ 헌위법\ 제46조\ 이하}$)에 관한 소송의 심판권을 갖는다. 그에 더하여 헌법위원회는 그 재적위원 과반수의 찬성으로 대통령의 유고 내지 궐위 여부에 관한 확인권을 갖는다($\substack{헌법\ 제7조\ 제4항과\ 제 \\ 5항\ 및\ 헌위법\ 제31조}$). 그리고 대통령이 국가긴급권을 행사하려면 반드시 미리 헌법위원회의 자문을 구해야 한다($\substack{헌법 \\ 제16조}$). 그러나 대통령에 대한 탄핵심판권은 헌법위원회가 아닌 상·하양원으로 구성하는 특별법원(High Court)이 갖는다($\substack{헌법 \\ 제68조}$).[3]

Ⅳ. 오스트리아

오스트리아는 1920년 제1 공화국헌법[4]에서 세계 헌법재판사상 처음으로

---

1) 관련 헌법규정은 다음과 같다. 헌법 제61-1조: 법원에서 진행중인 소송과 관련하여, 법률조항이 헌법이 보장하는 권리와 자유를 침해한다는 주장이 제기되면 꽁세유데따 또는 최고법원은 이를 헌법위원회에 회부하고, 헌법위원회는 정해진 기한 내에 결정한다. 이 조항의 적용요건은 조직법률로 정한다. 그런데 2009년 제정된 조직법률은 꽁세유데따 또는 최고법원은 3개월 내에 제청여부결정을 하도록 했으며(제23-4조와 제23-7조), 헌법위원회는 제청받은 후 3개월 내에 결정선고를 하도록 정하고 있다(제23-10조).
     헌법 제62조 제2항: 제61-1조에 의해 위헌선언된 조항은 헌법위원회의 결정이 공포되는 즉시 또는 헌법위원회의 결정에서 정한 시기에 폐지된다. 헌법위원회는 해당법률조항에 의해서 발생한 효과가 연장될 수 있는 요건과 한계를 정한다.
   2) 이 추가된 권한 때문에 이제 프랑스의 헌법위원회도 헌법재판소로 부르는 것이 일반화되고 있다. 이 제도가 시행에 들어간 2010년 3월 1일부터 2011년 11월 말까지 약 170건의 위헌결정이 있었다. 자세한 최근의 통계는 프랑스 헌법위원회 홈페이지(google 홈페이지에서 conseil constitutionnel 입력) 참조.
   3) 대통령의 탄핵제도에 관해서는 앞 9면 각주 5) 참조할 것. 프랑스 헌법재판제도에 관해서 자세한 것은 다음 문헌을 참조할 것. *Michel Fromont*, Der französische Verfassungsrat, in: Ch. Starck/A. Weber(Hrsg.), Verfassungsgerichtsbarkeit in Westeuropa, 1986, S. 309ff.
   4) 오스트리아는 1920년 10월 1일 제정한 오스트리아 연방헌법에 의해서 제1 공화국이 탄생한 것으로 보고, 제2차 대전이 끝난 후 1945년 4월 27일 독일 나치의 지배로부터 독립선언을 함과 동시에 1934년의 강요된 독재헌법을 폐기하고 그 이전의 헌법으로 되돌아가게 된 시기부터 제2 공화국으로 부르고 있다. *Walter/Mayer*, Grundriß des österreichischen

헌법재판소를 설치하고 1925년의 헌법개정에서 헌법재판제도를 강화한 고전적인 헌법재판국가이다. 최근에도 오스트리아는 2012/13년 행정소송제도를 개혁해서 행정법원을 주행정법원과 연방행정법원(연방일반행정법원과 연방재정행정법원)의 2심제로 개혁했고 2013/15년 헌법개정으로 헌법재판제도($\binom{\text{제137조} -}{\text{제148조}}$)도 의미 있게 확대했다. 특히 행정소송과 관련된 헌법재판규정과 규범통제를 도입함에 따라 헌법재판제도가 강화되었다.[1]

오스트리아 헌법재판소는 연방대통령이 임명하는 소장과 부소장 각 1명과 12명의 재판관을 합해서 14명의 재판관과 6명의 예비재판관으로 구성하는데($\binom{\text{헌법 제147조 제 1 항}}{\text{및 헌재법 제 1 조}}$),[2] 소장과 부소장 및 6명의 재판관과 3명의 예비재판관은 연방정부가 법관, 행정공무원 또는 법학교수 중에서 제청하고 연방대통령이 임명한다. 그리고 나머지 6명의 재판관 및 3명의 예비재판관 가운데 3명의 재판관과 2명의 예비재판관은 연방하원이, 3명의 재판관과 1명의 예비재판관은 연방상원이 제청하고 연방대통령이 임명한다($\binom{\text{헌법 제147}}{\text{조 제 2 항}}$). 재판관은 반드시 공법(국가법) 등 법학을 전공하고 10년 이상 전공분야의 직업에 종사한 경력을 가져야 한다($\binom{\text{헌법 제147}}{\text{조 제 3 항}}$). 재판관은 재판업무에서 독립적이며 강력한 신분보장을 받는데 사망 또는 70세 정년까지 재임한다($\binom{\text{헌법 제147}}{\text{조 제 6 항}}$).[3] 재판관은 각종 선거직 대의기관의 의원을 겸할 수 없고($\binom{\text{헌법 제147}}{\text{조 제 4 항}}$), 대의기관의 의원직을 마친 후 5년을 경과하지 않으면 소장과 부소장에 임명될 수 없다($\binom{\text{헌법 제147}}{\text{조 제 5 항}}$). 헌법재판소는 소장의 주재로 부소장을 비롯한 모든 재판관이 참여해서 재판하는데($\binom{\text{헌재법 제 3 조 제 1 항}}{\text{및 제 6 조 제 1 항}}$), 원칙적으로 소장과 8명의 재판관이 참여해야 심리·판결할 수 있다($\binom{\text{헌재법 제 7}}{\text{조 제 1 항}}$). 결정은 과반수로 하는 것이 원칙이다. 그렇지만 다음의 두 경우에는 재판관의 의견일치가 필요하다($\binom{\text{헌재법}}{\text{제31조}}$). 첫째, 행정법원의 판결이 헌법상의 기본권을 침해했거나 위법한 법규명령을 적용해서 자신의 권리를 침해했다고 주장하면서

Bundesverfassungsrechts, 7. Auflage, 1992, 21면 이하와 30면 이하 참조.

1) 특히 헌법 제139조, 제140조, 제144조의 개정내용과 이에 따른 헌법재판소법의 개정내용이 중요하다.

2) 예비재판관은 재판관의 불가피한 회의불참 또는 결원에 대비한 제도이기 때문에 자격·정년 등은 재판관과 같다. 헌재소장은 재판관 또는 예비재판관이 임기만료 등으로 결원되기 3개월 전에 결원이 되는 해당재판관의 임명기관의 장에게 후임임명을 요청해야 한다(헌재법 제 1 조 제 2 항).

3) 만 70세가 된 해의 12월 31일에 퇴임하도록 2013년 해당조문을 개정했다.

제기한 재판소원이 성공가능성이 없거나, 헌법문제의 해명을 기대할 수 없다고 각하하는 결정을 할 때($^{헌재법\ 제31조\ 및\ 헌}_{법\ 제144조\ 제2항}$), 둘째, 기본권 침해를 구제받기 위한 헌법소원에 대해 명백히 헌법상의 기본권 침해를 인정할 수 없어 각하할 때($^{헌재법\ 제31조\ 및\ 제}_{19조\ 제4항\ 제1호}$)이다. 헌법재판에서 재판관의 기피제도(忌避制度)는 없지만 다양한 제척사유를 규정하고 있고 재판관회의의 결정으로 회피는 가능하다($^{헌재법}_{제12조}$). 헌법재판의 심리와 평결은 비공개로 진행한다($^{헌재법\ 제30}_{조\ 제1항}$). 일반재판절차는 헌법재판소법($^{제15조-}_{제36조}$)[1]에서 자세히 정하고 있는데 특별히 규정이 없는 경우 민사소송법[2]의 규정을 준용하게 했다($^{헌재법\ 제35}_{조\ 제1항}$). 그렇지만 소송구조와 성격이 전혀 다른 헌법재판에서 민사소송법 규정을 준용하는 데 대해서는 오래 전부터 비판적인 학자들이 많다.[3]

　　오스트리아 헌법재판소는 10가지의 다양한 관할사항을 심판한다. i) 연방·주·자치단체 등의 행정기관을 대상으로 하는 재산권적인 청구가 일반법원에의 쟁송이나 이들 행정기관의 행정행위로는 해결할 수 없는 재산권적 청구소송을 심판한다($^{헌법}_{제137조}$)(인과소송 Kausalgerichtsbarkeit). 이 경우 헌법재판소는 예외적으로 사건담당법원으로 기능하게 된다. ii) 여러 기관 간의 권한쟁의($^{헌법\ 제138}_{조\ 제1항}$), 즉 법원과 행정기관, 행정법원 또는 연방행정법원과 다른 법원, 다른 법원과 헌법재판소, 연방의 행정기관과 주의 행정기관, 주의 행정기관 상호간에 생기는 권한다툼을 심판한다. 이 범주에 포함시킬 수 있는 것은 입법권 또는 집행권에 관한 연방과 주의 권능을 확인하는 권한과($^{헌법\ 제138}_{조\ 제2항}$) 연방정부·주(州)정부 등과의 관계에서 회계감사원(Rechnungshof)이 갖는 권능을 확인하는 권한 등이다. 즉 회계감사원의 회계감사 업무에 관한 법률해석상의 다툼이 있는 경우 연방정부, 주정부 또는 감사원의 청구에 의한 심판을 한다($^{헌법\ 제126a조와}_{제127c조\ 제1호}$). iii) 연방과 주 또는 주 상호간에 특정한 합의를 한 사실이 있는지 그리고 그 합의에 따른 의무를 이행했는지 여부를 심사한다($^{헌법\ 제138a조\ 제1항}_{과\ 제2항\ 및\ 제15a조}$). iv) 연방과 주가 제정한 법규명령의 위헌심사권을 갖는다($^{헌법\ 제139}_{조\ 제1항}$). 위헌심사의 청구권은

---

1) 오스트리아 헌법재판소법은 1953년에 제정되어 여러 차례 개정되었는데 지금은 전체 96개 조문으로 되어 있다.
2) 특히 기간계산에 관한 규정이 자주 준용된다. 헌재법 제35조 제 2 항 참조.
3) 특히 *Melichar*, FS f. Schima, 1969, S. 287; *Walter/Mayer*, 앞의 책, 382면 참조.

법원, 연방과 주의 행정기관 등이 갖지만($^{헌법 \ 제139조 \ 제1}_{항 \ 제1, \ 2, \ 5-7호}$) 국민도 행정처분이나 법원의 재판 없이 위법한 법규명령이 직접 자신의 권리를 침해한 경우에는 위헌심사를 청구할 수 있다($^{헌법 \ 제139조}_{제1항 \ 제3호}$). 나아가 일반법원이 위법한 법규명령을 적용한 판결로 자신의 권리를 침해했다고 주장하는 소송당사자에게도 법규명령에 대한 위헌심사를 청구할 수 있게 했다($^{헌법 \ 제139조}_{제1항 \ 제4호}$). v) 법률의 위헌심사권을 갖는다($^{헌법 \ 제140}_{조 \ 제1항}$). 법원이 구체적인 사건에 적용할 법률의 위헌심사를 청구할 수 있는 것은 당연하다($^{헌법 \ 제140조 \ 제1}_{항 \ 제1호 \ a)b)}$). 그 밖에 위헌법률의 집행 또는 적용 없이 위헌적인 법률로 직접 자신의 권리를 침해받은 국민과($^{헌법 \ 제140조 \ 제1}_{항 \ 제1호 \ c)}$) 위헌적인 법률을 적용한 재판으로 자신의 권리를 침해받았다고 주장하는 국민도 항소를 계기로 법률의 위헌심사를 청구할 수 있지만($^{앞의 \ 헌법조항}_{제1호 \ d)}$) 그 청구가 제한되는 경우는 연방법률로 정한다. 헌법재판소는 법원이나 국민의 법률에 대한 위헌심사청구가 성공가능성이 없다고 판단하면 각하할 수도 있다($^{앞의 \ 헌법조항}_{(1a)와 \ (1b)}$). 법원과 국민의 법률에 대한 위헌심사청구권에는 이미 효력을 상실한 법률규범에 대한 위헌확인청구권도 포함된다($^{헌법 \ 제140조 \ 제3}_{호와 \ 제89조 \ 제3항}$). 구체적 규범통제와 함께 추상적 규범통제도 규정하고 있다. 연방정부와 주 정부는 각각 주 법률과 연방법률의 추상적 규범통제를 신청할 수 있다. 즉 헌법재판소는 연방법률의 연방헌법 위반 여부, 주 헌법의 연방헌법 위반 여부, 주 법률의 연방헌법 또는 주 헌법 위반 여부 등을 심판한다. 그리고 연방 상·하원도 각각 그 재적의원 1/3 이상의 찬성을 얻어 연방법률의 추상적 규범통제를 신청할 수 있고, 주(州) 헌법에 규정이 있으면 주 의회도 의원 1/3 이상의 찬성으로 주 법률에 대한 추상적 규범통제를 신청할 수 있다($^{헌법 \ 제140조 \ 제1}_{항 \ 제2호와 \ 제3호}$). 헌법재판소는 법원이나 소송당사자가 명시적으로 위헌심판을 청구한 법률조항 또는 헌법재판소에 계류중인 사건에 적용할 법률조항에 대해서 직권으로 위헌여부를 심사하는 범위 내에서만 위헌결정을 한다. 그러나 권한 없는 기관이 제정했거나 위헌적인 방법으로 공포된 법률에 대해서는 법률전부에 대해서 위헌결정을 한다. 다만 법률전부에 대한 위헌결정이 명백히 소송 당사자의 법적인 이익에 반하는 때에는 그러하지 아니하다($^{헌법 \ 제140조}_{제3항}$). 헌법재판소는 이미 실효된 법률조항에 대해서 제기된 위헌확인청구에 대해서는 위헌확인 결정을 하는데 이 때에도 위헌결정에 관한 위의 규정취지가 그대로 적용되어 법률전부에 대해 위헌확인결정을 할 수 있다($^{헌법 제140조}_{제4항}$). 헌법재판소의 법률조항에 대한 위헌결정과 위헌확인결정은 연방수상이나 주지사가 지체없이 공고해야 한다. 헌법재판소의 법률에 대한 위헌결정은 위헌결정 공고 후부터 효력이 발생해 원칙적으로 장래효(ex-nunc)를 갖는다. 다만 헌법재판소는 법률의 위헌결정을 할 때 1년 6월을 넘지 않는 기간을 정해서 미래의 특정한 시점부터 효력을 잃도록 미래효(ex-post)를 선고할 수도 있다($^{헌법 제140}_{조 제5항}$). 헌법재판소가 법률의 위헌결정을 할 때는 위헌법률에 의해서 효력을 상실했던 구 법률규정의 효력회복 여부에 대해서도 결정한다($^{헌법 제140}_{조 제6항}$). 헌법재판소의 법률에 대한 위헌결정이나 위헌확인결정은 모든 법원과 국가기관을 기속한다. 헌법재판소가 따로 정하지 않는 한 헌법재판소가 위헌결정한 법률조항은 위헌결정의 계기가 된 사건을 제외하고는 이미 실현된 다른 법률관계에는 그대로 적용하고, 헌법재판소가 위헌결정의 효력발생시점을 따로 정한 경우에는 그 시기까지 계기가 된 사건을 뺀 모든 법률관계에 그대로 적용한다($^{헌법 제140}_{조 제7항}$). 헌법재판소가 법률에 대한 구체적 규범통제에서 위헌결정을 한 당해 사건에 대해서는 새로운 재판이 가능하도록 연방법률로 정해야 한다($^{헌법 제140}_{조 제8항}$). vi) 국가 간에 체결·비준된 조약의 위헌 여부를 심판한다($^{헌법}_{제140a조}$). 조약이 위헌결정되면 조약은 헌법재판소가 따로 정하지 않는 한 그 날부터 국내법적 효력을 상실한다. 그러나 헌법재판소는 조약의 종류와 성질에 따라 2년 또는 1년의 효력유지기간을 정할 수 있다($^{헌법 제140a조 제}_{1호와 제2호}$). vii) 선거소송을 심판한다. 즉 연방대통령, 연방 상·하원의원, 주 의회의원 및 주 정부, 유럽의회 의원, 자치권 있는 직업 대의기구, 자치단체의 집행기관 등의 선거절차의 합법성을 심판한다($^{헌법 제141}_{조 제1항}$). 그리고 각종 대의기관 의원의 의원직 상실에 관해서 해당 대의기관 또는 행정기관 등이 행한 결정에 대한 소송도 헌법재판소에서 심판한다($^{헌법 제141조 제1항 및}_{헌재법 제71조 제1항}$). 선거소송에 따른 헌법재판소의 선거무효결정문이 송달된 날로부터 100일 이내에 재선거가 행해지는데 이 재선거에서 당선된 의원이 의원직을 승계하는 날 패소한 의원은 의원직을 상실한다($^{헌법 제141}_{조 제2항}$). viii) 탄핵심판권을 갖는다($^{헌법 제142조와 제143조}_{및 헌재법 제72조-제81조}$). 즉 연방대통령, 연방정부 각료, 주 정부 각료 등의 직무상 불법행위에 대한 탄핵심판권을 갖는데, 연방대통령은 연방 상·하원 합동회의 (Bundesversammlung)에서 과반수 출석과 출석의원 2/3의 찬성으로 소추하고 $\left(\substack{\text{헌법 제68조 제} \\ \text{2항과 제3항}}\right)$, 연방정부 각료의 소추는 재적의원 과반수가 출석한 연방하원에서 결정하며 $\left(\substack{\text{헌법 제76} \\ \text{조 제2항}}\right)$, 주 정부 각료에 대한 탄핵소추는 해당 주의 고유업무와 관련 있을 때는 해당 주의회가 하지만, 연방정부의 위임업무 내지 행정지시와 관련 있을 때는 연방정부가 한다. 탄핵소추 대상 고위공직자가 직무관련 형사범죄로 이미 형사재판이 진행되고 있고 동시에 탄핵소추도 제기된 경우에는 헌법재판소만이 단독적인 심판권을 갖기 때문에 형사법원의 재판업무는 자동적으로 헌법재판소로 이관된다.[1] 이 경우 형사법규정을 준용한다 $\left(\substack{\text{헌법} \\ \text{제143조}}\right)$. 헌법재판소의 탄핵결정은 헌법재판소의 일반적인 결정정족수에 관한 규정이 적용되어 재판관 과반수의 찬성으로 한다 $\left(\substack{\text{헌재법} \\ \text{제31조}}\right)$.[2] 탄핵결정은 공직에서 파면되는 효과를 갖지만, 탄핵결정을 할 때 탄핵사유가 특별히 중하다고 판단하는 경우에는 피소추자의 정치적 권리를 시한부로 상실시키는 결정을 함께 할 수도 있다. 반면에 유럽연합 의회의원의 연방법 내지는 주법위반 또는 지방정부의 연방위임업무 관련한 탄핵소추에서는 그 탄핵사유가 경미하다고 판단하면 파면 대신 위법사실을 확인하는 결정으로 대신할 수도 있다 $\left(\substack{\text{헌법 제142} \\ \text{조 제4항}}\right)$. ix) 행정법원의 재판에 대한 재판소원의 심판권을 갖는다 $\left(\substack{\text{헌법} \\ \text{제144조}}\right)$. 즉 행정법원의 재판이 자신의 기본권을 침해하거나, 위법한 법규명령, 위법한 법령 내지 조약의 공포, 위헌적인 법률 또는 위법한 조약의 적용으로 자신의 권리를 침해했다고 주장하면서 제기한 재판소원을 심판한다 $\left(\substack{\text{헌법 제144} \\ \text{조 제1항}}\right)$. 헌법재판소는 재판소원이 성공의 가능성이 없거나 헌법적 문제의 해명을 기대할 수 없다고 판단하는 경우에는 심판개시 전에 결정으로 거부할 수 있다 $\left(\substack{\text{헌법 제144} \\ \text{조 제2항}}\right)$. 헌법재판소는 제소자가 주장하는 기본권 침해를 인정할 수 없을 때 제소자가 신청하면 심판대상인 행정법원의 재판이 청구인의 다른 권리를 침해했는지 여부를 심판하도록

---

1) 이 규정은 우리 헌법재판소의 탄핵심판절차에서 헌재법 제51조(심판절차의 정지)의 해석과 운용에 크게 시사점을 준다고 생각한다.

2) 재판장은 원칙적으로 표결에 참여하지 않는다. 그러나 적어도 한 의견이 재판관 1/2의 지지를 받고 있는 경우에는 재판장도 자신의 투표권을 행사해야 한다. 이때 재판장이 1/2 의견에 동조하면 과반수가 되어 결정이 성립하지만 반대의 경우는 다시 재논의가 진행된다. 헌재법 제31조 및 제32조 참조.

그 사건을 연방행정법원에 이송해서 심판하게 할 수 있다($^{헌법\ 제144조\ 제 3 항\ 및}_{헌재법\ 제87조\ 제 3 항}$).
재판소원에 관한 자세한 사항은 연방법률로 정하는데, 상소할 수 있는 행정법
원의 재판내용에 대해서는 재판소원은 허용되지 않는다($^{헌법\ 제144조}_{제 4 항과\ 제 5 항}$). x) 헌법
재판소는 국제법의 침해 여부를 심판할 권한을 갖는다. 이 권한의 행사에는
특별한 연방법률의 제정이 필요하다($^{헌법}_{제145조}$).

　　헌법재판소가 사건법원으로서 재산권적 청구권($^{헌법}_{제137조}$)에 관해서 행한 결정
이나 회계감사원(Rechnungshof)의 회계감사에 관한 결정($^{헌법\ 제126a조와\ 제}_{127c조\ 제 1 호}$)의 집
행은 일반법원이 행하지만, 그 나머지 사건의 결정은 연방대통령이 집행하도
록 헌법이 정하고 있다. 연방대통령이 헌법재판소의 결정을 집행하기 위한 국
정행위가 연방정부 또는 연방기관과 관련 있을 때는 관계 장관의 부서가 없
어도 효력을 발생한다($^{헌법}_{제146조}$).

　　오스트리아 헌법재판소의 관할사건과 관련해서 특별히 세 가지 사항을
주목할 필요가 있다. 즉 첫째는 행정법원의 재판에 대해서는 재판소원이 허용
되고 있다는 점이다. 행정처분에 의한 기본권 침해에 대해서는 행정법원에의
일반적인 행정소송 외에 헌법재판소에의 재판소원을 통해서도 구제받을 수 있
도록 권리구제의 길을 확대했다는 점이다. 행정기관의 처분이 국민생활과 직
결되는 사항이라는 점을 감안할 때 매우 적절한 제도개선이라고 할 것이다.
둘째는 일반민·형사법원의 재판에 대한 재판소원은 인정하지 않는다는 점이
다. 그러나 재판소원과는 다르다고 하더라도 헌법재판소는 이미 말한 대로 행
정기관과 법원 또는 법원 상호간의 권한쟁의심판($^{헌법\ 제138조\ 제 1 항}_{제 1 호와\ 제 2 호}$)을 통해 법
원의 재판에 대해서도 심판하는 권한을 갖는다.[1] 셋째는 동일한 형사범죄로
인한 일반법원의 형사재판과 헌법재판소의 탄핵심판이 동시에 진행되는 것을
방지하기 위해서 헌법재판소에 독점적인 관할권을 인정함으로써 일반법원의
형사재판을 헌법재판소에 이관하도록 의무화했다는 점이다. 이 부분은 우리
탄핵심판절차에서 진지하게 성찰할 필요가 있다고 생각한다.

---

1) 오스트리아의 헌법재판소에 관해서 자세한 것은 *Walter/Mayer*, Grundriß des österreichi-
schen Bundesverfassungsrechts, 7. Aufl., 1992, 374~428면; Grabenwarter/Ohms, Bundes-
verfaassungsgesetz mit Nebenverfassungsrecht, 13. Aufl., 2014, Vorwort u. S. 12ff. insb.
S. 263ff., 269f, 282ff., 471ff.; Kurt Heller, Der Verfassungsgerichtshof, Die Entwicklung
der Verfassungsgerichtsbarkeit von den Anfangen bis zum Gegenwart, 2012 참조.

V. 독   일

독일 연방헌법재판소는 두 개의 원(Senat)[1]으로 구성되는데, 각 원(院)은 연방대통령이 임기 12년으로 임명하는 8명의 재판관으로 구성한다. 재판관의 수는 합해서 16명이다. 재판관의 정년은 68세이며 연임은 허용되지 않는다. 두 개의 원은 각각 소장과 부소장이 재판장이 되어 독립적으로 활동하지만, 헌법 및 법률해석에 관해 다른 원의 판시내용과 다른 판시를 하려고 하는 경우에는 각 원의 재판관 2/3가 출석한 합동회의(Plenum)에서 심판한다(헌재법 제16조). 재판관은 연방의회(Bundestag)와 연방참사원(Bundesrat)에서 각각 절반씩 선거하는데, 연방참사원에서는 재적의원 2/3 이상의 찬성을 받은 사람을 재판관으로 선거한다(기본법 제94조 제1항 제2문, 헌재법 제6조).[2] 연방의회에서는 각 교섭단체의 의석비율에 따라 12명의 재판관 선거인단을 구성해서 2/3인 8명 이상의 동의를 얻은 사람을 재판관으로 선거한다. 각 원의 재판관 중에서 3명씩은 연방최고재판소에[3] 3년 이상 재직중인 법관 중에서 선출하고 나머지는 법관의 자격이 있는 연방의회의원 피선거권이 있는 40세 이상의 사람 중에서 선거하는데, 주로 법학교수가 선출되는 것이 관례로 되어 있다. 재판관은 법학교수 이외의 다른 공·사직은 겸할 수 없다.

연방헌법재판소는 매우 많은 관할사항을 심판한다(기본법 제93조 및 헌재법 제13조). i) 연방헌법기관 사이에 발생하는 권리·의무의 범위와 내용에 관한 헌법해석상의 권한다툼을 심판한다(기관쟁의심판)(기본법 제93조 제1항 제1호 및 헌재법 제13조 제5호). ii) 연방법과 주법(州法)

---

1) 제1원은 기본권 관련 규범통제 및 헌법소원사건, 제2원은 연방국가적 분쟁사건 및 탄핵심판사건 등을 주로 관할하고 있다. 연방헌법재판소법(헌재법) 제14조 참조. 독일의 헌법재판제도에 관해서 자세한 것은 저자의 논문 '서독의 헌법재판', 헌법위원회 출간 헌법재판자료 제2집, 1980, 7-69면 참조. 독일의 대표적 문헌으로는 *Benda/Klein*, Verfassungsprozeßrecht, 2. Aufl., 2001; *K. Schlaich/Korioth*, Das Bundesverfassungsgericht, 5. Aufl., 2001; *Ch. Pestalozza*, Verfassungsprozeßrecht, 3. Aufl., 1991; *Maunz/Schmidt-Bleibtreu/Klein/Bethge*, BVerfGG, 2 Bände, Kommentar, Stand 2005; *W. Löwer*, in: J. Isensee/P. Kirchhof(Hrsg.), Handbuch des Staatsrecht der Bundesrepublik Deutschland, Bd. 3, §70, 3. Aufl., 2005; *Hillgruber/Goos*, Verfassungsprozeßrecht, 2004 참조.
2) 독일 연방헌법재판소는 연방헌법재판관의 이러한 간접적인 선출방법을 정한 헌재법규정은 위헌이 아니라고 판시했다. BVerfGE 131, 230(234ff.) 참조.
3) 독일의 연방최고재판소로는 연방대법원, 연방행정재판소, 연방세무재판소, 연방노동재판소, 연방사회재판소 등의 다섯 종류가 있다. 독일기본법 제95조 제1항 참조.

의 기본법 위배 여부, 주법의 연방법 위배 여부를 심판한다(추상적 규범통제). 추상적 규범통제는 연방정부와 주 정부 또는 연방의회의 재적의원 1/3의 신청으로 이루어진다(기본법 제93조 제1항 제2호 및 헌재법 제13조 제6호). iii) 세 가지 유형의 연방국가적인 분쟁을 심판한다. 첫째 경쟁적 입법사항에 관해서 연방이 입법권을 행사한 경우 기본법(제72조 제2항)이 정한 필요적 연방입법의 요건을 충족했는지를 심판한다. 이 경우 연방참사원, 주 정부 또는 주 의회가 신청권을 갖는다(기본법 제93조 제1항 제2a호 및 헌재법 제13조 제6a호). 둘째 주(州)가 연방법률을 집행하는 과정에서 발생하는 권리·의무에 관한 분쟁 또는 연방의 감독권 행사에 관한 분쟁을 심판한다(기본법 제93조 제1항 제3호 및 헌재법 제13조 제7호). 셋째 연방과 주, 주 상호간, 주 내에서 생기는 공법적 분쟁으로 다른 소송절차가 없는 사건을 심판한다(기본법 제93조 제1항 제4호 및 헌재법 제13조 제8호). iv) 공권력에 의해서 기본권 침해를 받은 국민이 제기하는 헌법소원사건을 심판한다(기본법 제93조 제1항 제4a호 및 헌재법 제13조 제8a호). 헌법소원의 보충성의 요건 때문에 대부분 사법적(司法的)인 쟁송절차를 거친 후에 법원의 재판을 헌법소원으로 다투는 것이 보통이다(헌재법 제90조 제2항). v) 연방법률에 의해서 자치권을 침해받은 지방자치단체가 제기하는 헌법소원사건을 심판하는데, 주 법률에 의한 자치권 침해의 경우에는 주 헌법재판소에의 제소가 불가능한 경우에만 연방헌법재판소가 심판한다(기본법 제93조 제1항 제4b호 및 헌재법 제13조 제8a호). vi) 기본권의 효력을 상실시키는 기본권 실효심판을 한다. 즉 의사표현의 자유(특히 보도의 자유), 교수의 자유, 집회·결사의 자유, 통신의 자유, 재산권, 망명권을 악용해서 자유민주적 기본질서를 파괴하려는 기본권 주체를 상대로 기본권 실효심판을 한다(기본법 제18조 및 헌재법 제13조 제1호). vii) 위헌정당해산심판을 한다. 즉 정당의 목적과 당원의 활동이 자유민주적 기본질서를 파괴하거나 국가의 존립을 위태롭게 하는 경우 그 정당에 대한 위헌심판을 한다(기본법 제21조 제2항 및 헌재법 제13조 제2호). viii) 연방의회가 행한 의원선거의 유효성 심판과 의원자격 심사에 관한 분쟁을 심판한다(기본법 제41조 제2항 및 헌재법 제13조 제3호). ix) 연방대통령과 법관에 대한 탄핵심판을 한다(기본법 제61조와 제98조 제2항과 제5항 및 헌재법 제13조 제4호와 제9호). 연방대통령이 고의로 기본법 또는 연방법률을 침해하는 경우 연방의회 또는 연방참사원은 그 재적의원 1/4의 발의와 재적의원 2/3의 찬성으로 탄핵소추를 한다(기본법 제61조 제1항). 탄핵소추가 되면 연방헌법재판소는 연방대통령의 직무집행을 정지하는 가처분 결정을 할 수 있다. 연방헌법재판소는 연방대통령의 위헌 또는 위법사실을 확인하면 대통령을 파면 결정한다($^{기본법 제61}_{조 제 2 항}$). 법관이 직무집행 또는 직무 외의 일로 헌법의 기본원칙 내지 주(州)의 헌법질서를 침해하는 경우 연방의회의 신청으로 연방헌법재판소가 그 법관을 다른 공직으로 전직시키거나 휴직하게 할 수 있다. 고의적인 위법의 경우에는 퇴직을 명할 수도 있다($^{기본법 제98}_{조 제 2 항}$). x) 주의 법률이 주 내의 헌법적 분쟁을 연방헌법재판소가 심판하도록 정한 사건을 심판한다($^{기본법 제99조 및 헌}_{재법 제13조 제10호}$). xi) 구체적 규범통제를 한다. 즉 연방법과 주법의 기본법 위배 여부, 주법의 연방법 위배 여부가 재판의 전제가 된 경우 법원의 제청을 받아 연방헌법재판소가 위헌심사를 한다($^{기본법 제100조 제 1 항}_{및 헌재법 제13조 제11호}$). 국제법규의 국내법적 효력 여부 및 국제법규가 직접 국민의 권리·의무를 발생시키는지 여부가 재판의 전제가 된 경우에도 법원의 제청으로 연방헌법재판소가 심판한다($^{기본법 제100조 제 2 항}_{및 헌재법 제13조 제12호}$). xii) 국정조사위원회를 구성하기로 한 연방의회 의결의 기본법 위배 여부를 심판한다($^{헌재법 제13조 제11a호 및 국}_{정조사위원회법 제36조 제 2 항}$). xiii) 주의 헌법재판소가 연방헌법재판소 또는 다른 주의 헌법재판소와 다르게 기본법해석을 하려고 연방헌법재판소에 신청한 사건을 심판한다($^{기본법 제100조 제 3 항}_{및 헌재법 제13조 제13호}$). xiv) 기본법 제정 이전에 효력을 가졌던 연방법률의 계속적 효력 유무에 관한 분쟁을 심판한다($^{기본법 제126조 및 헌}_{재법 제13조 제14호}$). xv) 기타 연방법률이 연방헌법재판소에 부여한 사건을 심판한다($^{기본법 제93조}_{제 2 항 및 헌}$ $^{재법 제13}_{조 제15호}$).

독일 연방헌법재판소는 원칙적으로 각 원이 6인 이상의 재판관의 출석으로 심리를 할 수 있으며(심리정족수)($^{헌재법 제15}_{조 제 2 항}$), 법률에 특별한 규정이 없으면 심리에 참여한 재판관의 과반수로 결정한다(결정정족수). 위헌법률심판에서는 가부 동수인 경우에는 위헌·위법결정을 할 수 없다. 그리고 기본권 실효심판, 정당해산심판, 탄핵심판에서는 재적재판관 2/3의 찬성이 아니면 피소추인에게 불리한 결정을 할 수 없다($^{헌재법 제15}_{조 제 4 항}$).

독일 연방헌법재판소는 국가방위사태(Verteidigungsfall)가 발생해서 비상입법·비상행정체제로 돌입하는 국가비상사태에서도 그 존립과 기능이 기본법($^{제115g}_{조}$)에 의해서 확고하게 보장될 정도로 헌법상의 위상이 매우 높다.

독일 연방헌법재판소의 많은 관할사항 중에서 실제로 자주 심판하게 되는 사건은 헌법소원, 구체적·추상적 규범통제, 기관쟁의, 연방국가적 쟁의사건 들이다. 아무튼 독일 연방헌법재판소는 1951년 그 활동을 시작한 이후 이

러한 관할권을 효율적으로 행사해서 독일 국민의 기본권을 신장시키고 헌정
질서가 안정적으로 유지되도록 하는 데 결정적인 공헌을 하고 있다. 그 결과
독일의 헌법기관 중에서 국민들로부터 가장 존경과 신뢰를 받는 기관으로 자
리잡고 있으며, 헌법재판제도의 후발국가들에게 좋은 표본을 제공해 주고 있
다. 우리의 헌법재판제도가 독일의 것을 많이 모방하고 있는 것도 결코 우연
한 일만은 아니다.

제 3 장   헌법재판과 일반재판의 관계

    미국 또는 스위스처럼 일반 최고심 법원이 헌법재판을 담당하거나 프랑
스처럼 정치적인 성격의 헌법위원회를 설치해서 헌법재판을 맡기는 경우에는
헌법재판과 일반재판 사이에 특별히 긴장관계는 생기지 않는다. 그러나 우리
나라를 비롯해서 오스트리아 또는 독일처럼 일반법원과 별도로 사법부 형태
의 헌법재판소를 따로 설치해서 헌법재판을 관할하게 하는 경우에는 헌법재
판소와 일반법원 사이에 긴장·갈등이 생길 수 있다. 특히 헌법에서 헌법재판
소와 일반법원을 병존시키면서 두 기관의 위상과 기능에 관해 명확한 한계설
정을 하지 않은 경우, 또는 헌법재판의 본질과 기능을 도외시한 채 두 기관간
의 관계를 불합리하게 정하고 있는 경우 두 기관간에는 위상과 기능에 관한
분쟁이 발생하기 마련이다. 특히 법원의 재판을 헌법재판에서 심사하는 것에
관련된 분쟁이 핵심적인 것이다. 우리 헌법재판소와 대법원의 관계가 그 대표
적인 경우이다.

    우리의 경우 연혁적으로는 헌법재판소 설치에 부정적 시각을 가진 법조
계의 정서가 그대로 현행 헌법에 반영되어 헌법재판소의 위상과 관할을 모호
하게 규정한 데서 비롯된 것이라고 볼 수 있다. 그 결과 법원의 재판을 헌법
소원의 대상에서 제외하는, 체계정당성에 어긋나는 헌법소원제도가 탄생했다.
헌법소원의 보충성을 강조하면서 법원의 재판은 헌법소원에서 제외하는 자가
당착적인 비효율적인 헌법소원제도는 우리 헌법재판과 일반재판의 불건전한
관계를 극명하게 말해주는 현주소이다.

    그런데 독일처럼 헌법재판소가 법원의 재판을 심사하는 재판소원을 당연
한 것으로 받아들이는 경우에도 헌법재판과 일반재판의 관계는 여전히 학계
와 실무에서 논의의 대상이 된다. 재판소원을 허용하는 경우 헌법재판에서 법
원의 재판을 어느 범위까지 어떤 기준으로 심사하는 것이 가장 합리적인지를
밝혀야 하기 때문이다. 따라서 우리처럼 재판소원의 허용 여부의 차원에서 논

의가 이루어지건, 독일처럼 재판소원을 당연한 전제로 해서 그 심사범위 내지
는 심사기준의 설정에 관해서 논의가 되건 헌법재판과 일반재판의 관계를 올
바르게 밝히는 일은 헌법소송절차에서 반드시 해결해야 할 중요한 과제이다.

    따라서 먼저 재판소원의 허용과 관련한 헌법적인 논거를 살펴본 다음에
재판소원의 허용에 따른 문제점과 심사범위 및 심사기준에 관해서 살펴보기
로 한다.

1. 재판소원 허용의 헌법 및 헌법이론적 근거

I. 독일의 법규정과 논의 내용 및 평가

(1) 관련규정과 논의 내용

    독일에서 재판소원을 허용하는 근거로 흔히 세 가지를 들고 있다. 첫째,
헌법소원제도를 규정하는 기본법($^{제93조 \ 제1}_{항 \ 제4a호}$)에서 공권력에 의한 기본권 침해를
받은 사람이 헌법소원을 제기할 수 있게 정하고 있는데, 법원의 사법작용도
당연히 공권력작용에 속하기 때문에 법원의 재판에 의해 기본권 침해가 발생
하면 재판소원을 하는 것이 당연하다는 것이다. 둘째, 기본법($^{제100조}_{제1항}$)에서 구체
적 규범통제를 규정하면서 법률에 대한 위헌심사권과 위헌결정권을 분리해서
(관할분리제) 위헌결정권을 헌법재판소에 독점시키고 있기 때문에 헌법재판소
가 이 독점적인 위헌심사권을 효율적으로 행사하기 위해서는 법원에 의한 헌
법해석도 심사의 대상으로 삼을 수밖에 없다는 것이다. 법원의 착각으로 헌법
의 규범적인 의미를 잘못 이해해서 위헌적인 법률을 합헌으로 잘못 해석·적
용하는 경우가 있을 수 있다는 것이다. 더욱이 독일에서는 소송당사자가 재판
의 전제가 된 법률의 위헌심판제청신청을 하더라도 법원이 이를 기각하면 우
리와 달리 규범소원($^{우리 \ 헌재법}_{제68조 \ 제2항}$)을 할 수 없기 때문에 재판소원을 통한 법원의
헌법해석 통제는 불가피하다는 것이다. 셋째, 독일 기본법($^{제92조와}_{제94조}$)이 연방헌법
재판소의 설치와 관할 및 구성에 관해서 자세히 규정함으로써 연방헌법재판소
에 특별한 헌법상의 지위를 부여하고 있기 때문에 연방헌법재판소가 다른 법

원의 재판을 심사하는 것은 헌법정신에 어긋나지 않는다는 것이다.

(2) 평   가

생각건대 독일에서 재판소원의 당위적인 근거로 제시되는 세 가지 이유 중에서 앞의 두 가지 이유는 헌법규정이나 헌법이론적으로 충분한 설득력이 있다고 할 것이다. 따라서 이 두 가지 이유가 상호 보완작용을 해서 재판소원을 정당화한다고 생각한다. 반면에 연방헌법재판소의 특별한 지위에서 재판소원의 정당성 근거를 찾으려는 주장은 설득력이 약하다고 생각한다. 독일 기본법이 연방헌법재판소의 설치와 구성방법 및 관할사항에서 다른 법원들과는 다른 특별한 위상을 부여하고 있는 것은 사실이다. 특히 연방헌법재판소 재판관은 그 선출방법·임기·신분에서 다른 법관과 차이가 있는 것을 부인할 수 없다. 또 다른 연방최고법원(연방대법원·연방행정법원·연방세무법원·연방노동법원·연방사회법원)과는 달리 연방헌법재판소는 독자적인 예산편성권과 규칙제정권도 갖는다. 그렇더라도 다른 연방최고법원들도 그 설치 근거가 기본법($\frac{제95}{조}$)에 있고 기본법은 사법권을 연방헌법재판소와 이들 연방최고법원이 행사한다는 규정($\frac{제92}{조}$)을 두고 있다는 점을 감안하면 연방헌법재판소의 특별한 지위에서 재판소원의 관할권을 이끌어내는 것은 무리한 논증이라고 할 것이다. 연방헌법재판소의 특별한 지위와 재판소원의 관할권은 별개의 문제이기 때문이다.

Ⅱ. 우리의 법규정과 논의 내용 및 평가

(1) 관련규정과 논의 내용

우리나라는 헌법소원에 관한 헌법의 규정이 독일과는 다르다. 즉 헌법($\frac{제111조 제1}{항 제5호}$)에서는 '법률이 정하는 헌법소원에 관한 심판'권을 헌법재판소의 관할로 정하면서 독일 기본법과는 달리 헌법소원의 구체적인 내용은 법률에서 정하도록 위임하고 있다. 그래서 헌법재판소법($\frac{제68조}{제1항}$)이 헌법소원의 구체적인 내용을 정하면서 독일 기본법($\frac{제93조 제1}{항 제4a호}$)의 헌법소원에 관한 규정을 거의 그대로 옮겨 오면서도 법원의 재판을 제외한다는 말만 추가했다. 그러면서 헌법소원의 보충성을 강조함으로써 우리의 헌법소원제도를 체계정당성의 원리에 어

굿나는 형태로 규정했다. 대법원을 비롯한 법원에서는 이렇게 규정된 헌법소
원제도가 전혀 문제될 것이 없다는 입장이고 학계에서는 문제점을 지적하는
목소리가 높다.[1]

(2) 평   가

헌법의 위임을 받아 법률에서 헌법소원제도의 구체적인 내용을 정하는
경우 적어도 그 제도의 체계적인 조화를 무시하는 입법을 해서는 아니 된다.
공권력에 의한 기본권 침해를 구제하는 수단으로 헌법소원제도를 마련하면서
헌법소원의 대상에서 법원의 재판을 제외하는 동시에 헌법소원의 보충성을 강
조하는 것은 분명히 자가당착적인 모순이며 체계정당성의 원리에 어긋나는 입
법형성권의 남용이라고 할 것이다. 헌법소원의 보충성은 재판소원을 당연한
전제로 할 때만 그 의미가 있기 때문이다. 나아가 헌법재판제도는 우리 헌법
(제10조 제2절)이 명시한 국가권력의 기본권 기속성을 실현하기 위한 당위적인 제도이
기 때문에 헌법에서 재판소원을 명시적으로 배제하지 않는 한 법원의 재판을
헌법소원에서 제외해서는 아니 된다. 민주적 정당성에 입각해서 국회가 다수
결로 제정한 법률도 헌법재판에 의한 통제를 받는 헌법질서에서 법원의 재판
을 헌법재판의 심판대상에서 제외하는 것은 균형을 잃은 논리적인 모순이다.
더욱이 우리도 규범통제에서 독일처럼 관할분리제를 채택해 헌법재판소에 법
률의 위헌결정권을 독점시키고 있으므로 재판소원의 당위성에 관한 최소한의
헌법적인 근거는 마련된 셈이다. 입법체계적으로 볼 때 우리의 규범소원제도
(헌재법 제68 조 제2항)는 재판소원을 배제하는 것과도 모순이다. 왜냐하면 소송당사자의
위헌제청신청을 기각하는 법원의 결정은 일종의 재판이므로 이를 헌법소원으
로 다툴 수 있게 하는 것은 이미 재판소원을 허용하고 있는 것으로 볼 수 있
기 때문이다. 따라서 입법적으로는 헌재법 제68조 제 1 항의 '법원의 재판을
제외하고는'이라는 문구를 삭제해서 재판소원을 전면 허용하는 방향으로 입법
개선을 하는 것이 필요하다. 그 대신 규범소원제도(헌재법 제68 조 제2항)는 폐지하는 것이
바람직하다. 그리고 검찰의 공소권 행사에 관한 통제는 헌법소원의 대상에서
제외해서 재정신청제도의 확충을 통한 법원의 통제에 맡기는 것이 합리적이

---

1) 예컨대 저자의 논문, 헌법소원제도의 이론과 우리 제도의 문제점, 고시연구, 1989/4 참조.

다.[1] 이러한 방향의 입법개선이 이루어질 때까지는 헌법재판소가 판례를 통해 재판소원의 범위를 넓혀가야 할 것이다. 지금처럼 헌법재판소가 위헌으로 결정한 법률을 적용해서 기본권을 침해한 재판에 대해서만 재판소원을 인정하는 소극적인 자세를 탈피할 필요가 있다.

2. 재판소원 허용시의 심사범위 및 심사기준

독일처럼 재판소원을 허용하거나 우리가 재판소원을 정식으로 도입하는 경우에는 또 다른 문제가 논의의 초점으로 등장한다. 즉 헌법재판소가 어느 범위까지 어떤 기준으로 법원의 재판을 심사할 것인가의 문제가 현실적인 당면과제로 등장한다. 헌법재판에서 심사범위를 지나치게 확대하면 재판소원이 자칫 제4심 내지는 초(超)상고심으로 변질될 위험성을 갖게 되고, 반대로 심사범위를 너무 좁히면 재판소원을 통한 기본권 보호를 약화시키는 결과를 초래할 수 있기 때문이다. 그러나 한 가지 분명한 것은 재판소원에서 헌법재판소의 심사대상은 법원의 재판 그 자체이지 재판의 대상이 된 사건은 아니라는 점이다. 그럼에도 불구하고 재판소원을 허용하는 독일에서는 재판소원에서 허용되는 심사범위 내지 심사기준을 둘러싼 활발한 논의가 있다.[2] 그렇지만 아직도 통일된 기준이 확립되었다고 보기는 어렵다.

Ⅰ. 독일에서의 논의 내용

(1) 핵(Heck) 공식

독일 연방헌법재판소는 이미 활동 초기인 1951년부터 재판소원의 심사범

---

1) 재정신청제도를 모든 범죄로 확대하는 형소법(제260조) 개정(2008. 1. 1. 시행)으로 이 문제는 해결되었다고 할 것이다.

2) 독일 공법교수들의 모임인 공법학자협회(Vereinigung der deutschen Staatsrechtslehrer)는 2001년 바로 이 문제를 연차총회의 연구주제로 선정해서 R. Alexy, Ph. Kunig, W. Heun, G. Hermes 등 네 교수가 논문발표를 하고 토론을 했다. 자세한 내용은 VVDStRL Bd. 61, 2002, 7-220면 참조. 이 네 편의 논문과 토론 내용에 이 문제에 관한 그 동안의 연구결과가 집약되어 있다. 그 밖에도 H. J. Papier, Das BVerfG als Hüter der Grundrechte, in: Handbuch der Grundrechte, Bd. 3, §80, 2009, S. 1007ff.(1023ff.) 참조.

위와 한계에 관해서 원칙적인 입장을 밝혔다. 즉 재판소원이 제기되면 헌법재
판소는 법원의 재판이 제소자의 기본권을 직접 침해했는지 여부만을 심사한
다고 판시했다.[1] 그 후 1964년의 '특허결정'(Patent-Beschluß)[2]에서 이 입장을
보다 구체화한 이른바 '핵 공식'(Heck'sche Formel)[3]을 정립해서 이 민감한 문
제에 대한 실용적인 방향제시를 시도했다. 즉 재판절차를 정하는 문제, 사실
관계를 확정하고 평가하는 문제, 법률을 해석해서 개별적인 사건에 적용하는
문제 등은 오로지 일반법원의 고유한 권한이기 때문에 연방헌법재판소가 간
섭할 사항이 아니라는 것이다.[4] 일반법원이 특별히 헌법을 침해한 경우에만
헌법재판소가 법원의 재판을 심판하게 된다고 한다. 그런데 법원이 법률해석
을 잘못해서 객관적으로 잘못된 재판을 한 것만으로는 특별히 헌법을 침해한
것으로 볼 수 없고, 그 잘못된 재판이 기본권을 존중하지 않은 데 기인하는
경우에만 헌법을 침해한 재판이 된다고 한다. 즉 법원이 구체적인 쟁송에서
실질적인 비중을 갖는 기본권의 의미에 관해서 잘못된 인식을 가지고 특히
기본권의 보호영역에 대한 오해에 바탕을 두고 재판한 경우에 특별히 헌법 침
해를 논할 수 있다고 한다. 따라서 법원의 법률적용이 적합성(Sachgemäßheit)
과 공정성(Billigkeit)의 관점에서 다툼의 여지가 있고, 법원의 이익형량에 의문
이 제기된다는 점만으로 기본권 침해를 인정할 수는 없다고 한다.[5]

이 이론은 헌법재판의 실무에서는 물론 학계에서도 많은 동조자에 의해
확산되면서 한 때 '헌법재판의 마그나 카르타'(Magna Carta)[6]라고까지 평가되
기도 했다. 그러나 이미 연방헌법재판소가 1958년의 뤼트(Lüth)판결[7]에서 정
립한 기본권의 파급효과이론 때문에 모든 법률해석에 기본권의 규범적 효력
이 직·간접으로 미친다고 인식되고 있는 상황에서 기본권을 존중하지 않은
재판으로 특별히 헌법을 침해한 경우를 따로 분리해서 논한다는 것이 현실적

---

1) BVerfGE 1, 7(8) 참조.
2) BVerfGE 18, 85 참조.
3) 사건을 담당했던 제 1 원의 재판관 Karl Heck이 주장한 이론을 수용해서 그의 이름을 붙인
   공식으로 탄생했다.
4) BVerfGE 18, 85(92) 참조.
5) BVerfGE 18, 85(93) 참조.
6) *R. Herzog*, FS f. G. Dürig, 1990, S. 433ff. 참조.
7) BVerfGE 7, 198(205ff.) 참조.

으로 어렵다는 비판이 강하게 제기되었다. 그 결과 '핵 공식'은 문제를 구체적으로 표현하고 있을 뿐이지 문제를 해결한 것은 아니라는 주장이 설득력을 얻고 있다.[1]

(2) 슈만(Schumann) 공식

연방헌법재판소가 정립한 '핵 공식'의 문제점을 극복하기 위해서 Schumann은 이른바 '슈만 공식'(Schumann'sche Formel or Umdenkformel)을 제시했다. 즉 그에 따르면 법원이 기본권의 의미에 관해서 근본적으로 잘못된 인식을 갖고 재판했다고 하려면 재판소원의 대상이 된 재판이 입법권자가 법규범으로는 정립하지 않을 것으로 추정되는 법적 결과를 인정하는 경우라야 한다는 것이다.[2] 즉 법원이 구체적인 사건에 단순히 법률규정을 해석·적용한 것이 아니라, 법률규정을 보완·형성하는 나름의 기준을 세워서 재판한 경우 그것은 전통적 의미의 법률해석이 아니라 일종의 '법관의 법'(Richterrecht)을 정립한 것이라 볼 수 있다는 것이다. 따라서 법관이 형성한 법은 입법권자가 형성한 법과 동일하게 헌법재판에 의한 통제를 받아야 마땅하다는 것이다. 그리고 법관이 형성한 법의 내용도 입법권자가 형성하는 법의 내용처럼 기본권을 존중해야 하는데, 만일 법관의 법이 입법권자가 제정한 법의 내용으로는 인정하기 어려운 법적인 결과를 내포하고 있다면 당연히 재판소원을 통해 규제할 수밖에 없다는 것이다. 이 이론은 법관에게 주어진 법 발견 내지 법 형성의 한계를 명백히 함으로써 재판소원의 심사범위를 확정하려는 입장으로서 독일 연방헌법재판소의 판례에도 많은 영향을 미치고[3] 학계에도 지지하는 사람이 많다.[4]

---

1) 예컨대 G. Hermes, VVDStRL Bd. 61, 119ff.(145) 참조.
2) *Schumann*, Verfassungs- und Menschenrechtsbeschwerde gegen richterliche Entscheidungen, 1963, 특히 S. 207 참조. 이 슈만공식은 전환판단(Umdenk)공식이라고 부를 수 있는데, 그 이유는 법원의 판결로 나타난 법적 주장을 법률로 전환시킨다면 위헌이겠는가를 심사하는 것이기 때문이다.
3) 예컨대 BVerfGE 59, 231(256f.); 63, 45(67); 64, 261(280); 68, 256(267 u. 270); 69, 315(372); 81, 29(31f.); 82, 6(15f.); 84, 212(228f.); 85, 1(16); 97, 12(27); 99, 129(139).
4) 예컨대 *Voßkuhle*, in: v. Mangoldt/Klein/Starck, GG-Kommentar, Bd. 3, Art. 93 RN. 61 mit RN. 300, 4. Aufl., 2001; *Renner*, NJW 1991, S. 12(13); *Starck*, JZ 1996, S. 1033 (1039f.); *Oeter*, AÖR 119, 1994, S. 529(559); *Broß*, BayVBl. 2000, S. 513ff.; *Jestaedt*, DVBl. 2001, S. 1309(1321).

그러나 이 이론도 법관에 의한 법 형성의 경우 입법권자의 분명한 법 정립 의도를 판단할 또 다른 기준이 필요하다는 점에서 그 실용성에 한계가 있는 것이 사실이다. 그래서 다른 학자들의 또 다른 다양한 이론들[1])이 주장되었지만 한결같이 단발성(單發性)의 이론이므로 여기에서는 더 이상 다루지 않기로 한다.

(3) 침해진지성이론

독일 연방헌법재판소가 '핵 공식'을 보완해서 1976년 정립한 이론이 침해진지성이론(Theorie der Eingriffsintensität or Je-desto-Formel)이다. 즉 연방헌법재판소는 이른바 '독일 잡지결정'(Deutschland-Magazin Beschluß)[2])에서 연방헌법재판소가 일반법률의 해석·적용 그 자체에 대해서는 심사할 수가 없고, 법원의 재판에서 기본권의 규범적 효력을 존중하도록 하는 데 주안점을 두어야 한다는 종전의 판시를 다시 한 번 상기시키면서도, 재판소원의 심사범위를 지나치게 경직되게 획일적으로 정하기보다는 개별적인 사건의 내용에 따라 유동적인 기준을 적용하는 것이 불가피하다는 점을 강조한다. 그런데 유동적인 기준의 설정에서는 기본권 침해의 진지성이 중요한 판단근거가 되어야 한다는 것이다. 즉 법원의 재판이 구체적인 사건에서 실질적인 의미를 갖는 기본권의 의미와 보호영역에 관한 잘못된 인식에 근거해서 이루어진 경우라도('핵 공식'에 의할 때는 당연히 심사해야) 당사자의 기본권 침해 정도에 따라 상이한 통제가 행해져야 하므로 기본권 침해가 심하면 심할수록 더욱 엄격한 통제를 받을 수밖에 없다는 것이다. 그 결과 기본권 침해의 정도가 아주 큰 경우에만 연방헌법재판소가 법원의 가치판단을 정정할 권한을 갖는다는 것이다.[3])

이 침해진지성이론은 연방헌법재판소가 정립한 '핵 공식'을 보완하는 내용으로서 기본권의 파급효과도 존중하면서 연방헌법재판소와 일반법원의 기능적인 업무분담을 엄격하게 획정하려는 노력의 표현으로 볼 수 있다. 왜냐하

---

1) 예컨대 기본권의 직접침해이론(R. Schneider), 기본권의 영역 침해와 특별 침해의 구별이론 (Steinwedel), 직접적 헌법 침해와 간접적 헌법 침해의 구별이론(Papier), 재판내용통제, 자의통제, 법형성통제의 구분론(Wank), 행정법적 재량행위 통제이론원용(Schenk) 등이 그것이다.
2) BVerfGE 42, 143 참조.
3) BVerfGE 42, 143(148f.) 참조.

면 이 이론에 의해서 연방헌법재판소가 재판소원에서 법원의 재판을 심사하는 문제는 그 본질이 통제범위(Kontrollumfang)의 문제가 아니라 통제정도(Kontrolldichte)와 그 조건의 결정문제라는 점이 분명해졌기 때문이다. 연방헌법재판소는 그 후 이 기준을 적용한 판례[1]를 자주 내 놓고 있고 동조하는 학자도 많다.[2] 그러나 이 이론도 전혀 문제가 없는 것은 아니다. 이 이론에 의하면 재판소원의 대상이 된 법원의 재판이 기본권을 충분히 존중하지 않은 재판이지만 기본권 침해의 진지성이 적은 경우에는 연방헌법재판소의 포괄적인 심사·통제가 배제되어 재판소원은 기각되고, 그 결과 재판의 위헌성이 확인될 수 없어 법원의 위헌적인 재판은 결과적으로 합헌적인 재판으로 자리매김될 수 있기 때문이다. 나아가 이 이론은 기본권 침해의 진지성을 판단할 또 다른 기준을 필요로 한다는 비판을 면하기도 어렵다.

(4) 종합적 평가

독일 연방헌법재판소가 재판소원의 심사범위 내지 심사기준에 관해서 정립한 '핵 공식'과 침해진지성이론은 물론이고 학계에서 제시된 '슈만 공식'은 각각의 장단점을 가지고 있기 때문에 재판소원에서 하나의 상대적이고 개괄적인 지침 내지는 기준으로서 기능할 수는 있지만, 그 어느 것도 유일한 절대적인 기준이 될 수는 없다고 할 것이다. 따라서 독일에서도 연방헌법재판소가 재판소원을 심사하는 데 있어서 개별적인 사건에 따라 실용적인 관점에서 어느 정도 유동적인 재량권을 가지고 심사범위 내지 심사정도를 정하게 할 수밖에 없다는 체념의 목소리가 힘을 얻고 있는 실정이다.[3]

Ⅱ. 우리나라의 논의 상황

우리의 헌법재판제도에서는 재판소원을 처음부터 배제하고 있다($\binom{법~제68조}{제1항}$).

---

1) 예컨대 최근의 판례로는 BVerfGE 97, 169(181); 98, 365(389) 등 참조.

2) 대표적으로 *Scherzberg*, Grundrechtschutz und 'Eingriffsintensität', 1989; *Lincke*, EuGRZ 1986, S. 60ff.; *Martin Düwel*, Kontrollbefugnisse des BVerfG bei Verfassungsbeschwerden gegen gerichtliche Entscheidungen, 2000, S. 90ff. 참조.

3) 예컨대, *F. Ossenbühl*, FS f. Ipsen, 1977, S. 129(139); *Schulze-Fielitz*, AÖR 122, 1997, S. 1(10); *Korioth*, FS f. BVerfG, Bd. 1, 2001, S. 74 참조.

그렇기 때문에 재판소원이 허용되는 독일에서처럼 재판을 대상으로 하는 헌법소원심판에서 헌법재판소가 재판을 심사하게 되는 심사범위와 심사기준에 관한 논의는 전혀 불필요한 것이 현실이다. 그러나 언젠가 재판소원제도가 도입되는 경우에는 우리도 재판소원의 심사범위와 심사기준의 설정에 관해서 독일에서와 같은 논의가 불가피하게 된다. 그런 경우에 앞에서 소개한 독일에서의 논의는 큰 참고가 되리라고 믿는다. 지금으로서는 헌법재판소가 위헌결정한 법령을 적용해서 재판함으로써 국민의 기본권을 침해하는 경우에만 예외적으로 재판소원을 허용하는 판례가 확립된 상태이다. 그런데 이처럼 예외적인 재판소원의 경우에도 헌법재판소의 변형위헌결정(한정위헌·한정합헌결정)에 대해서는 법원이 아직은 그 기속력을 부인하는 태도를 보이고 있으므로 재판소원심판에서 헌법재판소가 법원의 재판을 취소하더라도 실효성 있는 권리구제가 이루어지지 않아 논란이 되고 있다. 또 법령에 대한 헌법재판소의 위헌결정과 이 위헌법령을 적용한 법원의 재판이 우연히 같은 날 이루어진 경우에 그 법원의 재판이 과연 재판소원의 대상이 되는 재판인가의 논의가 새로 제기되고 있다. 이 문제들은 각각 관련부분에서 설명하기로 한다.[1]

3. 명령·규칙에 대한 규범통제의 관할권

헌법이론적으로 볼 때 법률에 대한 규범통제와 명령·규칙에 대한 규범통제가 언제나 동일하게 규율되어야 하는 것은 아니다. 그러나 적어도 법률에 대한 규범통제가 허용된다면 명령·규칙에 대한 규범통제는 그에 준하는 것으로 보는 것이 옳다. 법 단계이론에 비추어 볼 때 상위규범인 법률에 대한 규범통제는 당연히 하위규범인 명령·규칙에 대한 규범통제를 수반하는 것으로 보아야 하기 때문이다. 비교법적으로도 독일, 오스트리아, 스페인, 포르투갈처럼 법률에 대한 규범통제를 관할하는 기관은 명령·규칙에 대한 것도 함께 갖는 것이 일반적이다. 물론 법률에 대한 규범통제를 허용하지 않으면서 명령·규칙에 대한 규범통제만을 허용하는 입법례도 있다. 또 연방국가에서는 스위

---

1) 뒷 부분 210면 및 397면 참조.

스처럼 연방법령에 대한 규범통제는 배제하면서 주(州)의 법령에 대한 규범통제만 허용하는 나라도 있다.[1]

　　우리나라는 헌법($^{제107}_{조}$)에서 구체적 규범통제만을 규정하면서 법률에 대한 규범통제와 명령·규칙에 대한 규범통제를 구별하고 있다. 전자는 헌법재판소($^{제107조}_{제1항}$), 후자는 대법원($^{제107조}_{제2항}$)의 관할로 정하고 있다. 그런데 대법원이 제정한 법무사법 시행규칙에 대해서 1990년 헌법재판소가 위헌결정[2]을 하면서 헌법재판소와 대법원 사이에 관할다툼이 발생했다. 대법원이 헌법재판소의 관할권을 부인하면서[3] 불거진 두 기관 간의 갈등은 그 후 헌법재판소의 일관된 판례 축적으로 헌법재판소가 제한적인 관할권을 행사하는 선에서 실무적으로는 일단 해결된 것으로 볼 수 있다. 그렇지만 분쟁의 불씨는 여전히 남아 있다.

　　생각건대 우리 헌법 제107조 제2항의 정신은 대법원의 생각처럼 명령·규칙에 대한 헌법재판소의 위헌심사·결정권을 배제하기 위한 것이 아니고, 명령·규칙의 위헌 여부가 재판의 전제가 되었을 때 법령의 통일적인 해석·적용이라는 법치주의 요청 때문에 반드시 대법원의 최종적인 검증을 받도록(필요적 상고사유) 하려는 데 있다고 보아야 한다. 따라서 이 헌법규정은 명령·규칙에 대한 대법원의 독점적인 위헌심사권을 주장하기 위한 논거가 될 수 없다고 할 것이다. 그 결과 법무사법 시행규칙의 헌법소원사건에서 헌법재판소가 판시한 대로 명령·규칙이 집행행위를 거치지 않고 직접 기본권을 침해해서 헌법소원($^{헌재법 제68}_{조 제1항}$)의 대상이 ·된 경우에는 헌법재판소가 당연히 그에 대한 위헌 여부를 심판할 수 있다고 보는 것이 옳다고 할 것이다. 그래야 헌법소원제도의 취지에도 맞고 법률에 의한 직접적인 기본권 침해의 경우와도 균형을 이룰 수 있다. 그러나 분쟁의 소지를 완전히 없애는 뜻에서 장기적으로는 입법적인 해결책을 강구할 필요가 있을 것이다.

---

1) 이 문제에 대한 더 자세한 비교법적 내용은 다음 문헌 참조할 것. *Ch. Starck/A. Weber* (Hrsg.), Verfassungsgerichtsbarkeit in Westeuropa, Teilband 1, 1986, S. 62ff.
2) 헌재결 1990. 10. 15. 89헌마178 참조.
3) 명령·규칙의 위헌심사권에 관한 대법원의 연구보고서, 1990년 참조.

제 4 장   헌법재판의 분류와 종류

헌법재판의 유형을 분류하는 통일된 기준은 없다. 그렇기 때문에 다양한 기준에 의해서 헌법재판의 유형을 분류할 수 있다.

1. 핵심적인 헌법재판과 비핵심적인 헌법재판

Ⅰ. 핵심적인 헌법재판

핵심적인 헌법재판 유형으로 분류할 수 있는 것은 다음 네 가지 유형의 헌법재판을 들 수 있다.

(1) 규범통제

법률·명령·규칙·자치조례 등의 위헌 여부를 심사하는 헌법재판인데, 연방국가에서는 연방법령과 주 법령 또는 둘 중의 하나에 대한 규범통제를 규정하는 경우가 많다. 헌법의 최고규범성이 직접·간접으로 인정되고 있는 헌법질서에서는 규범통제는 헌법의 최고규범성을 지키고 법질서의 계층적인 통일성을 유지하기 위한 불가피한 수단이다.

(2) 연방국가적 쟁의심판

연방국가의 구조를 택한 경우 이원적인 구조(dual federalism)를 따르건 협동적 구조(cooperative federalism)에 의하건[1] 입법·행정·사법의 모든 국가작용의 분야에서 연방과 주의 기능적인 상호관계 때문에 분쟁이 발생하게 된다. 이 때 그 분쟁을 합리적으로 해결하는 것은 연방국가의 존립을 위한 불가결

---

1) 연방국가 구조에 관해서 자세한 것은 졸저(拙著), 헌법이론과 헌법, 2021년, 방주 461 이하 참조.

한 과제이다. 유사(quasi) 연방국가적 쟁의심판도 이 유형에 속한다고 볼 수 있는데, 지방자치가 제도적으로 보장된 헌법질서에서 지방자치권의 범위와 한계를 둘러싸고 중앙정부와 지방자치단체 사이에 발생하는 분쟁이 그에 속한다.

(3) 기본권 보호를 위한 헌법소원

공권력에 의해서 직접·간접으로 기본권이 침해된 경우 헌법이 보장하는 기본권의 실효성을 확보하기 위한 헌법재판유형이다. 특히 헌법이 통치권의 기본권 기속성의 원리를 명시적으로 천명하고 있는 경우에는 모든 국가작용은 기본권을 존중하고 실현하는 방향으로 이루어져야 하는 헌법적인 기속을 받기 때문에 기본권을 침해하는 공권력작용은 정당한 국가작용으로 인정할 수 없다. 따라서 위헌적인 공권력작용에 의한 기본권 침해를 구제해 주는 헌법소원의 재판유형이 필요하다.

(4) 국가기관간의 권한쟁의심판

현대 국가의 구조적 원리는 국가권력을 여러 국가기관에 나누어 맡기고 국가기관 상호간에 권력 행사에 관한 견제와 균형을 유지하게 한다. 그럼으로써 권력 집중에서 오는 권력의 악용과 남용을 막아 궁극적으로 국민의 기본권을 실현하는 사회통합의 헌법적인 목표를 달성하려는 것이다. 그런데 권력의 분산과 권력 상호간의 견제 균형의 메커니즘이 제대로 작동하지 않으면 오히려 국정수행에 역기능이 초래된다. 특히 헌법기관 상호간에 헌법상의 권한과 의무의 내용과 범위에 관해서 분쟁이 발생하는 경우 이의 조정과 해결은 통치질서의 유지와 국가작용의 원활한 수행을 위한 필수적인 전제조건이다. 그래서 국가기관간의 권한쟁의심판은 핵심적인 헌법재판의 유형에 속한다.

Ⅱ. 비핵심적인 헌법재판

비(非)핵심적인 헌법재판의 유형에는 다음의 다섯 가지를 들 수 있다.

(1) 선거와 국민투표의 정당성 통제

대의민주주의 국가에서 대의기관을 구성하기 위해서 주기적으로 실시하는 선거는 대의민주주의의 승패를 결정하는 중요한 기능을 갖는다. 또 예외적으로 정책사안에 대해서 국민의 의사를 묻는 국민투표는 대의민주주의를 보완하는 중요한 기능을 한다. 따라서 선거와 국민투표가 공정한 절차에 따라 합법적으로 실시되는 것은 선거와 국민투표의 목적 달성을 위한 필수적인 전제조건이다. 선거에 의해서 뽑힌 의원의 자격을 심사하고 그 적격성 여부를 심사하는 일도 같은 차원에서 중요하다. 따라서 선거와 국민투표의 정당성에 대한 통제는 헌법재판의 한 유형으로 분류된다.

(2) 헌법 보호절차

헌법의 보호를 직접적인 목적으로 하는 헌법재판의 유형이 헌법 보호절차이다. 헌법에 대한 직접적인 침해로부터 헌법을 보호하기 위해서 마련된 헌법재판의 유형이다. 고위 공직자에 대한 탄핵심판절차, 정당이나 결사체의 위헌성 심판절차, 개인의 기본권에 대한 실효심판절차 등이 여기에 속한다고 할 것이다.

(3) 규범의 효력 및 존속확인심판

혁명·정변 등 정치적인 변혁기를 지나 새로운 법질서가 창설되고 구법질서가 과도기적으로 부분 수용되는 경우 구법질서에 속하는 법규범의 효력 유무 내지는 그 규범의 존속 여부를 심판하는 일은 법질서의 조속한 확립을 위해서도 반드시 필요한 작업이다. 그러나 이 작업은 현행의 헌법에 근거를 두고 제정된 법령의 위헌 여부를 가리는 규범통제와는 구별되는 또 다른 헌법재판유형이다.

(4) 갈등조정심판

법치행정의 원칙에 따라 행정작용이 사법적인 통제를 받게 되는 경우 행정쟁송절차에서 행정관청과 법원 간에 갈등이 발생할 수 있다. 또 법원조직이 우리처럼 일원적으로 되어 있지 않고 쟁송분야(민·형사, 행정, 세무, 노동, 사회법 등)별로 다원화되어 있는 경우 또는 행정조직이 다원적인 행정조직으로 분화되어 있는 경우에는 법원 상호간 또는 행정기관 상호간에 업무수행의 과정에서 갈등이 발생할 수 있다. 이러한 갈등을 조정하는 일은 원활한 사법작용(司法作用)과 행정업무의 수행을 위해서 필요한 헌법재판에 속한다. 오스트리아가 이 유형의 헌법재판을 도입한 대표적인 나라이다.

(5) 기타 비(非)전형적인 헌법재판

나라의 사정에 따라 특별히 헌법재판의 유형으로 분류하는 사건이 여기에 속한다.

Ⅲ. 헌법재판의 유형에서 본 헌법재판기관

헌법재판을 핵심적인 헌법재판과 비(非)핵심적인 헌법재판으로 분류하는 경우 나라마다 통치질서에서 차지하는 헌법재판의 위상은 얼마나 많은 핵심적인 헌법재판사항을 마련하고 있느냐에 따라 결정된다고 할 것이다. 그리고 비핵심적인 헌법재판사항의 채택규모도 중요한 판단근거가 될 수 있다고 할 것이다. 이러한 관점에서 볼 때 독일의 헌법재판제도는 모든 핵심적인 헌법재판사항을 포함해서 비핵심적인 헌법재판의 유형까지도 폭 넓게 채택하고 있어 명실공히 헌법재판의 모범국가라고 평가하는 데 부족함이 없다고 할 것이다. 오스트리아도 핵심적인 헌법재판의 유형 중에서 헌법소원을 특별행정소송의 형태로 규정하고 있다는 점을 제외하면 헌법재판의 위상이 매우 높은 경우라고 볼 수 있다. 더욱이 비핵심적인 헌법재판의 대부분을 제도화하고 있다는 점도 간과해서는 아니 된다. 우리나라는 연방국가적인 쟁의만을 제외한 모든 핵심적인 헌법재판사항을 채택하고 있고, 비핵심적인 헌법재판 유형 중에서 특별히 헌법보호절차에 속하는 고위공직자에 대한 탄핵심판절차와 위헌정당해산제도를 마련하고 있다는 점에서 헌법재판의 위상을 과소평가할 수는 없다고 할 것이다. 다만 기본권 보호를 위한 헌법소원제도가 체계정당성의 원리에 어긋나게 마련되어 있다는 점이 아쉬운 부분이다.

2. 헌법재판의 다섯 가지 분류

헌법재판을 분류하는 또 다른 기준에 따르면 헌법재판은 다음의 다섯 가지 유형으로 분류할 수 있다.

Ⅰ. 선거보장적 헌법재판

선거절차의 합법성과 공정성을 보장하기 위해서 마련된 헌법재판인데, 선거소송·국민투표소송·의원자격심사소송 등이 이 유형에 속한다. 대의민주주의 통치구조의 기능적인 전제조건인 선거의 공정성을 보장하고 참정권 보장의 실효성을 높이며 정당활동의 기회균등을 통한 공정한 정책경쟁을 실현하기 위해서 이 유형의 헌법재판은 중요한 의미를 갖는다.

Ⅱ. 권력통제적 헌법재판

선거를 통해 민주적 정당성에 바탕을 두고 창설된 국가권력이 헌법에서 정해 준 정상적인 권력행사의 틀을 벗어나지 않도록 권력을 감시·견제·교정하기 위한 헌법재판인데, 탄핵심판·규범통제·헌법소원 등이 이 유형에 속한다.

Ⅲ. 권한조정적 헌법재판

업무수행 과정에서 통치기관 상호간에 발생하는 권한과 의무의 내용과 범위에 관한 분쟁을 해결하기 위한 헌법재판인데 권한쟁의 내지는 기관쟁의가 이 유형에 속한다. 헌법기관간의 권한쟁의뿐 아니라 중앙정부와 지방자치단체 사이에 생기는 권한쟁의도 이 유형으로 분류한다.

Ⅳ. 연방국가적 헌법재판

연방국가의 통치구조에서 연방과 주 정부 사이에 발생하는 연방국가적인 분쟁을 해결하기 위한 헌법재판인데 다양한 형태의 연방국가적인 쟁의를 이 유형으로 분류한다.

Ⅴ. 투입통제적 헌법재판

자율적인 사회영역에서 이루어지는 국가에 대한 여러 형태의 투입(input)이 오히려 헌법이 추구하는 가치질서를 침해하거나 위태롭게 하는 것을 방지하기 위한 헌법재판인데 위헌정당해산심판과 기본권실효심판을 이 유형으로 분류한다.

3. 헌법재판의 종류

헌법재판은 앞에서 본 바와 같이 여러 가지 관점과 기준에 따라 다르게 분류할 수 있지만 그 어떤 기준에 의하더라도 다음 여섯 가지 종류의 헌법재판은 보편화되고 있다고 할 것이다. 기관쟁의제도, 규범통제제도, 헌법소원제도, 선거심사제도, 특별한 헌법보호제도, 연방국가적 쟁의제도 등이 그것이다.

Ⅰ. 기관(권한)쟁의제도

헌법기관 상호간에 헌법이 정한 권한·의무에 관한 다툼이 생긴 경우 이를 조정·해결하기 위한 헌법재판을 기관쟁의 또는 권한쟁의라고 부른다. 헌법기관 상호간의 권한과 의무의 내용과 한계를 명백히 함으로써 통치기능의 수행을 원활히 하고 헌법기관 상호간의 견제·균형장치가 제대로 작동하게 하는 것은 헌법실현을 위해 매우 중요한 일이므로 헌법재판제도를 도입하는 경우 대부분 채택하는 제도이다. 기관쟁의는 본질적으로 한 헌법기관의 헌법상 권

한·의무가 다른 헌법기관의 작위 또는 부작위에 의해서 침해되거나, 적어도
직접적이고 현실적인 침해의 위험이 있는 경우처럼 구체적인 권리 보호의
이익이 있을 때만 허용되는 헌법재판이다. 이 점에서 추상적 규범통제와는 다
르다. 우리 헌법($^{제111조 제1}_{항 제4호}$)도 권한쟁의제도를 채택하고 있다.

Ⅱ. 규범통제제도

　　법령의 위헌 여부를 심사해서 위헌법령의 효력을 상실시켜 헌법의 최고
규범성을 지키는 헌법재판을 말하는데 헌법재판의 가장 핵심적인 제도이다.
규범통제는 국민의 주관적인 권리 보호보다는 객관적인 법질서 보호에 주안
점을 두는 일종의 객관적 소송으로서의 특징을 갖는다. 규범통제는 그 행해지
는 시기를 기준으로 사전적·예방적 규범통제와 사후적·교정적 규범통제로 나
눌 수 있고, 규범통제가 행해지는 계기를 기준으로 구체적 규범통제와 추상적
규범통제로 나누며, 신청권자의 범위를 기준으로 협의의 규범통제와 민중소송
으로 분류할 수 있다. 또 규범통제의 대상이 되는 규범의 유형을 기준으로 법
률의 규범통제와 법률 하위규범의 규범통제로 나눈다.

(1) 사전적 . 예방적 규범통제와 사후적 . 교정적 규범통제

1) 사전적·예방적 규범통제

　　법령의 서명·공포 전에 아직 효력을 발생하지 아니한 법령을 대상으로
미리 위헌 여부를 심사해서 위헌적인 법령이 효력을 발생하지 못하게 예방하
는 제도이다. 프랑스는 헌법위원회가 원칙적으로 사전적·예방적 규범통제만
을 행한다. 독일에서도 연방헌법재판소가 조약의 비준동의법에 대해서만은 사전
적·예방적 규범통제를 한다. 조약 발효 후의 위헌결정으로 인한 국가간의 신
뢰손상을 미리 방지하기 위한 제도적인 배려이다.

2) 사후적·교정적 규범통제

　　서명·공포되어 효력 발생을 앞 두고 있거나 이미 시행중인 법령의 위헌
여부를 심사해서 위헌적인 법령의 효력을 상실하게 하는 제도이다. 규범통제

의 주종을 이루는 것은 사후적·교정적 규범통제이다. 우리나라를 비롯해서 규범통제제도를 도입하고 있는 대부분의 나라에서 채택하는 제도이다.

(2) 구체적 규범통제와 추상적 규범통제

1) 구체적 규범통제

법령의 위헌 여부가 재판의 전제가 된 경우에 소송당사자의 신청 또는 사건법원의 직권으로 그 법령의 위헌 여부를 심사하는 제도이다. 미국처럼 일반 최고법원에서 구체적 규범통제를 하는 경우 논리적으로 위헌심사권과 위헌결정권을 분리하는 것은 무의미하다. 그러나 규범통제를 위해서 따로 독립한 헌법재판소를 설치한 경우에는 구체적 규범통제가 행해져도 위헌심사권과 위헌결정권을 분리해서 후자를 헌법재판소에 독점시키는 관할분리제도를 채택하는 것이 일반적이다.

일반법원으로부터 위헌결정권을 회수해서 헌법재판소에 독점시키는 관할분리제도는 다음과 같은 헌법이론적인 근거를 갖고 있다. 첫째, 의회가 강력한 민주적 정당성을 바탕으로 행사하는 입법권이 일반법관에 의해서 침해되는 것을 막고 전문적인 기관이 위헌결정권을 독점 행사하게 함으로써 입법권의 민주적 정당성을 존중하면서도 헌법의 최고규범성을 지킬 수 있는 합리적인 제도라는 점이다(헌법국가 이념과 대의민주주의 이념의 조화). 둘째, 3권분립의 원칙에서 볼 때 법률에 대한 법원의 위헌결정으로 입법권과 사법권이 서로 충돌하는 것은 견제·균형의 차원을 넘어서 자칫 사법의 정치화를 초래하는 일이므로 처음부터 헌법의 실현을 목적으로 설치한 헌법재판소에 위헌결정권을 독점시키는 것이 3권분립의 이념에도 충실하고 사법부의 보호에도 유리하다는 점이다(3권분립의 실현 및 사법부 보호의 관점). 셋째, 법률의 위헌심사는 헌법해석에 의해서 이루어지는데 헌법의 해석은 법률의 해석과는 달리 헌법 고유한 해석방법에 의존할 수밖에 없다. 따라서 특별한 헌법적인 전문지식을 필요로 하는 작업일 뿐 아니라, 경우에 따라서는 합목적성의 판단도 해야 한다. 그런데 법률해석을 통해 합법성의 판단에 익숙해진 일반법관에게 전문적인 헌법지식과 합목적성의 판단을 기대하기는 어렵다는 점이다(전문성과 합목적성 판단의 관점).

관할분리제도는 우리나라($\genfrac{}{}{0pt}{}{\text{헌법 제107}}{\text{조 제1항}}$)와 독일($\genfrac{}{}{0pt}{}{\text{기본법}}{\text{제100조}}$)을 비롯해서 많은 나라에서 채택하고 있는 표준적인 구체적 규범통제제도의 유형이다.

2) 추상적 규범통제

법률의 위헌 여부가 재판의 전제가 되지 않았어도 법률의 위헌 여부에 대한 의문이나 다툼이 생긴 경우 그 법률의 위헌 여부를 심사하는 제도이다. 추상적 규범통제에서는 규범통제를 신청할 수 있는 기관의 범위를 정하는 일이 중요한데, 입법에 관여하는 모든 기관에게 규범통제의 신청권을 주는 것이 일반적이다. 따라서 법률의 서명·공포권자, 법률의 집행기관인 정부, 입법기관인 의회의 교섭단체 내지 일정수 이상의 의원, 연방국가에서는 주(州)의 이익을 대변하는 연방입법기관(상원·참사원 등), 주의 의회, 주 정부 등이 추상적 규범통제의 신청권을 가질 수 있는 범위에 속한다고 할 것이다. 연방국가에서는 추상적 규범통제가 연방과 주의 권한쟁의적인 요소도 함께 갖는 경우가 많다. 독일·오스트리아·스페인·포르투갈 등 유럽의 여러 나라는 추상적 규범통제제도를 두고 있지만, 우리나라는 이 제도를 채택하지 않고 있다. 다만 우리 제 2 공화국헌법($\genfrac{}{}{0pt}{}{\text{제83조의}}{\text{제1호}}$ 3)은 '법률의 위헌 여부 심사'를 헌법재판소의 관할사항으로 하고 있었는데 이것이 추상적 규범통제까지 포함시킨 것인지 분명하지 않았다. 그런데 그 당시 1961년에 제정된 헌법재판소법($\genfrac{}{}{0pt}{}{\text{법률}}{\text{제601호}}$)에는 구체적 규범통제뿐 아니라 민중소송의 유형으로 볼 수 있는 내용도 규정했었지만 추상적 규범통제로 보기는 어렵다고 할 것이다.[1]

(3) 협의의 규범통제와 민중소송

1) 협의의 규범통제

추상적 규범통제를 도입하는 경우에도 앞에서 말한 대로 입법 과정에 참여하는 관련 기관들에게만 규범통제를 신청할 수 있는 권한을 주는 것이 원칙이므로 이를 협의의 규범통제제도라고 한다. 그리고 구체적 규범통제는 그 본질상 소송당사자와 사건법원 이외의 사람에게 규범통제의 신청권을 주지 않는 것이 원칙이다.

---

1) 자세한 것은 뒤 제 2 편 제 1 장의 제 2 공화국 헌법재판제도 참조.

2) 민중소송

추상적 규범통제에서 신청권자의 범위를 한정하지 않고 관심이 있는 모든 국민에게 규범통제를 신청할 수 있게 하는 제도를 민중소송(Popularklage)이라고 한다. 특히 위헌적인 법규범으로 인한 기본권 침해의 경우 피해자가 아닌 제3자도 헌법소원을 제기할 수 있게 하는 것을 민중소송이라고 부르는 경우가 많다. 따라서 민중소송은 본래 헌법소원의 범주에 속하는 개념이지만, 법규범으로 인한 기본권 침해와 무관한 제3자가 헌법소원을 제기하는 것은 자신의 권리구제를 받기 위한 것이 아니라 위헌적인 법규범 그 자체의 효력을 다투는 것이기 때문에 추상적 규범통제의 성격이 보다 강하다고 할 것이다. 위헌심사 신청권자의 범위를 이처럼 개방하는 것은 잠재적인 기본권 침해의 위험성을 사전에 제거한다는 순기능이 있지만 남소·악용의 역기능을 도외시할 수 없다. 그래서 한때 헌법소원과 관련해서 민중소송을 인정했던 독일 바이언(Bayern)주 헌법도 민중소송을 제한했다.[1]

(4) 법률의 규범통제와 명령 . 규칙 등의 규범통제

1) 법률의 규범통제

입법기관이 제정한 형식적 의미의 법률의 위헌 여부를 심사하는 것을 법률에 대한 규범통제라고 한다. 법률의 규범통제에는 국내법과 같은 효력을 갖는 조약과 국제법규의 위헌 여부 심사도 포함된다. 그런데 연방국가에서는 연방법률과 주(州)법률을 구별해서 연방법률에 대한 규범통제를 배제하고 주 법률에 대한 규범통제만을 허용하는 경우도 있는데 스위스가 그 대표적인 나라이다.

2) 명령·규칙 등의 규범통제

행정부가 제정하는 법규명령과 지방자치단체가 제정하는 자치조례 등 헌법과 법률에 근거해서 입법기관 이외의 기관이 제정하는 법률 하위규범의 위

---

1) 바이언주 구(舊) 헌법(1946. 12. 2.) 제94조 제4절과 현행 헌법(1998) 제48조 제3항과 제66조 및 제120조 참조.

헌 여부도 규범통제의 대상이 된다. 법률의 규범통제를 허용하는 경우 법률 하위규범의 위헌심사도 당연히 인정하는 것이 원칙이다. 독일, 오스트리아, 스 페인, 포르투갈 등이 대표적인 경우이다. 우리 헌법(제107조 제1 항과 제2항)은 법률의 규범 통제와 명령·규칙 등의 규범통제를 2원적으로 규정했기 때문에 헌법재판소와 대법원 사이에 관할권의 갈등이 생긴 것은 앞에서 이미 언급한 바와 같다.

Ⅲ. 헌법소원제도

공권력작용(입법·집행·사법)에 의해서 자신의 기본권을 침해받은 경우 권 리구제를 받기 위해서 헌법재판소 또는 법원에 제기하는 헌법소송이다. 헌법 이 보장하는 기본권의 효력을 확보하기 위한 매우 중요한 헌법재판의 유형이 다. 헌법재판을 도입한 우리나라, 독일, 오스트리아, 스위스, 스페인 등 대부 분의 나라에서 다양한 형태의 헌법소원제도를 두고 있는 이유도 그 때문이다. 헌법소원제도는 본질적으로 주관적인 권리 보호뿐 아니라 기본권에 내포된 객관적인 헌법질서의 유지를 위한 객관적 소송으로서의 성격도 함께 갖기 때 문에 원칙적으로 보충성을 갖는다. 따라서 법원에 의해서 권리구제가 되지 않 거나 미흡한 경우에 보충적으로만 허용되는 헌법소송이다. 그 결과 공권력에 의한 기본권 침해의 경우 다른 권리구제수단이 마련되어 있는 경우에는 우선 적으로 그 권리구제수단을 강구해야 한다. 다만 헌법소원의 보충성을 지나치 게 강조함으로써 돌이킬 수 없는 심각한 권리 침해가 발생하거나, 헌법소원이 특정인의 기본권 구제차원을 넘어 일반적인 의미를 갖는 경우에는 예외적으 로 보충성의 적용을 완화하거나 배제하는 경우도 있다.[1] 헌법소원의 대상이 되는 공권력작용에는 입법작용은 물론이고 집행작용과 사법작용도 포함된다. 따라서 위헌적인 법령에 의한 직접적인 기본권 침해, 위헌법령에 근거하거나 법령의 해석·적용을 잘못한 집행작용에 의한 기본권 침해, 기본권의 규범적 인 효력을 무시한 사법작용에 의한 기본권 침해 등이 모두 헌법소원의 대상 이 되는 것이 원칙이다. 이 세 가지 공권력작용을 모두 헌법소원의 대상으로 인정하고 있는 대표적인 나라가 독일과 스위스인데, 스위스는 주의 공권력작

---

1) 예컨대 독일 연방헌법재판소법 제90조 제 2 항 제 2 절 참조.

용에 대한 헌법소원만 인정하고 연방의 공권력작용은 헌법소원의 대상에서
제외하고 있다.[1] 위헌적인 입법이 직접 헌법소원의 대상이 되는 경우 헌법소
원은 규범통제적인 기능을 동시에 수행하게 된다. 오스트리아는 위헌적인 입
법을 직접 헌법소원의 대상으로 인정하지만, 행정처분에 의한 기본권 침해의
경우에는 이른바 처분소원(Bescheidbeschwerde)을 허용하는데, 이 때 연방헌법
재판소는 특별행정법원으로 기능하게 된다.[2] 그리고 사법작용은 헌법소원의
대상에서 제외한다. 오스트리아는 처분소원을 연방헌법재판소가 직접 심판하
기 때문에 기본권을 침해하는 행정처분에 대해 일반행정쟁송절차를 거치게
하는 경우보다 법원의 재판에 의한 기본권 침해의 가능성이 줄어드는 것은
사실이다. 스페인은 모든 집행작용과 사법작용에 대한 헌법소원(recurso de
amparo)을 허용하는 대신 입법작용은 헌법소원의 대상에서 제외한다.[3] 우리
나라는 기본권을 침해하는 입법작용과 행정처분만을 헌법소원의 대상으로 인
정하고 사법작용은 헌법소원의 대상에서 제외하고 있다.

Ⅳ. 선거심사제도

입법기관의 구성을 위한 의원선거에 관한 소송을 헌법소송으로 심판하게
함으로써 대의민주주의 국가에서 선거가 갖는 중요한 주기적인 투입기능을 보
장하려는 제도이다. 독일, 오스트리아, 프랑스, 포르투갈, 그리스 등 많은 나라
가 채택하고 있다. 이들 나라에서는 선거소송과 관련해서 의원의 자격심사에
관한 쟁송도 헌법재판사항으로 규정하고 있다. 특히 오스트리아와 포르투갈에
서는 심지어 지방선거에 관한 소송까지도 헌법소송으로 다루고 있다. 대통령
을 직선하는 나라에서는 대통령선거에 관한 소송도 헌법재판으로 심판한다.
오스트리아, 프랑스, 포르투갈 등이 그 예이다. 특히 프랑스와 포르투갈에서는
선거 입후보자의 공천과정에서부터 선거절차에 이르기까지 모든 선거관련 쟁

---

1) 앞부분 스위스의 헌법재판제도 설명 참조.
2) 앞부분 오스트리아의 헌법재판제도 설명 참조.
3) 스페인의 헌법재판제도에 관해서 자세한 것은 다음 문헌 참조할 것. *Francisco Rubio Llorente*, Die Verfassungsgerichtsbarkeit in Spanien, in: Ch. Starck/A. Weber(Hrsg.), Verfassungsgerichtsbarkeit in Westeuropa, 1986, S. 243ff.

송을 헌법재판으로 심판한다. 직접민주주의의 부분적인 채택으로 국민투표가 행해지는 경우 국민투표와 관련해서 제기되는 소송도 선거심사제도의 헌법재판유형으로 분류한다. 예컨대 스위스에서는 주(州)와 지방자치 차원에서 실시되는 국민투표에 관한 소송을 연방법원이 헌법재판으로 다룬다.[1)]

우리나라는 제 2 공화국헌법($^{제83조의 3}_{제6호}$)에서 '대통령, 대법원장과 대법관의 선거에 관한 소송'을 헌법재판소의 관할사항으로 정하고 있었다. 그러나 그 이외에는 전통적으로 각급 선거소송을 헌법재판이 아닌 일반재판사항으로 다루고 있다. 다만 대통령선거, 국회의원선거, 시·도·특별자치도지사선거, 광역자치단체비례대표의원선거, 교육감선거에 관한 소송은 대법원의 전속관할사항으로 하고, 지역구 지방의회의원선거, 비례대표 기초의회의원선거, 교육의원선거, 기초 자치단체장의 선거에 관한 소송은 각 선거구 관할 고등법원의 관할로 정하고 있어 일반재판과는 성질이 다르다는 점을 관할분리를 통해 간접적으로 암시하고 있다. 우리 헌법($^{제64조}_{제4항}$)은 의원의 자격심사나 제명처분에 대해서는 헌법재판은 고사하고 사법적인 권리구제의 길조차 봉쇄함으로써 국회의 자율성만 지나치게 강조한 나머지 법치주의원칙을 도외시하고 있다.

V. 특별한 헌법보호제도

직접 헌법의 보호를 목적으로 하는 헌법소송제도가 있다. 탄핵심판제도, 헌법장애상태해소심판, 위헌정당해산심판, 기본권실효심판 등이 그것이다. 기관쟁의, 규범통제, 헌법소원, 선거심사 등의 헌법재판은 간접적으로 헌법보호의 효과를 나타내는 헌법재판이지만, 특별한 헌법보호제도는 헌법적 가치질서가 직접적인 위험에 직면하거나 헌법의 적(敵)으로부터 직접 공격의 대상이 된 경우에 이에 효과적으로 대응함으로써 헌법적 가치질서를 지켜 헌법을 실현하려는 헌법재판이다. 우리 헌법은 탄핵심판($^{제65}_조$)과 위헌정당해산심판($^{제8조}_{제4항}$ 및 $^{제111조 제}_{1항 제3호}$)만을 이 유형의 헌법재판제도로 채택하고 있다. 독일은 그 밖에도 기본권 실효심판도 채택하고 있다($^{기본법}_{제18조}$).

---

1) 스위스 연방법원조직법 제83a조 참조.

(1) 탄핵심판제도

영국과 프랑스 등 유럽의 군주통치시대에서 유래하는 탄핵심판제도는 헌법재판제도의 발전과정에서 매우 중요한 의미를 갖는다. 특히 군주면책론 내지 무책임론의 부산물로서 탄생한 각료에 대한 탄핵심판제도는 국사재판(國事裁判) 내지는 헌법재판제도의 핵심을 이루었다. 처음에는 형사법적 책임추궁의 성격이 강했지만, 시간이 흐름에 따라 나중에는 정치적 책임추궁의 제도로 변질되고 오늘날에는 의회의 불신임제도로 인해서 정치적 책임추궁 수단으로서의 기능조차 많이 퇴색했다. 독일 기본법(제61조 및 제98조 제 2 항과 제 4 항)이 의회에 대해서 책임을 지지 않는 연방대통령과 법관에 대한 탄핵심판제도만을 채택하고 각료에 대한 탄핵심판을 배제한 것은 그러한 영향을 받은 때문이다. 반면에 오스트리아는 아직도 정치적 내지 형사적 책임추궁의 성질을 갖는 가장 폭 넓은 탄핵심판제도를 채택하고 있다. 이탈리아도 정치적 내지 형벌적 성격의 탄핵제도를 두고 있는데, 대통령은 반역죄와 헌법침해의 경우에(이탈리아 헌법 제90조), 각료는 직무집행에서 범죄를 범한 경우(이탈리아 헌법 제96조)에 탄핵심판을 받는다. 그러나 많은 유럽의 나라에서는 탄핵심판 대신 형사법적인 책임추궁을 위해서 헌법재판소가 아닌 형사법원 내지 특별법원의 재판을 받게 하고 있다. 예컨대 포르투갈에서는 대통령과 각료에 대한 형사소추를 일반최고법원에 허용하고 있다. 그리고 프랑스[1]와 벨기에의 헌법재판기관은 탄핵심판권이 없다.

우리나라 헌법(제65조 및 제111조 제 1 항 제 2 호)은 대통령을 비롯한 고위공직자에 대한 탄핵심판권을 헌법재판소에 주어 탄핵심판의 헌법소송적인 성격을 분명히 하고 있다.

(2) 헌법장애상태해소심판

헌법기관이 헌법상의 기능을 원만하게 수행함으로써 헌법이 사회통합의 규범적인 효력을 제대로 발휘할 수 있게 하는 헌법소송이 헌법장애상태해소심판이다. 특히 프랑스와 포르투갈에서 채택하고 있다. 즉 이 두 나라 헌법[2]은

---

1) 프랑스의 탄핵제도에 관해서는 앞의 프랑스 헌법재판제도 참조.
2) 프랑스 헌법 제 7 조 제 4 항 및 포르투갈 헌법 제134조 및 제135조 그리고 포르투갈 헌법재판소법 제86조 이하 참조.

대통령이 사망하거나 사고 또는 궐위시에 그것을 공식적으로 확인함으로써
다른 헌법기관이 그의 권한을 대행하게 할 수 있게 하는 권한을 헌법재판기
관에 맡기고 있다. 그리고 프랑스 헌법($\substack{제16 \\ 조}$)은 대통령이 헌법상의 비상조치권
을 행사해서 긴급조치를 취하려면 반드시 사전에 헌법위원회의 자문을 받도록
규정함으로써 국가긴급권에 의한 헌법 침해를 예방하려고 노력하고 있다.

　　우리나라는 대통령의 사고시(예컨대 치매·의식혼돈 내지는 식물인간 상태)에
대한 특별한 해소책이 따로 마련되어 있지 않아 경우에 따라서는 심각한 헌
법장애상태가 초래될 위험이 있다.

(3) 위헌정당해산심판

　　정당의 목적이나 활동이 헌법적인 가치질서를 파괴하는 방향으로 나아가
는 경우 정당활동의 위헌성 여부를 심판해서 위헌으로 확인된 정당의 해산을
명함으로써 헌법적인 가치질서를 직접 보호하기 위한 헌법재판이다. 개인을
상대로 하는 기본권 실효심판과 함께 투쟁적·방어적 민주주의의 제도적인 징
표이다. 우리나라와 독일이[1] 채택하고 있다. 포르투갈도 1982년 헌법개정 이
후 파쇼주의 이념을 추구하는 정당의 해산심판을 헌법재판소의 관할로 정하
고 있다.[2]

(4) 기본권실효심판

　　기본권을 남용·악용해서 헌법적인 가치질서를 파괴하려는 사람을 대상으
로 그의 기본권 행사의 위헌 여부를 심사해서 위헌적인 기본권 행사가 확인
되면 당사자에게 해당 기본권의 효력을 일정기간 상실시키는 헌법재판이다. 독
일 기본법($\substack{제18 \\ 조}$)이 채택하고 있지만 실질적으로 한 번도 적용된 사례는 없었다.

---

1) 독일에서는 1952년과 1956년에 독일 사회주의정당(SRP)과 독일 공산당(KPD)에 대한 두
　건의 위헌정당해산판결이 있었다. BVerfGE 2, 1ff.; BVerfGE 5, 85ff. 참조.
2) 포르투갈 헌법(1976년 제정, 1997년 최후개정) 제46조 제 4 항 및 헌법재판소법 제104조
　참조.

Ⅵ. 연방국가적 쟁의

연방국가적 구조에서 오는 연방과 주(州) 또는 주 상호간의 권한과 의무의 범위와 내용에 관한 헌법상의 다툼을 조정하고 해결하기 위한 헌법재판이다. 연방국가의 통치구조를 채택하고 있는 경우 헌법에서 정한 연방과 주 상호간의 입법권의 배분이나 연방과 주 간의 정책집행분담 또는 주가 연방법률을 집행하는 과정에서 분쟁이 자주 발생한다. 이러한 분쟁의 원만한 조정과 해결은 연방국가의 통치구조를 유지하기 위한 불가결한 선행조건이다. 헌법재판제도를 두고 있는 연방국가에서 연방국가적 쟁의심판은 매우 중요한 비중과 많은 사건 수를 나타내고 있다. 연방국가적 쟁의는 그 성격과 기능이 기관쟁의 내지는 권한쟁의와 비슷해서 헌법소송절차면에서도 상호 호환적인 규정들이 적용되지만 쟁의의 유형과 파급효과는 전혀 다르다고 할 것이다. 연방국가적 쟁의가 연방국가 존립과 연관이 있는 문제라면 기관쟁의는 단순한 통치기능상의 문제이기 때문이다. 연방과 주 사이에 입법권과 관련해서 쟁의가 발생하는 경우 연방국가적 쟁의이면서도 추상적 규범통제에 의한 해결도 가능하기 때문에 두 종류의 헌법재판이 함께 성립할 수도 있다.[1] 연방국가인 독일, 오스트리아, 스위스[2] 등은 연방과 주 상호간의 수직적 쟁의뿐 아니라 주 상호간의 수평적 쟁의 등 다양한 유형의 연방국가적 쟁의를 비중 있는 헌법소송으로 다루고 있다. 우리는 이 유형의 헌법소송과는 관련이 없다. 연방국가는 아니라도 지방분권적 단일국가의 형태를 채택하고 있는 나라에서는 중앙정부와 지방정부 사이에 발생하는 권한쟁의가 유사(quasi) 연방국가적 쟁의의 성격을 가질 수도 있을 것이다. 스페인[3]과 벨기에[4]에서 유사 연방국가적 쟁의가 중요한 의미와 기능을 갖는 것도 그 때문이다. 따라서 우리가 권한쟁

---

1) 특히 독일 연방헌법재판소는 두 개의 소송을 동시에 허용할 뿐 아니라 추상적 규범통제에 우선권을 주는 경향이 있다.
2) 이들 나라의 연방국가적 쟁의에 관해 자세한 것은 앞의 개별 국가의 헌법재판제도 참조할 것.
3) *F. Rubio Llorente*, 앞의 논문, 263면 이하 참조.
4) 벨기에의 헌법재판제도에 관해서는 다음 논문 참조할 것. *Francis Delpérée*, Die Verfassungsgerichtsbarkeit in Belgien, in: Ch. Starck/A. Weber(Hrsg.), Verfassungsgerichtsbarkeit in Westeuropa, 1986, S. 343ff.

의사항으로 다루고 있는 국가기관과 지방자치단체 간의 권한쟁의는 우리 지방자치 내지는 지방분권의 진전상태에 따라서는 일종의 유사(quasi) 연방국가적 쟁의의 성격을 가질 수도 있을 것이다.

제 5 장   헌법재판의 담당기관

1. 헌법재판 담당기관의 결정과 헌법철학

  헌법재판을 제도적으로 도입하는 경우에 헌법재판을 어떤 기관에 맡길 것인가를 결정하는 것은 우선 헌법철학과 불가분의 관계에 있다고 할 것이다. 왜냐하면 헌법재판의 본질을 이해하는 각각의 시각 속에는 헌법재판을 담당할 기관에 관한 인식이 함께 들어 있기 때문이다. 헌법재판을 사법작용으로 이해하는 법실증주의 입장에서는 헌법재판은 다른 사법작용과 마찬가지로 일반법원에서 맡는 것이 당연하고 가장 합리적인 해결책이라고 인식하게 된다(사법형(司法型)). 반면에 헌법재판의 본질을 정치작용 또는 정치적 사법작용이라고 이해하는 결단주의 헌법철학을 비롯해서 헌법재판을 입법작용 또는 제 4의 국가작용이라고 이해하는 입장에서는 헌법재판을 일반법원이 맡도록 하는 것은 적절치 않으므로 독립한 기관을 따로 설치해서 헌법재판을 관할하게 하는 것이 합리적인 해결책이라고 인식하게 된다(독립기관형). 그런데 헌법재판의 본질에 입각한 이러한 당위적인 논리를 떠나서도 사법형과 독립기관형을 주장하는 각각의 입장에서 내세우는 그 밖의 논거를 살펴볼 필요가 있다.

I. 사법형과 독립기관형의 이론적 논쟁

⑴ 사법형의 주장 논거

  헌법재판을 일반법원에 맡겨야 한다는 입장에서는 다음과 같은 여러 가지 이유를 들어 사법형의 타당성을 강조한다. 첫째, 전국적으로 안정된 조직을 갖는 사법부가 헌법재판을 맡아야 정치의 사법화가 실현되어 헌법재판은 비로소 권력통제 본래의 기능을 나타낼 수 있다는 것이다. 둘째, 법원이 헌법재판을 충분히 잘 할 수 있다는 것은 비교법적으로도 미국 연방대법원의 역할이 이를 잘 입증하고 있다고 한다. 셋째, 법원이 헌법재판을 맡음으로써 사법권의 위상강화라는 부수적인 효과도 기대할 수 있다는 것이다.

(2) 독립기관형의 주장 논거

헌법재판을 위한 독립한 기관의 설치를 주장하는 입장에서 볼 때 사법형의 주장 논거는 설득력이 없다고 한다. 첫째, 헌법재판을 일반법원에 맡기는 것은 처음부터 헌법재판을 무력화하는 것이나 다름없고, 오히려 법원이 헌법재판을 맡음으로 인해서 고유한 일반재판 업무까지 정치화의 물결에 휩쓸릴 가능성이 커진다고 한다. 사법형 주장자들이 말하는 '정치의 사법화'가 실현되기보다는 '사법의 정치화'라는 역기능이 먼저 나타나게 되는 것이 정치적 현실이라고 한다. 둘째, 미국 연방대법원의 예는 미국의 헌정사를 통해 200년 이상 확립된 일종의 헌법적인 관행에 속하는 일이고 그러한 헌법적인 관행은 사법형을 채택한다고 해서 하루 아침에 성립되는 것이 아니라는 것이다. 나아가 사법형은 미국에서 보는 것처럼 헌법재판을 규범통제로 좁혀서 제도화할 수밖에 없는 한계를 가진다는 것이다. 셋째, 헌법재판의 관할권을 통해서라도 사법권의 위상을 강화해야 할 지경의 사법부라면 이미 헌법재판의 실효성을 기대할 수 없다고 보아야 한다는 것이다. 반면에 사법권의 위상을 최고로 높이기 위한 수단으로 법원이 헌법재판을 맡아야 한다면 자칫 사법권의 지나친 위상강화로 인한 사법국가화(司法國家化)의 부작용이 초래될 수 있다는 것이다. 미국 연방대법원이 루스벨트 대통령의 뉴딜정책에 대해 한 때 사법적극주의를 취하다가 강하게 비판받은 이유도 그 때문이라는 것이다.

(3) 평가 및 사견

생각건대 사법형의 논거는 독립기관형의 입장에서 비판하는 것처럼 설득력이 강하다고 볼 수는 없다. 적어도 규범통제 이외의 헌법재판 종류도 함께 제도화하는 경우에는 헌법재판의 실효성을 위해서도 독립기관형의 주장 논거가 보다 설득력이 있다고 할 것이다. 결국 헌법재판의 본질을 바탕으로 주장되는 사법형은 헌법재판의 본질에 대한 잘못된 인식을 기초로 하는 것이므로 타당성을 인정하기 어렵고, 사법형을 주장하는 그 밖의 논거도 설득력이 약하

다고 할 것이다. 또 독립기관형의 주장 논거처럼 헌법재판을 담당하는 독립기
관을 설치하기만 하면 헌법재판의 실효성이 항상 보장된다고 말하기도 어렵
다고 할 것이다. 독립기관을 설치하는 경우에도 그 구성방법 내지 통치구조
내의 위상 여하에 따라서는 사법형보다도 헌법재판의 효율성이 떨어질 수도
있을 것이다. 우리 헌정사에서 경험한 헌법위원회가 그 단적인 예이다. 따라
서 헌법재판은 그 본질면에서 볼 때 일반법원보다는 독립한 기관에 맡기는
것이 타당하지만, 헌법재판을 담당하는 독립기관은 강한 민주적 정당성에 바
탕을 두고 구성되어 헌법상 높은 위상을 갖는 헌법기관으로 자리 매김되어
강력한 정치적 독립성을 유지할 수 있도록 설치될 때만 제 구실을 할 수 있
다고 할 것이다. 헌법재판의 모범국인 독일의 연방헌법재판소가 그런 점에서
하나의 표본적인 모델이라고 할 것이다.

Ⅱ. 헌법재판기관의 유형

(1) 일반법원

사법형을 취하고 있는 미국과 스위스는 헌법재판을 일반법원에서 담당하
지만, 각각 최고법원인 연방대법원과 연방법원이 헌법재판기관으로 기능한다
는 점은 이미 앞에서 본 바와 같다. 미국 연방대법원은 주로 규범통제를 그리
고 스위스 연방법원은 제한적이지만 그 밖의 헌법소송사건도 관할한다.

(2) 헌법위원회

정치적 성격의 독립한 헌법위원회를 설치해서 헌법재판을 맡기는 경우도
있다. 우리 헌정사($_{공화국헌법}^{제1·4·5}$)에서 경험했고 프랑스($_{공화국헌법}^{제4 및 제5}$)도 헌법위원회를 두
고 있다.

(3) 헌법재판소

일반법원과는 별도의 헌법재판소를 따로 사법부의 형태로 설치해서 헌법
재판을 하도록 맡기는 경우이다. 우리 제 2 공화국헌법과 현행 헌법을 비롯해
서 독일, 오스트리아, 스페인, 포르투갈, 이탈리아, 헝가리, 체코, 슬로바키아,

폴란드, 라트비아, 리투아니아, 키프러스, 터키 등 헌법재판제도를 채택하는
대부분의 나라에서 선호하는 유형이다.

(4) 특별법원

일반법원과는 구별되는 특별법원을 설치해서 헌법재판을 전담하게 하는
경우도 있다. 그리스[1]와 벨기에[2]가 각각 특별법원을 두어 헌법재판을 맡기고
있다.

2. 헌법재판기관의 위상

헌법재판기관의 위상은 헌법재판기관의 유형에 따라서 차이가 있고, 같은
유형을 택한 경우에도 나라마다 그 기관의 위상이 같지 않다.

법원이 헌법재판을 맡는 경우에는 통상 3권분립의 조직이론에 따라 사법
부가 차지하는 헌법질서 내의 위상을 벗어나기 어렵다. 특히 사법부 기능의
소극적 성격으로 인해서 아무리 사법적극주의를 취한다 해도 고도의 정치적
문제에 대해서는 스스로 판단을 자제하게 되는 것도 결국은 사법부의 통치구
조 내의 위상과 불가분의 연관성이 있다. 사법부는 여전히 제 3 부로서의 위상
을 탈피할 수 없다.

독립기관이 헌법재판을 맡는 경우에는 대개 헌법재판의 관할사항과 그
기관구성원의 자격과 선출방법, 기관구성원의 신분보장과 기관의 독립성의 정
도, 헌법상의 규정 내용 등에 따라 위상이 정해진다. 그 밖에도 헌법재판기관
의 실제적인 활동상에 따라 제도상의 위상이 등락할 수도 있다. 일반적으로

---

1) 그리스는 1975년의 헌법(제100조)에서 헌법재판을 담당하는 특별법원(Der Oberste Sonder-
gerichtshof)을 설치했다. 그리스의 헌법재판제도에 관해서는 다음 논문 참조. *Prodromos
Dagtoglou*, Die Verfassungsgerichtsbarkeit in Griechenland, in: Ch. Starck/A. Weber(Hrsg.),
Verfassungsgerichtsbarkeit in Westeuropa, 1986, S. 363ff.
2) 벨기에는 1980년헌법(107ter 2)이 헌법재판을 위한 특별법원(Schiedsgerichtshof)의 설치를
규정했지만, 법률제정 등의 지연으로 1984년에야 조직되어 활동을 시작했다. 앞의 67면 각
주 4 논문 참조할 것. 그리고 1994년의 헌법(제142조)에서도 헌법재판을 담당하는 심판법
원(Schiedshof)을 설치했다.

헌법재판기관이 헌법기관으로 설치되어 많은 핵심적인 관할사항이 주어지고, 강한 민주적 정당성에 바탕을 두고 기관의 조직이 이루어지며, 높은 전문성을 가진 사람들로 구성되어, 임기제 또는 정년제 등에 의한 강력한 신분보장을 받으며, 실제 강한 헌법수호의지를 가지고 의욕적으로 활동하는 헌법재판기관은 통치구조상의 위상이 높을 수밖에 없다. 독일 연방헌법재판소는 그 기관장의 의전상의 서열은 5위이지만,[1] 국민으로부터 가장 신뢰와 존경을 받는 헌법기관으로 자리잡고 있다. 프랑스 헌법위원회의 위상도 꽤 높아서 헌법위원회 위원장의 의전상 서열은 3위이다.[2] 우리나라의 헌법재판소는 그 수행하는 기능과 헌법상의 위상이 합리적으로 조화 있게 설정되어 있다고 보기 어렵다. 헌법재판소장의 의전상 서열이 대법원장보다 뒤지는 4위에 위치한다는 것은 재고의 여지가 있다.

대법원장과 헌법재판소장은 다 같이 국회의 동의를 얻어 대통령이 임명하며, 그 헌법상의 임기(6년) 및 신분보장과 정치적 독립성이 동일하게 정해져 있다. 그런데 헌법재판소는 직접 헌법에 의해서 따로 설치된 헌법기관인 반면에 대법원은 헌법기관으로 설치된 법원의 최고법원($\substack{제101조 \\ 제2항}$)의 위상을 갖는다. 그 결과 헌법재판소장은 헌법이 설치한 헌법기관의 장이고, 대법원장은 최고법원의 장이라는 지위를 갖는다. 그리고 헌법재판소는 헌법질서의 수호·유지를 위한 헌법의 수호자로서 기능하는 반면 대법원은 일상적인 사법적인 분쟁해결의 최종심으로서 기능한다. 따라서 헌법재판소장과 대법원장은 그 민주적 정당성과 신분보장 및 정치적 독립성에서는 차이가 없고 그 기능면에서는 헌법재판소가 더 우월한 위상을 가진다고 보아야 한다. 그렇기 때문에 헌법재판소장의 국가 의전상 서열은 당연히 대법원장에 앞서야 한다.[3]

---

1) 독일 기본법상의 헌법기관의 의전상 서열은 연방대통령, 연방의회(Bundestag) 의장, 연방수상, 연방참사원(Bundesrat) 의장, 연방헌법재판소의 장의 순으로 되어 있다. 독일 연방내무부의 의전내규인 Protokollarische Rangfrage der Bundesrepublik Deutchland 참조.

2) 자세한 것은 다음 논문 참조. *Michel Fromont*, Der französische Verfassungsrat, in: Ch. Starck/A. Weber(Hrsg.), Verfassungsgerichtsbarkeit in Westeuropa, 1986, S. 309ff.

3) 그런데도 국무총리의 의전상 서열은 대법원장의 뒤에 두면서도 헌법재판소장의 의전상 서열을 국무총리보다도 뒤지게 하려는 발상은 법리에도 어긋날 뿐 아니라 전혀 합리적인 기준에 의한 것이라고 볼 수 없다. 국무총리는 대통령을 수반으로 하는 행정부의 제2인자로서 대통령의 포괄적 보좌기관에 불과하기 때문에, 독립한 헌법기관의 장으로서 헌법수호기능을 수행하는 헌법재판소장과는 격(格)이 다르다.

제 2 편

우리나라 헌법재판제도의
역사와 발전과정

제1장 헌법재판제도의 역사 및 변천과정

1. 제1공화국의 헌법재판제도

1948년의 우리 건국헌법은 구체적 규범통제와 탄핵심판의 두 가지 헌법 재판사항만을 규정하면서, 구체적 규범통제에서는 관할분리제를 채택해 독립한 헌법위원회(제81조 제2항내지 제5항)를 설치해서 위헌결정권을 독점시키고, 탄핵심판을 위한 탄핵재판소(제47조)를 별도로 설치했다.

Ⅰ. 헌법위원회와 구체적 규범통제

(1) 헌법위원회의 구성

헌법위원회는 부통령을 위원장으로 하고 대법관 5인과 국회의원 5인의 위원을 합해서 11인으로 구성하는데(제81조 제3항), 헌법위원회의 조직과 절차는 법률로 정하게 했다. 이 헌법규정(제81조 제5항)에 따라 제정된 헌법위원회법(이하 법으로 줄임)(제2조)에서는 헌법위원회에 대법관과 국회의원인 예비위원을 두어 헌법위원회 위원의 사고시에 그 직무를 대행하도록 했다. 그 후 1952년의 제1차 개정헌법이 양원제를 도입함에 따라 헌법위원회의 구성방법 중에서 국회의원 5인의 위원은 민의원의원 3인과 참의원의원 2인의 위원으로 바뀌었다(제81조 제3항).

(2) 구체적 규범통제의 심판절차

1) 명령·규칙·처분의 규범통제

헌법(제81조 제1항)은 '대법원은 법률의 정하는 바에 의하여 명령·규칙과 처분이 헌법과 법률에 위반되는 여부를 최종적으로 심사할 권한이 있다'고 규정했으므로 법률 하위규범의 규범통제권은 법원에 속했다. 그 결과 명령·규칙 등의 위헌·위법 여부가 재판의 전제가 되는 사건은 필요적 상고사건으로 다루어

반드시 대법원의 심판을 받아야 했다.

2) 법률의 규범통제

법률의 위헌 여부가 재판의 전제가 되는 때에는 법원은 헌법위원회에 제청하여 그 결정에 의하여 재판했다(제81조 제2항). 즉 소송당사자의 제청신청이 있거나 사건담당 법관이 직권으로 제청을 하려면 법관 3인으로 구성되는 법원합의부의 결정으로 제청 여부를 결정했다. 그리고 제청 여부에 관한 합의부의 결정에 대해서는 민사소송법을 준용해서 항고할 수 있었다. 또 하급법원의 제청은 반드시 대법원을 경유하도록 했고 대법원은 제청에 관한 의견서를 첨부할 수 있었다(법 제12조). 법원의 제청은 재판정지의 효력이 있었으며, 헌법위원회도 제청 수리 후에 대법원을 통해 모든 제청법률의 적용사건에 대하여 재판을 중지시키도록 했다(법 제10조). 헌법위원회는 제청된 법률조항의 위헌 여부만을 심사·결정했지만 위헌조항으로 인해서 법률 전부를 시행할 수 없다고 판단한 경우에는 해당 법률 전부를 위헌으로 결정할 수 있었다(법 제18조). 헌법위원회의 위헌결정은 장래효(ex-nunc)를 가졌지만 형벌법규는 소급효(ex-tunc)를 가졌다(법 제20조). 헌법위원회위원은 이견(異見)을 발표할 수 있었다(법 제21조). 그리고 헌법위원회결정은 관보에 게재하여 공고했다(법 제22조).

Ⅱ. 탄핵재판소의 탄핵심판

(1) 탄핵재판소의 구성

탄핵사건을 심판하기 위해서 법률로써 탄핵재판소를 설치하는데(제47조 제1항), 탄핵재판소는 부통령을 재판장으로 하고 대법관 5인과 국회의원 5인이 심판관이 된다. 다만 대통령과 부통령을 심판할 때에는 대법원장이 재판장의 직무를 행한다(제47조 제2항). 양원제를 도입한 1952년 제1차 개정헌법에서는 국회의원 5인의 심판관을 참의원의원 5인으로 바꾸었다. 탄핵재판소법(이하 법으로 줄임)은 대법관인 심판관을 대법관회의에서 선출하게 했다(법 제4조). 국회의원 또는 참의원의원인 심판관은 국회 또는 참의원에서 선출했다(법 제5조). 탄핵재판소에도 예비재판관제도를 두어 심판관 사고시에 그 직무를 대행하게 했다(법 제2조).

(2) 탄핵재판소의 탄핵심판 대상 및 절차

헌법($^{제46조}_{제1항}$)은 '대통령, 부통령, 국무총리, 국무위원, 심계원장, 법관 기타 법률이 정하는 공무원이 그 직무집행에 관하여 헌법 또는 법률에 위배한 때에는 국회는 탄핵의 소추를 의결할 수 있다'고 규정했다. 국회가 탄핵소추를 발의하려면 의원 50인 이상의 연서(連署)가 있어야 하며 탄핵소추의 결의는 재적의원 2/3 이상의 출석과 출석의원 2/3 이상의 찬성이 있어야 했다($^{제46조}_{제2항}$). 1952년 제 1 차 개정헌법에서는 탄핵소추의 발의를 민의원의원 50인 이상의 찬성으로 하고 그 결의는 양원 합동회의에서 각 원의 재적의원 2/3 이상의 출석과 출석의원 2/3 이상의 찬성을 요하도록 했다. 또 1954년의 제 2 차 개정헌법에서는 국무총리제가 폐지됨으로 인해서 탄핵대상에서 국무총리를 삭제했고, 탄핵소추의 발의와 결의요건을 다소 완화했다. 즉 국회의 탄핵소추는 민의원의원 30인 이상의 발의가 있어야 하며 그 결의는 양원에서 각각 그 재적의원 과반수의 찬성이 있어야 하도록 했다.

국회가 탄핵소추를 의결한 때에는 소추위원 3인을 뽑아 탄핵재판소에서 소추업무를 수행했다($^{법}_{제2조}$). 탄핵재판소는 탄핵소추를 접수한 때에는 지체없이 심리를 개시해야 하는데($^{법}_{제13조}$), 탄핵재판은 구두변론에 의하고($^{법}_{제15조}$), 심판관의 평의는 공개하지 않았다($^{법}_{제21조}$). 탄핵재판에는 이유를 붙이도록 했다($^{법}_{제23조}$). 피소추자는 탄핵판결의 선고로 공직으로부터 파면되었다($^{제47조 제3항}_{및 법 제27조}$). 그러나 파면으로 민사·형사상의 책임이 면제되지는 않았다($^{제47조 제}_{3항 단서}$). 탄핵재판에도 일사부재리의 원칙이 적용되며($^{법}_{제22조}$), 탄핵소추를 받은 사람이 재판 전에 해직된 경우에는 탄핵소추는 기각되게 했다($^{법}_{제30조}$). 탄핵재판의 종국판결은 관보에 공시했다($^{법}_{제26조}$).

Ⅲ. 헌법재판의 운용상황

(1) 제도상의 문제점

제 1 공화국헌법은 규범통제와 탄핵심판을 헌법재판제도로 도입하면서 각각 헌법위원회와 탄핵재판소의 관할로 분리했었다. 그런데 헌법위원회와 탄핵

재판소는 부통령을 포함해서 대법관과 국회의원 각 5인으로 구성하는 점에서
차이가 없었는데도 구태여 별개의 기관으로 설치한 이유를 합리적으로 설명
하기 어렵다. 더욱이 탄핵심판사건은 외국의 사례를 보더라도 자주 생기는 일
이 아니라는 점을 감안하면 같은 구성방법을 택할 바에야 탄핵심판도 헌법위
원회에서 함께 맡도록 하는 것이 보다 합리적이었다고 할 것이다.

(2) 헌법위원회의 활동

헌법위원회는 10년의 활동기간 동안에 오직 6건의 규범통제를 하는 데
그칠 정도로 매우 저조한 활동상을 보였다. 제 1 공화국의 정치상황이 자유당
독재의 비민주적인 모습이었고 사법권의 독립이 불완전하였기 때문에 법관이
법률의 위헌 여부를 가려 달라고 헌법위원회에 제청한다는 그 자체가 쉬운
일이 아니었다. 따라서 헌법위원회의 활동이 저조했다는 것은 결국 법원의 제
청이 그만큼 적었다는 것을 뜻한다. 그 결과 헌법위원회는 6건의 규범통제사
건[1]을 처리하는 데 그쳤는데 모두가 1952년부터 1954년 사이에 집중된 사건
이었고 그 중에서 농지개혁법과 비상사태하의 범죄처벌에 관한 특별조치령
등 2건에 대해서만 위헌결정을 했다. 농지개혁법($^{제18조\ 제1항\ 및}_{제24조\ 제1항}$)은 최종심을 2심
법원인 고등법원으로 정함으로써 최고법원인 대법원의 심판을 받을 헌법상의
기본권을 박탈했다는 것이 위헌결정의 이유였다.[2] 또 긴급명령으로서 법률의
효력을 가진 비상사태하의 범죄처벌에 관한 특별조치령 제 9 조도 이 조치령
위반 범죄의 심판을 원칙적으로 지방법원 또는 동 지원의 단독판사가 행하게
정했고 사형·무기 또는 10년 이상의 형의 언도를 받은 피고인에 한하여 지방
법원 또는 지방법원지원 합의부에 재심판을 청구할 수 있게 함으로써 최고법
원인 대법원의 심판을 받을 헌법상의 기본권을 박탈했다는 것이 위헌결정의
이유였다.[3] 헌법위원회는 1954년 하반기부터 사실상 휴면기관이었다.

---

1) 규범통제의 대상이 되었던 법률은 다음과 같다. 귀속재산처리법 및 동 시행령, 농지개혁법,
   비상사태하의 범죄처벌에 관한 특별조치령, 계엄법, 남조선 과도정부행정명령 제 9 호, 간이
   소청절차에 의한 귀속해제결정의 확인에 관한 법률 등이 그것이다. 자세한 사건 및 판례내
   용은 다음 문헌을 참조할 것. 헌법위원회 및 대법원 헌법판례집, 상, 헌법재판소 발간,
   1990, 1–20면 참조.
2) 단기 4285(1952년). 9. 9. 헌위 제 1 호 위헌선언(대법원 제청사건). 위 판례집 9–10면 참조.
3) 단기 4285(1952년). 9. 9. 헌위 제 2 호 위헌선언(서울고법 제청사건). 위 판례집 12–14면

2. 제 2 공화국의 헌법재판제도

1960년 '4·19 혁명'으로 제 1 공화국이 붕괴되고 제 3 차 헌법개정의 형식으로 제정된 제 2 공화국헌법은 제 1 공화국과는 달리 의원내각제(양원제)를 채택하고 광범위한 헌법재판사항을 규정하면서 독립한 헌법재판소를 설치해서 헌법재판을 맡겼다. 1인 장기집권에 따른 독재정치의 경험에서 비롯된 강력한 권력통제의 시대적인 요청이 제 2 공화국에서 헌법재판제도의 강화로 나타났었다고 할 것이다. 1961년에는 헌법재판소법(26개 조문과 3개항의 부칙)도[1] 제정했지만 제 2 공화국의 단명으로 인해서 헌법재판소는 미처 구성되지도 못한 채 헌법전(憲法典)의 제도로 끝나고 말았다.

Ⅰ. 헌법재판소의 구성

헌법 제 8 장에서 규정하는 헌법재판소는 9인의 심판관으로 구성되는데, 심판관은 대통령·대법원·참의원이 각 3인씩 나누어서 선임하게 했다($\frac{제83조의\ 4\ 제}{1항과\ 제2항}$). 심판관의 임기는 6년으로 하고 2년마다 1/3인 3인씩 교체하게 했다($\frac{제83조의\ 4}{제3항}$). 헌법재판소의 조직, 심판관의 자격, 임명방법과 심판의 절차에 관하여 필요한 사항은 법률로 정하게 했는데($\frac{제83조의\ 4}{제6항}$), 헌법재판소법(이하 법으로 줄임)에서 자세히 정했다. 이 법에 따르면 심판관은 법관의 자격을 가진 사람 중에서 선임해야 하는데($\frac{법\ 제2조}{제1항}$), 대법원 선임 3인의 심판관은 대법관회의에서 재적 대법관 과반수의 찬성을 얻어서 선출해야 하고, 참의원 선임 3인도 참의원에서 재적의원 과반수의 찬성으로 선출했다($\frac{법\ 제3조\ 제1}{항과\ 제2항}$). 헌법재판소의 장은 심판관 중에서 재적 심판관 과반수의 찬성으로 호선한 사람을 대통령이 임명하게 했다($\frac{법\ 제5조\ 제2}{항과\ 제3항}$). 헌법재판소의 장은 헌법재판에서 재판장이 되는데($\frac{법\ 제8조}{제3항}$), 헌법재판소의 장이 사고가 있을 때에는 심판관 중에서 연장자가 그 직무를 대

참조.
1) 1961. 4. 17. 제정. 법률 제601호로 제정된 헌법재판소법은 한 번도 시행해 보지도 못한 채 1964. 12. 30. 헌법재판소폐지에 관한 법률로 폐지되었다.

리하게 했다($^{법 제5조}_{제5항}$). 심판관은 정당에 가입하거나 정치에 관여할 수 없도록 헌법이 정했는데($^{제83조의 4}_{제4항}$), 헌법재판소법은 그에 더하여 심판관은 모든 공·사직에 취임하거나 영업에 종사할 수 없게 했다($_{제4조}^{법}$). 심판관의 대우와 보수는 대법관의 예에 준하게 했다($^{법 제2조}_{제2항}$).

Ⅱ. 헌법재판소의 관할사항과 심판절차

헌법($^{제83조}_{의3}$)에서 정한 헌법재판소의 관장사항은 여섯 가지였다. 법률의 위헌 여부 심사, 헌법에 관한 최종적 해석, 국가기관간의 권한쟁의, 정당의 해산, 탄핵재판, 대통령·대법원장·대법관의 선거에 관한 소송 등이 그것이다.

(1) 일반적인 심판절차

헌법재판소는 심판관 5인 이상의 출석으로 심리하고 심판관 5인 이상의 찬성으로 심판했다($^{법 제8조}_{제1항}$). 다만 헌법에서 정한 대로 법률의 위헌판결과 탄핵판결은 심판관 6인 이상의 찬성이 있어야 하도록 했다($^{제83조의 4 제5항 및}_{법 제8조 제1항}$). 헌법재판소는 사건이 접수된 때에는 지체없이 심리를 개시해야 하는데 선거에 관한 소송은 모든 사건에 우선하여 심리하게 했다($^{법 제17조}_{제1항}$). 헌법재판소의 대심절차와 재판의 선고는 공개재판의 원칙에 따르게 했지만, 안녕질서 유지 등 필요한 경우 공개정지결정을 할 수 있도록 했다($_{제18조}^{법}$). 헌법재판소의 종국재판과 헌법의 해석은 관보에 공시하게 했다($^{법 제21조}_{제2항}$). 그리고 헌법재판소의 재판서에는 합의에 관여한 각 심판관의 의견을 표시하도록 했다($_{제14조}^{법}$).

헌법재판소법에서 규정하지 아니한 사항은 헌법재판에서 민사소송법을 준용하는데, 기피에 관해서는 동일사건에서 3인 이상의 심판관을 기피할 수 없게 했다($_{제24조}^{법}$).

(2) 규범통제

1) 명령·규칙·처분의 구체적 규범통제

헌법($^{제81}_{조}$)은 '대법원이 법률이 정하는 바에 의하여 명령·규칙·처분이 헌법과 법률에 위반되는 여부를 최종적으로 심사할 권한을 갖는다'고 규정해서 법률 하위규범에 대한 통제권을 대법원에 주었다. 따라서 헌법재판소는 이 들 법규명령에 대한 위헌심사는 할 수 없었다.

2) 법률의 구체적 규범통제

헌법($^{제83조의\ 3}_{제1호}$)이 정한 대로 법률의 위헌 여부 심사권은 헌법재판소의 관장사항이었다. 그래서 헌법재판소법은 법률의 위헌 여부가 재판의 전제가 되면 사건법원이나 소송당사자가 헌법재판소에 위헌 여부의 심판을 신청할 수 있도록 했다. 이 때 법원뿐 아니라 소송당사자도 헌법재판소에 직접 규범통제를 신청할 수 있도록 한 것이 특이했다. 헌법재판소가 법률의 위헌 여부 심사신청을 접수하면 90일 이내에 심판해야 했다($^{법\ 제17조}_{제2항}$). 그리고 법률의 위헌 여부 심사신청으로 법원의 재판이 자동적으로 정지되지는 않지만, 헌법재판소의 결정으로 재판을 정지시킬 수는 있었다($^{법\ 제9조}_{제1항}$). 헌법재판소의 재판정지결정은 대법원에 통고해서 심사대상 법률조항을 적용할 모든 재판의 심리를 중지시키도록 했다($^{법\ 제9조}_{제2항}$). 법률의 위헌결정은 심판관 6인 이상의 찬성이 있어야 하는데($^{제83조의\ 4}_{제5항}$), 장래효를 갖지만 형벌법규는 소급효를 갖게 했다($^{법\ 제22조}_{제2항}$).

3) 민중소송적 규범통제

법원의 재판과 관계 없이도 법률의 위헌 여부 심사를 헌법재판소에 신청할 수 있도록 했었다. 즉 이 경우에는 신청인의 제한 없이 누구나 위헌이라고 해석되는 법률조항을 표시하고 위헌이라고 해석되는 이유를 밝혀 헌법재판소에 규범통제를 신청할 수 있게 했다($^{법\ 제10조}_{제2항}$). 일종의 민중소송적 규범통제를 규정한 것이었다고 볼 수 있다. 통상 입법에 관여하는 국가기관에게만 신청권을 부여하는 추상적 규범통제와는 성격이 다른 독특한 제도였다. 따라서 과연 이것을 추상적 규범통제로 볼 수 있는지는 의문이다.

(3) 헌법에 관한 최종적 해석

헌법($^{제83조의\ 3}_{제2호}$)은 '헌법에 관한 최종적 해석'을 헌법재판소의 관장사항으로 정하고 있는데, 헌법재판소법은 두 가지 유형으로 이것을 구체화하고 있었다.

첫째, 법원에 계속(係屬)중인 사건에서 법원 또는 소송당사자가 헌법에 관한 최종적인 해석을 헌법재판소에 신청하는 경우이다($_{제1항}^{법 제9조}$). 법률의 위헌 여부와 관계 없이 헌법의 유권적인 해석을 구하는 것이었으므로 규범통제와는 다르다. 그러나 재판과정에서 구체적인 법률의 위헌 여부를 떠나 헌법의 해석이 따로 문제되는 경우를 쉽게 상정할 수 없다는 점에서 일종의 제도적인 과욕의 산물이었다고 생각한다. 둘째, 법원에 계속중인 구체적인 사건과 무관하게 헌법의 최종적인 해석을 헌법재판소에 신청하는 경우이다. 이 경우 신청권자를 제한하지 않아서 누구라도 신청인의 신원을 밝히고 해석을 요구하는 헌법조항을 표시한 후 그 조항에 대한 신청인의 해석을 적어 헌법재판소에 최종적인 해석을 구할 수 있었다($_{제2항}^{법 제10조}$). 그리고 헌법재판소의 헌법해석은 관보를 통해 공시했는데($_{제2항}^{법 제21조}$) 모든 국가기관을 구속하는 기속력을 가졌다($_{제1항}^{법 제22조}$).

(4) 국가기관간의 권한쟁의심판

헌법($_{제3호}^{제83조의 3}$)은 '국가기관간의 권한쟁의'를 헌법재판소가 관장하게 했다. 헌법재판소법은 국가기관이 권한쟁의의 요지와 관계법령조항 및 기타 필요한 사항을 기재한 제청서를 헌법재판소에 제출해서 권한쟁의를 신청할 수 있게 했다($_{제1항}^{법 제11조}$). 권한쟁의심판의 제청서가 접수되면 헌법재판소는 관계국가기관에 통지하고 다툼의 대상이 된 권한에 의한 처분의 정지를 명할 수 있게 했다($_{제2항}^{법 제11조}$). 권한쟁의에 관한 헌법재판소의 판결은 모든 국가기관과 지방자치기관을 기속하는 효력을 가졌다($_{제3항}^{법 제22조}$).

(5) 정당의 해산심판

헌법($_{제2항}^{제13조}$)은 '정당은 법률의 정하는 바에 의하여 국가의 보호를 받는다. 단, 정당의 목적이나 활동이 헌법의 민주적 기본질서에 위배될 때에는 정부가 대통령의 승인을 얻어 소추하고 헌법재판소가 판결로써 그 정당의 해산을 명한다'고 규정했다. 이 헌법규정을 근거로 헌법 제83조의 3 제 4 호가 '정당의 해산'을 헌법재판소의 관장사항으로 정했다. 헌법재판소법은 정부가 대통령의 소추승인서를 첨부한 정당소추서(해산요구 정당 표시 및 소추의 이유 명시)를 헌법재판소에 제출해서 정당의 해산심판을 요구하게 했다($_{제12조}^{법}$). 정당은 헌법재판소의 해산판결로 즉시 해산되는데($^{법 \ 제22조}_{제5항}$) 헌법재판소는 정당해산판결의 등본을 정부와 당해 정당의 대표자에게 송달하게 했다($^{법}_{제13조}$).

(6) 탄핵재판

헌법($^{제46}_{조}$)은 '대통령, 헌법재판소 심판관, 법관, 중앙선거관리위원회위원, 심계원장, 기타 법률이 정하는 공무원이 그 직무수행에 관하여 헌법 또는 법률에 위배한 때에는 국회는 탄핵의 소추를 결의할 수 있다. 국회의 탄핵소추는 민의원의원 30인 이상의 발의가 있어야 하며 그 결의는 양원에서 각각 그 재적의원 과반수의 찬성이 있어야 한다'고 규정함으로써 탄핵소추의 대상과 요건 및 탄핵소추발의 및 결의요건을 정했다. 국회가 탄핵의 소추를 결의한 때에는 소추위원 3인을 선임하여 탄핵심판에 관여하게 했다($^{법}_{제15조}$). 나아가 헌법($^{제47}_{조}$)은 '탄핵소추의 결의를 받은 자는 탄핵판결이 있을 때까지 그 권한행사가 정지된다. 탄핵판결은 공직으로부터 파면함에 그친다. 단 이에 의하여 민사상이나 형사상의 책임이 면제되는 것은 아니다'라고 규정했다. 탄핵의 피소추자는 헌법재판소의 파면선고로 파면되는데($^{법 \ 제22조}_{제4항}$) 헌법재판소의 탄핵판결에는 심판관 6인 이상의 찬성이 있어야 했다($^{제83조의 \ 4}_{제5항}$). 그리고 탄핵소추를 받은 자가 헌법재판소의 재판 전에 면직된 경우에는 탄핵소추는 기각되게 했다($^{법}_{제16조}$). 헌법재판소의 탄핵재판에는 일사부재리의 원칙이 적용되어 재판을 거친 사건은 다시 재판할 수 없게 했으며($^{법}_{제20조}$), 동일한 사유로 형사소송절차가 진행중인 때에는 형사소송이 끝날 때까지 탄핵재판을 중지할 수 있게 했다($^{법}_{제23조}$). 탄핵재판절차에는 구속에 관한 규정을 제외하고 형사소송법을 준용하게 했다($^{법 \ 제24조}_{제2항}$).

(7) 대통령 . 대법원장 . 대법관의 선거에 관한 소송

헌법($^{제53}_{조}$)은 대통령을 양원합동회의에서 재적의원 2/3 이상의 득표로 선출하도록 정했다. 또 대법원장과 대법관은 법관의 자격이 있는 사람으로 구성되는 선거인단이 선거하고 대통령이 확인하도록 했다($^{제78조}_{제1항}$). 그런데 대통령과 대법원장 및 대법관의 선거에 관해서 발생하는 선거소송을 헌법재판사항으로 정하고 헌법재판소가 심사하게 했다($^{제83조의 \ 3}_{제6호}$). 헌법재판소는 선거에 관한 소송은 모든 사건에 우선하여 심리해야 했다($^{법\ 제17조}_{제1항\ 단서}$). 또 선거소송에서는 이미 재판을 거친 사건을 다시 재판할 수 없게 했다($^{법}_{제20조}$).

Ⅲ. 평   가

제 2 공화국의 헌법재판제도는 비교법적으로 볼 때 중요한 헌법재판 종류를 많이 제도화하고 독립한 헌법재판소를 따로 설치함으로써 제 1 공화국의 헌법재판제도에 비해서 획기적인 발전을 한 것이었다. 다만 헌법소원제도를 규정하지 않았던 점이 큰 아쉬움으로 남는다. 그리고 헌법재판소의 규범통제 및 헌법의 유권적 해석기능과 관련해서 그 본질이 애매한 민중소송적인 규범통제 제도를 도입했던 것은 그것이 실용화되었을 경우 많은 문제점과 부작용을 초래했을 제도였다고 할 것이다. 일반적인 헌법재판의 분류기준에 따를 때 이 민중소송적 규범통제제도를 추상적 규범통제로 분류하기는 어렵다고 생각한다. 추상적 규범통제는 통상 그 신청권을 입법에 관여하는 기관이 갖도록 하는 것이고 일반국민에게 신청권을 주는 경우에는 심사대상의 법률조항이 타인의 기본권을 침해하는 것을 전제로 하는 것인데, 제 2 공화국의 민중소송적 규범통제제도는 기본권 침해와 무관하게 단지 '법률의 위헌 여부 또는 헌법에 관한 최종적 해석'을 헌법재판소에 요청하는 것이었기 때문이다. 따라서 비교법적으로 그 유형을 쉽게 찾기 어려운 매우 독특한 제도를 도입했었다고 할 것이다.

아무튼 '5·16 군사쿠데타'(1961년)로 인해서 실현되지 못한 제 2 공화국의 헌법재판제도는 단순히 헌법사적인 의미만을 갖게 되었다.

3. 제 3 공화국의 헌법재판제도

1961년의 '5·16 군사쿠데타'로 1962년에 제정된 제 3 공화국헌법은 다시 단원제의 대통령제 정부형태를 채택하면서 우리 헌정사상 처음으로 미국형인 사법심사제(司法審査制)를 도입하여 규범통제를 대법원의 관할로 정했다($^{제102}_{조}$).

그러면서 위헌정당해산심판도 대법원이 하게 했다($^{제7조\ 제3항}_{및\ 제103조}$). 그러나 탄핵심판은 따로 구성하는 탄핵심판위원회가 맡도록 했다($^{제62}_{조}$). 결국 제 3 공화국헌법은 구체적 규범통제, 위헌정당해산심판, 탄핵심판의 세 가지 헌법재판제도만을 도입했다.

I. 대법원의 구성과 헌법재판

(1) 대법원의 구성

최고법원인 대법원은 16인 이하의 법관으로 구성하는데($^{제97조}_{제2항}$), 대법원장인 법관은 법관추천회의의 제청에 의하여 대통령이 국회의 동의를 얻어 임명하고($^{제99조}_{제1항}$), 대법원 판사인 법관은 대법원장이 법관추천회의의 동의를 얻어 제청하고 대통령이 임명했다($^{제99조}_{제2항}$). 법관추천회의는 법관 4인, 변호사 2인, 대통령이 지명하는 법학교수 1인, 법무부장관과 검찰총장의 9인으로 구성했다($^{제99조}_{제4항}$). 대법원장의 임기는 6년인데 연임될 수 없으며($^{제100조}_{제1항}$), 나머지 법관의 임기는 10년인데 연임될 수 있었다($^{제100조}_{제2항}$). 법관의 정년은 획일적으로 65세였다($^{제100조}_{제3항}$). 법관은 탄핵 또는 형벌에 의하지 아니하고는 파면되지 않으며, 징계처분에 의하지 아니하고는 정직, 감봉 또는 불리한 처분을 받지 아니하는 신분보장을 받았다($^{제101}_{조}$).

(2) 구체적 규범통제

1) 법률의 구체적 규범통제

헌법($^{제102조}_{제1항}$)은 '법률이 헌법에 위배되는 여부가 재판의 전제가 된 때에는 대법원은 이를 최종적으로 심사할 권한을 가진다'는 규정을 통해 법률에 대한 대법원의 규범통제권을 명문화했다. 이것은 법률의 위헌 여부가 재판의 전제가 되는 사건은 심급절차를 거쳐 반드시 대법원의 최종적인 심판을 받아야 한다는 취지였다. 따라서 하급심도 재판과정에서 적용할 법률의 위헌 여부를 심사할 수는 있지만, 위헌으로 결정할 권한은 대법원만이 독점적으로 행사할 수 있다는 뜻이다. 대법원이 법률에 대해서 위헌결정을 하면 그 법률은 당연히 효력을 상실하는 것은 아니지만 사실상 하급법원에서 적용이 배제되는 효력을 갖

는다고 할 것이다. 사법형 구체적 규범통제의 당연한 법적 효과이다.[1]

2) 명령·규칙 등의 구체적 규범통제

헌법($\frac{제102조}{제2항}$)은 '명령·규칙·처분의 위헌 여부가 재판의 전제가 된 때에는 대법원은 이를 최종적으로 심사할 권한을 가진다'고 규정함으로써 법률 하위 규범의 구체적 규범통제에 관해서도 법률의 규범통제와 같게 취급했다.

(3) 위헌정당해산심판

헌법($\frac{제7조}{제3항}$)은 '정당은 국가의 보호를 받는다. 다만 정당의 목적이나 활동이 민주적 기본질서에 위배될 때에는 정부는 대법원에 그 해산을 제소할 수 있고, 정당은 대법원의 판결에 의하여 해산된다'고 규정해서 위헌정당해산심판권도 대법원의 관할로 정했다. 그런데 정당의 해산을 명하는 대법원의 판결은 대법원 법관 정수의 3/5 이상의 찬성을 얻도록 했다($\frac{제103}{조}$).

Ⅱ. 탄핵심판위원회의 구성과 탄핵심판

(1) 탄핵심판위원회의 구성

탄핵심판위원회는 대법원장을 위원장으로 하고 대법원 판사 3인과 국회의원 5인 등 9인으로 구성했다. 다만 대법원장을 심판할 경우에는 국회의장이 위원장이 되었다($\frac{제62조}{제2항}$). 탄핵심판에 관한 사항을 법률로 정하게 한 헌법규정($\frac{제62조}{제5항}$)에 따라 탄핵심판법(이하 법으로 줄임)[2]을 제정했다. 이 법에 따르면 탄핵심판위원은 각각 대법원과 국회에서 선출하는데, 대법원과 국회는 별도로 각 3인과 5인의 예비심판위원도 함께 선출하게 했다($\frac{법}{제10조}$).

(2) 탄핵심판

헌법($\frac{제61조}{제1항}$)은 '대통령, 국무총리, 국무위원, 행정 각부의 장, 법관, 중앙선

---

1) 그 당시 대법원도 같은 견해를 판시했었다. 1971. 6. 22. 전원합의 상고기각 70다1010 손해배상 판결문 참조: '법률 등의 조항의 위헌결정의 효력은 그 법률 등을 무효화하는 것이 아니고 다만 구체적 사건에 그 법률 또는 그 일부 조항의 적용을 거부함에 그치는 것이다'.
2) 1964년 제정 법률 제1683호.

거관리위원회위원, 감사위원 기타 법률에 정한 공무원이 그 직무집행에 있어서 헌법이나 법률을 위배한 때에는 국회는 탄핵의 소추를 의결할 수 있다'고 정했다. 그리고 국회의 탄핵소추는 국회의원 30인 이상의 발의가 있어야 하며, 그 의결은 재적의원 과반수의 찬성이 있어야 했다(제61조 제2항). 그런데 1969년의 제6차 헌법개정에서 대통령에 대한 탄핵소추의 요건을 강화해서 국회의원 50인 이상의 발의와 재적의원 2/3 이상의 찬성이 필요하도록 고쳤다(제61조 제2항 단서). 탄핵소추의 의결을 받은 자는 탄핵결정이 있을 때까지 그 권한행사가 정지된다(제61조 제3항). 탄핵결정에는 구성원 6인 이상의 찬성이 있어야 하며(제62조 제3항), 탄핵결정은 공직으로부터 파면함에 그친다. 그러나 민사·형사상의 책임이 면제되지는 않는다(제62조 제4항). 탄핵사건의 재판은 평의를 제외하고는 공개재판의 원칙에 따르도록 했다(법 제20조 및 제24조). 그리고 동일한 사유로 형사재판이 진행중인 때에는 재판절차를 중지할 수 있었다(법 제22조). 파면결정에는 이유를 붙여야 하며, 파면사유와 그 증거를 명시하게 했다(법 제26조). 탄핵심판에서 특징적인 것은 탄핵파면된 자가 탄핵심판위원회의 자격회복의 판결을 받으면 다시 헌법(제61조 제1항)이 정하는 공직에 취임할 수 있었다는 점이다. 물론 탄핵파면 선고일로부터 3년을 경과한 때와 파면사유가 없었다는 분명한 증거가 발견된 때에 한해서 허용되는 예외적인 제도이었다(법 제30조~ 제32조).

Ⅲ. 헌법재판의 실상과 평가

군사쿠데타에 의해 탄생한 제3공화국은 태생적으로 권력통제를 본질로 하는 헌법재판과 친화적일 수 없었다. 그에 더하여 장기집권을 위해서 무리한 권력행사를 하고 법치주의를 무시하는 통치를 하던 당시의 정치상황에서는 헌법재판을 관장하던 대법원이 정치의 시녀 노릇에서 벗어나 독립적인 지위를 유지하기도 힘든 입장이었다. 그 결과 규범통제가 제대로 이루어질 수도 없었다. 그래서 10년 동안 대법원이 법률에 대한 규범통제를 통해 위헌결정을 한 것은 단한 건에 지나지 않았다. 즉 대법원은 1971년 '국가배상법 제2조 제1항 단행과 법원조직법 제59조 제1항 단행의 각 규정은 위헌이다'라는 판결을 했다.[1] 헌법(제26조)

---

1) 1971. 6. 22. 전원합의 상고기각 70다1010 손해배상 참조.

이 보장한 국가배상청구권을 국가배상법 제 2 조 제 1 항 단행에서 군인·군속에 대해서만 이중배상이라는 이유로 배제하는 것은 인간의 존엄과 가치, 평등권, 국가배상청구권을 보장하는 헌법규정에 위반하는 것으로서 기본권의 본질적 내용의 침해 내지는 불필요한 제한이라고 판시했다.[1] 국가배상법과 함께 위헌결정된 것은 개정된 법원조직법 제59조 제 1 항 단행의 규정이었다.[2] 개정 전의 법원조직법 제59조 제 1 항에서는 합의심판은 과반수로 결정한다는 원칙을 규정했었는데, 법 개정을 통해 규범통제의 합의심판에서는 가중된 결정정족수가 필요하도록 정함으로써 위헌심사권을 제한하고, 같은 법 부칙 제 3 항에서 '이 법 시행 당시 대법원이 법률·명령·규칙이 헌법에 위반한다고 재판한 종전의 판결에 따라 재판하는 경우에도 제59조 제 1 항 단서를 적용한다'고 정한 것은 헌법($^{제103}_{조}$)이 명문으로 규정한 정당해산판결 정족수(3/5 이상의 찬성)와는 달리 헌법 제102조에서 결정정족수의 특별한 제한 없이 대법원에 부여한 위헌심사권을 부당하게 제한하는 것이므로 위 개정규정 및 같은 법 부칙 제 3 항은 헌법 제102조에 위반된다고 판시했다.[3]

　　제 3 공화국의 사법형 헌법재판제도는 이 하나의 위헌결정을 유일한 실적으로 남겼지만 1972년 단행된 이른바 '유신조치'(維新措置)에서 위헌결정에 찬성한 대법원 판사들이 모두 해직되는 '사법파동'의 계기가 되고 말았다.

4. 제 4 공화국의 헌법재판제도

　　1972년 통일기반 조성이라는 명분을 내세워 사실상 영구집권을 위해서

---

1) 대법원 판사 16명 중 9 : 7로 위헌결정한 것이었다.
2) 이 규정은 1970. 8. 9. 법률 제2222호로 개정된 내용으로서 그 조항은 다음과 같다. '합의심판은 헌법 및 법률에 다른 규정이 없으면 과반수로서 결정한다. 다만 대법원이 제 7 조 제 1 항 제 1 호(즉 법률의 규범통제)의 규정에 의한 합의심판을 하는 때에는 대법원 판사 전원의 2/3 이상의 출석과 출석인원 2/3 이상의 찬성으로 결정한다'. 이 규정은 대법원의 위헌결정을 어렵게 하기 위해서 위의 법개정을 통해 추가한 내용이었다. 그런데 대법원은 이 추가한 규정의 적용 여하에 따라서 국가배상법 제 2 조 제 1 항 단행의 적용문제의 결론이 달라짐으로 이 법원조직법 규정의 위헌 여부를 함께 심사한다고 밝혔다.
3) 대법원 판사 16명 중 11 : 5로 위헌결정한 것이었다. 판결문은 '헌법위원회 및 대법원 헌법판례집', 헌법재판소 발간, 1990, 중, 978-992면 참조.

단행된 이른바 '10·17 비상조치'(유신조치)로 인해서 제 3 공화국헌법의 효력은
상실했다. 비상계엄이 선포된 가운데 1972년 제 7 차 헌법개정의 형식으로 제
정된 제 4 공화국헌법($^{제109}_{조}$)은 종전의 사법형(司法型)을 폐지하고 다시 헌법위원
회를 설치해서 헌법재판을 관장시켰다. 헌법위원회는 구체적 규범통제, 탄핵
심판, 정당의 해산심판의 세 가지 헌법재판사항을 관할했다.

Ⅰ. 헌법위원회의 구성

제 4 공화국헌법은 헌법위원회를 대통령이 임명하는 9인의 위원으로 구성
하게 했는데, 3인은 국회에서 선출하는 자를, 3인은 대법원장이 지명하는 자
를 임명하게 했다. 위원장은 위원 중에서 대통령이 임명했다($^{제109조 \ 제2항-}_{제4항}$). 헌
법위원회위원의 임기는 6년이며, 정당에 가입하거나 정치에 관여할 수 없었
다. 그리고 탄핵 또는 형벌에 의하지 않으면 파면되지 않는 신분보장을 받았
다. 헌법위원회위원의 자격을 비롯해서 헌법위원회의 조직과 운영 기타 필요
한 사항은 법률로 정하게 했다($^{제110조 \ 제4항 \ 및}_{제111조 \ 제2항}$). 헌법위원회법(이하 법으로 줄임)[1]
에서 이들 사항을 규정했다. 이 법에 따르면 헌법위원회위원은 법관의 자격을
가져야 하는 것은 아니었다. 즉 i) 대통령, 국회의장, 대법원장, 국무총리, 국
무위원, 법제처장의 직에 있던 자, ii) 20년 이상 판사, 검사 또는 변호사의 직
에 있던 자, iii) 판사, 검사, 변호사의 자격이 있는 자로서 20년 이상 법원,
검찰청, 법무부, 국방부, 법제처, 국회사무처 또는 법원행정처에서 법률사무를
전담한 자, iv) 20년 이상 공인된 법과대학에서 법률학 조교수 이상의 직에
있던 자 중에서 위원을 임명했다($^{법}_{제3조}$). 그런데 헌법위원회위원 중에서 대통
령이 임명하는 위원장과 상임위원 1인을 제외한 다른 위원은 모두 비상임 명
예직으로 정했다($^{법 \ 제9조와}_{제10조 \ 제1항}$). 상임위원은 별정직 국가공무원의 신분을 가지고
대법원 판사에 준하는 대우와 보수를 받았지만($^{법 \ 제10조}_{제2항}$), 비상임위원은 일당과
여비 기타 실비보상만 받았다($^{법 \ 제10조}_{제1항}$).

---

1) 1973. 2. 16. 제정 법률 제2530호 참조.

Ⅱ. 헌법위원회의 관할사항과 심판절차

헌법위원회는 법원의 제청에 의한 법률의 위헌 여부 심사, 탄핵심판, 정당의 해산심판의 세 가지 헌법재판사항을 관장했다($^{제109조}_{제1항}$). 그런데 헌법위원회가 법률의 위헌결정, 탄핵결정, 정당해산결정을 하려면 위원 6인 이상의 찬성을 얻도록 정했다($^{제11조}_{제1항}$). 헌법위원회는 위원 7인 이상의 출석으로 심리했으며 위의 세 가지 사항 외에는 출석위원 과반수의 찬성으로 결정했다($^{법}_{제9조}$).

(1) 구체적 규범통제

1) 법률의 구체적 규범통제

법률이 헌법에 위배되는 여부가 재판의 전제가 된 때에는 담당 법관의 직권 또는 사건당사자의 신청으로 사건이 계속중인 법원의 합의부의 결정으로 헌법위원회에 법률의 위헌 여부 심판을 제청했다($^{법}_{제12조}$). 제청에 관한 법원 합의부의 결정에 대해 이의가 있으면 항고할 수 있었는데 이 때 민사소송법의 규정을 준용했다($^{법 제12조 제2}_{항 및 제3항}$). 하급법원의 위헌 여부 심판제청서는 반드시 대법원을 경유하게 했는데, 대법원은 제청법률에 대한 1차적인 심사를 하고 제청이 불필요하다고 판단하면 헌법위원회에 제청서를 송부하지 않을 수 있는 이른바 불송부결정권을 가졌다($^{법 제15조}_{제3항}$). 법률의 위헌 여부 심판을 제청하면 당해 사건의 재판은 정지되었으며, 대법원은 헌법위원회에 제청한 후 각급 법원에 계류중인 제청된 법률을 적용할 모든 사건의 재판을 정지하게 했다($^{법}_{제13조}$). 법률에 대한 헌법위원회의 위헌결정은 장래효를 가졌으며 법원 기타 국가기관이나 지방자치단체를 기속하는 효력을 가졌다($^{법}_{제18조}$). 헌법위원회는 제청된 법률 또는 법률조항의 위헌 여부만을 결정하지만, 위헌결정된 법률조항으로 인해서 당해 법률 전부를 시행할 수 없다고 판단한 때에는 그 법률 전부를 위헌결정할 수도 있었다($^{법}_{제16조}$).

2) 명령·규칙의 구체적 규범통제

헌법($^{제102조}_{제2항}$)은 '명령·규칙·처분이 헌법이나 법률에 위반되는 여부가 재판의 전제가 된 때에는 대법원은 이를 최종적으로 심사할 권한을 가진다'고 규정함으로써 법률 하위규범의 구체적 규범통제는 대법원의 전속관할사항으로 정했다.

(2) 탄핵심판

헌법($\frac{제99}{조}$)은 '대통령, 국무총리, 국무위원, 행정 각부의 장, 헌법위원회위원, 법관, 중앙선거관리위원회위원, 감사위원 기타 법률에 정한 공무원이 그 직무집행에 있어서 헌법이나 법률을 위배한 때에는 국회는 탄핵의 소추를 의결할 수 있다. 탄핵소추는 국회 재적의원 1/3 이상의 발의가 있어야 하며, 그 의결은 국회 재적의원 과반수의 찬성이 있어야 한다. 다만 대통령에 대한 탄핵소추는 국회 재적의원 과반수의 발의와 국회 재적의원 2/3 이상의 찬성이 있어야 한다'고 정했다. 국회의 탄핵소추는 소추위원이 소추의결서의 정본을 헌법위원회에 제출함으로써 행했다($\frac{법}{제21조}$). 탄핵사건의 심판은 변론과 증거조사를 통해서 이루어졌으며, 피소추자가 정당한 사유 없이 거듭 출석하지 않으면 그의 진술을 듣지 않고 심판할 수 있게 했다($\frac{법}{제27조}$). 탄핵사유와 관련해서 형사소송이 계속하는 동안에는 탄핵심판절차를 정지할 수 있었다($\frac{법}{제28조}$). 탄핵소추의 의결을 받은 자는 탄핵결정이 있을 때까지 그 권한행사가 정지되었으며($\frac{제99조}{제3항}$), 탄핵결정의 선고로 그 공직에서 파면되었다($\frac{법}{제30조}$). 탄핵결정은 공직으로부터 파면함에 그친다. 그러나 이에 의하여 민사상이나 형사상의 책임이 면제되지는 아니했다($\frac{제99조}{제4항}$). 탄핵소추를 받은 자가 탄핵심판 전에 파면된 경우에는 헌법위원회는 탄핵소추를 기각해야 했다($\frac{법}{제32조}$). 탄핵파면된 자는 3년이 지나야 다시 헌법($\frac{제99조}{제1항}$)이 정하는 공무원이 될 수 있었다($\frac{법}{제31조}$).

(3) 위헌정당해산심판

헌법($\frac{제7조}{제3항}$)은 '정당은 법률이 정하는 바에 의하여 국가의 보호를 받는다. 다만 정당의 목적이나 활동이 민주적 기본질서에 위배되거나 국가의 존립에 위해가 될 때에는 정부는 헌법위원회에 그 해산을 제소할 수 있고, 정당은 헌법위원회의 결정에 의하여 해산된다'고 정했다. 정부가 정당의 해산을 헌법위원회에 제소하려면 국무회의의 심의를 거쳐($\frac{제66조}{제14호}$) 제소장을 제출해야 했다($\frac{법 제33조 제1}{항 및 제34조}$). 정당해산의 제소가 있거나 그 제소가 계속되지 않게 되거나 정

당해산결정이 선고된 때에는 헌법위원회위원장은 그 사실을 국회와 중앙선거
관리위원회에 통지해야 했다(법제37조).

Ⅲ. 헌법위원회의 활동과 평가

　　대통령의 영구집권을 위해서 통일주체국민회의에서 대통령을 뽑는 대통
령의 간접선거제도를 도입하고 대통령의 국회해산권, 긴급조치권 등 독재체제
를 강화한 유신헌법의 통치구조 속에서 헌법재판은 처음부터 명목적이고 장
식적인 성질의 것에 불과했다. 더욱이 헌법위원회의 구체적 규범통제마저도
대법원에게 준 하급법원 제청서 '불송부결정권'으로 인해서 사실상 무용지물
이 되고 말았다. 그 결과 헌법위원회는 단 한 건의 규범통제사건도 접수하지
못한 채 철저히 휴면기관으로 전락하고 말았다.

5. 제 5 공화국의 헌법재판제도

　　1979년 박정희 대통령이 살해당한 '10·26 사태' 이후 신(新)군부 세력이
'12·12 사태'를 기점으로 '5·18 광주민주화운동 무력진압' 등 '단계적 군사쿠
데타'를 통해 집권에 성공한 후 제 8 차 헌법개정의 형식으로 1980년 제정한
제 5 공화국헌법은 군사정권의 연장선상에서 헌법재판제도도 제 4 공화국의 것
을 거의 그대로 답습했다. 그 결과 전과 같이 헌법위원회를 구성해서 구체적
규범통제, 탄핵심판, 정당해산심판을 관장하게 했다(제112조).

Ⅰ. 헌법위원회의 구성

　　헌법위원회는 대통령이 임명하는 9인의 위원으로 구성하는데, 3인은 국회
에서 선출하는 자를, 3인은 대법원장이 지명하는 자를 임명해야 하며, 위원장
은 위원 중에서 대통령이 임명했다(법 제112조 제2항·제4항). 헌법위원의 임기는 6년이며
법률이 정하는 바에 의하여 연임이 가능했다. 헌법위원회위원은 정당에 가입

하거나 정치에 관여할 수 없었으며, 탄핵 또는 형벌에 의하지 않으면 파면되
지 않았는데, 그 자격은 법률로 정했다($^{제113}_{조}$). 헌법위원회법(이하 법으로 줄임)[1]
은 헌법위원회위원의 자격을 거의 제 4 공화국의 헌법위원회법과 같게 정하면
서 다만 경력요건만을 '20년'에서 15년으로 하향 조정했다. 그리고 법조인으로
법률사무를 전담한 근무 부서를 일일이 열거하던 종전의 규정방식을 탈피해
서 '국가기관, 국·공영기업체, 정부투자기관 기타 법인'으로 규정해 그 범위를
넓혔다($^{법}_{제3조}$).

Ⅱ. 헌법위원회의 관할사항과 심판절차

헌법위원회가 구체적 규범통제, 탄핵심판, 정당해산심판의 세 가지를 관
장했던 것은($^{제112조}_{제1항}$) 제 4 공화국의 헌법위원회와 차이가 없었다. 그리고 법률의
위헌결정, 탄핵결정, 정당해산결정에 위원 6인 이상의 찬성이 있어야 했던 것
도($^{제114조}_{제1항}$) 같았다.

(1) 구체적 규범통제

1) 법률의 구체적 규범통제

헌법($^{제108조}_{제1항}$)은 '법률이 헌법에 위반되는 여부가 재판의 전제가 된 경우에
법원은 법률이 헌법에 위반되는 것으로 인정할 때에는 헌법위원회에 제청하여
그 결정에 의하여 재판한다'고 정함으로써 제 4 공화국헌법규정에 비해서 '법률
이 헌법에 위반되는 것으로 인정할 때'에 제청한다는 문구를 추가했다. 이것
은 대법원의 불송부결정권의 헌법적 근거를 마련하려는 의도였다고 보여지지
만 이 규정을 추가했다고 해서 불송부결정권이 법리적으로 정당화되는 것은
아니었다. 그럼에도 불구하고 헌법위원회법은 법원의 위헌 여부 제청이 있으
면 대법원은 대법원 판사 2/3 이상의 합의체에서 제청법률의 위헌 여부
를 심사해서 위헌이라고 인정할 때에만 제청서를 헌법위원회에 송부하도록
함으로써 여전히 불송부결정권을 유지했었다($^{법 제15조}_{제3항}$). 나머지 규범통제 심판절
차는 제 4 공화국과 달라지지 않았다.

---

1) 1982. 4. 2. 법률 제3551호 참조.

2) 명령·규칙 등의 구체적 규범통제

헌법($^{제108조}_{제2항}$)은 '명령·규칙·처분이 헌법이나 법률에 위반되는 여부가 재판의 전제가 된 경우에는 대법원은 이를 최종적으로 심사할 권한을 가진다'고 규정해서 법률 하위규범의 구체적 규범통제를 여전히 대법원의 전속관할사항으로 정했다.

(2) 탄핵심판

헌법($^{제101}_{조}$)은 탄핵소추의 대상, 탄핵소추의 발의 및 의결정족수, 탄핵소추 및 탄핵결정의 효력 등 탄핵심판절차는 제 4 공화국의 것을 개정 없이 그대로 계승해서 규정했다.

(3) 위헌정당해산심판

헌법($^{제7조}_{제4항}$)은 '정당의 목적이나 활동이 민주적 기본질서에 위배될 때에는 정부는 헌법위원회에 그 해산을 제소할 수 있고, 정당은 헌법위원회의 결정에 의하여 해산된다'고 규정했다. 이 헌법규정은 제 4 공화국의 정당해산 요건 중에서 '국가의 존립에 위해가 된 때'를 삭제한 것 이외에는 달라진 것이 없다. 그 밖의 정당해산심판절차도 변화가 없었다.

Ⅲ. 헌법위원회의 활동과 평가

제 5 공화국의 헌법위원회도 제 4 공화국의 헌법위원회와 마찬가지로 군사독재의 긴장된 정치상황 속에서 제 구실을 하지 못했다. 구체적 규범통제는 대법원의 불송부결정권 때문에 전혀 이루어지지 않았다. 그 결과 헌법위원회는 하는 일 없이 국가 재정만 축내는 휴면기관의 신세를 면치 못했다.

제 4 공화국이 시작된 1972년부터 제 5 공화국의 전두환 정권이 끝난 1988년까지는 우리 헌법재판의 역사에서 오랜 공백기간이었다. 국민의 의식 속에 헌법재판에 대한 인식이 자리잡을 수 없었던 것은 당연한 결과였다.

제 2 장   현행 헌법의 헌법재판제도

　　1987년 '6월항쟁'의 산물이라고 할 수 있는 현행 제 9 차 개정헌법은 대통령 직선제를 포함해서 우리 헌정사상 처음으로 여·야 합의와 국민의 폭 넓은 공감에 바탕을 두고 제정된 헌법이다. 1987년 10월 국민투표로 확정·공포되고 1988년 2월부터 효력을 발생한 이른바 제 6 공화국헌법은 제 2 공화국에서와 마찬가지로 독립한 헌법재판소를 따로 설치하고 구체적 규범통제, 탄핵심판, 정당해산심판, 권한쟁의심판, 헌법소원심판 등 다섯 가지를 헌법재판사항으로 규정했다. 우리 헌법재판의 역사에서 처음으로 헌법소원제도를 도입한 것은 헌법재판의 큰 발전이라고 할 것이다. 이 헌법과 1988년 제정된 헌법재판소법(이하 법으로 줄임)[1]에 의해서 1988. 9. 15. 헌법재판관 9명이 임명되어 헌법재판소가 조직되고 헌법재판소는 1988. 9. 19.부터 활동을 시작했다. 그 후 4만 7백건 이상의 헌법재판사건을 처리하고 모든 종류의 헌법재판사건을 다루면서 무려 1,816건의 위헌결정(헌법불합치 및 한정위헌·한정합헌결정과 헌법소원인용결정 포함)과 대통령탄핵파면결정 및 위헌정당해산결정 등[2] 많은 중요한 판례를 축적하는 가운데 국민의 의식 속에 헌법재판의 중요성을 각인시키면서 오늘에 이르고 있다. 우리 헌정사상 처음으로 헌법재판이 활성화되고 헌법재판이 제대로 기능하는 시대로 접어든 것이다. 이제는 헌법재판을 빼고 우리의 헌정질서를 논할 수 없을 정도로 헌법재판의 위상이 높아졌다. 앞으로 제도상의 미비점을 보완하고 보다 정치한 논증에 입각한 판시를 통해서 헌법재판이 명실공히 헌법실현의 마지막 보루로 자리잡을 수 있도록 노력하는 과제만이 남아 있다.

---

1) 1988. 8. 5. 제정 9. 1. 발효 법률 제4017호. 최종개정 2020. 6. 9. 법률 제17469호.
2) 2021. 2. 28. 현재의 통계. 헌법재판소 공보 제293호, 2021. 3. 20., 303면 심판사건누계표 참조.

제 3 편

헌법재판소와 헌법재판

제 1 장 헌법재판소의 헌법상 위상

1. 헌법재판소의 조직적·기능적 특성

헌법 제6장($\substack{제111조-\\제113조}$)과 헌법재판소법(83개 조문과 부칙)에 근거해서 조직되고 활동하는 헌법재판소는 헌법실현에 필요한 통제적 권한을 행사하게 하기 위해서 설치된 헌법기관이다. 헌법재판소는 정책적 권한을 행사하기 위해서 설치된 대통령, 국회와는 성질을 달리한다. 또 헌법재판소는 분쟁조정적 권한을 행사하는 사법부와도 그 성질을 달리한다. 헌법재판소의 조직적·기능적 특성을 보다 구체적으로 살펴보기로 한다.

Ⅰ. 헌법재판소와 정치형성기관과의 차이

정책적 권한을 행사하는 대통령과 국회의 두 헌법기관은 그 조직과 활동 기반이 국민의 정치적 합의에 바탕을 둔 민주적 정당성이라고 볼 수 있다. 따라서 이들 헌법기관은 정책결정을 하고 정치형성적인 활동을 함에 있어서 사항강제(事項强制)적인 예외의 경우[1]가 아니라면 언제나 국민의 뜻에 부합하는 방향을 모색해야 한다. 여론과 각종 통로를 통해서 들어오는 투입(input)내용을 무시할 수 없는 이유도 그 때문이다. 정책결정과 정치형성에서 종종 수단보다는 목적을 중요시해서 합법성보다는 합목적성에 더 큰 비중을 두게 되는 이유도 그 때문이다. 그렇지만 정책결정과 정치형성에서 합법성이 지나치게 무시되는 경우 헌법재판소의 통제적 권한의 활동 공간이 생기게 된다.

헌법재판소는 그 조직과 활동 기반이 민주적 정당성보다는 헌법적 정당성에 바탕을 두고 있다. 물론 헌법적 정당성에 뿌리를 두고 조직·활동하는

---

1) 사항강제(Sachzwang)의 법리에 대해서 자세한 것은 졸저(拙著), 헌법이론과 헌법, 2021년, 방주 365 참조.

헌법재판소가 특히 그 조직면에서 민주적 정당성을 동시에 확보할 수 있다면 헌법재판소의 위상과 헌법재판의 실효성은 더욱 증대하게 될 것이다. 헌법적 정당성에 바탕을 두고 통제적 권한을 행사하는 헌법재판소는 통제의 기준이 헌법과 법질서이기 때문에 언제나 합법성의 판단을 합목적성의 판단보다 우선시킨다. 헌법재판에서 여론이나 투입의 영향이 제한적일 수밖에 없는 이유이다. 그러나 헌법재판소는 통제적 권한을 행사함에 있어서 합목적성의 판단을 완전히 배제할 수도 없다. 통제의 대상이 주로 정책결정 내지 정치형성이기 때문에 정책결정과 정치형성의 위헌·위법적인 부분을 가려내기 위해서는 합법성과 합목적성의 비율과 합법성의 관점에서 허용될 수 있는 합목적성 추구의 범위에 대한 판단이 불가피하기 때문이다. 헌법재판소는 합법성의 판단 외에 합목적성의 판단도 함께 헌법재판의 기준으로 삼을 수밖에 없다는 점에서 법원에서 행하는 합법성 판단의 사법작용과 구별된다.

Ⅱ. 헌법재판소와 법원의 차이

헌법재판소는 사법부의 형태로 조직되고 사법부와 마찬가지로 법 인식적인 방법으로 통제적인 권한을 행사하는 헌법기관이라고 하더라도 대법원을 정점으로 하는 법원과는 그 성질을 달리한다. 헌법재판소는 통제적 권한을 행사하는 기관인 데 반해서 법원은 분쟁조정적 권한을 행사하는 기관이다. 헌법재판소가 행사하는 통제적 권한도 분쟁을 전제로 하는 수동적 기능이지만, 법원의 조정대상인 분쟁과는 그 본질을 달리한다. 법원은 국민의 일상생활에서 발생하는 민사·형사·행정 등의 생활분쟁을 조정하고 해결하는 권한을 행사하지만, 헌법재판소는 정치형성적·정책적·기본권적인 분쟁을 통해서 나타나는 권력의 한계 내지는 권력남용 여부를 가려 주는 통제적인 권한을 행사하기 때문이다.

따라서 헌법재판소와 최고법원인 대법원의 헌법상의 지위를 단순히 평면적으로 비교하는 것은 의미가 없다. 헌법은 대법원이 법원조직의 정점을 차지하도록 명문으로 규정하고 있으므로(제101조 제2항) 법원조직 내에서는 최고법원임이 분명하다. 그러나 헌법재판소와의 관계에서도 최고법원일 수는 없다.

두 기관은 각각 그 헌법상의 기능을 달리하는 상호 독립한 헌법기관이기 때문에 그 위상의 우열을 논하는 것은 무의미하다. 두 기관의 헌법상의 위상은 그 활동분야에 따라서 다르다. 헌법해석과 헌법재판의 영역에서는 헌법재판소가 대법원보다 우월한 지위에 있고, 사실판단과 일상적 분쟁조정영역에서는 대법원이 우월한 지위를 차지한다. 따라서 헌법재판소와 대법원은 서로의 기능과 헌법상의 권한을 존중함으로써 불필요한 위상다툼을 자제할 필요가 있다. 헌법재판소가 헌법소원심판절차에서 법원의 재판을 헌법과 기본권적인 관점에서 심판하게 된다고 해서 헌법재판소가 제4심 재판부 내지는 초(超)상고심 재판부가 되는 것은 아니다. 또 법원이 헌법재판소의 헌법해석을 존중해서 법률을 해석·적용한다고 해서 헌법재판소의 하부기관이 되는 것도 아니다. 법원은 헌법($^{제103}_{조}$)이 명한 대로 '헌법과 법률에 의하여' 재판하기 위해서 헌법재판소의 유권적인 헌법해석을 존중하는 것일 뿐이다.

2. 헌법재판소의 지위

헌법기관의 지위는 헌법이 그 헌법기관에게 부여한 권한에 의해서 정해지기 때문에 헌법재판소의 지위도 헌법재판소의 헌법상 기능과 불가분의 관계에 있다. 따라서 헌법재판소는 그 기능에 상응하는 다양한 지위를 갖는다. 헌법 보호기관으로서의 지위, 헌법의 유권적 해석기관으로서의 지위, 권력통제기관으로서의 지위, 기본권 보호기관으로서의 기능, 사회안정 및 정치적 평화보장기관으로서의 지위 등이 그것이다.

I. 헌법 보호기관으로서의 지위

헌법재판소는 헌법실현을 위해서 설치한 기관이므로 헌법실현을 통한 헌법 보호기관으로서의 지위를 갖는다. 우리 사회의 정치적 통합을 위한 가치적·규범적인 징표인 우리 헌법이 헌법 내용대로 실현될 때 비로소 우리 사회의 정치적인 통합은 이루어질 수 있기 때문에 우리 헌법은 헌법재판소에 헌

법 보호의 기능과 함께 헌법 보호기관으로서의 지위를 부여했다. 위헌법률심
판, 탄핵심판, 위헌정당해산심판, 권한쟁의심판, 헌법소원심판 기능은 모두가
국가권력 내지는 조직된 힘의 악용과 남용으로부터 헌법적인 가치를 지키기
위한 헌법보호수단이다. 따라서 헌법재판소는 우리 헌법질서 내에서 헌법 보
호의 마지막 보루로서의 지위를 갖는다. 헌법재판소의 이 지위가 외부적·내
부적 원인으로 흔들리는 경우 헌정질서는 정상적인 궤도를 이탈해서 심각한
위험에 직면하게 된다.

Ⅱ. 헌법의 유권적 해석기관으로서의 지위

헌법재판소는 헌법적인 분쟁이 발생했을 때 헌법의 유권적인 해석을 통
해 분쟁을 해결함으로써 헌법을 실현하는 기관이므로 헌법의 유권적 해석기
관으로서의 지위를 갖는다. 따라서 헌법재판소의 헌법해석은 최종적인 것이어
서 헌법재판소 스스로에 의해서 그 해석이 변경되지 않는 한 누구도 이를 무
시할 수 없다. 헌법재판소의 헌법해석에 대한 비판은 허용되지만, 그 헌법해
석을 무시할 수는 없다. 헌법재판소가 이 지위를 굳게 지키기 위해서는 헌법
해석에서 언제나 정치한 논리와 설득력 있는 법리를 제시하도록 노력해야 한다.

Ⅲ. 권력통제기관으로서의 지위

헌법재판소는 헌법실현을 위한 통제적 권한을 행사하는 기관이므로 권력
통제기관으로서의 지위를 갖는다. 헌법재판소가 행사하는 권한은 주로 입법권
에 대한 통제, 대통령을 비롯한 고위공직자들의 헌법 및 법률 침해에 대한 통
제, 국가기관과 지방자치단체들의 권한다툼에 대한 통제, 적법하지 않은 공권
력 행사로 인한 기본권 침해에 대한 통제, 정당결사체의 헌법 침해에 대한 통
제 등 다양한 통제적 권한이다. 이러한 통제적인 권한은 헌법실현을 목적으로
주어진 것이기 때문에 헌법재판소는 권력통제를 통한 헌법실현기관으로서의
지위를 갖는다. 헌법재판소에 의한 권력통제는 고전적 3권분립의 조직원리에
의한 권력통제와는 그 성질을 달리한다. 전자는 주로 권력기관의 조직적·기

능적 분리와 상호간의 견제·균형을 통한 수평적인 성질의 통제인 데 반해서
후자는 전자의 작용원리와 달리 제 4 의 국가기관인 헌법재판소가 다른 3권(입
법·집행·사법권)을 기능적으로 통제하는 것이기 때문이다. 이 두 가지 헌법상
의 통제장치는 상호 보완적인 관계에 있다고 볼 수 있는데 3권분립의 통제장
치가 제대로 작동하지 않는 경우 헌법재판소에 의한 기능적 통제가 더욱 중요
한 역할을 하게 된다.

Ⅳ. 기본권 보호기관으로서의 지위

헌법재판소는 헌법의 핵심적인 내용을 이루는 기본권적 가치의 실현을
통한 사회통합을 추구하는 기본권 보호기관으로서의 지위를 갖는다. 규범통제
는 위헌·위법한 법령에 의한 기본권 침해를 방지하는 기능도 갖게 되고, 헌
법소원은 공권력의 과잉·부당행사로 인한 기본권 침해를 구제하기 위한 성질
도 가지고 있다. 고위공직자의 탄핵심판과 국가기관간의 권한쟁의심판도 간접
적으로 기본권의 실현과 관련성이 있다. 정당해산심판은 투쟁적·방어적 민주
주의의 실현수단이기 때문에 헌법이 추구하는 자유민주적 기본질서의 수호를
통한 기본권적 가치의 보호와도 간접적인 관계가 있다.

헌법재판소가 갖는 기본권 보호기관으로서의 지위는 법원이 갖는 기본권
보호기관으로서의 지위와는 성질이 다르다. 헌법재판소는 권력통제적 권한 행
사를 통해서 기본권이 공권력에 의해서 침해되는 것을 방지하는 것인 데 반
해서, 법원은 일상생활의 분쟁조정을 통해서 기본권을 보호하는 것이기 때문
이다. 헌법재판소의 기본권 보호기관으로서의 지위가 예방적·포괄적·일반적
인 성질의 것이라면 법원의 그것은 사후적·개별적·구체적인 성질을 갖는다.

Ⅴ. 사회안정 및 정치적 평화 보장기관으로서의 지위

헌법재판소는 통치기관의 권력행사를 기능적으로 통제함으로써 권력을
순화시켜 정치적인 평화를 보장하는 기관으로서의 지위를 갖는다. 정치권력이
정상궤도를 이탈하지 않고 헌법이 정해 준 규범적인 테두리 내에서만 행사되

도록 감시하고 통제함으로써 권력 상호간에 다툼이 없도록 조정하는 것은 정치적인 평화뿐 아니라 사회안정에도 도움이 되기 때문에 헌법재판소는 사회안정에 기여하는 기관으로서의 지위도 갖게 된다. 사회안정과 정치적 평화는 사회통합의 중요한 전제조건이기 때문에 헌법재판소는 사회통합을 촉진시키는 기관으로서의 지위도 갖는다.

제 2 장 헌법재판소의 조직

1. 헌법재판소 조직의 기본원칙

Ⅰ. 헌법규정

헌법재판소의 조직에 관한 기본적인 사항은 헌법에 규정되어 있다. 그에 의하면 헌법재판소는 법관의 자격을 가진 9인의 재판관으로 구성하며 재판관은 대통령이 임명한다(제111조 제2항). 재판관 중에서 3인은 국회에서 선출하는 자를, 3인은 대법원장이 지명하는 자를 임명한다(제111조 제3항).[1] 헌법재판소의 장은 국회의 동의를 얻어 재판관 중에서 대통령이 임명한다(제111조 제4항). 헌법재판소 재판관의 임기는 6년으로 하며 법률이 정하는 바에 의하여 연임할 수 있다(제112조 제1항). 헌법재판소 재판관은 정당에 가입하거나 정치에 관여할 수 없다(제112조 제2항). 헌법재판소 재판관은 탄핵 또는 금고 이상의 형의 선고에 의하지 아니하고는 파면되지 아니한다(제112조 제3항). 헌법재판소는 법률에 저촉되지 아니하는 범위 안에서 심판에 관한 절차, 내부규율과 사무처리에 관한 규칙을 제정할 수 있다(제113조 제2항). 헌법재판소의 조직과 운영 기타 필요한 사항은 법률로 정한다(제113조 제3항).

Ⅱ. 조직에 관한 입법형성권의 한계

헌법재판소의 조직에 관해서 헌법이 정한 이러한 기본원칙을 구체화하고 헌법이 직접 정하지 아니한 나머지 사항을 규정하기 위해서 입법자는 헌법의 수권(제113조 제3항)에 따라 법률을 제정할 수 있는 입법형성권을 갖는다. 1988년 제정된 헌법재판소법[2]이 그것이다. 그런데 '헌법재판소의 조직과 운영 기타 필요

---

1) 국회선출 재판관을 비롯해서 모든 재판관은 국회의 인사청문절차를 거쳐야 하기 때문에 대통령과 대법원장은 재판관을 임명 또는 지명하기 전에 국회에 인사청문을 요청해야 한다 (헌법재판소법(이하 법으로 줄임) 제6조 제1항 및 제2항).
2) 1988. 8. 5. 법률 제4017호.

한 사항'을 규정할 입법형성권은 처음부터 헌법에 의한 제약을 받는다. 즉 헌법재판소를 설치하고 헌법재판소에 규범통제, 탄핵심판, 정당해산심판, 권한쟁의심판, 헌법소원심판 등 다섯 가지 권력통제적 권한을 부여한 헌법의 정신에 따라 헌법재판소가 제대로 기능할 수 있도록 뒷받침하는 법률을 제정해야 할 입법자의 헌법상의 의무가 바로 그것이다. 그리고 입법자는 헌법재판소가 활동하는 과정에서 경험적으로 축적한 조직과 운영의 문제점들에 대한 헌법재판소의 견해를 충분히 입법개선에 반영하도록 입법형성권을 행사해야 한다. 헌법재판소장에게 부여한 입법의견의 제출권($^{법 제10}_{조의 2}$)은 그래서 필요하고 또 존중되어야 한다. 헌법재판소의 헌법상의 기능이 헌법재판소의 조직과 운영에 관한 입법형성권의 그릇된 행사로 인해서 장애를 받는다면 그것은 명백히 헌법의 정신에 위배되는 일이기 때문이다.

Ⅲ. 조직상의 문제점과 개선 내용

헌법재판소의 조직에 관한 이러한 입법형성권의 한계의 측면에서 볼 때 1988년에 제정된 헌법재판소법의 재판관에 관한 규정은 문제가 있었다. 헌법상의 명시적인 근거도 없이 헌법재판소 재판관을 상임재판관 6인과 비상임재판관 3인으로 2원화해서 신분상의 차별을 했었기 때문이다. 그것은 헌법재판소의 재판업무 수행에 전혀 도움이 되지 않는 입법형성권의 남용에 해당하는 것이었다고 할 것이다. 다행히 1991년 헌법재판소법[1]을 개정해서 종래 상임재판관과 비상임재판관으로 2원화되었던 재판관의 신분을 모두 재판관으로 일원화하고 경과규정($^{부칙}_{제3조}$)을 통해 '이 법 시행 당시 상임재판관 및 상임재판관이 아닌 재판관은 이 법에 의하여 재판관으로 임명된 것으로 보며, 그 임기는 이 법 시행 전의 상임재판관 또는 재판관으로 임명된 때부터 기산한다'고 고친 것은 반드시 필요한 입법개선이었다고 할 것이다. 또 국회에서 선출하는 3인의 재판관과는 달리 대통령과 대법원장의 선출케이스 각 3인의 재판관은 국회의 인사청문을 거치지 않던 재판관 임명절차상의 모순을 해소하기 위해서 대통령과 대법원장이 임명 또는 지명하는 재판관도 국회의 인사청문을 거

---

1) 1991. 11. 30. 법률 제4408호.

치도록 2005년 헌법재판소법($\frac{제6조 제1항}{과 제2항}$)[1]을 개정한 것도 바람직한 입법개선이다. 그러나 국회에서 선출하는 3인의 재판관은 국회인사청문특별위원회의 인사청문을 거치지만($\frac{국회법}{제46조의 3}$), 대통령이 임명하거나 대법원장이 지명하는 각 3인의 재판관은 국회소관상임위원회(법제사법위원회)의 인사청문을 거치도록 해서($\frac{국회법}{제65조의 2}$) 인사청문기관이 같지 않고 다르게 2원화된 것은 여전히 문제점으로 남는다. 앞으로 이 문제도 제도적인 개선이 필요하다.

Ⅳ. 조직의 기본원칙

헌법이 정한 헌법재판소 조직의 기본원칙을 요약하면 다음과 같다.

첫째, 헌법재판소는 9인의 재판관으로 구성하며 재판관은 법관의 자격을 가져야 하고 모두 대통령이 임명하지만, 국회와 대법원장이 각 3인의 재판관을 선출할 권한을 가진다($\frac{제111조 제2}{항과 제3항}$). 모든 재판관은 국회의 인사청문절차를 거쳐야 한다($\frac{법 제6조 제1}{항과 제2항}$).

둘째, 헌법재판소의 장은 국회의 동의를 얻어 대통령이 재판관 중에서 임명한다($\frac{제111조}{제4항}$).

셋째, 헌법재판소 재판관의 임기는 6년이며 연임이 가능하다($\frac{제112조}{제1항}$).

넷째, 헌법재판소 재판관은 정당에 가입하거나 정치에 관여할 수 없다($\frac{제112조}{제2항}$).

다섯째, 헌법재판소 재판관은 탄핵 또는 금고 이상의 형의 선고에 의하지 않으면 파면되지 않는다($\frac{제112조}{제3항}$).

여섯째, 헌법재판소가 법률의 위헌결정, 탄핵의 결정, 정당해산의 결정, 헌법소원의 인용결정을 할 때는 재판관 6인 이상의 찬성이 있어야 한다($\frac{제113조}{제1항}$).

이러한 헌법재판소 조직의 기본원칙에 따라 헌법재판소 재판부가 구성되고 사무처가 조직되는데, 헌법재판소 재판관의 정년을 비롯한 구체적인 자격기준과 헌법재판소의 사무조직 기타 필요한 운영사항은 법률로 정한다. 그리고 헌법재판소는 법률의 범위 내에서 조직의 내부규율과 사무처리 및 심판절차를 규칙으로 제정할 수 있다.

---

1) 2005. 7. 29. 법률 제7622호.

2. 헌법재판소 재판부의 구성

Ⅰ. 재판관의 수와 임기

(1) 재판관의 수

헌법재판소의 재판관은 9인이다(제111조 제2항 및 법 제3조). 헌법재판소 재판관의 수를 9인으로 정한 것은 우리 헌법재판의 역사에서 제 2 공화국의 헌법재판소 이래 제 4 공화국과 제 5 공화국의 헌법위원회를 거친 하나의 오랜 전통이라고 할 것이다. 외국의 경우 프랑스의 헌법위원회가 9인의 위원으로 구성되어 있고 미국 연방대법원도 재판관(Justice)이 9인이다. 우리 제 1 공화국의 헌법위원회는 11인의 위원으로 구성했다. 우리처럼 재판관의 수를 홀수로 하는 것은 독일처럼 짝수(8인)로 하는 것에 비해서 장·단점을 다 가지고 있다. 원칙적으로 가부동수의 경우가 생기지 않는다는 점이 장점이라면, 1인의 차이로 결정이 될 수 있는 것은 단점이라고 할 것이다.[1] 반면에 독일처럼 재판관의 수를 짝수로 정하고 다수결에 따라 재판하는 경우[2] 가부동수의 경우가 생길 수 있다는 점이 단점이라면,[3] 원칙적으로 최소한 2인 이상의 차이로 결정하게 된다는 장점도 있다. 따라서 재판관의 수를 결정하는 일은 이러한 각각의 장·단점을 감안해서 헌법정책적으로 판단할 사항이다. 그러나 한 가지 분명한 것은 재판관의 수는 헌법사항이기 때문에 헌법에서 직접 정해야지 법률에 위임해서 입법자가 임의로 수를 조정하도록 해서는 아니 된다는 점이다. 좌절되기는 했지만 미국 Roosevelt 대통령의 이른바 Court-packing-plan도 입법을 통해 대법관의 수를 늘리는 방법으로 대법원을 장악하려는 시도였다는 역사적인 교훈

---

1) 우리 헌법은 이러한 1인 결정의 폐단을 방지하기 위해서 법률의 위헌결정, 탄핵결정, 정당해산결정, 헌법소원 인용결정 등 중요한 결정은 재판관 6인 이상의 찬성이 필요하도록 정했다(제113조 제 1 항).

2) 독일은 기본권 실효심판, 정당해산심판, 탄핵심판만 재판관 2/3 이상의 찬성으로 하고 그 이외의 심판은 다수결로 하도록 정했다. 연방헌법재판소법 제15조 제 4 항 제 1 절과 제 2 절 참조.

3) 독일 연방헌법재판소는 법률의 위헌결정도 단순다수결로 하기 때문에 가부동수인 경우에는 위헌으로 결정할 수 없게 정했다. 이 경우 합헌성의 추정을 받게 된다. 연방헌법재판소법 제15조 제 4 항 제 3 절 참조.

을 명심할 필요가 있다.

(2) 재판관의 임기

헌법재판소 재판관의 임기는 6년이며 연임할 수 있다($^{제112조 제1항 및}_{법 제7조 제1항}$). 그러나 헌법재판소장은 70세, 나머지 재판관도 70세를 정년으로 정했기($^{법 제7조}_{제2항}$) 때문에 임기 전이라도 정년에 도달하면 퇴임한다. 재판관의 임기가 만료되거나 정년이 도래하는 때에는 임기만료일 또는 정년도래일까지 후임자를 임명해야 한다. 그리고 임기중 재판관이 결원된 때에는 결원된 날부터 30일 이내에 후임자를 임명해야 한다. 다만, 국회에서 선출한 재판관이 국회의 폐회 또는 휴회 중에 그 임기가 만료되거나 정년이 도래한 때 또는 결원된 때에는 국회는 다음 집회가 개시된 후 30일 이내에 후임자를 선출해야 한다($^{법 제6조}_{제3항~제5항}$).[1] 그런데 헌법재판소는 재판관의 후임자 선출기한에 관한 이 규정을 훈시규정으로 보면서 공석인 재판관 후임자의 선출절차 진행에 소요되는 기간 등을 고려한 '상당한 기간' 내에 선출해야 한다고 판시했다. 이 '상당한 기간'을 정당한 사유 없이 경과하면 공석인 재판관의 후임자를 선출해야 할 헌법상 작위의무의 이행을 지체하는 것이라고 강조했다.[2] 헌법재판소는 심리정족수(審理定足數)를 재판관 7인 이상의 출석으로 정하고($^{법 제23조}_{제1항}$) 있기 때문에 재판관의 임기만료 또는 임기중 결원이 2인 이상 생기면 헌법재판소의 활동은 정지될 수밖에 없다. 따라서 독일처럼 후임 재판관이 임명될 때까지 재판업무를 계속할 수 있도록 하는[3] 입법적인 보완이 필요하다.

헌법재판소 재판관의 임기를 정하는 문제도 헌법정책적인 결단사항이기는 하지만, 국민의 민주적 정당성에 바탕을 두고 정책적 권한을 행사하는 헌법기관과는 달리 헌법적 정당성에 근거를 두고 통제적 권한을 행사하는 헌법재판소 재판관의 임기는 지금보다 다소 연장하는 것이 바람직하다고 생각한

---

1) 헌법재판소 재판관의 선출권과 지명권 및 임명권은 해당 헌법기관의 권리인 동시에 의무이기 때문에 예컨대 국회가 퇴임한 후임 재판관을 법정기간 내에 선출하지 않아 장기간 재판관 공백사태를 빚었다면 국민의 공정한 재판을 받을 권리를 침해한 것이라는 취지의 헌재 판시를 주목할 필요가 있다. 비록 권리보호이익의 소멸로 각하한 결정의 판시내용이기는 하지만 의미 있는 판시이다. 헌재결 2014. 4. 24. 2012헌마2, 헌재공보 211, 845(848면) 참조.

2) 헌재결 2014. 4. 24. 2012헌마2, 헌재공보 211, 845(847면) 참조.

3) 독일 연방헌법재판소법 제4조 제4항 참조.

다. 6년의 임기는 전문적인 헌법재판 업무를 효율적으로 수행하기에는 너무나 짧은 기간이라고 할 것이다. 미국 연방대법원의 대법관처럼 종신직은 문제가 있다고 하더라도, 적어도 임기를 8년 정도로 연장할 필요는 있다고 할 것이다.[1] 독일 연방헌법재판소 재판관의 임기를 우리보다 2배 긴 12년으로 정하고 있는데도 일부에서[2] 임기연장의 필요성을 주장하는 것은 헌법재판 업무의 특성을 감안한 일리 있는 주장이라고 할 것이다.

헌법재판소 재판관의 연임을 허용하는 우리의 제도는 재고할 필요가 있다. 연임을 허용하지 않는 것이 재판관의 정치적 독립성을 유지하는 데 더 유익하다고 판단하기 때문이다. 독일에서 연방헌법재판소 재판관의 연임을 불허하는 것도 같은 취지이다. 임명권자의 선택에 따른 일부 재판관의 연임을 허용하는 대신 앞에서 말한 것처럼 모든 재판관의 임기를 일률적으로 8년으로 연장하는 것이 헌법재판소의 효율적이고 독립적인 업무수행에 보탬이 될 것이다.

Ⅱ. 재판관의 자격과 겸직금지

(1) 재판관의 자격

헌법재판소 재판관으로 임명되기 위해서는 연령요건과 경력요건을 충족하고 제척사유가 없어야 한다(법제5조). 즉 40세 이상이어야 하고 15년 이상 i) 판사·검사·변호사의 직에 있었거나, ii) 변호사의 자격이 있는 자로서 국가기관, 국·공영기업체, 정부투자기관 기타 법인에서 법률에 관한 사무에 종사했거나, iii) 변호사의 자격이 있는 자로서 공인된 대학의 법률학 조교수 이상의 직에 있어야 한다. 앞의 둘 이상의 직에 있던 자의 재직기간은 이를 통산한다(법제5조제1항). 이러한 자격요건은 제 5 공화국의 헌법위원회법이 정한 헌법위원회 위원의 자격요건과 동일한데, 법관의 자격을 요구하고 있는 점만이 그 때와 다르다. 또 법원조직법(제42조제1항)에서 정하고 있는 대법원장과 대법관의 자격요건과도 완전히 일치하는 것은 아니다. 그렇지만 헌법재판소장과 재판관의 대우

---

1) 대통령의 임기를 4년으로 하고 1차에 한하여 중임할 수 있게 하는 개헌이 이루어진다는 전제를 하면 이 기간이 가장 적절하다고 생각한다.

2) 예컨대 *W. K. Geck*, Wahl und Amtszeit der Bundesverfassungsrichter, 1986, S. 48ff.

와 보수를 대법원장과 대법관의 예에 의하도록 규정하고 있다($_{제1항}^{법 제15조}$).

이상의 자격요건을 갖추었어도 i) 다른 법령에 의하여 공무원으로 임용하지 못하는 사람, ii) 금고 이상의 형을 선고받은 사람, iii) 탄핵에 의하여 파면된 후 5년을 경과하지 아니한 사람, iv) 정당의 당원 또는 당원 신분을 상실한 날로부터 3년이 경과되지 아니한 사람, v) 공직선거법에 따라 실시하는 선거에 후보자로 등록한 날부터 5년이 경과되지 아니한 사람, vi) 대통령선거에서 후보자의 당선을 위해서 자문이나 고문의 역할을 한 날부터 3년이 경과되지 아니한 사람[1]은 재판관으로 임용할 수 없다($_{제2항}^{법 제5조}$)(임용제척사유).

헌법재판소 재판관의 자격요건에서 요구하고 있는 법관의 자격은 법학자와 분리되었던 종전 우리의 법조인 양성제도에 비추어 합리적인 방안이 아니라고 할 것이다. 헌법재판 기관구성원들에게 법관의 자격을 요구하고 있는 나라가 많기는 하지만, 그들은 교육을 통한 법조인 선발과 법조일원화가 이루어지고 있는 나라가 대부분이어서 우리처럼 법학교육과 별도로 사법시험을 통해서 법조인을 선발·교육했던 사례는 극히 예외적인 현상이다. 따라서 사법시험제도가 폐지되고 지금처럼 법학전문대학원의 법학교육을 통한 법조인 선발과 법조일원화가 정착되어 법학교수가 당연히 법조인 자격을 가지게 될 때까지는 한시적으로라도 법관의 자격과 무관하게 법학교수도 헌법재판소 재판관이 될 수 있는 길을 열어 놓는 것이 필요하다. 지금처럼 전문가집단
인 대학의 헌법학교수들이 법관의 자격을 갖지 않았다는 이유만으로 헌법재판소 재판관에서 배제되는 것은 헌법재판의 질적인 향상을 위해서도 옳지 않다. 헌법 개정 없이도 법원조직법($_{제2항}^{제42조}$)의 개정만으로 충분히 개선할 수 있는 일이다. 또 헌법재판의 본질에 비추어 볼 때 헌법재판소 재판관의 자격으로 법학관련 직업인만을 요구하는 것도 재고할 필요가 있다고 할 것이다. 비(非)법학의 사회과학을 전공한 전문가도 헌법재판소의 재판관으로서 특히 합목적성의 판단에서 중요한 역할을 할 수 있다고 할 것이다. 따라서 헌법재판소 재판관은 법조인을 주로 하되 비법조인을 포함시키는 것이 바람직할 수도 있다.

---

1) 자문이나 고문의 역할을 한 사람의 구체적인 범위는 헌법재판소 규칙으로 정한다(법 제5조 제3항).

(2) 재판관의 겸직금지

헌법재판소 재판관은 정당에 가입하거나 정치에 관여할 수 없다(제112조 제2항 및 법 제9조). 헌법재판소의 정치적 독립성을 보장하기 위한 당연한 규정이다. 그 밖에도 헌법재판소 재판관은 국가공무원으로서 임기중 다른 임명직 또는 선출직 공직을 겸할 수 없다는 것은 당연하다. 그리고 금전적인 대가를 받는 사적인 활동도 해서는 아니 된다. 따라서 변호사가 재판관으로 임명된 경우에는 임기중 변호사 업무는 정지된다. 대학 교수가 재판관으로 임명된 경우에도 임기중 교수직은 휴직된다.[1] 독일에서는 대학 교수직만은 겸직을 허용하고 있지만, 이 경우에도 재판관의 의무가 교수의 의무에 우선한다는 점을 법에서 규정하고 있다.[2]

Ⅲ. 재판관의 선임

헌법재판소 재판관은 모두 대통령이 임명하지만, 3인은 국회에서 선출한 자를, 3인은 대법원장이 지명한 자를 임명하기 때문에(제111조 제2항과 제3항 및 법 제6조 제1항) 대통령이 선임할 수 있는 재판관은 3인이다. 이처럼 헌법재판소 재판관을 입법·행정·사법부가 각각 3인씩 나누어서 선임하게 하는 것은 제4공화국의 헌법위원회 구성방법에서 유래하는 것이다. 그런데 대통령이 선임하는 3인과 대법원장이 지명하는 3인의 재판관은 특별한 선임절차가 따로 마련되어 있지 않았다. 국회에서 선출하는 3인의 재판관만 국회에서 인사청문특별위원회의 인사청문절차를 거치게 하고 있었다(국회법 제46조의 3 및 제65조의 2). 국회 선출 케이스 3인의 재판관에 대한 인사청문절차는 의장이 각 교섭단체 대표의원과 협의하여 제출한 선출안에 대한 심사를 위한 것이었다.

이와 같은 재판관의 3원적인 선임방법은 재판부 구성원의 신분적 동질성의 요청에서 볼 때 매우 심각한 문제점을 가지고 있다. 우선 대통령이 선임하

---

1) 법원조직법 제49조는 법관에게 재직중 금지되는 사항을 규정하고 있는데, 헌법재판소법에는 이런 금지규정은 없다. 그러나 유추해서 적용할 수 있다고 할 것이다.
2) 독일 연방헌법재판소법 제3조 제4항 참조.

는 3인의 경우 국무회의 인사심의사항(제89조 제16호)에 포함되지도 않은 점으로 미루어 대통령의 임의적인 선임에 맡기고 있다고 할 것이다. 그리고 대법원장 선임 케이스도 아무런 내부적인 견제장치나 특별한 검증절차 없이 3인의 재판관을 대법원장이 임의로 지명하도록 하고 있다. 재판관 9인 중에서 국회의 선출 케이스는 국회의 인사청문절차를 통한 검증을 받고 나머지 6인은 아무런 검증절차 없이 선임될 수 있게 했던 것은 재판관의 지위와 신분상의 동질성의 요청에 비추어 체계정당성의 원리에 어긋나는 선임방법이었다고 할 것이다. 이것은 헌법재판소의 위상과 기능에 비추어 볼 때도 매우 부적절한 선임방법이었다고 할 것이다. 다행히 이러한 모순을 시정하기 위해서 앞(109면)서 언급한 것처럼 2005년에 헌법재판소법(제6조 제1항 과 제2항)을 고쳐 대통령과 대법원장이 재판관을 임명 또는 지명하기 전에 국회에 인사청문을 요청하도록 함으로써 모든 재판관이 동일하게 국회의 인사청문을 거쳐 임명하도록 한 것은 늦었지만 필요한 입법개선이다. 그렇지만 대법원장에게 재판관 3인의 선임권을 준 것은 합리적인 이유를 찾을 수 없을 뿐 아니라 헌법기관 구성의 기본원리에도 맞지 않는 일이다. 유신시대의 잘못된 제도를 무비판적으로 그대로 답습한 이러한 재판관의 선임방법은 헌법개정을 통해서라도 반드시 개선해야 한다. 대법원장의 선임 대신 헌법재판소장의 제청으로 국회의 동의를 받아 대통령이 임명하도록 하는 것이 보다 합리적이다. 그래야 대법원의 구성에서 대법관은 대법원장의 제청으로 국회의 동의를 얻어 대통령이 임명하는 것(제104조 제2항)과도 균형을 유지할 수 있다. 나아가 대통령의 선임 케이스도 국회의 인사청문뿐 아니라 임명동의를 얻어서 임명하도록 하는 것이 대법원의 구성방법과 균형을 이룰 수 있다.

그런데 헌법재판소 재판관의 선임방법으로는 독일 연방헌법재판소 재판관의 선임방법처럼 국회에서 9인의 재판관 모두를 선임해서 대통령이 임명하되 국회 재적의원 2/3 이상의 찬성을 얻는 사람을 재판관으로 선임하는 것이 가장 합리적이라고 생각한다. 그래야 헌법재판소의 민주적 정당성도 커지고 여·야가 함께 찬성할 수 있는 균형감각 있는 인물이 재판관으로 선임될 수 있을 것이기 때문이다.

Ⅳ. 헌법재판소의 장의 선임

헌법재판소의 장은 국회의 동의를 얻어 재판관 중에서 대통령이 임명한다(제111조 제4항 및 법 제12조 제2항). 이 규정은 먼저 재판관으로 임명하고 그 다음에 헌법재판소장의 임명절차를 밟아야 하는 것을 의미하지는 않는다. 처음부터 헌법재판소장인 재판관으로 선임해서 국회의 임명동의를 얻을 수도 있다.[1] 지금까지도 그러한 관례로 재판소장이 임명되어 왔다. 그러나 대통령이 재임중인 재판관 중에서 국회의 동의를 얻어 헌법재판소의 장을 임명하는 경우에는 재판관의 잔여임기 동안만 헌법재판소의 장으로 재임한다고 보아야 한다. 헌법에 헌법재판소의 장의 임기를 따로 6년으로 정하지 않고 있기 때문이다.[2] 따라서 재임중인 재판관을 사직시킨 후 헌법재판소의 장인 재판관으로 다시 임명하는 것은 헌법정신에 부합한다고 보기 어렵다. 외부인을 처음부터 헌법재판소장인 재판관으로 선임하는 경우와는 달리 이런 조치는 재판관 중에서 헌법재판소장을 임명한다는 헌법규정을 자의적으로 왜곡하는 것이기 때문이다. 헌법재판소장의 임명과 임기에 관한 여러 가지 논란을 피하기 위해서는 대법원장의 경우처럼 헌법재판소장의 임기를 헌법에 6년으로 명문화할 필요가 있다. 헌법재판소의 장의 임명에 대한 국회의 임명동의는 반드시 임명 전에 이루어져야 하고 서리의 임명은 허용되지 않는다. 헌법재판소장에 대한 국회의 임명동의는 헌법이 정한 필요사항이기 때문에 임명동의 여부를 판단하기 위한 인사청문절차는 생략해서는 아니 된다.

Ⅴ. 재판관의 신분보장

헌법재판소의 재판관은 탄핵 또는 금고 이상의 형의 선고에 의하지 아니하고는 그 의사에 반하여 해임되지 않는다(제112조 제3항 및 법 제8조). 그러나 자발적인 의사

---

1) 이 경우에는 국회의 인사청문절차가 단일화되어 헌법재판소장 후보자에 대한 국회인사청문특별위원회의 인사청문절차(국회법 제46조의 3)만 거치면 된다. 따라서 헌법재판관 후보자에 대한 소관상위의 별도의 인사청문회(동법 제65조의 2 제2항)는 생략된다(동법 제65조의 2 제3항).
2) 헌법 제105조 제1항에 대법원장의 임기를 6년으로 정한 것과 다른 점이다.

에 의한 재판관의 사임은 허용된다고 할 것이다.[1] 특히 재판관이 중대한 심신상의 장애로 직무를 수행할 수 없을 때에는 법관의 예에 준해서 헌법재판소장의 제청으로 대통령이 퇴직을 명할 수 있다고 할 것이다.[2]

Ⅵ. 재 판 부

(1) 전원재판부

헌법재판소법에 특별한 규정이 있는 경우를 제외하고는 헌법재판소는 재판관 전원으로 재판부를 구성해서 헌법재판 관장사항을 심판한다. 그리고 헌법재판소장은 재판부의 재판장이 된다(법 제22조). 재판부는 재판관회의(법 제16조)와는 구별된다. 두 기관 모두 재판관 전원으로 구성하며 재판소장이 재판장 또는 의장이 된다. 재판부는 헌법재판을 행하는 심판기관인 데 7인 이상의 출석으로 심리 또는 심의하지만, 재판관회의는 헌법재판소의 행정 업무를 심의·의결하는 행정기관이어서 재판관 전원의 2/3를 초과하는 인원의 출석과 출석인원 과반수의 찬성으로 의결한다. 그리고 재판부 일반심판절차와 특별심판절차의 중요사항은 원칙적으로 헌법재판소법에서 직접 규정하고 있지만(법 제23조 이하), 재판관회의의 운영에 관하여 필요한 사항은 대부분 헌법재판소규칙으로 정한다(법 제16조 제5항). 나아가 재판부의 결정정족수는 과반수결정을 원칙으로 하고 2/3결정의 예외가 있지만(법 제23조), 재판관회의의 의결정족수는 언제나 과반수이다(법 제16조 제2항).

(2) 지정재판부

헌법재판소법은 재판관 전원으로 구성하는 전원재판부 외에 재판관 3인으로 구성하는 지정재판부를 두어 헌법소원 심판사건의 적법요건의 구비 여부에 대한 사전심사를 맡게 하고 있다(법 제72조 제1항). 지정재판부는 헌법재판소장이 필요에 따라 구성할 수 있지만 지정재판부의 구성과 운영에 관하여 필요한 사항은 헌법재판소규칙으로 정한다(법 제72조 제6항). '지정재판부의 구성과 운영에 관

---

1) 독일 연방헌법재판소법 제12조는 이것을 명문으로 규정하고 있다.
2) 법관의 경우 법원조직법 제47조에서 같은 내용을 규정하고 있다. 독일 연방헌법재판소법 제105조 제1항 제1호는 재판관에 대해서 같은 취지를 규정하고 있지만 퇴직이 아닌 휴직을 명할 수 있게 했다.

한 규칙'에 따라 현재 3개의 지정재판부가 구성되어 있는데[1]($\frac{규칙 \, 제2}{조 \, 제1항}$), 각 지정재판부의 구성은 재판관회의의 의결을 거쳐 헌법재판소장이 편성한다($\frac{규칙}{제3조}$). 지정재판부의 재판관이 일시 궐위되거나 직무를 수행할 수 없을 때에는 다른 지정재판부에 속하는 재판관이 그 직무를 대행한다($\frac{규칙}{제5조}$). 각 지정재판부에는 재판장을 두는데 헌법재판소장은 제 1 지정재판부의 재판장이 된다($\frac{규칙}{제4조}$). 지정재판부에서 헌법소원심판의 각하결정을 하려면 재판관 전원 일치된 의견이 필요하다($\frac{법 \, 제72조 \, 제3}{항과 \, 제4항}$).

3. 헌법재판소 행정기구의 조직

헌법재판소가 헌법재판의 관장사항을 제대로 수행하기 위해서는 재판업무를 행정적·전문적·시설적으로 지원하기 위해서 필요한 시설과 적절한 행정기구를 가져야 한다. 헌법재판소의 행정업무를 처리하기 위하여 사무처를 둔다($\frac{법}{제17조}$). 헌법재판소의 행정사무는 헌법재판소장의 지휘를 받는 사무처가 처리하지만, 헌법재판소의 중요한 행정업무는 헌법재판소 재판관회의의 심의·의결을 거쳐서 처리하기 때문에 재판관회의는 헌법재판소 행정업무의 최고의결기구이다. 그리고 재판업무를 전문적·학문적으로 지원하는 헌법연구관($\frac{법}{제19조}$)과 헌법연구관보($\frac{법 \, 제19}{조의 \, 2}$)를 두고 있다. 헌법재판소장과 재판관들은 각각 비서실장과 비서관들에 의한 사무지원을 받고 있다($\frac{법}{제20조}$).

I. 행정업무 최고책임자로서의 헌법재판소장

헌법재판소장은 헌법재판소를 대표하고 헌법재판소의 사무를 통리하며, 소속공무원을 지휘·감독하는 헌법재판소 행정업무의 최고책임자이다($\frac{법 \, 제12조}{제3항}$). 헌법재판소장이 궐위되거나 사고로 인하여 직무를 수행할 수 없을 때에는 헌법재판소규칙이 정하는 순서에 의하여 다른 재판관이 그 권한을 대행한다($\frac{법 \, 제12조}{제4항}$).

---

1) 제 1, 제 2, 제 3 지정재판부라고 부른다.

헌법재판소규칙¹⁾은 헌법재판소장의 일시적인 사고의 경우와 궐위 또는 사고로 1월 이상 장기간 직무를 수행할 수 없을 때를 구별해서 전자의 경우는 권한대행의 순서를 재판관 임명일자순으로 정하면서 임명일자가 같을 때는 연장자순으로 하고($^{규칙}_{제2조}$), 후자의 경우에는 재판관회의에서 선출한 재판관이 그 권한을 대행하게 정했다($^{규칙}_{제3조}$). 헌법재판소장의 행정사무 처리는 소장의 재량에 따르지만 헌법재판소법이 정한 사항($^{법 제16조}_{제4항}$)에 관해서는 재판관회의의 심의·의결을 거쳐서 처리해야 하는 제약을 받는다. 헌법재판소장은 그 밖에도 특히 중요하다고 생각하는 사항은 임의로 재판관회의에 부의해서 처리할 수도 있다($^{법 제16조 제}_{4항 제4호}$).

Ⅱ. 재판관회의

헌법재판소의 중요 행정사항을 심의·의결하기 위해서 재판관 전원으로 구성하는 재판관회의를 두는데, 헌법재판소장이 의장이 되어 재판관회의를 주재한다($^{법 제16조}_{제1항}$). 재판관회의는 재판관 전원의 2/3를 초과하는 인원의 출석과 출석인원 과반수의 찬성으로 의결한다($^{법 제16조}_{제2항}$). 의장은 의결에서 표결권을 가진다($^{법 제16조}_{제3항}$). 재판관회의의 심의·의결을 거쳐서 처리해야 하는 사항은 i) 헌법재판소규칙의 제정과 개정, 헌법재판소 관련 입법의견서 국회제출에 관한 사항, ii) 예산요구, 예비금 지출과 결산에 관한 사항, iii) 사무처장·사무차장·헌법재판연구원장·헌법연구관 및 3급 이상 공무원의 임면에 관한 사항, iv) 특히 중요하다고 인정되는 사항으로서 헌법재판소장이 부의하는 사항 등이 그것이다. 재판관회의의 운영에 관하여 필요한 사항은 헌법재판소규칙으로 정하는데($^{법 제16조}_{제5항}$), 해당 규칙에 의하면 매월 첫째 주 목요일에 정례재판관회의를 소집한다. 그 밖에는 필요에 따라 헌법재판소장 또는 재판관 3인 이상의 요구에 의하여 재판소장이 임시재판관회의를 소집한다.

---

1) 헌법재판소장의 권한대행에 관한 규칙 참조.

Ⅲ. 사 무 처

헌법재판소의 행정사무를 처리하기 위해서 헌법재판소에 사무처를 둔다(법 제17조 제1항). 사무처에 사무처장과 사무차장을 비롯하여(법 제17조 제2항) 필요한 공무원을 두는데, 사무처 공무원은 헌법재판소장이 임면하되, 3급 이상의 공무원의 임면은 재판관회의의 의결을 거쳐야 한다(법 제18조 제4항). 헌법재판소장은 다른 국가기관에 대하여 그 소속공무원을 헌법재판소에 파견 근무하게 해 줄 것을 요청할 수 있다(법 제18조 제5항).

(1) 사무처장

사무처장은 헌법재판소장의 지휘를 받아 사무처의 사무를 관장하며 소속공무원을 지휘·감독한다(법 제17조 제3항). 사무처장은 국회 또는 국무회의에 출석하여 헌법재판소의 행정에 관하여 발언할 수 있다(법 제17조 제4항). 또 사무처장은 헌법재판소장이 행한 처분에 대한 행정소송의 피고가 된다(법 제17조 제5항). 사무처장은 정무직으로 하고 보수는 국무위원의 보수와 동액으로 한다(법 제18조 제1항).

(2) 사무차장

사무차장은 사무처장을 보좌하며 사무처장이 사고로 인하여 직무를 수행할 수 없을 때에는 그 직무를 대행한다(법 제17조 제6항). 사무차장은 헌법연구관의 직을 겸할 수 있다(법 제19조 제10항). 사무차장은 정무직으로 하고 보수는 차관의 보수와 동액으로 한다(법 제18조 제2항).

(3) 사무처의 하부조직

사무처에 실·국·과를 두고(법 제17조 제7항), 실에는 실장, 국에는 국장, 과에는 과장을 두되, 사무처장·차장·실장 또는 국장 밑에 정책의 기획, 계획의 입안, 연구·조사·심사·평가 및 홍보업무를 보좌하는 심의관 또는 담당관을 둘 수 있다(법 제17조 제8항). 실장은 1급 또는 2급, 국장은 2급 또는 3급, 심의관 및 담당관은 2급 내지 4급, 과장은 3급 또는 4급의 일반직 국가공무원으로 보한다. 다만 담당관 중 1인은 3급 또는 4급 상당의 별정직 국가공무원으로 보할 수 있다($\frac{법\ 제18조}{제3항}$). 사무처의 조직·직무범위, 사무처 공무원의 정원 기타 필요한 사항으로서 법률에 규정하지 아니한 사항은 헌법재판소규칙으로 정한다($\frac{법\ 제17조}{제9항}$).

헌법재판소 관련규칙[1]에 의하면 헌법재판소 사무처에 기획조정실, 심판지원실, 행정관리국 및 도서심의관을 둔다. 사무차장 밑에 공보관 및 도서심의관을 둔다. 기획조정실에 기획재정국 및 국제협력국을 두고, 기획재정국에는 재정기획과, 평가감사과 및 법제과를 둔다. 국제협력국에는 국제과와 AACC지원과를 둔다. 심판지원실에는 심판지원총괄과, 심판민원과, 심판사무과 및 심판정보국을 두는데, 심판정보국에는 자료편찬과, 정보화기획과 및 정보보호과가 속한다. 그리고 행정관리국에는 총무과, 인사과, 청사관리과를 둔다. 또 도서심의관 밑에는 도서정보과와 자료조사과가 있다. 그 밖에도 헌법재판소장비서실이 있다.

(4) 헌법재판연구원

헌법재판소에는 헌법 및 헌법재판연구와 헌법연구관, 사무처 공무원 등의 교육을 위해서 원장 1인을 포함해서 40인 이내의 정원으로 구성하는 헌법재판연구원을 둔다($\frac{법\ 제19조의\ 4\ 제}{1항\ 및\ 제2항}$). 헌법재판연구원장은 헌법재판소장이 재판관회의의 의결을 거쳐 헌법연구관으로 보하거나 1급인 일반직국가공무원으로 임명한다($\frac{법\ 제19조의}{4\ 제3항}$). 헌법재판연구원장 밑에 부장, 팀장, 연구관 및 연구원을 둔다($\frac{법\ 제19조의}{4\ 제2항}$). 연구관 및 연구원은 헌법연구관, 변호사의 자격이 있는 사람(외국의 변호사 자격을 포함), 학사 또는 석사학위를 취득한 사람으로서 헌법재판소규칙으로 정하는 실적 또는 경력이 있는 사람, 박사학위를 취득한 사람 중에서 헌법재판소장이 보하거나 헌법재판연구원장의 제청을 받아 헌법재판소장이 임명한다($\frac{법\ 제19조의}{4\ 제5항}$). 헌법재판연구원의 조직과 운영에 필요한 사항은 헌법재판소규칙으로 정한다($\frac{법\ 제19조의}{4\ 제6항}$). 그에 따르면 연구원에 연구교수부와 기획행정과를 두는데 연구교수부는 제도연구팀, 기본권연구팀, 비교헌법연구팀 및 교육팀으로 나누어 업무를 수행하도록 정했다($\frac{헌법재판소\ 사무기구에}{관한\ 규칙\ 제14조}$).

---

1) 헌법재판소 사무기구에 관한 규칙 참조.

Ⅳ. 헌법연구관과 헌법연구관보 및 헌법연구위원 등

헌법재판소에 헌법연구관과 헌법연구관보 및 헌법연구위원을 두는데, 그 수는 헌법재판소규칙으로 정한다($\frac{\text{법 제19조 및}}{\text{제19조의 2와 3}}$).

(1) 헌법연구관의 자격과 임용 및 신분보장

헌법연구관은 재판관회의의 의결을 거쳐 헌법재판소장이 임용하는데, 다음 중의 한 가지 자격을 갖추어야 한다. 즉, i) 판사·검사·변호사의 자격이 있는 자, ii) 공인된 대학의 법률학 조교수 이상의 직에 있던 자, iii) 국회·정부·법원 등 국가기관에서 4급 이상의 공무원으로서 5년 이상 법률에 관한 사무에 종사한 자, iv) 법학박사 학위 소지자로서 국회·정부·법원·헌법재판소 등 국가기관에서 5년 이상 법률에 관한 사무에 종사한 자, v) 법학박사 학위 소지자로서 헌법재판소규칙이 정하는 대학 등 공인된 연구기관에서 5년 이상 법률에 관한 사무에 종사한 자 등이다($\frac{\text{법 제19조}}{\text{제 4 항}}$). 그러나 i) 국가공무원법 제33조의 결격사유에 해당하는 자, ii) 금고 이상의 형의 선고를 받은 자, iii) 탄핵결정에 의하여 파면된 후 5년이 경과하지 아니한 자는 헌법연구관으로 임용될 수 없다($\frac{\text{법 제19조}}{\text{제 6 항}}$). 헌법연구관이 위의 임용제척사유에 해당할 때에는 당연히 퇴직한다($\frac{\text{법 제19조}}{\text{제 8 항}}$).[1] 헌법연구관은 특정직 국가공무원이다($\frac{\text{법 제19조}}{\text{제 2 항}}$). 헌법연구관의 임기는 10년으로 하되 연임할 수 있고 정년은 60세로 한다($\frac{\text{법 제19조}}{\text{제 7 항}}$). 헌법재판소장은 헌법연구관으로 하여금 사건의 심리 및 심판에 관한 조사·연구업무 외의 직에 임명하거나 그 직을 겸임하게 할 수 있다($\frac{\text{법 제19조}}{\text{제11항}}$). 또 헌법재판소장은 다른 국가기관에 대하여 그 소속공무원을 헌법재판소에서 헌법연구관으로 근무할 수 있도록 파견을 요청할 수 있다($\frac{\text{법 제19조}}{\text{제 9 항}}$). 실제로 법원과 검찰에서 상당수 중견법관과 검사가 헌법재판소에 파견되어 헌법연구관으로 근무하고 있다. 그러나 장기적으로는 파견근무하는 헌법연구관의 수를 줄이고 헌법재판소에 소속된 자체 전속 헌법연구관을 많이 확보하는 것이 바람직할 것이다.

---

1) 다만 국가공무원법 제33조 제 5 호(금고 이상의 형의 선고유예를 받은 경우에 그 선고유예 기간중에 있는 자)에 해당할 때에는 당연퇴직하지 않는다(법 제19조 제 8 항 단서).

(2) 헌법연구관의 임무

헌법연구관은 헌법재판소장의 명을 받아 헌법재판사건의 심리 및 심판에 관한 조사·연구에 종사하지만 헌법재판소장은 헌법연구관으로 하여금 그 밖의 직을 겸임하게 할 수 있다($^{법\ 제19조\ 제3}_{항과\ 제11항}$). 연구관의 임무는 헌법재판사건의 심리 및 심판에 관한 사전조사 내지 문헌·판례의 검토($^{심판규칙}_{제11조의\ 2}$) 등 재판관의 재판업무를 보좌하는 일이기 때문에 헌법재판의 평의절차 등에 직접 관여하지는 않는다. 그럼에도 불구하고 헌법연구관의 조사·연구결과가 실질적으로 재판의 내용에 영향을 미칠 수 있는 것은 당연한 일이다. 그렇기 때문에 헌법연구관의 역할과 임무가 헌법재판에서 차지하는 비중은 결코 가볍지 않다고 할 것이다. 헌법연구관의 선발과 임용 및 교육·훈련 등에 신중을 기하고 신경을 써야 하는 것은 그 때문이다. 특히 헌법연구관들이 사명감을 가지고 직무를 충실하게 수행할 수 있도록 충분한 대우와 신분보장을 해 줄 필요가 있다.[1]

(3) 헌법연구관보

헌법연구관보는 헌법재판소장이 재판관회의의 의결을 거쳐 임용한다($^{법\ 제19}_{조의\ 2}$ $^{제2}_{항}$). 헌법연구관을 신규임용하는 경우에는 3년간 헌법연구관보로 임용하여 근무하게 한 후 그 근무성적을 참작하여 헌법연구관으로 임용하는 것이 원칙이다. 다만 경력 및 업무능력 등을 참작하여 헌법연구관보 임용을 면제하거나 그 기간을 단축할 수 있는데 그 구체적 기준은 헌법재판소규칙으로 정한다($^{법\ 제19조의}_{2\ 제1항}$). 헌법연구관보의 근무성적이 불량한 경우에는 헌법재판소장이 재판관회의의 의결을 거쳐 면직시킬 수 있다($^{법\ 제19조의}_{2\ 제4항}$). 헌법연구관보의 근무기간은 헌법재판소법 또는 다른 법령에 규정된 헌법연구관의 재직기간에 산입한

---

[1] 헌재는 헌법연구관의 사기를 진작하고 연구부조직의 활성화를 위하여 선임헌법연구관제도를 도입하고 수석부장연구관, 선임부장연구관, 부장연구관의 보직을 부여하고 이들 중 헌법재판연구원의 원장·연구교수부장 및 팀장 등에 임명될 수 있게 해서 1년 내지 2년 단위의 순환보직제도를 시행하도록 관련내규를 개정했다(2018. 8. 3. 헌재내규 제216호). 독일 연방헌법재판소 사무규칙(제13조)에 따르면 재판관들마다 자신이 선발해서 연방헌법재판소장이 임명하는 3인의 전속연구관(Wissenschaftlicher Mitarbeiter)들을 두고 있는데, 우수한 연구관을 선발하기 위해서 각별한 노력을 기울이고 있다. 그리고 연구관들이 실제로도 헌법재판에 영향을 미친다고 해서 연구관들을 '제 3 재판부'(Dritter Senat)라고 부르는 경향도 있다.

다($^{법}_2$ $^{제19조의}_{제5항}$). 헌법연구관보는 별정직 국가공무원으로 하고 그 보수와 승급기준은 헌법연구관의 예에 의한다($^{법}_2$ $^{제19조의}_{제3항}$).

헌법연구관보의 자격·제척사유 등을 비롯한 임무도 헌법연구관과 본질적으로 같다. 다만 신분보장면에서 헌법연구관과 차이가 있을 뿐이다. 헌법연구관보제도는 우수한 헌법연구관을 임용하기 위한 하나의 수단이기 때문에 공정하고 객관적인 기준에 따라 운용되어야 할 것이다.

(4) 헌법연구위원

학계 또는 관련 전문가의 다양한 지식과 경험을 헌법재판 사건의 심판과 헌법재판제도의 발전을 위해 활용하고자 헌법재판소에 헌법연구위원을 둘 수 있다. 헌법재판소장은 현직 교수 등 각계의 전문가들을 3년의 범위 안에서 기간을 정하여 헌법연구위원으로 임명하는데 이들은 2급 또는 3급 상당의 별정직 내지 국가공무원법 제26조의 5에 따른 임기제 공무원이다. 헌법연구위원은 사건의 심리 및 심판에 관한 전문적인 조사·연구에 종사하게 되는데, 극 직제 및 자격 등에 관하여는 헌법재판소 규칙으로 정한다($^{법}_{조의 3}$ ^{제19}). 헌법연구관의 취약한 전문성을 보완해서 헌법재판의 질적인 향상을 기하려고 2008년 도입한 제도인데, 유능한 헌법연구위원의 확보가 제도 성패의 관건이 될 것이다.

(5) 헌법연구원

헌법재판소장은 헌법재판소규칙[1]이 정하는 기준에 따라 필요할 때 헌법연구원을 임용할 수 있다. 헌법연구원은 특히 공법분야 박사학위 소지자 중에서 일정한 전형을 거쳐 대개 1년 기간의 임기제로 임용하는데 근무성적에 따라 근무기간을 연장할 수도 있다. 헌법연구원의 임무도 헌법연구관 및 헌법연구관보와 같다. 그렇기 때문에 우수한 헌법연구원을 확보해서 사명감과 자긍심을 가지고 조사·연구업무에 종사하게 하는 것은 헌법재판의 질적인 향상을 위해서도 매우 중요하다.

---

1) 헌법재판소 공무원 규칙 참조.

4. 헌법재판소의 규칙제정권

Ⅰ. 헌법상의 근거

헌법재판소의 조직과 운영 기타 필요한 사항은 법률(헌법재판소법)로 정하지만($^{제113조}_{제3항}$), 헌법재판소는 법률에 저촉되지 아니하는 범위 안에서 심판에 관한 절차, 내부규율과 사무처리에 관한 규칙을 제정할 수 있다($^{제113조 \, 제 2 항 \, 및}_{법 \, 제10조 \, 제 1 항}$). 따라서 헌법재판소는 헌법에 따라 규칙제정권을 가지고 헌법재판소 내부조직과 사무처리 및 심판절차 등을 자율적으로 규율할 수 있다.

Ⅱ. 규칙제정권의 헌법상의 의의와 기능 및 성질

헌법재판소의 규칙제정권은 헌법재판소 조직과 활동의 자주성과 독립성을 보장하고 헌법재판소 조직과 활동의 융통성을 높여 헌법재판소가 헌법재판 업무를 가장 효율적으로 수행하게 하기 위한 것이다. 그리고 헌법재판소는 헌법기관으로서 직접 헌법에 의해서 규칙제정권을 수권한 것이기 때문에 이 권한의 행사에 따로 법률의 근거가 있어야 하는 것은 아니다. 헌법재판소의 규칙제정권은 일종의 법규명령제정권이기 때문에 국민의 권리·의무에 직접 관련된 사항에 대해서도 규율할 수 있다. 그 결과 헌법재판소가 제정한 규칙은 직접 국민에 대해서도 기속적인 효력을 가지므로 반드시 대외적으로 공포를 해야 효력을 발생한다. 그래서 헌법재판소규칙은 관보에 게재하는 방법으로 공포한다($^{법 \, 제10조}_{제2항}$). 그리고 규칙은 특별한 사정이 없는 한 공포한 날로부터 20일을 경과함으로써 효력을 발생한다.[1]

Ⅲ. 헌법재판소규칙 제정의 절차와 방법

헌법재판소규칙은 재판관회의의 의결을 거쳐서 제정·개정·폐지한다.

---

1) 헌법재판소규칙의 공포에 관한 규칙 제 4 조 제 2 항 및 제 6 조 참조.

헌법재판소규칙의 제정·개정·폐지안을 심의하기 위하여 헌법재판소에 법규
심의위원회를 두는데, 위원장은 재판관회의의 의결을 거쳐 재판관 중에서
헌법재판소장이 위촉한다. 이 법규심의위원회의 심의를 거쳐 확정된 규칙안
을 재판관회의에서 심의·의결하는 것이 원칙이다. 재판관회의에서 의결된
규칙은 헌법재판소장이 서명·날인하고 그 일자를 명기한다.[1] 재판관회의에
서 의결된 규칙은 의결된 후 15일 이내에 사무처장이 공포절차를 취하는
데, 일련번호를 붙여 관보에 게재하여 공포한다.[2] 그리고 규칙은 원칙적으
로 공포일로부터 20일을 경과함으로써 효력을 발생한다는 점은 이미 앞에서
언급했다.

Ⅳ. 헌법재판소규칙의 규율대상

헌법재판소법에 따라 헌법재판소규칙으로 정할 수 있는 사항으로는 i) 심
판에 관한 절차, 내부규율과 사무처리에 관한 사항, ii) 헌법재판소장 유고시
대리할 재판관의 순서($^{법 제12조}_{제4항}$), iii) 재판관회의의 운영에 관하여 필요한 사항
($^{법 제16조}_{제5항}$), iv) 사무처의 조직·직무범위, 사무처에 두는 공무원의 정원 기타 필
요한 사항($^{법 제17조}_{제9항}$), v) 헌법재판소장 비서실의 조직과 운영에 관하여 필요한
사항($^{법 제20조}_{제3항}$), vi) 당사자의 신청에 의한 증거조사의 비용에 관한 사항($^{법 제37조}_{제1항}$),
vii) 헌법소원에서의 공탁금의 납부와 국고귀속에 관한 사항($^{법 제37조 제2}_{항과 제3항}$), viii)
국선대리인의 보수에 관한 사항($^{법 제70조}_{제6항}$), ix) 지정재판부의 구성과 운영에 관
하여 필요한 사항($^{법 제72조}_{제6항}$) 등이다. 이러한 법률규정에 근거해서 '헌법재판소
심판 규칙',[3] '헌법재판소 재판관회의규칙', '지정재판부의 구성과 운영에 관한
규칙', '헌법재판소 국선대리인의 선임 및 보수에 관한 규칙', '헌법재판소 사
무기구에 관한 규칙', '헌법재판소장의 권한대행에 관한 규칙', '헌법재판소 공
무원 규칙', '헌법재판소 사무관리규칙', '헌법재판소 사건의 접수에 관한 규
칙', '결정서·사건기록 및 심판사무 관련장부의 보존 등에 관한 규칙', '헌법재

---

1) 위의 규칙 제 2 조 제 2 항 참조.
2) 위의 규칙 제 3 조 및 제 4 조 참조.
3) 2007. 12. 7. 헌법재판소규칙(이하 헌재규칙으로 줄임) 제201호. 개정 2015. 7. 22. 헌재규칙
   제369호.

판소 심판절차에서의 전자문서 이용 등에 관한 규칙', '헌법재판소 심판정 설치에 관한 규칙', '헌법재판소 증인 등 비용지급에 관한 규칙', '헌법재판소 참고인 비용지급에 관한 규칙', '심판기록 열람·복사 등에 관한 규칙', 헌법재판소 정보공개 규칙, 헌법재판소 기록물 관리 규칙, 헌법재판소 재판관의 법복에 관한 규칙, 헌법재판소 정보화추진위원회 규칙, 부패방지 및 국민권익위원회의 설치와 운영에 관한 법률의 시행에 관한 헌법재판소 규칙, 헌법재판소 공무원 행동강령, 헌법재판연구원 운영규칙, 헌법재판소 보안업무규칙, 헌법재판소 별정직공무원 규칙, 헌법재판소사무처행정심판위원회규칙, 헌법재판소 개인정보 보호규칙 등이 제정되었다.[1]

V. 헌법재판소의 내규제정권

헌법재판소는 국민의 권리·의무와 관련이 없는 내부규율이 필요한 사항을 내규로 제정할 수도 있는데, 내규는 규칙과 달라서 단순한 행정규칙에 해당하는 것이어서 대외적인 효력을 갖지 않으므로 공포할 필요는 없다. '헌법재판소 사건의 배당에 관한 내규', '변론 등의 속기와 녹취에 관한 내규', '심판사무문서의 서식에 관한 내규', '헌법재판소 결정서 작성방식에 관한 내규', '국선대리인 선정 및 보수지급에 관한 내규', '헌법재판 통계내규', '헌법재판소 기록물 관리 규칙 시행내규', '헌법재판소 사무관리규칙 시행내규', '헌법재판소 공무 국외출장 내규', '헌법재판소 탄력근무제 운영에 관한 내규', '헌법재판소 감사내규', '송달통지서 전산처리에 관한 내규', '헌법재판소 연구부의 조직 및 헌법연구관의 보직부여에 관한 내규,' 헌법재판소 위임 및 전결내규, 헌법재판연구원 정원내규, 헌법재판소 종국결정의 공시에 관한 내규, 헌법재판연구원 연구업무 내규, 헌법재판연구원 교육성과평가내규, 헌법재판연구원 교재편찬 등에 관한 내규 등이 있다.

---

1) 이들 규칙의 자세한 조문내용은 헌법재판소 홈페이지(www.ccourt.go.kr) 찾기 쉬운 주요정보 → 법령정보에서 볼 수 있다. 헌법재판소내규도 같다.

제 3 장 헌법재판소의 관장사항과 일반심판절차

1. 헌법재판 심판절차의 특성과 헌법재판소의 절차자율권

헌법재판소는 헌법과 헌법재판소법에 의해서 위헌법률심판, 탄핵심판, 정당해산심판, 권한쟁의심판, 헌법소원심판을 관장한다. 이 다섯 가지 종류의 헌법재판은 모두가 헌법실현을 위한 통제적 성격의 심판이라는 공통점을 가지지만 각각 그 구체적인 성질과 내용면에서는 다른 점도 있다. 따라서 헌법재판의 심판절차는 이 다섯 가지 종류의 헌법재판에 함께 적용되는 일반적인 심판절차와 각 헌법재판의 종류에만 적용되는 특별심판절차로 구별된다.

그런데 헌법재판의 심판절차는 헌법과 헌법재판소법 및 헌법재판소규칙에서 불완전하게 규정하고 있다. 입법자가 심판절차의 규율에서 의도적으로 빠뜨린 부분도 있고 착각으로 규율하지 않은 사항도 있다. 그래서 헌법재판의 심판절차에는 헌법재판소법에서 특별히 규정한 사항 이외에는 헌법재판의 성질에 반하지 않는 범위 내에서 민사소송에 관한 법령을 준용한다($\binom{법\ 제40조}{제1항\ 전단}$). 그리고 탄핵심판의 경우에는 형사소송에 관한 법령을, 권한쟁의심판 및 헌법소원심판의 경우에는 행정소송법을 함께 준용하는데($\binom{법\ 제40조}{제1항\ 후단}$), 이 경우 민사소송에 관한 법령은 형사소송에 관한 법령 또는 행정소송법과 저촉되지 않는 범위 내에서만 준용한다($\binom{법\ 제40조}{제2항}$).

헌법재판의 심판절차에서 다른 소송에 관한 법령을 준용할 수 있는 것은 '헌법재판의 성질에 반하지 않는 범위 내에서'만 가능한 일이기 때문에 헌법재판소는 심판절차에서 다른 소송에 관한 법령조차 준용할 수 없는 법적인 공백상태에 직면할 수도 있다. 이런 경우 헌법재판소는 '심판절차의 주인'으로서 스스로 필요한 절차를 규칙이나 판례를 통해 자율적으로 규율할 수 있다.

예컨대 탄핵심판[1]과 정당해산심판에서 재판관의 의견을 표시하는 문제라든지 ($^{법 제36조}_{제3항}$),[2] 구체적 규범통제에서 전제된 소송이 종료되었어도 객관적인 헌법질서의 수호·유지를 위해서 필요한 경우에 심판의 필요성을 인정하여 위헌여부를 판단하는 것이라든지,[3] 헌법소원심판에서 보충성의 예외를 인정하는 것이라든지,[4] 헌법소원심판에서 소취하가 있거나 권리보호의 이익이 없는 경우에도 중요한 헌법문제의 해명을 위해서 본안판단을 하는 것[5] 등이 바로 그 것이다. 이처럼 헌법재판소가 심판절차를 자율적으로 규율하는 경우에는 언제나 실질적인 절차법의 공백을 메우는 차원이 아니라 헌법재판의 특성과 기능을 살리는 방향의 절차를 마련하는 것이 중요하다.

헌법재판의 일반심판절차에서 적용되는 기본원칙으로는 공개재판주의, 서면심리와 구두변론의 병행, 직권심리주의, 일사부재리의 원칙, 변호사강제주의, 정족수의 원칙, 재판관의 제척·기피·회피제도, 주문별 평결방식, 가처분제도, 심리기간, 심판비용 국고부담원칙, 민소법·형소법·행소법 등의 보충적 준용 등을 들 수 있다.

2. 재판부의 구성과 심판정족수

I. 재판부의 구성

(1) 전원재판부와 지정재판부

헌법재판은 재판관으로 구성되는 재판부에서 행하는데, 재판부에는 재판관 9인 전원으로 구성되는 전원재판부와 재판관 3인으로 구성되는 3개의 지

---

1) 헌재결 2004. 5. 14. 2004헌나1 참조.
2) 2005. 7. 29. 헌법재판소법 제36조 제 3 항을 개정해서 재판관의 의견표시를 모든 심판으로 확대하기 전에는 탄핵심판과 정당해산심판은 의견표시가 허용되는 심판에서 누락되었었기 때문에 발생하는 문제였다. 노무현 대통령에 대한 탄핵심판 때 의견표시 여부에 관한 재판관들의 논쟁 끝에 의견표시를 하지 않기로 했던 것이 그 한 예이다. 헌재결 2004. 5. 14. 2004헌나1과 이 판례에 대한 저자의 평석, 헌법판례연구 제 6 집, 2005, 237면 이하 참조.
3) 예컨대 헌재결 1993. 12. 23. 93헌가2 참조.
4) 예컨대 헌재결 1989. 9. 4. 88헌마22 참조.
5) 예컨대 헌재결 1996. 11. 28. 92헌마108 참조.

정재판부가 있다. 일반적으로 헌법재판소의 재판부는 전원재판부를 가리키며, 지정재판부는 특별히 헌법소원심판의 전심절차에서만 구성되는 재판부이므로 언제나 지정재판부라고 부른다. 헌법재판소법($^{제22조}_{제1항}$)에서 '이 법에 특별한 규정이 있는 경우를 제외하고는 헌법재판소의 심판은 재판관 전원으로 구성되는 재판부에서 관장한다'고 규정한 것도 그 때문이다.

(2) 재 판 장

재판부의 재판장은 헌법재판소장이 되고($^{법 \ 제22조}_{제2항}$), 지정재판부의 재판장은 '지정재판부의 구성과 운영에 관한 규칙'이 정하는 지정재판부 편성표($^{동 \ 규칙 \ 제2조}_{및 \ 제3조}$)에 따라 재판관 중에서 맡는데 제1 지정재판부의 재판장은 헌법재판소장이 된다($^{동 \ 규칙}_{제4조}$).

Ⅱ. 심판정족수

헌법재판의 심판정족수에는 심리정족수와 결정정족수가 있다.

(1) 심리정족수

헌법재판사건을 심리하기 위해서 필요한 정족수를 심리정족수라고 한다. 헌법재판사건을 심리하기 위해서는 재판관 7인 이상의 참석이 필요하다($^{법 \ 제23조}_{제1항}$). 그렇기 때문에 재판관 2인 이상이 궐위되거나 사고로 직무를 수행할 수 없는 경우(재판관 제척·기피·회피사유 포함)에는 심리정족수 미달로 헌법재판을 할 수 없게 된다. 비교법적으로 오스트리아를 비롯해서 헌법재판을 하는 많은 나라에서 예비재판관제도를 두고 있는 이유가 그 때문이다.

(2) 결정정족수

헌법재판사건을 결정하기 위해서 필요한 정족수를 결정정족수라고 한다. 헌법재판사건을 결정하기 위해서는 종국심리에 관여한 재판관 과반수의 찬성이 있어야 한다. 다만 법률의 위헌결정, 탄핵결정, 정당해산결정, 헌법소원의 인용결정, 헌법재판소가 종전에 판시한 헌법 또는 법률의 해석적용에 관한 의견을 변경하는 다섯 가지 경우에는 재판관 6인 이상의 찬성이 있어야 한다 (제113조 제1항 및 법 제23조 제2항). 따라서 헌법재판소가 관장하는 헌법재판사건 중에서 재판관 과반수의 찬성으로 결정할 수 있는 사항은 권한쟁의심판사건을 비롯해서 헌법 재판의 적법성 요건의 구비 여부에 관한 결정과 가처분결정이다. 재판관에 대한 제척·기피신청의 결정도 과반수로 한다.

3. 재판관의 제척 · 기피 · 회피제도

헌법재판의 공신력과 심판정족수에 영향을 미칠 수 있는 제도가 재판관의 제척·기피·회피제도이다(법 제24조). 이 제도는 공정한 헌법재판을 하기 위한 불가피한 제도인데, 헌법재판뿐 아니라 민·형사·행정소송 등 모든 소송절차에서도 일반적으로 인정되는 제도이다. 그러나 헌법재판에서는 특히 중요한 의미를 갖는다. 왜냐하면 헌법재판소의 결정은 법적으로 더 이상 다툴 방법이 없을 뿐 아니라 그 결정의 파급효과가 다른 소송의 판결·결정보다 훨씬 크기 때문이다. 그래서 재판관의 제척·기피·회피에 관한 기본적인 사항은 헌법재판소법에서 헌법재판의 특성에 맞게 직접 규정하고 있다. 그러나 당사자의 제척·기피신청에 관해서 헌법재판소법이 직접 규정하지 않은 사항은 민사소송법 제44조(제척과 기피신청의 방식), 제45조(제척·기피신청의 각하 등), 제46조 제1항 및 제2항(제척·기피신청에 대한 재판), 제48조(소송절차의 정지)의 규정을 준용한다(법 제24조 제6항).

I. 재판관의 제척 · 기피제도

(1) 제척 . 기피의 의의 및 제척 . 기피사유

1) 제척 · 기피의 의의

재판관이 구체적인 사건과 특수한 관계가 있는 경우에는 그 사건의 재판 업무로부터 제외하는 것을 제척(Ausschließung)이라 한다(법 제24조 제1항). 또 제척사유 외에 재판관에게 공정한 재판을 기대하기 어려운 사정이 있는 경우 당사자의 신청에 따라 그 재판관을 재판부의 구성에서 배제하는 것을 기피(Ablehnung)라 한다($\binom{\text{법 제24조}}{\text{제3항}}$). 제척제도에서는 제척이유가 유형적으로 법률에 특정되지만, 기피의 이유는 비유형적이어서 제척제도를 보충하는 의미를 갖는다.

2) 제척 · 기피의 이유

(가) 제척의 이유

구체적인 제척사유는 헌법재판소법에서 정하고 있다. 즉 그에 의하면 i) 재판관이 당사자이거나 당사자의 배우자 또는 배우자이었던 경우, ii) 재판관과 당사자 간에 친족 · 가족의 관계가 있거나 이러한 관계가 있었던 경우, iii) 재판관이 사건에 관하여 증언이나 감정을 할 경우, iv) 재판관이 사건에 관하여 당사자의 대리인이 되거나 되었던 경우, v) 재판관이 헌법재판소 외에서 직무상 또는 직업상의 이유로 사건에 관여하였던 경우 등($\binom{\text{법 제24조 제 1 항}}{\text{제 1 호-제 5 호}}$)이 법정제척사유이다.

그런데 i)에서 '당사자'라는 개념은 제척제도의 본질상 넓게 해석해서 분쟁의 해결에 관하여 실질적인 이해관계가 있는 사람까지도 포함하는 것으로 해석해야 할 것이다. 예컨대 보조참가인, 선정당사자, 파산관재인이 당사자인 경우에 파산자 본인 등도 포함된다고 할 것이다. 그리고 ii)에서 '친족 · 가족'의 개념은 민법[1]에 따른다. v)에서 '직무상 또는 직업상의 이유로 사건에 관여하였던 경우'는 좁게 해석해야 할 것이다. 이 경우 사건 그 자체에 관여한 경우로 한정해야 할 것이다.[2] 따라서 재판관이 되기 전에 국회의원으로서 규범통제의 대상이 된 법률의 입법에 관여했었다거나, 학술논문을 통해서 사건과 관련된 법률문제에 관한 견해를 밝힌 일이 있다는 사정 등은 제척사유가 되지 않는다고 할 것이다.[3] 독일 연방헌법재판소도 제척사유는 되도록 좁게 해석 · 적용하고[4] 나머지는 기피사유의 유무의 문제로 보려는 입장을 견지하고 있다.

---

1) 민법 제767조, 제779조 참조.
2) 예컨대 독일 연방헌법재판소의 판례에 의하면, 주(州)법의 기본법 위배 여부에 대한 구체적 규범통제사건에서 심판의 대상이 된 주법에 대한 법률적인 소견서(Gutachten)를 작성했던 재판관이나, 이 사건과 이해관계가 있는 다른 주가 재판부에 제출한 소견서 작성에 참여했던 재판관은 연방헌법재판소법 제18조 제 1 항 제 2 호의 제척사유에 해당한다. BVerfGE 83, 363(374) 참조.
3) 독일 연방헌법재판소법(제18조 제 3 항)은 이런 경우를 명문으로 제척사유에서 제외하고 있다.
4) 예컨대 BVerfGE 78, 331(338); 78, 344(347) 참조.

(나) 기피의 이유

재판관이 당해 사건과 실질적인 특수관계가 있어 심판권의 행사가 공정하게 행해질 수 없다는 추측이 객관적으로 성립될 수 있으면 기피이유가 된다. 따라서 사건과 특수관계도 없고 단지 다른 사건의 심판태도로 보아 현저하게 불리한 심판을 할 가능성이 있다거나,[1] 증거조사 등 소송절차의 진행에 관한 불만만으로는 기피이유가 되지 않는다고 할 것이다. 그러나 기피이유는 구체적인 사건에서 개별적으로 판단할 수밖에 없기 때문에 이를 유형화하는 것은 어렵다고 할 것이다.[2]

(2) 제척 . 기피의 효과

1) 제척의 효과

재판관에게 제척사유가 있는 경우에는 그 재판관은 해당 사건의 심판업무에서 제외된다. 제척이유의 유무가 객관적으로 분명하지 않은 경우 그대로 심판업무를 개시한 뒤에 당사자의 신청이나 직권으로 제척의 심판을 한다. 제척이유의 존부를 판단하는 심판은 확인적 성질을 가진다. 제척사유가 있는 것이 분명한 경우에는 당해 재판관 스스로 재판장의 허가를 얻어 해당 심판업무를 회피하면 된다(법 제24조 제5항).

2) 기피의 효과

재판관의 기피는 기피이유의 존재에 의해서 당연히 효력을 발생하는 것이 아니고, 기피신청에 대한 심판의 확정으로 비로소 그 재판관은 심판업무로부터 배제된다. 따라서 기피신청에 대한 재판은 형성적 효력이 있다. 이 점이 제척사유의 존부에 대한 재판이 확인적 효력을 갖는 것과 다르다.

---

1) 헌재결 1994. 2. 24. 94헌사10, 판례집 6-1, 194(195면), 기피신청사건의 판시 내용: 청구인이 재판에 대한 헌법소원을 청구하여 그 결정이 있은 후 다시 동일한 사안을 기초로 하여 입법부작위 위헌확인심판청구(본안사건)를 한 경우, '어느 재판관이 앞 사건의 주심으로 관여하였다는 사유만으로는 그에게 본안사건의 심판에 있어서 헌재법 제24조 제3항 소정의 재판관에게 심판의 공정을 기대하기 어려운 사정이 있다고 볼 수 없다'.
2) 독일 연방헌법재판소는 재판부의 심리정족수를 확보하고 기피신청이 정치적으로 악용되는 것을 방지한다는 명분으로 기피이유를 매우 엄격하게 적용하고 있다. BVerfGE 73, 330 (332ff.); 88, 1(4); 95, 189(191f.); 99, 51(56f.); 101, 46(50ff.) 참조. 이러한 경향은 심리정족수를 보장하기 위한 연방헌법재판소법 제19조 제4항의 도입 후에도 크게 달라지지 않고 있다.

(3) 제척 . 기피심판절차

1) 신청방법

재판부의 직권으로 제척결정을 하는 경우를 제외하고는 당사자가 제척·기피신청을 한다(법 제24조 제2항 및 제3항). 제척은 직권으로도 할 수 있지만, 기피는 반드시 당사자의 신청이 필요하다. 따라서 당사자가 없는 구체적 규범통제에서는 기피신청이 불가능하다. 다만 구체적 규범통제에서도 소송참가에 의한 당사자가 있는 경우에는 예외이다. 제척·기피신청의 방식은 민사소송법(제44조)의 관련 규정을 준용한다(법 제24조 제6항). 그에 따라 재판관에 대한 제척·기피신청은 해당 재판부에 해야 하는데 지정재판부의 재판관에 대한 제척·기피신청은 해당 지정재판부에, 전원재판부 재판관에 대한 제척·기피신청은 전원재판부에 이유를 밝혀서 한다. 그리고 수명재판관(受命裁判官)에 대한 제척·기피신청은 그 재판관에게 해야 한다(민소법 제44조 제1항). 제척신청의 이유는 소명으로 밝히는데 제척·기피신청한 날부터 3일 내에 서면으로 제출해야 한다(민소법 제44조 제2항). 또 당사자가 변론기일에 출석하여 본안에 관한 진술을 한 때에는 기피신청을 할 수 없다(법 제24조 제3항 단서). 이 경우에는 기피이유가 있음을 알았을 때는 물론이고 모르고 변론이나 진술을 한 경우에도 같다고 보아야 한다.[1] 제청·기피신청을 할 수 있는 당사자는 헌법재판의 당사자인데 보조참가인은 제외된다. 그리고 당사자는 동일한 사건에서 2인 이상의 재판관을 기피할 수 없다(법 제24조 제4항).[2] 재판부의 심리정족수를 충족하기 위한 불가피한 규정이다.

2) 신청과 소송절차의 정지

제척·기피신청이 있는 경우에는 그 신청에 대한 재판이 확정될 때까지 소송절차를 정지하여야 한다(법 제24조 제6항 및 민소법 제48조 본문). 소송절차가 계속 진행된다면 제척·기피제도를 인정한 취지가 무시되기 때문이다. 다만 제척·기피신청이 각

---

1) 민소법 제43조 제2항의 내용상 민사소송에서는 모르고 변론기일에 출석하여 변론이나 진술을 한 경우에는 기피신청이 가능하다는 해석이 가능하지만, 민소법의 이 규정은 헌법소송의 재판관 기피에는 준용되지 않는다.

2) 헌재는 이 규정이 심리정족수 부족으로 헌법재판기능이 중단되는 사태를 방지하기 위한 것이므로 헌법재판을 받을 권리의 침해가 아니라고 판시했다. 헌재결 2016. 11. 6. 2015헌마902 참조.

하될 경우 소송절차는 정지되지 아니한다. 그리고 예외적으로 가처분결정과 같이 긴급을 요하는 행위와 종국결정을 선고하는 경우에도 소송절차는 정지하지 않는다(법 제24조 제6항 및 민소법 제48조 단서). 가처분결정과 같이 긴급을 요하는 행위를 한 뒤 기피의 이유가 있다는 결정이 있어도 위의 행위는 그대로 유효하다고 할 것이다. 이 경우 그 행위의 효력을 유지시키는 것이 공정한 재판보다 신속한 재판을 우선시킨 법률의 취지에 맞기 때문이다. 재판부가 긴급을 요하지 않는 행위를 하면 당연히 위법한 것이 되지만, 그 뒤에 기피의 이유가 없다고 결정을 한 경우 재판부의 위법행위가 치유되느냐의 문제가 발생한다. 대법원 판례[1]는 그 위법성의 흠이 치유된다는 입장이다.

3) 제척·기피신청의 각하

제척·기피신청이 법이 정한 방식에 따르지 않았거나, 재판지연을 목적으로 하는 것이 신청의 취지 및 소명에서 분명한 경우에는 신청을 받은 해당 재판부 또는 수명재판관은 결정으로 이를 각하해야 한다(법 제24조 제6항 및 민소법 제45조 제1항). 이 결정으로 제척·기피신청이 각하된 때에는 소송절차가 정지되지 않는다(법 제24조 제6항 및 민소법 제48조 단서). 제척·기피신청권의 남용을 방지하기 위한 불가피한 규정이다. 제척과 달리 기피이유는 매우 추상적이고 그 적용의 한계가 불명확할 뿐 아니라, 당사자가 그 제척·기피이유를 그 신청일로부터 3일 이내에 소명하면 (법 제24조 제6항 및 민소법 제44조 제2항) 재판부는 그 이유의 유무를 불문하고 소송절차를 정지해서 (법 제24조 제6항 및 민소법 제48조 본문) 제척·기피재판의 결과를 기다려야 하므로 제척·기피신청이 소송지연을 목적으로 남용될 우려가 있기 때문이다.[2] 각하결정을 한 때에는 결정서 정본을 신청인에게 바로 송달하여야 한다.[3] 제척·기피신청의 각하결정에 대해서는 다툴 수 없다.

4) 제척·기피신청의 심판

제척·기피신청에 대한 심판은 신청을 받은 해당 재판부에서 결정으로 한

---

1) 대판 1978. 10. 31. 78다1242 참조.
2) 김홍규, 민사소송법 제6판, 2003, 70면 참조.
3) 심판규칙 제51조 제2항 참조.

다($\substack{법 \ 제24조 \ 제6항 \ 및 \\ 민소법 \ 제46조 \ 제1항}$). 그런데 헌법소원사건의 전심절차에서 지정재판부 재판관에 대한 제척·기피신청도 전원재판부에서 하고 있는 것이 헌법재판소의 재판실무이다. 제척·기피신청에 대한 심판에는 제척·기피신청을 받은 재판관 자신은 관여하지 못하지만 의견은 진술할 수 있다($\substack{법 \ 제24조 \ 제6항 \ 및 \\ 민소법 \ 제46조 \ 제2항}$). 재판관 2인 이상에 대한 제척결정은 재판부의 심리정족수를 채우지 못하는 사태를 초래한다. 따라서 이런 경우의 대비책이 하루 속히 입법개선을 통해 마련되어야 한다. 그렇지 않으면 헌법재판의 공정성을 보장하기 위한 제척·기피제도가 심리정족수의 충족이라는 소송절차적인 필요성 때문에 제 기능을 수행하지 못하고 형식상의 제도로 전락할 가능성이 있기 때문이다. 제척·기피신청을 기각하는 결정과 인용하는 결정을 한 때에는 결정서 정본을 신청인에게 바로 송달하여야 하는데[1] 그 결정에 대해서는 불복하지 못한다.

Ⅱ. 재판관의 회피제도

재판관 스스로 제척·기피사유가 있다는 것을 인정하고 자발적으로 특정 사건의 심판에 관여하지 않으려고 피하는 것을 회피(Selbstablehnung)라고 한다. 소송당사자에게 알려지지 않은 기피사유가 있거나 기피신청을 할 수 있는 당사자가 없는 헌법소송의 경우 회피는 중요한 의미를 갖는다. 재판관의 회피는 재판장의 허가를 받아야 한다($\substack{법 \ 제24조 \\ 제5항}$).[2] 재판장의 회피의 허가는 제척·기피의 심판과는 달리 사법행정상의 처분으로서 재판이 아니다. 따라서 회피이유를 확정하는 효력은 없고, 허가 뒤에 심리정족수 등 불가피한 이유 때문에 회피사건의 심판에 관여하는 일이 있어도 그 행위의 무효·취소의 문제는 생기지 않는다고 할 것이다.

Ⅲ. 헌법연구관 및 사무처 공무원에 대한 준용

헌법재판소 재판관에 대한 제척·기피·회피제도는 본질적으로 공정한 재

---

1) 심판규칙 제51조 제 2 항 참조.
2) 독일 연방헌법재판소법(제19조 제 1 항 및 제 3 항)은 재판관의 회피도 재판부에서 결정한다.

판을 보장하고 헌법재판의 공신력을 높이기 위한 제도이기 때문에 헌법재판
소법은 재판관에 관해서만 규정하고 있다. 그러나 민사소송에 관한 법령의 준
용규정($^{\text{법 제40조}}_{\text{제 1 항}}$)을 근거로 헌법연구관 및 헌법재판소 사무처 공무원에 대해서
도 제척·기피·회피제도를 준용하는 것이 타당하다고 주장하는 견해도 있을
수 있다. 그렇지만 헌법재판의 특성상 재판관의 제척·기피제도를 이들에게까
지 확대해서 준용해야 할 이유는 희박하다고 할 것이다. 헌법연구관 등이 헌
법재판 업무에 관여하고 있는 것은 사실이지만 그들이 헌법재판의 공정성을
해칠 정도로 영향을 미친다고 보기는 어렵기 때문이다. 사무처 직원은 더 말
할 나위가 없다. 헌법연구관 등의 영향을 받아 재판의 공정성과 공신력을 해
칠 재판관은 없다고 보아야 한다. 나아가 실정법상으로도 민사소송법($^{\text{제50}}_{\text{조}}$)에서
는 법원사무관 등에 대한 준용규정을 따로 두고 있지만 헌법재판소법에는 그
런 규정을 두지 않았을 뿐 아니라 제척·기피신청에 관한 심판에서 준용할 민
사소송법의 조문에서도 사무관 등에 대한 준용 조문($^{\text{민소법}}_{\text{제50조}}$)이 빠져 있다($^{\text{법 제24조}}_{\text{제 6 항}}$)
는 점도 주목할 필요가 있다. 민사소송에 관한 법령의 준용 범위에 관해서
'헌법재판의 성질에 반하지 아니하는 한도 내에서'($^{\text{법 제40조}}_{\text{제 1 항}}$)라고 명시한 법 취
지를 무시하고 무리하게 확대해서 준용하려는 것은 옳지 않다고 할 것이다.

4. 소송당사자와 헌법재판의 심판청구

I. 소송당사자

(1) 소송당사자의 역할

헌법재판은 원칙적으로 청구인의 신청을 받아서 이루어지는 수동적 소송
절차이다. 따라서 정당한 신청권을 가진 사람의 심판청구가 있어야 비로소 헌
법재판은 시작이 된다. 헌법재판의 심판청구가 있어도 정당한 청구권자가 한
것이 아니면 헌법재판소는 본안판단을 할 수 없다. 헌법재판의 심판청구가 있
으면 소송당사자가 정해진다. 즉 자신의 이름으로 헌법재판의 심판청구를 하
는 사람이 청구인이고, 그 상대방이 피청구인이므로 헌법재판의 소송당사자는

청구인과 피청구인이다. 헌법재판에서 소송당사자가 중요한 의미를 갖는 이유는 소송당사자에게는 심판절차에 참여해서 변론과 진술을 하는 등 적극적으로 소송을 수행할 수 있는 절차상의 권리와 의무가 주어지기 때문이다.

(2) 소송유형별 소송당사자

헌법재판의 종류에 따라 청구인과 피청구인은 다르다. 탄핵심판과 정당해산심판 및 권한쟁의심판 등 대립적 소송구조에서는 각각 '소추인 대 피소추인', '정부 대 해당 정당', '피해기관 대 가해기관' 등 청구인과 피청구인이 분명하게 표시되기 때문에 소송당사자가 명백히 정해진다.

그런데 헌법소원심판에서는 청구인은 분명하지만 피청구인은 애매한 경우가 있을 수 있다. 권리구제형 헌법소원심판(법 제68조 제1항)에서 '기본권을 침해한 공권력의 주체'가 피청구인이라고 볼 수 있지만, 재판소원의 경우 '기본권을 침해한 공권력의 주체'가 법원인지 아니면 재판의 대상이 된 공권력작용의 주체인지 쉽게 판단하기 어렵다. 그래서 권리구제형 헌법소원심판에서는 처분소원의 경우에만 피청구인을 특정할 수 있다. 헌법재판소법(제75조 제4항)도 행정작용에 대한 헌법소원의 경우 피청구인을 처분의무기관 내지는 처분기관으로 상정하고 있는 것으로 보인다.

문제는 구체적 규범통제의 경우이다. 법원의 제청에 의해서 법률의 위헌여부를 심판하는 절차에서 제청법원을 청구인, 심판대상인 법률규정의 입법기관을 피청구인이라고 보기에는 이론상 어려움이 있기 때문이다. 제청법원은 제청서의 제출로 위헌법률심판을 개시하게 하지만 적극적으로 심판절차에 참여하는 것도 아니고, 소송당사자의 권리·의무를 제청법원에 그대로 적용하기도 어렵다. 그렇다고 제청법원에 계류중인 사건의 당사자가 청구인이 될 수도 없다. 또 입법자는 입법형성권에 의해서 합헌성의 추정을 받는 해당 법률규정을 제정한 것이고 해당 법률규정은 궁극적으로는 대통령의 서명·공포에 의해서 효력을 발생한 것이기 때문에 입법자나 대통령을 피청구인으로 소송절차에 참여시키는 것은 부적절하다. 규범통제형 헌법소원의 경우에도 피청구인을 특정하기 어려운 것은 구체적 규범통제와 같다. 규범통제 심판절차에서 재판관에 대한 기피신청이 인정되기 어려운 이유도 바로 이와 같은 소송당사자의 애매성 때문이다. 따라서 규범통제에서는 피청구인이 따로 없다고 보아야 한다.

(3) 소송당사자의 지위와 권리

1) 소송당사자의 지위

소송당사자는 헌법재판의 심판절차에 참여해서 헌법재판소법에서 정한 권리를 행사하고 의무를 이행함으로써 소송을 수행해 나가는 지위를 갖는다. 객관적 헌법질서의 보장을 목적으로 하는 헌법재판의 특성 때문에 헌법소송에서는 직권심리주의가 적용되므로 당사자주의가 적용되는 민사소송과 달라서 처분권주의와 변론주의가 제약을 받고 재판부의 직권탐지가 가능해서 소송당사자의 소송절차상의 지위는 민사소송에서보다는 약화된다. 그리고 원칙적으로 서면심리(書面審理)로 심판하는 위헌법률심판과 헌법소원심판에서는 재판부가 필요하다고 인정해서 변론을 여는 경우가 아니면 소송당사자가 진술할 기회를 갖지 못하게 된다($^{법}_{제2항}$^{제30조}). 그러나 구두변론에 의해 심판하는 탄핵심판, 정당해산심판, 권한쟁의심판에서는($^{법}_{제1항}$^{제30조}) 소송당사자가 대립적인 변론주체로서 소송절차에 대등하게 참여하는 지위를 가진다.

2) 소송당사자의 권리

(가) 절차적인 사항에 관한 권리

소송당사자는 i) 심판절차에 참여하고, ii) 심판청구를 보정하고($^{법}_{제28조}$), iii) 재판관의 제척·기피신청을 하고($^{법}_{제24조}$), iv) 대리인을 선임하고($^{법}_{제25조}$), v) 청구서를 송달받고($^{법}_{제27조}$), vi) 답변서를 제출하고($^{법}_{제29조}$), vii) 변론기일의 소환에 응해서 변론 및 진술을 하고($^{법}_{제30조}$), viii) 증거조사를 신청하고 증거조사에 참여하며($^{법}_{제31조}$), ix) 종국결정서를 송달받고($^{법}_{제4항}$^{제36조}), x) 심판청구를 취하할 권리를 갖는다.

(나) 실체적인 사항에 관한 권리

소송당사자는 심판의 내용에 관해서 자신의 입장을 청구서 및 답변서 또는 구두변론을 통해 주장하고 상대방의 주장을 반박할 권리를 갖는다.

(4) 헌법소송의 이해관계인

소송당사자는 아니라도 헌법재판소법에 따라 헌법재판절차에 참여하는

사람 또는 기관이 있다. 즉 i) 위헌법률심판과 헌법소원심판에서 재판부의 필
요에 따라 열리는 변론절차에 참여해서 진술하게 되는 이해관계인 기타 참고
인($_{제2항}^{법 제30조}$), ii) 위헌법률심판에서 법률의 위헌 여부에 대한 의견서를 제출할
수 있는 당해 소송사건의 당사자 및 법무부장관($_{제44조}^{법}$), iii) 헌법소원심판에서
그 심판에 관한 의견서를 제출할 수 있는 이해관계 있는 국가기관 또는 공공
단체와 법무부장관($_{제1항}^{법 제74조}$), iv) 권한쟁의심판과 헌법소원심판에서 우선적으로
준용되는 행정소송법($_{제17조}^{제16조 및}$)에 따라 소송참가가 허용된 제 3 자 또는 피청구
인이 아닌 다른 행정청($_{제2문}^{법 제40조 제 1 항}$) 등이 그들이다. 이들은 헌법재판의 이해
관계인에 불과하고 소송당사자는 아니므로 헌법재판에서 준용되는 민사소송
에 관한 법령($_{제83조 제1항}^{민소법}$)에 따라 공동참가인 또는 보조참가인으로서[1] 공격·방
어·이의 등($_{제76조}^{민소법}$) 제한된 절차적 소송행위를 할 수 있는 지위를 가질 뿐이다.

Ⅱ. 대표자 및 소송대리인[2]

(1) 정부가 소송당사자인 경우의 대표자

헌법재판의 심판절차에서 정부가 당사자(참가인 포함)인 때에는 법무부장
관이 정부를 대표해서 소송을 수행한다($_{제1항}^{법 제25조}$). 국가를 당사자로 하는 소송에
서 법무부장관이 국가를 대표한다는 법률규정[3]과 같은 취지이다. 따라서 법무
부장관은 소속 검사 등을 소송수행자로 지정하거나 소송대리인을 선임하여 소

---

1) 헌법소원심판에서 공동심판참가신청은 참가요건, 당사자적격을 갖추고 헌법소원 청구기간
   내에 해야 한다. 청구기간이 지난 후에 한 부적법한 공동심판참가신청이라도 보조참가신청
   의 요건을 갖추고 있으면 보조참가인으로 인정해 준다. 헌재결 2008. 2. 28. 2005헌마872
   등, 헌재공보 137, 356(360면 이하) 참조. 공동심판참가신청의 적법성을 처음 인정한 헌재결
   1993. 9. 27. 89헌마248, 판례집 5-2, 284(295면 이하)도 참조. 그 밖에도 헌재결 2009. 4. 30.
   2007헌마106, 헌재공보 151, 966(971면) 참조. 또 헌법소원심판에서 그 목적이 청구인과
   제 3 자에게 합일적으로 확정되어야 할 경우 헌재법 제40조 제 1 항에 의해서 준용되는 민소
   법 제83조 제 1 항에 따라 그 제 3 자는 공동청구인으로서 심판에 참가할 수 있다고 청구인
   추가신청을 공동심판참가신청으로 선해해 적법성을 인정한 헌재결 2020. 4. 23. 2015헌마
   1149 참조. 이 결정에서 법정의견에 반대한 이종석 재판관의 소송법적인 논증은 설득력이
   있어 필독할 가치가 있다.
2) 복수의 소송대리인이 있는 경우에는 3명 이내의 대표대리인을 지정하게 할 수 있고 대표대
   리인 1명에 대한 통지 또는 서류송달은 대리인 전원에 효력이 있다(심판규칙 제 8 조).
3) 국가를 당사자로 하는 소송에 관한 법률 제 2 조 참조.

송을 수행하게 할 수 있다.[1]

(2) 국가기관 또는 지방자치단체가 당사자인 경우

헌법재판의 심판절차에서 국가기관 또는 지방자치단체가 당사자인 경우에는 변호사 또는 변호사의 자격이 있는 소속 직원을 대리인으로 선임하여 심판을 수행하게 할 수 있다($^{법\ 제25조}_{제2항}$). 헌법재판에서의 변호사강제주의가 소송당사자인 국가기관 또는 지방자치단체에도 적용되는 결과이다.

(3) 사인이 당사자인 경우의 소송대리인(변호사강제주의)

헌법재판의 심판절차에서 사인(私人)이 당사자인 때에는 스스로 변호사의 자격이 있는 경우가 아니면 변호사를 대리인으로 선임해야만 심판청구를 하거나 심판수행을 할 수 있다($^{법\ 제25조}_{제3항}$). 이것을 변호사강제주의라고 한다.

1) 변호사강제주의의 위헌 여부와 판례

헌법소송에서 채택하고 있는 변호사강제주의는 우리나라 다른 소송절차에는 없는 특유한 제도로서 국민의 재판청구권을 부당하게 제약한다는 비판을 면할 길이 없다.

그러나 헌법재판소는 변호사강제주의가 헌법소원에서 재판청구권의 본질적 내용을 침해하는 것이 아니라고 판시하면서 '분업화원리의 도입이라는 긍정적 측면을 제외하고도 재판을 통한 기본권의 실질적 보장, 사법의 원활한 운영과 헌법재판의 질적 개선, 재판심리의 부담 경감 및 효율화, 사법운영의 민주화 등 공공복리에의 기여도가 크고', 국선대리인제도라는 대상(代償)조치($^{법}_{제70조}$)가 별도로 마련되어 있는 이상 무자력자의 헌법재판을 받을 권리의 본질적 내용의 침해라고 볼 수 없다는 점을 강조했다.[2] 헌법재판소는 이후에도 이 판시 입장을 고수하고 있다.[3] 그러나 헌법재판소의 이 판시내용은 매우 견강부회적인 논증이라고 할 것이다. 변호사강제주의의 정당성을 강조하는 그

---

1) 같은 법률 제 3 조 참조.
2) 헌재결 1990. 9. 3. 89헌마120 등, 판례집 2, 288(295면 이하) 참조.
3) 예컨대 헌재결 1996. 10. 4. 95헌마70, 판례집 8-2, 363(366면); 헌재결 2001. 9. 27. 2001헌마152, 판례집 13-2, 447(453면) 참조.

러한 이유가 왜 하필 헌법소송에서만 강조되어야 하는 것인지에 대한 합리적인 설명이 어렵기 때문이다. 더욱이 헌법재판소가 강조하는 국선대리인제도는 헌법소원심판에 관해서만 규정하고 있기 때문에 탄핵심판과 위헌정당해산심판에서는 대상조치가 마련되어 있지 않다. 헌법소송에서의 변호사강제주의는 국내 실정법은 말할 것도 없고 비교법적으로도 그 예를 쉽게 찾기 어렵다는 점을 유의해서 입법개선을 추진해야 한다.

2) 국선대리인 제도

국선대리인 제도는 헌법소원심판에서만 규정하고 있기 때문에 헌법소원심판절차에서 자세히 설명하기로 하고 여기서는 소송대리와 관련한 내용만을 언급하기로 한다.

㈎ 신청에 의한 국선대리인 선임

헌법소원심판을 청구하고자 하는 사람이 스스로 변호사를 대리인으로 선임할 자력이 없는 경우에는 헌법재판소에 국선대리인을 선임해 줄 것을 신청할 수 있다($\frac{법 제70조}{제1항}$). 이 신청을 받은 헌법재판소는 헌법소원심판청구가 명백히 부적법하거나 이유 없는 경우 또는 권리의 남용이라고 인정되는 경우가 아니라면 헌법재판소 규칙이 정하는 바에 따라 변호사 중에서 국선대리인을 선정한다($\frac{법 제70조}{제3항}$).[1]

㈏ 공익상 필요에 의한 국선대리인 선임

헌법재판소는 신청인의 자력과 관계 없이 공익상 필요하다고 인정할 때에는 국선대리인을 선임할 수 있다($\frac{법 제70조}{제2항}$).

㈐ 국선대리인 선임신청 기각결정과 효과

헌법소원심판 청구인이 국선대리인의 선임을 신청했지만 그 신청을 기각하는 경우에는 지체없이 그 사실을 신청인에게 통지해야 한다.[2] 이 경우 신청인이 선임신청을 한 날부터 그 통지를 받은 날까지의 기간은 법이 정하는 헌법소원 청구기간에 산입하지 않는다($\frac{법 제70조}{제4항}$).

---

1) 국선대리인 선임신청에 대한 결정은 결정서 정본을 바로 신청인에게 송달하고, 국선대리인을 선정하는 결정을 한 때에는 국선대리인에게도 결정서 정본을 송달해야 한다. 심판규칙 제51조 제2항 참조.
2) 심판규칙 제51조 제2항 참조.

㈜ 국선대리인의 의무와 보수

선정된 국선대리인은 선정된 날부터 60일 이내에 신청인을 대리해서 헌법소원심판청구서를 헌법재판소에 제출해야 한다($\binom{\text{법 제70조}}{\text{제5항}}$). 그리고 국선대리인에 대해서는 헌법재판소규칙[1]이 정하는 바에 따라 국고에서 그 보수를 지급한다($\binom{\text{법 제70조}}{\text{제6항}}$).

3) 소송대리인 없는 소송행위의 효과

소송대리인 없는 소송행위의 효과가 문제되는 경우는 주로 헌법소원심판청구이다.

㈎ 소송대리인 선임 보정명령

변호사의 자격이 없는 사람이 변호사인 소송대리인을 선임하지 않고 직접 제기한 헌법소원심판청구는 원칙적으로 형식요건상의 하자로 인해서 부적법하므로 각하해야 한다. 그러나 이런 경우 헌법재판소는 지정재판부의 사전심사 단계에서 상당한 기간을 정해 대리인 선임의 보정명령(補正命令)을 하든지 국선대리인의 선임을 안내하고 있다.

㈏ 소송대리인 추인조건부 효력

재판부의 보정명령에 따라 변호사인 소송대리인이 선임된 경우 청구인이 행한 헌법소원심판청구와 주장 내용은 변호사인 대리인이 사후에 명시적 또는 묵시적으로 추인(追認)한 경우에 한하여 적법한 소송행위로서의 효력이 있다.[2] 따라서 대리인 선임 이후에는 청구인이 직접 수행하는 모든 소송행위는 효력이 없다.

㈐ 소송대리인의 사임과 기존 소송행위의 효력

소송대리인에 의한 적법한 헌법소원심판청구가 있었다면 그 이후 심리과정에서 소송대리인이 교체되는 경우는 말할 것도 없고, 소송대리인이 사임하고 다른 대리인을 선임하지 않은 경우에도 소송대리인이 이미 행한 소송행위로 심판성숙단계에 이르렀다면 그 소송행위의 효력에는 영향이 없다.[3] 이 경우 재판부

---

1) 헌법재판소 국선대리인의 선임 및 보수에 관한 규칙(헌재규칙 제296호) 참조.
2) 헌재결 1992. 6. 26. 89헌마132, 판례집 4, 387(398면); 헌재결 1995. 2. 23. 94헌마105, 판례집 7-1, 282(286면) 참조.
3) 헌재결 1992. 4. 14. 91헌마156, 판례집 4, 216(219면) 참조.

는 소송대리인이 행한 소송행위에 기초해서 본안판단을 하게 된다. 사임한 대리인이 행한 소송행위가 심판성숙단계에 이르지 않은 경우에는 새로운 대리인을 선임하도록 보정명령을 하든지 국선대리인 제도를 활용할 필요가 있을 것이다.

Ⅲ. 헌법재판의 심판청구

헌법재판의 심판청구는 헌법재판절차를 개시하는 소송행위이다. 심판청구가 있으면 헌법재판소에는 청구된 소송사건이 계속(係屬)되어 헌법재판소의 심판의무가 발생한다. 헌법($\frac{제27조}{제1항}$)이 보장하는 재판청구권에는 헌법재판청구권도 포함되므로 국민은 누구나 헌법재판소에 헌법재판의 심판을 청구할 수 있다. 다만 헌법재판의 심판청구는 헌법재판소법과 헌법재판소 심판규칙에서 정한 절차와 방법에 따라야 한다. 이제는 디지털 생활이 보편화함에 따라 전자정보처리조직을 통해서도 심판절차를 수행할 수 있게 되었다($\frac{법\ 제76조-제78조,\ 심판규}{칙\ 제22조와\ 제22조의\ 2}$).

(1) 심판청구의 방식

심판청구는 헌법재판 심판청구서를 헌법재판소에 제출하면 된다.[1] 다만 위헌법률심판에서는 법원의 제청서, 탄핵심판에서는 국회의 소추의결서의 정본제출을 심판청구로 본다. 그런데 심판청구서의 기재 내용은 헌법재판의 종류에 따라 다르지만($\frac{법\ 제26조}{제1항}$) 어떤 경우이건 청구 내용과 심판대상(소송물)이 분명하게 특정되어야 한다. 특히 심판청구서에는 청구인과[2] 피청구인[3]의 표

---

1) 청구서의 제출에는 9통의 심판용 부본과 송달용 부본을 함께 제출해야 한다(심판규칙 제 9 조, 제23조). 그 밖에도 심판규칙이 정하는 서면의 기재사항(제 2 조), 서류작성방법(제 3 조), 외국어문서의 번역문첨부(제 4 조), 접수공무원의 보정권고(제 5 조) 등을 존중해야 한다.
2) 심판청구서에 표시한 청구인은 청구서 제출 후에 임의로 변경할 수 없다. 헌법재판소법에 명문규정은 없지만 헌법재판소는 당사자(특히 청구인)변경신청을 허용하지 않고 있다. 헌재 결 1998. 11. 26. 94헌마207, 판례집 10-2, 716(725면) 판시 내용: '당사자변경을 자유로이 허용한다면 심판절차의 진행에 혼란을 초래하고 또 상대방의 방어권 행사에도 지장을 줄 우려가 있기 때문에 당사자의 동일성을 해치는 임의적 당사자변경(특히 청구인의 변경)은 헌법소원심판에서도 원칙적으로 허용되지 않는다'.
3) 위헌법률심판과 헌법소원심판에서는 피청구인의 표시가 없어도 된다. 헌법재판소는 헌법소원심판 청구의 경우 심판대상은 기본권을 침해한 '공권력의 행사 또는 불행사인 처분 자체로' 보기 때문에 '청구서에서 피청구인을 특정하고 있더라도 피청구인의 잘못된 표시는 헌법소원심판청구를 부적법하다고 각하할 사유가 되는 것이 아니'라는 입장이다. 이 경우 '헌법재판소가 침해된 기본권과 침해의 원인이 되는 공권력을 직권으로 조사하여 피청구인과

시, 청구사유, 청구 내용을 밝히고, 필요한 증거서류 또는 참고자료를 첨부할 수 있다(법 제26조). 따라서 심판청구를 구두로 하는 것은 허용되지 않는다(심판청구의 서면주의원칙). 그러나 청구서 등의 서면을 전자문서로 제출하는 것은 가능하다(법 제76조).[1] 헌법재판의 종류별로 정해진 청구서의 구체적인 내용은 다음 제 4 편 해당 헌법재판의 특별심판절차에서 설명하기로 한다.

(2) 심판청구의 효력발생시기

헌법재판의 심판청구는 원칙적으로 청구서가 헌법재판소에 도달함으로써 효력을 발생한다. 헌법재판소법(제26조 제 1 항)에서 규정한 '제출'은 일반적인 도달주의를 의미한다. 헌법재판소도 그 활동의 초기부터 일반원칙인 도달주의를 강조하고 있다.[2] 따라서 우편으로 심판청구서를 발송하는 경우에도 법률에 특별한 규정이 있는 경우에 적용되는 발신주의에 따라 심판청구서의 발송일에 심판청구의 효력이 발생하는 것은 아니다.

Ⅳ. 심판청구서의 송달·보정 등

(1) 심판청구서의 송달

헌법재판소가 헌법재판심판청구서를 접수한 후에는 내부적인 사건의 접수에 관한 규칙에 따라 사건번호[3]와 사건명을 부여하고 주심재판관을 정해 사건을 배정한다. 그리고 지체없이 심판청구서 등본을 피청구인에게 송달해야 한다(법 제27조 제 1 항). 송달 대상자의 주소불명 등의 경우(민소법 제194조 제 1 항 및 제 3 항의 경우)에는 공시송달의 방법으로 고시할 수 있다(심판규칙 제22조의 2). 위헌법률심판의 제청이 있는 때에는

심판대상을 확정하여 판단하면' 된다고 한다. 예컨대 헌재결 1993. 5. 13. 91헌마190, 판례집 5-1, 312(320면) 참조.
1) 헌법재판소의 전자접수시스템의 구축과 그 시스템시험이 끝난 2010년 3월부터는 인터넷을 통한 헌법재판심판청구가 가능해졌다.
2) 헌재결 1990. 5. 21. 90헌마78, 판례집 2, 129(130면) 참조.
3) 헌법재판소의 사건번호는 사건접수연도, 사건부호, 진행번호의 세 가지 요소로 구성되는데, 사건부호는 헌가(위헌법률심판사건), 헌나(탄핵심판사건), 헌다(정당해산심판사건), 헌라(권한쟁의심판사건), 헌마(제 1 종 헌법소원심판사건(헌재법 제68조 제 1 항)), 헌바(제 2 종 헌법소원심판사건(헌재법 제68조 제 2 항)), 헌사(각종 신청사건), 헌아(각종 특별사건) 등으로 구별된다. 헌법재판소사건의 접수에 관한 규칙(제170호), 제 8 조 내지 제11조 참조.

법무부장관 및 당해 소송사건의 당사자에게 그 제청서의 등본을 송달한다 (법 제27조/제2항). 헌법재판소법 제68조 제 2 항의 규정에 의한 헌법소원이 지정재판부의 사전심사를 거쳐 재판부에 심판회부된 때에는 당해 소송사건의 당사자 및 법무부장관에게 그 청구서의 등본을 송달해야 한다(법 제74조 제 2 항/및 제27조 제 2 항). 이들은 위헌법률심판에서 헌법재판소에 법률의 위헌 여부에 대한 의견서를 제출할 수 있는 지위에 있기 때문이다(법/제44조). 헌법재판소는 당사자나 관계인이 동의하면 그들에게 전자정보처리조직과 그와 연계된 정보통신망을 이용하여 결정서나 이 법에 따른 각종 서류를 송달할 수 있다(제 1 항 및 제 2 항/법 제78조). 이 전자송달은 서면 송달과 같은 효력을 갖는다(법 제78조/제3항). 헌법재판의 전자적 송달 간주기간은 민사소송 등과 같은 1주간이다(법 제78조/제4항).

(2) 심판청구의 보정

1) 주심재판관의 형식요건 심사

헌법재판사건을 배정받은 주심재판관은 우선 심판청구의 적법성을 심사한다. 즉 심판청구서의 필요적 기재사항을 비롯한 형식요건의 심사를 한다. 심사결과 심판청구가 부적법하지만 보정(補正)할 수 있다고 인정하는 경우에는 재판장에게 보정을 요구하도록 요청한다. 재판장만이 심판청구인에게 보정요구를 할 수 있기 때문이다(법 제28조/제 1 항). 그러나 재판장은 필요하다고 인정하는 경우에는 재판관 중에서 1인에게 보정요구를 할 수 있는 권한을 부여할 수 있다(법 제28조/제5항). 주심재판관이 형식요건을 보정할 수 없다고 판단한 경우에는 심판청구의 각하의견을 내어 평의에 들어간다.

2) 재판장의 보정요구

재판장도 심판청구의 형식요건상의 결함을 보정할 수 있다고 인정하는 경우에는 상당한 기간을 정해서 심판청구인에게 보정을 요구하여야 한다(법 제28조/제 1 항). 보정기간은 재판장의 판단에 따라 조정이 가능하므로 불변기간은 아니다.

3) 보정서면의 제출과 송달

심판청구인이 재판장의 보정요구에 따라 보정서면을 제출하면 헌법재판

소는 지체없이 제출된 보정서면의 등본을 피청구기관 또는 피청구인에게 송
달하여야 한다($^{법 제28조}_{제2항}$). 보정서면도 상대 당사자의 방어준비에 필요하기 때문
이다. 재판장의 보정요구에 불응하면 심판청구는 형식요건상의 하자로 인해서
부적법한 것이 되므로 심판청구를 각하하게 된다.

4) 보정의 효과

㈎ 심판청구 하자의 소급치유

재판장의 보정요구에 상응하는 심판청구인의 보정이 있는 때에는 심판청
구의 형식상 하자는 치유되어 처음부터 적법한 심판청구가 있는 것으로 본다
($^{법 제28조}_{제3항}$).

㈏ 심판기간 연장

보정기간은 헌법재판의 심판기간($^{법}_{제38조}$)에 산입하지 아니하므로($^{법 제28조}_{제4항}$) 사
실상 심판기간을 그 기간만큼 연장하는 효과를 발생한다. 지정재판부가 하는
헌법소원심판의 사전심사절차에서의 보정기간도 헌법소원의 심판기간($^{법 제72조}_{제4항}$)
에 산입하지 않으므로($^{법 제72조}_{제5항}$) 같은 효과가 생긴다.

V. 답변서의 제출

헌법재판심판청구서 또는 보정서면의 송달을 받은 피청구인은 심판청구
의 취지와 이유에 대응하는 답변을 기재한 답변서를 헌법재판소에 제출할 수
있다($^{법}_{제29조}$).

5. 헌법재판사건의 심리

Ⅰ. 심리의 방식

헌법재판사건의 심리(審理)는 구두변론 또는 서면심리에 의한다. 헌법재판
소법은 탄핵심판, 정당해산심판, 권한쟁의심판은 구두변론에 의하고($^{법 제30조}_{제1항}$),

위헌법률심판과 헌법소원심판은 서면심리에 의하도록 했지만, 서면심리에 의하는 경우에도 재판부가 필요하다고 인정하는 경우에는 변론을 열어 당사자·이해관계인·기타 참고인의 진술을 들을 수 있도록 했다(법 제30조, 제2항). 또 효율적이고 집중적인 심판절차의 진행을 위해서 심판준비절차를 실시할 수 있다(심판규칙 제11조).

(1) 구두변론

소송당사자를 출석시켜 진술을 듣는 방식으로 심리하는 것을 구두변론이라고 하는데 헌법재판소법에서 정한 필수적인 경우와 재판부의 필요에 따라 행하는 임의적인 경우가 있다. 구두변론에 의한 심리[1]는 공개한다(법 제34조 제1항 본문). 다만 국가의 안전보장·안녕질서·선량한 풍속을 해할 우려가 있는 경우에는 재판부가 이유를 설명하고 비공개결정을 선고한 후 비공개로 심리할 수 있다. 비공개로 심리하는 경우에도 재판장이 적당하다고 인정하는 사람의 재정을 허가할 수 있다(법 제34조 제2항 및 법조법 제57조 제1항 단서·제2항·제3항).

1) 법정의 필수적 구두변론

청구인과 피청구인이 분명한 대립적 소송구조를 갖는 탄핵심판, 정당해산심판, 권한쟁의심판의 심리는 반드시 구두변론에 의해야 한다(법 제30조 제1항). 이들 사건의 경우 구두변론에 의한 심리를 통해 소송당사자를 심리에 참여시켜 보다 능률적으로 사건의 실체에 접근해서 합리적으로 사건을 해결할 수 있기 때문이다. 필요적 구두변론사건의 경우 구두변론을 생략한 채 서면심리로 심판하면 위법한 것이 된다. 헌법재판이 비록 직권심리주의에 따른다고 해도 소송당사자의 주장과 반박을 직접 듣는 것은 심리방식으로도 매우 효율적이라고 할 것이다.

2) 재판부의 선택적 구두변론

원칙적으로 서면심리방식에 따라 심판하게 되어 있는 위헌법률심판과 헌법소원심판의 경우에도 재판부가 필요하다고 인정하는 경우에는 변론을 열어 당사자·이해관계인 기타 참고인의 진술을 들을 수 있다(법 제30조 제2항). 이 때의 구

---

1) 구두변론의 방식을 정하는 심판규칙 제12조 참조. 또 참고인의 지정과 의견진술에 관한 심판규칙(제13조-제16조)도 참조.

두변론은 어디까지나 재판부의 필요에 따른 것이므로 당사자의 구두변론 신청은 불필요하고 기속력도 없다. 재판부가 선택적으로 구두변론을 여는 경우에는 기일을 정하고 당사자와 관계인을 소환하여야 하는 것은 당연하다($^{법\ 제30조}_{제\ 3\ 항}$).

(2) 서면심리

소송당사자의 진술 없이 소송기록과 증거자료를 검토하는 방식으로 심리하는 것을 서면심리라고 하는데, 헌법재판소법($^{제30조}_{제2항}$)에서는 대립적 소송구조를 갖지 않는 위헌법률심판과 헌법소원심판은 원칙적으로 서면심리에 의하도록 정하고 있다. 서면심리는 비공개로 진행한다($^{법\ 제34조}_{제1항\ 단서}$). 그러나 서면심리를 원칙으로 하는 이 두 가지 헌법소송에서도 재판부가 필요하다고 인정하는 때에는 변론을 열어 당사자·이해관계인 기타 참고인의 진술을 들을 수 있다($^{법\ 제30조}_{제2항\ 단서}$)는 것은 앞에서 말한 바와 같다. 헌법재판사건의 주종을 이루는 위헌법률심판과 헌법소원심판은 업무부담으로 인해서 재판부가 필요성을 인정하는 예외적인 경우에 한하여 선택적으로 구두변론을 열어 서면심리를 보충할 수밖에 없는 실정이다.

Ⅱ. 이해관계인들의 의견서 제출

헌법재판소법은 위헌법률심판($^{법}_{제44조}$)과 헌법소원심판($^{법}_{제74조}$)의 절차에서 이해관계인들에게 서면으로 의견을 제출할 수 있도록 하고 있다. 의견서를 제출할 수 있는 이해관계인은 구두변론에 참여해서 진술할 수 있는 기회도 갖는다고 할 것이다. 대립적 소송구조를 갖는 나머지 헌법재판심판에서도 소송당사자 이외의 이해관계인에게 의견서 제출의 기회를 주는 것은 재판부의 자율적 결정사항이다($^{심판규칙}_{제10조}$).

(1) 위헌법률심판절차에서의 의견서 제출

1) 법원의 제청에 의한 위헌법률심판에서의 의견서 제출

위헌법률심판제청서의 등본을 송달받은 법무부장관 및 법원에 계속중인 당해 소송사건의 당사자($^{법\ 제27조}_{제2항}$)는 헌법재판소에 법률의 위헌 여부에 대한 의견서를 제출할 수 있다($\frac{법}{제44조}$). 그 밖에도 당해 법률시행의 주무관청과 당해 법률에 근거한 처분청의 감독관청 내지 상급 감독관청 등도 이해관계기관으로 보아서 위헌제청서 등본 등을 송부하고 그 기관들에게도 의견서 제출의 기회를 주고 있다. 이들 이해관계인 내지 기관들은 의견서 제출의 권한을 갖거나 의견서 제출의 기회를 부여받는 것이기 때문에 반드시 의견서를 제출해야 할 법적인 의무를 지는 것은 아니다. 그러나 특히 법무부장관의 경우 국가를 당사자 또는 참가인으로 하는 국가소송에서 국가를 대표하는 역할을 담당하고 있기 때문에[1] 법치국가의 기초가 되는 법률의 위헌 여부에 관해서 객관적인 입장에서 법적인 견해를 헌법재판소에 의견서로 제출하는 것은 당연한 직무상의 의무라고 보아야 할 것이다.

2) 규범통제형 헌법소원심판에서의 의견서 제출

헌법재판소법 제68조 제 2 항에 의한 헌법소원심판의 경우에도 그 본질은 법률의 위헌심판에 해당하기 때문에 그 헌법소원이 재판부에 심판 회부된 때에는 앞에서 언급한 법률조문의 규정 내용 및 설명 내용이 그대로 준용된다($\frac{법 \ 제74조}{제 2 항}$). 따라서 당해 소송사건의 당사자 및 법무부장관 기타 이해관계인 등이 법률의 위헌 여부에 대한 의견서를 헌법재판소에 제출할 수 있다.

(2) 권리구제형 헌법소원심판절차에서의 의견서 제출

헌법재판소법 제68조 제 1 항에 의한 헌법소원의 경우에는 그 심판에 이해관계가 있는 국가기관 또는 공공단체와 법무부장관은 헌법재판소에 그 심판에 관한 의견서를 제출할 수 있다($\frac{법 \ 제74조}{제 1 항}$). 이 경우에 '이해관계가 있는 국가기관 또는 공공단체'의 구체적인 범위는 구체적 사건에 따라 개별적으로 정해질 수밖에 없다고 할 것이다. 법령에 의한 직접적인 기본권 침해가 문제되는 경우에는 해당 법령의 제정기관, 법령의 적용으로 기본권 침해가 발생한 경우에는 당해 법령시행의 주무관청과 그 법령을 적용해서 행정작용을 한 처분청 및 그 처분청의 감독관청 등이 의견진술의 기회를 갖는 이해관계기관이라고 할 것이다. 이 경우에도 법무부장관의 역할은 앞에서 살펴본 바와 같이

---

1) 국가를 당사자로 하는 소송에 관한 법률 제 2 조 참조.

특별한 의미를 부여해야 할 것이다.

(3) 국가인권위원회의 의견서 제출

인권의 보호·향상을 위한 업무를 독립적으로 수행하기 위해서 국가인권
위원회법(이하 인위법으로 줄임)에 의해서 설립한 국가인권위원회는 자발적으로
또는 헌법재판소의 요청에 의해서 헌법재판소에 의견을 제출할 수 있다. 그러
나 그 의견은 기속력이 없고 참고자료에 불과하다.

1) 법률적 사항에 관한 의견 제출

인권위원회는 인권의 보호와 향상에 중대한 영향을 미치는 재판이 계속
중인 경우 법원의 담당재판부 또는 헌법재판소에 법률상의 사항에 관하여 의
견을 제출할 수 있다($\binom{인위법 제28}{조 제1항}$).

2) 위원회가 조사 또는 처리한 내용에 관한 의견 제출

인권위원회는 인권침해의 조사와 규제에 관한 규정($\binom{동법}{제4장}$)에 의해서 위원
회가 조사 또는 처리한 내용에 관하여 재판이 계속중인 경우에 법원의 담당
재판부 또는 헌법재판소에 사실상 또는 법률상의 사항에 관하여 의견을 제출
할 수 있다($\binom{동법 제28}{조 제2항}$).

Ⅲ. 증거조사·사실조회·자료제출 요구

(1) 증거조사

객관적 헌법질서의 보장과 헌법실현을 목적으로 하는 헌법재판에서는 민
사소송과 달리 당사자주의의 처분권주의와 변론주의 대신에 직권심리주의와
직권탐지주의가 적용된다. 따라서 소송절차에서 소송당사자의 주도권은 제약
을 받을 수밖에 없고, 사실 및 증거수집도 전적으로 당사자의 책임으로 전가
되지 않는다. 오히려 소송당사자의 주장과 변론은 헌법재판소가 행하는 직권
탐지를 촉구하고 보완하는 기능을 갖는다. 그렇기 때문에 헌법재판소는 당사
자가 주장하지 않는 사실과 증거도 직권으로 탐지하고 수집할 수 있다. 헌법

재판소법($^{제31조}_{제1항}$)에서 직권에 의한 증거조사와 신청에 의한 증거조사를 함께 규정하고 있는 이유도 그 때문이다.

증거조사는 재판부(지정재판부 포함)가 하는 것이 원칙이지만 재판장은 필요하다고 인정하는 경우에는 재판관 중에서 1인을 지정해서 증거조사를 하게 할 수 있는데($^{법 제31조 제2항}_{및 제72조 제5항}$) 증거조사에 지정된 재판관을 수명재판관(受命裁判官)이라고 한다.[1]

1) 직권에 의한 증거조사

재판부는 사건의 심리를 위하여 필요하다고 인정하는 경우에는 직권으로 다음의 증거조사를 할 수 있다. 헌법재판소는 석명처분권을 갖는다($^{심판규칙}_{제17조}$). 헌법재판소의 각종 증거조사 내지 출석요구에 정당한 사유 없이 불응하는 경우에는 벌칙규정에 따른 처벌을 받는다($^{법 제79}_{조}$).

(개) 신문에 의한 증거조사

재판부는 소송당사자의 진술을 듣기 위하여 당사자 본인을 신문(訊問)하거나 증인의 증언을 통한 증거자료를 얻기 위하여 증인을 신문하는 증거조사를 할 수 있다($^{법 제31조 제1}_{항 제1호}$). 신문에 의한 증거조사는 당사자의 진술과 증인의 증언을 직접 듣고 진술의 상호 모순점을 쉽게 알 수 있어 재판부의 심증형성도 쉽게 이루어지는 증거방법이다.

(나) 증거자료에 의한 증거조사

재판부는 당사자 또는 관계인이 소지하는 문서·장부·물건 기타 증거자료의 제출을 요구하고 이를 영치(領置)하는 등 증거자료에 의한 증거조사를 할 수 있다($^{법 제31조 제1}_{항 제2호}$). 증거조사의 대상이 되는 증거자료는 법에서 매우 포괄적인 개념으로 규정하고 있기 때문에 모든 종류의 증거자료를 다 망라하는 것이라고 이해해야 할 것이다.

(다) 감정에 의한 증거조사

재판부는 특별한 학식과 경험을 가진 자에게 감정을 명함으로써 재판부의 지식과 이해를 보충하는 방법으로 증거조사를 할 수 있다($^{법 제31조 제1}_{항 제3호}$). 감정대상에 대한 감정인의 의견은 재판부의 판단에 지적(知的)인 도움을 주기

---

1) 수명재판관의 경우 민소법 제139조 제 1 항의 수명법관의 규정을 준용한다.

때문에 중요한 증거조사의 수단이다.

　(라) **검증에 의한 증거조사**

　재판부는 필요한 물건·사람·장소 기타 사물의 성상 또는 상황을 직접 검사하는 증거조사를 할 수 있다(법 제31조 제1항 제4호). 검증은 사람의 모든 인식감각(시각·청각·후각·미각·촉각)을 모두 동원해서 직접 확인하는 증거조사이기 때문에 검증결과는 중요한 증거자료가 된다.

　2) 신청에 의한 증거조사

　재판부는 사건의 심리를 위하여 필요하다고 인정하는 경우에는 당사자의 신청에 의하여 앞에서 말한 신문·증거자료·감정·검증에 의한 증거조사를 할 수 있다(법 제31조 제1항). 당사자의 신청에 의한 증거조사에는 증거신청의 방식,[1] 증거신청의 시기,[2] 상대방의 진술기회의 보장,[3] 증거신청의 철회 등 민사소송의 증거조사절차에 관한 규정이 많이 준용된다(법 제40조 제1항).[4] 따라서 증거조사의 기일 및 장소를 당사자에게 통지하여 출석의 기회를 주어야 한다.[5] 그것은 공개주의, 구술주의, 직접주의, 쌍방심리주의의 요청 때문이다. 그러나 증거조사일에 당사자가 출석하지 않아도 증거조사는 시행할 수 있다.[6]

　(가) **증거신청의 의의**

　증거의 신청이란 재판부에 특정한 증거방법의 조사를 신청하는 당사자의 소송행위를 말한다.

　(나) **증거신청의 방식**

　증거신청에는 증거방법과 증명사항을 표시하는 외에[7] 증거방법에 따라 일정한 사항을 표시하여야 한다.[8] 증거를 신청하는 때에는 증거와 증명할 사실의 관계를 구체적으로 밝혀야 한다.[9] 증거신청은 증인신문과 당사자신문의 신

---

　1) 민소법 제308조, 제343조, 제345조, 제364조 등 참조.
　2) 민소법 제146조, 제149조, 제285조, 제289조 제2항 등 참조.
　3) 민소법 제274조 제1항 제5호·제2항 참조.
　4) 이하 김홍규, 민사소송법(제6판), 461면 이하 참조.
　5) 민소법 제167조, 제297조 제1항 참조.
　6) 민소법 제295조 참조.
　7) 민소법 제289조 제1항 참조.
　8) 민소법 제308조, 제343조, 제345조, 제364조 참조.
　9) 심판규칙 제25조 참조.

청($\substack{심판규칙\\제26조}$), 문서제출방식의 서증신청($\substack{심판규칙 제34\\조와 제35조}$), 문서제출신청방식의 서증신청 ($\substack{심판규칙 제34\\조와 제38조}$), 감정신청($\substack{심판규칙\\제44조}$), 검증신청($\substack{심판규칙\\제46조}$) 등으로 구분된다. 헌법재판소심 판규칙에서 그 각각의 신청방식과 증거조사방법에 관해서 자세히 정하고 있다.[1]

(다) 증거신청의 시기

증거신청은 심리의 종결 또는 구두변론의 종결시까지 할 수 있는데 증거 의 신청은 헌법소송의 진행 정도에 따라 적절한 시기에 제출해야 한다(적시제 출주의).[2]

(라) 상대방의 진술기회의 보장

증거신청이 있으면 재판부는 상대방의 변론권을 보장하기 위하여 상대방 에게 증거신청에 대한 진술의 기회를 주어야 한다(당사자공개주의).[3] 상대방은 증명사항이 소송상 중요하지 않다거나, 증거방법에 증명력이 없다거나, 증거 방법이 부적합하다거나, 신빙성이 없다는 것 등을 진술하게 되는데 이를 증거 항변이라고 한다. 상대방에게 진술의 기회를 주는 것이 중요하지만 상대방이 반드시 진술하여야 하는 것은 아니다.

(마) 증거신청의 철회

증거신청의 철회(증거의 포기)는 증거조사 개시 전에는 자유롭게 할 수 있 으나, 증거조사가 개시된 후에는 상대방의 동의를 필요로 한다. 증거조사를 개시한 뒤에는 상대방에게 유리한 증거자료로 될 수 있는 가능성이 있기 때 문이다(증거공통의 원칙). 증거조사를 마친 뒤에는 철회할 수 없다.

(바) 증거신청의 채부

증거신청에서 적용되는 적시제출주의[4]와 실기한 공격·방어방법의 각하[5] 및 변론준비기일을 종결한 효과[6] 때문에 부적법하거나 실기(失期)한 증거신

---

1) 증인신문과 당사자신문(심판규칙 제26조-제33조), 본인제출서증(동 제34조-제37조), 제 3 자 제출서증(동 제38조-제43조), 감정(동 제44조-제45조), 검증(동 제46조-제47조) 참조. 정당 한 사유 없이 출석하지 않은 증인의 구인에 관해서는 '형사소송규칙' 중 구인규정을 준용하 고, 정당한 이유 없이 증언거부와 선서거부를 한 증인에 대한 과태료재판절차는 '비송사건 절차법'의 규정(제248조와 제250조)을 준용한다(심판규칙 제30조).
2) 민소법 제146조 참조.
3) 민소법 제274조 제 1 항 제 5 호 및 제 2 항 참조.
4) 민소법 제146조 참조.
5) 민소법 제149조 참조.
6) 민소법 제285조 참조.

청을 재판부가 각하할 수 있는 것은 당연하다. 그런데 적법한 증거신청의 경우에도 직권탐지주의에 따르는 헌법소송에서는 증거채부에 관하여 재판부가 재량권을 갖는다.[1] 변론주의가 지배하는 민사소송에서 증거의 신청은 당사자의 책임이므로 증거조사에서 법원은 원칙적으로 수동적인 것과 다른 점이다.[2] 따라서 헌법소송에서 재판부는 증명하고자 하는 사항이 소송결과에 영향이 없다고 판단하거나, 증명사실이 재판부에 현저한 사실이어서 증명을 필요로 하지 아니하는 사실인 때, 문서의 분실이나 증인의 행방불명 등 증거조사에 장애가 있는 때 등에는 재량으로 증거조사를 하지 않을 수 있다. 이런 사유가 있는 때에도 재판부는 증거신청을 각하하는 결정을 한다. 각하결정을 하지 않고 증거신청을 채용하는 경우에는 증거결정을 해서 증거조사를 실시하게 된다.

3) 증거조사의 시행

증거조사는 직권에 의한 것이건 신청에 의한 것이건 객관성이 보장될 수 있도록 법이 정한 절차에 따라 합리적으로 이루어져야 한다. 중요한 절차 위반의 증거조사결과는 당사자의 동의가 없는 한 재판부가 재판의 기초로 삼으면 아니 된다.

(가) 증거조사의 장소

증거조사는 직접주의의 요청 때문에 원칙적으로 헌법재판소의 심판정에서 행한다.[3] 예외적으로 현장검증 등 특별히 필요한 경우에는 심판정 외에서 재판부 스스로 또는 수명재판관으로 하여금 증거조사를 하게 할 수 있다(법 제31조 제2항).[4] 외국에서 증거조사를 시행할 때에는 그 나라에 주재하는 우리나라 대사·공사·영사 또는 그 나라의 관할 공공기관에 촉탁한다.[5] 이 촉탁에 응해서 우리나라 외교관이 외국에서 증거조사를 하는 경우에는 주재국이 이를

---

1) 심판규칙 제37조 및 제45조 참조.
2) 민소법 제290조에는 유일한 증거가 아닌 한 증거신청의 채부를 법원의 재량에 맡긴다는 취지의 규정을 두고 있어서 변론주의와의 조화를 모색해야 한다는 주장이 있다. 김홍규, 앞의 책, 464면 참조.
3) 민소법 제297조 참조.
4) 심판규칙 제41조 및 민소법 제297조와 제313조 참조.
5) 민소법 제296조 제 1 항 참조.

인용할 때에 한하여 주재국의 법률에 따라 시행할 수 있다. 외국에서 행하는 증거조사는 그 나라의 법률에 어긋나더라도 우리나라 법률에 어긋나지 않으면 효력을 가진다.[1]

(나) 당사자의 참여

대립적 소송구조를 갖고 당사자가 있는 헌법재판에서는 당사자는 증거조사에 참여하여 의견을 진술할 이익을 가지므로 재판부는 증거조사의 기일과 장소를 지정하여 당사자에게 알리고 당사자를 소환하여 참여의 기회를 주어야 한다(법 제30조 제3 항 및 제40조). 이것을 당사자공개주의라고 한다.[2] 당사자에게 참여의 기회를 준 이상 증거조사기일에 당사자가 출석하지 않아도 증거조사를 할 수 있다.[3]

(다) 증거조사조서의 작성 등

증거조사가 구두변론기일에 실시된 경우에는 증거조사의 경과 및 결과를 구두변론조서에 적어야 하고,[4] 독립된 증거조사기일에 실시된 경우에는 그 기일의 조서에 적어야 한다.[5] 수명재판관에 의한 증거조사 및 외국에서 행한 증거조사의 결과는 바로 재판부에 제출해야 한다.[6] 이 경우 직접주의 및 구술주의의 요청을 충족시키기 위해서 당사자가 그 조서에 의해서 증거조사 결과를 구두변론에서 진술해야 한다는 주장과, 직접주의 및 구술주의의 예외를 규정한 것으로 보아 그 조서가 재판부에 제출되면 재판부가 이를 구두변론에 제시하여 당사자에게 의견진술의 기회를 주는 것으로 족하다는 주장이 대립하고 있는데[7] 헌법재판의 성질상 후설에 따르는 것이 옳다고 할 것이다.

(2) 사실조회 및 자료제출 요구

재판부는 결정으로 다른 국가기관 또는 공공단체의 기관에 대하여 심판에 필요한 사실을 조회하거나 기록의 송부나 자료의 제출을 요구할 수 있다.

---

1) 민소법 제296조 제 2 항 참조.
2) 민소법 제167조 참조.
3) 민소법 제295조 참조.
4) 민소법 제152조 참조.
5) 민소법 제160조 참조.
6) 민소법 제298조 참조.
7) 김홍규, 앞의 책, 469면 참조.

다만 재판·소추 또는 범죄수사가 진행중인 사건의 기록에 대해서는 송부를 요구할 수 없다(법제32조). 그러나 법률의 위헌심판에서는 재판의 전제성 및 위헌 여부 판단을 위해서 제청법원에 당해 사건기록의 인증 등본의 송부를 요청할 수 있다. 이 경우 법원의 위헌심판제청결정으로 원칙적으로 당해 사건의 재판이 정지되는 효과가 있으므로(법 제42조 제1항 본문) 엄밀한 의미에서 진행중인 사건으로 보기 어렵기 때문이다. 사실조회 및 자료제출 요구를 받은 국가기관 또는 공공단체의 기관이 재판부의 요구에 반드시 응해야 한다는 규정은 헌법재판소법에 없지만 당연히 그에 응할 의무가 있다고 할 것이다. 그렇지 않으면 공정한 헌법재판이 이루어지기도 어렵고 헌법실현의 목적도 달성할 수 없기 때문이다.

증거조사와 관련해서 헌법재판소법에는 벌칙조항(제79조)을 두어 증인, 감정인, 통역인 또는 번역인으로 소환 또는 위촉을 받았거나 증거물의 제출요구 또는 제출명령을 받고도 정당한 사유 없이 출석하지 않거나 제출하지 않은 경우와 헌법재판소의 조사 또는 검사를 정당한 사유 없이 거부, 방해 또는 기피한 자는 1년 이하의 징역 또는 100만원 이하의 벌금에 처하도록 정하고 있다.

Ⅳ. 평   의

재판부의 사건심리가 끝나면 결정을 하기 위해 재판관회의에서 평의(評議)를 하게 된다. 평의는 공개하지 않는다(법 제34조 제1항 단서). 평의는 재판관들 내부의 집단적인 의사결정과정이기 때문에 헌법재판에서 매우 중요한 부분을 이룬다. 평의의 절차와 방법은 헌법재판소법에서 구체적으로 규정하지 않아 헌법재판소의 실무관행으로 확립되어 있다. 평의가 시작되면 재판장이 평의의 정리를 담당한다(법 제35조 제1항).

(1) 평의의 절차

1) 주심재판관의 평의 요청

사건의 주심을 맡은 재판관은 담당 사건의 검토보고서를 첨부한 평의 요청서를 작성하여 각 재판관에게 배포하는데, 재판관들이 검토할 수 있는 상당한 기간을 두어야 한다.

2) 재판장의 평의일정 확정·통지

평의요청서를 접수한 재판장은 주심재판관의 의견을 참작하여 재판관들과 협의하여 평의일정을 확정한 후 평의일자와 평의안건 목록을 각 재판관에게 통지한다.

3) 평의의 진행방법

평의를 위한 재판관회의가 소집되면 먼저 주심재판관이 사건에 대한 검토내용을 요약하여 발표하고 재판관들이 검토한 내용에 따라 의견교환을 하고 최종적으로는 결정을 하기 위한 표결을 하는데, 이 표결을 평결(評決)이라고 한다. 평의는 한 번에 끝나는 경우도 있지만 여러 차례 되풀이되고 추가적인 검토보고서가 제출되는 경우도 있다.

4) 평   결

(가) 평결의 진행방법

사건의 평의를 마치고 평결에 들어가면 먼저 주심재판관이 의견을 내고 그 다음은 맨 나중에 임명된 재판관부터 후임 순으로 차례로 의견을 제시한 후 재판장이 마지막으로 의견을 내는 방법으로 평결이 이루어진다.

(나) 평결의 방식

평결을 하는 방법에는 적법요건에 관한 판단(본안전판단)과 실체적 요건에 관한 판단(본안판단)을 구별해서 쟁점별로 단계별로 표결해서 결론을 이끌어 내는 방법과, 두 가지 쟁점을 구별하지 않고 주문(主文)에 초점을 맞추어 함께 표결해서 주문을 결정하는 방법의 두 가지가 있다. 전자를 쟁점별 평결방식(Stufenabstimmung), 후자를 주문별 평결방식(Tenorabstimmung)이라고 한다. 우리 헌법재판소는 주문별 평결방식에 따른다.[1] 독일 연방헌법재판소는

---

1) 헌재결 1994. 6. 30. 92헌바23(구 국세기본법 제42조 제 1 항 단서에 대한 헌법소원사건)에서 위헌의견 5인, 각하의견 4인의 평결로 위헌불선언결정한 사례, 판례집 6-1, 592 이하. 위헌 의견 5인이 주장한 쟁점별 평결방식: '헌법소원의 적법성의 재판은 재판관 과반수 찬성으로 족한 것이므로 이 사건에서 재판관 5인이 재판의 전제성을 인정했다면 이 사건 헌법소원은

주문별 평결방식에 따르는 탄핵심판을 제외하고는 쟁점별 평결방식에 따르고 있다.[1]

　　두 평결방법의 핵심적인 차이는 심판청구가 부적법하다고 각하의견을 낸 재판관이 본안판단에서 별도로 실체적 문제에 대한 의견을 내야 하느냐 내지 않아도 되느냐 하는 데 있다. 쟁점별 평결방식에서는 사건이 일단 본안판단에 넘어가면 비록 심판청구의 적법성이 없다고 각하의견을 낸 재판관도 본안판단에 참여해서 본안에 대한 의견을 따로 개진해야 한다. 반대로 주문별 평결방식에서는 적법성에 대해서 각하의견을 낸 재판관은 본안판단에서 따로 의견을 낼 필요가 없게 된다. 평결의 정확성의 관점에서는 쟁점별 평결방식이 보다 합리적인 방식이라고 할 것이다.

㈐ 주문별 평결방식에서의 주문결정

　　주문별 평결방식에 따르는 경우 주문결정이 일목요연하게 이루어지지 않을 수 있다. 즉 평의결과 재판관들의 의견이 다양하게 대립되어 어느 의견도 결정정족수를 충족시키지 못하는 경우에는 주문결정이 쉽지 않다. 헌법재판소법에 따로 규정이 없기 때문에 준용되는(법 제40조 제1항) 민사소송법 규정에 따라 법원조직법(제66조 제2항)이 정하는 '합의의 방법'을 준용하게 된다. 즉 평의결과 어느 견해도 결정정족수에 이르지 못한 경우에는 신청인에게 가장 유리한 견해를 가진 재판관의 수에 차례로 그 다음으로 유리한 견해를 가진 재판관의 수를 더하여 결정정족수에 이르게 된 때의 견해를 재판부의 견해로 하게 된다. 예컨대 평의결과 재판관의 의견이 위헌 1인, 헌법불합치 3인, 한정합헌 3인, 합헌 2인으로 나뉜 경우라면 청구인에게 가장 유리한 견해는 위헌의견이므로 위헌의견(1)에 차례로 유리한 헌법불합치(3), 한정합헌(3) 의견을 더하여 결정정족수인 6인에 이르게 된 때의 견해인 한정합헌의견을 주문으로 결정하게 된다. 우리 헌법판례에 나타난 몇 가지 주문결정 예를 도표로 표시한다.

일응 적법하다고 할 것이고, 헌법소원이 적법한 이상 재판의 전제성을 부인하는 재판관 4 인도 본안결정에 참여하는 것이 마땅하다(612면). 반면에 각하의견 4인이 주장한 주문별 평결방식: '헌법재판소는 발족 이래 오늘에 이르기까지 예외 없이 주문합의제를 취해왔으므로 유독 이 사건에서 주문합의제를 쟁점별 합의제로 변경하여야 한다는 이유를 이해할 수 없고, 새삼 판례를 변경하여야 할 다른 사정이 생겼다고 판단되지 않는다'(617면 이하). 결국 각하의견의 4인 재판관은 본안판단에 참여하지 않았다. 이 사건의 위헌불선언결정은 그후 합헌결정으로 통일되어 시행되고 있다.

1) GeschO des BVerfG(독일 연방헌법재판소 심판사무규칙) 제27조 제 2 절 참조.

사 건	주 문	의견분포
위헌법률심판(군사기밀보호법[1])	한정합헌	위헌 1, 한정합헌 5, 합헌 3
위헌법률심판(동성동본금혼규정[2])	헌법불합치	위헌 5, 헌법불합치 2, 합헌 2
위헌법률심판(5·18특별법[3])	합 헌	한정위헌 5, 합헌 4
위헌법률심판(자연공원법[4])	합 헌	헌법불합치 4, 위헌 1, 각하 4
권한쟁의심판(기습적 법안처리[5])	기 각	각하 3, 기각 3, 인용 3
권한쟁의심판(일반적 법안처리[6])	기 각	각하 4, 기각 1, 인용 4
헌법소원심판(상속세경정청구[7])	기 각	각하 4, 인용 5
헌법소원심판(근기법위헌확인[8])	기 각	각하 3, 기각 1, 헌법불합치 5

이처럼 평의결과 여러 의견이 있는 경우 결정문에서는 주문으로 결정된[9] 헌법재판소의 법정의견을 먼저 기재하는 것이 원칙이다.[10]

(2) 결정서 작성

1) 결정문 초안 작성

평결로 결정이 되었으면 주심재판관이 평결결과에 따라 다수의견을 기초로 결정문 초안을 작성한다. 다만 주심재판관이 소수의견을 낼 경우에는 다수의견의 재판관 중에서 결정문 초안 작성자가 지정된다.

---

1) 헌재결 1992. 2. 25. 89헌가104, 판례집 4, 64면 참조.
2) 헌재결 1997. 7. 16. 95헌가6 등, 판례집 9-2, 1면 참조.
3) 헌재결 1996. 2. 16. 96헌가2 등, 판례집 8-1, 51면 참조.
4) 헌재결 2003. 4. 24. 99헌바110 등, 판례집 15-1, 371면 참조.
5) 헌재결 1997. 7. 16. 96헌라2, 판례집 9-2, 154면.
6) 헌재결 2010. 11. 25. 2009헌라12 참조.
7) 헌재결 2000. 2. 24. 97헌마13 등, 판례집 12-1, 252면 참조.
8) 헌재결 2021. 8. 31. 2018헌마563 참조.
9) 예컨대 재판관 5인이 '전부 헌법불합치'의견이고 재판관 1인이 '일부 단순위헌', '일부 헌법불합치'의견인 경우 '헌법불합치'를 주문으로 결정한다. 헌재결 2009. 7. 30. 2008헌가1 등, 헌재공보 154, 1373면 참조. 그런데 형벌법규에 대해서 재판관 5인이 단순위헌의견이고, 재판관 2인이 잠정적용헌법불합치의견인 경우 주문으로 헌법불합치결정을 하면서 잠정적용하도록 한 것은 재고의 여지가 있는 평의결과이다. 헌재결 2009. 9. 24. 2008헌가25, 헌재공보 156, 1633(1651면) 참조.
10) 그런데 동성동본금혼사건(헌재결 1997. 7. 16. 95헌가6 등)에서는 위헌의견과 헌법불합치의견을 차례로 소개하여 법정의견인 헌법불합치의견을 이끌어 낸 후 반대의견인 합헌의견을 기재한 경우도 있다. 위헌 4, 헌법불합치 2, 합헌 3의 평의결과로 헌법불합치결정을 선고한 보안관찰법 사건(헌재결 2021. 6. 24. 2017헌바479)에서도 같은 패턴을 따랐다.

2) 소수의견 제출

결정주문이나 결정이유에 대해서 다수의견과는 다른 소수의견(반대의견·
보충의견·별개의견)을 제출하고자 하는 재판관은 이를 재판부에 알린다. 그러
면 다수의견의 결정문 초안은 결정선고 이전에 시간적 여유를 두고 소수의견
제출 재판관에게 제공된다.

3) 최종적인 결정문 확정

결정문 초안이 재판부에 제출되면 그에 대한 검토과정을 거쳐 최종적인
결정문 원안을 확정한다.

4) 재평의의 요청

최종적인 결정문 원안이 확정된 후에도 재판에 관여한 재판관은 평결에
서 낸 자신의 의견을 변경할 수 있다. 이 경우에는 결정선고 이전까지 재판장
에게 재평의(再評議)를 요청할 수 있다. 그러면 재판장은 재판관회의를 소집해
서 재평의를 하여야 한다.[1]

6. 헌법재판사건의 심판

Ⅰ. 심판의 장소와 심판의 공개

(1) 심판의 장소

헌법소송에서 심판의 변론과 종국결정의 선고는 헌법재판소의 심판정에
서 하는 것이 원칙이다. 다만 헌법재판소장이 필요하다고 인정하는 경우에는
심판정 외의 장소에서 심판을 할 수 있다(법제33조). 이 경우 심판의 변론은 심판
정 외에서도 할 수 있지만, 종국결정의 선고는 국가비상사태가 아닌 한 언제
나 심판정에서 해야 한다고 해석해야 할 것이다. 헌법재판소에는 전원재판부

---

1) 독일 연방헌법재판소 심판사무규칙 제26조 제 2 항도 같은 내용을 규정하고 있다.

의 심판정과 지정재판부의 심판정이 따로 마련되어 있다.

(2) 심판의 공개

1) 심판공개의 원칙

헌법($\frac{제109}{조}$)이 정하는 공개재판주의는 헌법재판에서도 그대로 적용된다. 따라서 헌법재판소법($\frac{제34}{조}$)은 심판의 변론과 결정의 선고는 공개한다고 규정하고 있다. 다만 서면심리와 평의는 공개하지 않는다고 정하고 있는데 당연한 사항을 규정한 것이라고 할 것이다. 구두변론에 의해서 진행되는 대립적 소송구조를 갖는 탄핵심판, 정당해산심판, 권한쟁의심판을 비롯해서 증거조사절차의 변론은 공개하는 것이 원칙이다.

2) 비공개심판

헌법소송에서 준용되는 법원조직법($\frac{제57조 제 1 항 단서 \cdot}{제 2 항 \cdot 제 3 항}$)의 규정에 의해서 예외적으로 심판의 변론만은 이를 비공개로 할 수도 있다. 그러나 결정의 선고는 비공개로 하는 것이 허용되지 않는다. 법원의 판결과 헌법재판소 결정의 선고는 비공개로 할 수 없다는 것은 헌법($\frac{제109}{조}$)이 정한 사항이므로 법률에서 달리 규정할 수 없다. 예외적 비공개심판을 허용하는 경우는 심판변론의 공개가 국가의 안전보장·안녕질서·선량한 풍속을 해할 우려가 있는 때인데, 이런 경우에는 재판부가 비공개를 결정할 수 있다. 비공개결정은 이유를 밝혀 선고하여야 한다. 그런데 재판부가 비공개결정을 한 경우에도 재판장은 적당하다고 인정하는 사람의 법정 잔류를 허가할 수 있다.

Ⅱ. 심판의 지휘와 심판정경찰권

(1) 재판장의 심판지휘권

헌법재판에서 재판장은 심판지휘권을 가지고 심판변론의 지휘 및 평의의 정리를 담당한다($\frac{법 제35조}{제 1 항}$). 따라서 재판장은 심판지휘권과 법정질서유지권을 행사해서 헌법재판의 심판이 순조롭게 진행될 수 있도록 노력할 의무를 진다.

(2) 재판장의 심판정질서유지권

헌법재판소 심판정의 질서유지에 관하여는 법원조직법($^{제58조\ 내지}_{제63조}$)의 규정을 준용하는데 그 내용은 다음과 같다($^{법\ 제35조}_{제2항}$).

1) 질서유지명령

재판장은 심판정의 질서유지를 책임지는데, 심판정의 존엄과 질서를 해할 우려가 있는 자의 입정을 금지하고 퇴정을 명하거나 기타 심판정의 질서유지에 필요한 명령을 발할 수 있다($^{법조법}_{제58조}$).

2) 녹화 등의 금지

재판장은 심판정 안에서 녹화·촬영·중계방송 등을 허가할 수 있는데 누구든지 재판장의 허가 없이 이런 행위를 하지 못하도록 금지한다($^{법조법\ 제59조,}_{심판규칙\ 제19조}$).

3) 경찰관 파견요청

재판장은 심판정의 질서유지를 위하여 필요하다고 인정할 때에는 개정 전후를 불문하고 관할 경찰서장에게 경찰관의 파견을 요구할 수 있다. 이 요구에 의해서 파견된 경찰관은 심판정 내외의 질서유지에 관하여 재판장의 지휘를 받는다($^{법조법}_{제60조}$).

4) 감치 등

(가) 감치의 대상자

심판정 내외에서 질서유지를 위한 재판장의 명령을 어기거나 재판장의 허가 없이 심판정 안에서 녹화 등의 행위를 하거나 폭언·소란 등의 행위로 재판부의 심리를 방해하거나 재판의 위신을 현저하게 훼손한 자는 감치결정(監置決定)의 대상이 된다($^{법조법\ 제61}_{조\ 제1항}$).

(나) 감치를 위한 조치

재판부는 감치대상자에 대한 감치결정을 위해서 헌법재판소 직원·교도관·경찰관으로 하여금 즉시 행위자를 구속하게 할 수 있으며, 구속한 때로부터 24시간 이내에 감치에 처하는 결정을 해야 하고 이를 하지 않으면 즉시 석방을 명하여야 한다($^{법조법 \ 제61}_{조 \ 제 2 항}$).

(다) 감치결정의 내용과 집행

감치의 대상자에 대해서는 20일 이내의 감치 또는 100만원 이내의 과태료에 처하거나 이를 병과할 수 있다($^{법조법 \ 제61}_{조 \ 제 1 항}$). 재판부의 감치결정에 대해서는 법원의 감치결정과는 달리 불복수단이 없다고 보아야 한다($^{법조법 \ 제61}_{조 \ 제 5 항}$). 감치는 경찰서 유치장·교도소·구치소에 유치함으로써 집행한다($^{법조법 \ 제61}_{조 \ 제 3 항}$). 감치는 피감치인에 대한 다른 사건으로 인한 구속 및 형에 우선하여 집행한다($^{법조법 \ 제61}_{조 \ 제 4 항}$).

(라) 감치결정의 효과

감치의 집행중에는 피감치인에 대한 다른 사건으로 인한 구속 및 형의 집행이 정지된다. 그리고 피감치인이 당사자로 되어 있는 본래의 심판사건의 소송절차는 정지된다. 다만 재판부는 상당한 이유가 있는 때에는 소송절차의 속행을 명할 수 있다($^{법조법 \ 제61}_{조 \ 제 4 항}$).

(마) 감치재판절차에 관한 헌법재판소규칙

감치재판에 관한 절차 기타 필요한 사항은 헌법재판소규칙으로 정한다($^{법조법 \ 제61}_{조 \ 제 6 항}$).

Ⅲ. 심판정의 용어

헌법재판소 심판정의 용어 사용에 관하여는 법원조직법($^{제62}_{조}$)의 규정을 준용한다($^{법 \ 제35조}_{제 2 항}$). 그 결과 헌법재판의 심판정에서는 국어를 사용한다($^{심판규칙 \ 제18}_{조 \ 제 1 항}$). 따라서 소송관계인이 국어에 서툰 경우에는 통역에 의한다($^{법조법 \ 제62조, \ 심판}_{규칙 \ 제18조 \ 제 2 항}$).

Ⅳ. 심판정 외에서 행하는 심판에의 준용

공개재판의 원칙과 재판장의 소송지휘권 및 질서유지권 그리고 심판정의 용어에 관한 규정은 재판부나 수명재판관이 심판정 외에서 심판직무를 행하는 경우에도 준용한다($^{법조법}_{제63조}$).

V. 심판비용과 공탁금

헌법소송에서 소요되는 공적인 심판비용에 대해서는 국고부담의 원칙이 적용되므로 소송당사자에게 부담시키지 않는 것이 원칙이다. 그러나 예외적으로 당사자가 신청한 증거조사의 비용과 헌법소원심판에서의 공탁금제도에 의해서 청구인에게 심판비용을 부담시키는 경우도 있다.

(1) 심판비용 국고부담의 원칙

헌법재판소의 심판비용은 국고부담으로 한다. 따라서 헌법소송의 심판청구서에는 인지를 첨부하지 않는다(법 제37조 제1항 본문). 헌법재판이 헌법을 실현하는 공적인 기능을 하기 때문에 다른 소송과 달리 국가재정으로 심판비용을 충당하는 것이다. 헌법재판제도를 도입하고 있는 대부분의 나라에서 헌법재판을 무료로 이용할 수 있게 하고 있다. 다만 헌법재판청구권을 악용·남용하는 것을 방지함으로써 국고부담을 줄이기 위해서 남소방지를 위한 비용부담제도를 마련해 놓고 있는 경우도 있는데 독일이 그 한 예이다.[1]

변호사강제주의에 의한 소송대리인 선임비용은 선임한 당사자가 직접 부담한다. 국가가 부담하는 심판비용에는 재판수수료와 헌법재판소가 심판 등을 위하여 지출하는 비용인 재판비용만 포함되고, 여기에 변호사강제주의에 따른 변호사 보수 등의 당사자비용은 포함되지 아니한다. 이 당사자비용에 관하여 민사소송법과 행정소송법의 소송비용에 관한 규정들을 준용하는 것은 헌법재판의 성질에 반한다.[2] 적지 않은 변호사 선임비용의 부담을 감안해서 헌법소원심판에서는 무자력자를 위한 국선대리인 제도를 두고 있다는 것은 앞에서 이미 언급한 바와 같다.

---

1) 독일 연방헌법재판소법 제34조는 헌법소송을 무료로 하면서도 헌법소원심판청구와 선거심사청구 및 가처분신청이 악용·남용되는 것을 방지하기 위해서 그러한 청구나 신청이 악용·남용된 것으로 판단하는 경우에는 청구인에게 2,600유로(Euro)까지 악용·남용부담금(Mißbrauchsgebühr)을 부담시킬 수 있게 정하고 있다.
2) 헌재결 2015. 5. 28. 2012헌사496, 헌재공보 227호, 1317(1318면 이하) 참조.

(2) 신청인 부담의 증거조사비용

소송당사자의 신청에 의해서 행해지는 증거조사비용은 헌법재판소규칙이 정하는 바에 의하여 그 신청인에게 부담시킬 수 있다($\frac{법 제37조}{제1항}$). 그러나 실제로는 증거조사비용에 관한 규칙이 아직 제정되지 않은 상태여서 증거조사비용을 소송당사자에게 부담시키지 않고 국고에서 부담하고 있다.

(3) 공 탁 금

1) 헌법소원심판청구와 공탁금제도

헌법재판소는 헌법소원심판 청구인에 대하여 헌법재판소규칙으로 정하는 공탁금의 납부를 명할 수 있다($\frac{법 제37조}{제2항}$). 헌법소원심판청구의 악용과 남용으로 인한 헌법재판 업무의 비효율성과 국고부담을 줄이기 위한 제도이다. 그러나 일단 공탁금을 납부했더라도 다음의 국고귀속의 사유에 해당하지 않으면 납부자에게 다시 반환된다. 독일에는 헌법소원심판청구와 선거심사청구 및 가처분신청의 악용·남용에 대한 사후적인 악용·남용부담금(Mißbrauchsgebühr)제도는[1] 있어도 사전에 납부해야 되는 우리 식의 공탁금제도는 없다.

2) 공탁금의 국고귀속

헌법재판소는 i) 헌법소원의 심판청구를 각하할 경우와 ii) 헌법소원의 심판청구를 기각하는 경우에 그 심판청구가 권리남용이라고 인정되는 두 가지 경우에는 헌법재판소규칙이 정하는 바에 따라 공탁금의 전부 또는 일부의 국고귀속을 명할 수 있다($\frac{법 제37조}{제3항}$). 부적법한 헌법소원심판의 청구와 권리남용에 의한 이유 없는 헌법소원의 심판청구에 대한 일종의 금전적인 제재에 해당한다. 필요한 제도이기는 하지만 국고귀속의 구체적인 요건을 정해서 공정하게 운용해야 할 것이다. 우리 헌법재판소는 공탁금의 납부 및 국고귀속에 관한 헌법재판소규칙을 아직 제정하지 않았기 때문에 공탁금제도는 아직 시행되지 않고 있다.

---

1) 독일 연방헌법재판소법 제34조 제 2 항 참조.

3) 독일의 악용·남용부담금제도

독일 연방헌법재판소의 악용·남용부담금제도의 운용실태를 보면 헌법소원심판청구가 자신의 권리를 추구하기보다는 다른 어려움을 야기해 재판을 지연시키면서 엉뚱한 목적을 추구하고 명백한 패소가능성 때문에 경솔하다고 볼 수밖에 없는 경우에 헌법소원심판청구의 악용·남용을 인정해서 악용·남용부담금(100DM)을 부과한 판례가 있다.[1] 그 밖에도 '헌법소원이 명백히 부적법하거나 이유가 없어서 누가 보아도 성공할 수 없는 것으로 인식되는 경우'[2] 또는 '헌법의 발전이나 개인의 기본권적인 피해 방어에 전혀 기여하지 못하는데다 연방헌법재판소의 업무수행까지 방해하는 경우'[3] 등에는 헌법소원의 악용·남용을 인정할 수 있다는 판시도 있다. 그러나 이러한 판시에 대해서는 비판적인 견해도 있다.[4] 독일 연방헌법재판소(예심재판부 포함)가 악용·남용부담금의 부과를 결정하면 악용·남용부담금 부과는 판결문 또는 결정문 주문의 한 내용으로 선고하고 왜 심판청구를 악용·남용이라고 판단했는지를 밝혀야 한다.[5]

⑷ 소송비용보상제도

1) 소송비용보상제도의 필요성

헌법소원심판청구에 변호사강제주의가 적용되어 변호사인 대리인 선임비용이 지출되고 증거조사를 신청하면 증거조사비용을 부담하며 공탁금제도로 인한 공탁금 납부의 부담을 지는 등 헌법소원의 심판을 청구하는 사람은 적지 않은 경제적인 부담을 지게 된다. 그런데 헌법재판이 헌법을 실현하는 작용이고 헌법소원심판도 주관적인 권리보호뿐 아니라 객관적인 헌법질서의 보호·유지를 함께 추구하는 제도라면 헌법재판의 심판비용을 국고부담으로 하

---

1) BVerfGE 54, 39(42) 참조.
2) Kammerbeschluß v. 14. 10. 1998, NJW 1999, S. 1390 참조.
3) Kammerbeschluß v. 3. 11. 1998, EuGRZ 1998, S. 694 참조.
4) 예컨대 *E. Benda*, NJW 1980, S. 2102.
5) 독일 연방헌법재판소가 부과해서 징수하는 악용·남용금부담금의 총액은 별로 많지 않다. 예컨대 1962년부터 2000년까지의 통계를 보면 제일 적은 해는 2,920DM(1967년)이고 제일 많은 해는 64,650DM(1981년)이었다. 독일 연방헌법재판소 통계연감 참조.

는 것만으로는 부족하고 헌법소송을 수행하기 위해서 적법하게 지출한 소송
비용을 소송당사자에게 보상해 주는 제도가 필요하다. 그러나 우리는 아직 이
소송비용보상제도를 채택하지 않고 있다.

2) 독일의 소송비용보상제도

독일은 소송비용보상제도를 도입해서 시행하고 있다. 즉 i) 기본권실효심
판과 탄핵심판에서 심판청구가 이유 없는 것으로 판명되면 피청구인에게 변
호사 선임비용을 포함한 필요한 모든 소송비용을 보상해야 한다(필수적 보상).[1]
이 경우 필요한 소송비용이란 목적에 상응하게 권리추구를 위해서 지출한 비
용을 말하는데[2] 그 액수의 결정은 형사소송법의 관련규정에 대한 법원의 해
석과 판례를 원용하고 있다.[3] ii) 나아가 헌법소원심판청구가 이유 있는 것으
로 인용되는 경우에도 청구인에게 필요한 소송비용의 전부 또는 일부를 보상해
야 한다(필수적 보상).[4] 일부를 보상하는 경우는 헌법소원심판에서 청구 내용
중 일부만이 인용되는 경우인데 이 때도 전액보상을 해 줄 수 있다. 변호사 선
임비용의 보상은 법률에서 정한 공식적인 변호사의 수임료를 기준으로 하기 때
문에 실제로 법정의 수임료보다 더 많이 지불된 선임비용은 보상받지 못한다.[5]
iii) 그 나머지 헌법재판의 경우에는 연방헌법재판소가 소송비용의 전부 또는
일부의 보상을 명령할 수 있다(임의적 보상).[6] 이 때에는 물론 소송당사자만이
보상대상이다. 따라서 구체적 규범통제의 경우 법원에 계속중인 재판의 소송
당사자는 보상대상이 아니다.[7] 소송비용보상의 가장 중요한 기준은 '공평성'
내지 '공정성'(Billigkeit)이라는 것이 연방헌법재판소의 일관된 입장이다.[8] 소송
비용보상명령은 보상의무자를 명시해서 판결 또는 결정의 주문으로 선고하는
데, 헌법소송의 원인을 제공한 위헌적인 공권력 행사의 주체가 보상의무를 진

---

1) 독일 연방헌법재판소법 제34a조 제 1 항 참조.
2) BVerfGE 98, 163(166); 99, 46(47) 참조.
3) BVerfGE 46, 321(323ff.) 참조.
4) 독일 연방헌법재판소법 제34a조 제 2 항 참조.
5) BVerfGE 21, 190(191) 참조.
6) 독일 연방헌법재판소법 제34a조 제 3 항 참조.
7) BVerfGE 20, 350(351) 참조.
8) BVerfGE 7, 75(76) 이래의 일관된 판시이다.

다. 예컨대 재판소원에서 취소된 법원의 판결이 연방법률에 기초한 것이면 연방정부가 보상의무를 진다.[1)]

Ⅵ. 심판기간

(1) 법정심판기간

헌법재판소는 심판사건을 접수한 날로부터 180일 이내에 종국결정의 선고를 하여야 한다. 다만 재판관의 궐위로 7인의 출석이 불가능한 때에는 그 궐위된 기간은 심판기간에 이를 산입하지 않는다($\frac{법}{제38조}$). 그리고 재판장의 보정명령이 있을 경우 그 보정기간은 위의 심판기간에 산입하지 아니한다($\frac{법\ 제28조\ 제4항}{및\ 제72조\ 제5항}$). 심판기간을 규정한 법률의 내용으로 볼 때 강행규정의 형식을 취하고 있다.

(2) 실무상의 심판기간

헌법재판소는 다음의 이유를 들어 법이 정한 심판기간을 훈시규정으로 해석해서 운용하고 있다.[2)] 즉 i) 독일 연방헌법재판소법 등에도 심판기간의 제한규정이 별도로 없고, ii) 심판사건의 다양성과 복잡성 및 난이성 등을 고려하지 않고 모든 사건을 일률적으로 180일 이내에 심판한다는 것은 무리이며, iii) 심판기간을 어긴 심판의 효력이나 강행규정의 위반에 대한 제재규정이 없으며, iv) 종국판결 선고기간을 소(訴)제기일로부터 5월 이내로 정한 민소법($\frac{제199}{조}$) 규정도 훈시규정으로 보고 있다는 것이다. 그 결과 대부분의 심판사건의 처리기간이 180일을 넘고 있는 실정이다.

(3) 심판기간 규정의 개정 필요성

강행규정의 형식으로 되어 있는 심판기간을 훈시규정으로 운용하는 것은 올바른 준법의 태도가 아니다. 따라서 헌법재판소의 업무량과 사건의 평균처

---

1) BVerfGE 99, 202(216) 참조. 연방정부와 주정부가 절반씩 보상의무를 지도록 한 판례도 있다. 예컨대 BVerfGE 101, 106(132) 참조.
2) 예컨대 헌재결 2009. 7. 30. 2007헌마732 참조.

리기간을 감안해서 조속한 시일 안에 심판기간을 현실에 맞게 개정해서 지키는 것이 바람직하다고 할 것이다.

7. 종국결정

Ⅰ. 종국결정의 본질

헌법재판소 재판부가 심리를 마친 때에는 종국결정(終局決定)을 한다 (법 제36조 제1항). 종국결정(Endentscheidung)은 재판부에 계속되고 있는 심판사건을 완결하여 끝내는 종국적 판단을 내용으로 하는 것으로 헌법재판 중 가장 중요한 부분이다. 즉 종국결정은 헌법소송사건을 해결하려는 재판부의 종국적 판단을 의미한다. 종국결정은 재판부가 심리를 마친 때에 하는 것이기 때문에 재판부수적인 사항(예컨대 재판관의 제척·기피, 보정명령 등)의 해결이나 소송지휘상의 처분(예컨대 변론기일의 지정, 수명재판관의 지정 등)과는 구별된다. 또 종국결정의 실효성을 확보하기 위해서 소송진행중에 행하는 가처분결정과도 구별된다. 우리 헌법재판소의 종국결정은 언제나 결정(Entscheidung)의 형식으로 행해진다는 점에서 판결(Urteil)과 결정(Beschluß)의 두 가지 형식으로 행해지는 독일 연방헌법재판소[1] 및 우리 일반법원의 종국적 재판과 다르다.

Ⅱ. 종국결정의 유형

종국결정의 유형은 헌법재판의 각종 심판종류에 따라 다르다. 다만 심판청구가 형식요건상의 하자로 인해서 부적법한 경우에는 각하결정을 하는데 이는 모든 심판종류에서 다 통용되는 종국결정의 유형이다. 그리고 소송당사자의 대립적 소송구조를 갖는 탄핵심판과 정당해산심판 및 권한쟁의심판을 비롯해서 헌법소원심판에서 청구이유가 없을 때 행하는 종국결정은 기각결정

---

1) 독일 연방헌법재판소는 구두변론을 거친 사건은 판결로 그리고 구두변론을 거치지 않은 사건은 결정으로 종국재판을 한다. 독일 연방헌법재판소법 제25조 제 2 항 참조.

이다. 자세한 나머지 종국결정의 유형은 해당 특별심판절차에서 설명하기로
한다. 다만 헌법소원심판과 권한쟁의심판에서 심판청구가 취하되거나 청구인
이 사망한 경우 재판부가 '심판절차종료선언'이라는 종국결정을 하는 경우도
있지만[1] 주관적인 권리구제뿐 아니라 객관적인 헌법질서의 수호·유지를 함께
추구하는 헌법재판제도의 특성상 일단 본안심리가 시작된 사건에 대한 심판
절차종료선언은 바람직한 종국결정이 아니라고 할 것이다.[2] 따라서 심판사건
이 헌법문제의 해명에 특별한 의미를 갖지 않는 극히 예외적인 경우에만 허
용된다고 할 것이다.

Ⅲ. 결정서 작성

(1) 결정서의 필수적 기재사항

종국결정을 할 때에는 결정서를 작성하고 심판에 관여한 재판관 전원이
결정서에 서명·날인하여야 한다. 그런데 결정서에는 다음 사항을 반드시 기재
해야 한다. 즉 i) 사건번호와 사건명, ii) 당사자와 심판수행자 또는 대리인
의 표시, iii) 주문, iv) 이유, v) 결정일자 등이 바로 필수적 기재사항이다
$\left(\substack{\text{법 제36조}\\\text{제 2 항}}\right)$.

(2) 결정서의 추가적 기재사항(재판관의 의견표시)

심판의 결정서에는 추가적으로 심판에 관여한 재판관이 의견을 표시하여

---

1) 예컨대 헌재결 1995. 12. 15. 95헌마221 등(5·18사건); 헌재결 2003. 4. 24. 2001헌마386(대
  법원이 한정위헌결정을 재심사유에서 배제하는 것으로 해석하는 것의 재판청구권 침해사
  건). 이 사건에서는 평의를 마쳐 재판관 전원 일치된 의견으로 재판청구권 침해를 인정했
  음에도 불구하고 소 취하를 이유로 종료선언결정을 했었기 때문에 더욱 문제가 된다. 헌재
  가 5·18사건에서 심판절차종료선언을 하면서도 집권에 성공한 내란의 가벌성에 대한 평의
  결과를 결정문에서 자세히 밝힌 것이나, 2001헌마386 사건에서 한정위헌결정의 기속력을
  부인하는 대법원판결을 취소하는 내용의 평의결과를 결정문에서 자세히 서술한 것도 심판
  절차 종료선언의 문제점을 스스로 인식한 때문이라고 볼 수 있다.
2) 헌재는 청구취하가 있으면 본안에 대한 평결까지 마친 경우에도 별도의 조치 없이 심판절
  차를 종료하는 것이 일반적이다. 예컨대 2005헌마1198(자동차운전면허취소) 사건이 그런
  경우이다. 그러나 예외적으로 다수의견으로 심판절차종료선언을 하고 소수의견에서 본안의
  실질적 평의내용과 평의결과를 공개하는 경우도 있다. 예컨대 헌재결 1995. 12. 15. 95헌마
  221 등; 헌재결 2001. 6. 28. 2000헌라1; 헌재결 2003. 4. 24. 2001헌마386 등이 그런 경우이다.

야 한다(법 제36조 제3항). 재판관의 의견표시는 다수 재판관의 합의로 이끌어 낸 법정의견(court opinion) 이외에 법정의견에 반대하는 반대의견(dissenting opinion), 법정의견과 결론은 같이하지만 논증방법을 달리하는 별개의견 내지 보충의견(concurring opinion)을 표시하는 이른바 이견(異見)표시를 하도록 한 것이다. 따라서 이견표시를 하는 재판관은 자신의 이름을 당연히 밝혀야 한다. 재판관의 의견표시는 의무사항이기 때문에 생략하는 것은 위법이다.

그런데 구 헌법재판소법에서 재판관의 의견표시를 오로지 세 가지 헌법재판(법률의 위헌심판, 권한쟁의심판 및 헌법소원)의 경우로 한정했던 것은 특별한 합리적인 이유를 발견하기 어렵다. 이견표시제도의 진정한 기능은 이견의 논증을 통해서 법정의견의 설득력을 더 높이고 법정의견의 타당성을 더 강화하는 데 있기 때문에 탄핵심판과 정당해산심판이라고 해서 이견표시를 금지할 이유가 없었다.[1]

이견발표를 허용하면 헌법재판소 결정의 권위가 오히려 손상될 수 있다는 일부의 우려에도 불구하고 민주적인 개방성과 투명성이라는 시대정신을 헌법재판의 결정에서도 존중하려는 것이 이견표시제도이다. 나아가 이견표시제도로 인해서 법정의견을 뒷받침하는 다수의 재판관들이 더욱 심사숙고하고 설득력 있는 논리개발에 더 신경을 쓰게 된다. 그것은 결과적으로 다수의견의 이해를 촉진하는 데 기여하게 된다. 이러한 관점에서도 탄핵심판과 정당해산심판의 결정이 이견발표에서 제외되어야 할 합리적인 이유를 발견할 수 없었다. 또 일부 헌법재판 종류에서의 이견표시 금지는 비교법적으로도 그 예를 찾기 어려운 규정이었다. 예컨대 독일 연방헌법재판소법(제30조 제2항 제1절)도 1970년 이래 재판관의 이견발표의 자유를 규정하고 있지만 헌법재판의 종류를 특별히 제한하지 않고 모든 헌법재판에 일률적으로 적용하고 있다.[2] 나아가 독일에서는 평의에서의 재판관의 평결 결과까지도 법적 근거 없이 발표했었고 추후(1970년)

---

1) 따라서 노무현 대통령 탄핵심판사건에서 헌법재판소가 헌법재판소법 제36조 제 3 항을 이유로 이견발표를 하지 않은 것은 지나치게 법률규정에 얽매인 잘못된 판단이었다고 할 것이다. 헌재결 2004. 5. 14. 2004헌나1 참조.

2) 독일에서 이견발표제도에 대해서 긍정적인 입장을 취하는 학자가 압도적으로 많다. 또 독일 연방헌법재판소 결정의 약 6%가 이견(Sondervotum)을 포함하고 있는 것으로 나타나고 있다. *Benda/Klein*, Verfassungsprozeßrecht, 2. Aufl., 2001, RN. 315 참조.

에 비로소 법률개정에 반영해서 근거를 마련했던 일도 있다(같은 법조,). 늦었지만 헌법재판소법(제36조)을 개정(2005. 7. 29.)해서 재판관의 의견표시를 모든 종국결정서의 추가적인 기재사항으로 확대한 것은 당연한 입법개선이라고 할 것이다.

Ⅳ. 결정서 송달

종국결정이 선고되면 서기는 지체없이 결정서 정본을 작성하여 이를 당사자에게 송달하여야 한다(법 제36조 제4항). 당사자가 동의하면 결정서 등을 전자정보처리조직과 그와 연계된 정보통신망을 이용하여 송달할 수 있다(법 제78조). 종국결정이 법률의 제정 또는 개정과 관련이 있으면 그 결정서 등본을 국회 및 이해관계가 있는 국가기관에 송부하여야 한다(심판규칙 제49조). 그 이외에도 심판사건에 관여한 국가 내지 공공단체기관이나 이해관계인에게도 결정서 등본을 송부하는 것이 헌법재판의 실무관행이다.

Ⅴ. 종국결정의 공시

헌법재판의 종국결정은 소송당사자 및 이해관계인 이외에 일반인에게도 알려야 할 필요가 있기 때문에 헌법재판소 규칙으로 정하는 바에 따라 관보에 게재하거나 그 밖의 방법으로 공시한다(법 제36조 제5항). 종국결정의 효력[1]은 선고에 의해서 발생하기 때문에 관보게재는 종국결정의 효력발생요건이 아니라 단순한 법정의 공시절차에 불과하다.[2]

Ⅵ. 종국결정의 효력

재판부의 종국결정은 결정 내용이 헌법실현과 불가분의 직접적인 연관성을 갖기 때문에 헌법의 규범적인 내용과 최대한으로 일치해야 한다는 요청에

---

1) 심판규칙 제48조에서 선고의 방식에 관해서 규정하고 있다.
2) 헌법재판소의 심판확정기록은 누구든지 권리구제, 학술연구 또는 공익목적으로 열람·복사 신청을 할 수 있다. 그러나 변론이 비공개로 진행된 경우나 사생활의 비밀을 현저히 침해할 우려가 있는 경우 등에는 열람·복사가 제한될 수 있다(법 제39조의 2 참조).

부합해야 한다. 그러나 다른 한편 종국결정 내용이 이러한 헌법적인 요청에
다소 부합하지 않는 면이 있다고 하더라도 이를 함부로 바꾸거나 무시할 수
있게 한다면 법치국가원리의 요청인 법적 안정성이 훼손될 위험성이 크다. 따
라서 종국결정은 결정 내용의 헌법적합성의 요구와 법적 안정성의 요구를 적
절히 조화시키는 선에서 그 효력을 인정해야 한다. 그 결과 종국결정은 헌법
재판소 자신에게 미치는 자기기속력(자박적 효력), 당해 소송당사자에게 미치
는 형식적 확정력(불가쟁적 효력), 후에 제기되는 헌법소송과의 관계에서 생기
는 실질적 확정력(기판력), 법원·국가기관·지방자치단체에게 미치는 기속력
등을 갖는다. 그 밖에 법규적 효력을 갖는 법규범에 대한 헌법재판소의 위헌
결정은 일반적 효력을 갖는다.

(1) 종국결정의 자기기속력

헌법재판소는 종국결정을 선고하면 동일한 심판에서 자신의 종국결정을
더 이상 취소·변경할 수 없다. 이 자기기속력은 동일한 심판에 미치는 효력
이므로 다른 심판과는 무관하다. 이것을 종국결정의 자기기속력 내지 자박력
(自縛力) 또는 불가변력(不可變力)이라고 한다. 헌법재판소는 이미 초기 판례를
통해 이 자기기속력을 명시적으로 인정하고 있다.[1] 다만 종국결정의 자기기속
력에도 불구하고 결정서에 기재된 계산이나 기재 내용 기타 이와 유사한
분명한 잘못이 있을 때에는 헌법재판소가 직권 또는 당사자의 신청에 의하
여[2] 경정결정을 하는 것은 허용된다(법 제40조 및 민소 법 제211조 제 1 항). 경정결정은 판단 내용의
오류나 판단유탈이 아닌 형식상의 분명한 오류를 바로잡는 것이기 때문에 결
정의 실질적인 내용에는 영향이 없다. 경정결정은 결정서의 원본과 정본에 덧
붙여 적어야 하고, 정본의 송달로 정본에 덧붙여 적을 수 없을 때에는 따로
경정결정의 정본을 작성하여 당사자에게 송달하여야 한다(법 제40조 및 민소 법 제211조 제 2 항).

---

1) 예컨대 헌재결 1989. 7. 24. 89헌마141, 판례집 1, 155(156면): '헌법재판소가 이미 행한 결
   정에 대해서는 자기기속력 때문에 이를 취소, 변경할 수 없다 할 것이며, 이는 법적 안정성
   을 위하여 불가피한 일이라 할 것이다'.
2) 헌법재판소는 당사자가 아닌 제 3 자의 경정신청을 인정한 경우도 있다. 헌재결 2000. 11.
   23. 2000헌사464 참조.

(2) 종국결정의 형식적 확정력

1) 형식적 확정력의 발생

헌법재판소의 종국결정은 절차상 더 이상 다툴 방법이 없기 때문에 종국결정의 선고로 인해서 심판사건은 취소 불가능한 상태가 되어 당해 소송의 당사자에게는 언제나 형식적 확정력이 발생한다.

2) 형식적 확정력의 배제

(개) 재   심

헌법재판소법에는 명문규정이 없지만 헌법재판소가 판례를 통해 개별사건에서 예외적으로 재심을 허용하는 경우에는 재심이 허용되는 범위에서 재심의 소가 제기되면 일단 발생한 형식적 확정력은 배제된다.

(내) 재심에 관한 헌법재판소 판례 변화

헌법재판소는 재심 허용 여부에 대해서 처음에는 재심 불허의 원칙을 분명하게 밝혔다.[1] 그 후 재심 허용 여부 내지 허용 정도 등은 심판절차의 종류에 따라서 개별적으로 판단할 수밖에 없다는 입장으로 후퇴했다.[2] 그러다가 권리구제형 헌법소원심판($^{법}_{제1항}^{제68조}$)에서 헌법재판소의 결정에 영향을 미칠 중대한 사항에 관한 판단유탈을 재심사유로 인정하여 재심불허의 종전 판례를 변경했다.[3] 그러나 헌법재판소도 그 결정의 효력이 당사자에게만 미치는 권리구제형 헌법소원에서만 예외적으로 재심을 허용한다는 취지이고 일반적 효력을 갖는 법령에 대한 헌법소원($^{법}_{제1항}^{제68조}$)과 규범통제형 헌법소원($^{법}_{제2항}^{제68조}$)에서는 재심을 허용하지 않는다.[4] 그런데 헌법재판소는 통합진보당 해산결정에

---

1) 헌재결 1994. 12. 29. 92헌아1, 판례집 6-2, 538(541면); 헌재결 1994. 12. 29. 92헌아2, 판례집 6-2, 543(547면) 참조.
2) 헌재결 1995. 1. 20. 93헌아1, 판례집 7-1, 113(119면) 참조.
3) 헌재결 2001. 9. 27. 2001헌아3, 판례집 13-2, 457(461면)(불기소처분취소(재심)): "민소법 제422조(현행법 제451조) 제 1 항 제 9 호 소정의 '판결에 영향을 미칠 중요한 사항에 관하여 판단을 유탈한 때'를 재심사유로 허용하는 것은 권리구제형 헌법소원의 성질에 반한다고 할 수 없으므로 민소법 제422조 제 1 항 제 9 호를 준용하여 '판단유탈'도 재심사유로 허용되어야 한다고 하겠다. 따라서 종전에 이와 견해를 달리하여 권리구제형 헌법소원에서 민소법 제422조 제 1 항 제 9 호 소정의 판단유탈은 재심사유가 되지 아니한다는 취지로 판시한 우리 재판소의 의견(헌재결 1995. 1. 20. 93헌아1; 헌재결 1998. 3. 26. 98헌아2)은 이를 변경하기로 한다."
4) 위의 판례집, 460면 참조.

대한 재심청구에 대해서 재심을 허용함으로써 정당해산결정에 대하여는 재심
청구가 허용된다는 판시를 했다.[1] 예외적으로 재심이 허용되는 경우에는 재
심제기의 기간에 관해서는 민사소송법 규정(제456조)을 준용해서 결정 확정 후
재심사유를 안 날부터 30일(불변기간) 이내에 제기해야 한다. 그리고 결정 확
정 후 5년이 지난 때에는 재심청구가 허용되지 않는다.

(3) 종국결정의 실질적 확정력(기판력)

1) 기판력의 내용

헌법재판소의 종국결정은 이후 당사자 사이의 관계를 규율하는 규준으로서
구속력을 가지므로 후에 같은 사항이 문제가 되면, 당사자는 이에 반하는 주장
을 해서 종국결정을 다툴 수 없고, 헌법재판소도 이와 모순·저촉되는 결정을
할 수 없게 된다. 이처럼 종국결정이 당사자 및 후소(後訴)를 내용적으로 구속
하는 효력을 기판력(既判力)[2]이라고 하며, 형식적 확정력에 대하여 실질적 확정
력이라고 한다. 기판력은 종국결정의 존중을 제도적으로 확보하고 강제하기 위한
수단이고, 헌법재판사건의 종국적·강제적 해결이라는 헌법소송제도의 목적 달성
에 불가결한 것으로서 형식적 확정력을 갖는 종국결정에 주어지는 효력이다.

종국결정의 효력 중 자기 기속력과 형식적 확정력은 소송절차상의 효력
으로서 전자는 헌법재판소에 대하여, 후자는 당사자에 대한 구속력으로서 나
타나는 반면에 기판력은 소송물에 대하여 행하여진 판단의 효력으로서 당해
소송보다는 오히려 그 뒤에 제기되는 후소에 있어서 당사자 및 헌법재판소에
대한 반복금지의 구속력으로서 나타나게 된다.

2) 기판력과 일사부재리의 원칙과의 관계

민사소송법에서는 기판력의 본질에 관한 다양한 학설이 대립했지만 오늘
날에는 반복금지의 일사부재리설이 통용되고 있다.[3] 헌법소송에서도 헌법재

---

1) 헌재결 2016. 5. 26. 2015헌아20, 헌재공보 236, 864(865면) 참조. 그러나 재심절차에 준용
   되는 민소법 제451조 제1항의 어느 재심사유에도 해당하지 않는다고 각하결정했다.
2) 민소법(제216조 제1항)이 정하는 기판력제도는 법치국가의 요소인 법적 안정성과 소송경
   제를 위한 불가피한 제도이므로 위헌이 아니라는 것이 헌재의 입장이다. 헌재결 2010. 11.
   25. 2009헌바250 참조.
3) 민사소송에서의 기판력의 본질에 관해서 자세한 것은 김홍규, 민사소송법, 앞의 책, 569면

판소법($^{제39}_{조}$)이 규정한 일사부재리의 원칙과의 관계에서 기판력의 본질을 반복금지의 일사부재리설(신소송법설)[1]로 이해하는 것이 바람직하다고 할 것이다. 따라서 헌법소송에서 일사부재리의 원칙은 기판력제도의 기초를 이루고 있다고 보아야 한다. 즉 헌법재판에서는 한 번 확정된 헌법재판소의 판단은 앞으로는 다툴 수 없게 된다는 방식으로 일사부재리의 법리가 관철되는 것이다. 다만 일사부재리에 기판력의 근거를 둔다고 하더라도 일사부재리를 기계적인 반복금지의 뜻으로 이해하지 않기 때문에 단순한 재판 자체의 존재가 아닌, 실질적으로 분쟁해결을 기대할 수 있는 재판의 존재를 전제로 하는 것으로 이해해야 한다. 그 결과 극히 예외적으로 일사부재리의 이념이 작용할 수 있는 조건에 중대한 흠이 있는 상태에서는 재소(再訴)가 허용된다고 보아야 할 것이다.

3) 기판력에서 본 헌법재판소 판례의 문제점

그렇지만 합헌 또는 한정합헌으로 선언된 법률조항에 대한 위헌심판 제청과 규범통제형 헌법소원심판에서 헌법재판소가 다시 합헌[2] 또는 한정합헌결정[3]을 반복하는 것은 기판력의 본질에 관한 구설(舊說)이라고 볼 수 있는 모순금지설의 영향을 받은 것으로 보이는데 반드시 재고(再考)되어야 한다. 즉 이런 경우 민사소송법의 통설이라고 볼 수 있는 반복금지의 일사부재리설에 따른다면 합헌 또는 한정합헌으로 선언된 법률조항에 대해서 다른 법원에 의한 위헌제청이나 다른 청구인에 의한 규범통제형 헌법소원심판청구는 가능하겠지만 헌법재판소로서는 반복금지의 기판력의 요청 때문에 본안판단을 할 필요 없이 각하하는 것이 원칙이다. 본래 대립적 소송당사자를 전제로 발전한 기판력이론이 소송당사자가 없는 규범통제에서 완전히 동일하게 적용될 수 없는 특수성이 인정된다 하더라도 규범통제의 목적에서 볼 때 같은 법률조문에 대해서 동일한 논증을 바탕으로 반복해서 합헌 또는 한정합헌결정을 되풀이

이하 참조.
1) 반복금지의 신소송법설에 관해서 자세한 것은 김홍규, 앞의 책, 573면 이하 참조.
2) 이런 경우 헌법재판소는 전과 달리 판단해야 할 사정변경이 있다고 인정되지 않으면 다시 합헌결정을 한다. 헌재결 1989. 9. 29. 89헌가86, 판례집 1, 284(288면); 헌재결 2001. 7. 19. 2001헌바6, 판례집 13-2, 60(65면) 참조.
3) 예컨대 헌재결 1997. 1. 16. 89헌마240, 판례집 9-1, 45; 헌재결 1998. 8. 27. 97헌바85, 판례집 10-2, 407(413-415면) 참조.

하는 것은 분명히 반복금지의 일사부재리설의 기판력이론에 어긋난다고 할 것이다. 따라서 종국결정의 기판력이 법률의 합헌결정에는 미치지 않는다는 주장에는 찬성할 수 없다. 독일 연방헌법재판소도 합헌결정한 법률조문에 대한 재심사를 거부하는 입장을 견지하고 있다.[1] 다만 그 논증방법만은 통일되지 않아 기판력, 기속력($\substack{연방헌법재판소법\\제31조 제1항}$), 법률적 효력($\substack{동법 제31\\조 제2항}$) 등이 다양하게 거론되지만 그 결론만은 항상 재심사를 허용하지 않는 것으로 통일되어 있다.[2]

4) 기판력의 객관적 범위

기판력은 원칙적으로 결정주문에 포함된 것에 한하여 발생한다($\substack{법 제40조 및\\민소법 제216}$ $\substack{조 제\\1항}$). 결정주문에 포함되는 것이란 제청법원 또는 당사자가 의식적으로 그 판단을 헌법재판소에 요구한 위헌 여부의 판단 또는 권리주장, 즉 소송물에 대한 판단이다. 다만 예외적으로 결정주문만으로는 소송물이 무엇인가를 알 수 없고 이유 설명을 통해 비로소 알 수 있는 경우에는 결정이유가 주문과 일체 불가분의 관계에 있는 한 결정이유도 기판력을 가진다.

5) 기판력의 주관적 범위

기판력은 헌법소송절차에 참여한 사람으로서 공격·방어의 기회가 주어진 사람에 한하여 미치는 것이 원칙이다. 스스로 권리주장이나 방어의 기회를 갖지 않은 제3자에게까지 소송 결과를 강요하는 것은 제3자의 절차보장의 관점에서 부당하기 때문이다. 결국 기판력은 소송당사자와 소송 참여 이해관계인에게 미친다. 그러나 민사소송법이 준용되는 범위 내에서 예외적으로 기판력의 주관적 범위를 제3자에게 확장해서 승계인처럼 당사자 이외에 당사자와 동일시하여야 할 지위에 있는 제3자에게 기판력을 미치게 하는 경우도 있다($\substack{법 제40조 제1항 및\\민소법 제218조 제1항}$).

6) 기판력의 시적 한계

기판력은 구두변론에 의한 헌법소송에서는 변론종결시, 서면심리에 의한

---

1) 예컨대 BVerfGE 26, 44(56); 33, 199(203f.); 65, 179(181); 87, 341(346) 참조.
2) 이 문제에 대해서는 기속력의 입장에서 판례를 지지하는 *Benda/Klein*, aaO., RN. 1332-1335 참조.

헌법소송에서는 심리종결시(표준시)에 있어서의 권리나 법률관계에 관하여 발
생한다. 그러므로 표준시 뒤에 같은 사항이 소송물로 되었을 경우에 헌법재판
소는 전소(前訴)의 확정결정에 저촉되는 판단을 하여서는 아니 된다. 또 후소
(後訴)에서 전소의 표준시까지 존재했으나 제출하지 않은 사실을 공격·방어방
법으로 제출하여 전소결정의 판단을 다투는 것은 과실 유무를 떠나 허용되지
않는다(배제효 내지 차단효). 다만 표준시 뒤에 시간의 경과와 함께 권리나 법
률관계의 발생·변경·소멸이 일어난 경우 이들 사유를 이유로 확정결정의 내
용을 다툴 수는 있다.

(4) 종국결정의 국가권력 기속력

1) 국가권력 기속력을 갖는 종국결정

종국결정의 국가권력 기속력은 모든 종국결정에서 나타나는 효력이 아니
라 특히 헌법재판소법이 정하는 경우에만 인정되는 종국결정의 효력이다. 즉
헌법재판소법은 법률의 위헌결정(법 제47조 제1항 과 제75조 제6항)과 권한쟁의심판의 결정(법 제67조 제1항)
그리고 헌법소원의 인용결정(법 제75조 제1항)은 모든 국가기관과 지방자치단체를 기속
한다고 국가권력 기속력을 인정했다.[1]

2) 국가권력 기속력의 내용

국가권력 기속력은 모든 국가기관과 지방자치단체가 향후 공권력작용(작
위·부작위)을 하는 경우 헌법재판소의 결정을 존중해야 하는 결정준수의무를
발생시키며, 헌법재판소가 위헌으로 판단한 입법행위나 공권력작용(작위·부작
위)을 반복하지 않도록 하는 반복금지의무를 발생시킨다. 국가기관이나 지방
자치단체가 결정준수의무와 반복금지의무를 어기는 경우 따로 제재방법은 마
련되어 있지 않지만, 헌법재판에 의한 통제를 되풀이해서 받게 될 것이다. 결
국 헌법재판의 특성상 헌법재판의 실효성은 모든 국가기관이 기속력의 내용
을 그대로 존중하려는 의지를 갖고 실천할 때에만 기대할 수 있다고 할 것이
다. 국가기관이 기속력을 무시하는 상황은 단순한 기속력의 문제이기 이전에

---

1) 독일 연방헌법재판소법 제31조 제1항은 연방헌법재판소의 모든 결정이 연방과 주의 헌법
   기관은 물론 법원과 관청에 대해서 기속력(Bindungswirkung)을 갖는다고 규정하고 있다.

헌법재판제도의 실효성의 문제인 동시에 헌법국가의 기능과 관련된 본질적인 문제이다.

국가기관 기속력과 관련해서 특별히 제기되는 의문은 위헌으로 결정한 법률규정을 입법권자가 반복해서 입법하는 것이 허용되는가의 문제이다. 입법 권자의 입법형성권과 시대상황 내지 생활감각의 변화를 감안할 때 반복입법 (Normwiederholung)금지를 엄격하게 요구하는 것은 불합리한 점도 있다. 그러 나 반복입법을 무제한 허용하는 것은 규범통제제도의 본질상 더 큰 문제점을 야기한다. 따라서 입법자는 원칙적으로 반복입법금지의 원칙을 준수하되 특 별한 사정이 있는 경우에 한해서 예외적으로만 반복입법이 허용된다고 할 것 이다.[1)

3) 기속력이 미치는 국가기관의 범위

기속력은 법원 기타 국가기관과 지방자치단체에 미친다. 즉 공권력주체를 다 포섭하는 개념이므로 입법·행정·사법의 3부와 지방자치단체 기타 공공단 체를 모두 포함한다. 헌법재판소 스스로는 기속력이 미치는 국가기관에 포함 되지 않는다고 보는 것이 옳다.[2) 헌법재판소에 헌법재판을 통한 올바르고 유 권적인 헌법해석의 헌법적인 과제를 준 것이라면 보다 헌법정신에 가깝게 헌 법해석을 다듬고 개선해 나가야 하는 것은 헌법재판소의 꾸준한 당위적인 노 력이어야 하는데 기속력으로 인해서 해석과 판례변경의 가능성을 봉쇄하는 것은 모순이기 때문이다. 공권력을 부여받은 공무수탁사인(公務受託私人)도 공 권력 행사의 주체인 한 국가기관의 범위에 포함된다고 할 것이다.

4) 기속력의 객관적 범위

기속력은 법률의 위헌결정, 권한쟁의심판의 결정, 헌법소원 인용결정의 주문에 미친다. 이 점에 대해서는 의문의 여지가 없다. 그러나 이들 결정의

---

1) 독일 연방헌법재판소는 처음에는 반복입법을 절대적으로 금지하는 판례(BVerfGE 1, 14(37); 69, 112(115))를 내다가 1987년에 반복입법금지를 해제하는 새로운 판례(BVerfGE 77, 84 (103))를 냈다. 그러나 그 후에는 다시 반복입법을 제한하는 판시(BVerfGE 96, 260(263); 98, 265(320f.))를 내고 있다.

2) 독일 연방헌법재판소도 같은 입장이다. BVerfGE 4, 31(38); 20, 56(86f.); 78, 320(328); 82, 198(204); 85, 117(121) 참조.

이유에도 기속력이 미치는지 여부와 미친다면 어느 범위까지 미치는가에 대해서는 견해가 나뉜다. 기속력의 객관적 범위를 결정이유에까지 확대하려는 입장에서도 본질적인 의미를 갖지 않는 부수적 이유(obiter dicta)에까지 기속력이 미친다고 주장하는 사람은 없다.

생각건대 결정주문을 직접적으로 뒷받침하고 있는 핵심적인 결정이유 (ratio decidendi)에도 기속력은 미친다고 할 것이다. 그렇지 않다면 경우에 따라서는 결정주문만으로 내용 파악이 어려운 경우 기속력은 무의미해지기 때문이다. 예컨대 권한쟁의심판의 결정이 '이 사건의 심판청구를 기각한다'라는 일반적인 주문형태를 취하는 경우[1] 또는 '피청구인의 처분을 취소한다' 내지 '피청구인의 처분이 무효임을 확인하다'[2]라는 결정주문을 낸 경우 기각·취소·무효의 이유에 대한 핵심적인 논증을 떠나서 결정주문만의 기속력은 실효성이 없다. 기각·취소·무효가 되는 핵심적인 이유를 알지 못하는 상태에서 기속력의 내용인 결정준수의무와 반복금지의무의 이행을 기대하기는 어렵기 때문이다. 또 법률조항이 위헌이라는 결정주문을 낸 경우 위헌인 핵심적인 이유를 뺀 위헌이라는 주문은 실효성이 약하다. 왜 위헌인지를 알아야 국회가 향후 입법에서 유사한 반복입법을 자제하게 될 것이다. 이러한 사정은 실질적인 위헌결정인 헌법불합치결정의 주문에서 더욱 극명하게 나타난다. 헌법불합치결정이 위헌결정을 하면서 입법자에게 입법개선을 촉구하는 것이라면 입법자는 입법개선을 할 때 해당 법률규정이 위헌이라는 사실만이 아니라 위헌인 핵심적인 이유를 함께 존중해야만 합헌적·합리적인 입법형성을 할 수 있다. 기속력을 결정주문에 한정하려는 입장에서는 흔히 중요한 핵심적인 이유를 찾아내기가 쉽지 않다는 점과, 결정이유에까지 기속력을 미치게 하는 경우 결정이유가 성역화되어 자칫 헌법의 경직화 현상이 일어날 수 있다는 점을 들고 있다.[3] 그렇지만 핵심적인 것과 그렇지 않은 것을 구분하는 것은 법학의 기본에 속하는 일이다. 또 핵심적인 결정이유에 기속력이 미친다고 해서 헌법이 경직화할 우려가 있다는 주장도 설득력이 약하다고 할 것이다. 헌법을 구

---

1) 예컨대 헌재결 1998. 8. 27. 96헌라1, 판례집 10-2, 364(376면); 헌재결 2000. 2. 24. 99헌라1, 판례집 12-1, 115(120면) 참조.
2) 예컨대 헌재결 1999. 7. 22. 98헌라4, 판례집 11-2, 51(61면) 참조.
3) 대표적으로 *Klaus Schlaich*, Das BVerfG, 2. Aufl., 1991, RN. 452f. u. 454ff. 참조.

체화하고 헌법규범의 내용을 확정하는 일은 결정의 주문이 아닌 결정이유에서 이루어진다. 그 결과 헌법재판소의 결정이 그 개별사건을 넘어서 향후 국가기관의 공권력작용에 지침적인 영향을 미치려면 결정의 기속력이 핵심적인 결정이유에까지 확대되지 않을 수 없다.[1] 독일 연방헌법재판소가 학계의 비판에도 불구하고 기속력을 핵심적인 결정이유에까지 미치게 하는 입장을 일관해서 지키고 있는 이유도 그 때문이다.[2] 그렇다고 해서 독일에서 헌법규범의 경직화 현상이 생겼다고 주장하는 사람은 없다. 결론적으로 무엇이 결정주문을 뒷받침하고 있는 핵심적인 이유(ratio decidendi)인지는 개별사건의 결정이유에서 충분히 찾아낼 수 있기 때문에 기속력은 핵심적인 결정이유에도 미친다고 할 것이다.[3]

(5) 법률에 대한 위헌결정의 법규적 효력(일반적 구속력)

헌법재판소가 법률의 위헌심판과 헌법소원심판에서 행한 법률에 대한 위헌결정은 법규적 효력을 가지므로 모든 사람에게 일반적 효력을 미친다. 법률에 대한 위헌결정의 법규적 효력은 비록 헌법재판소법에 직접적인 규정은 없지만[4] 적어도 간접적인 근거는 두고 있다. 즉 위헌으로 결정된 법률 또는 법

---

1) 동지(同旨): *Benda/Klein*, Verfassungsprozeßrecht, 2. Aufl., 2001, RN. 1329.
　　우리 헌재는 법률에 대한 위헌결정의 기속력이 핵심적인 결정이유에까지 미치려면 결정주문을 뒷받침하는 결정이유가 적어도 위헌결정 정족수인 재판관 6인 이상의 찬성이 있어야 하므로 이에 미달하면 결정이유에 대한 기속력을 인정할 여지가 없다고 설명하면서 위헌결정의 이유에 대한 논증이 5:2로 나뉜 안마사자격비맹제외기준에 대한 위헌결정(헌재결 2006. 5. 25. 2003헌마715 등) 이유의 기속력을 부인하는 판시를 했다. 그래서 비맹제외의 반복입법에 대해 합헌결정을 했다. 헌재결 2008. 10. 30. 2006헌마1098 등, 헌재공보 145, 1554(1561면) 참조.
2) 예컨대 BVerfGE 1, 14(37); 40, 88(93f.); 92, 91(107) 참조.
3) 동지: *Benda/Klein*, Verfassungsprozeßrecht, 2. Aufl., 2001, RN. 1325.
　　그런 관점에서 볼 때 헌법재판소가 비시각장애인의 안마사자격인정을 배제한 보건복지부령을 위헌결정하면서 위헌이유에 대한 지배적·통일적인 법정의견을 제시하지 못하고 법률유보원칙에 위배하거나 과잉금지원칙에 위배한다고 선택적으로 판시한 것은 바람직한 이유설명이라고 보기 어렵다. 헌재결 2006. 5. 25. 2003헌마715 등, 헌재공보 116, 825(829면 이하) 참조.
4) 독일 연방헌법재판소법(제31조 제 2 항)은 연방헌법재판소가 여러 종류의 헌법재판에서 행하는 법률의 합헌 또는 위헌결정은 법률적 효력(Gesetzeskraft)을 가지며, 연방법무부장관이 결정주문을 연방법률관보에 공시하도록 함으로써 법률적 효력의 명문규정을 두었다. 우리와 달리 합헌결정에도 법률적 효력을 부여하고 있는 점을 주목할 필요가 있다.

률의 조항은 그 결정이 있는 날부터 효력을 상실한다. 다만 형벌에 관한 법률 또는 법률조항은 소급하여 그 효력을 상실한다. 그렇지만 해당형벌법률 또는 형벌법률의 조항에 대하여 종전에 합헌으로 결정한 사건이 있는 경우에는 그 결정이 있는 날의 다음 날로 소급하여 효력을 상실한다(법 제47조 제2항, 제3항 및 제4항). 그리고 이 규정은 헌법소원심판에서 행하는 법률 또는 법률조항에 대한 위헌결정에서도 준용된다(법 제75조 제6항). 법률에 대한 위헌결정의 효력에 관한 이러한 규정은 위헌결정의 장래효(ex nunc) 또는 소급효(ex tunc)를 규정한 것으로서 소송당사자와 헌법재판소 그리고 모든 국가기관과 법원 및 지방자치단체뿐 아니라 일반 국민에게도 효력을 미친다는 것을 밝힌 것이기 때문에 법규적 효력에 대한 간접적인 근거규정이라고 볼 수 있다. 그 결과 위헌결정이 내려진 형벌법규는 법전에서 외형적으로 삭제되지 않았더라도 법질서에서 더 이상 아무런 작용과 기능을 할 수 없으므로 위헌결정된 부분을 인용하고 있는 다른 조항의 구성요건으로도 기능할 수 없다. 따라서 이러한 위헌결정의 효력을 둘러싸고 논란을 일으키게 하는 모호한 형벌조항(예컨대 특처법 제5조의 4 제6항 중 인용부분)은 형벌법규의 명확성원칙에 위배되어 위헌이다.[1)]

(6) 종국결정의 집행력

헌법재판소의 종국결정의 내용은 강제집행에 의하여 실현할 수 있는 집행력이 없다. 이 점이 집행력을 갖는 민사소송에서의 판결과 다른 점이고 헌법재판의 특성 중의 하나이다. 다만 헌법재판소법(제60조)은 유일하게 정당해산결정의 집행을 규정하면서 '정당의 해산을 명하는 헌법재판소의 결정은 중앙선거관리위원회가 정당법에 따라 이를 집행한다'고 정하고 있다. 나머지 헌법재판에서 선고하는 종국결정의 집행에 관한 명문규정이 없는 상황에서 종국결정의 집행문제는 오로지 관련 당사자와 국가기관의 자발적인 준법의지에 의존할 수밖에 없는 형편이다.[2)] 우리 헌법재판제도의 취약성의 한 단면이다.

---

1) 같은 취지의 헌재결 2015. 11. 26. 2013헌바343 참조.
2) 헌법재판제도를 도입하고 있는 대부분의 나라에서는 집행력에 관한 규정을 두는 것이 통례이다. 예컨대 독일의 연방헌법재판소법(제35조)은 연방헌법재판소가 직접 집행자를 지정할 뿐 아니라 개별사건에서 효율적인 집행의 유형과 방법까지 규율할 수 있게 하고 있다. 스페인도 독일과 유사하게 헌법재판소에 집행자 지정권을 주고 있다(헌법재판소법 제87조 제

8. 가 처 분

Ⅰ. 가처분제도의 본질

(1) 가처분의 의의와 기능

가처분(Einstweilige Anordnung)은 헌법재판에서 선고되는 종국결정의 실효성을 확보하고 잠정적인 권리 보호를 위해서 일정한 사전조치가 필요한 경우 재판부가 행하는 잠정적인 조치를 말한다. 가처분은 회복할 수 없는 심각한 불이익의 발생을 예방하고 불가피한 공익목적을 달성하기 위해서 종국결정 전에 잠정적으로 행하는 조치이기 때문에 본질상 임시적이고 한시적인 성질을 가지며 일종의 가구제(假救濟)제도로서의 기능을 갖는다. 헌법재판의 객관소송으로서의 성질에서 본다면 종국결정의 실효성 확보기능이 중요하겠지만, 권한쟁의 및 헌법소원 등 주관적 소송으로서의 성질도 함께 갖는 헌법재판에서 본다면 잠정적인 권리 보호의 기능도 결코 과소평가할 수 없는 가처분의 기능이라고 할 것이다. 본안소송의 실효성 확보기능보다 잠정적인 권리구제기능을 소홀하게 다루는 독일 연방헌법재판소의 태도를 비판하는 목소리가[1] 있는 것도 그 때문이다. 가처분이 갖는 두 가지 기능을 대등하게 평가하는 것이 옳다고 할 것이다.

(2) 가처분의 필요성

헌법재판은 통상적으로 종국결정에 이르기까지 상당히 긴 시간이 걸린다. 더욱이 헌법재판소법($\frac{제38}{조}$)이 정하는 180일의 심판기간을 훈시규정으로 해석·운용하고 있는 헌법재판의 실무를 감안할 때 실제로 심판기간은 그보다 길어지는 것이 상례이다. 그 결과 헌법소송을 제기한 후 일정한 시간이 경과하면

---

1 항). 오스트리아는 원칙적으로 연방대통령이 집행의무를 지는데 연방대통령은 재량에 의해서 연방 또는 주의 기관에 집행을 위임하고 지시할 수 있다. 헌법재판소는 결정의 집행이 필요한 경우 연방대통령에게 집행을 신청한다(헌법 제146조 제 2 항). 스위스에서는 연방법원의 헌법재판을 주(Kanton)가 집행할 의무를 지고 있다(연방법원조직법 제39조).

1) 예컨대 *Benda/Klein*, aaO., RN. 1192 참조.

쟁점이 되고 있는 법률관계가 기정사실로 확정되어 돌이킬 수 없게 되는 상황이 생길 수 있다. 이런 경우에는 종국결정이 선고되어도 그 실효성을 기대할 수 없을 뿐 아니라 헌법재판 청구인이 나중에 본안재판에서 승소한다고 해도 법률상 실익이 없는 불이익을 받게 된다. 헌법재판이 헌법을 실현하는 작용이라는 점을 감안한다면 위헌·불법적인 상황이 굳어져 회복불능상태에 빠진다는 것은 헌법의 규범력을 약화시켜 헌정질서에 심각한 악영향을 미치게 된다. 그렇기 때문에 그런 위험성을 사전에 예방하기 위해서 잠정적으로 임시의 긴급조치가 필요하게 된다. 가처분은 바로 그런 필요성 때문에 인정되는 긴급조치를 의미한다.

(3) 가처분과 본안소송과의 관계

가처분은 원칙적으로 적법한 본안소송을 전제로 한다.[1] 본안소송이 없는 가처분은 통상적으로 허용되지 않는 것이 원칙이기 때문에 가처분은 본안소송과의 관계에서 종속성을 갖는다. 독일에서는 연방헌법재판소법(제32조 제1항)을 근거로 본안소송 전의 가처분신청을 허용[2]하고 있는데 독일의 그러한 고립적(孤立的) 신청(isolierter Antrag)에 대해서는 뒤에 설명한다. 또 가처분은 본안소송의 종국결정에 앞서 행해지는 선행성(先行性)을 갖는다. 나아가 가처분은 그 효력이 영속적인 것이 아니라 길어야 본안결정 때까지만 미치는 일시적이고 잠정적인 것이기 때문에 본안소송에 비해서 잠정성을 갖는다.[3] 그리고 가처분은 오로지 가처분의 필요성 유무에 따라서 이루어지는 결정이기 때문에 본안결정과는 내용상 완전히 별개의 것이라는 점에서 본안소송의 승패와는 무관한 독자성을 갖는다. 다만 객관적으로 본안소송의 승소가능성이 거의 없는 경우에는 가처분의 필요성 요건도 충족되기 어렵다고 할 것이다.

---

1) 헌재결 2000. 12. 8. 2000헌사471, 판례집 12-2, 381(385면): '본안심판이 부적법하거나 이유 없음이 명백하지 않는 한 위와 같은 가처분의 요건을 갖춘 것으로 인정된다'; 헌재결 2014. 6. 5. 2014헌사592, 헌재공보 213, 1168(1169면); 헌재결 2018. 4. 26. 2018헌사242 등, 헌재공보 259, 785도 참조.
2) 예컨대 BVerfGE 3, 267(277); 35, 193(195); 92, 130(133) 참조.
3) 독일 연방헌법재판소법(제32조 제6항)은 가처분의 효력을 원칙적으로 6월로 제한하면서 재판관 2/3 이상의 찬성에 의해서만 효력을 연장할 수 있게 하고 있다.

Ⅱ. 헌법재판소법이 정하는 가처분과 판례

(1) 가처분에 관한 명문규정

우리 헌법재판소법은 모든 헌법재판에서 가처분에 관한 규정을 두지 않고 정당해산심판과 권한쟁의심판의 두 경우에만 가처분에 관해서 명문으로 규정하고 있다.[1] 즉 헌법재판소는 정당해산심판에서 청구인의 신청 또는 직권으로 종국결정의 선고시까지 피청구인(정당)의 활동을 정지하는 결정을 할 수 있다($\frac{법}{제57조}$). 그리고 권한쟁의심판에서도 직권 또는 청구인의 신청에 의하여 종국결정의 선고시까지 심판대상이 된 피청구인의 처분의 효력을 정지하는 결정을 할 수 있다($\frac{법}{제65조}$). 나머지 헌법재판에서 가처분이 허용되는지에 대해서는 아무런 규정이 없다.

(2) 사전적인 보전조치에 관한 규정

법률의 위헌심판과 탄핵심판에서는 가처분과 유사한 효과를 나타내는 사전적인 보전(保全)조치가 따로 규정되어 있다. 즉 법률의 위헌심판에서 법원이 법률의 위헌 여부의 심판을 헌법재판소에 제청한 때에는 당해 소송사건의 재판은 헌법재판소의 위헌 여부의 결정이 있을 때까지 정지된다. 다만 법원이 긴급하다고 인정하는 경우에는 종국재판 외의 소송절차를 진행할 수 있다($\frac{법 \ 제42조}{제1항}$). 그리고 탄핵심판에서 탄핵소추의 의결을 받은 자는 헌법재판소의 심판이 있을 때까지 그 권한행사가 정지된다($\frac{제65조 \ 제3항}{및 \ 법 \ 제50조}$).[2] 이처럼 법률의 위헌심판에서의 재판정지와 탄핵심판에서의 권한행사정지는 가처분과는 법적인 성질이 다르지만 효과상으로는 가처분을 통해서 추구하는 목적을 달성할 수 있다는 점에서 가처분에 관한 법률의 미비점을 보완하는 의미는 있다고 할 것이다.

---

1) 이 점이 독일 헌법재판에서의 가처분과 다른 점이다. 독일 연방헌법재판소법(제32조)은 모든 헌법재판에 적용되는 가처분에 관한 규정을 두고 있다.
2) 일부에서 거론하는 탄핵소추의결의 효력정지 가처분 문제는 국회의 의사자율권과 탄핵제도의 본질에 어긋나고 헌법 제65조 제3항의 규범적 효력에 배치되는 일이기 때문에 전혀 논의할 가치가 없는 일이다.

(3) 헌법소원심판과 가처분

헌법소원심판에서는 가처분에 관한 명문규정이 없다. 그 결과 헌법재판소법($^{제40}_{조}$)에 따라 헌법재판의 성질에 반하지 아니하는 범위 내에서 민사소송법상의 가처분규정인 민사집행법($^{제300조}_{이하}$)과 행정소송법($^{제23조와}_{제24조}$)상의 집행정지에 관한 규정을 준용할 수밖에 없다. 권리구제형 헌법소원심판은 물론이고 규범통제형 헌법소원심판에서도 가처분의 필요성은 크다고 할 것이다. 그런데도 헌법소원심판의 가처분에 관해서 규정을 하지 않은 것은 입법상의 잘못이라고 할 것이다. 그래서 헌법재판소는 판례를 통해 헌법소원심판에서도 가처분을 허용하고 있다.[1] 즉 헌법소원심판에서 가처분결정은 '다투어지는 공권력 행사 또는 불행사의 현상을 그대로 유지시킴으로 인하여 생길 회복하기 어려운 손해를 예방할 필요가 있고 그 효력을 정지시켜야 할 긴급한 필요가 있는 것 등이 그 요건이 된다'고 판시했다.[2]

특히 헌법재판소가 헌법소원심판에서 행한 가처분결정은 법규명령의 효력을 본안사건의 종국결정 때까지 정지시키는 내용이었기 때문에 이론상 법률의 위헌심판이나 규범통제형 헌법소원심판($^{법 제68조}_{제2항}$)에서 법률의 효력을 정지시키는 가처분도 허용된다고 할 것이다. 실제로 법률의 위헌확인을 구하는 헌법소원심판에서 법률의 효력을 정지시키는 가처분을 허용한 판례도 있다.[3]

Ⅲ. 가처분의 절차

(1) 가처분의 신청 또는 직권 개시

가처분은 원칙적으로 소송당사자의 신청을 필요로 하지만, 재판부는 계류

---

1) 헌재결 2000. 12. 8. 2000헌사471(사법시험령 제 4 조 제 3 항(응시횟수 제한규정) 효력정지 가처분신청), 판례집 12-2, 381(384면): '헌법재판소법 제68조 제 1 항 헌법소원심판절차에 있어서도 가처분의 필요성은 있을 수 있고, 달리 가처분을 허용하지 아니할 상당한 이유를 찾아볼 수 없으므로 헌법소원심판사건에서도 가처분이 허용된다고 할 것이다'. 헌재결 2002. 4. 25. 2002헌사129(군행형법시행령 제43조 제 2 항 본문 중 전단부분(미결수용자의 면회횟수 주 2회로 제한규정)), 판례집 14-1, 433(440면); 헌재결 2018. 4. 26. 2018헌사242 등 참조.
2) 헌재결 2000. 12. 8. 2000헌사471, 판례집 12-2, 381(385면); 헌재결 2014. 6. 5. 2014헌사592, 헌재공보 213, 1168(1169면) 참조.
3) 헌재결 2006. 2. 23. 2005헌사754, 헌재공보 113, 409(411면) 참조.

중인 소송과 관련해서 직권으로 가처분절차를 개시할 수 있다.[1] 특히 다른 헌법기관이 헌법재판소의 위상과 권한을 축소하는 것을 궁극적인 목적으로 하는 위장된 공권력작용을 하고 그것이 헌법재판의 대상이 된 경우 가처분신청을 기대하기는 어렵기 때문에 헌법재판소가 직권으로 가처분절차를 개시할 수 있다고 할 것이다.[2] 또 구체적 규범통제의 경우도 제청법원에 가처분신청권이 없다는 점을 감안하면 재판 정지의 차원을 넘어서 법률의 효력을 정지시키는 가처분절차의 직권 개시가 허용되어야 할 것이다.

당사자와 소송참가인이 아닌 이해관계인은 가처분신청권이 없다. 변호사강제주의($\frac{법}{제25조}$)는 가처분절차에도 적용된다. 재판부가 직권으로 가처분절차를 개시하는 경우에는 변호사강제주의의 적용은 없다. 그리고 재판부는 헌법재판소법에 명문의 규정이 있는 정당해산심판($\frac{법}{제57조}$)과 권한쟁의심판($\frac{법}{제65조}$)뿐 아니라 다른 종류의 헌법소송에서도 직권으로 가처분절차를 개시할 수 있다고 보아야 하는데, 객관적 소송으로서의 헌법재판의 본질과 직권심리주의에 따르는 헌법소송의 특성상 당연하다고 할 것이다.

1) 신청서 제출

가처분신청은 헌법재판심판청구와 마찬가지로 서면으로 하여야 하므로 가처분신청서를 재판부에 제출해야 한다.[3] 신청서에는 가처분신청의 취지와 신청이유를 기재하고 주장을 소명하기 위해서 필요한 증거자료와 참고자료를 첨부하여야 한다($\frac{법\ 제26조,\ 심판규}{칙\ 제50조\ 제 2 항}$).

2) 신청기간

가처분신청은 본안사건에 대한 심리가 진행중이면 종국결정이 있을 때까지 기간의 제한 없이 언제나 할 수 있다. 다만 본안사건의 심리가 성숙되어 종국결정의 선고가 임박한 시점에서는 가처분신청은 할 수 없다고 할 것이다.

---

1) 독일 연방헌법재판소도 직권으로 가처분 절차를 개시한 경우가 있다. 예컨대 BVerfGE 1, 74(75); 35, 12(14); 46, 337(338) 참조.
2) 동지: BVerfGE 35, 193(201f.); 35, 257(261ff.); 36, 1(15) 참조.
3) 다만 변론기일 또는 심문기일에서는 가처분신청의 취하는 말로 할 수 있다. 심판규칙 제50조 제 1 항 단서 참조.

이런 경우 가처분의 실효성이 없기 때문이다.

3) 고립적 가처분신청

본안사건의 심판청구와 가처분신청을 동시에 하는 것은 허용된다. 그러나 본안사건의 계속(係屬) 전에 가처분신청부터 하는 이른바 고립적 신청(isolierter Antrag)은 가처분제도의 종속성에 어긋나는 일이므로 원칙적으로 허용되지 않는다고 보아야 한다. 다만 가처분신청을 미리 하지 않으면 막대한 불이익을 도저히 예방할 수 없거나 공권력의 목전의 위험에서 도저히 벗어날 수 없는 등 특별히 정당한 예외적인 사유가 있는 경우에 한하여 본안소송을 전제로 한 고립적인 가처분신청이 허용된다고 할 것이다. 고립적 가처분신청에 관한 독일의 학설과 판례를 근거로 우리 헌법재판에서도 고립적 가처분신청을 폭넓게 허용하려는 것은 옳지 않다고 할 것이다. 독일에서는 가처분을 규정하는 연방헌법재판소법(제32조 제1항)이 '다툼이 있는 경우(im Streitfall)에 중대한 손해발생을 예방하고 위협적인 폭력을 제거하며 기타 중요한 이유로 공공복리를 위해서 긴급하다면 가처분에 의해 일정한 상태를 잠정적으로 규율할 수 있다'고 정하고 있어서 다툼이 있는 경우 일정한 상태를 조성하기 위해서 본안소송을 전제로 고립적 가처분신청을 할 수 있다고 해석하고 판례도 일찍부터 이를 제한적으로 인정하고 있다.[1] 그 경우에도 고립적 가처분신청과 본안소송 소송물의 내적인 연관성을 단절시킬 수는 없기 때문에 본안소송의 적법성의 하자나 명백히 이유 없는 청구사유는 그대로 독립한 가처분신청에도 부정적인 영향을 미칠 수밖에 없다는 것이 독일의 판례이다.[2] 그러나 우리는 명문으로 가처분을 규정하는 헌법재판소법(제57조와 제65조)이 각각 '정당해산심판 또는 권한쟁의 심판의 청구를 받은 때'라고 정하고 있기 때문에 고립적 가처분신청의 법률적인 근거가 독일과는 많이 다르다고 할 것이다. 또 헌법재판소의 판시취지에 비추어 볼 때 헌법소원심판에서의 가처분의 고립적 신청은 본안심판의 청구가 확실히 전제되는 예외적인 경우에만 제한적으로 허용된다고 할 것이다.

---

1) BVerfGE 3, 267(277) 이래의 일관된 입장이다. BVerfGE 35, 193(195); 92, 130(133) 참조.
2) 예컨대 BVerfGE 31, 87(90) 참조.

4) 신청서 접수 및 송달

가처분신청사건이 접수되면 본안소송과는 별건의 사건번호(사건부호는 '헌사')와 사건명을 부여하고[1] 가처분신청사건부에 등재한다. 그리고 본안사건의 주심재판관에게 신속히 배당하여 본안소송사건 기록에 첨철한다. 본안사건 계속 전에 가처분 신청서가 먼저 접수되면 사건 배당절차에 따라 주심재판관을 정해서 사건을 배당한다. 헌법재판에서의 송달규정($\underset{\text{제27조}}{\text{법}}$)은 가처분절차에도 적용되므로 가처분신청서의 등본은 지체없이 피청구기관 또는 피청구인에게 송달해야 한다. 다만 본안사건이 헌법소원심판사건인 경우로서 그 심판청구가 명백히 부적법하거나 권리의 남용이라고 인정되는 경우에는 송달하지 아니할 수 있다($\underset{\text{제50조 제3항}}{\text{심판규칙}}$). 직권에 의한 가처분절차 개시의 경우에도 소송당사자에게 통지해야 한다.

(2) 가처분신청과 권리보호이익

가처분의 신청은 가처분에 의해서 보호받아야 할 잠정적인 이익이 있는 경우에만 할 수 있다. 따라서 본안소송의 종국결정을 미리 앞당기기 위한 가처분신청은 허용되지 않는다.[2] 소송당사자 내지 소송참가자라고 해서 언제나 가처분에 의한 권리 보호의 이익이 있는 것은 아니다. 본안소송에서의 권리보호이익과 가처분의 권리보호이익은 반드시 일치하지 않을 수 있기 때문이다. 예컨대 본안소송의 종국결정이 목전에 임박한 시점에는 가처분의 권리보호이익은 없다고 할 것이다.[3] 또 가처분이 아닌 다른 방법으로 가처분을 통해 달성하려는 목적을 달성할 수 있는 경우에도 권리 보호의 이익은 인정되지 않는다. 그러나 다른 한편 헌법재판이 갖는 객관적 소송으로서의 일반적 특징 때문에 권리 보호의 이익을 지나치게 소송당사자와 소송참가자의 주관적인 이익의 관점에서만 판단하는 것은 옳지 않다고 할 것이다. 법률의 위헌심판이

---

1) 독일에서는 본안소송의 부수적인 가처분신청사건은 본안소송과 동일한 사건번호가 부여된다. 예컨대 BVerfGE 83, 162 참조.
2) 독일의 확립된 판례이다. 예컨대 BVerfGE 3, 41(43); 46, 160(163f.); 67, 149(151) 참조.
3) 동지: BVerfGE 16, 220(226). 이런 경우 본안소송의 종국결정의 주문에서 가처분신청도 종결되었음을 표시하는 것이 독일 헌법재판의 실무관례이다. 예컨대 BVerfGE 27, 240; 64, 46(47); 82, 316(317); 92, 245 참조.

나 규범통제형 헌법소원심판($\frac{법 제68조}{제2항}$)에서 법원에 계속중인 소송사건의 당사자에게 가처분의 권리보호이익을 인정해야 하는 이유도 그 때문이다.

나아가 본안소송의 청구취지와 반드시 일치하지 않더라도 잠정적인 권리보호에 필요한 조치를 요구하는 가처분신청은 허용된다. 예컨대 권한쟁의심판에서는 피청구기관이 행한 조치의 위헌확인을 청구하더라도 가처분신청에서는 피청구기관이 행한 조치의 집행정지를 요구할 수 있다. 다만 잠정적인 권리 보호조치라고 하더라도 종국결정의 실효성 확보와 무관한 사항을 요구해서는 아니 된다. 예컨대 정당에 대한 국고보조금의 배분비율이 잘못되어 정당활동의 기회균등의 침해를 받았다고 주장하면서 규범소원을 제기한 정당이 동시에 다른 정당이 이미 수령한 국고보조금의 지출정지를 요구하는 가처분신청을 하는 것은 허용되지 않는다고 할 것이다.

(3) 가처분심판

1) 재 판 부

가처분심판은 헌법재판소 전원재판부에서만 할 수 있고 지정재판부에서는 할 수 없다고 할 것이다($\frac{법}{제22조}$). 지정재판부가 가처분신청을 이유 없다고 기각한 판례가 있지만[1] 각하하는 것이 원칙이라고 할 것이다. 가처분심판에는 재판관 7인 이상이 출석해야 하고 종국심리에 관여한 재판관 과반수의 찬성으로 결정한다($\frac{법 제23조 제1}{항 및 제2항}$).[2]

2) 구두변론의 융통성

가처분의 심리는 가처분제도의 기능을 살리는 방향으로 이루어져야 한다.

---

1) 헌재결 1997. 12. 16. 97헌사189; 헌재결 1997. 12. 23. 97헌사200 참조.
2) 독일 연방헌법재판소법(제32조 제7항)에 따르면 특별히 긴급을 요하는데도 심판정족수를 채울 수 없을 때에는 재판관 3인의 출석과 출석 재판관 전원합의로 필요한 가처분을 할 수 있는데, 이 경우 가처분은 1개월 후에 효력을 상실하지만, 재판부에서 추인한 경우에만 효력이 6개월로 연장된다. 또 헌법소원심판에서 3인으로 구성되는 예심재판부는 전원재판부가 헌법소원심판청구의 심판개시 결정을 하기 전까지만 3인 재판관 전원합의로 가처분신청을 각하하거나 심리할 수 있다. 그러나 법률의 적용을 전부 또는 부분적으로 정지시키는 내용의 가처분심리는 전원재판부만이 할 수 있다(연방헌법재판소법 제93d조 제2항 제1절 및 제2절). 헌법소원심판청구가 각하된 경우에는 가처분신청도 각하된다(연방헌법재판소 심판사무규칙 제40조 제3항).

따라서 구두변론의 심리방식($^{법 \ 제30조}_{제1항}$)에 따라야 하는 탄핵심판, 정당해산심판, 권한쟁의심판의 가처분심판에서도 구두변론을 생략할 수 있다. 긴급한 상황에서 신속하게 잠정적인 조치를 취하기 위해서는 구두변론 기일을 지정해서 당사자와 이해관계인을 소환하는 절차를 밟을 수 없기 때문이다. 따라서 당사자가 의견진술의 기회도 갖지 못한 채 가처분결정을 할 수도 있다.[1] 그러나 구두변론을 생략할 긴급한 필요성이 없다면 가능한 한 준비절차와 변론절차를 거쳐서 심리하는 것이 원칙이다.[2]

3) 증거조사 및 자료제출 요구

재판부는 가처분신청의 심리를 위해서 필요하면 당사자의 신청 또는 직권으로 증거조사를 할 수 있다($^{법 \ 제31조 \ 제1항 \ 및}_{심판규칙 \ 제25조~제47조}$). 그리고 다른 국가기관 또는 공공단체의 기관을 상대로 심판에 필요한 사실조회를 하거나, 필요한 기록의 송부나 자료의 제출을 요구할 수도 있다($^{법}_{제32조}$).

(4) 가처분신청에 관한 결정

가처분신청에 대한 심리를 마치면 다음 구별에 따른 결정을 한다. 가처분의 결정에도 종국결정에서와 같은 결정서를 작성하고 일정한 사항을 기재하여야 한다($^{법 \ 제36조}_{제2항}$). 또 재판관의 의견표시도 가능하다고 할 것이다($^{법 \ 제36조}_{제3항}$).

1) 각하결정

가처분신청이 형식요건상의 하자로 인해서 부적법한 것인 경우에는 각하결정을 한다. 청구인 적격을 어긴 경우, 본안소송의 청구기간을 어긴 경우, 본안소송과의 관련성이 없는 경우, 권리보호이익이 없는 경우와 본안소송이 부적법하거나 명백히 이유 없다고 판단되면 가처분신청도 각하한다.[3]

---

1) 독일 연방헌법재판소법(제32조 제 2 항)은 구두변론 없이 가처분결정을 할 수 있다는 것과 특별히 긴급을 요하는 경우에는 소송당사자와 이해관계인에게 의견진술의 기회를 주지 않을 수 있다는 내용을 규정하고 있다.

2) 헌법재판소도 국무총리와 감사원장서리 임명행위의 효력 정지 및 직무집행정지 가처분신청 사건에서 변론절차를 열어 심리한 후 본안사건의 각하결정과 함께 기각했다. 헌재결 1998. 7. 14. 98헌사31 및 98헌사43 참조.

3) 따라서 본안소송을 부적법하다고 각하하면서 가처분신청사건을 기각하는 것은 옳지 않다고

2) 기각결정

가처분신청이 가처분결정의 실체적 요건을 갖추지 못한 경우에는 가처분
신청은 이유가 없는 것이므로 기각한다. 즉 가처분을 하지 않아도 당사자가
권리를 실행하지 못하거나 실행하는 것이 매우 곤란할 염려가 없는 경우이다.
또 계속되는 권리관계에 끼칠 현저한 손해를 피하거나 급박한 위험을 막을
절실한 필요가 없는 경우에도 가처분신청은 기각한다($^{법\ 제40조\ 및\ 민사}_{집행법\ 제300조}$).

3) 가처분결정

가처분의 신청이 이유 있는 것으로 판단되면 재판부는 가처분신청의 목
적을 달성함에 필요한 적당한 처분을 할 수 있다($^{법\ 제40조\ 및\ 민사집}_{행법\ 제305조\ 제1항}$). 그런데 가처
분의 신청이 이유 있는 때란 가처분신청이 실체적 요건을 구비해서 가처분
사유가 있는 경우를 말한다.

㈎ 가처분 사유

a) 회복하기 어려운 중대한 불이익의 방지

본안소송의 대상이 된 소송물이 위헌으로 결정될 경우 신청인이나 공공
복리에 발생하게 될 회복할 수 없는 현저한 손해 또는 회복이 가능하다고 해
도 중대한 불이익을 피할 수 없는 경우에 해당해야 한다.[1] 또는 법령의 효력
을 일시 정지시키지 않으면 헌정질서와 법률생활관계에 회복할 수 없는 현저
한 피해가 예상되는 경우에 해당해야 한다.

b) 긴급한 필요성

α) 내   용

회복할 수 없는 현저한 손해 또는 회복 가능하지만 피할 수 없는 중대

할 것이다. 위의 판례 참조.

1) 우리와 달리 독일 연방헌법재판소법(제32조 제1항)은 이런 취지의 가처분 사유를 명문으
   로 규정하고 있다. 독일 연방헌법재판소가 가처분 사유로 판단한 공공복리에 대한 중대한
   손해에 속하는 것으로는 '국민경제에 미치는 심각한 피해'(BVerfGE 6, 1(4)), '교섭단체의
   활동에 대한 심각한 장애'(BVerfGE 86, 65(70)), '자치단체 통폐합의 취소'(BVerfGE 82,
   310(313ff.)), '확실한 법적 근거 없이 시행하는 지방자치선거'(BVerfGE 91, 70(80)), '독일
   의 동맹관계에 대한 다른 국가들의 신뢰 상실'(BVerfGE 88, 173(182)), '외국인 선거권 부
   여로 인한 근본적인 헌법원리의 침해'(BVerfGE 81, 53(55)) 등을 들 수 있다. 그 밖에도
   BVerfGE 122, 342(361); 131, 47(55); 154, 372ff. 등 참조.

한 손해를 방지할 수 있는 적절한 시간 내에 본안소송의 종국결정이 선고되는 것을 도저히 기대할 수 없고, 예상되는 손해나 피해를 막기 위해서는 당장 적절한 조치를 취할 긴급한 필요가 있어야 한다. 가처분은 어디까지나 잠정적이고 임시방편적인 권리 보호수단이기 때문이다. 목전에 임박한 현저한 손해나 피해를 방지할 수 있는 다른 적절한 방법이 있는 경우에는 가처분을 해야 할 긴급한 필요성은 인정되지 않는다. 헌법재판소도 판례를 통해 '회복하기 어려운 중대한 불이익의 방지'와 '긴급한 필요성'을 가처분 요건으로 꼽고 있다.[1]

β) 이익형량

그런데 '긴급한 필요성'(dringend geboten)의 가처분 요건에서 '긴급성'보다 '필요성'을 판단하기가 쉽지 않다. 필요성의 판단에는 결국 독일 연방헌법재판소가 판례를 통해 확립한 이중가설(Doppelhypothese)[2]의 이익형량의 방법에 의존할 수밖에 없다고 할 것이다. 즉 가처분신청을 기각할 경우 후에 본안소송의 청구가 인용되었을 때 발생하게 될 불이익과, 가처분신청을 인용할 경우 후에 본안소송의 청구가 기각되었을 때 발생하게 될 불이익을 서로 형량하여 그 불이익이 조금이라도 적은 쪽을 선택하는 방법이다. 따라서 가처분의 필요성이 있으려면 가처분을 기각했을 때 발생하는 불이익이 본안소송의 청구가 기각되었을 때 생기는 불이익보다 더 큰 경우라야 한다. 이 이익형량에서는 본안소송의 승소가능성은 고려의 대상으로 삼아서는 아니 된다.[3] 그러나 실제로는 본안소송에 대한 개략적인 평가를 완전히 도외시할 수는 없다고 할 것이다. 왜냐하면 이 이익형량에서 당연히 본안소송의 청구가 부적법하거나 명백히 이유가 없는 경우가 아닌지를 살피게 되겠기 때문이다.[4] 본안소송

---

1) 헌재결 1999. 3. 25. 98헌사98, 판례집 11-1, 264(270면): '피청구기관의 처분 등이나 그 집행 또는 절차의 속행으로 인하여 생길 회복하기 어려운 손해를 예방할 필요가 있거나 기타 공공복리상의 중대한 사유가 있어야 하고 그 처분의 효력을 정지시켜야 할 긴급한 필요가 있는 경우'를 가처분 요건으로 판시했다. 또 헌재결 2000. 12. 8. 2000헌사471, 판례집 12-2, 381(385면): '헌법소원심판에서 다투어지는 '공권력의 행사 또는 불행사'의 현상을 그대로 유지시킴으로 인하여 생길 회복하기 어려운 손해를 예방할 필요가 있어야 하고 그 효력을 정지시켜야 할 긴급한 필요가 있어야 한다'고 한 판시도 같은 취지이다.
2) 본안소송의 성공과 실패를 동일한 비중으로 중요하거나 중요하지 않다고 보기 때문에 이중가설(二重假說)이라고 한다. *Benda/Klein*, aaO., RN. 1220 참조.
3) 예컨대 BVerfGE 77, 121(124); 80, 74(79); 94, 334(347) 참조.
4) 예컨대 BVerfGE 71, 158(161); 111, 147(152f.); 154, 372ff. 등 일관된 판시 참조.

의 청구가 부적법하거나 명백히 이유가 없는 것인 때에는 본안소송의 결과는 이미 정해진 상태이기 때문에 가처분에 의한 잠정적인 권리 보호도 불필요하게 된다. 독일 연방헌법재판소의 판례를 보더라도 본안소송의 성공 없는 가처분결정[1])보다는 가처분신청에서는 실패했지만 본안소송에서는 승소한 사건[2])이 훨씬 많다.

γ) 이익형량과 본안소송

그런데 향후 파급효과가 매우 큰 법적인 결과를 초래하는 가처분결정을 하는 경우에는 본안소송의 예상결과를 미리 고려하면 아니 된다는 것이 독일 연방헌법재판소의 입장이다. 예컨대 독일 연방헌법재판소가 동서독 통일 후에 처음 실시하는 독일 연방의회선거를 눈 앞에 둔 시점에 독일 연방선거법이 원외 정치세력들의 입후보요건으로 정한 유권자추천서명제도의 효력을 정지시켜 줄 것을 요구하는 소수 정치집단의 가처분 신청사건을 심판하면서 연방헌법재판소가 제시하는 일정한 기준에 따라 쟁점이 된 선거법규정을 적용할 것을 명하는 가처분결정을 했다.[3]) 그러면서 가처분결정에서 제시한 기준에 의해서 실시된 연방의회선거는 후에 쟁점이 된 선거법규정이 기회균등을 침해하지 않는 합헌으로 결론이 나더라도 의회기(議會期, Wahlperiode) 동안은 유효하다는 점을 강조했다.[4]) 이것은 본안소송의 예상결과에 대한 고려를 함께 하지 않았다는 점을 암시하고 있는 것이다. 그러나 이처럼 가처분결정이 통치질서의 민주적 정당성에 강한 영향을 미치게 되는 경우에는 오히려 가처분심판에서 본안소송의 승소가능성을 명시적으로 함께 검토하는 것이 옳다고 주장하는 견해도 있다.[5])

δ) 이익형량론에 대한 비판적 견해

그 밖에도 '필요성' 판단의 기준으로 연방헌법재판소가 정립해서 적용하고 있는 이익형량의 방법보다는 오히려 실체법적인 판단을 기초로 하는 것

---

1) 예컨대 BVerfGE 15, 223/25, 296; 91, 140/91, 335; 92, 126/93, 381 참조.
2) 예컨대 BVerfGE 11, 102/11, 266; 12, 276/20, 119; 25, 367/32, 1; 56, 244/59, 315; 88, 173/90, 286 참조.
3) BVerfGE 82, 353 참조.
4) BVerfGE 82, 353(370) 참조.
5) 이 결정의 반대의견 참조. *Richter Winter*, abw. Meinung, BVerfGE 82, 371(373); *Benda/ Klein*, aaO., RN. 1219.

이 합리적이라는 주장도 강하게 제기되고 있다. 그러기 위해서는 어차피 본안
소송에 대한 실체법적인 검토를 개략적으로라도 하지 않을 수 없다는 것이다.
가처분결정을 하면서 본안소송의 실체법적인 승소가능성을 전혀 고려하지 않
고 오로지 추상적인 이익형량에만 의존한다는 것[1]은 자칫 주관적·정치적인
고려가 작용할 위험성을 크게 할 뿐 아니라 헌법재판의 현실과도 동떨어진
형식논리에 지나지 않는다는 것이다. 따라서 연방헌법재판소는 이익형량의 공
식을 지양하고 임시적·개략적인 실체법적인 검토를 통해 필요성을 판단하라
고 촉구하는 비중 있는 목소리가 있다.[2]

우리 헌법재판소는 여러 건의 가처분 인용결정에서 이익형량에 의한 필
요성 판단을 하고 있다.[3]

1) 실제로 이익형량에 의해서 가처분을 한 다음의 중요 판례 참조할 것. BVerfGE 34, 341;
   37, 324; 59, 280; 81, 53; 82, 353; 91, 70; 96, 120. 또 이익형량에 의해서 가처분을 거부
   한 다음 판례도 참조할 것. BVerfGE 40, 7; 65, 101; 66, 39; 88, 173; 89, 38.
2) 대표적으로 *Benda/Klein*, aaO., RN. 1222 u. 1223 참조.
3) 헌재결 1999. 3. 25. 98헌사98, 판례집 11-1, 264(271-272면): '이 사건 가처분신청을 인용한
   뒤 종국결정이 기각되었을 경우의 불이익과 이 가처분신청을 기각한 뒤 결정이 인용되었을
   경우의 불이익을 비교형량하고 또 처분의 상대방은 아직 골프연습장 공사를 착수하지 않고
   있는 사정을 헤아려 보면 신청인의 이 가처분 신청은 허용함이 상당하다'. 또 헌재결 2000.
   12. 8. 2000헌사471, 판례집 12-2, 381(385-386면): '이 사건 규정의 효력이 그대로 유지되
   어 신청인들에게 적용되면, 신청인들은 2001년부터 4년간 제 1 차 시험에 응시할 수 없게
   되므로 사법시험의 합격 가능성이 원천적으로 봉쇄되는 회복하기 어려운 손해를 입게 될 것
   임이 명백하다. 반면에 이 사건 가처분신청을 기각하였다가 본안심판을 인용하는 경우 2001
   년도 사법시험 제 1 차 시험은 그대로 시행되어 버리고 신청인들은 이에 응시하여 합격할 기
   회를 상실하는 돌이킬 수 없는 손해를 입게 된다. 그러므로 이 사건 가처분 신청은 이유 있
   어 이를 인용한다'. 나아가 헌재결 2002. 4. 25. 2002헌사129, 판례집 14-1, 433 (439-440면):
   '군행형법시행령의 적용을 받는 구속된 신청인의 면회의 권리를 주 2회로 제한하여 매일 1
   회 면회할 수 있는 일반 피구속자와 차별한다면 신청인의 행복추구권이나 피고인으로서의
   방어권 행사에 회복하기 어려운 손상을 입게 될 것이다. 한편 이 사건 차별규정의 효력을
   정지하는 가처분을 인용한다 하여 공공복리에 중대한 영향을 미칠 우려는 없다고 할 것이
   다'. 헌재결 2014. 6. 5. 2014헌사592, 헌재공보 213, 1168(1169면): '신청인의 변호인 접견을
   즉시 허용한다 하더라도 피신청인의 출입국관리, 환승구역 질서유지 업무에 특별한 지장을
   초래할 것이라고 보기 어려운 반면, 이 사건 기처분신청을 기각할 경우 신청인은 이미 살펴
   본 바와 같이 중대한 불이익을 입을 수 있다. 따라서 이 사건 가처분신청을 인용한 뒤 종국
   결정에서 청구가 기각되었을 때 발생하게 될 불이익보다 이 사건 가처분결정을 기각한 뒤
   청구가 인용되었을 때 발생하게 될 불이익이 더 크다'. 헌재결 2018. 4. 26. 2018헌사242 등,
   헌재공보 259, 785: 변호사 시험 합격자 발표에서 성명을 공개하는 공고방법을 다투는 헌
   법소원심판에서 '가처분을 인용한 뒤 종국결정에서 청구가 기각되었을 때 발생하게 될 불
   이익보다 가처분을 기각한 뒤 청구가 인용되었을 때 발생하게 될 불이익이 더 크다'는 이
   유로 가처분신청은 이유 있다고 인용했다.

(나) 가처분결정의 효력

가처분결정을 하면 불가변력·불가쟁력·기판력 등의 확정력을 발생한다. 그리고 가처분결정은 형성력을 가지므로 본안소송의 종국결정이 있을 때까지 가처분 결정의 내용대로 법률관계가 형성된다. 그 밖에도 가처분결정은 피청구인을 기속하는 효력을 가지므로 피청구인은 동일한 내용의 새로운 처분을 반복할 수 없다. 그리고 가처분결정은 모든 국가기관과 지방자치단체를 기속하는 기속력을 갖는다. 가처분결정은 특별한 사정이 없는 한 원칙적으로 본안소송의 종국결정의 선고시까지만 효력을 갖는다고 할 것이다.

(다) 가처분결정의 송달·공시

가처분결정을 하면 결정서 정본을 작성하여 지체없이 당사자[1]에게 송달하여야 한다($^{법\ 제36조}_{제4항}$). 그리고 가처분결정은 관보에 게재하여 공시한다($^{법\ 제36조}_{제5항}$).

(라) 가처분에 대한 이의신청

가처분결정에 대한 이의신청에 관해서는 헌법재판소법에 특별한 규정이 없다. 따라서 민사집행법의 규정을 준용($^{법\ 제40조\ 제1항\ 및\ 민사}_{집행법\ 제301조와\ 제283조}$)할 수 있다고 볼 수 있다. 그러나 어차피 민사집행법($^{제283조}_{제3항}$)에 따르더라도 이의신청이 가처분의 집행정지의 효력을 가지지 않는 것이라면 긴급한 필요성에 의해서 행해진 가처분결정에 대한 이의신청이 제대로 심리되어 실효성을 갖기를 기대하기는 어렵다고 할 것이다. 독일 연방헌법재판소법($^{제32조}_{제3항}$)은 가처분결정이 변론절차 없이 행해진 경우에만 이의신청을 허용하는데, 이의신청이 있으면 반드시 변론절차를 거쳐 이의신청 이유서가 제출된 후 2주 이내에 결정하도록 정하고 있다. 그리고 이의신청은 가처분의 집행정지의 효력이 없지만 연방헌법재판소가 직권으로 집행을 정지하는 결정을 할 수는 있게 정했다($^{동법\ 제32}_{조\ 제4항}$). 결국 변론절차를 거친 가처분결정에 대해서는 이의신청을 허용하지 않을 뿐 아니라 이의신청이 있으면 심리를 신중하게 그러나 신속하게 진행하겠다는 입법취지라고 할 것이다.

(마) 가처분결정의 취소

가처분결정 후 본안소송의 종국결정 전에 가처분 사유가 소멸한 경우에

---

1) 당사자는 신청인과 가처분신청에 대하여 답변서를 제출한 피신청인, 의견서를 제출한 이해관계기관이다(심판규칙 제51조 제1항).

는 당사자의 신청이나 직권으로 가처분결정을 취소할 수 있다고 할 것이다. 이 경우 사정변경에 의한 보전처분 취소 또는 특별사정에 의한 가처분 취소에 관한 민사집행법규정(제288조 제 1 항, 제301조, 제307조)과 집행정지의 취소에 관한 행정소송법(제24조 제 1 항)의 규정을 준용할 수 있을 것이다(법 제40조).

제 4 편

헌법재판의 종류별 특별심판절차

제 1 장 위헌법률심판

1. 위헌법률심판의 의의와 유형 및 특징

Ⅰ. 위헌법률심판의 의의와 유형

(1) 위헌법률심판의 의의

위헌법률심판(違憲法律審判)이란 법률의 위헌 여부를 심사해서 위헌인 법률의 효력을 상실시키는 헌법재판을 말한다. 위헌법률심판은 헌법의 최고규범성(最高規範性)을 전제로 해서 국가의 법질서 내에서 헌법의 으뜸가는 규범적 효력을 지킴으로써 헌법을 실현하는 헌법재판의 핵심적인 제도이다. 따라서 위헌법률심판은 객관적 소송으로서의 성질을 갖는다.[1] 그 결과 주관적 권리 보호와는 별개의 독립한 소송이다.

(2) 위헌법률심판의 유형

위헌법률심판의 제도는 각 나라의 헌정전통에 따라 매우 다양하다는 것은 이미 앞에서[2] 자세히 살펴보았기 때문에 되풀이하지 않기로 한다. 우리 헌법은 법률의 위헌 여부가 재판의 전제가 되는 경우에만 그 법률의 위헌 여부를 심판하는 사후적인 구체적 규범통제제도를 채택하고 있다(제107조 제1항 및 제111조 제1항 제1호). 우리의 구체적 규범통제제도는 재판을 전제로 하는 것이기 때문에 재판부수적인 규범통제(Inzidente Normenkontrolle)라고도 부른다. 재판부수적인 규범통제는 법원이 재판을 함에 있어서 헌법에 어긋나지 않는 법률을 근거로 합리적이고 올바른 판단을 하도록 기여하는 것이다. 우리는 구체적인 재판과 무관한 법률의 사전적·예방적 위헌심사와 사후적·통제적 위헌심사 같은 추상적 규범

---

1) 독일 연방헌법재판소도 같은 입장이다. BVerfGE 2, 213(217); 42, 90(91); 72, 51(59, 62) 참조.
2) 제1편 제4장 참조.

통제제도를 채택하지 않고 있다.

Ⅱ. 우리 구체적 규범통제제도의 특징

(1) 관할분리제

1) 관할분리제의 내용

우리의 구체적 규범통제제도(規範統制制度)는 관할분리제를 그 제도적인 특징으로 한다. 즉 법률의 위헌심사권(Prüfungskompetenz)과 법률에 대한 위헌결정권(Verwerfungskompetenz)을 구별해서 위헌심사권은 구체적인 사건의 재판을 담당하는 법원에 맡기지만, 위헌결정권은 헌법재판소에 독점시키는 제도를 채택하고 있다. 독립한 헌법재판기관을 설립해서 구체적 규범통제를 행하는 대부분의 유럽계 국가들이 채택하고 있는 일반적인 제도이다. 관할분리제에서는 위헌심사권(違憲審査權)을 갖는 법원과 위헌결정권(違憲決定權)을 행사하는 헌법재판소가 기능적으로 엄격히 구별되기 때문에 구체적인 규범통제절차도 제청절차와 심판절차로 구별된다. 제청절차에서는 구체적인 사건 내용이 고려의 대상이 되겠지만, 심판절차에서는 제청된 법률의 재판의 전제성을 따지는 것 이외에는 오로지 심판대상의 헌법과의 조화 여부만이 심판대상이지 구체적인 사건은 고려의 대상이 아니다.

2) 관할분리제의 헌법이론적인 근거

법률의 위헌심사권은 구체적 사건을 맡아서 재판하는 법관의 고유권한이라고 할 것이다. 왜냐하면 '법관은 헌법과 법률에 의하여 그 양심에 따라 독립하여 심판하는'($_{조}^{제103}$) 법인식 기능을 수행하기 때문에 재판을 할 때는 언제나 구체적인 사건에 적용할 법률의 위헌 여부를 먼저 검토해야만 하기 때문이다. 법관은 검토 결과 합헌적인 법률만을 근거로 재판해야 할 헌법상의 의무를 지고 있다. 그 결과 법률의 위헌심사권은 법관이 맡고 있는 재판 직무의 부수적인 권한인 동시에 의무라고 할 것이다. 반면에 법률에 대한 위헌결정권(違憲決定權)은 법관의 직무부수적인 권한은 아니다. 그렇기 때문에 다른 기관이 위헌결정권을 행사하도록 헌법이 정할 수 있다. 우리는 그 권한을 헌법재

판소에 집중시켜 헌법재판소만이 법률에 대한 위헌결정을 할 수 있도록 헌법
이 정하고 있다. 그렇게 정한 헌법이론적 근거로는 헌법의 규범구조적인 특성
(추상성·개방성·유동성·미완성성)으로 인한 헌법해석의 전문성, 대의민주주의
내지 권력분립의 원칙에 따른 입법권의 존중,[1] 통일적·집중적인 위헌결정권의
행사를 통한 법적 안정성의 확립 등 여러 가지 논거가 제시되고 있다.[2]

(2) 법률의 규범통제와 법규명령의 규범통제 분리

우리 헌법은 구체적 규범통제를 규정하면서 법률에 대한 규범통제와 법
규명령에 대한 규범통제를 분리해서 그 관할권을 달리 정하고 있다($^{제107조 제 1}_{항과 제 2 항}$).
즉 법률의 규범통제는 관할분리제에 따라 법원의 위헌결정권을 인정하지 않는
데 반해서 법규명령의 규범통제에서는 관할통합제를 채택해서 법원이 위헌심
사권과 위헌결정권을 통일적으로 행사하도록 정하고 있다.[3] 그 결과 명
령·규칙·조례·처분 등이 헌법이나 법률에 위반되는 여부가 재판의 전제가
된 경우에는 대법원이 이를 최종적으로 심사할 권한을 갖는다($^{제107조}_{제 2 항}$). 대법원
의 최종적인 심사권은 하급법원의 심사권을 전제로 한 것이고, 심사권에는 결
정권이 포함되기 때문에 하급법원도 재판의 전제가 된 법규명령의 위헌·위법
여부를 심사해서 위헌·위법으로 결정하면 적용을 배제할 수 있다는 뜻이다.
다만 대법원의 최종적인 심사권은 보장해야 하므로 그런 사건은 필요적 상고
사건(上告事件)으로 다루어져야 할 것이다($^{법조법 제 7 조 제 1}_{항 제 1 호-제 3 호}$).

그런데 법규명령의 규범통제와 관련해서 유의해야 할 점은 재판을 전제
로 한 재판부수적인 법규명령의 위헌·위법심사에만 관할통합제가 적용된다는
사실이다. 따라서 재판을 전제로 하지 않은 규범소원($^{법 제68조}_{제 1 항}$)에 의한 법규명령
의 위헌·위법심사는 헌법소원심판의 관할권을 갖는 헌법재판소가 하게 된다.
법규명령이 구체적인 집행작용을 거치지 않고 직접 기본권을 침해하는 경우

---

1) 독일 연방헌법재판소는 관할분리제의 대상을 형식적 의미의 법률과 기본법 제정 후의 법률
　로 제한하는 이유로 특히 입법권의 존중과 법원으로부터의 입법부 보호를 강조하는 판시를
　많이 하고 있다. BVerfGE 1, 184(197f.); 2, 124(129); 22, 373(378); 68, 337(344); 78,
　20(24); 97, 117(122).
2) 자세한 내용은 앞부분 제 1 편 제 4 장 3, 58면 참조.
3) 독일 기본법(제100조 제 1 항)도 법규명령(Rechtsverordnungen)을 관할분리제에서 제외하
　고 있는데 비판의 목소리가 많다. *Benda/Klein*, aaO., RN. 770; *Y. Huh*, Probleme der
　konkreten Normenkontrolle, 1971, S. 113f. 참조.

법규명령에 의한 기본권 침해를 제거하기 위해서는 그 법규명령의 효력을 상
실시킬 수밖에 없기 때문이다. 우리 헌법재판소가 판례[1]를 통해 이런 입장을
견지하고 있는 것은 타당하다.

(3) 규범소원제도

우리의 구체적 규범통제제도는 헌법소원제도와 기능적인 연관성을 갖도
록 제도화함으로써 규범소원(規範訴願)제도를 도입했다는 특징을 가지고 있다.
즉 법률에 대한 규범소원과 법규명령에 대한 규범소원이 바로 그것이다.

1) 법률에 대한 규범소원

헌법재판소법(제41조 제1항)은 법률의 위헌 여부가 재판의 전제가 된 때에 소송당
사자는 법원에 법률의 위헌심판제청을 신청할 수 있도록 했는데, 법원이 제청
신청을 기각하는 때에는 그 제청신청을 한 당사자는 헌법재판소에 헌법소원
심판을 청구할 수 있다(법 제68조 제2항). 우리 헌법재판소는 법원에의 제청신청과 기각
결정이라는 절차를 거쳐서 헌법소원심판을 청구할 수 있는 것이 원칙이지만,
이러한 절차를 거치지 않은 법률조항이라도 당해 법원이 실질적으로 판단했거
나 명시적으로 위헌제청신청을 한 조항과 필연적 연관관계를 맺고 있어서 묵
시적으로 판단한 것으로 볼 수 있는 경우에는 이러한 법률조항에 대한 심판
청구도 예외적으로 허용된다고 판시했다.[2][3] 이 헌법소원은 본질상 재판의 전

---

1) 헌재결 1990. 10. 15. 89헌마178, 판례집 2, 365, 법무사법 시행규칙에 대한 헌법소원사건에
  서 위헌결정을 한 이후 일관된 입장이다.
2) 헌재결 2001. 2. 22. 99헌바93, 판례집 13-1, 274(281면); 헌재결 2014. 7. 24. 2013헌바169,
  헌재공보 214, 1247(1248면); 헌재결 2016. 3. 31. 2013헌바372, 헌재공보 234, 562(565면)
  참조.
3) 행정소송의 피고인인 행정청이나 그 보조참가인도 행정처분의 근거법률의 위헌심판제청신
  청을 할 수 있고, 헌재법 제68조 제2항에 의한 규범소원을 할 수 있다. 헌재결 2008. 4.
  24. 2004헌바44, 판례집 20-1(상), 453(462면) 참조. 그러나 헌재가 이 판시를 통해 피고인
  인 행정청에게도 규범소원의 청구인적격을 인정한 것은 법리상 문제가 있다고 할 것이다. 왜
  냐하면 규범소원의 본질이 아무리 기본권침해를 이유로 하는 권리구제절차가 아닌 규범통제라
  하더라도, 규범소원의 입법취지나 조문구조로 볼 때 소송중인 국민이 위헌적인 법률에 따른
  재판으로 불이익을 받는 일이 없도록 하기 위한 헌법소송제도라고 이해해야 한다. 그러므로
  법 제41조가 정하는 구체적 규범통제와 제도의 취지가 완전히 같은 것은 아니다. 그런데도 헌
  재는 규범소원과 구체적 규범통제를 완전히 같다고 보고 그 청구권자의 범위를 기본권 주체성
  을 떠나 행정청에게까지 확대한 것은 분명히 재고를 요하는 판단이라고 할 것이다. 행정청은

제가 된 법률의 위헌 여부를 심판해 줄 것을 소송당사자가 직접 헌법재판소에 청구하는 것이기 때문에 흔히 규범통제형 헌법소원이라고 부르는데, 규범소원이라고 부르는 것이 보다 합리적이라고 생각한다. 규범통제권은 재판부수적인 법률의 위헌심사권을 갖는 법원과 위헌결정권을 갖는 헌법재판소가 갖는 권한이지 소송당사자가 행사할 수 있는 권한은 아니기 때문이다. 소송당사자는 단지 규범의 위헌 여부의 심판을 청구하는 지위에 있기 때문에 청구인의 입장에서는 규범소원을 하는 것에 불과하다. 그렇기 때문에 권리구제형 헌법소원과 그 성질이 다르다.[1] 아무튼 법률에 대한 규범소원은 비교법적으로 다른 나라의 구체적 규범통제제도에서는 그 예를 찾아보기 어려운 우리만의 특유한 제도이다. 법률에 대한 규범소원의 경우 그 심판절차는 법원의 제청에 의해서 행해지는 구체적 규범통제와 같다.

이 규범소원제도는 헌법소원에서 재판소원을 제외하고 있는 헌법재판소법($^{제68조\ 제1}_{항\ 본문}$)의 규정과 입법체계적으로 상호 모순되는 측면이 있다. 왜냐하면 소송당사자의 제청신청을 기각하는 법원의 결정도 재판의 일종이기 때문이다. 물론 규범소원을 통해 다투는 것은 법원의 재판(기각결정) 그 자체는 아니라 하더라도 법원의 재판에 승복할 수 없다는 것을 전제로 하는 것이기 때문이다. 입법체계정당성(立法體系正當性)의 관점에서 입법개선이 필요한 부분이다.

2) 법규명령에 대한 규범소원

헌법재판소법($^{제68조}_{제1항}$)이 정하는 이른바 권리구제형 헌법소원은 공권력의 행사 또는 불행사로 인하여 기본권을 침해받은 자가 다른 법률이 정하는 권리구제절차를 거쳐 헌법재판소에 제기하는 것이다. 그런데 공권력의 행사에는

기본권의 주체가 아니고 그 수범자에 불과해서 규범소원은 제기할 수 없다고 보아야 한다. 이 사건에서는 의무이행명령을 내렸던 상급자치단체를 상대로 권한쟁의심판을 제기해서 해당 온천법이 자치권의 본질을 침해한 위헌법률인지 여부를 가릴 수 있다. 나아가 대법원이 2013년 예외적으로 국가기관도 항고소송의 당사자가 될 수 있다고 종전의 입장을 변경하는 판결을 했으므로 행정청은 헌법소원이 아니라도 다른 국가기관을 상대로 법원에서 항고소송으로 다툴 수 있는 길이 열렸다는 점을 유념해야 한다. 대판 2013. 7. 25. 2011두1214 참조.

1) 법령에 대한 규범소원 심판절차에서는 청구인과 대립되는 상대방 당사자인 피청구인이 존재하지 않는다. 그 결과 헌재법 40조에 따른 민소법의 준용에도 한계가 있다. 예컨대 규범소원 심판 청구의 취하의 효력이 발생한 뒤에는 소송절차의 명확성과 안정성을 기하기 위해서 원칙적으로 그 취하의 철회가 허용될 수는 없다. 동지 헌재결 2021. 6. 24. 2020헌마1572 참조.

법규명령의 제정행위도 포함되기 때문에 법규명령의 제정으로 구체적인 집행
작용 없이 직접 기본권의 침해를 받은 자는 그 법규명령의 위헌·위법 여부의
심판을 구하는 헌법소원심판을 청구할 수 있다.[1] 이 헌법소원은 본질상 기본
권을 침해하는 법규명령의 효력을 다투는 것이기 때문에 규범소원의 성질을 갖
는다. 법규명령에 대한 규범소원이 제기된 경우 헌법($\substack{제107조\\제2항}$)에 의해서 대법원이
최종적인 심사권을 갖는 재판부수적인 법규명령심판권과는 달리 헌법재판소가
그 위헌·위법 여부를 심판하는 것이 당연하다는 것은 앞에서 언급한 바와 같다.

2. 법원의 제청절차

Ⅰ. 직권제청과 신청제청

사건담당 법원은 직권 또는 당사자의 신청에 의한 결정으로 헌법재판소
에 법률의 위헌 여부의 심판을 제청한다($\substack{법 제41조\\제1항}$). 대법원이 아닌 하급법원이
제청을 할 때에는 대법원을 거쳐야 한다($\substack{법 제41조\\제5항}$). 따라서 제청법원은 제청결정
서 정본을 법원장 또는 지원장 이름으로 법원행정처장에게 송부한다. 대법원
은 사법행정상의 조치만 취할 뿐 제청에 대한 심사권은 없다. 그 결과 법원행
정처장이 위헌제청결정서 정본을 헌법재판소에 송부하면 법률의 위헌심판제
청이 성립된다($\substack{법 제26조\\제1항 단서}$).

(1) 직권제청

헌법재판소에 법률의 위헌 여부의 심판을 제청할 수 있는 제청권자는 구
체적인 사건을 담당해서 재판하는 법원이다. 법원에는 군사법원도 당연히 포
함된다. 법원이 재판을 하는 데 적용해야 할 법률의 위헌 여부가 재판의 전제
가 된 때에 법원은 직권으로 제청을 할 수 있다. 법원의 제청서에는 i) 제청
법원의 표시, ii) 사건 및 당사자의 표시, iii) 위헌이라고 해석되는 법률 또는

---

1) 이 경우 물론 헌법소원이 적법하기 위해서는 보충성과 직접성·자기관련성·현재성의 요건
  을 충족해야 한다. 헌재결 1990. 10. 15. 89헌마178, 판례집 2, 365(370-371면) 참조.

법률의 조항, iv) 위헌이라고 해석되는 이유, v) 기타 필요한 사항[1]을 기재하여야 한다($\substack{법 \\ 제43조}$). 그리고 제청서에는 필요한 증거서류나 참고자료를 첨부할 수 있다($\substack{법 제26조 \\ 제2항}$). 제청법원은 제청한 후에도 심판에 필요한 의견이나 자료 등을 제출할 수 있다($\substack{심판규칙 \\ 제55조}$).

1) 제청권을 갖는 법원

(가) 법원의 범위

법원조직법($\substack{제5 \\ 조}$)과 군사법원법($\substack{제5 \\ 조}$)이 정하는 모든 종류의 우리나라 법원이 제청권을 갖는데, 제청권자로서의 법원은 사법행정기관으로서의 법원이 아닌 재판기관으로서의 법원을 의미하기 때문에 각 심급에서 구체적인 소송을 담당하는 단독판사 또는 합의부가 제청권을 갖는 법원이다. 따라서 수명법관(受命法官)을 비롯해서 수소법원·집행법원·비송사건 담당법관도 모두 법원에 포함된다. 당해 소송의 당사자 내지 보조참가인인 사인(私人)은 제청신청권자일 뿐 제청권자인 법원에 속하지 않는 것은 자명하다.[2] 민사조정법($\substack{제8조 \\ 이하}$)에 의한 민사조정위원회 및 가사소송법($\substack{제49조 \\ 이하}$)에 의한 가사조정위원회는 민사적 또는 가사적 분쟁해결의 한 기구로서 민간인인 조정위원이 법관과 함께 참여해서 법관의 주도로 조정을 행하기 때문에 제청권을 갖는 법원에 포함시킬 수 있다고 할 것이다. 도입·시행되고 있는 배심제(陪審制) 내지 참심제도(參審制度)의 경우에도 민간인인 배심원 내지 참심원이 재판에 참여한다고 해도 법률적용의 책임자는 법관이므로 법원의 제청권에는 영향이 없다고 할 것이다. 그러나 언론중재 및 피해구제법($\substack{제7 \\ 조}$)에 의해서 설치되는 언론중재위원회처럼 법관이 그 구성원으로 참여한다고 하더라도 법관이 단순히 다른 구성원들과 대등한 지위를 갖는 합의체의 단순한 구성부분에 불과한 행정심판기관은 제청권을 갖는 법원은 아니다.

(나) 법원의 제청이 없는 헌법재판소의 직권심사

헌법재판소가 다른 사건을 심판하는 과정에서 법률의 위헌 여부가 심판

---

1) 심판규칙(제54조)이 정하는 기타 필요적 기재사항은 i) 당해 사건이 형사사건인 경우 피고인의 구속 여부 및 그 기간, ii) 당해 사건이 행정사건인 경우 행정처분의 집행정지 여부이다.
2) 같은 취지의 헌재결 1994. 6. 30. 94헌아5, 판례집 6-1, 714(716면) 참조.

의 전제가 된 경우에 직권으로 위헌법률심판절차로 이행(移行)해서 심판할 수
있는가의 문제가 제기될 수 있다. 헌법재판소법(제75조)은 권리구제형 헌법소원
을 인용하는 경우에 '헌법재판소는 기본권을 침해하는 공권력의 행사 또는 불
행사가 위헌인 법률 또는 법률조항에 기인한 것이라고 인정될 때에는 인용결
정에서 당해 법률 또는 법률조항이 위헌임을 선고할 수 있다'고 규정함으로써
헌법소원 심판절차에서는 직권으로 위헌심판을 할 수 있다는 취지를 밝히고 있
다. 또 실제로 변호인 접견 방해를 이유로 한 헌법소원사건[1]과 미결수의 서신
검열을 이유로 제기한 헌법소원사건[2]에서 헌법재판소는 기본권을 침해하는 공
권력 행사의 근거가 된 법률조항에 대해서 위헌결정을 했다. 그러나 나머지 헌
법재판심판절차에서의 위헌심판 이행 가능성에 관해서는 명문의 규정이 없다.

　생각건대 헌법재판소가 직권으로 위헌법률심판절차로 이행해서 심판하든,
아니면 각 심판절차에서 선결(先決)문제로 적용 법률의 위헌 여부를 함께 판
단하든 위헌 여부의 심판은 불가피하다고 할 것이다. 독일도 이 문제에 관한
명문의 규정은 없지만 연방헌법재판소가 헌법재판절차에서 불거지는 선결문제
로서의 법률의 위헌 여부를 부수적으로 심판해서 결정할 수 있다는 견해가 지
배적이다.[3] 이런 경우 헌법재판소가 구체적 규범통제에서 제청된 법률조항에
국한하지 않고 심판범위를 다른 법률조항에까지 확대해서 함께 위헌심판을 하
는 것과 본질적으로 같다고 보아야 할 것이다. 위헌심판의 직권이행에 관한
명문의 규정을 두고 있는 나라도 있는데 오스트리아가 대표적인 경우이다.[4]

2) 재판의 의미

　법률의 위헌 여부가 재판의 전제가 된 때의 '재판'은 그 절차나 형식에
관계 없이 모든 형태의 법원의 실질적인 사법작용을 모두 포괄하는 의미이다.
즉 준비절차·본안절차, 심리절차·판결절차·집행절차, 소송절차·비송절차, 재
심절차 등 재판의 단계를 불문한다. 또 중간판결·종국판결, 판결·결정·명령
등 재판의 형식도 따지지 않는다. 그리고 재판의 내용도 묻지 않으므로 소송

---

1) 헌재결 1992. 1. 28. 91헌마111, 판례집 4, 51 참조.
2) 헌재결 1995. 7. 21. 92헌마144, 판례집 7-2, 94 참조.
3) *Ulsamer*, in: Maunz u. a., BverfGG-Kommentar, Art. 80 RN. 171 참조.
4) 오스트리아 헌법 제140조 제1항 제1절 참조.

비용에 관한 재판 및 가집행재판은 물론이고, 증거채부재판, 법관의 제척·기
피·회피 재판, 압류명령, 보정명령, 압수·수색영장발부, 체포·구속영장발부,
구속적부심결정, 보석허가결정, 구속기간갱신결정, 이의신청에 대한 결정, 형
의 집행명령에 대한 불복재판 등이 모두 포함된다.[1]

3) 제청결정의 동기

    법률의 위헌 여부가 재판의 전제가 된 때에 법원은 무조건 제청결정(提請
決定)을 하는 것이 아니라 위헌이라는 합리적인 의심이 있을 때 제청결정을
한다.[2] 헌법재판소법($^{제43}_{조}$)이 제청서에는 '위헌이라고 해석되는 법률 또는 법률
조항'과 '위헌이라고 해석되는 이유'를 기재하게 한 취지는 적어도 위헌의 의
심이 없을 때는 제청이 불필요하다는 뜻이다. 법관은 위헌의 의심이 없는 법
률을 재판의 근거로 삼는 데 주저해서는 아니 된다. 그러나 위헌이라는 합리
적인 의심을 갖는 경우에는 법원은 제청결정을 해서 헌법재판소의 심판에 의
하여 재판해야 할 직무상의 의무를 진다. 따라서 위헌의 합리적인 의심이 있
는 한 제청 여부에 대한 재량권은 없다고 보아야 한다.[3] 위헌의 합리적인 의
심이 있는 법률 또는 법률조항에 대한 법원의 제청의무는 다른 법원이 동일
한 법률 또는 법률조항에 대해서 이미 위헌심판제청을 했다는 이유로 면제되
지 않는다. 이른바 중복제청(Mehrfachvorlage)은 오히려 헌법재판소로 하여금
실무법관들의 법 인식을 다양하게 접하게 함으로써 위헌심판을 하는 데 도움

---

1) 헌재결 1993. 12. 23. 93헌가2; 헌재결 1994. 2. 24. 91헌가3; 헌재결 1995. 2. 23. 92헌바18;
   헌재결 1996. 2. 16. 96헌가2 등; 헌재결 1996. 12. 26. 94헌바1; 헌재결 2001. 6. 28. 99헌가
   14 등 참조.
2) 우리 헌법재판소도 같은 취지의 판시를 했다. 헌재결 1993. 12. 23. 93헌가2, 판례집 5-2,
   578(592면): '법원은 문제되는 법률조항이 담당법관 스스로의 법적 견해에 의하여 단순한
   의심을 넘어선 합리적인 위헌의 의심이 있으면 위헌여부심판을 제청하라는 취지이다'. 우리
   와 달리 독일에서는 법원이 '위헌의 확신'을 가질 때만 위헌제청을 할 수 있게 기본법(제
   100조 제 1 항)이 정하고 있어서, 법원은 제청할 때 모든 관련되는 쟁점에 대해서 빠짐없이
   위헌의 이유를 논증해야 한다. 중요한 관련 쟁점에 대한 위헌논증이 빠진 제청에 대해서는
   독일연방헌법재판소가 각하한다. 그러한 각하결정의 예로 BVerfGE 131, 1(16ff.) 참조.
3) 독일 기본법(제100조 제 1 항)은 제청결정의 동기로 '위헌의 확신'을 요구하고 있기 때문에
   위헌의 확신에도 불구하고 자의적으로 제청하지 않는 경우 합헌적인 법률에 의한 정당한
   재판을 받을 권리의 침해를 인정하는 판례가 확립되어 있다. BVerfGE 13, 132(143); 73,
   339(366); 75, 223(245) 참조.

을 주는 순기능을 하게 된다.

(2) 신청제청

1) 소송당사자의 제청신청

법원에 계속중인 소송사건의 당사자는 재판의 전제가 된 법률의 위헌 여부가 재판의 전제가 된다고 판단한 경우에는 당해 법원에 재판의 전제가 된 법률의 위헌 여부의 심판을 헌법재판소에 제청할 것을 신청할 수 있다($^{법 제41조}_{제1항}$). 당해 소송사건의 보조참가인도 제청신청권을 갖는다.[1] 그러나 헌법재판소에 이미 위헌법률심판이 계속중인 상태에서 소송결과에 이해관계가 있는 제3자가 보조참가를 신청하는 것은 허용되지 않는다.[2]

제청신청은 서면으로 하여야 하는데 제청신청서에는 i) 사건 및 당사자의 표시, ii) 위헌이라고 해석되는 법률 또는 법률조항, iii) 위헌이라고 해석되는 이유 등을 기재하여야 한다($^{법 제41조}_{제2항}$). 제청신청서에는 인지를 첨부하지 않는다.[3] 이 제청신청서의 심사에는 민사소송법($^{제254}_{조}$)이 정하는 재판장의 소장심사권 규정이 준용되므로 재판장은 불비한 제청신청에 대해서는 기간을 정하여 보정명령(補正命令)을 할 수 있고 보정명령에 따르지 않으면 제청신청을 각하할 수 있다($^{법 제41조}_{제3항}$).

소송당사자의 제청신청이 있는 경우 법원이 제청신청을 수용해서 헌법재판소에 제청을 하면 신청에 의한 제청이 된다. 이 경우에도 법원은 직권제청과 같은 절차와 방법에 따라야 한다.

2) 제청신청 기각과 규범소원 청구

법원이 제청신청을 수용하지 않고 기각하면 항고할 수 없으므로 법원의

---

1) 헌법재판소도 민사소송의 보조참가인에게 위헌심판제청신청권을 인정하는 판시를 했다. 헌재결 2003. 5. 15. 2001헌바98, 판례집 15-1, 534(543면) 참조.
2) 헌재결 2020. 3. 26. 2016헌가17등. 이 결정에서 헌재는 '위헌법률심판 절차에서는 대립 당사자 개념을 상정할 수 없을 뿐 아니라, 법규범에 대한 위헌결정은 일반적 기속력과 대세적·법규적 효력을 가지기 때문에 보조참가인에게 이른바 참가적 효력을 미치게 할 필요성이 존재한다고 볼 수도 없어 보조참가를 규정하고 있는 민소법 제71조는 위헌법률심판의 성질상 준용하기 어렵다'고 판시했다.
3) 위헌법률심판제청사건의 처리에 관한 대법원예규 제 3 조 참조.

소송절차에서 더 이상 다툴 방법은 없다($^{법 제41조}_{제4항}$).[1] 그러나 제청신청을 한 당사자는 헌법재판소에 법률에 대한 규범소원심판(規範訴願審判)을 청구할 수 있다($^{법 제68조}_{제2항}$). 이 경우 그 당사자는 당해 사건의 소송절차에서 동일한 사유를 이유로 다시 위헌 여부심판의 제청을 신청할 수 없다($^{법 제68조}_{제2항 제2절}$). '당해 사건의 소송절차'란 동일한 심급의 소송절차뿐 아니라 상소심의 소송절차는 물론 대법원에 의해 파기환송되기 전후의 소송절차를 모두 포함하는 것이므로[2] 제1심에서 제청신청이 기각당한 후 상고심에서 동일한 사유로 다시 제청신청을 하는 것은 부적법하다는 것이 헌법재판소와 대법원의 판례이다.[3] 사실상 규범범소원($^{법 제68조}_{제2항}$)이 허용되는 상황에서 상소심에서 동일한 사유로 다시 제청신청을 하는 것은 아무런 실익이 없는 무의미한 일이라고 할 것이다.

㈎ 규범소원의 성질

법원의 제청신청 기각결정 후에 신청당사자가 헌법재판소에 헌법소원심판을 청구하는 것($^{법 제68조}_{제2항}$)은 그 본질이 법률의 위헌 여부의 판단을 구하는 것이기 때문에 헌법재판소법 제68조 제1항의 권리구제형 헌법소원과는 그 성질이 다르다고 할 것이다. 헌법재판소도 활동 초기의 혼선을 거쳐[4] 1990년부터는 헌법재판소법 제68조 제2항의 헌법소원을 구체적 규범통제의 한 유형으로 파악하는 입장을 정립했다. 그 결과 규범통제형 헌법소원에서는 권리구제형 헌법소원과는 달리 심판청구의 적법성의 판단에서 청구인의 소의 이익의 유무를 따지지 않고 구체적 규범통제에서와 마찬가지로 심판대상 법률조항이 당해 소송사건의 재판에서 전제성이 있느냐를 기준으로 심판하게 되었

---

1) 대법원 판례에 따르면 법원의 제청신청 기각결정은 본안에 대한 종국재판과 함께 상소심의 심판을 받는 중간적 재판의 성질을 갖는 것이어서 '특별항고의 대상이 되는 불복을 신청할 수 없는 결정'에도 해당되지 않는다. 대결 1993. 8. 25. 93그34, 법원공보 1993, 2728 참조.
2) 파기환송 전의 항소심에서 규범소원심판청구가 기각된 후 헌법소원심판청구를 하지 않다가 파기환송 후의 항소심에서 동일한 이유를 들어 다시 규범소원심판청구를 하고 각하되자 비로소 헌법소원심판을 청구하는 것은 부적법하다. 헌재결 2013. 6. 27. 2011헌바247, 판례집 25-1, 467(473면) 참조.
3) 헌재결 2007. 7. 26. 2006헌바40, 헌재공보 130, 850(851면); 대결 1996. 5. 14. 95부13 참조.
4) 헌법재판소는 활동 초기에 법 제68조 제1항과 제2항의 헌법소원을 동질적인 것으로 파악해서 같은 사건부호('헌마')를 부여해서 처리하면서 두 경우 모두 심판청구의 적법성을 판단할 때 소의 이익 및 청구인의 권리 침해의 현재성 등을 심사 기준으로 삼아 심판했었다. 예컨대 헌재결 1989. 9. 29. 89헌마53, 판례집 1, 302(304면); 헌재결 1989. 12. 18. 89헌마32 등, 판례집 1, 343(347면) 참조.

다.[1] 그리고 1991년부터는 규범통제형 헌법소원사건에는 권리구제형 헌법소원과는 다른 사건부호('헌바')를 부여했다.[2] 그래서 헌법재판소는 마침내 헌법재판소법 제68조 제 1 항과 제 2 항의 헌법소원은 그 심판청구의 요건과 대상이 각기 다르다는 명시적인 판시를 하기에 이르렀다.[3] 그렇기 때문에 헌법재판소가 구체적 규범통제를 하게 되는 계기는 비록 다르다고 하더라도 일단 규범소원심판청구($^{법 \ 제68조}_{제 2 항}$)가 있는 경우에는 재판의 전제가 된 법률조항의 위헌 여부를 심판하게 되므로 그 심판절차에서는 법원의 제청에 의한 구체적 규범통제와 차이가 없다고 할 것이다.

(내) 규범소원의 청구기간

법률에 대한 규범소원심판청구는 위헌심판 제청신청을 기각하는 법원의 결정을 통지받은 날부터 30일 이내에 청구해야 한다($^{법 \ 제69조}_{제 2 항}$). 이 기간은 불변기간이다. 제청신청 기각결정의 송달은 제청신청인과 제청신청서에 기재된 대리인에게 하게 되는데 대리인이 복수인 경우에는 그 중의 1인에게 송달하면 적법한 송달이 있는 것으로 본다.[4]

(대) 규범소원의 심판청구서 기재사항

규범소원의 심판청구서의 기재사항에 관해서는 구체적 규범통제의 제청서 기재사항($^{법}_{제43조}$)에 관한 규정이 준용된다($^{법 \ 제71조}_{제 2 항}$). 그 결과 규범소원의 심판청구서에는 i) 청구인 및 대리인의 표시, ii) 사건 및 당사자의 표시, iii) 위헌이라고 해석되는 법률 또는 법률조항, iv) 위헌이라고 해석되는 이유,[5] v) 기타 필요한 사항 등을 기재해야 한다. 기타 필요한 사항에는 위헌제청신청서 및 기각결정서, 당해 사건의 소장·공소장 등 관계 문서가 해당될 것이다. 그 밖에 청구취지의 기재도 바람직한데 청구취지의 기재를 통해 달성하려는 목적을 분명히 할 필요가 있기 때문이다. 그런데 청구인은 재판의 전제가 된 법률

1) 헌재결 1990. 6. 25. 89헌마107, 판례집 2, 178 참조.
2) 헌재결 1991. 2. 11. 90헌바17 등, 판례집 3, 51 참조.
3) 헌재결 1994. 4. 28. 89헌마221, 판례집 6-1, 239(257면): '법 제68조 제 2 항에 의한 헌법소원심판은 구체적 규범통제의 헌법소원으로서 … 법 제68조 제 1 항과 같은 조 제 2 항에 규정된 헌법소원심판청구들은 그 심판청구의 요건과 그 대상이 각기 다른 것임이 명백하다'.
4) 헌재결 1993. 7. 29. 91헌마150, 판례집 5-2, 159(165면) 참조.
5) 위헌 근거나 위헌 이유를 제시하지 않아 각하된 규범소원이 있다. 예컨대 헌재결 2005. 2. 3. 2003헌바75, 헌재공보 101, 217 참조.

의 위헌 여부의 심판을 청구하는 것이기 때문에 재판의 전제가 되고 있는 법률조항의 해석을 다툴 수는 없다는 것이 종전의 헌법재판소의 입장이었다.[1] 그러나 헌법재판소는 2012년 12월 한정위헌청구가 원칙적으로 부적법하다는 종래의 선 판례를 변경하여 한정위헌청구의 적법성을 인정하는 새로운 판례를 냈다. 즉 헌법적인 쟁점이 있는 경우 법원의 해석을 대상으로 하는 한정위헌청구도 가능하다고 한정위헌청구의 적법성을 인정했다.[2] 다만, 한정위헌청구의 형식을 취하고 있으면서도 실제로는 당해 사건 재판의 기초가 되는 사실관계의 인정이나 평가 또는 개별적 구체적 사건에서 법률조항의 단순한 포섭적용에 관한 문제를 다투거나, 의미있는 헌법문제의 주장 없이 법원의 법률해석이나 재판결과를 다투는 경우 등은 헌법재판소법 제68조 제 2 항의 헌법소원으로 부적법하다고 결정했다.[3] 종전의 선판례에서는 합헌적인 해석으로만 얻어질 수 있는 한정합헌(限定合憲) 또는 한정위헌(限定違憲)과 같은 헌법재판소의 결정을 청구취지로 하는 것은 허용되지 않았다.[4] 그러나 청구취지에서 법률해석에 관한 언급을 하더라도, 단순히 법률조항의 해석을 다투는 것이 아니라 법률조항 자체의 위헌성에 관한 청구로 이해되는 경우에는 적법한 청구로 보아야 한다는 것이 헌법재판소의 입장이었다.[5] 또 법원의 해석에 의하여

---

1) 법률조항 자체의 위헌성을 다투는 것이 아니라 재판의 기초가 된 법률조항의 해석·적용에 관한 문제를 들어 법원의 재판결과를 다투어 각하된 결정의 예: 헌재결 2010. 10. 28. 2008 헌바125 참조.

2) 헌재결 2012. 12. 27. 2011헌바117 참조.

3) 헌재결 2015. 12. 23. 2013헌바194; 헌재결 2017. 10. 26. 2015헌바223 참조.

4) 헌재결 1995. 7. 21. 92헌바40, 판례집 7-2, 34(37면): '일반적으로 법률조항 자체의 위헌판단을 구하는 것이 아니라 법률조항을 "… 하는 것으로 해석·적용하는 한 위헌"이라는 판단을 구하는 청구는 헌법재판소법 제68조 제 2 항상의 청구로서 적절치 아니하다'.

5) 헌재결 2001. 6. 28. 2000헌바77, 판례집 13-1, 1358(1367면); 헌재결 2005. 5. 26. 2004헌바 27 등, 판례집 17-1, 644(651면): '법률조항을 "… 하는 것으로 해석하는 한 위헌"이라는 판단을 구하는 청구가 법률조항 자체의 위헌성에 관한 청구로 이해되기 위해서는, 법률조항에 대하여 추상적·일반적으로 일정하게 구획할 수 있는 어떤 규율영역 내지 적용범위의 위헌성을 지적하면서 그러한 위헌성이 해소될 경우 자신의 사례도 구제받을 수 있다는 주장을 하여야 할 것이다'. 이러한 요건을 구비하지 않아 각하된 사례도 있다. 예컨대 헌재결 2005. 7. 21. 2001헌바67, 헌재공보 107, 923면 참조. 또 법률조항의 해석을 다투는 규범소원이라도 최고법원의 판례 등을 통해 그 의미가 이미 분명해져 달리 해석할 여지가 없는 경우에는 그 법률조항 자체의 위헌 여부를 다투는 것으로 보아야 한다는 판시도 있다. 헌재결 2007. 4. 26. 2004헌바60, 헌재공보 127, 479(483면) 참조. 그런데 구 예산회계법(현 국가재정법)이 정하는 손해배상청구권의 소멸시효규정을 공무원에 의한 반인권적 범죄로 생긴 국민의 손해배상청구권에도 적용하는 것은 위헌이라는 취지의 한정위헌청구 헌법소원

구체화된 심판대상규정이 위헌성을 지니고 있는 것으로 볼 만큼 상당기간에
걸쳐 일정한 사례군이 형성·집적된 경우에는 비록 법률조항의 해석·적용을
다투는 심판청구라 하더라도 이를 법률조항 자체의 위헌성을 다투는 것으로
이해해서 적법한 청구로 인정하고 있었다.[1] 따라서 한정위헌청구의 원칙적인
적법성을 인정하는 판례변경은 국민의 권리구제를 위한 매우 의미 있는 판례
변화라고 할 것이다.

㈑ 규범소원심판청구의 효과

규범소원심판청구가 있더라도 당해 소송사건의 재판은 정지되지 아니한
다. 규범소원심판청구를 소송지연의 수단으로 악용하는 것을 방지하기 위한
것이다. 그 결과 규범소원이 헌법재판소에서 인용된 경우에 당해 규범소원과
관련된 소송사건이 법원의 재판에서 이미 확정될 수도 있는데, 이 경우에는
소송당사자는 재심을 청구할 수 있다(법 제75조 제7항). 그런데 재심을 청구할 수 있는
사유로서 헌법재판소법(제75조 제7항)이 규정하고 있는 '헌법소원이 인용된 경우'라 함
은 위헌결정이 선고된 경우만을 말하고 한정위헌결정은 포함되지 않는다는
것이 대법원의 입장이다.[2] 이러한 대법원의 입장은 비판받아 마땅하지만, 대
법원이 이 입장을 고수하는 한 한정위헌결정이 있는 경우 재심은 사실상 불
가능한 것이 현실이다. 아무튼 재심에서는 형사사건은 형사소송법 규정을, 그
밖의 사건은 민사소송법의 규정을 준용한다(법 제75조 제8항).

㈒ 지정재판부의 사전심사

규범소원은 본질면에서는 구체적 규범통제이지만 그 계기면에서는 헌법
소원에 의한 것이기 때문에 헌법소원심판청구에서 적용되는 사전심사는 거쳐
야 한다고 할 것이다(법 제72조 제1항). 즉 규범소원도 재판관 3인으로 구성되는 지정
재판부(指定裁判部)에서 적법요건의 구비 여부 등의 사전심사를 받아야 한

에 대해서 6인의 재판관이 적법성을 인정한 것은 헌재의 종전입장과는 일치하지 않는다.
본안판단에서는 위헌성을 부인했다. 헌재결 2008. 11. 27. 2004헌바54 참조.
1) 헌재결 1995. 5. 25. 91헌바20, 판례집 7-1, 615(626면); 헌재결 2001. 8. 30. 2000헌바36, 판례집 13-2, 229(231면 이하) 참조.
2) 대판 2001. 4. 27. 95재다14 참조. 대법원은 법령의 해석·적용 권한은 법원에 전속되어 있으므로 법률조항의 해석기준을 제시함에 그치는 한정위헌결정은 법원에 대한 기속력을 가질 수 없다는 것을 논거로 제시하고 있다. 그렇지만 법률의 합헌적 해석은 규범통제에서 불가피한 현상이기 때문에 대법원이 한정위헌결정의 기속력을 부인하는 판시는 매우 잘못된 것이라고 할 것이다. 따라서 한정위헌결정도 당연히 재심사유가 된다고 보아야 할 것이다.

다. 이 적법성의 심사에는 '재판의 전제성'의 구비 여부의 심사도 당연히 포함
된다.[1] 법원의 제청에 의한 구체적 규범통제는 지정재판부의 사전심사를 거
치지 않는다고 해서 규범소원의 경우도 같이 다루어야 한다고 주장하는 것은
설득력이 약하다고 할 것이다. 법관이 위헌의 합리적인 의심을 가지고 법률의
위헌심판을 제청하는 경우와 달리, 소송당사자가 신청한 법률의 위헌심판제청
에 대해서 법원이 기각한 사건에 대해서 소송당사자가 규범소원을 한 경우는
재판의 전제성 요건의 충족 등을 사전에 심사하는 것이 정당하다고 보아야
한다. 따라서 규범소원의 경우도 지정재판부의 사전심사를 받아야 하는 절차
까지는 권리구제를 위한 헌법소원과 같이 다루는 것이 합리적이다. 지정재판
부가 재판관의 전원일치된 의견으로 각하결정을 하지 않으면 전원재판부에
심판회부결정을 하게 된다. 또 심판청구일부터 30일이 경과할 때까지 각하결
정이 없으면 심판회부결정으로 간주한다($^{법 제72조 제3}_{항과 제4항}$). 재판장의 보정지시기간
(補正指示期間)과 재판관 기피신청으로 인한 심판절차 정지기간은 사전심사기
간에서 제외한다.[2]

(바) 지정재판부 또는 헌법재판소장의 통지

지정재판부는 규범소원심판청구를 각하하거나 심판회부결정(심판회부간주
의 경우 포함)을 한 때에는 그 결정일로부터 14일 이내에 청구인 또는 그 대
리인 및 소송계속 법원에 그 사실을 통지하여야 한다($^{법 제73조}_{제1항}$). 그리고 헌법재
판소장은 규범소원심판청구가 전원재판부(全員裁判部)의 심판에 회부된 때에는
법무부장관, 청구인이 아닌 당해 사건의 법원 및 당사자에게 지체없이 그 사
실을 통지하여야 한다($^{법 제73조}_{제2항}$).

II. 제청의 재판정지 효과

법원이 법률의 위헌 여부에 대한 심판을 헌법재판소에 제청한 때에는 당
해 소송사건의 재판은 헌법재판소의 위헌 여부의 재판이 있을 때까지 정지된
다($^{법 제42조}_{제1항 본문}$). 다만 법원이 긴급하다고 인정하는 경우에는 종국재판 외의 소송

---

1) 헌재결 1992. 8. 19. 92헌바36, 제 2 지정재판부, 판례집 4, 572(574면) 참조.
2) 헌재결 1993. 10. 29. 93헌마222, 판례집 5-2, 372(375면) 참조.

절차를 진행할 수 있다($^{법\ 제42조}_{제1항\ 단서}$). 그리고 이 재판정지 기간은 형사소송절차에서의 구속기간[1]과 민사소송절차에서의 종국판결선고기간[2]에 이를 산입하지 아니한다($^{법\ 제42조}_{제2항}$). 재판정지 기간은 법원이 위헌심판제청결정을 한 때를 기산점으로 해서 헌법재판소의 위헌 여부 결정서 정본이 제청된 법원에 송달된 때에 종료된다.[3]

Ⅲ. 제청의 철회와 청구의 취하

(1) 원칙과 예외

구체적 규범통제는 객관적 소송으로서의 성질을 가질 뿐 아니라 헌법소송에서는 당사자주의가 아닌 직권심리주의가 적용되기 때문에 법원이 임의로 제청신청을 철회하는 것은 허용되지 않는다고 할 것이다. 그러나 제청의 철회가 불가피한 예외적인 사정이 있는 경우에는 제청의 철회를 인정해야 한다. i) 제청의 철회는 우선 제청된 법률의 재판의 전제성 요건과 관련해서 생길 수 있다. 즉 당해 소송사건의 당사자는 제청법원에 계속(係屬)된 소송의 종료를 목적으로 하는 소송행위를 함으로써 당해 소송절차를 종료시킬 수 있는데, 소(訴)의 취하(取下)가 그 대표적인 경우이다. 소의 취하로 법원에 계속된 구체적 소송사건이 존재하지 않게 된 경우에는 재판의 전제성이 없게 되므로 제청법원은 제청을 철회하는 것이 원칙이다. 법원의 제청 이후에 당해 소송의 당사자가 사망한 경우도 마찬가지이다. 다만 헌법재판소는 당해 소송사건이 종료되어 재판의 전제성이 소멸하거나 재판의 전제성이 없는 경우에도 헌법적 해명이 필요한 긴요한 사안인 경우에는 예외적으로 본안판단을 하고 있기 때문에 제청의 철회가 반드시 위헌심판절차의 종료로 이어지는 것은 아니다.[4]

---

1) 형소법 제92조 제 1 항과 제 2 항 및 군사법원법 제132조 제 1 항과 제 2 항 참조.
2) 민소법 제199조 참조.
3) 위헌법률심판사건 처리에 관한 대법원예규 제 9 조의 2 참조.
4) 예컨대 헌재결 1993. 12. 23. 93헌가2, 판례집 5-2, 578(591면): '제청된 법률조항에 의하여 침해되는 기본권이 중요하여 동 법률조항의 위헌 여부의 해명이 헌법적으로 중요성이 있는데도 그 해명이 없거나, 동 법률조항으로 인한 기본권의 침해가 반복될 위험성이 있는데도 좀처럼 그 법률조항에 대한 위헌심판의 기회를 갖기 어려운 경우에는 위헌제청 당시 재판의 전제성이 인정되는 한 당해 소송이 종료되었더라도 예외적으로 객관적인 헌법질서의 수호·유지를 위하여 심판의 필요성을 인정하여 적극적으로 그 위헌 여부에 대한 판단을 하

ii) 또 법원의 제청 이후 헌법재판소가 다른 사건에서 당해 법률조항에 대해서 위헌결정을 한 경우에는 위헌제청의 사유가 소멸한 것이므로 제청법원은 제청결정을 취소하고 그 취소결정 정본을 헌법재판소에 송부함으로써 제청을 철회한다.[1] iii) 법원의 제청 이후 제청된 법률이 개정되어 위헌요소가 제거되고 재판에 계속중인 당해 사건에서도 개정된 신법을 적용하도록 정해 제청된 구법조항(舊法條項)이 재판의 전제성을 상실하면 제청을 철회할 수 있다.[2] iv) 법원의 제청 이후 제청된 법률이 폐지된 경우에는 제청요건이 없어졌다고 판단하면 제청을 철회할 수 있다. 다만 헌법재판소는 폐지된 법률조항이라도 기본권 침해의 사전예방과 헌법질서의 수호·유지를 위해 긴요한 사항이어서 헌법적으로 그 위헌 여부의 해명이 중대한 의미를 가지는 경우에는 예외적으로 본안판단의 필요성을 인정하고 있다는 점을 유의해야 한다.[3] v) 규범소원의 청구 이후에 당해 소송에서 청구인의 승소판결이 확정된 경우에는 승소한 청구인은 재심청구권이 없고[4] 청구인에게 유리한 판결이 확정되어 심판대상 법률조항에 대해서 헌법재판소가 위헌결정을 하더라도 당해 사건 재판의 주문이나 결론에 영향을 미치지 아니하므로 청구인은 청구를 취하할 수 있다. 이런 경우 청구취하가 없으면 재판의 전제성이 부정되어 각하된다.[5]

(2) 제청철회 및 청구취하로 인한 심판절차 종료

제청이 철회되거나 청구가 취하되면 헌법재판소가 중요한 헌법문제의 해명을 위해서 예외적으로 본안판단(本案判斷)을 하는 경우가 아니면 헌법재판소는 더 이상의 재판 없이 위헌심판절차가 종료된 것으로 처리한다. 따라서 별도의 선고절차 없이 심판절차가 끝나게 되고, 당사자와 이해관계인에게 심판절차 종료 사실을 통지한다. 제청철회 또는 청구취하가 마땅한데도 제청철회 또는 청구취하가 없으면 법원의 제청과 규범소원의 청구는 전제성 요건의 흠

는 것이 헌법재판소의 존재이유에도 부합하고 그 임무를 다하는 것이 된다'.

1) 앞의 대법원예규 제7조 제4항 참조.
2) 헌재결 1989. 4. 17. 88헌가4, 판례집 1, 27(29면); 헌재결 2000. 8. 31. 97헌가12, 판례집 12-2, 167(178면) 참조.
3) 예컨대 헌재결 1995. 5. 25. 91헌마67, 판례집 7-1, 722(735면) 참조.
4) 대판 1993. 12. 28. 93다47189; 대판 1998. 11. 10. 98두11915 참조.
5) 헌재결 2000. 7. 20. 99헌바61, 판례집 12-2, 108(113면) 참조.

결로 인해서 각하하게 된다.[1]

Ⅳ. 제청의 대상

(1) 법   률

위헌심판제청의 대상은 대한민국 국회가 제정한 형식적 의미의 법률로
서[2] 현재 시행중이거나 시행되었던 법률이어야 한다. 따라서 대통령의 서명·
공포는 있었지만 아직 효력이 발생하지 아니한 법률은 제청의 대상이 될 수 없
다.[3] 또 이미 헌법재판소가 위헌이라고 결정한 법률도 제청의 대상이 아니다.[4]
폐지된 법률도 원칙적으로 제청대상이 될 수 없다.[5] 그러나 폐지된 법률이라
도 법원에 계속중인 당해 소송사건에서 재판의 전제가 되는 예외적인 경우에
는 제청의 대상이 될 수 있다.[6]

(2) 입법부작위

법원은 재판의 전제가 되는 형식적 의미의 법률의 위헌 여부의 심판을
제청하는 것이므로 진정입법부작위(眞正立法不作爲)는 제청대상이 될 수 없
다.[7] 다만 부진정입법부작위(不眞正立法不作爲)는 국회의 입법행위가 불완전하

---

1) 헌재결 1989. 4. 17. 88헌가4, 판례집 1, 27(29면) 참조.
2) 헌재결 1996. 10. 4. 96헌가6, 판례집 8-2, 308(320면) 참조.
3) 헌재결 1997. 9. 25. 97헌가4, 판례집 9-2, 332(337면) 참조.
4) 헌재결 1989. 9. 29. 89헌가86, 판례집 1, 284(288면) 참조.
5) 헌재결 1989. 5. 24. 88헌가12, 판례집 1, 45(46면) 참조.
6) 헌재결 1989. 7. 14. 88헌가5 등, 판례집 1, 69(81-82면), 사회보호법 제 5 조 위헌심판: '신
   법이 구법 당시 재판이 계속중이었던 사건에까지 소급하여 적용될 수 있는 것은 실체적인
   규정에 관한 한 오로지 구법이 합헌적이어서 유효했다는 것을 전제로 하고 다시 그 위에
   신법이 보다 더 피감호청구인에게 유리하게 변경되었을 경우에 한하는 것이다. … 비록 구
   법이 개정되었다고 하더라도 법원이 당해 소송사건을 재판함에 있어서는 행위시에도 처분
   의 적법한 근거법률이 있어야 하므로, 구법이 위헌이었느냐의 문제와 신·구법 중 어느 법
   률의 조항이 더 피감호청구인에게 유리하느냐의 문제가 판단된 뒤에 비로소 결정될 수 있
   는 것이다. 따라서 이러한 경우에는 구법에 대한 위헌 여부의 문제는 신법이 소급적용될
   수 있기 위한 전제문제이기도 하거니와, 제청법원인 대법원이 신법이 시행된 1989. 3. 25.부
   터 상당한 기간이 경과한 지금까지 위 법률조항의 제청에 대해서 철회의사를 밝히지 아니
   하고 제청을 계속 유지함으로써 아직도 심판을 구하고 있는 것으로 볼 수밖에 없는 이 사
   건에서 위 법률조항에 대한 위헌 여부를 심판하지 않을 수 없다'.
7) 같은 취지의 헌재결 2007. 12. 27. 2005헌가9 참조.

거나 불충분해서 결함이 있는 경우를 말하므로 입법부작위의 문제로 다루어
서는 아니 되고 제청의 대상이 된다는 것이 헌법재판소의 입장이다. 즉 불완
전하고 결함 있는 법률의 위헌 여부가 재판의 전제가 되는 경우에는 불완전
한 법률 그 자체를 제청 대상으로 삼아야 한다고 한다.[1) 그러나 이처럼 불완
전한 법률을 헌법재판소가 위헌이라고 확인하거나 심지어 무효라고 결정하는
경우에 그러한 결정이 제청의 계기가 된 법원의 재판에 어떠한 영향을 미칠
수 있는 것인지는 검토해야 할 문제점으로 남는다. 즉 불완전한 법률의 내용
에 따라서는 제청법원이 불완전한 법률을 그대로 적용했을 때와 달리 재판하
기도 어려운 경우가 발생할 수 있기 때문이다. 그렇지만 이 문제는 엄밀한 의
미에서 제청 적합성의 문제는 아니고 재판의 전제성의 문제이다.

(3) 긴급명령

대통령이 헌법($제76조$)에 의해서 발하는 긴급재정경제명령과 긴급명령은 형
식적 의미의 법률과 같은 효력을 가지므로 그 위헌 여부가 재판의 전제가 되
는 경우에는 제청의 대상이 된다.[2)

(4) 조약과 국제법규 및 관습법

헌법에 의하여 체결·공포된 조약과 일반적으로 승인된 국제법규는 국내
법과 같은 효력을 가진다($제6조 제1항$).

1) 조   약

조약이란 국가간에 국제법상의 일정한 권리와 의무에 관해서 합의·약속
한 사항을 정리·기록한 외교문서의 일종이다. 조약이 국내법적 효력을 갖기

---

1) 헌재결 1996. 3. 28. 93헌바27, 판례집 8-1, 179(185면) 참조.
2) 헌재가 유신헌법에 따른 긴급조치에 대한 헌법소원심판에서 긴급조치는 그 제정형식이나
   명칭이 아니라 규범의 효력을 기준으로 판단해야 하므로 법률과 동일한 효력을 가지는 긴
   급조치의 위헌여부 심사권은 당연히 헌법재판소에 전속한다고 판시한 이유도 그 때문이다.
   헌재결 2013. 3. 21. 2010헌바70 등 참조. 그런데도 대법원은 긴급명령보다 더 강력한 법률
   적 효력을 가졌던 유신헌법에 따른 긴급조치는 형식적 의미의 법률이 아니어서 그에 대한
   위헌심사권은 대법원에게 있다는 설득력 없는 논리로 그 때의 긴급조치를 위헌결정하는 월
   권을 했다. 반드시 시정해야 할 잘못된 판단이다. 대판 2010. 12. 16. 2010도5986 참조.

위해서는 '헌법에 의하여 체결·공포되어야 하는데', 그러기 위해서는 조약의
체결·공포절차가 합헌적이어야 하고 조약의 내용도 헌법에 위배되지 않아야
한다.[1] 조약의 체결·공포절차가 합헌적이기 위해서는 헌법이 정한 조약의 체
결·비준권($^{제73}_{조}$)과 중요한 조약의 체결·비준에 대한 국회의 동의권($^{제60조}_{제1항}$)을 존
중해야 한다. 조약은 국회의 동의절차에 의해서 비로소 국내법과 같은 효력을
갖게 되기 때문이다. 또 국회의 동의를 얻어서 체결·공포된 조약이라도 그
내용이 헌법에 위배되는 경우에는 국내법적 효력을 가질 수 없다. 이 때 국내
법이란 원칙적으로 형식적 의미의 법률을 뜻한다. 따라서 그러한 조약의 위헌
여부가 재판의 전제가 되는 경우에는 위헌심판제청의 대상이 된다.[2] 그런데
제청의 대상이 되는 것은 조약 그 자체가 아니라 조약에 대한 국회의 동의법
(Zustimmungsgesetz)이라는 것이 독일을 비롯한 유럽 여러 나라의 통설이다.
국가간에 체결되는 조약의 특성상 조약 그 자체를 직접 규범통제의 대상으로
하기보다는 조약을 국내법으로 수용하기 위해서 이루어지는 국회의 동의법을
규범통제의 대상으로 삼아야 조약을 무효화했을 때 발생할 수 있는 국가간의
신뢰손상이나 마찰을 방지할 수 있다는 이유 때문이다.[3]

2) 국제법규

일반적으로 승인된 국제법규도 국내법과 같은 효력을 가진다($^{제6조}_{제1항}$). 일반
적으로 승인된 국제법규란 세계 대다수 국가에 의하여 승인된 국제법규를 말
한다. 대다수 국가란 단순히 숫자상의 다수만을 의미하는 것이 아니라, 규율
하는 국제법규의 내용과 불가분의 관련성을 갖는다. 따라서 예컨대 해상권에
관한 국제법규는 대다수 해상국가에 의해서 승인되었을 때 비로소 일반적으로

---

1) 헌법재판소도 조약이 적법하게 체결·공포되어야 한다는 점을 강조한다. 헌재결 1998. 11.
   26. 97헌바65, 판례집 10-2, 685(699면) 참조.
2) 헌재도 조약을 제청의 대상으로 인정하고 있다. 헌재결 1999. 4. 29. 97헌가14, 판례집 11-
   1, 273(283면): '한미방위조약 제4조에 의한 시설과 구역 및 미군의 지위에 관한 협정은
   우리나라에 주둔하고 있는 미군의 지위에 관하여 다루고 있는데 그 "협정"이라는 명칭에도
   불구하고 국회의 동의를 요하는 조약으로 취급되어야 한다. 그런데 1966. 10. 14. 국회의 비
   준동의와 대통령의 비준·공포를 거친 것으로 인정되어 성립절차상의 하자로 인한 위헌은
   아니다'. 헌재결 2001. 9. 27. 2000헌바20, 판례집 13-2, 322(328면) 참조.
3) 조약 및 국제법규의 국내법 수용에 관한 자세한 헌법이론적인 설명은 졸저(拙著), 한국헌법
   론, 2015, 184-191면 참조.

승인된 국제법규가 된다. 국제법규에는 성문의 국제법규뿐 아니라 불문의 국제관습법[1]과 일반적으로 승인된 국제조약[2]이 모두 포함된다.

　우리 헌법은 일반적으로 승인된 국제법규를 국내법으로 편입시키는 특별한 수용절차를 따로 정하지 않고 있기 때문에 국내법으로 집행·적용하는 데 있어서 검토할 사항이 많다. 즉 그 국제법규가 과연 일반적으로 승인된 것인지, 그 국제법규가 국내의 형식적 의미의 법률과 같은 효력을 갖는 것인지, 또 우리 헌법과 저촉되는지 여부를 차례로 검토해야 한다. 검토 결과 법률의 효력을 갖는 일반적으로 승인된 국제법규의 위헌 여부가 재판의 전제가 된 경우에는 헌법재판소에 제청해야 한다. 이 때 헌법재판소의 심판은 엄밀한 의미에서 구체적 규범통제라고 하기보다는 제청된 국제법규를 국내법으로 수용하기 위한 절차적 성격을 갖는다고 할 것이다. 이 점이 국회의 비준동의라는 국내법적 수용절차를 거친 조약에 대한 구체적 규범통제와 다른 점이다.[3]

3) 관 습 법

　법률과 동일한 효력을 갖는 관습법도 위헌심판의 대상이 된다. 따라서 관습법의 위헌여부가 재판의 전제가 되는 경우에는 헌법재판소에 위헌심판을 제청해야 한다는 것이 헌법재판소의 입장이다.[4] 그러나 대법원은 2009년 관습법은 법원의 판례에 의해서 그 존재가 확인되어야 하는 법규범으로서 형식적 의미의 법률이 아니어서 법원이 관습법의 효력을 부인할 수 있으므로 관습법

---

1) 예컨대 포로살해 금지 등 전시국제법상의 일반원칙, 외교관의 대우에 관한 일반원칙 등이 이에 속한다.
2) 예컨대 포로에 관한 제네바 협정, 집단학살(genocide)금지협정 등이 이에 속한다.
3) 이 점에 관한 자세한 설명은 졸저(拙著), 한국헌법론, 2015, 189면 이하 참조.
4) 헌재결 2013. 2. 28. 2009헌바129, 헌재공보 197, 357(359면) 참조. 당해 사건에서 문제가 된 관습법은 민법 시행 이전에 상속을 규율하는 법률이 없는 상황에서 재산상속에 관하여 적용된 규범으로서 비록 형식적 의미의 법률은 아니지만 실질적으로는 법률과 같은 효력을 갖는 것이었다. 헌재는 이 결정 이후에도 '여호주가 사망하거나 출가하여 호주상속이 없이 절가된 경우, 유산은 그 절가된 가의 가족이 승계하고 가족이 없을 때는 출가녀가 승계한다'는 구 관습법은 민법 시행 이전에 상속 등을 규율하는 법률이 없는 상황에서 적용된 규범으로서 비록 형식적 법률은 아니지만 실질적으로는 법률과 같은 효력을 가지기 때문에 이 관습법도 헌법소원심판의 대상(법 제68조 제 2 항)이 된다고 헌법소원의 적법성을 인정하고 본안판단에서 평등원칙에 위배되지 않는다고 판시했다(6 : 3 결정). 헌재결 2016. 4. 28. 2013헌바396 등, 헌재공보 235, 725(727면 이하 및 729면 이하).

은 헌법재판소의 위헌심판 대상이 아니라고 헌법재판소와는 다른 판시를 한
일이 있다.[1] 그러나 대법원이 확인한 관습법이라도 헌법재판소의 심판대상이
되면 헌법재판소가 위헌결정해서 그 효력을 부인할 수 있으므로 결국은 헌법
재판소의 결정이 우선적인 효력을 가지게 된다.

(5) 제청대상이 아닌 법규범

1) 헌법규정

헌법의 개별 규정은 우리의 실정법규정[2]과 법리상(法理上) 그 위헌 여부
가 재판의 전제가 될 수 없으므로 제청의 대상이 될 수 없다.[3]

2) 법규명령과 조례

명령·규칙과 자치조례의 위헌·위법 여부가 재판의 전제가 되는 경우에
는 헌법($\substack{제107조\\제2항}$)에 의하여 법원이 스스로 판단해서 재판하고 대법원이 최종적인
심사권을 가지므로 헌법재판소에 제청하는 것은 허용되지 않는다.[4]

3. 헌법재판소의 위헌심판절차

Ⅰ. 사건접수·송달·의견서제출·자료제출 요구

(1) 사건접수 및 배당

대법원을 경유해서 제출된 법원의 위헌심판 제청서가 헌법재판소에 송달
되면 이를 접수해서 표지를 붙여 사건기록을 편성하며 사건번호와 사건명을
부여한다. 그리고 위헌법률심판사건부에 기장해서 사건을 등록하고 주심재판
관을 결정해서 사건을 배당한다.

---

1) 대판 2009. 5. 28. 2007카기134 참조.
2) 헌법 제111조 제 1 항 제 1 호; 헌재법 제41조 제 1 항, 제68조 제 2 항 참조.
3) 헌재도 같은 취지의 판시를 하고 있다. 헌재결 1995. 12. 28. 95헌바3, 판례집 7-2, 841(846
   면); 헌재결 1996. 6. 13. 94헌바20, 판례집 8-1, 475(482면); 헌재결 2001. 2. 22. 2000헌바
   38, 판례집 13-1, 289(294)면 참조.
4) 헌재결 1996. 10. 4. 96헌가6, 판례집 8-2, 308(321면) 참조.

(2) 제청서 송달과 의견서제출

위헌법률심판의 제청이 있는 때에는 법무부장관 및 당해 소송사건의 당사자에게 그 제청서의 등본을 송달한다(법 제27조). 이해관계인도 제청서 송달의 대상에 포함시키는 것이 바람직할 것이다. 그리고 송달받은 당해 소송사건의 당사자와 법무부장관은 헌법재판소에 법률의 위헌 여부에 대한 의견서를 제출할 수 있다(법 제44조 및 심판규칙 제56조). 송달대상에 포함된 이해관계인에게도 의견서제출의 기회를 부여하는 것이 마땅하다.

(3) 자료제출 요구

재판부는 결정으로 다른 국가기관 또는 공공단체의 기관을 상대로 심판에 필요한 사실을 조회하거나, 기록의 송부나 자료의 제출을 요구할 수 있다(법 제32조 본문). '재판·소추 또는 범죄수사가 진행중인 사건의 기록에 대해서는 송부를 요구할 수 없다'는 법률규정(법 제32조 단서)에도 불구하고, 재판의 전제성 등의 판단을 위해서 필요한 경우 제청법원에 당해 사건기록의 인증등본의 송부를 요구할 수 있다고 할 것이다. 위헌심판절차에서 재판의 전제성의 요건과 제청법률의 위헌 여부의 판단에는 당해 사건기록을 보아야 하는 경우가 있을 것이기 때문이다.

II. 재판의 전제성 심사

(1) 재판의 전제성과 제청의 적법성

구체적 규범통제에서는 제청된 법률의 위헌 여부가 재판의 전제(前提)가 되어야 한다는 점이 특징이다. 따라서 법원의 제청이 적법하기 위해서는 제청된 법률의 위헌 여부가 제청법원에 계속중인 구체적인 사건의 재판에서 현실적으로 중요한 의미를 가져야 한다. 이 점이 재판의 전제성과 무관한 추상적 규범통제와 구별된다. 그 결과 제청된 법률의 위헌 여부가 과연 재판의 전제가 되는지를 심사하는 것은 제청의 적법성을 판단하는 중요한 기준이다. 그런데 재판의 전제성 심사에서 유의할 사항은 법원의 제청대상과 위헌심사대상이 반드시 일치하지는 않는다는 점이다. 그 이유는 헌법재판소가 재판의 전제성 심사를 통해 위헌심사 대상을 축소하거나 확대하는 경우가 있기 때문이다. 그에 더하여 헌법재판소가 제한된 범위 내에서 제청되지 않은 법률도 위헌심사의 대상에 포함시키는 경우가 있기 때문이다.

(2) 재판의 전제성 심사와 제청법원의 견해

헌법재판소가 재판의 전제성 요건을 판단할 때는 원칙적으로 제청법원(提請法院)의 견해를 존중한다.1) 특히 제청 대상이 된 법률의 해석은 제청법원의 고유한 권한이기 때문에 제청법원의 해석을 그대로 수용하는 것이 원칙이다. 다만 재판의 전제성을 심사하는 과정에서 제청법원의 법률해석을 비판적으로 검토하는 것은 불가피하다. 그 결과 제청법원의 법률적 견해가 명백히 유지될 수 없을 정도로 잘못된 것으로 인식되거나 적용법률에 대한 오해가 있는 것으로 인정되면 헌법재판소가 다른 해석을 하고 직권으로 적용법률을 조사할 수 있다. 그러한 해석과 조사의 결과 제청법률이 재판의 전제성이 없다고 판단하면 법원의 제청을 부적법하다고 각하할 수 있다.2) 나아가 재판의 전제성 유무가 헌법과 헌법재판소법이 정한 헌법소송의 기능·본질 및 효력 등 헌법재판제도에 관한 헌법적 선결문제의 해명에 따라 전적으로 좌우되는 경우에는 헌법재판소는 법원의 법률적 견해에 구애받지 않고 제청의 적법성 여부를 독자적으로 판단할 수 있다. 헌법 또는 헌법재판제도의 문제에 대한 해명은

---

1) 독일 연방헌법재판소도 일관해서 이 입장을 견지하고 있다. BVerfGE 2, 181(190ff.) 이후 일관된 판례이다. 우리 헌재도 예컨대 두 단계로 이루어지는 국민연금보험금의 부과징수에서 표준소득월액결정처분의 하자를 보험금부과처분무효확인을 구하는 당해 사건에서 다투는 경우 제청법원의 판단을 수용해서 재판의 전제성을 인정했다. 헌재결 2007. 4. 26. 2004헌가29 등, 헌재공보 127, 447(453면) 참조. 한국전력공사의 전기요금약관을 다투는 사건에서도 제청법원의 견해를 존중함이 타당하다는 이유로 재판의 전제성을 인정했다. 헌재결 2021. 4. 29. 2017헌가25 참조.

2) 예컨대 헌재결 1996. 10. 4. 96헌가6, 판례집 8-2, 308(321면); 헌재결 1997. 9. 25. 97헌가4, 판례집 9-2, 332(336면); 헌재결 2005. 6. 30. 2003헌가19, 판례집 17-1, 791(795면) 참조. 독일에도 같은 취지의 판례가 많이 있다. 예컨대 BVerfGE 78, 1(5) 참조. 이미 위헌결정한 법률조항에 대한 재차 위헌법률심판제청도 부적법하다. 헌재결 2010. 7. 29. 2009헌가4, 헌재공보 166, 1303(1308면) 참조. 또 상속에서 특별한정승인권도 상속의 승인 또는 포기와 같이 상속인에게 승계되는 법률적 성질을 제청법원이 오해하고 민법 제1019조 제 3 항을 해석·적용해서 해결할 문제를 민법 제1021조가 재판의 전제가 된다고 한 위헌심판제청도 부적법하다. 헌재결 2011. 8. 30. 2009헌가10, 헌재공보 179, 1222(1224면) 참조.

헌법재판소의 독자적 판단사항이기 때문이다.[1] 또 법원이 재판의 전제성이 없다고 판단해서 소송당사자의 제청신청을 기각한 후 규범소원($^{법}_{제2항}^{제68조}$)이 청구된 경우에 헌법재판소는 재판의 전제성을 인정할 수도 있다.[2]

(3) 재판의 전제성의 요건

헌법($^{제107조}_{제1항}$)과 헌법재판소법($^{제41조}_{제1항}$)은 재판의 전제성에 관해서 구체적으로 그 요건을 규정하지 않고 있다. 그래서 헌법재판소는 판례를 통해 재판의 전제성의 요건 심사에 적용하는 나름대로의 기준을 밝히고 있다. 즉 그에 의하면 재판의 전제성이 인정되기 위해서는, i) 구체적인 사건이 제청법원에 계속중이어야 하고,[3] ii) 제청된 법률이 당해 소송사건의 재판에 적용되는 것이어야 하며,[4] iii) 제청법률의 위헌 여부에 따라 제청법원이 다른 내용의 재판을 하게 되는 경우이어야 한다. '다른 내용의 재판을 하게 되는 경우'에는 제청법원이 심리

---

1) 예컨대 헌재결 1994. 6. 30. 92헌가18, 판례집 6-1, 557(571면 이하) 참조. 이것은 비록 재판의 전제성 요건의 불비를 이유로 각하 소견을 낸 소수의견의 판시내용이지만 재판의 전제성의 판단에 관한 한 정당한 주장이라고 할 것이다.

2) 예컨대 헌재결 1999. 12. 23. 98헌바33, 판례집 11-2, 732(744면) 참조.

3) 따라서 상해를 원인으로 하는 손해배상소송절차가 법원에 계속중이지 않은 상황에서 소송비용예납명령절차나 신체감정절차는 당해소송사건으로 볼 수 없어 재판의 전제성이 인정되지 않는다. 민사소송에서 이런 절차는 불복신청이 허용되지 않기 때문이다. 헌재결 2017. 5. 25. 2015헌마349, 헌재공보 248, 523(525면) 참조.

4) 예컨대 i) 형법의 사형과 무기징역형규정에 대한 위헌심판제청에서 가석방의 요건규정은 형이 확정된 후의 형의 집행에 관한 문제일 뿐이므로 당해 사건에 적용될 법조항이 아니라고 각하한 판례가 있다. 헌재결 2010. 2. 25. 2008헌가23, 판례집 22-1(상), 36(53면) 참조. ii) 또 형소법은 재심절차를 '재심의 청구에 대한 심판'과 '본안사건에 대한 심판'의 두 단계절차로 구별하고 있기 때문에 아직 재심개시결정이 확정되지 않은 상태에서 재심청구의 대상이 된 원판결에 적용된 법률조항은 1단계 '재심의 청구에 대한 심판'에서는 재판의 전제성이 없다. 헌재결 2010. 11. 25. 2010헌가22 참조. 헌재결 2011. 2. 24. 2010헌바98도 같은 취지. iii) 또 과세관청이 결손처분을 취소하고 체납처분 절차를 진행하여 공탁금을 출금함으로써 변제공탁이 유효하게 되는지 여부가 쟁점인 헌법소원사건에서 '결손처분을 한 후 압류할 수 있는 다른 재산을 발견한 때에는 지체없이 그 처분을 취소하고 체납처분을 하여야 한다'는 법규정은 변제공탁의 유효성 여부에 아무런 영향을 미치지 못하므로 재판의 전제성이 없다. 헌재결 2012. 4. 24. 2009헌바417, 판례집 24-1(하), 31(36면) 참조. iv) 그리고 당해사건에서 주위적 공소사실인 장물취득을 유죄로 인정함에 따라 예비적 공소사실인 장물보관에 관하여는 판단하지 않은 판결이 확정되었으면 당해사건의 예비적 공소사실에 적용되는 법률조항은 당해사건 재판의 전제성이 인정되지 않는다. 헌재결 2019. 2. 28. 2018헌바8 참조. v) 개정된 법률의 적용시점을 잘못 해석해 개정 전의 사건에 소급적용하면서 재판의 전제성이 있다고 제청한 법원의 제청을 각하한 판례도 있다. 헌재결 2019. 8. 29. 2016헌가16 참조.

중인 당해 사건의 재판의 주문이나 결론에 어떤 영향을 주는 경우뿐 아니라, 제청법률의 위헌 여부가 비록 재판의 주문에는 아무런 영향을 주지 않는다고 하더라도 재판의 결론을 이끌어 내는 이유를 달리하는 데 관련되어 있거나 또는 재판의 내용과 효력에 관한 법률적 의미가 달라지는 경우도 포함된다.[1] 이 세 가지 요건을 나누어서 살펴본다.

1) 구체적인 사건의 제청법원 계속

재판의 전제성(前提性)이 인정되려면 우선 구체적인 소송사건이 제청법원에 적법하게 계속(係屬)중이어야 한다. 구체적 규범통제는 본질상 재판 부수적인 것이기 때문에 법원에 계속중인 구체적인 소송사건과 일체를 이루는 것이어서 구체적인 소송사건의 재판에 기여하게 된다. 제청법원에의 계속 요건은 제청결정 당시뿐 아니라 헌법재판소의 심판시에도 충족해야 한다.[2] 규범소원(법 제68조 제 2 항)의 경우에는 위헌제청신청시에 구체적 사건이 법원에 계속중이어야 한다.[3] 규범소원의 경우 재판정지의 효과가 없어 헌법재판소의 심판시에는 구체적 사건이 법원에서 이미 종결된 경우가 있을 수 있다. 따라서 이런 경우 심판시까지 소송사건의 법원 계속을 요구하는 것은 법리상 무리이다.[4] 법원이 소송사건의 원고적격의 흠결을 이유로 본안사건(本案事件)과 위헌제청신청을

---

1) 헌재결 1992. 12. 24. 92헌가8, 판례집 4, 853(864-865면) 이후 일관된 판례이다. 독일 연방헌법재판소가 1977년 판시한 내용과 본질적으로 같다. BVerfGE 44, 297(301) 참조.

2) 헌재결 1993. 12. 23. 93헌가2, 판례집 5-2, 578(588면) 참조.

3) [사례] 청구인이 재판장의 법정 녹음불허가결정에 대해서 이의신청을 하면서 불허가결정의 근거법률조항에 대한 위헌법률심판제청을 신청하고, 재판장은 불허가에 대한 이의신청은 재판절차임을 전제로 위 제청신청을 각하했다고 해도 계속중인 소송사건이 없는 경우이다. 이 경우 청구인과 재판장이 모두 '재판장의 불허가'의 법적 성격에 관한 법리를 오해한 것으로 보아야 한다. 왜냐하면 재판장의 녹음불허가처분은 사법행정행위로서 이에 대한 불복은 행정소송이나 헌재법 제68조 제 1 항의 헌법소원에 의해야 하므로 재판장의 위 불허가처분에 대한 이의신청이 재판절차임을 전제로 헌재법 제68조 제 2 항의 규범소원을 제기하는 것은 부적법하기 때문이다. 이 경우 재판의 전제가 된 법률의 위헌여부에 대한 소송사건은 없다. 따라서 청구인의 심판청구는 각하된다. 헌재결 2011. 6. 30. 2008헌바81, 헌재공보 177, 897(899면) 참조.

4) 우리 헌재도 규범소원의 경우 판결이 확정되었더라도 재판의 전제성이 소멸된다고 볼 수는 없다고 판시하면서 재심청구의 가능성(법 제75조 제 7 항)을 언급하고 있다. 헌재결 1998. 7. 16. 96헌바33 등, 판례집 10-2, 116(142면) 참조. 그러나 형사사건에서 무죄의 확정판결을 받은 때에는 처벌조항의 위헌확인을 구하는 헌법소원이 인용되어도 재심을 청구할 수 없어 재판의 전제성은 부인된다. 헌재결 2008. 7. 31. 2004헌바28 참조.

모두 각하한 후 상고심이 원고적격을 인정하는 파기환송(破棄還送)을 해 사건
이 다시 원심법원에 계속된 경우는 재판의 전제성이 있다.[1] 나아가 원고적격
에 관한 원심법원의 소각하 판결이 상고심계류중인 대법원에서 변경될 가능성
이 충분히 있는 경우라면 잠정적으로 재판의 전제성을 인정할 필요성이 있
다.[2] 법원의 제청 후 헌법재판소의 결정 전에 소송당사자의 소송행위 종료(소
취하 등), 사망, 법률의 개정·폐지 등 사정변경이 생기면 제청법원은 직권으로
제청 철회 여부를 검토·결정해야 하는데, 제청 철회가 마땅한데도 철회가 없
으면 재판의 전제성이 없으므로 헌법재판소가 각하한다. 또 제청법원에 계속
중인 사건은 적법한 것이어야 하므로 부적법한 사건의 경우에는 재판의 전제
성이 없어 헌법재판소가 각하한다.[3]

2) 제청법원의 당해 소송사건의 재판에 적용되는 제청법률

재판의 전제성이 인정되기 위해서는 제청된 법률이 제청법원의 당해 소
송사건의 재판에 직접·간접으로 적용되는 것이어야 한다.

(가) 직접 적용되는 법률

재판의 전제성이 인정되는 법률은 당해 소송사건의 재판에 직접 적용되
는 법률이 대부분이다. 불가쟁력이 생긴 행정처분의 무효확인소송에서 행정처
분의 근거법률을 제청한 경우 제청법률의 위헌 선고로 인해서 당해 행정처분
이 당연무효가 되는 경우가 그 예이다.[4] 따라서 제청된 법률이 당해 소송사

---

1) 헌재결 1999. 7. 22. 97헌바9, 판례집 11-2, 112(122면) 참조.
2) 헌재결 2004. 10. 28. 99헌바91, 판례집 16-2하, 104(116면) 참조.
3) 헌재결 1992. 8. 19. 92헌바36, 판례집 4, 572(574면); 헌재결 2000. 11. 30. 98헌바83, 판례
   집 12-2, 278(284면); 헌재결 2005. 3. 31. 2003헌바113, 판례집 17-1, 413(420면); 헌재결
   2000. 6. 1. 99헌바73, 헌재공보 46, 462(465면) 참조. 법률상의 자격요건을 충족하지 않은
   자가 법률에서 정하는 일정한 장려금의 지급청구소송을 제기한 경우 청구이유가 없는 부적
   법한 청구이므로 법원은 설령 그 법률이 위헌이라는 합리적인 의심을 갖는 경우에도 그 법
   률에 대해 위헌제청을 할 수 없다. 이런 경우 법원이 청구를 기각하면 끝나는 일이므로 재
   판의 전제성은 인정되지 않는다.
4) 헌재결 1994. 6. 30. 92헌바23, 판례집 6-1, 592(604면): '행정처분의 근거법규가 추후 헌법
   재판소에 의하여 위헌으로 선고된 경우 그 행정처분도 무효로 볼 여지가 있는 경우라면 재
   판의 전제성이 인정될 수 있을 것이다'. 헌재는 이 결정에서 비형벌법규에 대한 위헌결정이
   갖는 장래효 때문에 위헌인 법률에 근거한 행정처분이 당연무효라고 할 수 없고 단순히 취
   소사유에 지나지 않는다면 제청법률의 위헌 여부는 재판의 전제가 되지 않는다고 볼 수 있
   지만, 위헌으로 선고된 법률에 근거한 행정처분의 하자를 무효사유로 볼 것인지 단순 취소

건의 재판에 적용되는 것이 아니라면 재판의 전제성은 인정되지 않는다.[1] 예
컨대 제청법원의 당해 사건에는 구법조항이 적용되었는데 동일한 내용의 신
법조항을 제청한 경우 신법조항의 위헌 여부는 당해 사건의 재판과 아무런
관련이 없으므로 재판의 전제성이 없는 경우이다.[2] 또 법률이 개정되어 신법
이 구법보다 피고인에게 유리하게 변경되었다면 신법 시행 전의 범죄행위에 대
해서도 신법을 적용하는 것이 원칙($\frac{형법}{제2항}$$\frac{제1조}{}$)이므로 구법은 재판의 전제성이 없
다.[3] 공소가 제기되지 아니한 법률조항,[4] 제청법원이 구체적 소송사건에서 적
용하지 아니한 공소장의 적용법조문란(適用法條文欄)에 적시된 법률조항[5] 등도
그 예로 들 수 있다. 다만 헌법재판소는 국가보위입법회의가 제정한 구 집회
및 시위에 관한 법률($\frac{제3조}{항}$$\frac{제1}{제4호}$) 위헌소원 사건에서 형사확정판결의 근거가 된
처벌조항의 위반여부에 대한 재심사건에서는 그 재심대상사건의 재판절차에서
그 처벌조항의 위헌성을 다툴 수 없는 규범적 장애가 있는 특수한 상황이 있
었다면 예외적으로 재판의 전제성을 인정함이 타당하지만 이 사건에서는 그러
한 규범적 장애를 인정할 수 없다고 재판의 전제성을 부인했다.[6] 또 양심의
결정에 따른 예비군 훈련 거부자에 대한 처벌조항의 위헌을 다투는 헌법소원
사건에서는 대법원이 이미 진정한 양심에 따른 예비군 훈련거부도 처벌의 면
책사유인 '정당한 사유'에 해당한다고 판결한 이상 '정당한 사유'의 포섭에 관

사유라고 볼 것인가에 관해서는 아직 대법원의 판례가 확립되지 아니했으므로 현재로서는
일응 재판의 전제성을 인정하는 것이 바람직하다고 판시했다.

1) 헌재결 1993. 11. 25. 92헌바39, 판례집 5-2, 410(416면); 헌재결 1995. 7. 21. 93헌바46, 판
   례집 7-2, 48(59면); 헌재결 2005. 6. 30. 2004헌바73, 헌재공보 106, 882(885면) 참조.
2) 헌재결 2001. 4. 26. 2000헌가4, 판례집 13-1, 783(791면) 참조. 그 밖에도 행정처분의 근거
   가 된 법조항이 위헌임을 전제로 국가를 상대로 제기한 손해배상청구소송에서 행정처분의
   근거법조항에 대한 위헌심판청구는 재판의 전제성을 갖추지 못했다. 행정처분의 근거가 된
   법조항의 위헌 여부는 당해 사건의 심판에 아무런 영향을 미치지 못하기 때문이다. 헌재결
   2008. 4. 24. 2006헌바72, 헌재공보 139, 572(574면) 참조.
3) 헌재결 2010. 9. 2. 2009헌가30 등, 헌재공보 167, 1515(1519면) 참조.
4) 헌재결 1989. 9. 29. 89헌마53, 판례집 1, 302(304면) 참조.
5) 헌재결 1997. 1. 16. 89헌마240, 판례집 9-1, 45(72면) 참조.
6) 그 이유로 1980년 헌법 부칙 제 6 조 제 3 항은 1972년 유신헌법 제53조 제 4 항과 달리 국
   가보위입법회의 제정 법령의 위헌여부의 심사를 원천적으로 봉쇄하기 위한 조항이 아니라
   이 기관의 활동에 대한 절차적 정당성을 부여하기 위한 조항으로 보아야 하기 때문이라고
   판시했다. 헌재결 2018. 3. 29. 2016헌바99, 헌재공보 258, 534(537면). 헌재결 2013. 3. 21.
   2010헌바132 등도 참조.

한 법원의 판단에 달린 문제라는 이유로 재판의 전제성을 부인했다.[1)

(나) 간접 적용되는 법률

제청법원의 당해 소송사건의 재판에 적용되는 법률이라면 반드시 직접 적용되는 법률만이 재판의 전제성을 갖는 것은 아니다. 직접 적용되는 법률규정과의 사이에 내적 연관성이 있는 경우에는 간접 적용되는 법률규정에 대해서도 재판의 전제성을 인정할 수 있다는 것이 헌법재판소의 입장이다.[2) 예컨대 재판에 직접 적용되는 것은 시행령이지만 그 시행령의 위헌 여부가 위임법률규정의 위헌 여부에 달려 있다면 위임법률규정과 직접 적용되는 시행령 사이에는 내적 연관성이 있으므로 위임법률규정은 재판의 전제성이 있다.[3) 또 허가 없이 유료직업소개업을 해서 공소가 제기된 경우 공소장에는 유료직업소개업의 허가요건을 규정한 직업안정 및 고용촉진법 제10조 제 1 항만 기재되어 있지만 같은 법 제 2 항에서는 허가의 종류·요건 등 허가기준을 대통령령에 위임한 경우, 제10조 제 1 항의 위헌 이유로 제10조 제 2 항의 위임입법의 한계일탈을 주장한다면 제10조 제 1 항의 위헌 여부는 제10조 제 2 항의 위헌 여부와 불가분의 관계에 있으므로 제10조 제 2 항도 재판의 전제성이 있다.[4) '의료보험요양급여기준 및 진료수가기준, 지정진료에 관한 규칙' 위반으로 기소되어 재판에 계속중인 경우에는 의료보험법($\binom{제29조}{제3항}$)이 위 사건의 재판에 간접적으로 적용되고 있으므로 위 의료보험법에 대한 규범소원은 재판의 전제성이 있다.[5) 그리고 심판청구된 법률조항이 당해 사건 재판에 직접 적용되지 않더라도 그 위헌여부에 따라 당해 사건 재판에 직접 적용되는 법률조항의 위헌여부가 결정되거나, 당해 사건 재판의 결과가 좌우되는 경우 또는 당해 사건의 재판에 직접 적용되는 규범의 의미가 달라짐으로써 재판에 영향을 미치는 경우 등에는 간접적용되는 법률조항에 대해서도 재판의 전제성을 인

---

1) 헌재결 2021. 2. 25. 2013헌가13등 참조.
2) 헌재결 2000. 1. 27. 99헌바23, 판례집 12-1, 62(71면) 참조.
3) 헌재결 1994. 6. 30. 92헌가18, 판례집 6-1, 557(564면) 참조.
4) 헌재결 1996. 10. 31. 93헌바14, 판례집 8-2, 422(429면 이하) 참조.
5) 헌재결 2000. 1. 27. 99헌바23, 판례집 12-1, 62(71면) 참조; 헌재결 2010. 6. 24. 2008헌바 169, 판례집 22-1(하), 497(505면)도 당해 사건에서 직접 적용된 법률조항이 아닌 공직선거법 제59조 제 3 호(후보자와 달리 유권자의 인터넷 사전선거운동을 금지하는 규정)를 간접 적용되는 법률조항이라고 재판의 전제성을 인정했다.

정할 수 있다.[1] 예컨대 투자자 보호 및 시장 건전성 유지의 공익목적으로 금
융위원회의 허가를 받아 운영하는 한국거래소는 상장규정을 제정할 때 증권
의 상장폐지기준 및 상장폐지에 관한 내용을 포함하도록 한 자본시장과 금융
투자업법 규정($\frac{제390조 \ 제2항}{제2호}$)은 상장폐지결정의 직접적인 근거조항은 아니지만
이 조항의 위헌여부에 따라 상장폐지결정이 무효가 될 수 있으므로 상장폐지
결정을 다투는 헌법소원사건에서 간접적으로 적용되는 근거조항이라고 재판
의 전제성을 인정했다.[2] 그러나 국가보안법($제6조$)상의 잠입·탈출죄로 기소되어
유죄판결을 받은 경우 입법목적과 규제대상을 달리하는 남북교류협력에 관한
법률($제3조$)은 간접적으로라도 적용될 여지가 없으므로 재판의 전제성이 없다.[3]

3) 제청법률의 위헌 여부에 따라 달라지는 재판 내용

재판의 전제성이 인정되기 위해서는 제청법률의 위헌 여부에 따라 제청
법원이 다른 내용의 재판을 하게 되는 경우이어야 한다.[4] 다른 내용의 재판
을 하게 되는 경우로는 주문에 영향을 미치는 경우와 이유 설명에 영향을 미
치는 경우를 들 수 있다.

(가) 주문에 영향을 미치는 경우

제청법률이 위헌일 때와 합헌일 때 제청법원이 다른 판단을 할 수밖에
없는 경우인데, 다른 판단을 한다는 것은 재판의 결과 즉 주문(主文)이 달라지
는 경우를 말한다는 것이 헌법재판소의 판시이다.[5] 형사피고인이 범죄의 구

---

1) 헌재결 2002. 10. 31. 2002헌바29, 헌재공보 74, 960(964면); 헌재결 2011. 10. 25. 2010헌바
476, 헌재공보 181, 11623(1624면) 참조.
2) 헌재결 2021. 5. 27. 2019헌바332 참조. 이 사건의 본안판단에서 법률유보(정확히는 의회유
보)와 포괄위임금지원칙에 위배하지 않는다고 판시했다.
3) 헌재결 1993. 7. 29. 92헌바48, 판례집 5-2, 65(75면 이하) 참조.
4) 독일 연방헌법재판소도 같은 취지의 판시를 하고 있다. BVerfGE 7, 171(173); 65, 265
(277); 66, 1(16); 74, 182(193); 79, 240(243f.) 참조.
　따라서 예컨대 전소의 기판력 있는 법률효과가 후소인 당해 사건의 선결문제로 되면 후
소는 전소의 기판력을 받게 되어 당해 사건의 법원은 전소판결의 내용에 어긋나는 판단을
할 수 없으므로 재판의 전제성이 없다. 헌재결 2011. 7. 28. 2009헌바24, 헌재공보 178호,
1078 참조. 또 당해 사건인 형사사건에서 무죄의 확정판결을 받으면 처벌조항의 위헌확인
을 구하는 헌법소원은 재판의 전제성이 없다. 헌법소원이 인용되어도 재심을 청구할 수 없
어 무죄판결을 더 이상 다툴 수 없기 때문이다. 헌재결 2011. 7. 28. 2009헌바149, 헌재공보
178호, 1080 참조.
5) 헌재결 1989. 12. 18. 89헌마32 등, 판례집 1, 343(348면) 참조.

성요건을 충족하고 위법성과 책임성에도 의문의 여지가 없다면 그 형사피고
인의 처벌 여부는 오로지 관련되는 형벌규정의 위헌 여부에 달려 있으므로
그 형벌규정은 재판의 주문에 영향을 미치는 경우에 해당되어 재판의 전제성
이 인정된다.[1] 소송의 승패가 제청된 법률규정의 위헌 여부에 따라 좌우되는
것도 주문에 영향을 미치는 경우이다. 또 형사사건으로 기소된 자에게는 직위
를 부여하지 않는다는 법률규정(구 국가공무원법 제73조의 2 제1항 단서)의 위헌 여부에 따라 직위해제
처분의 취소 여부가 결정된다면 그것도 재판의 결과 즉 주문이 달라지는 경
우이다.[2] 그러나 규범소원(법 제68조 제2항)의 경우 당해 소송에서 청구인의 승소판결
이 확정된 경우에는 재심청구가 허용되지 않아 심판대상 법률조항을 위헌결정
해도 당해 사건의 재판의 결론이나 주문에 영향을 미치는 것이 아니므로
재판의 전제성은 부정된다.[3][4] 또 학교법인의 재임용거부결정에 대한 교원소
청심사특별위원회의 취소결정에 기초하여 손해배상 및 재임용절차의 이행을
구하는 당해 민사소송사건에서 대학교원 '기간임용제 탈락자 구제를 위한 특
별법'의 위헌 여부는 당해 사건 재판의 전제성이 없다. 왜냐하면 특별법조항
에 대한 위헌결정이 난다 해도 이 사건 취소결정이 당연무효가 되는 것은 아
니므로 당해 사건 법원은 민사소송절차에서 이미 확정력이 생긴 이 건 취소
결정의 효력을 부인할 수 없어 당해 사건 재판의 주문이 달라지거나 재판의
내용과 효력에 관한 법률적 의미가 달라지는 것은 아니기 때문이다.[5] 그러나

---

1) 또 예컨대 친족간의 절도죄로 기소되어 재판중인 피고인의 규범소원사건에서 당해사건의
   재판에 직접 적용되지 않은 형법 제328조 제1항의 위헌여부에 따라 당해 사건 재판의 결
   론이나 주문이 달라질 수 있다고 이 규정의 재판의 전제성을 인정했다. 헌재결 2012. 3. 29.
   2010헌바89, 판례집 24-1(상), 402(407면) 참조.
2) 헌재결 1998. 5. 28. 96헌가12, 판례집 10-1, 560(566면) 참조.
3) 헌재결 2000. 7. 20. 99헌바61, 판례집 12-2, 108(113면) 참조. 과태료재판에서 불처벌결정
   이 확정된 경우에는 준재심의 이익이 없다고 재판의 전제성을 부인한 판례: 헌재결 2010.
   2. 25. 2008헌바159, 판례집 22-1(상), 247(253면)도 참조.
4) 그러나 파기환송 전 항소심에서 승소판결을 받았다고 하더라도 그 판결이 확정되지 아니한
   이상 상소절차에서 그 주문이 달라질 수 있으므로 심판대상조항의 위헌 여부에 관한 재판
   의 전제성은 인정된다. 헌재결 2013. 6. 27. 2011헌바247, 판례집 25-1, 467(474면) 참조. 국
   군포로 보수법에서 등록이 불가한 국군 포로 유족이 청구한 헌법소원 사건에서 헌재는 그
   유족에게도 보수청구권을 인정하는 것으로 개정된다면 당해 사건에서 재판의 주문이 달라
   질 가능성이 있다고 재판의 전제성을 인정했지만 무리한 논증이다. 4인 재판관의 각하의견
   이 더 설득력이 있다. 헌재결 2022. 12. 22. 2020헌바39 참조.
5) 헌재결 2010. 11. 25. 2006헌바103 참조.

규범소원이 인용된 경우에는 당해 헌법소원과 관련된 소송사건이 이미 확정된 때라도 당사자는 재심을 청구할 수 있으므로($\frac{법}{M7항}^{제75조}$), 판결이 확정되었더라도 재판의 전제성이 소멸된다고 볼 수는 없다.[1] 그렇지만 영장실질심사에 소요되는 기간을 수사기간의 구속기간에 산입하지 않는 형사소송법규정($\frac{M210조의}{2\ M8항}$)의 위헌을 주장하면서 구속기간연장결정 기간정정신청과 함께 규범소원을 제기한 경우, 검사의 기소로 인해서 청구인의 신청이익이 소멸하게 되면 규범소원의 대상인 위 법률조항의 위헌 여부는 당해 사건의 재판의 결론에 아무런 영향을 미칠 수 없게 되어 재판의 전제성도 부정된다.[2] 또 행정처분에 대한 쟁송기간이 경과하거나 적법한 전심절차를 거치지 아니하고 행정처분의 무효확인의 청구를 하고 그 행정처분의 근거가 된 법률이 위헌이라고 규범소원을 한 경우, 그 법률에 대한 위헌결정이 행정처분의 효력에 영향을 미칠 여지가 없는 경우에는 그 법률의 위헌 여부에 따라 당해 사건에 대한 재판의 주문이 달라지거나 재판의 내용과 효력에 관한 법률적 의미가 달라질 수 없으므로 재판의 전제성을 인정할 수 없다.[3] 나아가 항소심재판에서 제기한 규범소원에서 소원대상 법률조항이 위헌으로 결정된다 해도 항소심절차에 적용되는 민소법 제415조 본문의 불이익변경금지원칙에 의해 당해 사건 재판의 주문에 영향을 미칠 수 없고 그 내용 및 효력에 관한 법률적 의미가 달라질 수 없는 경우에도 재판의 전제성 요건은 결여된다.[4]

(나) 이유 설명에 영향을 미치는 경우

재판의 결론을 이끌어 내는 이유를 달리하게 되거나, 재판의 내용이나 효

---

1) 헌재결 2008. 5. 29. 2006헌바99, 판례집 20-1(하), 142(153면); 헌재결 2010. 5. 27. 2008헌바61, 판례집 22-1(하), 205(211면) 참조.

2) 헌재결 2005. 9. 29. 2003헌바101, 헌재공보 108, 1028(1030면) 참조.

3) 헌재결 2005. 3. 31. 2003헌바113, 판례집 17-1, 413(421면) 참조. 이런 경우 행정처분의 무효 여부는 대법원의 확립된 판례(대판 1995. 7. 11. 94누4615, 공보 1995하, 2633; 대판 2004. 10. 15. 2002다68485 등)인 '중대명백설'(重大明白說)에 따라 당해 사건을 재판하는 법원이 판단할 사항이라는 것이 헌재의 입장이다. 그런데 대법원은 행정처분 후 그 근거법률조항이 위헌결정된 경우라도 특별한 사정이 없는 한 그 행정처분의 하자는 행정처분의 취소사유일 뿐 당연무효사유는 아니라는 입장을 고수하고 있다(대판 1994. 10. 28. 92누9463; 대판 2001. 3. 23. 98두5583; 대판 2009. 5. 14. 2007두16202). 헌재는 대법원의 이런 입장을 존중해서 재판의 전제성을 부인한다. 헌재결 1999. 9. 16. 92헌바9, 판례집 11-2, 262(270면); 헌재결 2010. 9. 30. 2009헌바101, 헌재공보 168, 1667(1670면) 참조.

4) 헌재결 2010. 4. 29. 2008헌바113, 판례집 22-1(상), 664(670면) 참조.

력 중의 어느 하나라도 그에 관한 법률적 의미가 달라지는 경우에는 재판의 전제성이 있는 것으로 보아야 한다는 것이 헌법재판소의 입장이다.[1]

a) 재판의 내용이나 효력에 영향을 미치는 경우

예컨대 법원이 피고인에게 무죄 등을 선고하면 구속영장은 효력을 잃지만, 검사가 사형·무기 또는 10년 이상의 징역·금고의 형을 구형한 경우에는 예외로 한다는 법률규정($^{형소법 \; 제331}_{조 \; 단서}$)의 위헌심판사건에서 헌법재판소가 취한 입장이다. 즉 헌법재판소는 이 단서규정의 위헌 여부에 따라 비록 제청법원의 재판주문에 직접 영향을 주는 것은 아니라도 법원의 판결만으로는 구속영장의 효력을 상실시키는 효력을 갖지 못하게 될 수도 있다고 설명하면서, 그 결과 재판의 효력과 관련하여 전혀 다른 효과를 가져오는 재판이 될 수도 있으므로 재판의 내용이나 효력 중에 어느 하나라도 그에 관한 법률적 의미가 전혀 달라지는 경우에 해당한다고 하면서 재판의 전제성을 인정하는 판시를 했다.[2]

b) 재판의 결론을 이끌어 내는 이유에 영향을 미치는 경우

헌법재판소가 재판의 전제성을 인정하는 하나의 유형으로 언급한 내용 중에서 재판의 주문이나 내용 또는 효력에 영향을 미치지 않으면서 재판의 결론을 이끌어 내는 이유를 달리하는데 관련되어 있는 경우에 해당하는 판례는 아직 없다. 그러나 다음과 같은 경우를 상정할 수 있다고 할 것이다. 정부가 영세자영업의 창업을 제한해서 과다경쟁으로 인한 경제적 손실을 방지한다는 명분으로 추진하는 정책의 일환으로 예컨대 세탁기능사의 자격을 취득하지 않으면 세탁업을 창업할 수 없도록 하는 법률(이하 A법률이라 부름)을 제정하면서 일정한 요건을 충족한 경우에는 예외를 인정하되 이 경우에도 행정관청의 예외허가를 받도록 규정했다고 가정하자. 갑은 영업하던 세탁업을 계속하기 위해서 행정당국에 예외허가를 신청했으나 허가가 거부되자 행정법원

---

1) 헌재결 1992. 12. 24. 92헌가8, 판례집 4, 853(866면) 참조.
2) 위 판례집 866면 참조. 또 헌재는 치료감호청구권자를 검사로 한정한 치료감호법규정(제45조 제7항)의 위헌여부(재판받을 권리, 적법절차원칙, 보건에 관한 국가의 보호의무 위반여부)를 다투는 위헌심판청구사건에서 당해 피고사건과 관련해서 재판의 전제성을 인정했다. 즉 법률상 치료감호사건과 피고사건은 별개의 청구로 개시되는 별개의 재판이다. 따라서 두 사건은 그 대상·요건·절차에서 구별되지만, 이 양자를 본질적으로 별개의 것이라고 단정하기 어렵고 양자는 서로 긴밀하게 연관되어 있으므로 피고사건을 선고할 때 치료감호사건에 대해서도 고려를 할 수밖에 없을 것이기 때문에 재판의 전제성을 인정한다고 판시했다. 그러나 해당 규정은 헌법 위반이 아니라고 결정했다. 헌재결 2021. 1. 28. 2019헌가24 등 참조.

에 허가거부처분취소청구소송을 제기한 경우 법원이 A법률의 위헌심판을 제청한 경우를 상정할 수 있다. 이 경우 A법률이 합헌적인 유효한 법률일 때는 법원은 갑이 예외허가의 조건을 충족했으면 갑의 청구를 인용할 것이고, 조건을 충족하지 못했다면 기각하게 될 것이다. 반면에 A법률이 위헌·무효일 때는 갑이 예외허가조건을 충족했는지의 여부와 관계 없이 갑의 청구는 기각할 수밖에 없다. 갑이 설령 조건을 충족했다고 하더라도 예외허가를 해 줄 법적 근거가 없어지기 때문이다. 이 경우 만약 법원이 갑의 조건충족을 부인하는 판단을 한다면 A법률의 유·무효와 관계 없이 동일한 기각판결(棄却判決)의 결론에 이르게 된다. 그렇다고 해서 A법률의 위헌 여부가 재판의 전제가 되지 않는다고 볼 수는 없다. 왜냐하면 법원은 갑의 청구를 기각하는 이유가 선택적으로 갑이 예외허가조건을 충족하지 못해서인지, 아니면 A법률이 위헌·무효인 때문인지를 밝혀야 할 의무가 있기 때문이다. 즉 갑과 행정관청이 어떤 법적인 지위에 서게 되는지를 분명히 가려 주어야 한다. 그래야 소송당사자간에 법적인 평화가 실현되고 법적인 분쟁이 더 이상 지속되지 않게 된다. 이런 경우는 A법률의 위헌 여부가 비록 재판의 주문(기각)에는 영향을 미치지 않는다고 하더라도 그 주문을 이끌어 내는 이유를 달리하는 것과 관련이 있기 때문에 A법률은 재판의 전제성이 있다고 보아야 한다.[1]

(4) 헌법적 해명이 긴요한 사안과 재판의 전제성

헌법재판소는 재판의 전제성 요건을 따질 때 헌법적인 해명이 긴요한 사안에서는 제청 당시 전제성이 인정되는 한 심판 당시 재판의 전제성이 소멸되거나 헌법소원이 인용되어도 당해 소송사건에 영향을 미칠 수 없어 재판의 전제성이 없는 경우에도 예외적으로 본안판단을 한다. 헌법소원제도는 개인의 주관적인 권리구제뿐 아니라 객관적인 헌법질서의 수호·유지를 함께 그 목적으로 하는 헌법재판제도이기 때문이다. 즉 헌법재판소는 위헌 여부의 해명이 헌법적으로 중요한 의미를 갖는데도 아직 그 해명이 없거나, 기본권 침해가 반복될 위험성이 있는데도 좀처럼 위헌심판의 기회를 갖기 어려운 경우에는

---

1) 독일 연방헌법재판소도 이런 경우 예외적으로 재판의 전제성을 인정하는 판시를 하고 있다. 예컨대 BVerfGE 10, 258(261); 11, 330(334f.); 13, 97(103f.) 참조.

제청 당시 재판의 전제성이 인정되는 한 심판 당시 당해 소송이 이미 종료했
어도 적극적으로 위헌 여부의 판단을 하는 것이 헌법재판소의 존재이유에도
부합하고 그 임무를 다하는 것이라고 판시했다.[1] 그에 더하여 당해 사건에서
무죄판결이 선고되거나 재심청구가 기각되어 원칙적으로는 재판의 전제성이
인정되지 아니할 유신헌법에 따른 긴급조치의 규범소원심판에서 예외적으로
헌법질서의 수호 유지 및 관련당사자의 권리구제를 위하여 재판의 전제성을
인정한 판례도 있다.[2]

(5) 재판의 전제성에 대한 결정과 효력

헌법재판소는 재판의 전제성이 없다고 판단하면 법원의 제청이나 청구인
의 규범소원을 각하하는 결정을 한다. 예컨대 행정처분에 대한 제소기간이 지
난 후 뒤늦게 그 처분에 대한 무효확인 및 후행처분의 취소를 구하는 행정소
송을 제기한 때에 당해 행정처분의 근거법률은 재판의 전제성을 인정할 수
없어 각하된다. 헌법재판소의 위헌결정이 있기 전에는 행정처분의 근거법률의
위헌여부는 객관적으로 명백하지 않아 그 근거법률의 하자는 행정처분의 취
소사유에 해당할 뿐 당연 무효사유는 아니기 때문이다.[3] 또 설령 헌법소원심
판대상 법조항이 위헌으로 결정된다고 해도 법률이 따로 정하고 있는 수리조
건이 충족되지 않는 한 행정기관이 반려한 행정처분을 다시 수리할 수 없는
경우에도 심판대상조항의 위헌여부는 재판의 전제성이 인정되지 않아 각하된
다.[4] 다만 제청법률의 위헌 여부가 재판의 전제성을 결여할 가능성이 높은
경우에도 그것은 법원이 판단할 사항으로서 헌법재판소가 미리 판단하는 것

---

1) 법원의 보석허가결정 등에 대한 검사의 즉시항고를 허용하는 형소법 제97조 제 3 항에 대한
   위헌법률심판에서 한 판시이다. 헌재결 1993. 12. 23. 93헌가2, 판례집 5-2, 578(591면) 참
   조. 동일한 취지의 판시를 담고 있는 규범소원에서의 다음 판례도 참조할 것. 헌재결 1993.
   9. 27. 92헌바21, 판례집 5-2, 267(273면); 헌재결 2001. 4. 26. 98헌바79 등, 판례집 13-1,
   799(817면); 헌재결 2009. 4. 30. 2006헌바29, 헌재공보 151, 835(839면). 헌재결 2013. 7.
   25. 2012헌바63, 헌재공보 202, 955(958면)에서는 마약류 사범에 대한 행형상 다른 처우의
   문제에 대해서 재판의 전제성이 소멸된 후에도 헌법적 해명의 필요성을 이유로 본안판단을
   해서 위헌이 아니라고 판시했다.
2) 헌재결 2013. 3. 21. 2010헌바70 등, 판례집 25-1, 180면 참조.
3) 헌재결 2014. 3. 27. 2011헌마232, 헌재공보 210, 596(599면); 헌재결 2014. 1. 28. 2010헌바
   251 등 참조.
4) 헌재결 2016. 2. 25. 2013헌바402, 헌재공보 233, 367(369면) 참조.

은 적절치 않다는 이유로 일단 재판의 전제성 요건을 갖춘 것으로 보고 본안
판단을 한 판례도 있다.[1] 그리고 헌법재판소가 재판의 전제성을 인정하는 경
우에는 제청법률에 대해서 위헌심판을 하게 된다. 이처럼 재판의 전제성에 대
한 헌법재판소의 결정은 기속력이 인정되는 헌법재판소의 결정(법 제47조 제1항 및 제75조 제6항)이
아니므로 법원은 헌법재판소의 결정에 기속당하지 않는다. 그 결과 하급심에
서 재판의 전제성을 이유로 제청한 법률에 대해서 헌법재판소가 심판대상으로
삼아 위헌결정한 경우에도 동일 사건의 상급심은 동일한 법률조항이 당해 사
건에서 재판의 전제성을 갖지 않는다고 판단해서 다른 법률을 적용하는 재판
을 할 수도 있다.[2]

Ⅲ. 위헌심판대상의 확정

(1) 심판대상 확정의 의의와 고려사항

헌법재판소가 위헌심판의 대상을 확정하는 것은 헌법재판소 결정의 효력
이 미치는 범위를 정하는 일이기 때문에 실체법적·소송법적으로 매우 중요한
의미를 갖는다. 따라서 헌법재판소는 구체적 규범통제가 헌법질서의 수호·유
지를 위한 객관적인 소송으로서의 특성을 갖는다는 점을 충분히 고려하면서
도 다른 한편 관할분리제에 따라 운용되는 구체적 규범통제는 법원에 계속중
인 구체적인 소송사건을 전제로 하는 재판부수적인 성질을 갖는다는 점도 결
코 도외시해서는 아니 된다. 그 결과 헌법재판소가 위헌심판의 대상을 확정하
는 데 있어서는 원칙적으로 일정한 제약을 받을 수밖에 없다. 즉 헌법재판소
는 원칙적으로 법원이 제청한 법률조항에 대해서 재판의 전제성을 심사한 후
전제성이 있다고 인정하는 경우에는 제청법률조항(提請法律條項)만을 위헌심판
의 대상으로 삼아야 한다. 그러나 헌법재판소는 예외적으로 심판대상을 축소·
제한하거나 확장하고 심지어 심판대상을 변경해서 확정할 수도 있다. 법원의
제청 당시의 재판의 전제성과 헌법재판소의 심판 당시의 법적인 상황이 다를

---

1) 예컨대 헌재결 1996. 10. 4. 96헌가6, 판례집 8-2, 308(322면); 헌재결 2001. 10. 25. 2001헌
바9, 판례집 13-2, 491(498면) 참조.
2) 예컨대 헌재결 1992. 2. 25. 90헌가69 등, 판례집 4, 114면 이하에서 위헌결정한 법률을 당해
사건의 상고심(대판 1993. 4. 27. 92누9777)은 재판의 전제가 되지 않는 법률이라고 판시했다.

수도 있고, 제청법원이 제청법률조항을 지나치게 넓게 또는 좁게 특정하거나 제청법률조항의 특정에 착각을 일으킬 수도 있기 때문이다. 헌법재판소가 심판대상을 제한·확장·변경하는 권한을 갖는 것은 독일[1] 등 헌법재판의 선진국에서도 일반적으로 인정되는 실무적인 관행이다.

(2) 심판대상의 제한 . 확장 . 변경

1) 심판대상의 제한

제청법원이 제청대상을 꼭 필요한 법률조항 부분으로 한정하지 않고 법률조항 전부 또는 법률 전부를 제청대상으로 삼은 경우 헌법재판소는 불필요한 제청부분에 대해서는 심판대상에서 제외한다. 이런 경우 헌법재판소는 결정이유에서 심판대상을 제한해서 확정하고 주문에서는 확정된 심판대상에 대해서만 판단하면 된다.[2]

2) 심판대상의 확장

제청법원이 제청한 법률조항과 체계적으로 불가분의 관계에 있는 법률조항은 제청대상에 포함되지 않았어도 심판의 대상으로 삼을 수 있다.[3] 또 헌법재판소는 법적 명확성·법적 안정성·법의 통일성과 소송경제적인 관점에서 심판의 대상을 법원의 제청법률조항에 한정하지 않고 다른 법률조항에까지 확장해서 심판할 수도 있다.[4] 행정형벌에 관한 법률에서 구성요건규정과 형벌규정조문이 별개의 조문으로 되어 있는 경우 법원이 구성요건규정만을 제

---

1) *Benda/Klein*, aaO., RN. 860ff. 참조.
2) 예컨대 헌재결 1997. 4. 24. 96헌가3 등, 판례집 9-1, 416(423면); 헌재결 2000. 6. 29. 99헌가16, 판례집 12-1, 767(771면) 참조. 또 규범소원사건에서의 같은 내용의 다음 판례도 참조할 것. 헌재결 1997. 4. 24. 95헌바48, 판례집 9-1, 435(438면); 헌재결 2001. 3. 21. 2000헌바25, 판례집 13-1, 652(655면).
3) 예컨대 헌재결 1994. 4. 28. 92헌가3, 판례집 6-1, 203(213면); 헌재결 2001. 1. 18. 2000헌바29, 판례집 13-1, 111(114면); 헌재결 2005. 2. 3. 2001헌가9 등, 헌재공보 101, 173(176면) 참조.
4) 헌재결 2000. 8. 31. 97헌가12, 판례집 12-2, 167(172면) 참조. 이런 관점에서 독일 연방헌법재판소법(제78조 제 2 절 및 제82조 제 1 항)은 구체적 규범통제뿐 아니라 추상적 규범통제에서도 심판대상을 같은 법률의 다른 조항에까지 확장하는 것을 명문으로 규정하고 있다. 이와 관련된 다음 판례 참조. BVerfGE 78, 77(83f.); 93, 121(133ff.). 그러나 재판의 전제성을 무시한 지나친 심판대상의 확장에 대해서 비판적인 시각도 없는 것은 아니다. 예컨대 *Benda/Klein*, aaO., RN. 893 참조.

청대상으로 삼았다면 헌법재판소는 구성요건규정뿐 아니라 형벌규정도 함께 심판의 대상으로 삼을 수도 있다.[1] 이 경우 형벌규정은 구성요건규정을 떠나 독자적인 존재의미를 갖지 못하기 때문이다.[2] 그 밖에 제청법률 중 당해 사건의 재판에서 적용되지 않는 부분이 들어 있는 경우에도 그 부분에 대해 제청부분과 같은 심사척도를 적용해야 하는 경우에는 그 부분까지 함께 심판대상으로 삼는다.[3] 나아가 법원의 제청대상에서 빠졌지만 제청법률조항을 적용하는데 전제가 되는 법률조항도 심판대상에 포함시킨다.[4] 마침내 법원의 제청법률조항을 심판대상으로 삼아 심판하는 과정에 제청법률조항과 동일한 내용의 법률조항을 담은 법률개정이 이루어진 경우에 헌법재판소는 헌법질서의 수호·유지와 소송경제적인 측면에서 심판대상을 이 개정규정에까지 확장하는 것이 바람직할 것이다.[5]

3) 심판대상의 변경

헌법재판소가 심판대상을 변경하는 것은 규범소원($\frac{법\ 제68조}{제2항}$)의 경우에 생길 수 있는 일이다. 즉 헌법재판소는 규범소원에서 심판청구인의 청구이유, 법원에서의 위헌제청신청사건의 경과, 당해 사건 재판과의 관련성, 이해 관계기관의 의견 등을 종합적으로 고려하여 필요한 경우 직권으로 심판대상을 변경하여 확정할 수 있다. 법원의 제청에 의한 위헌심판과 달리 규범소원의 경우에는 청구인이 재판의 전제성에 관한 판단을 잘못하는 경우가 종종 발생하기 때문이다. 이처럼 청구인의 심판대상에 대한 착오가 있는 경우 헌법재판소가

---

1) 예컨대 헌재결 1994. 6. 30. 93헌가15 등, 판례집 6-1, 576(584면) 참조.
2) 그러나 이런 경우에 구성요건규정만 심판대상으로 삼은 판례도 있다. 예컨대 공륜에 의한 영화 사전검열제도에 대한 위헌결정(헌재결 1996. 10. 4. 93헌가13 등, 판례집 8-2, 212(215면)) 참조.
3) 예컨대 헌재결 1996. 11. 28. 96헌가13, 판례집 8-2, 507(516면); 헌재결 1999. 1. 28. 98헌가 17, 판례집 11-1, 11(18면) 참조. 규범소원에 관한 헌재결 2001. 1. 18. 99헌바112, 판례집 13-1, 85(90면); 헌재결 2010. 9. 30. 2009헌바2, 헌재공보 168, 1654(1658면)도 참조.
4) 예컨대 헌재결 1994. 6. 30. 93헌가15 등, 판례집 6-1, 576(584면); 헌재결 1999. 3. 25. 98헌 가11 등, 판례집 11-1, 158(167면) 참조.
5) 그러나 헌법재판소는 변호사 징계절차를 규정한 변호사법 제81조 제 4 항 내지 제 6 항에 대한 위헌심판에서 이 규정을 위헌결정하면서 시행을 앞두고 있는 같은 내용의 개정 변호사법 규정에 대해서는 심판대상에 포함시키지 않았다. 헌재결 2000. 6. 29. 99헌가9, 판례집 12-1, 753(758면) 참조.

직권으로 심판대상을 변경하여 심판하는 것이 규범소원제도의 취지에 부합하게 된다. 예컨대 규범소원($^{법\ 제68조}_{제2항}$)에서 당사자가 제청신청의 대상으로 삼지 않은 법률조항이라 하더라도 위헌제청신청한 조항을 기각·각하한 법원이 예외적으로 위 조항을 실질적으로 판단했거나 위 조항이 명시적으로 위헌제청신청을 한 조항과 필연적으로 연관관계를 맺고 있어서 법원이 위 조항을 묵시적으로나마 위헌제청신청으로 판단을 했을 때는 심판대상에 포함시킨다.[1][2]

Ⅳ. 위헌심판의 심사기준과 판단기준

(1) 심사기준

1) 헌법규정

법률에 대한 위헌심판은 제청된 법률의 위헌 여부를 가리는 객관적인 소송이므로 당연히 우리나라의 헌법규정이 심사기준이 된다. 그런데 헌법규정은 각 조문이 서로 유기적(有機的)인 통일성을 가지므로 헌법의 통일성을 존중하는 의미에서 규범조화적인 헌법해석(憲法解釋)에 따라 모든 헌법규정이 심사기준으로 작용하게 된다.

2) 헌법의 근본이념과 기본원리

헌법규정의 기초가 되는 우리 헌법의 근본이념과 기본원리도 위헌심판의 심사기준으로 작용한다. 그 결과 국민주권의 이념을 비롯한 정의사회의 이념, 문화민족의 이념, 평화추구의 이념이 위헌심사의 기준이 된다. 그리고 법치주의원리, 대의민주주의원리, 사회적 시장경제질서, 국제법 존중의 원칙, 평화통일의 원칙, 복수정당주의, 보통·평등·직접·비밀·자유선거의 원칙 등이 모두

---

1) 예컨대 헌재결 1998. 3. 26. 93헌바12, 판례집 10-1, 226(233면); 헌재결 1999. 10. 21. 97헌바26, 판례집 11-2, 383(395면); 헌재결 2000. 8. 31. 98헌바27 등, 판례집 12-2, 190(194면); 헌재결 2005. 2. 24. 2004헌바24, 헌재공보 102, 393(397면); 헌재결 2008. 10. 30. 2007헌바109, 헌재공보 145, 1488(1498면); 헌재결 2010. 9. 30. 2009헌바2, 헌재공보 168, 1654(1658면); 헌재결 2012. 4. 24. 2010헌바1, 판례집 24-1(하), 38(45면) 참조.

2) 심판대상의 제한·확장·변경은 법률에 의한 직접적인 기본권 침해를 이유로 제기하는 규범소원(법 제68조 제1항)의 경우에도 있을 수 있다. 헌법재판소는 이 경우 청구인의 주장에 구속되지 않고 청구인의 청구취지를 종합적으로 검토하여 심판대상을 확정하여야 하기 때문이다. 그러나 이 문제는 헌법소원심판에 관한 부분에서 다루기로 한다.

위헌심판에서 심사기준으로 기능한다.[1]

3) 헌법관습법

헌법관습법(憲法慣習法)은 성문헌법의 테두리 안에서 이루어지는 헌법적인 관행으로서 법률에 대한 위헌심사의 기준이 된다. 성문헌법의 나라에서 헌법관습법 이외에 따로 불문헌법에 해당하는 관습헌법을 위헌심사의 기준으로 인정하기는 어렵다. 그런 의미에서 성문헌법을 전제로 하는 헌법관습법과 불문헌법의 대명사에 해당하는 관습헌법을 혼동해서는 아니 된다. 헌법재판소가 신행정수도건설특별조치법의 위헌심사에서 우리나라의 수도가 서울이라는 사실을 일종의 관습헌법이라고 판시하면서 관습헌법을 심사의 기준으로 삼은 것은[2] 헌법관습법을 착각한 것이라고 보아야 한다.

(2) 판단기준

헌법재판소는 법률에 대한 위헌심판에서 위헌 여부를 판단할 때 제청법원이나 규범소원의 청구인이 주장하는 헌법과 법률해석에 구애받지 않고 심판대상 법률조항의 법적 효과를 고려하여 모든 헌법적인 관점을 종합적으로 검토해서 독자적으로 판단한다.[3] 헌법재판소는 심판의 대상에 대해서는 원칙적으로 법원의 제청이나 규범소원 청구인의 신청에 의해서 제한을 받지만 위헌심사의 기준 내지 판단기준에 대해서는 독자적인 결정권을 갖는다. 헌법재판소는 제청법률 내지는 규범소원의 대상 법률의 위헌 여부를 가려야 하는 헌법적 과제를 지고 있는 것이지 제청법원이나 규범소원 청구인의 주장의 옳고 그름을 판단하는 기능을 하는 것은 아니기 때문이다.[4] 그렇기 때문에 헌

---

1) 헌법재판소도 법률의 위헌심판에서 법치주의원리와 민주주의원리를 명시적으로 심사기준으로 삼아 판시한 경우가 있다. 헌재결 1999. 5. 27. 98헌바70, 판례집 11-1, 633(646면) 참조.
2) 헌재결 2004. 10. 21. 2004헌마554 등, 판례집 16-2(하), 1면 이하 참조.
3) 예컨대 헌재결 1996. 12. 26. 96헌가18, 판례집 8-2, 680(690면)의 경우 심판대상 법률조항이 청구인인 주류판매업자에 미치는 기본권 제한 효과에 한정하지 않고, 그 외에 관련자인 주류제조업자와 소비자에게 미치는 효과까지 헌법적인 관점에서 판단했다. 그 밖에도 헌재결 2000. 4. 27. 98헌가16 등, 판례집 12-1, 427(445면), 과외금지를 규정하는 학원의 설립·운영에 관한 법률조항에 대한 위헌결정에서도 과외교습 주체의 기본권뿐 아니라 부모의 자녀 교육권, 교육에 대한 국가의 책임, 부모의 자녀 교육권과 국가의 교육책임과의 관계 등을 종합적으로 판단기준으로 삼았다.
4) 같은 취지의 다음 독일 연방헌법재판소 판시 참조할 것. BVerfGE 4, 219(243).

법재판소는 하나의 판단기준에 따라 이미 위헌이라는 결론을 얻은 경우에는 다른 판단기준에 입각한 심사를 중단하고 결정을 선고할 수도 있다. 더 나아가 헌법재판소가 재판의 전제성 심사에서는 제청법원의 법해석을 수용했다 하더라도 본안판단(本案判斷)에서는 그와는 다른 해석을 해서 심판하는 것은 전혀 모순이 아니다.[1]

V. 종국결정과 그 효과

헌법재판소가 행하는 종국결정은 예외 없이 모두 결정의 형식으로 이루어진다는 점은 일반심판절차에서 이미 설명한 바와 같다.

(1) 종국결정의 유형

법률의 위헌심판절차를 종결시키는 헌법재판소의 종국결정은 크게 분류하면 각하결정(却下決定)과 합헌결정(合憲決定) 및 위헌결정(違憲決定)의 세 가지로 나눌 수 있다. 그런데 위헌결정은 다시 단순위헌결정, 한정합헌결정, 한정위헌결정, 헌법불합치결정 등으로 세분되기 때문에 종국결정(終局決定)은 결국 모두 여섯 가지 유형으로 행해진다.[2]

1) 각하결정

i) 법원의 제청이 헌법재판소법(제41조 및 제43조)이 정하는 제청의 형식적 요건을 갖추지 않았거나, ii) 제청법률이 재판의 전제성이 없거나, iii) 법원이 제청을 철회해야 하는 사유가 발생했음에도 불구하고 제청철회를 하지 않은 경우, iv) 그리고 헌법재판소가 이미 위헌결정한 법률을 제청한 경우 등에는 헌법재판소가 각하결정을 한다. 규범소원(법 제68조 제2항)의 경우에는 i) 법원에 계속중인 당해 소송사건이 없거나, ii) 법원에서 적법한 제청신청절차를 거치지 않았거나,

---

1) 독일 연방헌법재판소의 판례에 그런 사례가 많다. 예컨대 BVerfGE 36, 126(131 einerseits, 135ff. andererseits); 38, 154(162 einerseits, 165ff. andererseits) 참조.
2) 헌법재판소는 한때는 일부위헌결정, 조건부위헌결정, 위헌불선언결정 등의 결정유형을 활용했었지만 이제는 폐기한 것으로 보인다. 이런 결정유형의 내용과 문제점에 대해서 자세한 것은 졸저(拙著), 한국헌법론, 2021, 928-933면 참조.

iii) 기타 헌법재판소법($^{제41조 \; 제2항, \; 제68조 \; 제2항,}_{제69조 \; 제2항, \; 제71조 \; 제2항}$)이 정한 형식적 청구요건을 구비하지 않았거나, iv) 재판의 전제성이 없는 경우에는 헌법재판소가 각하결정을 한다. 규범소원에 대한 각하결정은 사전심사(事前審査)를 맡는 지정재판부와 본안심리를 하는 전원재판부가 모두 할 수 있다.

각하결정의 주문은 '이 사건 (또는 …에 대한) 위헌 여부심판제청을 각하한다'의 형식으로 표시하는 것이 헌법재판소의 실무관행이다.

2) 합헌결정

(가) 합헌결정의 내용과 주문

제청법률에 대한 본안심리를 거친 경우에만 합헌결정을 한다. 즉 제청법률이 심사기준과 판단기준에 비추어 헌법에 위반되지 않는다는 결론에 이르면 합헌결정을 한다. 합헌결정의 주문은 ' …은(는) 헌법에 위반되지 아니한다'라는 형식으로 표시하는 것이 실무관행이다.

헌법재판소 활동 초기에는 합헌결정의 한 유형으로 이른바 '위헌불선언결정(違憲不宣言決定)'을 한 판례가 있었다.[1] 즉 재판관 9인 중 위헌의견이 다수이지만 위헌결정 정족수인 6인의 찬성을 얻지 못한 경우 채택했던 합헌결정 형식이었다.[2] 그러나 1996년부터는 이러한 결정형식을 지양해서 합헌결정으로 일원화했다.

독일 연방헌법재판소는 합헌결정의 한 유형으로 '입법개선촉구결정'(Appell-entscheidung)을 하는 경우가 있다. 즉 심판대상 법률이나 법률조항이 위헌심판의 시점에서는 아직은 합헌이라고 볼 수 있어 위헌이라고 단정하기가 어렵지만, 여러 가지 상황 전개의 양상으로 볼 때 심판대상 법률조항이 위헌성을 갖게 되는 시점이 머지않았다고 판단하는 경우에는 연방헌법재판소가 입법자에게 위헌상황이 발생하기 전에 미리 위헌성을 제거하는 입법개선을 하도록 촉구하는 결정을 하는 경우가 있다. 이 때 연방헌법재판소는 구체적으로 입법개선의 시한을 지정하는 경우도 있고,[3] '곧' 또는 '적절한 시간 내에' 등 추상

---

1) 예컨대 헌재결 1989. 12. 22. 88헌가13, 판례집 1, 357(363면); 헌재결 1993. 5. 13. 90헌바22 등, 판례집 5-1, 253(257면); 헌재결 1994. 6. 30. 92헌바23, 판례집 6-1, 592(598면) 참조.

2) 이 경우 '…은(는) 헌법에 위반된다고 선언할 수 없다'는 주문형식으로 표시했다.

3) 예컨대 BVerfGE 33, 1(12f.): '현 의회 임기 말까지'; 78, 249(251): '1990년 1월 1일까지';

적으로만 말하는 경우도 있고,¹⁾ 전혀 시간에 관한 언급을 하지 않는 경우도 있다.²⁾ 입법개선촉구결정(立法改善促求決定)은 주문에 그 취지가 표시되는 경우,³⁾ 주문에는 단지 '이유에서 제시한 기준'에 따라 입법개선을 하도록 표시하는 경우,⁴⁾ 주문에는 입법개선에 관한 표시를 하지 않고 이유에서만 그것을 표시하는 경우⁵⁾ 등 다양한 형식으로 이루어진다.

우리 헌법재판소는 독일처럼 본질적인 의미의 입법개선촉구결정을 한 예는 아직 없다. 그러나 합헌결정을 하면서 결정이유에서 관련 법률 내용의 체계부조화를 지적하고 입법자가 시정하는 것이 바람직하다는 정도의 약한 입법개선촉구를 한 판례는 있다.⁶⁾

(나) 합헌결정의 효력

a) 제청법원에 대한 효력

제청된 법률조항에 대한 헌법재판소의 합헌결정은 심판대상 법률조항이 가졌던 '합헌성의 추정'(favor legis)이 유권적으로 확인되어 위헌의 의심이 해소되는 효력을 갖는다. 따라서 제청법원은 제청법률에 대한 헌법재판소의 합헌결정에 따라 제청법률을 계속중(係屬中)인 당해 소송사건에 적용해서 재판하게 된다. 그리고 동일한 법률조항에 대한 제청을 다시 하는 것은 허용되지 않는다(법제39조).

b) 당해 사건의 상소심 법원에 대한 효력

헌법재판소가 합헌결정한 법률은 제청의 계기가 되었던 동일한 사건에 관한 한 심급을 달리하는 상소심에도 기속력을 미친다고 보아야 한다. 그렇지 않다면 법적 안정성에 심각한 혼란이 초래될 수 있기 때문이다. 합헌결정된 법률에 대해서 상소심 법원이 다시 제청하는 경우 헌법재판소는 각하결정을

101, 158(159f.): '2002년 12월 31일까지 보완하는 조건으로 2004년 12월 31일까지만 유효하다' 등 참조.
1) 예컨대 BVerfGE 53, 257(313); 85, 80(93) 참조.
2) 예컨대 BVerfGE 45, 187(252); 54, 11(39) 참조.
3) 예컨대 BVerfGE 101, 158(159f.) 참조.
4) 예컨대 BVerfGE 53, 257(258) 참조.
5) 예컨대 BVerfGE 54, 11(12 u. 39) 참조.
6) 예컨대 헌재결 1993. 7. 29. 93헌마23, 판례집 5-2, 221(233면): '이 기회에 선거법 전반에 관한 체계적 재검토와 그에 의한 입법적 시정조치가 있어야 할 것이다'; 헌재결 1996. 2. 29. 92헌바8, 판례집 8-1, 98(108면): '소송비용의 재판에 대한 독립적인 불복을 허용하는 것이 입법정책적으로 바람직한 길임을 밝혀 둔다' 등 참조.

하는 것이 옳다. 이 경우 각하하지 않고 되풀이해서 합헌결정을 하는 것은 소
송경제적인 측면에서도 옳지 않을 뿐 아니라 재판의 불필요한 지연으로 인해
서 자칫 신속한 재판을 받을 권리를 침해하게 될 소지도 있다.[1)]

c) 기타 법원에 대한 효력

α) 기 속 력

헌법재판소의 합헌결정은 동일한 법률조항의 위헌 여부가 재판의 전제
가 되는 다른 모든 법원에도 기속력을 미친다고 보아야 한다. 합헌으로 확인
된 법률조항은 원칙적으로 모든 법률의 집행·적용기관에 대해서 기속력을 미
치는 것이 법리적으로 옳기 때문이다. 헌법재판소가 합헌으로 결정한 법률에
대해서 그 위헌 여부를 끊임없이 논의한다는 것은 불필요한 소모적인 논쟁일
뿐 아니라 법률에 대한 위헌 여부를 유권적으로 심판해서 법률생활의 안정을
도모하려는 규범통제제도의 근본취지에도 어긋나는 일이다. 법원의 제청은 위
헌의 합리적인 의심만으로 충분하지만, 헌법재판소의 합헌결정은 합헌이라는
확신과 합리적인 논증에 근거해서 이루어진다. 법관의 '합리적인 의심'만으로
헌법재판소 재판부의 '확신'을 무력화시키려는 것은 허용할 수 없는 일이다.
그런데도 우리 헌법재판소는 합헌결정한 법률조항에 대해서 또 다시 제청이
있거나 규범소원이 청구되면 합헌결정을 몇 번이고 반복하고 있는데 이러한
헌법재판소의 실무관행은 조속히 시정되어야 할 것이다. 이런 경우 각하결정
을 하는 것이 바람직하다. 이 점은 앞에서 이미 설명한 바 있다.

β) 기속력부인설의 부당성

위헌결정의 기속력을 규정하는 헌법재판소법($\frac{제47조}{제1항}$)을 근거로 합헌결정
의 기속력을 부인하는 입장에는 찬성할 수 없다. 헌법재판소법에서 위헌결정
에 대해서만 기속력을 명문으로 규정한 이유는 합헌결정의 경우 심판대상 법
률조항이 계속해서 효력을 갖기 때문에 구태여 기속력을 따로 언급할 필요가
없기 때문이지, 합헌결정된 법률조항에 대해서는 끊임없이 위헌 여부를 문제
삼을 수 있도록 허용하기 위한 것은 결코 아니라고 할 것이다. 법의 집행·적

---

1) 예컨대 공직선거법 위반 사범에 대한 1심재판에서 재판의 전제가 된 해당 처벌규정에 대해
   서 헌법재판소가 합헌결정을 했는데도 불구하고 상급심에서 동일한 법률규정에 대한 위헌
   제청을 반복함으로써 재판 정지상태가 지속된다면 선거사범의 재판은 단기간에 신속하게
   끝내야 한다는 공직선거법규정은 무용지물이 되고 말 것이다.

용기관이 합헌결정의 기속력을 부인해서 합헌결정된 법률조항의 위헌 여부를 지속적으로 문제삼는다면 법질서의 안정성을 추구하는 법치국가의 기초는 흔들릴 수밖에 없다.

d) 입법기관에 대한 효력

헌법재판소의 합헌결정은 입법기관을 구속하는 효력은 없다고 할 것이다. 입법기관은 넓은 입법형성권을 근거로 합헌으로 결정된 법률이라도 개정하거나 폐지할 수 있기 때문이다. 또 헌법재판소가 합헌결정한 법률이라도 시대상황 내지는 국민의 법 감정의 변화로 인해서 일상생활에서 위헌적인 법률이라는 인식이 확산될 수도 있을 것이다. 그런 경우 입법권자가 제 구실을 한다면 해당 법률을 개정하거나 폐지하는 것이 대의민주적인 법치국가에서의 정상적인 입법개선의 과정이다. 나아가 헌법재판소가 합헌결정할 때의 평의 결과가 위헌성도 강하게 시사하는 것이거나 헌법재판소의 재판부 구성이 크게 바뀌어 새로운 결정의 가능성($\substack{법 제23조 제\\2항 제2호}$)이 엿보이는 경우에는 입법권자가 입법개선을 추진하는 좋은 계기로 삼을 수 있을 것이다. 헌법재판소도 규범소원 등을 계기로 자진해서 판례변경을 할 수 있을 것이다.

3) 위헌결정

헌법재판소의 위헌결정에는 단순한 위헌결정과 이른바 변형된 위헌결정이 있는데 그 결정의 형식과 내용 및 효력면에서 많은 차이가 있다. 그러나 모든 위헌결정의 형식에 공통적으로 적용되는 내용과 효력도 간과해서는 아니 된다.

(개 위헌결정의 범위

헌법재판소의 위헌결정은 위헌심판의 대상에 대해서 이루어지는 것이 원칙이다. 그 결과 위헌결정의 범위와 위헌심판대상의 범위는 원칙적으로 일치한다. 헌법재판소가 심판대상을 제한·확장·변경한 경우에는 위헌결정의 범위도 그에 따라 달라지게 된다. 제청법원의 제청법률과 위헌결정의 범위가 일치하지 않는 일은 그래서 발생한다. 그런데 이처럼 심판대상의 제한·확장·변경으로 인해서 위헌결정의 범위가 달라지는 경우에는 적어도 위헌심판의 대상과 위헌결정의 범위는 일치하는 것이지만, 위헌심판의 대상과 위헌결정의 범위가 예외적으로 일치하지 않는 경우가 있다. 위헌심판대상 법률조항의 일부

에 대해서만 위헌결정을 하는 경우(부분위헌결정), 심판대상 법률조항을 포함한
해당 법률 전부를 위헌결정하는 경우(법률전부위헌결정), 심판대상 법률조항과
기능상 불가분의 특별한 관계가 있는 법률조항에 대해서도 위헌결정을 하는
경우(부수적 위헌결정) 등이 그것이다.

a) 부분위헌결정

위헌심판의 대상이 된 법률조항을 그대로 놓아둔 채 그 법률조항 중 일
부 문구나 표현만을 위헌이라고 선언하는 결정유형이다. 소송촉진 등에 관한
특례법 제6조 제1항 중 '다만, 국가를 상대로 하는 재산권의 행사에 관하여
는 가집행의 선고를 할 수 없다'라는 부분은 헌법에 위반된다,[1] 국세기본법
제35조 제1항 제3호 중 '으로부터 1년'이라는 부분은 헌법에 위반된다[2]는
주문형식이 그 예이다.[3]

b) 법률전부위헌결정

헌법재판소법($^{제45조}_{단서}$)에 따라 심판대상인 법률조항의 위헌결정으로 인하여
당해 법률 전부를 시행할 수 없다고 인정할 때에는 그 전부에 대하여 위헌이
라고 선언하는 결정유형이다. 토지초과이득세법[4]과 반국가행위자의 처벌에 관
한 특별조치법[5]에 관한 헌법재판소의 결정이 그 예이다.

---

1) 헌재결 1989. 1. 25. 88헌가7, 판례집 1, 1(2면) 참조.
2) 헌재결 1990. 9. 3. 89헌가95, 판례집 2, 245(246면) 참조.
3) 우리 헌법재판소가 한 동안 활용하던 '질적 일부위헌결정'은 심판대상인 법률조항을 그대로
   유효하게 놓아 둔 채 그 법률조항의 특정한 적용사례만을 위헌이라고 선언하는 일종의 적
   용위헌결정을 말하는데 부분위헌결정과는 본질적으로 다르다. 그러나 '부분'과 '일부'는 개념
   상 혼동을 일으킬 수 있어 문제점으로 지적되었었는데 다행히 지금은 일부위헌결정은 사실
   상 폐지된 상태다. 질적 일부위헌결정의 예: '국유재산법 제5조 제2항을 동법의 국유재산
   중 잡종재산에 대하여 적용하는 것은 헌법에 위반된다'(헌재결 1991. 5. 13. 89헌가97, 판례
   집 3, 202(203면)) 참조.
4) 헌재결 1994. 7. 29. 92헌바49 등, 판례집 6-2, 64(86면 및 117면 이하): '토지초과이득세법
   은 헌법에 합치하지 아니한다'. '심판대상 중 토초세법 제11조 제2항과 제12조 두 규정은
   모두 토초세제도의 기본요소로서 그 중 어느 한 조항이라도 위헌 또는 헌법불합치결정으로
   인하여 그 효력을 상실한다면 토초세법 전부를 시행할 수 없게 될 것이다. … 따라서 나머
   지 심판대상조문들에 대하여 더 이상 따져 볼 것도 없이 헌법 제45조 단서의 규정취지에
   따라 토초세법 전부에 대하여 위헌 또는 헌법불합치결정을 선고하여야 할 경우라고 본다'.
5) 헌재결 1996. 1. 25. 95헌가5, 판례집 8-1, 1(5면 및 22면): '반국가행위자의 처벌에 관한 특
   별조치법은 헌법에 위반된다'. '특조법의 핵심적인 규정들이 위헌으로 실효되어 시행이 불
   가능하므로 특조법 전체가 그 존재의미를 상실하게 되고 그 전체가 시행할 수 없는 경우라
   고 할 것이다. 그러므로 나머지 점에 대한 판단을 생략하고도 헌재법 제45조 단서 규정에
   의하여 특조법 전체에 대하여 위헌 결정을 함이 타당하다'.

c) 부수적 위헌결정

위헌심판의 대상이 된 법률조항과 같은 법률에 규정된 다른 법률조항 중에서 심판대상이 된 법률조항과 기능상 분리할 수 없는 일체를 형성하고 있거나 극히 밀접한 특별한 관계가 있어 심판대상 법률조항이 위헌으로 결정되면 그 다른 법률조항도 계속 적용할 수 없는 경우에는 그에 대해서도 함께 위헌이라고 선언하는 결정유형이다. 법적 명확성과 안정성 및 소송경제적인 면을 고려해서 전부위헌결정을 규정하는 헌법재판소법($_{단서}^{제45조}$)을 유추적용하는 결정유형이다. 변호사법[1]과 공직선거법[2]에 관한 헌법재판소의 결정이 그 예이다. 부수적 위헌결정과 구별할 사항은 모법의 위헌결정으로 인해서 하위법령의 효력이 자동적으로 상실되는 경우이다.[3] 즉 법률이 일정한 사항에 관하여 구체적인 내용의 입법을 대통령령 등 하위법령에 위임하고 있는 경우에 그 위임규정인 법률조항을 헌법재판소가 위헌으로 결정하면 그 하위법령은 당연히 효력을 잃는다. 따라서 이 경우에는 하위법령에 대한 부수적 위헌결정은 불필요하다.

(나) 위헌결정의 효력

법률에 대한 헌법재판소의 위헌결정은 기속력과 해당 법률의 효력을 상실시키는 효력을 갖는다($_{제47조}^{법}$). 그 밖에도 일반적인 구속력을 갖는다.

a) 기속력

법률의 위헌결정은 법원 기타 국가기관 및 지방자치단체를 기속하는 효력을 갖는다($_{및 제75조 제6항}^{법 제47조 제1항}$). 위헌결정에는 단순위헌결정을 비롯해서 한정위헌결정, 한정합헌결정, 헌법불합치결정이 모두 포함된다.[4] 위헌결정은 법원의 제청에 의한 것이든($_{제1항}^{법 제41조}$), 규범소원($_{제2항}^{법 제68조}$)에 의한 것이든, 법령소원($_{제1항}^{법 제68조}$)에 의한 것이든 기속력을 갖는 점에서는 차이가 없다. 기속력이란 법원과 국

---

1) 헌재결 1989. 11. 20. 89헌가102, 판례집 1, 329(342면): '변호사법 제10조 제3항은 제2항이 규정한 지방법원의 관할범위를 규정한 것으로서 법 제10조 제2항이 헌법에 위반된다고 인정되는 마당에 독립하여 존속할 의미가 없으므로 헌재법 제45조 단서에 의하여 아울러 헌법에 위반된다고 결정한다'. 그 밖에도 헌재결 1996. 12. 26. 94헌바1, 판례집 8-2, 808(829면) 참조.
2) 헌재결 2001. 7. 19. 2000헌마91 등, 판례집 13-2, 77(101면): '공직선거법 제189조 제1항이 위헌이라면 그에 부수되는 동조 제2항 내지 제7항은 독자적인 규범적 존재로서의 의미를 잃게 된다. 그렇다면 이 조항들이 비록 심판대상이 아니지만 함께 위헌선언을 함으로써 법적 명확성을 기하는 것이 상당하므로 그에 대하여도 아울러 위헌선언을 한다'.
3) 우리 대법원의 판시도 같은 취지이다. 대판 1996. 4. 9. 95누11405 참조.
4) 헌재결 1997. 12. 24. 96헌마172 등, 판례집 9-2, 842(860면) 참조.

가기관 및 지방자치단체가 위헌으로 결정된 법률을 공권력작용의 기초로 삼아
서는 아니 된다는 것을 의미한다. 따라서 기속력을 어기는 국가기관은 위법행
위를 하는 것이 된다. 기속력은 결정주문뿐 아니라 핵심적인 결정이유에도 미
치는데 기속력의 구체적인 내용과 객관적 범위는 앞의 일반심판절차에서 자세
히 설명한 바 있다.[1]

α) 법원에 대한 기속력

법원은 위헌결정된 법률 또는 법률조항을 당해 사건에서 적용하는 재
판을 할 수 없을 뿐 아니라[2] 반복해서 위헌제청을 하는 것도 허용되지 않는
다. 기속력은 제청법원뿐 아니라 모든 법원에 미치므로 위헌결정된 법률에 대
한 다른 법원의 제청은 기속력을 무시한 것이어서 부적법할 뿐 아니라 위헌
결정된 법률은 이미 효력을 상실했기 때문에 심판의 이익도 없으므로 헌법재
판소가 각하한다. 다만 규범소원(법 제68조 제2항)이 계속중에 심판대상 법률조항이 다
른 구체적 규범통제사건에서 위헌결정된 경우에[3] 각하하지 않고 위헌확인결
정을 한 판례도 있다.[4] 그런데 헌법재판소는 한정합헌결정한 법률조항에 대
하여 다시 규범소원(법 제68조 제2항)이 청구된 경우에 부적법한 것으로 각하하지 않고
다시 한정합헌결정을 했다.[5] 이것은 헌법재판소가 기속력을 갖는 위헌결정에
는 이른바 변형결정도 포함된다고 판시한 내용에 비추어 정당하다고 보기 어
렵다. 반면에 한정위헌결정한 법률조항과 그 내용이 거의 비슷한 신법조항에
대해서 헌법재판소가 종전의 구법조항에 대한 한정위헌결정을 원용하여 같은
취지의 한정위헌결정을 하는 것은,[6] 비록 내용은 유사하지만 동일한 법률조항
이 아니므로 불가피하다고 할 것이다.

β) 행정기관과 지방자치단체

행정기관과 지방자치단체는 헌법재판소가 위헌으로 결정한 법률을 집

---

1) 위헌결정의 기속력은 위헌결정된 형벌조항을 인용하는 다른 형벌조항에도 미친다는 헌재결
2015. 11. 26. 2013헌바343 참조.
2) 위헌결정된 법률을 적용한 재판은 재판소원의 대상이 된다. 헌재결 1997. 12. 24. 96헌마172
등 참조.
3) 헌재결 1997. 12. 24. 96헌가16 등, 판례집 9-2, 762(764면) 참조.
4) 헌재결 1999. 6. 24. 96헌바67, 판례집 11-1, 729(732면) 참조. 이것은 규범소원 청구인에게
재심청구의 가능성(법 제75조 제7항)을 열어 주기 위한 불가피한 선택이었다고 할 것이다.
5) 헌재결 1998. 8. 27. 97헌바85, 판례집 10-2, 407(413면 이하) 참조.
6) 헌재결 1998. 5. 28. 97헌가13, 판례집 10-1, 570(573면 및 576면 이하) 참조.

행작용의 근거로 삼아서는 아니 된다. 위헌법률에 근거한 집행작용은 효력을 가질 수 없기 때문에 당연무효이다. 따라서 행정소송법(제4조 제2호 및 제35조)이 정하는 무효확인소송의 대상이 된다. 대법원도 '위헌법률에 기한 행정처분의 집행이나 집행력을 획득하기 위한 공법상의 당사자소송이나 민사소송 등 제소행위는 위헌결정의 기속력에 위반되어 허용되지 않는다'고 판시했다.[1]

γ) 국   회

국회도 원칙적으로 위헌결정의 기속력을 존중해야 한다. 즉 국회에 미치는 기속력의 내용은 위헌결정된 법률조항의 반복입법금지(Normwiederholungs-verbot)를 의미한다. 그러나 대의민주주의 통치질서에서 이 반복입법금지는 절대적인 반복입법금지를 뜻할 수는 없다. 국회는 다른 국가기관과 달리 넓은 입법형성권을 갖기 때문이다. 따라서 국회는 정당한 특별한 사유가 있는 경우에는 위헌결정한 법률조항과 동일한 내용의 입법을 다시 할 수 있다고 할 것이다.[2] 그런 의미에서 위헌결정의 기속력이 국회에 미치는 효과는 다른 국가기관의 경우와는 다를 뿐이지, 기속력이 국회에는 전혀 미치지 않는다고 주장하는 것은 옳지 않다고 할 것이다.[3]

---

1) 대판 2002. 8. 23. 2001두2959; 대판 2012. 2. 16. 2010두10907 참조.

2) 우리 헌재는 반복입법에 해당하는지 여부는 입법목적과 동기, 입법 당시의 시대적 배경 및 관련조항들의 체계 등을 종합하여 실질적 동일성 유무에 따라 판단해야 한다고 전제하고 헌재가 노조의 정당에 대한 기부금지를 위헌결정(헌재결 1999. 11. 25. 95헌마154)한 후 구정치자금법(제12조 제 2 항 등)이 정한 법인·단체의 정치자금제공금지(기부금지)규정은 헌재가 위헌결정한 법률조항과 동일한 법률이 아니라고 합헌결정했다. 헌재결 2010. 12. 28. 2008헌바89 참조. 그런데 이 결정 전에는 반복입법의 허용 여부에 대한 명시적인 언급은 없이 헌재가 위헌결정한 안마사자격의 비맹제외기준의 반복입법에 대해 합헌결정한 일도 있다. 헌재결 2008. 10. 30. 2006헌마1098 등, 헌재공보 145, 1554(1561면 이하) 참조.

3) 독일에서도 연방헌법재판소가 초기 판례부터 위헌결정이 국회에 미치는 기속력을 인정했었다. BVerfGE 1, 14(37); 69, 112(115). 그러다가 1987년 제 1 원이 BVerfGE 77, 84(103) 판례를 통해 국회에 대한 기속력을 부인하는 판시를 했었다. 그렇지만 1997년에는 제 1 원이 다시 국회에 대한 기속력을 제한적으로 인정해서 국회는 특별히 정당한 사유가 있는 경우에만 위헌결정한 법률조항과 동일한 내용의 입법을 반복하는 것이 허용된다고 판시하면서 연방헌법재판소가 1992년에 위헌으로 결정(BVerfGE 85, 226(234ff.))한 법률을 다시 입법한 것은 특별히 정당한 사유를 인정할 수 없기 때문에 다시 위헌결정한다고 선언했다 (BVerfGE 96, 260(263)). 후속 판례 BVerfGE 98, 265(320f.)도 참조. 다수 학자들도 이런 판시에 동조하고 있다. *Benda/Klein*, aaO., RN. 1345 참조.

　국립사범대졸업자우선채용제도에 대한 위헌결정(헌재결 1990. 10. 8. 89헌마89) 이후 입법자가 제정한 '국립사범대졸업자 중 미임용등록자임용 등에 관한 특별법'에 대해서 우리 헌재는 앞의 위헌결정에 정면으로 위반되는 것은 아니라고 판시했다. 그 입법취지는 미임용

b) 위헌법률의 효력 상실

위헌으로 결정된 법률 또는 법률조항은 그 결정이 있는 날로부터 효력을 상실한다. 다만 형벌에 관한 법률 또는 법률조항은 소급하여 그 효력을 상실한다($^{\text{법 제47조}}_{\text{제 2 항}}$).

위헌법률의 효력 상실시기를 언제로 정할 것인가의 문제는 헌법이론적인 의미와 헌법정책적인 의미를 갖는다.

α) 법률의 합헌성과 효력

위헌법률의 효력 상실시기를 결정하는 일은 헌법이론적인 고려와 헌법정책적인 고려를 함께 필요로 하는 문제이다. 즉 위헌인 법률은 처음부터 무효(ipso jure nichtig)라고 보아야 할 것인지(당연무효설) 아니면 단순히 폐지할 수 있는(vernichtbar) 것으로 보아야 할 것인지(폐지무효설)의 헌법이론적인 검토를 하지 않을 수 없다. 왜냐하면 당연무효설의 관점에서는 헌법재판소의 위헌결정은 확인적 성질을 갖는 데 지나지 않지만, 폐지무효설의 관점에서는 위헌결정은 형성적 성질을 갖게 되기 때문이다. 그리고 법률의 위헌결정의 효력을 장래효(ex-nunc-Wirkung), 소급효(ex-tunc-Wirkung), 미래효(ex-post-Wirkung) 중에서 어느 것을 선택할 것인가의 헌법정책적인 고려도 빼놓을 수 없기 때문이다. 그런데 이 두 가지 문제는 별개의 문제이기 때문에 엄격히 구별할 필요가 있다. 왜냐하면 흔히 잘못 인식하고 있는 것처럼 당연무효설과 소급무효설이 필연적인 연관성을 갖는 것은 아니기 때문이다. 당연무효설도 장래효 내지 미래효와 조화를 이룰 수 있고, 폐지무효설도 소급효를 인정할 수 있다. 법률의 합헌성 내지 합법성(Rechtmäßigkeit)과 법률의 효력(Gültigkeit)은 법리적으로 구별을 요하는 별개의 문제이기 때문이다.[1]

자 등을 전부 무시험 우선채용하자는 것이 아니라, 신뢰이익을 입법적으로 보호하는 차원에서 임용시험을 치르되 다만 한시적이고 제한적인 경쟁을 거쳐 중등교원이 될 수 있는 기회를 제공한 것에 불과하기 때문이라고 설명했다. 헌재결 2006. 3. 30. 2005헌마598, 헌재공보 114, 573(577면) 참조.

위헌결정의 기속력이 국회에 미치는 효과에 관해서는 졸고, 헌법재판과 입법, 헌법논총 제19집, 2008, 9(45면 이하) 참조할 것.

1) 위헌결정의 효력과 관련된 당연무효설과 폐지무효설, 법률의 합헌성(Rechtmäßigkeit)과 효력(Gültigkeit)의 관계, 장래효·소급효·미래효 등 헌법이론적·헌법정책적 논의에 관해서 자세한 것은 졸저(拙著), Probleme der konkreten Normenkontrolle, 1971, Berlin, S. 126-133 참조.

β) 원칙적인 장래효와 예외적인 소급효의 취지

따라서 우리 헌법재판소법이 위헌결정의 효력에 관해서 원칙적인 장래
효와 예외적인 소급효를 선택했다고 해서 헌법이론적으로는 폐지무효설을 따
르고 있다고 단정할 수 없다. 헌법이론적으로는 당연무효설이 보다 논리적이
라고 생각하는 경우에도 법적 안정성 내지 법적 평화를 고려해서 헌법정책
내지 입법정책적으로는 장래효의 원칙을 얼마든지 선택할 수 있는 일이기 때
문이다. 다만 장래효만을 고집하는 경우 법적 안정성과 법적 평화에는 유리하
지만 실체적 정의의 희생이 따를 수 있기 때문에 소급효의 예외를 인정한 것
이라고 볼 수 있다. 즉 형벌에 관한 법률 또는 법률조항이 위헌으로 결정된
마당에 그러한 법률이나 법률조항을 근거로 선고된 형사처벌의 효력을 그대로
유지하는 것은 실체적 정의 감정을 크게 훼손하는 일이기 때문이다. 그래서
그러한 형사처벌의 효력을 상실시키기 위해서 형벌법규에 관한 위헌결정
의 소급효를 예외적으로 인정했다. 다만 해당 형벌법규에 대하여 종전에 합헌
으로 결정한 사건이 있는 경우에는 그 결정이 있는 날의 다음 날로 소급하여
효력을 상실하도록 소급효의 효력을 제한했다. 이러한 소급효의 제한규정을
두지 않아 발생했던 법적 혼란을 피하려고 2014년 헌법재판소법 제47조를 개
정했다.[1] 이처럼 형벌법규에 관한 위헌결정의 소급효가 인정되기 때문에 위헌
법률에 근거한 유죄의 확정판결에 대한 재심청구의 길을 열어 놓은 것이다
$\binom{\text{법 제47조 제 3 항과}}{\text{제 4 항 및 제 5 항}}$.

γ) 소급효의 내용

형벌법규의 위헌결정이 갖는 소급효 때문에 위헌법률에 근거한 유죄의
확정판결은 형집행 종료 전후를 막론하고 재심청구의 대상이 되는데$\binom{\text{법 제47조}}{\text{제 3 항}}$
재심에 대해서는 형사소송법$\binom{\text{제420}}{\text{조}}$의 규정이 준용된다$\binom{\text{법 제47조}}{\text{제 4 항}}$. 소급효가 인정
되는 형벌법규는 형사실체법에 한정해야 하므로 형사절차법에는 소급효가 인
정되지 않는다는 것이 헌법재판소의 입장이다.[2] 그리고 위헌결정된 형벌법규
에 근거해서 공소가 제기되어 재판중인 모든 형사사건은 더 이상 범죄가 되

---

1) 헌재는 개정된 이 헌재법 제47조 제 3 항 단서가 평등원칙에 위배되지 않는다고 결정했다.
  헌재결 2016. 4. 28. 2015헌바216, 헌재공보 235, 759(761면 이하) 참조.
2) 헌재결 1992. 12. 24. 92헌가8, 판례집 4, 853(887면) 참조.

지 아니하므로 무죄를 선고해야 한다.[1] 따라서 항소심 선고 이후 위헌결정이 있으면 이 위헌결정의 효력은 상고심 단계에 이른 사건에도 당연히 미친다.[2] 또 위헌결정된 형벌법규에 근거한 법원의 미확정판결은 법정 상소사유로 인정된다.[3] 나아가 소급효는 어디까지나 죄형법정주의와 실체적 정의의 실현을 위한 것이므로 일정한 예외가 있다. 즉 불처벌의 특례를 규정한 법률에 대한 위헌결정에도 소급효를 인정하면 오히려 그 규정에 의해서 형사처벌을 면제받았던 사람들에게 형사상 불이익이 미치게 된다. 그런데도 불구하고 이런 경우까지 소급효를 인정하는 것은 실체적 정의를 실현하려는 소급효제도의 기본취지에 어긋나므로 소급효는 배제된다.[4] 우리 대법원은 법률규정에 대한 '위헌결정의 소급효가 그 위헌결정 이후에 제기된 일반사건에는 미친다고 보기 어렵다'는 이유로 위헌결정의 소급효력범위를 경우에 따라서는 제한할 수도 있다는 입장을 취하고 있다.[5]

---

1) 같은 취지 대판 1992. 5. 8. 91도2825, 법원공보 1992, 1918면 참조. 대법원은 나아가 재심이 개시된 사건에서 형벌에 관한 법령이 재심판결 당시 폐지되었다 하더라도 그 폐지가 당초부터 위헌이어서 효력이 없는 법령에 대한 것이었다면 형소법(제325조 전단)상 무죄사유에 해당하는 것이지 형소법(제326조 제 4 호) 소정의 면소사유에 해당한다고 할 수 없다고 판시했다. 대판 2010. 12. 16. 2010도5986; 대판 2013. 5. 16. 2011도2631 참조.

2) 대법원도 같은 취지의 판결을 했다. 대법원은 위헌결정된 성폭력처벌법 제30조 제 6 항을 적용해서 13세 미만 미성년자 위계 등 간음·추행혐의로 기소된 피고인에게 7년을 판결한 원심을 파기했다. 대법원은 한 걸음 더 나아가 동일한 취지로 규정한 아동·청소년성보호법(제26조 제 6 항)도 같은 이유로 위헌결정이 될 수 있는 만큼 원심은 이 조항이 위헌인지 여부나 적용에 따른 위헌적 결과를 피하기 위한 심리방안을 적극적으로 모색했어야 함에도 불구하고 그렇지 않아 추가 심리가 필요하다고 사건을 부산고법 울산 원외 재판부로 돌려보냈다. 대판 2022. 4. 14. 2021도14530 참조.

3) 형소법 제361조의 5 제 1 호 및 제383조 제 1 호 참조.

4) 예컨대 중과실로 중상해를 유발한 교통사고 운전자가 자동차종합보험에 가입했으면 불기소 처분하는 특례규정은 형벌에 관한 것이긴 해도 이 규정에 대한 위헌결정의 소급효를 인정할 경우에는 오히려 이 규정의 혜택을 받았던 사람들에게 형사상 불이익이 미치게 되므로 이런 경우까지 헌법재판소법 제47조 제 2 항 단서의 적용범위에 포함시킬 수 없다. 헌재결 1997. 1. 16. 90헌마110 등, 판례집 9-1, 90(108면)도 같은 취지의 판시를 하고 있다.

5) [판결례] 헌재는 2007년 사립학교 교원에게 원용되는 공무원연금법 규정(제64조 제1항 제1호)에 대해서 공무원 신분이나 직무와 무관한 범죄 및 과실법의 경우까지 퇴직금 및 퇴직수당의 일부를 감액 지급하도록 하는 것은 재산권을 침해하고 평등원칙에 위배된다는 이유로 헌법불합치결정(헌재결 2007. 3. 29. 2005헌바33)을 하면서 2018. 12. 31. 입법개선시한 까지 잠정 적용하도록 했다. 고의범으로 징역형이 확정되어 2009. 8. 퇴직하게 된 사립학교 교원 갑에게 사립학교교직원연금공단(이하 사학공단)이 2009. 9. 퇴직금을 전액 지급했다. 그런데 입법개선시한을 1년이나 지나서 앞의 헌재 위헌판시 취지에 따라 2009. 12. 31. 개정한 공무원연금법 부칙조항(2009. 1. 1.부터 소급적용)에 따라 사학공단이 갑에 지급한 퇴직금 일부를

δ) 장래효의 내용

위헌으로 결정된 법률 또는 법률조항의 장래효 내지 향후(向後)무효($^{제47조}_{제2항}$ 본)는 비(非)형벌법규에 관한 것이지만, 이 장래효의 내용을 이해하는 데는 주의를 요한다. 즉 법원의 제청에 의한 위헌결정의 경우, 제청법원은 헌법재판소의 심판에 의해서 재판하게 되어 있기 때문에($^{제107조}_{제1항}$) 위헌결정의 효력은 당연히 당해 사건에 미칠 수밖에 없다. 당해 사건에 당연히 미치는 이러한 효력을 소급효의 한 유형으로 이해하는 것은 옳지 않다.[1] 이것은 구체적 규범통제의 본질에서 나오는 당연한 효력이기 때문이다. 또 규범소원($^{법\ 제68조}_{제2항}$)의 경우에도 그 본질이 규범통제이므로 같은 효력을 인정해야 한다. 다만 규범소원은 재판 정지의 효력이 없어서 법원의 재판이 확정된 경우에는 재심사유가 된다($^{법\ 제75조\ 제6항과\ 제7항}_{및\ 민소법\ 제451조\ 제1항}$).[2] 그리고 위헌결정 전에 위헌심판대상인 법률조항에 대한 위헌제청을 했거나, 법원에 위헌제청신청을 한 경우의 당해 사건($^{동종}_{사건}$), 법원의 제청이나 당사자의 제청신청이 없었지만 위헌심판대상인 법률조항의 위헌 여부가 재판의 전제가 되어 법원에 계속(係屬)중인 사건($^{병행}_{사건}$)에 대해서도 위헌결정의 효력은 미치는데, 이때의 효력을 소급효로 설명하는 것도 옳지 않다. 왜냐하면 법률에 대한 위헌결정의 기속력 때문에 법원은 위헌으로 선언되어 효력을 상실한 법률을 더 이상 재판의 근거로 적용할 수 없는 결과로 보아야 하기 때문이다.

나아가 법률에 대한 위헌결정 이후에 제기된 소송사건($^{일반}_{사건}$)에 대해서 위헌결정의 효력이 미치는 것은 장래효의 당연한 귀결이다. 그렇기 때문에 종

환수했다. 그 후 헌재가 이 개정법의 부칙조항에 대해서 소급입법이라는 이유로 위헌결정 (헌재결 2013. 9. 26. 2013헌바170)을 하자 갑은 사학공단을 상대로 환수한 퇴직금을 부당이 득이라고 반환청구한 사건에서 원심은 원고 승소판결했다. 그러나 대법원은 피고인 사학공 단의 상고를 받아들여 '구체적 타당성 등의 요청이 이미 형성된 법률관계에 관한 법적 안전 성의 유지와 당사자의 신뢰보호의 요청보다 현저히 우월하다고 단정하기 어려워 위헌결정의 소급효가 그 위헌결정 이후에 제기된 일반사건인 이 사건에 미친다고 보기 어렵다'는 이유 로 파기환송했다. 이 판결에서 대법원은 헌재의 2007년 공무원연금법 해당 규정에 대한 헌 법불합치결정의 판시취지에 비추어 보아도 갑은 처음부터 퇴직금 감액지급을 해서는 안되는 공무원의 범위에 포함될 수 없었다는 점을 강조한다. 대판 2017. 3. 9. 2015다253982 참조.

1) 따라서 예컨대 헌재결 1993. 5. 13. 92헌가10 등, 판례집 5-1, 226(250-251면)에서 법 제47 조 제2항 본문의 합헌결정을 하면서 당해 사건에 미치는 소급효에 관한 논증을 한 것은 문제가 있다고 할 것이다. 대판 1991. 6. 11. 90다5450도 마찬가지이다.

2) 헌재결 2000. 6. 29. 99헌바66 등, 판례집 12-1, 848(864면) 참조.

래 헌법재판소[1]와 대법원[2]이 위헌결정의 장래효를 설명하면서 소급효의 논리를 끌어 들인 것은 재검토를 요하는 논증이라고 할 것이다.[3] 그리고 기판력이 생긴 법원의 확정판결이나 확정력이 발생한 행정기관의 행정처분에 법률의 위헌결정이 효력을 미칠 수 없는 것은 장래효의 당연한 결과이다. 장래효에도 불구하고 재심이 허용되는 것은 헌법재판소법($\substack{제75조 \ 제7 \\ 항과 \ 제8항}$)의 명문의 규정에 따른 것이다. 따라서 이런 경우를 소급효의 제한사례로 보는 것도 옳지 않다.[4]

c) 위헌결정의 일반적 구속력

헌법재판소가 위헌으로 결정한 법률 또는 법률조항은 효력을 상실하므로 위헌결정은 법규적 효력을 가지게 된다. 즉 위헌결정은 법원·국가기관·지방자치단체에 대한 기속력과는 별도로 모든 사람에게 일반적인 효력을 미친다. 일반적 효력의 의미는 위헌결정된 법률 또는 법률조항은 더 이상 국민생활을 규율하는 법규범이 될 수 없기 때문에 국민은 위헌법률에 근거한 권리 주장도 할 수 없고 의무도 부담하지 않는다는 뜻이다. 이 일반적 효력은 법률이 위헌결정되면 위헌으로 선언된 법률조항은 효력을 상실한다는 헌법재판소법의 규정($\substack{제47조 \ 제 \\ 2항 \ 본문}$)에 근거해서 발생하는 것이므로, 위헌결정의 결과가 중요하지 위헌결정의 동인에 따라 달라지지 않는다. 따라서 법원의 제청에 의한 위헌결정은 물론이고, 규범소원($\substack{법 \ 제68조 \\ 제2항}$)이나 법령소원($\substack{법 \ 제68조 \\ 제1항}$)에 의한 위헌결정도 일반적인 효력을 가진다($\substack{법 \ 제75조 \ 제5 \\ 항 \ 및 \ 제6항}$). 헌법재판소의 위헌결정을 관보에 게재해서

---

1) 헌재결 1993. 5. 13. 92헌가10 등, 판례집 5-1, 226(250-251면); 헌재결 2000. 8. 31. 2000헌바6, 헌재공보 49, 744(745면) 참조.
2) 대판 1991. 6. 11. 90다5450, 법원공보 1991, 1895면; 대판 1991. 12. 24. 90다8176; 대판 1992. 2. 14. 91누1462, 법원공보 1992, 1065면; 대판 1993. 1. 15. 92다12377, 법원공보 1993, 698면; 대판 1994. 10. 25. 93다42740, 법원공보 1994, 3077면 참조.
3) 헌재는 공무원 연금법 관련 재판취소 헌법소원 사건에서 당해사건, 동종사건, 병행사건 이외에도 '당사자의 권리구제를 위한 구체적 타당성의 요청이 현저한 반면에 소급효를 인정해도 법적 안정성을 침해할 우려가 없으며, 나아가 구법에 의하여 형성된 기득권자의 이득이 해쳐질 사안이 아닌 경우로서 소급효의 부인이 오히려 정의와 형평 등 헌법적 이념에 심히 배치되는 때에도 소급효를 인정해야 한다는 입장이다'. 그러면서 이 범주의 해당여부는 헌재가 위헌결정 주문에서 직접 밝혀야 하지만 그런 명시적인 언급이 없는 경우에는 일반법원이 구체적 사건에서 여러 이익을 형량해서 합리적·합목적적으로 정해서 대처할 수밖에 없다고 보고 있다. 헌재결 2013. 6. 27. 2010헌마535, 판례집 25-1, 548(554면) 참조.
4) 예컨대 대판 1993. 4. 27. 92누9777, 법원공보 1993, 1609면; 대판 2000. 6. 9. 2000다16329, 법원공보 2000, 1641면 참조.

공시하는($^{법 \ 제36조}_{제5항}$) 것은 이 일반적인 효력을 모든 규범수신인(規範受信人)(수범자)에게 널리 알리기 위한 수단이다.

4) 변형 위헌결정

우리 헌법재판소가 활용하는 위헌결정의 유형에는 단순위헌결정(單純違憲決定) 이외에도 한정합헌결정(限定合憲決定)과 한정위헌결정(限定違憲決定) 및 헌법불합치결정(憲法不合致決定) 등 이른바 변형된 위헌결정의 유형도 있다. 헌법재판소가 법률의 위헌 여부를 심판하는 데 있어서는 심판대상의 법률조항을 헌법과 조화될 수 있는 방향으로 합헌적으로 해석하는 것이 가능한 경우가 있다. 이런 경우 구체적 규범통제의 본질과 기능으로 볼 때 헌법재판소는 그 법률조항을 위헌으로 결정해서 효력을 상실시키는 것보다는 가능한 한 그 법률조항의 효력을 유지시키는 것이 더 헌법정신에 충실하게 된다. 심판대상인 법률조항에 대해서 규범말살(소멸)적인 해석보다는 규범저장(유지)적인 해석을 통해서 헌법의 최고규범성을 지키면서도 입법권자의 입법형성권도 존중할 수 있는 방법을 모색하는 것은 헌법재판소의 당연한 의무이기 때문이다. 그렇기 때문에 합헌적 법률해석의 법리를 옳게만 적용해서 변형 위헌결정을 한다면 헌법적으로 전혀 문제될 것이 없다. 우리보다 법치주의에 더 철저한 독일에서도 연방헌법재판소가 실정법의 근거도 없이 합헌적 법률해석에 의한 변형 위헌결정을 많이 하고 있지만 학계와 실무계에서 시비의 대상이 되지 않고 있는 것도 그 때문이다.[1] 결국 변형된 위헌결정인 한정합헌결정과 한정위헌결정은 구체적 규범통제에서 통상적으로 이루어지는 합헌적 법률해석의 불가피한 부산물이라고 보아야 한다. 그렇지만 합헌적 법률해석에도 일정한 한계가 있기 때문에 합헌적 법률해석의 구실 아래 오히려 입법권을 침해하는 일이 생겨서는 아니 된다는 점을 항상 유의해야 한다.[2] 심판대상 법률조항을 확대해석하는 방법의 합헌적 법률해석이 금기(禁忌)시되는 이유도 그 때문이다.

헌법불합치결정은 합헌적 법률해석의 결과가 아니라, 단순위헌결정에 의

---

1) 독일에서의 구체적인 변형결정의 형식과 그 실례는 졸고(拙稿), 헌법재판제도의 바람직한 개선방향, 김용준 화갑기념논문집, 1998, 26(33면) 참조.
2) 법률의 합헌적 해석에 관한 자세한 것은 졸저(拙著), 한국헌법론, 2010, 74-81면 참조. 헌법재판소도 합헌적 해석의 한계를 강조하는 판시를 통해 단순위헌결정을 한 경우가 있다. 헌재결 1989. 7. 14. 88헌가5 등, 판례집 1, 69(86면) 참조.

한 법률의 효력 상실로 발생할 수도 있는 법적 공백상태 내지 법적 혼란상태의 방지를 위해서 헌법재판소가 선택한 사법적 자제(司法的 自制, judicial self restraint)의 표현이다. 따라서 한정합헌 또는 한정위헌결정과 헌법불합치결정은 다 같은 변형된 위헌결정이지만 그 본질과 기능은 다르다.

헌법재판소법($^{제45조}_{본문}$)의 '제청된 법률 또는 법률조항의 위헌 여부만을 결정한다'는 문구의 해석으로 합헌결정과 단순위헌결정만을 종국결정의 유형으로 인정하고 모든 변형결정을 배척하는 태도는 구체적 규범통제의 본질과 기능보다는 법조문의 문언적인 해석에 집착하는 것이기 때문에 옳지 않다고 할 것이다. 우리 헌법재판소도 활동 초기부터 변형 위헌결정의 불가피성을 강조하면서 적극적으로 활용했다.[1] 그리고 변형위헌결정의 유형을 불필요하게 다양화해서 비판받는 일도 있었지만[2] 이제는 유형적으로 어느 정도 정비된 상태이다.

a) 한정합헌결정

α) 한정합헌결정의 내용

한정합헌결정은 심판의 대상이 된 법률조문의 다양한 해석의 가능성 중에서 위헌적인 해석의 가능성을 배제하고 헌법과 조화될 수 있는 방향으로 축소·제한 해석함으로써 그 법률조문의 효력을 유지시키는 결정유형이다. 따라서 한정합헌결정의 주문은 심판대상법률조문에 대해서 '… 해석 하에 헌법에 위반되지 아니한다',[3] 또는 '… 라고 해석하는 한 헌법에 위반되지 아니한다'[4]의 형식으로 표시한다.

한정합헌결정은 변형된 위헌결정의 한 유형이지만 심판대상 법률조항에 대해서 헌법재판소가 합헌이라고 해석한 의미 이외의 다른 내용으로 해석·적용하는 것은 언제나 헌법에 위반된다는 것을 선언한 것은 아니다. 물론 심판

---

1) 예컨대 헌재결 1989. 9. 8. 88헌가6, 판례집 1, 199(259-260면), 국회의원선거 입후보자의 기탁금제도에 관해서 헌법불합치결정을 하면서 제시한 변형결정의 필요성에 관한 논거 참조.
2) 예컨대 졸고(拙稿), 헌법재판제도의 바람직한 개선방향, 앞의 책, 32면 참조.
3) 예컨대 헌재결 1990. 4. 2. 89헌가113, 판례집 2, 49(52면): '국보법 제7조 제1항 및 제5항은 각 그 소정행위가 국가의 존립·안전을 위태롭게 하거나 자유민주적 기본질서에 위해를 줄 경우에 적용된다고 할 것이므로 이러한 해석 하에 헌법에 위반되지 아니한다' 같은 주문 형식 헌재결 1992. 2. 25. 89헌가104, 판례집 4, 64(71면) 참조.
4) 예컨대 헌재결 1994. 8. 31. 91헌가1, 판례집 6-2, 153(156면): '구 지방세법 제31조 제2항 제3호 단서는, 당해 재산의 소유 그 자체를 과세의 대상으로 하여 부과하는 지방세와 가산금에 한하여 적용되는 것으로 해석하는 한, 헌법에 위반되지 아니한다'.

대상 법률조항의 내용에 따라서는 헌법재판소가 합헌이라고 해석한 의미 이외의 다른 내용으로 해석·적용하는 것이 사실상 불가능한 경우도 있을 수 있다. 그러나 원론적으로 본다면 한정합헌결정을 통해 합헌으로 해석되는 내용을 밝혔다고 하더라도 나머지 해석이 모두 위헌이라는 이야기는 아닌 것이 한정합헌결정의 본질이다. 헌법재판소는 당해 사건과 관련되는 범위 내에서 합헌적인 해석의 내용을 밝힌 것이기 때문에 다른 사건의 재판에서는 또 다른 합헌적인 해석의 여지를 완전히 차단한 것이 아니다.

β) 한정합헌결정의 기속력

한정합헌결정도 위헌결정의 유형에 속하므로 법원 기타 국가기관 및 지방자치단체를 기속한다(법 제47조 제1항).[1] 그 결과 한정합헌결정된 법률조항은 원칙적으로 헌법재판소가 합헌으로 간주한 내용으로 해석·적용해야 하고, 다른 합헌적인 해석이 나올 때까지는 오로지 합헌으로 밝힌 내용만이 유효한 법률 내용으로 일반적인 구속력을 갖게 된다.

b) 한정위헌결정

α) 한정위헌결정의 내용

한정위헌결정은 심판의 대상이 된 법률조문의 다의적(多義的)인 해석의 가능성 중에서 분명하게 헌법과 조화될 수 없는 내용을 밝힘으로써 그러한 위헌적인 해석의 법 적용을 배제하는 결정유형이다. 한정합헌결정과 마찬가지로 심판대상 법률조항을 합헌적으로 축소·제한 해석하는 것이므로 심판대상 법률 조항의 존속에는 영향이 없지만,[2] 특히 위헌으로 밝힌 내용으로는 해석·적용하거나 집행하지 못하게 되는 법적인 효력이 발생한다.

한정위헌결정의 주문은 심판대상 법률조문에 대해서 '…로 해석하는 한 헌법에 위반된다'[3] 또는 '…로 해석하는 한도 내에서 헌법에 위반된다'[4] 또는

---

[1] 모든 변형결정의 기속력을 강조하는 헌재결 1997. 12. 24. 96헌마172 등, 판례집 9-2, 842(860면); 헌재결 2003. 4. 24. 2001헌마386 참조.

[2] 헌법재판소가 한동안 독일의 '질적 일부위헌결정'의 형식을 원용해서 비판을 받기도 했지만 이제는 한정위헌결정으로 일원화하고 있다. 졸저(拙著), 한국헌법론, 2015, 885면 참조.

[3] 예컨대 헌재결 1992. 6. 26. 90헌가23, 판례집 4, 300(302면): '정기간행물등록법 제 7 조 제 1 항은 제 9 호 소정의 제 6 조 제 3 항 제 1 호 및 제 2 호의 규정에 의한 해당 시설을 자기 소유이어야 하는 것으로 해석하는 한 헌법에 위반된다'.

[4] 예컨대 헌재결 1997. 12. 24. 96헌마172 등, 판례집 9-2, 842(848-849면): '헌법재판소법 제 68조 제 1 항 본문의 "법원의 재판"에 헌법재판소가 위헌으로 결정한 법령을 적용함으로써

'…하는 범위 내에서 헌법에 위반된다'[1] 또는 '…를 포함시키는 것은 헌법에 위반된다'[2]는 형식으로 표시한다.

한정위헌결정은 심판대상 법률조항에 대해서 헌법재판소가 헌법과 조화될 수 없어 위헌으로 해석되는 모든 경우에 대해서 판단하는 것이 아니다. 단순히 당해 사건에서의 해당 법률의 적용과 관련해서 위헌으로 해석되기 때문에 적용에서 배제해야 하는 내용을 밝힌 것뿐이다. 따라서 헌법재판소가 심판대상법률조항에 대해서 위헌으로 밝히지 아니한 나머지 부분의 위헌 여부에 관한 판단은 당해 사건의 재판과는 무관하기 때문에 유보하고 있는 것이다.

β) 한정합헌결정과의 관계

이 점에서 헌법재판소가 한정합헌결정과 한정위헌결정을 실질적으로 동일한 것이라고 판시하는 것[3]은 큰 잘못이다. 한정합헌결정과 한정위헌결정은 구조적으로 다르기 때문에 서로 바꿀 수 있는 내용의 결정유형이 아니라는 점을 명심해야 한다.[4] 헌법재판소의 판시대로 한정합헌결정과 한정위헌결정을 상호 표리관계에 있는 것으로 보기 위해서는 일정한 전제가 성립해야 한다. 즉 심판대상 법률조항이 A, B의 두 가지 해석의 가능성만을 갖는데 A의 해석은 합헌이고 B의 해석은 위헌이라는 전제가 성립되어야 한다. 이런 경우에는 심판대상 법률조항에 대해서 'A로 해석하면 합헌이다'라는 한정합헌의 주문형식(主文形式)은 'B로 해석하면 위헌이다'라는 한정위헌의 주문형식으로 바꿀 수 있으므로 서로 표리관계에 있다고 말할 수 있다. 그러나 심판대상 법률조항이 A, B, C의 세 가지 해석의 가능성을 갖는다고 가정한다면 그 중에서 A의 해석만이 합헌이고 B, C의 해석은 위헌인 경우이건, A, B의 해석은

국민의 기본권을 침해한 재판도 포함되는 것으로 해석하는 한도 내에서, 헌재법 제68조 제1항은 헌법에 위반된다'.

1) 예컨대 헌재결 1997. 11. 27. 95헌바38, 판례집 9-2, 591(592-593면): '구(舊)국세기본법 제41조는 사업양수인으로 하여금 양수한 재산의 가액을 초과하여 제2차 납세의무를 지게 하는 범위 내에서 헌법에 위반된다'.

2) 예컨대 헌재결 1991. 4. 1. 89헌마160, 판례집 3, 149(150면): '민법 제764조의 "명예회복에 적당한 처분"에 사죄광고를 포함시키는 것은 헌법에 위반된다'.

3) 헌재결 1997. 12. 24. 96헌마172 등, 판례집 9-2, 842(861면): '두 가지 방법은 서로 표리관계에 있는 것이어서 실제적으로는 차이가 있는 것이 아니다'.

4) 이 점에 대해서 자세한 것은 졸고(拙稿), 헌법재판제도의 바람직한 개선 방향, 김용준 화갑기념논문집, 1998, 26(33면) 참조.

합헌이고 C의 해석은 위헌인 경우이건 한정합헌결정과 한정위헌결정은 더 이상 서로 바꿀 수 없다. 전자의 경우 심판대상 법률조항에 대해서 'A로 해석하면 합헌이다'라는 주문형식(한정합헌)은 'B로 해석하면 위헌이다' 또는 'C로 해석하면 위헌이다'라는 주문형식(한정위헌)과 결코 표리관계에 있지 않다. 기껏해야 'B 또는 C로 해석하면 위헌이다'라는 주문형식과 표리관계에 있지만, 구체적 규범통제에서 'B 또는 C로 해석하면 위헌이다'라는 주문형식은 흔히 통용되는 종국결정의 형식이 아니다. 또 후자의 경우 당해 사건의 재판과 관련해서 'A로 해석하면 합헌이다'라는 주문과 'B로 해석하면 합헌이다'라는 주문을 서로 바꿀 수도 없을 뿐 아니라, 'C로 해석하면 위헌이다'의 주문을 낼 때 그와 표리관계에 있는 것은 A, B 모두 이어서 특정할 수 없기 때문이다.

또 한정합헌결정에서는 합헌으로 해석되는 부분 이외의 나머지 해석은 모두 위헌이지만, 한정위헌결정의 경우에는 위헌으로 해석되는 부분 이외의 나머지 해석은 위헌인지 합헌인지를 확정하지 않는 것이기 때문에 실질적으로 동일한 것이라고 볼 수 없다는 주장도 있다. 그러나 이러한 주장은 그 결론은 타당하지만 결론의 근거가 되는 논증은 설득력이 약하다. 한정합헌결정의 경우 합헌으로 해석되는 내용 이외의 나머지 해석은 모두 위헌이 되는데, 왜 한정위헌결정의 경우에는 위헌으로 해석되는 내용 이외의 나머지 해석이 다 합헌으로 되지 않는 것인지에 대한 명확한 논증이 없다. 단지 전자의 경우는 이렇지만 후자의 경우는 그렇지 않다는 식으로 주장하고 있을 뿐이다. 또 왜 헌법재판소가 한정위헌결정의 경우에만 당해 사건에서의 법률의 적용과 관련하여 위헌으로 확정할 수 있는 범위 내에서만 판단해야 하고 한정합헌결정의 경우에는 그렇게 하지 않아도 되는 것인지도 명확하지 않다. 따라서 한정합헌결정이건 한정위헌결정이건 헌법재판소는 당해 사건에서의 법률의 적용과 관련하여 필요한 범위 내에서만 합헌 또는 위헌의 판단을 하는 것이기 때문에 나머지 부분에 대한 판단은 두 경우에 모두 유보한 것이라고 통일적으로 이해하는 것이 보다 설득력이 있다고 할 것이다. 두 결정유형 사이에 그런 차이를 인정하는 것은 지나치게 자의적이기 때문이다.

γ) 한정위헌결정의 효력

한정위헌결정도 기속력을 갖는다. 따라서 법원 기타 국가기관과 지방자치단체를 기속한다($^{법 \ 제47조}_{제1항}$). 이들 기관은 심판대상법률에 대해서 헌법재판소가 위헌으로 밝힌 내용으로 해당 법률조항을 해석·적용·집행해서는 아니 된다. 법원은 구체적인 사건의 재판에서 적용할 법률의 위헌 여부가 재판의 전제가 될 때 그 법률이 다의적인 해석 가능성을 내포하고 있는 경우에 그 법률을 합헌적인 내용으로 해석해서 적용하는 것은 허용된다. 그렇지만 위헌적인 내용의 해석을 확정하는 권한은 헌법재판소만이 갖기 때문에 법원은 헌법재판소가 한정위헌결정으로 밝힌 법률의 해석을 존중해야 한다. 따라서 구체적인 사건에서 적용할 법률의 위헌 여부가 다투어지고 소송당사자가 위헌제청신청을 했지만 법원이 제청신청을 기각하고 그 법률을 합헌적인 내용으로 해석·적용한 재판을 한 경우, 소송당사자가 청구한 규범소원($^{법 \ 제68조}_{제2항}$)의 심판절차에서 헌법재판소가 법원의 해석과는 달리 한정위헌결정을 한다면 법원이 행한 합헌적인 내용의 해석은 효력을 가질 수 없다. 이 경우 당해 소송사건의 재판이 확정되었다면 당연히 재심청구에 의한 구제가 가능하다($^{법 \ 제75조}_{제7항}$). 다른 법원도 헌법재판소의 한정위헌결정에 기속되는 것은 마찬가지이다.

그런데도 우리 대법원이 한정위헌결정의 기속력을 인정하지 않는 판례[1]를 내는 것은 매우 잘못된 태도라고 비판받아야 한다. 대법원의 주장대로 법률의 해석 권한이 법원에 있다는 것과 한정위헌결정의 법원에 대한 기속력과는 전혀 모순되는 명제가 아니다. 법원의 법률해석 권한을 존중하더라도 헌법재판소가 법률의 위헌성을 판단하려면 그 법률의 해석 내지 그 법률이 어느 경우에 적용되는가를 확정하는 것이 선행되어야 하므로 이 한도 내에서는 헌법재판소도 법률의 해석 내지 그 적용에 관여하지 않을 수 없다.[2] 그 결과 헌법에 비추어 법률의 위헌적인 내용의 해석을 배제하는 권한은 헌법에 의해서 헌법재판소가 독점적으로 행사하기 때문에 법원은 헌법재판소의 한정위헌결정을 존중하지 않으면 아니 된다. 한정위헌결정의 기속력을 부인하는 바탕에는 변형결정 그 자체의 존재를 부정하려는 태도가 반영되어 있다고 볼 수 있

---

1) 대판 1996. 4. 9. 95누11405가 그 시작이다. 대법원의 판시 내용: '한정위헌결정에 표현되어 있는 헌법재판소의 법률해석에 관한 견해는 법률의 의미·내용과 그 적용범위에 관한 헌법재판소의 견해를 일응 표명한 데 불과하여 법원에 전속되어 있는 법령의 해석·적용 권한에 대하여 어떠한 영향을 미치거나 기속력도 가질 수 없다고 하지 않을 수 없다'.
2) 헌재결 2010. 4. 29. 2007헌마144, 판례집 22-1(상), 622(632면)도 같은 취지의 판시를 하고 있다.

는데, 변형결정은 앞에서도 언급한 바와 같이 규범통제의 불가피한 결정형식이다. 대법원이 한정위헌결정의 기속력을 부인하는 관계로 헌법재판소가 구체적 규범통제에서 심판대상 법률조항의 합헌적인 해석을 기피하고 한정위헌결정 대신 단순위헌결정을 선호하게 된다면 그것이야말로 우리 헌법재판제도의 커다란 후퇴를 의미한다. 그래서 2022년 헌법재판소는 위헌결정의 기속력은 한정위헌결정에도 미친다는 점을 분명히 판시하면서 이를 부인하는 대법원[1]과 광주고등법원[2]의 재심기각결정을 취소하는 결정을 했다.[3] 따라서 앞으로는 한정위헌결정의 기속력을 부인하는 법원의 재판은 나올 수 없게 되었다. 그런데 대법원이 헌법재판소의 재심기각결정의 취소를 무시하고 계속해서 버티는 경우 그 피해는 소송 당사자인 국민에게 돌아가기 때문에 대법원은 헌법재판소 결정의 기속력($\frac{헌재법\ 제47}{조\ 제1항}$)을 인정하는 전향적인 태도가 필요하다.

한정위헌결정도 그 심판대상 법률조항의 성질에 따라 장래효 또는 소급효를 가지는데, 형벌에 관한 법률 또는 법률조항 중 위헌으로 해석된 부분은 소급해서 효력을 상실한다. 그 결과 형사사건에서 검사의 기소유예처분 이후에 그 처분에 적용된 법률조항부분에 대하여 한정위헌결정이 있는 경우 기소유예처분의 효력을 지속시키는 것은 당사자의 기본권(평등권과 행복추구권 등)을 침해하므로 기소유예처분은 취소되어야 한다.[4] 그 밖에 한정위헌결정도 일반적인 구속력을 가지므로 누구도 위헌으로 해석된 내용의 의무를 부담하거나 권리를 주장할 수 없다.

c) 헌법불합치결정[5]

a) 헌법불합치결정의 본질과 내용

헌법불합치결정은 실질적으로 단순위헌결정에 해당하지만 단순위헌결정을 할 때 발생할 수도 있는 법적 공백상태 또는 법률생활의 혼란을 방지하고 입법권자에게 입법개선을 촉구하기 위해서 심판대상 법률조항을 위헌결정

---

1) 대결 2014. 8. 11. 2013모2593 및 대결 2014. 8. 20. 2013모2645 결정.
2) 광주고법 2013. 11. 25. (제주)2013재노2 결정.
3) 헌재결 2022. 6. 30. 2014헌마760·763(병합). 헌재는 같은 취지로 그 후에도 고등법원과 대법원의 재심기각판결을 취소하는 결정을 했다. 헌재결 2022. 7. 21. 2013헌마496; 헌재결 2022. 7. 21. 2013헌마497; 헌재결 2022. 7. 21. 2013헌마242 참조.
4) 같은 취지의 헌재결 2014. 4. 24. 2009헌마248, 헌재공보 211, 884(885면) 참조.
5) 헌법불합치결정에 관한 더 상세한 내용은 저자의 '헌법불합치결정' 논문, 이강국 헌법재판소장 퇴임기념논문집, 2013, 박영사, 45면 이하 참조.

해서 당장 실효시키는 대신 단순히 헌법에 합치되지 아니한다는 선언에 그치는 결정유형이다. 헌법불합치결정은 합헌적 법률해석의 결과가 아니라 합목적성의 고려에 의한 사법적 자제의 표현이라는 점에서 한정합헌 또는 한정위헌결정의 유형과 다르다는 점은 이미 언급한 바 있다. 헌법불합치결정은 사법적 자제의 표현으로서 넓은 의미에서는 입법개선촉구결정의 유형으로도 볼 수 있지만, 엄밀한 의미에서는 '아직은' 위헌이라고 보기가 어렵지만 머지않아 위헌이 될 가능성이 큰 경우에 채택되는 좁은 의미의 입법개선촉구결정과는 다르다고 할 것이다. 헌법불합치결정은 '이미' 위헌인 법률조항에 대해서 헌법불합치를 선언하면서 헌법에 맞게 개선하도록 촉구하는 결정유형이기 때문이다.

β) 헌법불합치결정의 형식

단순위헌결정과 헌법불합치결정의 가장 큰 차이는 전자의 경우 심판대상 법률조항은 위헌결정과 동시에 또는 소급해서 효력을 상실하지만, 후자의 경우 심판대상 법률조항의 형식적인 존속이 계속 유지되면서 다만 그 적용·집행만이 금지되거나 경우에 따라서는 일정한 시점까지 계속해서 효력을 가지고 적용·집행되는 것도 허용된다는 점이다. 그 결과 헌법불합치결정에서는 심판 대상 법률조항의 계속 적용·집행 여부, 그 효력상실시기, 입법개선 시한 등을 헌법재판소가 주문 또는 이유에서 함께 표시하게 된다. 그렇기 때문에 헌법불합치결정은 변형된 위헌결정 중에서 가장 다양한 주문형식을 갖는 결정유형이다. 통상적으로는 다음 몇 가지 주문유형으로 구분된다.

i) 시한부 효력유지의 경우 : '…은(는) 헌법에 합치되지 아니한다. 위 법률조항은 년 월 일까지 그 효력을 지속한다'라는 형식으로 표시한다.[1]

ii) 시한부 적용중지의 경우 : '…은(는) 헌법에 합치되지 아니한다. 위 법률조항은 입법자가 … 년 월 일까지 개정하지 아니하면 … 년 월 일 그 효력을 상실한다. 법원 기타 국가기관 및 지방자치단체는 입법자가 개정할 때까지 위 법률조항의 적용을 중지하여야 한다'라는 형식으로 표시한다.[2]

---

1) 예컨대 헌재결 1989. 9. 8. 88헌가6, 판례집 1, 199(201면): '1. 국회의원선거법 제33조 및 제34조는 헌법에 합치되지 아니한다. 2. 위 법률조항은 1991년 5월 말을 시한으로 입법자가 개정할 때까지 그 효력을 지속한다'. 헌재결 2000. 8. 31. 97헌가12, 판례집 12-2, 167(171면 및 187면)은 입법개선의 시한을 정하지 않은 채 입법개선 때까지 계속 적용하도록 하는 주문을 냈다.

2) 예컨대 헌재결 1997. 7. 16. 95헌가6 등, 판례집 9-2, 1(6면): '민법 제809조 제 1 항은 헌법

iii) 시한의 정함이 없는 적용중지의 경우 : '…은(는) 헌법에 합치되지
아니한다'¹⁾라는 형식으로 표시한다. 이 주문형식을 선택하는 경우에는 주문
또는 결정이유에서 그 적용·시행을 중지시키되 그 형식적 존속만을 잠정적으
로 유지하게 한다는 취지를 밝힌다.²⁾

γ) 헌법불합치결정이 정당화되는 경우

법률의 명문규정 없이 판례를 통해 헌법불합치결정의 유형을 개발한 독
일에서는 주로 다음과 같은 경우에 헌법불합치결정을 한다. 즉 i) 역사적인
변혁기에 제정되는 혁명입법처럼 역사적인 특수 상황 속에서 입법권자가 다른
선택의 여지 없이 불가피하게 제정한 법률이 위헌인 경우, ii) 법률의 위헌성
이 아주 경미해서 그 효력을 유지하는 것이 법적 안정성에 오히려 도움이 되
는 법률의 경우, iii) 법률의 명백한 위헌성에도 불구하고 그 법률을 위헌결정
해서 무효화하는 것보다 잠정적으로 그 효력을 유지하는 것이 오히려 헌법이
추구하는 전체적인 가치질서에 더욱 부합하는 법률의 경우,³⁾ 특히 국가의 보
호의무를 실현하는 법률의 경우 최소한의 보호라도 유지하는 것이 국민에게
보다 유리하고 헌법정신에 더 부합한다.⁴⁾ iv) 평등권의 영역에서 위헌성이
인정되지만 그 위헌성을 해소하는 방법이 오로지 한 가지가 아니어서 입법권
자의 형성의 자유를 통해서 다양한 방법으로 해소할 수 있는 내용의 법률 등
의 경우,⁵⁾ v) 국민에게 보장된 급부청구권의 기준이 너무나 적게 잡혀 있어

에 합치되지 아니한다. 위 법률조항은 입법자가 1998년 12. 31.까지 개정하지 아니하면
1999. 1. 1. 그 효력을 상실한다. 법원 기타 국가기관 및 지방자치단체는 입법자가 개정할
때까지 위 법률조항의 적용을 중지하여야 한다'.
1) 예컨대 헌재결 1994. 7. 29. 92헌바49 등, 판례집 6-2, 64(86면): '토지초과이득세법은 헌법
에 합치되지 아니한다'. 또는 헌재결 1997. 3. 27. 95헌가14 등, 판례집 9-1, 193(196면): '민
법 제847조 제 1 항 중 "그 출생을 안 날로부터 1년 내" 부분은 헌법에 합치되지 아니한다'.
2) 위의 판례집 6-2, 64(121면); 판례집 9-1, 193(206면) 참조. 헌재결 2000. 1. 27. 96헌바95
등, 판례집 12-1, 16(24면)은 주문에서 적용중지를 명한 경우이다.
3) 예컨대 평등선거의 원칙에 위배되는 선거법에 의한 총선거가 실시된 경우 그 선거법을 위
헌결정해서 무효화하는 것보다는 헌법불합치결정해서 그 선거법의 효력을 잠정적으로 유지
하는 것이 국회의 존립과 활동을 전제로 하는 헌법적 가치질서에 더욱 부합하는 일이다.
선거법을 무효화해서 국회의 구성과 존립 자체를 인정하지 않는다면 위헌적인 선거법을 개
선할 국회조차 없어지는 반(反)헌법적인 상황이 생길 수 있기 때문이다.
4) 예컨대 BVerfGE 119, 331(382f.) 참조.
5) 즉 법률조항에 의해서 일정한 급부 또는 의무면제 혜택의 수혜자를 한정하고 있는 것이 수혜
자의 범위에서 배제된 사람의 평등권을 침해하는 차별대우라고 판단하는 경우에는 헌법불합치

서 개선이 불가피한 경우, 이 경우 위헌결정을 하면 현재의 기준마저 법적인 근거가 사라져 오히려 불이익이 생기기 때문이다.[1] vi) 일목요연하지 않고 (unübersichtlich) 복합적인 법률규율상태(komplexe Rechtslage)를 일목요연하게 단순화·체계화해야만 하는 경우,[2] vii) 위헌법률의 합헌적인 개선을 위해서 입법자에게 다양한 해결가능성이 열려 있는 경우,[3] viii) 새 규정을 만들건지 아니면 규정 자체를 포기할건지를 판단하기 위해서 입법자에게 상당한 숙려기간이 필요할 때, ix) 현 상황에서 합법적인 상태로의 접근가능성이 오로지 한 가지뿐인 사항을 규율하는 법률일 때[4]에 행해지는 결정유형이다. 형사법규의 경우에는 엄격한 소급무효와 명확성의 원칙이 적용되므로 불합치결정의 여지는 없다고 할 것이다. 독일에서는 잠정적용을 허용하는 헌법불합치결정의 경우 합헌적인 입법개선이 이루어질 때까지 일반법원이 불합치결정된 법규범을 어떻게 다룰 것인가에 대해서도 지침을 제시하는 것이 일반적이다.[5] 헌법불합치결정은 이처럼 분명한 기준과 원칙에 의해서 하지 않으면 자칫 역기능이 크게 나타날 수 있다는 점을 유의해야 한다. 그래서 독일에서도 1970년 연방헌법재판소법(제31조 제2항 제2절 및 제79조 제1항)을 개정해서 헌법불합치결정의 법적인 근거를 마련하기에 이르렀다. 그 결과 독일에서는 헌법불합치결정은 이 때부터 변형결정이 아닌 하나의 정형적(定型的)인 결정유형이 되었다. 연방헌법재판소가 헌법불합치결정의 법적인 효과를 다양하게 정할 수 있는 이유도 그 때문이다. 즉 i) 헌법불합치법률의 효력을 잠정적으로 인정하면서 입법권자에게 입법개

결정을 하는 것이 가장 합리적이다. 이 경우 단순위헌결정을 하면 수혜자가 받던 혜택의 법적 근거가 상실되어 법률상 불이익이 발생할 뿐 아니라, 차별대우를 해소하기 위한 여러 가지 입법개선의 방법(수혜대상 확대, 수혜내용 조정, 수혜의 중지 등) 중에서 한 가지 방법을 선택하는 권한은 입법자의 고유권한에 속하기 때문이다. 예컨대 BVerfGE 82, 126(155) 참조.

1) 예컨대 공무원인 대학교수가 자신의 기본급여가 너무 낮다며 국가를 상대로 한 행정소송절차에서 제기한 위헌심판제청신청에 따른 연방헌법재판소의 구체적 규범통제절차에서 승소한 경우 보수규정을 무효선언하면 보수지급의 법적 근거가 사라져 훨씬 더 헌법질서에서 멀어지는 법적 공백상태가 생기게 되므로 입법개선시한을 정한 헌법불합치결정을 했다. BVerfGE 130, 263 참조.

2) 예컨대 BVerfGE 33, 171(189f.); 71, 364(393); 100, 59(101ff.).

3) 예컨대 조세적인 판단(steuerliche Bewertungen)이 그 대표적인 경우이다.

4) 예컨대 독일 통일전의 동서독의 상호관계는 통일로 가까이 다가가는 것만이 유일한 합법적인 길이었고, 지금의 유럽재정위기는 유럽연합과 유로화를 살리는 방향으로 극복하는 것만이 합법적인 길인 것 등이 그 예이다.

5) 예컨대 BVerfGE 73, 40; 84, 9 참조.

선을 촉구하는 방법,[1] ii) 헌법불합치법률을 형식적으로는 존속시키되 그 법률의 집행·적용을 즉시 금지하는 방법,[2] iii) 헌법불합치결정으로 발생할 법적 불안정성을 해소하기 위해서 연방헌법재판소가 스스로 과도기적인 조치를 정하는 방법[3] 등이 흔히 활용되고 있는 대표적인 방법이다.

δ) 헌법재판소가 활용하는 헌법불합치결정

우리 헌법재판소가 활용하고 있는 시한부 적용중지를 내용으로 하는 헌법불합치결정은 독일 연방헌법재판소가 활용하는 방법(ii)을 모방한 것으로 보인다. 나아가 우리 헌법재판소는 평등권 침해 법률의 경우 이외에도 자유권 침해 법률의 경우에도 헌법불합치결정을 하는 경우가 있다. 즉 자유권 침해 법률이 위헌인 경우 위헌법률을 잠정 적용하는 위헌상태와 위헌법률의 효력 상실로 발생하는 법적 공백과 혼란의 합헌상태를 비교하는 이익형량을 해서 전자가 법적 안정성의 법치국가적 헌법이념에 더 가깝다고 판단하면 입법개 선할 때까지 위헌법률의 효력을 유지하는 헌법불합치결정을 한다.[4] 또 금전 적인 부담 자체는 합헌이지만 과중한 부담이 위헌인 경우처럼 자유권을 침해 하는 법률의 위헌부분과 합헌부분의 경계가 불분명하여 단순위헌결정을 하면 합헌인 부분까지 효력을 잃게 되고 입법권자에게 위헌상태 제거의 다양한 가 능성을 인정할 수 있는 경우에는 헌법불합치결정을 한다.[5]

ε) 헌법불합치결정의 개선방향

합헌적 법률해석을 근거로 하는 한정합헌 또는 한정위헌결정과는 달리 헌법불합치결정은 사법적 자제의 표현인데, 우리 헌법재판소는 헌법불합치결 정을 지나치게 남용하고 있다는 인상을 준다. 독일의 판례를 모방하는 헌법불 합치결정의 유형도 독일과 우리의 법적인 기초가 다르다는 점을 감안하면 반 드시 옳다고 보기 어렵다. 독일에서는 위헌결정의 원칙적인 소급효력 때문에 법률의 소급무효(遡及無效)를 피하기 위해서 헌법불합치결정을 하고 적용금지

1) 예컨대 BVerfGE 8, 1(19f.); 40, 296; 61, 319(356) 참조.
2) 예컨대 BVerfGE 37, 217(261) 참조.
3) 예컨대 BVerfGE 73, 40; 84, 9 참조.
4) 예컨대 헌재결 1999. 5. 27. 98헌바70, 판례집 11-1, 633(647면); 헌재결 1999. 10. 21. 97헌 바26, 판례집 11-2, 383(418면) 참조.
5) 예컨대 헌재결 1989. 9. 8. 88헌가6, 판례집 1, 199(256면 이하); 헌재결 1994. 7. 29. 92헌바 49 등, 판례집 6-2, 64(118면 이하) 참조.

를 명하는 것이 법적 안정성에 크게 기여할 수 있다. 그러나 우리는 법률의
위헌결정이 형벌법규가 아닌 한 장래효를 갖기 때문에 위헌결정을 해서 장래
효를 발생하게 하는 것이나, 헌법불합치결정을 해서 적용금지를 명하는 것이
나 법적인 효과면에서 실질적인 차이가 없다. 그럴 바에야 차라리 단순위헌결
정을 하는 것이 원칙이다. 단순위헌결정으로 인해서 생길 법적 공백상태가 우
려된다면 잠정적용을 명하는 헌법불합치결정을 선택하면 된다. 따라서 법적
근거도 없이 지금처럼 적용 중지를 명하는 헌법불합치결정을 계속 그대로 활
용하는 것은 지양하는 것이 바람직하다고 할 것이다.[1] 특히 형벌법규에 대한
헌법불합치결정은 반드시 지양해야 한다. 그런데도 일부학자는 형벌규정에 대
해서도 헌법불합치결정이 가능하다는 주장을 한다. 그 핵심적인 논거는 다음
두 가지이다. 첫째, 헌법재판소법 제47조 제3항에 따라 형벌규정에 대한 위헌
결정은 소급효를 갖는데 잠정효를 인정하는 헌법불합치결정을 불허하고 위헌
결정만 허용하면 '국가형벌권에 대한 신뢰의 상실과 권위의 실추가 초래'된다
는 것이다. 둘째, '유죄 판결을 전제로 이루어진 기존의 법률행위의 효력에 영
향을 끼쳐 법적 안정성을 해치게' 된다는 것이다.

　이러한 주장은 자유민주주의 헌법철학을 오해한 것이라는 비판을 면하기
어렵다. 즉 형벌권을 비롯한 모든 국가권력은 헌법이 보장하는 국민의 기본권
실현을 위해서 한시적으로 위임된 권력이다. 그렇기 때문에 국가권력의 행사
는 언제나 국민의 기본권 실현을 가장 중요한 기준으로 삼아야 한다. 그런데
도 기본권 실현을 위해서 행사하는 수단에 불과한 형벌권의 신뢰상실과 권위
의 실추를 방지해야 한다는 이유로 어떻게 국민의 중요한 기본권인 신체의
자유를 희생시킬 수 있다는 말인가. 그런 논리는 국가목적적 국가관의 표현에
불과하다. 또 법적 안정성의 논리도 마찬가지이다. 유죄판결이 위헌법률에 근
거한 것이라면 그 유죄판결을 무효화하는 것이 법치주의 요청일 뿐 아니라,
법적 안정성도 법치주의를 실효성 있게 실현하기 위한 수단에 불과하다. 그렇

---

1) 이 점에 대해서 더 자세한 것은 졸고(拙稿), 헌법재판제도의 바람직한 개선 방향, 앞의 책,
　34-36면 참조. 헌재는 2019년까지 자유권 침해관련 학교보건법사건(헌재결 2004. 5. 27.
　2003헌가1등)에서 적용중지를 명하는 헌법불합치결정을 했고, 그 후에는 영화상영제한사건
　(헌재결 2008. 7. 31. 2007헌가4), 태아의 성별고지금지사건(헌재결 2008. 7. 31. 2004헌마1010
　등), 야간옥외집회금지사건(헌재결 2009. 9. 24. 2008헌가25), 낙태죄사건(헌재결 2019. 4. 11.
　2017헌바127) 등 9건의 사건에서 잠정적용을 명하는 헌법불합치결정을 했다.

기 때문에 법적 안정성을 내세워 위헌인 유죄판결의 효력을 잠정적으로 유지
해야 한다는 논리를 펴는 것은 법치주의의 본질을 오해한 것이다. 더욱이 헌
법재판소법에 근거도 없이 남용되는 헌법불합치결정으로 헌법재판소법의 명문
규정(제47조 제3항 본문)의 효력을 제한할 수 있다는 논리는 참으로 납득하기 어려운 주
장이다. 결론적으로 형벌법규에 대해서는 소급효를 제한하기 위한 헌법불합치
결정을 하면 아니 된다.[1] 나아가 시행령에 대한 헌법불합치결정도 불합치결
정의 취지에 부합하지 않으므로 앞으로 반드시 지양해야 한다.[2]

⒮) 헌법불합치결정의 기속력

헌법불합치결정도 기속력을 갖기 때문에 법원 기타 국가기관 및 지방
자치단체를 기속한다(법 제47조 제1항). 그 결과 법원의 제청에 의한 법률의 위헌심판에
서 헌법재판소가 잠정적용을 명하는 헌법불합치결정을 했다면 법원은 그에 따
라 재판을 진행해야 한다. 반면에 잠정적인 적용 중지를 명하는 헌법불합치결
정을 했다면, 법원은 입법개선이 이루어질 때까지 정지된 재판을 진행할 수
없다. 헌법재판소가 헌법불합치결정한 법률의 효력시한(效力時限)을 정해 준
경우에는 그 효력시한의 경과로 그 법률은 효력을 상실하게 되어 법원은 더
이상 효력 상실한 법률을 적용하는 재판을 할 수 없다.[3] 행정기관의 행정처

---

1) 대법원이 앞에 언급한 야간옥외집회 금지사건 상고심에서 무죄를 선고한 이유도 같은 취지
라고 생각한다. 대판 2011. 6. 23. 2008도7562(전원합의체 판결) 참조. 또 같은 이유로 대법
원은 헌재가 국회의사당 100m 이내 시위금지규정(집시법 제11조 제 1 호)에 대해서 시한부
(2019. 12. 31.) 계속 적용을 명한 헌법불합치결정을 한 것(헌재결 2018. 5. 31. 2013헌바322
등)은 이 금지규정 위반을 구성요건으로 하는 해산명령불응죄에 대한 별도의 헌법불합치결
정을 하지 않았어도 그 형벌조항에 대한 위헌결정이라고 판시한다. 그러면서 위 시위금지
규정 위반을 요건으로 발령된 해산명령 불응죄로 기소된 사건에서 헌재가 정한 개정시한이
아직 지나지 않아도 형벌조항에 대한 위헌결정은 헌재법 제47조 제 3 항 본문에 따라 소급
효를 가지므로 해당 형벌조항을 적용할 수 없다고 무죄를 선고한 원심의 판단이 타당하다고
판결했다. 대판 2020. 6. 4. 2018도17454 및 같은 취지의 대판 2020. 6. 4. 2019도7837 참조.
2) 지금까지 공무원 응시연령의 상한을 정한 시행령규정에 대한 두 건의 헌법불합치결정이 있
었다. 즉 헌재결 2012. 5. 31. 2010헌마278, 판례집 24-1(하), 626(644면); 헌재결 2008. 5.
20. 2007헌마1105, 판례집 20-1(하), 329(335면) 참조.
3) 공무원연금법 제64조 제 1 항 위헌소원 사건에서 헌재가 헌법불합치결정을 하면서 2008. 12.
31.까지 입법개선시한을 정해주고 그 때까지 잠정적인 효력을 인정한 사건(헌재결 2007. 3.
29. 2005헌바33)에서 입법자가 입법개선시한을 지키지 않고 시한 1년 후인 2009. 12. 31.에
서야 개정을 했으므로 헌법불합치결정된 공무원연금법 해당규정(비형벌규정)은 2009. 1. 1.
부터 효력을 상실해 더 이상 계류중인 사건에 적용할 수 없다. 그런데도 서울고법(2009누
28263)이 효력상실을 부인하는 판결을 한 것은 헌법불합치결정의 법리를 오해한 것이다.

분도 마찬가지이다. 입법권자가 효력시한 내에 입법개선을 하는 경우에는 법원
은 개선된 법률에 따라 재판하게 된다. 입법권자가 입법개선시한(立法改善時限)
을 존중하지 않아 입법부작위에 의한 기본권 침해가 발생하면 헌법소원의 대
상이 된다. 규범소원(법제68조제2항)의 심판 계속중에 헌법불합치결정이 선고된 법률
에 의한 재판이 확정된 경우에는 당연히 재심사유가 된다(법제75조제7항).

ⁿ) 헌법불합치결정의 소급효

    법률의 위헌결정에 적용되는 소급효(遡及效)는 헌법불합치결정에도 적
용된다. 다만 헌법불합치결정의 소급효는 헌법불합치결정에 의해서 입법권자
가 위헌성을 제거한 입법개선을 했을 때 그 개선된 입법의 소급효를 의미한
다. 즉 입법권자가 입법개선을 통해서 합헌적인 상태를 소급해서 회복하는 효
력을 뜻하게 된다. 그 결과 개선된 법률이 소급해서 적용되는 범위는 단순위
헌결정 때 소급효가 인정되는 범위와 같다.[1] 또 입법개선시한이 정해진 헌법
불합치결정의 경우 그 시한까지 개선입법이 이루어지지 않으면 해당 조항은
그 다음 날부터 소급해서 효력을 상실한다.[2] 그렇기 때문에 입법권자는 헌법

효력상실의 기속력을 인정해서 재판한 서울행정법원의 판단이 옳다(2004구합4819).
1) 헌재결 2000. 1. 27. 96헌바95 등, 판례집 12-1, 16(39면): '헌법불합치라는 변형결정주문을
   선택하여 입법개선 임무를 입법자의 형성재량에 맡긴 경우에는, 이 결정의 효력이 소급적
   으로 미치게 되는 모든 사건이나 앞으로 이 사건 법률조항을 적용하여 행할 부과처분에 대
   하여는 법리상 이 결정 이후 입법자에 의하여 위헌성이 제거된 새로운 법률조항을 적용하
   여야 할 것임을 밝혀 둔다'. 대법원 판례도 신법의 소급적용을 인정한다. 대판 2002. 4. 2.
   99다3358 참조. 헌재결 2006. 6. 29. 2004헌가3, 헌재공보 117, 872(875면): '헌법불합치결정
   에 따른 개선입법의 소급적용의 범위는 적어도 헌법불합치결정을 하게 된 당해 사건 및 헌
   법불합치결정 당시에 이 사건 법률조항의 위헌 여부가 쟁점이 되어 법원에 계속중인 사건
   에 대해서는 개선입법의 소급효가 미친다고 할 것이므로 개선입법의 경과조치의 적용범위
   에 이들 사건이 포함되어 있지 않더라도 이들 사건에 대하여는 종전의 법률조항을 그대로
   적용할 수는 없고, 위헌성이 제거된 개선입법규정이 적용되는 것으로 보아야 할 것이다'.
   같은 취지 판시: 대판 2006. 3. 9. 2003다52647 참조. 또 구 정치자금법이 중앙당에 대한 정
   치자금기부를 금지하면서 위반행위를 처벌하던 해당 규정을 헌재가 시한부 잠정적용 헌법
   불합치결정(헌재결 2015. 12. 23. 2013헌바163)한 후 개선입법시한까지 개선입법이 이루어
   졌으나 그 경과규정이 없는 경우, 헌법불합치결정의 소급효가 인정되는 병행 형사사건에서
   대법원은 위 헌법불합치결정이 단순위헌결정과 동일한 효력이 있다고 판단하여 유죄취지의
   원심판결을 파기환송했다(대판 2018. 10. 25. 2015도17936).
2) 따라서 이 조항의 적용으로 공소가 제기된 형사피고인에게는 무죄가 선고되고, 이미 처벌
   을 받은 사람은 재심을 통해(법 제75조 제 7 항과 제 8 항) 구제받을 수 있다. 우리 대법원
   도 같은 취지의 판시를 했다. 그 결과 헌법불합치결정을 할 때 헌재가 정해 준 입법개선시
   한 내에 개선입법이 이루어지지 않으면 개선입법 시한이 만료된 직후부터 비로소 효력을
   상실한다는 일부의 의견(소급효 부인)에는 찬성할 수 없다. 대판 2011. 6. 23. 2008도7562

불합치결정에 따른 입법개선시한을 지켜야 하고 입법개선을 할 때 헌법불합치결정의 소급효가 미치는 범위를 고려하여 합당한 경과규정을 두는 것이 바람직하다.

θ) 헌법불합치결정의 일반적 구속력

법률에 대한 헌법불합치결정은 법률에 대한 위헌결정과 마찬가지로 일반적인 효력을 가진다. 다만, 그 일반적 효력의 내용은 헌법재판소의 결정주문(決定主文)에 따라 정해진다. 잠정적용을 명하는 헌법불합치결정의 경우에는 잠정적으로 유효한 법률로 존중해야 하는 국민의 의무가 발생하고, 적용 중지를 명하는 헌법불합치결정의 경우에는 법률의 내용에 따른 권리·의무·법적 지위 등이 발생하지 않는다. 그리고 헌법재판소가 정해 준 효력시한이 지나면 그 법률은 효력을 상실하므로 더 이상 존중할 의무가 없게 된다.

(2) 폐기된 종국결정의 유형

종래 헌법재판소가 활용하던 위헌불선언결정, 일부위헌결정, 조건부위헌결정 등의 종국결정의 유형은 이제는 폐기된 상태이다. 학계의 비판을 수용해서 더 이상 활용하지 않기 때문이다. 바람직한 제도개선이다.

참조. 대법원은 헌재가 행하는 헌법불합치결정에서 잠정적용명령의 효력범위와 헌법불합치결정의 소급효에 대해서 다음과 같이 판시했다: "이 사건(헌재결 2009. 7. 30. 2008헌가1) 헌법불합치결정에서 구법조항의 계속적용을 명한 부분의 효력은 기존의 상이연금지급 대상자에 대하여 상이연금을 계속 지급할 수 있는 근거규정이라는 점에 미치는 데 그치고, 군인이 퇴직 후 공무상 질병 또는 부상으로 인하여 폐질상태로 된 경우에 대하여 상이연금의 지급을 배제하는 근거규정이라는 점에까지는 미치지 아니한다고 봄이 타당하다. 즉 구법조항 가운데 그 해석상 군인이 퇴직 후 공무상 질병 등으로 인하여 폐질상태로 된 경우를 상이연금 지급대상에서 제외한 부분은 여전히 적용중지상태에 있다고 보아야 한다. …헌법불합치결정 후 개선입법의 소급적용 여부와 소급적용의 범위는 원칙적으로 입법자의 재량에 달린 것이다. 그러나 적어도 헌법불합치결정을 하게 된 당해 사건 및 이 사건 헌법불합치결정 당시에 구법조항의 위헌여부가 쟁점이 되어 법원에 계속중인 사건에 대하여는 이 사건 헌법불합치결정의 소급효가 미친다고 하여야 한다. 따라서 비록 현행 군인연금법 부칙에 소급적용에 관한 경과조치를 두고 있지 않아도 이들 사건에 대하여는 구법규정을 그대로 적용할 수는 없고, 위헌성이 제거된 현행 군인연금법의 규정이 적용되는 것으로 보아야 한다. 위 법리에 따라 구법조항을 적용하여 판단한 원심판결을 파기환송한다"(대판 2011. 9. 29. 2008두18885).

Ⅵ. 종국결정서의 송달 및 재판의 속개

헌법재판소가 종국결정을 한 경우에는 결정일로부터 14일 이내에 대법원을 경유하여 결정서 정본을 제청한 법원에 송달한다(법_{제46조}). 결정서 정본(正本)을 송달받은 제청법원은 제청으로 인해서 정지되었던 당해 소송사건의 소송절차(법_{제42조})를 속개해서 헌법재판소의 결정에 따라 재판한다. 나머지 사항은 일반심판절차의 종국결정(終局決定) 부분에서 자세히 다루었으므로 여기서는 반복하지 않는다.

제 2 장   탄핵심판

1. 탄핵심판의 의의와 연혁

I. 탄핵심판의 의의

탄핵심판제도는 대통령을 비롯한 고위직공직자에 의한 권력형 하향식 헌법 침해로부터 헌법을 보호하고 그들의 헌법 침해로 발생한 헌법적인 갈등을 해결함으로써 헌정질서의 안정과 헌정생활의 평화를 유지하려는 소추절차적인 헌법재판제도이다. 따라서 고위공직자를 대상으로 하는 탄핵제도는 그들의 위법행위나 도덕적인 과오에 대한 개인적인 속죄의 수단이 아니라 헌법과 법질서를 보호하기 위한 특별한 헌법보호의 소추절차이다. 탄핵심판제도가 민사상 또는 형사상의 소송절차와 구별될 뿐 아니라 이들 소송절차가 서로 영향을 미치지 않고 별도로 진행될 수 있는 이유도 그 때문이다.

연혁적으로 볼 때 탄핵심판제도는 통상의 사법절차나 징계절차에 의해서 법적인 책임을 추궁하기가 곤란한 세습직 통치자나 선거직 고위공직자 또는 헌법상 신분이 보장된 법관 기타 독립한 권력기관이 헌법과 법률을 침해하는 경우에 그 법적인 책임을 추궁하는 특별한 수단으로 마련된 것이었다. 그러나 이러한 제도의 취지에도 불구하고 탄핵제도는 실제의 헌정생활에서 제대로 기능을 수행하지 못했다. 그 원인은 탄핵심판제도를 법제화할 때 체계적인 모순과 결함이 스며들었거나, 탄핵에 의한 법적인 책임 추궁에 앞서 정치적인 타협 내지는 정치적인 책임 추궁의 방법을 선호하는 경향이 나타났기 때문이다. 그에 더하여 오늘날에는 대의기관의 조사적·정책적 통제기능이 크게 활성화됨에 따라 탄핵소추라는 고전적 통제기능은 더욱 약화되고 말았다. 권력기관의 권력 남용·오용에 의한 헌법 침해로부터 헌법을 보호하기 위해서 특별히 마련한 탄핵심판제도가 오늘날 대다수의 헌법국가에서 사실상 하나의

유명무실한 헌법상의 제도로만 남아 있게 된 이유이기도 하다. 그렇더라도
미국의 Andrew Johnson 대통령(1868년)과 Watergate 사건의 Richard Nixon
대통령(1973년), 그리고 우크라이나 문제와 대통령 선거결과에 불복한 내란선
동 혐의로 두 번이나 탄핵심판을 받은 Donald Trump 대통령(2019년과 2021년)
에 대한 탄핵사건이나[1] 우리나라의 노무현 대통령에 대한 탄핵사건이[2] 보여
주듯이 탄핵심판제도가 갖는 경고적 의미는 결코 과소평가해서는 아니 된다.
더욱이 2016년 브라질 지우마 호세프 대통령의 탄핵파면과[3] 2017년 박근혜
대통령의 탄핵파면결정[4]으로 탄핵제도가 새롭게 주목을 받게 되었다. 박 대
통령의 탄핵결정은 대통령제 정부형태에서 헌법재판소가 대통령을 탄핵파면
한 세계 최초이고 유일한 사례이다.

Ⅱ. 우리 탄핵제도의 연혁

우리나라의 탄핵제도는 1948년 건국헌법에서 처음 도입되었다. 우리의
탄핵제도는 우리 건국헌법의 독창적인 제도가 아니라 유럽 또는 미국 등 헌

---

1) Johnson 대통령은 상원의 탄핵표결에서 1표차로 겨우 탄핵파면을 면했고, Nixon 대통령은
   탄핵이 거의 확실시 되자 상원의 탄핵표결을 앞둔 시점에서 1974년 스스로 사임했다. 그리
   고 Trump 대통령은 선거국면에서 우크라이나 대통령을 선거에 개입시키려고 했다는 이적
   죄 혐의로 2019년 하원이 탄핵소추했으나 상원에서 다수당인 공화당의 반대로 부결되었다.
   그리고 Trump 대통령은 2020년 대선 패배를 인정하지 않고 열성 지지자들의 의사당 난입
   을 부추긴 내란선동 혐의로 임기가 끝나기 불과 일주일 전인 1월 13일 두 번째 하원의 탄
   핵소추를 당했다. 상원은 먼저 절차적인 문제로 퇴임한 대통령을 탄핵심판하는 것이 가능
   한지 여부를 결정하는 투표에서 일부 공화당 의원이 가세해 탄핵심판을 계속하기로 결정했
   다. 그러나 2021년 2월 탄핵표결에서는 공화당의원 7명도 탄핵에 동조했지만 탄핵정족수
   (2/3)에 미달하는 57:43으로 기각되었다. 미국 헌정사상 재임 중에 두 번 탄핵소추된 최초
   의 대통령이다. 미국 헌정사에서 1875년 당시 전쟁장관 윌리엄 벨크넵이 뇌물혐의로 퇴임
   후에 상원의 탄핵심리가 진행되어 탄핵된 전례가 있다.
2) 헌재결 2004. 5. 14. 2004헌나1
3) 브라질 연방헌법에는 헌법재판소가 설치되어 있지만 미국법제도의 영향을 받아 대통령 탄
   핵은 연방의회의 권한으로 정하고 있다. 즉 연방하원에서 각 정당의 의석수 기준으로 선발
   되는 65명의 탄핵특별위원회의에서 조사 및 심의를 하고 연방상·하원에서 재적의원 2/3
   이상의 찬성으로 결정한다. 예산법을 위반한 호세프 대통령에 대한 탄핵특별위원회는 2016
   년 3월 17일에 구성되었고 8월 31일 탄핵표결이 이루어졌다. 호세프 대통령 탄핵결정 당시
   하원의원은 513명, 상원의원은 81명이었다. 호세프 대통령이 탄핵파면된 후 부통령이 대통
   령직을 승계했다.
4) 헌재결 2017. 3. 10. 2016헌나1.

정질서 선진국들의 제도를 모방한 것이었다.[1] 건국헌법에서 도입한 우리의 탄핵제도는 집권세력이 바뀌고 헌법이 개정될 때마다 여러 차례의 변천을 거쳐 지금의 제도에 이르게 되었다. 탄핵제도의 변천은 헌법재판제도의 변천과도 불가분의 연관성을 갖는다.[2] 대체로 헌법재판을 담당하던 기관이 탄핵심판도 관장했었지만 제 1 공화국헌법에서는 헌법재판을 맡는 헌법위원회와는 별도로 탄핵재판소를 따로 설치해서 탄핵심판을 하게 했다. 그리고 제 3 공화국헌법에서는 헌법재판기관을 따로 두지 않고 법원이 법률의 위헌심사·결정권을 행사했기 때문에 탄핵심판을 위해서 탄핵심판위원회를 둘 수밖에 없었다. 제 2 공화국과 제 4 공화국 및 제 5 공화국 그리고 현행 헌법에서는 헌법재판기관의 관할사항에 탄핵심판을 포함시켰다.[3]

Ⅲ. 우리 탄핵제도의 운용실태

우리 헌정사에서 탄핵사건은 제 5 공화국에서 처음으로 발생했다. 당시 유태흥(俞泰興) 대법원장이 법관인사권을 남용·악용하는 방법으로 사법권의 독립을 훼손했다는 이유로 1985년 10월 야당이 그에 대한 탄핵소추결의안을 발의했었지만 국회에서 부결되었다. 제 6 공화국에서 발생한 탄핵사건은 모두가 검찰총장에 관한 것이었다는 점에서 특이할 뿐 아니라, 당시 검찰권 행사의 실상을 말해 주는 사건이었다. 즉 1994년 12월 김도언(金道彦) 검찰총장에 대한 탄핵사건, 1999년 4월과 5월 김태정(金泰政) 검찰총장에 대한 탄핵사건, 2000년 5월 박순용(朴舜用) 검찰총장에 대한 탄핵사건, 2001년 11월 박순용 검찰총장과 신승남(愼承男) 대검차장에 대한 탄핵사건, 2001년 12월 신승남 검찰총장에 대한 탄핵사건 등이 그것인데 모두 부결되거나 폐기되었다. 그리고 2004년 3월 노무현(盧武鉉) 대통령에 대한 탄핵사건은 우리 헌정사상 대통령에 대한 최초의 탄핵사건이었을 뿐 아니라, 그 정치사적인 의미도 매우 큰 사건이었는데 헌법재판소가 기각했다.[4] 그 후 헌정사상 두 번째로 제18대 박근

---

1) 서구 선진국들의 탄핵제도에 관한 비교법적인 내용은 제 1 편 관련부분 설명 참조할 것.
2) 우리 헌법재판제도의 변천과정에 대해서는 제 2 편 관련부분 설명 참조할 것.
3) 우리 헌법사에서 탄핵제도의 변천과정은 제 2 편 제 1 장 해당 부분 참조.
4) 헌재결 2004. 5. 14. 2004헌나1, 판례집 16-1, 609-669면 참조.

혜 대통령이 헌법과 법률을 위반했다는 이유로 2016년 12월 9일 국회의 탄핵소추의결(찬성 234 : 반대 56)로 대통령의 권한행사가 정지되고 헌법재판소의 탄핵심판을 통해 2017년 3월 10일 파면결정되었다.[1] 우리 헌정사상 최초의 대통령 파면결정이다. 그리고 2021년 2월 4일에는 헌정사상 처음으로 2월 말 정년 퇴임을 앞둔 일반 법관을 탄핵소추하기도 했다.[2] 헌법재판소는 퇴임한 피청구인 법관에 대한 탄핵심판에서 2021년 10월 각하결정을 했다.[3]

---

1) 헌재결 2017. 3. 10. 2016헌나1, 헌재공보 245, 307~402 참조. 그런데 이 결정은 절차적인 측면에서 과연 다른 헌법재판사건과 마찬가지로 재판관 7인 이상이면 헌재법에 따라 심리 결정을 하는 것이 아무런 문제가 없는 것인지에 대한 깊은 성찰의 필요성을 남겼다. 더욱이 헌재는 2014. 4. 24. 2012헌마2 사건(퇴임재판관 후임자선출 부작위 위헌확인사건)에서 이미 4인 재판관(박한철, 이정미, 김이수, 이진성)이 9인 재판관의 심판이 아니면 국민의 공정한 헌법재판을 받을 권리의 침해가 된다는 견해를 반대의견으로 밝힌 적이 있다. 그리고 박한철 헌재소장의 퇴임일이 2017. 1. 31., 이정미 재판관의 퇴임일도 2017. 3. 13.로 이미 예정되어 있는 상황에서 후임소장 임명권의 주체에 대한 학계와 정치권의 논란이 있었다고 는 해도 그 문제도 결국은 헌재가 해결해야 할 헌법해석문제였다. 그런데도 불구하고 헌재 는 이 문제에 대해서 대통령권한대행과 국회에 후임소장 임명요청 등 아무런 주도적인 역할을 하지 않은 채 2017. 3. 13. 이정미 재판관 퇴임 전에 결정을 해야 한다고 공언함으로써 마치 헌재가 미리 결정일을 정해 놓고 심판한다는 오해를 스스로 불러일으켰다. 나아가 실체적인 측면에서도 헌법의 무죄추정원칙을 도외시한 채 피소추인을 공범으로 지목한 검찰의 공소사실과 헌재의 변론에서 나온 일부의 진술만을 근거로 대통령파면이라는 중대한 결정을 할 수 있는 것인지 많은 헌법이론적인 논란의 소지가 있는 결정이다. 더불어 8인 재판관의 심판을 정당화하는 논거로 8인 재판관의 심판이 오히려 피청구인에게 유리하다고 설명해 법리적으로 전혀 적절하지 않은 빗나간 논증을 했다. 나아가 이 사건의 사법적 판단과는 전혀 무관한 헌법정책적인 개헌방향을 보충의견으로 덧붙이는 등 우리 헌법재판사에서뿐 아니라 비교법적으로도 두고 두고 논란과 연구의 소재를 남긴 결정이다.

2) 부산 고법 임성근 부장판사가 양승태 대법원장 재직시의 이른바 사법농단사건에 연루되었다는 이유로 김명수 대법원장 취임 후 '견책' 당해 가장 가벼운 징계처분을 받았지만, 기소되어 1심 재판에서 무죄가 선고되었다. 그 후 뒤늦게 2021년 2월 4일 국회가 임 부장판사를 탄핵소추했다. 1심 무죄판결문에 언급된 일부 '위헌행위'가 있었다는 것이 탄핵소추사유였다. 임부장판사가 2021년 2월 말 임기만료로 퇴임하기까지 불과 3주밖에 남겨 두지 않은 시점이었다. 그런데 이미 2020년 5월 임부장판사가 건강상의 이유로 조기퇴직을 원하는 사직서를 제출했지만 김명수 대법원장이 임부장판사의 사표수리를 거부했다. 임부장판사는 김대법원장이 사표수리를 거부하면서 탄핵을 거론하는 국회(사실상 여당)의 눈치를 볼 수밖에 없다는 발언을 했다고 폭로했다. 김대법원장은 그런 말을 한 사실이 없다는 해명서를 국회에 보냈다. 그 후 면담시의 녹취록이 공개되어 김대법원장의 거짓해명이 탄로되어 김대법원장의 사퇴론으로 확산하기도 했다. 사법부 내에서도 대법원장을 비판하는 목소리가 커졌다. 결국 김대법원장은 사과문을 발표했다. 그렇지만 결과적으로 사법부의 수장인 대법원장이 소속 판사의 탄핵소추를 용인했다는 비판을 피하기는 어렵게 되었다. 이 사건에서 피소추인인 임부장판사는 헌재의 주심 재판관을 기피신청한 상태에서 퇴임했다. 그러나 이 사건은 기피신청의 인용여부와 무관하게 피소추인이 이미 퇴임했기 때문에 탄핵제도의 본질과 관련 헌법 및 법률규정에 비추어 각하결정이 불가피할 것이다. 2021헌라1 사건.

3) 헌재결 2021. 10. 28. 2021헌라1 참조. 이 결정에서 5인 재판관은 각하의견을, 1인의 재판관

2. 탄핵심판제도의 성질과 기능

I. 탄핵심판제도의 성질

   탄핵심판제도는 통상적인 사법절차와는 다르기 때문에 일반 형사소송절차에 의해서 부과되는 형사처벌은 아니다. 또 일반적인 징계절차에 의한 공직자에 대한 징계처분과도 구별된다. 탄핵심판제도는 통상적인 형사재판이나 징계절차에 의한 책임 추궁이 곤란한 고위공직자를 대상으로 해서 그들의 직무상 헌법 침해 또는 위법행위에 대한 법적인 책임을 추궁하기 위한 특별한 헌법재판의 소추절차이기 때문에 헌법적인 제재수단으로서의 성질을 갖는다. 헌법($\substack{제65조 \\ 제4항}$)이 탄핵결정으로 공직에서 파면되도록 정한 것은 탄핵이 헌법적인 제재수단이라는 것을 잘 말해 주고 있다. 또 탄핵심판제도는 탄핵대상자들의 위헌·위법행위에 대해서 대의기관인 국회가 소추권을 행사한다는 점에서 대의적(代議的)인 책임 추궁의 성질도 갖는다. 국회의 탄핵소추권은 탄핵제도가 갖는 정치적인 책임 추궁의 성질을 완전히 도외시할 수 없게 하기 때문이다. 결국 탄핵결정으로 발생하는 공직파면이라는 효과면에서는 징계적인 제재조치의 성질을 갖지만, 탄핵소추와 탄핵심판이 이루어지는 절차면에서 보면 대의적·헌법적인 책임추궁의 성질을 강하게 갖는 복합적 성질의 법적인 제재수단이라고 할 것이다.

   은 심판종료선언의견을, 3인의 재판관(유남석, 이석태, 김기영)은 '피청구인의 행위가 헌법에 위반함을 확인한다'는 인용의견을 냈다. 그러나 피청구인이 이미 퇴임했고 탄핵소추의 계기가 된 법관의 독립성을 침해했다는 재판개입 형사사건에서 2심까지도 무죄가 선고된 상황에서는 전혀 설득력이 없는 인용의견이다. 나아가 공직자의 신분 유지 또는 박탈을 결정해야 하는 탄핵심판은 일종의 형성재판의 본질을 갖기 때문에 3인 재판관의 '위헌 확인 인용의견'은 탄핵심판제도의 본질과 기능에 비추어 도저히 성립할 수 없는 주문의견이다. 탄핵심판의 결정은 각하, 기각, 파면 세 가지뿐이다. 탄핵심판에 관한 우리 헌법과 법률의 규정에 비추어 그 이외의 결정은 불가능하다. 각하의견이 그 이유를 설득력 있게 상세히 논증하고 있다.

Ⅱ. 탄핵심판제도의 기능

탄핵심판제도는 고위공직자의 권력형 헌법 침해로부터 헌법을 보호하는 기능을 갖는다. 따라서 탄핵심판제도도 헌법 보호를 통한 헌법실현 기능을 갖는다는 점에서 다른 헌법재판제도와 같다. 그러나 탄핵심판제도가 갖는 헌법 보호의 기능은 실제로는 헌법 침해가 발생한 후에 탄핵에 의한 공직파면을 통해서 사후적으로 실현된다기보다는 권력형 헌법 침해를 사전에 예방하는 경고적 기능이 오히려 더 중요하다고 할 것이다. 탄핵심판제도가 갖는 헌법 보호기능상의 한계가 바로 여기에 있다.

Ⅲ. 탄핵심판제도의 기능적 실용성

탄핵심판의 대상이 되는 고위공직자 중에는 탄핵에 의한 법적인 책임 추궁 이외에 정치적·대의적 책임 추궁의 대상이 되는 사람들이 많이 있다. 국무총리·국무위원·행정각부의 장에 대해서는 국회가 해임건의의 결의를 통해서 그 공직으로부터 제거할 수도 있기 때문이다. 그렇지만 해임건의결의 그 자체가 기속력이 없을 뿐 아니라, 해임과 탄핵파면은 법적인 효과가 크게 다르기 때문에 탄핵제도의 실용적인 헌법 보호의 기능을 무시할 수 없다. 또 대통령에 대한 탄핵제도는 탄핵소추발의와 의결에 필요한 과다한 의결정족수 때문에 그 실용성이 적은 것은 사실이지만, 앞에서 말한 예방적·경고적인 기능조차 부인하기는 어렵다. 나아가 탄핵사태를 유발하는 헌법적인 권한과 의무에 관한 헌법적인 갈등은 권한쟁의를 통해서 해결하는 길도 상정할 수 있다. 그렇지만 권한쟁의가 탄핵제도를 무력화할 수는 없다. 그리고 법관에 대한 탄핵제도는 법관이 누리는 헌법상의 신분과 기능상의 독립성 때문에 특히 실용성이 떨어질 수 있다. 그러나 법관이 헌법과 법률을 왜곡하는 잘못된 재판으로 국민의 기본권을 침해하는 경우 재판소원이 허용되지 않는 우리의 법질서에서는 법관에 대한 탄핵제도가 현실적인 실용성을 가질 수도 있다. 그렇지만 법관의 경우 탄핵사태에 이르기 전에 심급제도나 법원조직 내부의 자체 징계에 의해서 탄핵사유가 해소되는 것이 통상적인 경우라고 할 것이다. 우리 헌정사상 유달리 검찰총장에 대한 탄핵사건이 빈번하게 발생한 것은 검찰권 행사에 대한 통제장치가 제대로 갖추어지지 않았기 때문이다. 기소독점주의와 기소편의주의에 편승한 공소권의 악용과 남용을 막을 수 있는 재정신청제도($^{형소법}_{제260조}$)의 전면적인 확대 등 적절한 견제대책을 마련하는 일이 시급했는데 개정 형사소송법(2008. 1. 1. 시행)이 비로소 이 문제를 해결해서 다행이다.

3. 탄핵의 대상과 탄핵사유

탄핵의 대상이 되는 고위공직자와 탄핵의 사유는 헌법($^{제65조}_{제1항}$)이 직접 규정하고 있다. 헌법재판소법($^{제48}_{조}$)과 국회법($^{제130조-}_{제134조}$) 및 검찰청법($^{제37}_{조}$)도 관련사항을 규정하고 있다.

Ⅰ. 탄핵의 대상

탄핵의 대상이 되는 공직자는 '대통령·국무총리·국무위원·행정각부의 장·헌법재판소 재판관·법관·중앙선거관리위원회 위원·감사원장·감사위원 기타 법률이 정하는 공무원'이다($^{제65조 제1항}_{및 법 제48조}$). 대통령은 국민의 선거에 의해서 뽑힌 선거직공직자로서 그 권한행사가 민주적 정당성에 바탕을 두고 있어서 재직 중 내란·외환의 죄를 범한 경우가 아니면 형사소추권을 발동할 수 없기 때문에($^{제84}_{조}$) 탄핵은 대통령에 의한 기타의 헌법 침해를 막기 위한 불가피한 수단이다. 국무총리·국무위원·행정각부의 장은 대통령을 보좌하고 대통령의 명을 받아 중요 정책을 개발하고 법령을 집행하는 실질적인 정책집행기관이므로 그들이 개발하고 집행하는 행정업무의 헌법 적합성을 담보하기 위해서 탄핵의 대상으로 한 것이다. 헌법재판소 재판관과 법관 및 중앙선거관리위원회 위원은 헌법($^{제112조 제3항, 제106조}_{제1항, 제114조 제5항}$)에 의해서 특별히 강력한 신분보장을 받는 공직자이기 때문에 그들의 독립적인 직무수행에서의 헌법준수의무를 강조하면서도 헌법이 정하는 신분보장의 한 수단으로 탄핵의 대상으로 삼은 것이다. 감사원

장과 감사위원은 헌법($^{제98조 제2항}_{과 제3항}$)에 의해서 그 임기가 보장될 뿐 아니라 직무
집행의 독립성이 특히 강조되는 공무원이기 때문에 탄핵의 대상으로 했다.
'기타 법률이 정하는 공무원'은 검찰청법($^{제37}_{조}$)이 탄핵의 대상으로 삼고 있는
검사를 들 수 있다. 소추권을 독점하고 있는 검사가 탄핵대상이 되는 것은 불
가피한 측면이 있다. 그러나 실제에는 일반 검사보다 검찰업무의 총책임자인
검찰총장이 주로 탄핵의 대상이 될 것이다. 그 밖에도 탄핵의 대상이 되는 고
위공직자와 마찬가지로 일반 사법절차에 의한 소추나 징계절차에 의한 징계
가 곤란한 권력기관이라고 볼 수 있는 국가정보원장·국세청장·경찰청장 등을
탄핵의 대상으로 생각할 수 있으나 이들 공직자에 대해서는 법률의 명문규정
이 없으므로 아직은 탄핵의 대상은 아니라고 할 것이다. 법률개정을 통해서
이들도 탄핵의 대상에 포함시키는 것이 입법체계적으로 바람직할 것이다.

　　그런데 탄핵심판기관인 헌법재판소 재판관을 탄핵의 대상에 포함시킨 것
은 탄핵의 기능적인 실효성면에서 의문의 여지가 있다. 헌법재판소의 심판정
족수에 관한 규정($^{법 제23조}_{제1항}$) 때문에 3인의 재판관을 동시에 탄핵소추할 수도 없
거니와, 1인의 재판관이 탄핵의 대상이 되는 경우에도 2인의 재판관이 회피
신청을 하는 경우에는 탄핵심판이 불가능하기 때문이다. 헌법수호의 최후 보루
인 헌법재판소 재판관이 탄핵의 대상으로 거론되는 사태는 이미 정상적인 헌법
질서의 테두리 내에서 해결하기 어려운 헌법적인 비상상황이라고 할 것이다.[1]

Ⅱ. 탄핵의 사유

　　우리 헌법($^{제65조}_{제1항}$)과 헌법재판소법($^{제48조}_{제1항}$)은 탄핵의 사유를 통일적·포괄적으
로 규정하고 있다. 즉 탄핵대상 공무원이 '그 직무집행에 있어서 헌법이나 법
률을 위배한 때'는 탄핵의 사유가 된다고 추상적으로만 규정하고 있다. 따라
서 직무집행과 관련이 없는 행위, 헌법·법률의 해석을 그르친 행위, 직무 이

---

1) 그래서 독일에서는 탄핵대상이 되는 법관과 달리 연방헌법재판소 재판관에 대해서는 연방
　헌법재판소의 자체적인 제재수단을 강구하고 있다. 즉 재판관이 품위를 손상하는 행위를
　하거나, 6월 이상의 자유형이 확정되거나 중대한 직무위반을 한 경우에는 연방헌법재판소
　가 전체 재판관(16명)의 2/3의 찬성으로 연방대통령에게 그의 해임을 요구할 수 있도록 정
　하고 있다. 연방헌법재판소법 제105조 참조.

외의 사적인 생활영역에서의 위법행위는 탄핵의 사유가 아니다. 또 위헌·위법행위가 아닌 부도덕한 일탈행위, 직무상의 판단착오, 선의의 그릇된 정책결정 내지 정책실패, 정치적인 무능 등은 탄핵의 사유가 될 수 없다.[1]

(1) 대통령의 탄핵사유

헌법과 헌법재판소법은 탄핵대상자에 따라 탄핵사유를 구별해서 따로 규정하지 않고 있다. 그렇지만 헌법재판소는 적어도 대통령에 대해서는 다른 탄핵대상 공무원과 달리 그 탄핵 파면의 효과가 매우 크다는 이유로 '중대한' 위헌·위법행위만이 탄핵사유가 된다고 판시했다. 그러면서 '헌법수호의 관점에서 중대한 위헌·위법행위란 자유민주적 기본질서를 위협하는 행위로서 법치국가원리와 민주국가원리를 구성하는 기본원칙에 대한 적극적인 위반행위를 뜻한다고 설명했다. 그리고 이러한 중대한 법 위반에 해당하지 않더라도 뇌물수수·부정부패·국익의 명백한 침해 등 국민의 신임을 배반한 행위'도 파면사유가 된다고 판시했다.[2] 헌법재판소는 대통령의 법 위배행위가 헌법질서에 미치는 부정적 영향과 해악이 중대하여 대통령 파면에 의한 헌법수호의 이익이 대통령 파면에 따른 국가적 손실을 압도할 정도로 커야 한다고 판시하면서 헌법과 법 위배의 중대성 판단기준으로 두 가지를 제시했는데, 첫째는 탄핵심판절차가 헌법수호를 위한 제도라는 관점에서 손상된 헌법질서를 회복하는 것이 요청될 정도로 대통령의 법 위배행위가 중대한 의미를 가지는지 여부이고, 둘째는 파면결정이 대통령에 대한 국민의 신임을 박탈한다는 관점에서 국민이 부여한 신임을 임기 중 박탈해야 할 정도로 법 위배로 국민의 신임을 배반했는지 여부라고 설명했다. 그 결과 대통령의 경우 '헌법질서에 미치는 해악이 아주 큰 중대한 위헌·위법행위'와 '국민이 부여한 신임을 박탈할 정도로 국민의 신임을 배반한 행위'가 탄핵사유가 된다.[3] 반면에 이 판시를 통해서 헌법재판소는 대통령 이외의 다른 탄핵대상 공무원에 대해서는 대

---

1) 외국의 탄핵제도와 탄핵사유에 대해서는 제1편 헌법재판과 민주적 정당성 항목의 설명 참조할 것.

2) 헌재결 2004. 5. 14. 2004헌나1, 판례집 16-1, 609(656면) 참조.

3) 앞의 헌재결 2004. 5. 14. 2004헌나1 및 헌재결 2017. 3. 10. 2016헌나1, 헌재공보 245, 367 (377면).

통령의 경우와는 다른 탄핵사유의 기준을 적용할 수도 있다는 여지를 남겨두고 있다고 할 것이다.

(2) 직무집행의 내용과 범위

탄핵사유의 전제가 되는 직무집행에서의 직무는 법률이 정하는 고유한 소관업무뿐 아니라 통념상 고유업무와 관련이 있는 업무를 포함하는 개념이다. 그리고 직무집행이란 소관직무 내지 관련직무에 관한 법령의 추상적 규정에 근거해서 행해지는 의사 내지 정책결정·정책집행·정책통제 등 구체적으로 외부로 표출·현실화되는 공적인 작용을 말한다. 이 때 직무집행은 핵심적인 직무행위뿐 아니라 직무행위와 관련성을 갖고 직무행위의 외형을 갖추어 외부로 표출된 행위까지도 포괄하는 개념이다(외형설). 따라서 해당 공직에 취임하기 전이나 퇴임 후의 행위는 여기서 말하는 직무집행의 범위에 포함되지 않는다. 다만 해당 공직에 정식으로 취임하기 전이라도 '서리'(署理)로 임명되어 서리신분으로 행한 직무집행은 당연히 포함된다고 할 것이다. 또 탄핵소추절차가 개시된 후에 해당 공직자가 다른 탄핵대상 공직으로 전직된 경우에는 전직 이전의 직무집행은 탄핵사유의 직무집행의 범위에 포함된다.

(3) 위헌. 위법의 내용과 정도

탄핵사유가 되는 직무관련행위는 위헌·위법성을 가져야 한다. 헌법은 형식적 의미의 헌법뿐 아니라 헌법적인 관행을 포함한다고 할 것이다. 그 결과 헌법의 명문규정을 어기는 직무행위는 물론이고 헌법적 관행1)을 어기는 일도 위헌성을 띠게 된다. 법률은 형식적 의미의 법률과 법률적 효력을 갖는 국제조약, 일반적으로 승인된 국제법규, 법률적 효력을 갖는 긴급명령 또는 긴급재정경제명령을 모두 포함하므로 그 어느 하나라도 어기면 위법하게 된다. 그리고 위헌·위법행위는 작위에 의한 것뿐 아니라 부작위에 의한 것도 포함된

---

1) 예컨대 국가로서의 대한민국의 정체성과 국민통합의 상징에 해당하는 태극기, 애국가, 수도 서울, 국어 등 우리 민족이 오랜 헌정생활을 통해서 하나의 헌법적인 관행으로 여기고 있는 상징물의 통용성을 무시하는 정책은 헌법적인 관행을 무시하는 정책이어서 위헌성을 띠게 된다. 신행정수도특별법의 위헌결정은 헌법재판소의 '불문헌법' 판시에도 불구하고 헌법적인 관행에 위배되는 것임을 지적한 것이라고 이해해야 한다. 헌재결 2004. 10. 21. 2004헌마554 등, 판례집 16-2(하), 1 참조.

다. 또 위헌·위법결과의 발생이 고의적인 권한남용 또는 악용에 의한 것이든
과실에 의한 것이든 불문한다. 독일과 미국의 탄핵관련법에는 과실이 아닌 고
의의 경우로 한정하고 있다.

위헌·위법성의 정도에 관해서는 헌법과 법률에 명문의 언급이 없다. 그
러나 이미 위에서 말한 바와 같이 우리 헌법재판소는 위헌·위법성의 정도를
대통령과 기타 공직자의 경우를 구별해서 평가하는 태도를 보이고 있다. 그
결과 대통령에게는 위헌·위법성의 중대성이 요구되지만, 다른 공직자에게는
반드시 그런 중대성을 요구하지 않는다고 할 것이다.

4. 탄핵의 소추절차

헌법(제65조와 제111조 제1항 제2호)은 탄핵의 소추기관과 심판기관을 분리해서 국회를 탄
핵 소추기관으로, 헌법재판소를 탄핵심판기관으로 정하고 있다. 이것은 탄핵
제도가 갖는 국회의 통제기능적인 성질보다는 헌법보호제도로서의 기능을 더
욱 강조하는 징표이다. 탄핵소추기관을 국회로 정한 것은 탄핵이 갖는 정치적
대의적인 책임 추궁의 성질과도 관련성이 있다.

I. 탄핵소추의 발의

(1) 발의정족수

탄핵의 소추는 국회에서 재적의원 1/3 이상의 발의가 있어야 한다. 다만
대통령에 대한 탄핵소추는 국회 재적의원 과반수의 발의가 필요하다(제65조 제2항).
이처럼 다른 탄핵대상자와 구별해서 대통령에 대한 탄핵소추의 발의요건을 특
별히 강화하고 있는 것은 우리 헌정사상 1969년 제6차 개정헌법에서 도입[1]

---

1) 즉 제6차 개정헌법(제61조)은 탄핵소추의 발의는 국회의원 30인 이상의 발의가 있어야 하
도록 했지만, 대통령에 대한 탄핵소추는 국회의원 50인 이상의 발의가 있어야 한다고 규정
했다. 그리고 탄핵소추의 의결정족수도 대통령의 경우에는 국회 재적의원 과반수가 아닌
재적의원 2/3 이상의 찬성이 필요하게 정했다. 이러한 대통령의 특별취급은 3선개헌의 무
리한 추진에 따른 대통령 지위의 불안을 해소하기 위한 하나의 자리 안보의 수단이었다고
할 것이다. 탄핵에서의 대통령에 대한 가중(加重) 정족수의 규정이 그 후 오늘의 헌법에까

한 특이한 제도이다. 이러한 외국의 입법례는 쉽게 찾아보기 어렵다.

(2) 발의의 구비요건

탄핵소추의 발의에는 피소추자의 성명, 직위와, 탄핵소추의 사유, 증거 기타 조사상 참고가 될 만한 자료를 제시하여야 한다(국회법 제130조 제3항). 이러한 법정의 구비요건을 모두 갖추지 않은 발의의 경우 그 구비요건의 보완 등을 지시하든지 일단 발의안건으로 채택하든지의 결정은 국회의 의사자율권에 의해서 해결할 문제라고 할 것이다.

탄핵소추의 발의에는 시효의 제한은 없기 때문에 탄핵대상자가 공직에 재직하는 동안에는 어느 때나 발의할 수 있다고 할 것이다.[1] 다만 헌법재판소법(제39조)이 정하는 일사부재리의 원칙에 의한 제약이 있을 따름이다.

(3) 발의의 본회의 보고와 처리

탄핵소추의 발의가 있은 때에는 국회의장은 발의된 후 처음 개의하는 본회의에 보고하고, 본회의는 의결로 법제사법위원회에 회부하여 조사하게 할 수 있다(국회법 제130조 제1항). 법제사법위원회에의 조사회부 여부는 본회의의 자율적인 재량사항이므로 더 이상의 조사가 필요하지 않다고 판단하면 조사의뢰를 하지 않을 수도 있다. 헌법재판소는 박근혜 대통령에 대한 탄핵결정에서 '국회의 충분한 조사가 바람직하다'면서도 바로 이 국회법(제130조 제1항) 규정을 근거로 국회가 탄핵사유에 대한 조사를 하지 않은 것은 국회의 재량사항이므로 적법하다고 판시했다. 그러나 대통령 탄핵사건의 중요성에 비추어 5개 유형의 헌법위배행위와 4개 유형의 위법행위를 일괄해서 탄핵소추사유로 하는 이 사건의 경우 소추사유가 단순했던 노무현 대통령의 탄핵결정내용을 원용하면서 국회의 자율성만을 강조한 이 판시가 대통령탄핵제도의 본질에 비추어 보거나 모든 국정행위의 절차적 정당성의 관점에서 과연 문제가 없는지 의문의 여지가 있다.[2] 국회법 제130조 제3항과 제131조 및 제132조의 내용도 국회의 조사를

지 이어지고 있다.

1) 독일 연방헌법재판소법(제50조)은 탄핵의 사유가 탄핵발의 기관에 알려진 때로부터 3월 이내에 탄핵발의를 해야 한다고 시효규정을 두고 있다.

2) 헌재결 2017. 3. 10. 2016헌나1, 헌재공보 245, 367(375면) 참조.

원칙으로 전제한 규정이라고 보아야 한다. 비교법적으로도 사전조사 없는 탄핵소추의 법제도는 찾을 수 없다.[1] 아무튼 본회의가 법제사법위원회에 회부하기로 의결하지 아니한 때에는 본회의에 보고된 때로부터 24시간 이후 72시간 이내에 탄핵소추의 여부를 무기명투표로 표결한다. 이 기간 내에 표결하지 아니한 때에는 탄핵소추안은 폐기된 것으로 본다(국회법 제130조 제2항).

(4) 법제사법위원회의 조사

본회의로부터 탄핵소추 발의를 회부받은 법제사법위원회는 지체없이 조사하여 그 결과를 본회의에 보고하여야 한다(국회법 제131조 제1항). 법제사법위원회는 탄핵발의에서 제시된 탄핵소추의 사유·증거 등을 면밀히 조사하여 보고한다. 법제사법위원회의 조사에는 국정감사 및 조사에 관한 법률이 규정하는 조사의 방법 및 조사상의 주의의무규정을 준용한다(국회법 제131조 제2항). 그리고 조사를 받는 국가기관은 그 조사가 신속히 완료되도록 충분한 협조를 하여야 한다(국회법 제132조).

Ⅱ. 탄핵소추의 의결

(1) 의결정족수

국회의 탄핵소추의결에는 국회 재적의원 과반수의 찬성이 있어야 한다. 다만 대통령에 대한 탄핵소추의 의결은 국회 재적의원 2/3 이상의 찬성이 있어야 한다(제65조 제2항).

(2) 의결시한

국회 본회의가 탄핵소추의 발의를 보고받고 조사를 위해서 법제사법위원회에 회부하기로 의결하지 아니한 경우에는 본회의에 보고된 때로부터 24시

---

1) 예컨대 2019년 미국 Trump 대통령에 대한 하원의 탄핵소추절차에서 보듯 조사위원회의 사전조사를 거쳐 법제사법위원회에서 증인 등 관계인의 청문절차를 거쳐 탄핵사유를 확정하고 본회의에 회부된 탄핵소추안도 탄핵사유별로 소추여부를 따로 표결에 부쳐서 결정한다. Trump의 경우도 직권남용(abuse of power)과 의회방해(obstruction of Congress)의 두 가지 탄핵사유를 각각 따로 표결해서 각각 다수결로 탄핵소추를 결정했다.

간 이후 72시간 이내에 탄핵소추의 여부를 무기명투표로 표결한다. 이 기간 내에 표결하지 아니한 때에는 그 탄핵소추안은 폐기된 것으로 본다($^{국회법\ 제130}_{조\ 제2항}$)는 것은 이미 말한 바와 같다. 법제사법위원회의 조사보고를 받은 본회의의 의결시한은 국회법에서 특별히 정하지 않고 있지만, 탄핵사건의 중요성에 비추어 이 경우에도 국회법 제130조 제2항의 규정을 유추적용할 수 있다고 할 것이다.

(3) 소추의결서

국회 본회의의 탄핵소추의결은 '소추의결서'라는 문서로 하여야 하는데, 이 소추의결서에는 피소추자의 성명·직위 및 탄핵소추의 사유를 표시하여야 한다($^{국회법}_{제133조}$).

(4) 소추의결서 정본의 송달

국회가 탄핵의 소추를 의결한 경우에는 국회의장은 지체없이 소추의결서의 정본(正本)을 소추위원인 법제사법위원장에게 송달하고, 그 등본을 심판기관인 헌법재판소와 피소추자 그리고 피소추자의 소속기관의 장에게 송달한다($^{국회법\ 제134}_{조\ 제1항}$).

Ⅲ. 탄핵소추의 효과

(1) 피소추자의 권한행사 정지

국회의 소추의결서가 피소추자에게 송달된 때에는 피소추자의 권한행사는 헌법재판소의 탄핵심판이 있을 때까지 정지된다. 권한행사의 정지기간은 피소추자가 소추의결서 등본을 송달받은 때로부터 헌법재판소가 탄핵소추에 대해서 종국결정을 선고하는 때까지이다. 종국결정의 내용에 따라 권한행사의 재개 또는 파면의 법적 효과가 발생하는 것은 스스로 별개의 문제이다. 피소추자의 권한행사 정지는 헌법($^{제65조}_{제3항}$)이 직접 규정하는 것이므로 법률에서 다르게 정하거나 헌법재판소가 가처분에 의해서도 달리 규율할 수 없다. 헌법재판소법($^{제50}_{조}$)과 국회법($^{제134조}_{제2항}$)이 피소추자의 권한행사 정지를 규정하는 것은 헌법이 정한 사항을 확인하는 것에 불과하다.

(2) 사직 . 해임 금지

탄핵소추의결서가 피소추자와 피소추자의 소속기관의 장(長)에게 송달되어 피소추자의 권한행사가 정지되면 피소추자의 임명권자는 피소추자의 사직원을 접수하거나 해임할 수 없다($^{국회법 제134}_{조 제2항}$). 이를 어기는 임명권자의 행위는 위법한 것이므로 무효이다. 탄핵에 의한 파면의 엄중한 법적 효과를 비켜 가려는 탈법을 막기 위한 것이다. 대통령이 피소추자인 경우에도 이 법규정의 정신 및 탄핵제도의 본질에 비추어 보거나 자진사퇴와 탄핵결정의 법적 효과가 다르기 때문에 탄핵소추 후의 자진사퇴는 허용되지 않는다. 다른 탄핵소추자에 대해서는 사직원을 접수하거나 해임할 수 없으면서 임명권자인 대통령 자신은 이 규정의 적용을 받지 않는다는 것은 법적용의 형평성에도 어긋나는 일이다.

(3) 소추위원의 탄핵심판청구 의무

국회가 탄핵소추를 의결한 때에는 국회 법제사법위원장이 국회를 대리하는 소추위원이 되는데($^{법 제49조}_{제1항}$) 소추위원은 변호사를 대리인으로 선임하여 탄핵심판을 수행하게 할 수 있다($^{심판규칙}_{제57조}$). 소추위원은 헌법재판소에 소추의결서의 정본을 제출하여 그 심판을 청구할 의무를 진다($^{법 제49조}_{제2항}$).

(4) 심판청구의 철회 내지 취하

피소추자가 임기직 공직자일 때 그의 임기만료 또는 소추기관인 국회의 임기만료가 탄핵소추에 미치는 효과에 관해서 우리 법률은 아무런 규정도 하지 않고 있다. 또 소추기관이 탄핵심판청구를 철회 내지 취하할 수 있는지에 관해서도 규정이 없다. 따라서 현실적으로 이런 상황이 발생하면 법적인 논란이 불가피하다. 독일의 경우에는 피소추자의 임기만료 또는 소추기관의 임기만료 내지는 해산은 탄핵심판절차의 진행에 아무런 영향을 주지 않는다는 명문규정을 두고 있다.[1] 탄핵심판제도가 헌법적인 갈등의 해소를 위한 것이므로 임기에 의한 영향을 받아야 할 이유가 없다는 취지에서 마련된 규정이다. 나아가 탄핵소추기관은 연방헌법재판소가 탄핵소추에 대한 종국결정을 선고

---

1) 연방헌법재판소법 제51조 참조.

할 때까지는 소추기관에서 재적의원 과반수의 찬성으로 탄핵소추를 취하할 수 있도록 했다. 다만 피소추자인 연방대통령 또는 연방법관이 1월 이내에 취하에 대해서 이의를 제기하면 취하는 효력을 발생하지 않는다.[1] 피소추자가 사망한 경우에 관해서는 독일에도 규정이 없어 견해가 대립하고 있다.[2] 그러나 헌법적인 문제의 해명 필요성이 아무리 크다고 하더라도 피소추자가 방어권을 행사할 수 없는 상황에서의 심판 계속은 공정하지 못하다는 견해가 설득력이 있다고 할 것이다. 우리도 이런 문제들에 대한 입법적인 해결책을 마련하는 것이 필요할 것이다.

5. 탄핵의 심판절차

탄핵심판은 헌법재판소가 관장한다(법 제111조 제1항 제2호). 헌법재판소는 국회의 탄핵소추가 있는 경우에만 탄핵심판을 할 수 있다.

I. 탄핵심판의 청구

(1) 소추의결서 정본의 제출

국회 법제사법위원장이 국회를 대리하는 소추위원으로 국회의 탄핵소추의결서 정본을 헌법재판소에 제출하여 그 심판을 청구함으로써 헌법재판소의 탄핵심판은 시작된다(법 제49조). 소추위원인 국회 법제사법위원장이 그 자격을 잃은 때에는 탄핵심판절차는 중단되고, 새 법제사법위원장이 탄핵심판절차를 수계하여야 한다. 다만 소추위원의 대리인이 있는 경우에는 탄핵심판절차는 중단되지 않는다(심판규칙 제58조). 탄핵심판의 경우에는 국회 소추의결서 정본의 제출로 심판청구서를 갈음하기 때문에(법 제26조 제1항 단서) 별도의 심판청구서의 제출은 불필요하다. 국회의 소추의결서 정본에 필요한 증거서류나 참고자료를 첨부하는 것은 가능하다(법 제26조 제2항).

---

1) 연방헌법재판소법 제52조 및 제58조 제1항 참조.
2) 심판 계속의 필요성을 인정하는 입장은 예컨대 *Th. Maunz*, in: BVerfGG-Kommentar, §51, RN. 2. 그 반대의 입장은 예컨대 *Benda/Klein*, aaO., RN. 1162 참조.

(2) 소추의결서 제출시기

국회의 소추위원이 탄핵소추의결서를 헌법재판소에 제출해서 탄핵심판을 청구하는 시기는 특별한 명문의 규정은 없지만 지체없이 처리하는 것이 옳다. 그 제출시기의 지연은 피소추자의 권한행사 정지기간에도 영향을 미치는 일일 뿐 아니라 헌법적인 분쟁으로 인한 헌법 침해의 가능성은 되도록 단기간 내에 해결하는 것이 바람직하기 때문이다. 독일 연방헌법재판소법(제49조 제2항과 제58조 제1항)이 탄핵소추서의 제출시한을 탄핵소추서 작성 후 한달 이내로 제한하고 있는 이유도 같은 고려에 의한 것이라고 할 것이다.

Ⅱ. 탄핵심판의 개시

국회 소추위원으로부터 탄핵소추의결서를 제출받은 헌법재판소는 이를 접수해서 사건번호(사건부호는 '헌나')와 사건명을 부여해서 사건기록을 편성한다. 그리고 소추의결서 등본을 지체없이 피소추자에게 송달한다(법 제27조 제1항). 피소추자는 이미 국회의장으로부터 소추의결서 등본을 송달받은 상태이지만, 헌법재판소가 다시 그에게 소추의결서 등본을 송달하는 것은 탄핵심판이 개시되었음을 알리는 의미를 갖는다. 피소추자는 비로소 방어권을 행사할 수 있으며 헌법재판소에 답변서를 제출할 수 있게 된다(법 제29조).

Ⅲ. 탄핵심판의 요건 및 내용

(1) 탄핵소추의 적법성 심사

헌법재판소의 탄핵심판은 적법한 탄핵소추를 전제로 한다. 따라서 헌법재판소는 소추위원이 제출한 소추의결서의 진정성에 대한 심사를 하는 것은 당연하다. 그러나 소추의결서의 진정성이 확인되는 경우에는 국회에서의 탄핵소추의결절차의 적법성 여부에 대한 심사는 피청구인이 문제를 제기하거나 객관적인 정황으로 보아 심사의 필요성이 인정되는 극히 예외적인 경우에만 허용된다고 할 것이다. 즉 국회의 탄핵소추의결이 국회법이 정한 의결절차를 심각하게 위반한 것이 분명한 경우에는 국회의 자율권에도 불구하고 헌법재판소가 탄핵소추의결의 절차적인 적법성을 심사할 수 있다고 할 것이다. 헌법이 보장한 국회의 의사절차자율권은 위법의 자율권까지 보장하는 것은 아닐 뿐 아니라 헌법의 규범적인 범위를 벗어날 수 없는 것이기 때문이다. 그런 점에서 박근혜 대통령의 탄핵심판에서 소추사유의 특정성 여부의 다툼과 관련해서 헌법재판소가 소추사유 중 위헌부분의 소추사유가 불분명한 점을 인정하면서도 공무원 징계사유의 특정성의 정도에 대한 대법원 판시[1]를 인용하면서 공무원 징계와 대통령 탄핵을 같은 차원에서 평가함으로써 대통령 탄핵의 헌법적인 의미를 과소평가한 것이 아닌가 하는 의문을 갖게 한다. 따라서 헌법재판소가 위 대법원 판시내용 및 위법사실과 연관시켜 특정성을 스스로 인정한 논증은 법리적으로 논란의 소지가 있다고 생각한다.[2]

우리 헌법재판소는 이러한 관점에서 일응 탄핵소추의 적법성을 심사하면서도 국회의 의사절차자율권을 넓게 인정해 주는 입장을 취하고 있다. 즉 국회가 탄핵소추를 하기 전에 소추사유에 관한 충분한 조사를 했는지의 여부, 통상적인 안건심의절차($\frac{국회법}{제93조}$)와 달리 탄핵소추의 발의에 대해서 질의와 토론 없이 표결할 것인지의 여부($\frac{국회법\ 제130}{조\ 제2항}$), 탄핵소추의 탄핵사유별 의결절차 채택 여부, 피소추인에게 의견진술의 기회를 부여할 것인지의 여부 등은 국회가 의사진행 재량권을 행사해서 결정한 절차적인 내용을 최대한으로 존중한다는 입장이다. 그 밖에도 투표의 강제, 투표 내용의 공개, 본회의 개의시간의 무단 변경, 투표의 일방적 종료선언 등 표결절차의 부적법성을 피청구인이 주장하더라도 관련 국회법규정에 근거한 국회의장의 의사진행재량권을 감안할 때 그러한 주장은 특별히 합리적인 이유가 있을 때만 인정할 수 있다는 입장이다.[3]

(2) 탄핵사유에 대한 실체적 심사

1) 위헌·위법성 심사

헌법재판소는 소추의결서에 표시된 탄핵사유에 대한 실체적인 심사를 한

---

1) 대판 2005. 3. 24. 2004두14380 참조.
2) 헌재결 2017. 3. 10. 2016헌나1, 헌재공보 245, 367(374면) 참조.
3) 노무현 대통령의 탄핵사건에서의 판시 내용이다. 헌재결 2004. 5. 14. 2004헌나1, 판례집 16-1, 609(628-632면) 참조.

다. 그래서 탄핵소추가 이유 있는지를 검토해서 피소추인의 파면 여부를 결정
해야 한다. 이 경우 헌법재판소는 소추의결서에 표시되지 아니한 사항에 대해
서는 심판대상으로 삼을 수 없다. 따라서 소추위원이 심판절차에서 임의로 추
가한 부분은 판단의 대상에서 제외된다. 헌법재판소는 우선 피소추인이 소추
의결서의 탄핵사유로 표시된 것처럼 헌법이나 법률을 위배했는지를 심사한다.
이 때 헌법재판소는 위헌·위법 여부를 판단함에 있어서 소추의결서에 표시된
헌법 또는 법률조항에 국한하지 않고 피소추인의 행위가 헌법과 법률에 위배
했는지를 헌법의 통일성의 관점에서 종합적으로 판단한다. 탄핵심판제도는 피
소추인이 직무를 수행하면서 헌법을 침해하지 못하게 헌법을 보호하는 것이
목적이지 특정 헌법조항을 보호하기 위한 제도가 아니기 때문이다. 또 헌법재
판소는 피소추인의 위헌·위법 여부를 판단함에 있어서 관련기관의 헌법 또는
법률해석에 구애받지 않고 독자적인 판단을 한다.

2) 파면 여부 결정

헌법재판소는 위헌·위법성 심사를 통해 피소추인의 행위가 위헌·위법하
다는 것을 확인한 경우에는 그 위헌·위법성이 피소추인의 파면을 정당화할
정도인지를 판단해야 한다. 헌법재판소는 헌법재판소법(제53조 제1항)에서 말하는 '탄
핵심판청구가 이유 있는 때'란 모든 법 위반의 경우를 말하는 것이 아니라, 단
지 공직자의 파면을 정당화할 정도의 법 위반의 경우를 말한다고 이해하고 있
다.[1] 그래서 파면결정의 여부는 공직자의 '법 위반의 정도'와 '파면결정으로 인
한 효과' 사이의 법익형량을 통하여 결정해야 한다고 한다. 즉 헌법수호를 목
적으로 하는 탄핵심판제도의 본질에 비추어 피청구인의 '법 위반이 어느 정도
로 헌법질서에 부정적 영향이나 해악을 미치는지의 관점'과 '피청구인을 파면
하는 경우 초래되는 효과'를 서로 형량하여 파면 여부를 결정해야 한다고 한
다.[2] 그렇지 않고 '피소추인의 직무행위로 인한 모든 사소한 법 위반을 이유로
파면을 해야 한다면, 이는 피청구인의 책임에 상응하는 헌법적 징벌의 요청,

---

1) 위의 판례집 654면 이하 참조. 대통령이 피소추인인 경우에는 '중대한' 법 위반의 경우
   를 말한다고 해석한다.
2) 위 판례집 655면 참조.

즉 법익형량의 원칙에 위반된다'고 강조한다.[1] 그리고 헌법재판소는 피소추인
의 민주적 정당성 또는 정치적 기능과 비중 내지 직무의 성질 등에 따라 파면
여부의 결정에 영향을 미치는 이익형량에서 법 위반의 정도와 파면의 효과에
대한 평가가 달라진다고 한다.[2] 대통령을 파면할 정도로 중대한 법 위반이 어
떠한 것인가에 관한 헌법재판소의 입장은 이미 앞의 대통령의 탄핵사유에서
설명한 바 있다. 나머지 탄핵대상 공직자들을 파면할 정도의 법 위반의 구체
적인 내용은 일반적으로 말하기는 어렵지만 대통령의 경우보다는 법 위반의
중대성이 약화될 수 있다는 것이 헌법재판소의 입장이다.

Ⅳ. 탄핵심판의 절차

(1) 구두변론과 증거조사

1) 구두변론

탄핵심판사건은 반드시 구두변론에 의한다(법 제30조 제1항). 탄핵심판절차에서의
당사자는 국회를 대리하여 소추위원으로 기능하는 법제사법위원장이 청구인이
고 피소추인이 피청구인이 된다. 따라서 탄핵심판의 절차는 소송당사자의
대심적(對審的) 구조로 진행된다. 그 결과 소추위원은 심판의 변론에서 피청구
인을 신문할 수 있다(법 제49조 제2항). 그리고 재판부가 변론을 열 때에는 변론기일을
정하고 당사자와 관계인에게 출석을 요구하여야 한다(법 제30조 제3항). 변론기일은 사
건과 당사자의 이름을 부름으로써 시작하는데(심판규칙 제59조), 소추위원이 먼저 소추의
결서를 낭독하고(심판규칙 제60조), 재판장은 피청구인에게 소추에 대한 의견진술의
기회를 주어야 한다(심판규칙 제61조). 당사자가 변론기일에 출석하지 아니한 때에는 다
시 기일을 정해서 출석을 요구하는데, 다시 정한 기일에도 당사자가 출석하지
않으면 당사자의 출석 없이 심리할 수 있다(법 제52조).[3] 기타 변론공개의 원칙
(법 제34조 제1항)과 예외 및 변론장소(법 제33조) 등은 일반심판절차에서 설명한 대로이다.

---

1) 위 판례집 654면 참조.
2) 위 판례집 655면 참조.
3) 당사자가 출석하지 않은 경우에도 종국결정을 선고할 수 있다(심판규칙 제64조).

2) 증거조사

재판부는 탄핵심판의 심리에 필요하다고 인정하면 당사자의 신청 또는 직권으로 증거조사를 할 수 있다. 증거조사에는 당사자 본인 또는 증인신문, 증거자료의 제출요구, 감정, 검증 등이 포함된다($\frac{법}{제31조}$). 그리고 재판장의 명을 받은 수명재판관이 증거조사를 할 수도 있다($\frac{법 제31조}{제2항}$). 나아가 재판부는 다른 국가기관 또는 공공단체의 기관을 상대로 심판에 필요한 사실을 조회하거나, 기록의 송부나 자료의 제출을 요구할 수 있다. 다만 재판·소추 또는 범죄수사가 진행중인 사건의 기록은 송부를 요구할 수 없다($\frac{법}{제32조}$). 당사자는 증거로 제출된 서류를 증거로 하는 것에 동의하는지 여부에 관한 의견을 진술해야 한다($\frac{심판규칙}{제62조}$). 증거조사가 끝나면 소추위원은 탄핵소추에 관해 의견을 진술할 수 있고, 재판장은 피청구인에게 최종의견진술기회를 주어야 한다($\frac{심판규칙}{제63조}$).

(2) 심판절차의 정지

피청구인에 대한 탄핵심판청구와 동일한 사유로 형사소송이 진행중인 때에는 재판부는 탄핵심판절차를 정지할 수 있다($\frac{법}{제51조}$). 심판절차의 정지 여부, 정지기간, 심판절차 재개시기 등은 재판부가 재량으로 결정할 수 있는 사항이다. 그러나 동일한 사유로 인한 형사재판과 탄핵심판의 결과가 일치하지 않는 경우의 법적인 혼란과 재심청구 등 권리구제의 실효성을 고려할 때 가능하면 심판절차를 정지하는 것이 바람직할 것으로 본다. 박근혜 대통령 탄핵심판사건의 경우 검찰이 탄핵심판사건의 계기가 된 다른 피고인의 형사사건에서 박근혜 대통령을 그 공범으로 보았고 헌법재판소가 탄핵심판에서 검찰의 이 공소장 기재내용을 자주 인용함으로써 탄핵심판청구와 동일한 사유로 별도의 형사소송이 진행 중이라는 점을 인정하면서도 탄핵심판절차를 정지하지 않았다. 그러면서도 탄핵심판절차를 정지하지 않은 이유에 대한 아무런 언급이 없는 점은 아쉬움을 남기는 부분이다.

(3) 민사소송 및 형사소송규정 준용

탄핵심판절차에는 법률에 특별한 규정이 있는 경우를 제외하고는 헌법재판의 성질에 반하지 않는 한도 내에서 민사소송 또는 형사소송에 관한 규정을 준용한다(법 제40조 제1항). 이 경우 형사소송에 관한 규정이 민사소송에 관한 규정과 저촉될 때에는 민사소송에 관한 규정은 준용하지 아니한다(법 제40조 제2항). 탄핵심판절차는 민사소송보다는 형사소송절차에 더 가깝기 때문이다.

V. 탄핵심판의 결정

탄핵심판의 절차를 마치면 헌법재판소는 탄핵심판의 결정을 한다.

(1) 종국결정의 유형과 주문

탄핵심판의 종국결정에는 각하결정, 기각결정, 탄핵결정의 세 가지 유형이 있다.

1) 각하결정

재판부가 탄핵소추의 적법성 심사에서 탄핵소추가 부적법하다고 판단하면 탄핵심판청구에 대해 각하결정을 한다. 각하결정은 '이 사건 심판청구를 각하한다'라는 주문형식으로 표시한다.

2) 기각결정

탄핵심판청구가 이유 없을 때에는 탄핵심판청구에 대해서 기각결정을 한다. 탄핵사유에 대한 실체적인 심사결과 법 위반의 사실을 인정할 수 없거나, 법 위반의 정도가 경미해서 파면결정이 법익형량의 원칙에 어긋난다고 판단하면 기각결정을 한다. 실제로는 탄핵의 파면결정에 필요한 정족수(재판관 6인 이상의 찬성)를 채우지 못하게 되는 경우에 기각결정을 하게 된다. 또한 피청구인이 헌법재판소의 결정선고 전에 당해 공직에서 파면된 때에도 기각결정을 한다(법 제53조 제2항). 기각결정은 '이 사건 심판청구를 기각한다'라는 주문형식으로 표시한다.

3) 탄핵결정

(가) 탄핵결정의 내용

헌법재판소는 탄핵심판청구가 이유 있을 때에는 재판관 6인 이상의 찬성으로$\binom{\text{제113조 제 1 항 및 법}}{\text{제23조 제 2 항 제 1 호}}$ 피청구인을 해당 공직에서 파면하는 탄핵결정을 하는데$\binom{\text{법 제53조}}{\text{제 1 항}}$, 탄핵결정은 곧 파면결정을 뜻한다$\binom{\text{제65조 제 4 항}}{\text{제 1 문}}$. 탄핵결정은 '피청구인 … 을(를) (국무총리)직에서 파면한다'라는 주문형식으로 표시한다.

(나) 탄핵결정의 효력

탄핵결정은 결정선고와 동시에 확정되므로 결정선고시부터 다음과 같은 효력을 발생한다.

a) 공직파면

피청구인은 탄핵결정의 선고에 의해서 해당 공직에서 파면된다$\binom{\text{제65조}}{\text{제 4 항}}$. 따라서 피청구인은 해당 공직을 자동 상실한다.

b) 민·형사상 책임

피청구인은 탄핵결정으로 해당 공직에서 파면되더라도 민사상·형사상의 책임이 면제되지 아니하므로 별도로 민·형사상의 책임질 일이 있으면 민·형사상의 소추가 가능하다$\binom{\text{제65조 제 4 항 제 2 문}}{\text{과 법 제54조 제 1 항}}$. 헌법적인 제재와 민·형사상의 책임은 다르기 때문이다.

c) 5년간 공직취임 금지

탄핵결정으로 공직에서 파면된 사람은 결정선고가 있은 날부터 5년을 경과하지 아니하면 공무원이 될 수 없다$\binom{\text{법 제54조}}{\text{제 2 항}}$. 따라서 탄핵결정으로 파면된 사람은 5년 동안 선거직과 임명직을 불문하고 모든 종류의 공직취임이 금지된다. 헌법 보호를 목적으로 하는 탄핵제도의 본질상 한시적인 공직취임금지는 불가피한 입법조치라고 할 것이다.

d) 사면의 금지

탄핵결정으로 파면된 사람에 대해서는 대통령의 사면권 행사$\binom{\text{제79}}{\text{조}}$가 제한된다고 할 것이다. 탄핵결정으로 파면된 사람의 사면 금지는 탄핵제도의 본질에 비추어 당연한 논리적인 귀결이다.[1] 그러나 대통령이 국민통합을 이유로

---

1) 그렇기 때문에 헌법에서 명문으로 사면을 금지하고 있는 나라도 있다. 예컨대 미국 연방헌

파면된 전직 대통령을 특별사면하는 경우 그것을 다툴 수 있는 소송법적인 방법은 없다. 무엇보다 적법요건의 충족이 어렵기 때문이다.

(2) 종국결정의 효력

탄핵심판의 종국결정은 자기구속력, 형식적 확정력, 실질적 확정력(기판력) 등 헌법재판의 종국결정이 갖는 효력을 발생한다.[1] 그러나 대통령이 국민통합을 이유로 파면된 전직 대통령을 특별사면하는 경우 그 사면행위를 다툴 수 있는 소송법적인 방법은 없다. 무엇보다 소송의 적법요건을 충족하기 어렵기 때문이다.

법 제 2 조 제 2 항 제 1 절 참조.
1) 앞 부분 제 3 편 제 3 장 7 ˙Ⅵ 일반심판절차의 종국결정의 효력에 관한 설명 참조.

제 3 장   정당해산심판

1. 정당해산심판의 의의와 연혁

Ⅰ. 정당해산심판의 의의와 법적 근거

정당해산심판이란 헌법질서를 보호하기 위해서 헌법이 지향하는 자유민주적 기본질서를 부인하거나 침해하는 정당을 헌법소송절차를 통해 해산시키는 제도를 말한다. 우리 헌법은 정당설립의 자유와 복수정당제도를 보장하면서도($^{제8조}_{제1항}$) '정당의 목적이나 활동이 민주적 기본질서에 위배될 때에는 정부는 헌법재판소에 그 해산을 제소할 수 있고, 정당은 헌법재판소의 심판에 의하여 해산된다'($^{제8조}_{제4항}$)고 정당해산심판의 헌법적인 근거조항을 두고 있다. 또 정당의 해산심판을 헌법재판소의 관장사항으로 규정하면서($^{제111조 제1}_{항 제3호}$) 정당해산의 결정정족수도 헌법이 직접 정하고 있다($^{제113조}_{제1항}$). 헌법재판소법($^{제55조-}_{제60조}$)은 정당해산심판의 절차를 규정하고 있다.

Ⅱ. 정당해산심판의 연혁과 운용실태

정당해산심판은 우리나라의 독창적인 헌법재판제도는 아니다. 독일 바이마르공화국(1919-1933)에서 정당활동을 통해 민주적인 여론형성과정을 왜곡하는 방법으로 민주주의를 파괴하고 나치 독재정권이 수립되는 쓰라린 경험을 한 독일이 제2차 대전 후에 1949년 독일 기본법을 제정하면서 정당해산심판제도를 처음으로 도입했다.[1] 독일 기본법에 의한 독일연방공화국이 탄생한 후 1952년과 1956년 두 건의 정당해산심판을 통해[2] 사회주의정당(SRP)과 독일공산당(KPD)이 위헌정당으로 해산되었던 이유도 정당해산심판제도의 독일

---

1) 독일 기본법 제21조 제2항 참조.
2) BVerfGE 2, 1(사회주의정당 해산심판); 5, 85(독일공산당 해산심판) 참조.

적인 연혁과 불가분의 연관성이 있다. 우리나라는 1960년 제 2 공화국헌법에서 처음으로 정당해산심판제도를 도입해서 심판기관의 변화를 거쳐 오늘의 제도에 이르고 있다.[1] 그러나 우리 헌정사에서 2014년 처음으로 통합진보당에 대한 헌법재판소의 해산결정이 있었다.[2] 정당해산심판제도가 도입되기 전인 제 1 공화국에서 1958년에 있었던 '진보당'의 해체는 당시 정당 등록업무를 관장하던 공보실이 행정처분을 통해 진보당의 등록을 취소해서 이루어진 일이었기 때문에 정당해산심판사건은 아니었다.

2. 정당해산심판의 의미와 목적 및 기능

Ⅰ. 정당해산심판의 의미와 목적

자유민주주의는 자유롭고 개방적인 정치적 의사형성과정을 전제로 하는 통치질서이다. 헌법에서 의사표현의 자유를 보장하는 이유도 자유롭고 개방적인 정치적 의사형성을 촉진해서 자유민주주의를 실현하기 위해서이다. 의사표현의 자유야말로 지속적이고 개방적인 정치적인 의사형성을 가능하게 하기 때문에 자유민주주의의 생명의 활력소(Lebenselixier)로 평가된다.[3]

또한 오늘의 자유민주주의는 대의제도를 통해서만 실현될 수 있고, 대의제도는 선거를 불가결한 수단으로 삼는데, 선거는 자유롭고 개방적인 여론형성과정에서 유권자가 얻게 되는 정치적인 판단에 따라 공정한 투표가 행해질 때에만 선거에 의해서 추구하는 민주적 정당성은 비로소 확보될 수 있다. 그런데 오늘의 대중민주주의 내지는 정당민주주의에서는 국민 한 사람 한 사람의 개별적이고 분산된 정치적인 의사가 정치적인 활동단위로 기능하는 정당조직에 의해서 집약되어 통일된 의사로 표출될 때 비로소 정치적인 의사형성과정에서 정치적인 영향력을 행사할 수 있게 된다. 누구나 정당설립을 통해서

---

1) 정당해산심판제도의 변천에 관한 자세한 내용은 앞 부분 제 2 편 우리 헌법재판제도의 변천 부분 참조할 것.
2) 헌재결 2014. 12. 19. 2013헌다1 참조.
3) 의사표현의 자유와 자유민주주의의 기능적인 연관성에 대해서는 예컨대 BVerfGE 5, 85(205); 7, 198(208) 참조.

조직된 힘으로 정치적 의사형성과정에 자신의 정치적인 견해를 반영할 수 있
는 길이 열려 있어야 하는 이유도 그 때문이다.

　　우리 헌법(제8조)이 정당설립의 자유를 보장하면서 정당을 국민의 정치적
의사형성의 불가결한 수단으로 인식해서 헌법적인 제도로 승화시키고 있는 이
유이기도 하다. 그 결과 정당설립의 자유와 정당활동의 자유는 국민의 정치적
의사형성의 실효성을 위해서도 제한 없이 보장되어야 하는 것이 원칙이다. 그
러나 헌법이 보장하는 정당설립과 정당활동의 자유가 자유민주주의의 지속적인
존립과 효율적인 기능을 위한 것이라면, 정당설립과 활동의 자유는 적어도 자
유민주주의의 기본이념을 부인하지 말아야 하는 제약을 받을 수밖에 없다. 같
은 맥락에서 자유민주주의를 부인하고 정당설립과 활동의 자유를 악용해서 오
히려 자유민주주의를 파괴하려는 정당은 정치활동영역에서 제거할 수밖에 없
다. 자유민주주의 헌법질서에서 정당해산심판제도가 필요한 이유가 바로 그것
이다. 통합진보당이 헌법재판소의 결정으로 해산당한 이유도 바로 그 때문이다.

Ⅱ. 정당해산심판제도의 기능

⑴ 자유민주주의의 방어적 . 투쟁적 수단으로서의 기능

　　정당해산심판은 자유민주주의를 보호하기 위해서 국민의 정치적 의사형
성에 참여시켜서는 아니 되는 정당을 엄격한 헌법재판절차를 통해 가려내는
기능을 한다. 자유민주주의의 기초가 되는 자유의 적에게는 자유는 물론이고
정당의 자유도 인정할 수 없다는 관점에서 이루어지는 일이다. 정당해산심판
을 방어적(wehrhafte) 내지 투쟁적(streitbare) 민주주의의 수단으로 인식하는 이
유도 그 때문이다.[1] 헌법이 추구하는 자유민주주의 이념을 지키기 위해서는
방어적 또는 투쟁적인 수단도 마다하지 않는다는 의미이다. 정당해산심판이
추구하는 자유민주주의를 지키기 위한 방어적 내지 투쟁적 수단의 기능은 정
당해산의 효과에도 영향을 미칠 수밖에 없다. 대체정당설립이 금지되고 해산
된 정당의 재산이 국고로 환수되며 해산된 정당에 소속된 국회의원이 의원직
을 잃도록 해야 하는 이유도 그 때문이다.

---

1) 이 표현을 처음 사용한 것은 독일 연방헌법재판소이다. BVerfGE 5, 85(139) 참조.

(2) 정당보호기능

정당해산심판은 아무리 자유민주주의의 적이라 하더라도 헌법이 보호하는 정당의 형식으로 조직된 정치단체에 대해서는 엄격한 헌법재판절차에 의하지 않고는 행정기관이 함부로 해산시킬 수 없도록 함으로써 다른 정치단체에 비해 정당을 특별히 보호하는 기능을 한다. 정당해산심판을 역설적으로 정당특권제도라고 인식하는 이유도 그 때문이다.

(3) 정당조직과 활동의 민주화 촉진기능

정당해산심판은 정당설립과 조직 및 활동의 헌법적 한계를 제시하는 기능을 한다. 즉 정당이 헌법적인 보호를 받기 위해서는 다른 경쟁 정당의 존립과 활동을 수용하는 바탕 위에서(복수정당제도) 정당 자체의 목적·조직 및 정치활동이 민주적인 요건을 충족해야 하며, 특별히 국민과 유리된 채 활동하는 정치적 이익단체가 아니라 언제나 국민의 정치적인 의사를 수렴해서 국정에 반영하는 데 적합한 민주적인 내부조직을 가져야 한다는 것을 강조하는 기능을 한다. 따라서 헌법($\frac{제8조 제1항}{과 제3항}$)이 보장하는 정당설립의 자유와 복수정당제도, 나아가 정당에 대한 국가의 보호의무 내지는 국고보조 등은 무조건적인 것이 아니라 정당이 위에서 말한 모든 조건들을 충족하는 경우에만 주장할 수 있는 권리이고 혜택이다.[1] 헌법이 요구하는 조건을 충족하지 못하는 정당은 보호의 대상에서 제외될 뿐 아니라, 경우에 따라서는 정당해산심판의 대상이 된다는 것을 분명히 하고 있다는 점에서 정당해산심판과 정당의 목적·조직 및 활동의 민주화 조건은 불가분의 연관성을 갖는다. 정당해산심판제도가 오히려 야당의 정당한 정치활동을 탄압하는 수단으로 악용되어서는 아니 되는 이유도 바로 정당보호제도와의 기능적인 연관성 때문이다.

---

1) 독일 기본법 제21조(2017년 개정)와 독일 연방헌법재판소법(제46a조)은 이 점을 명문으로 규정하고 있다. 즉 그 내용은 다음과 같다. '그 목적이나 지지자들의 활동이 자유민주적 기본질서를 침해 또는 폐지하거나 독일연방공화국의 존립을 위태롭게 하는 정당은 위헌이다(기본법 제21조 제2항)'. '제2항에 해당하는 위헌 정당은 국가의 재정지원에서 배제한다. 재정지원 배제가 결정되면 세법상의 혜택이나 정당에 대한 보조금은 금지된다(제3항)'. '정당의 위헌여부와 국가의 재정지원 금지에 관해서는 연방헌법재판소가 결정한다(제4항)'. 재정지원금지기간은 6년이고 신청인의 신청으로 연장할 수도 있다. 또 재정지원금지결정은 같은 목적을 추구하는 대체정당에도 그 효력을 미친다(연방헌법재판소법 제46a조).

3. 정당해산심판의 대상이 되는 정당

I. 추상적인 헌법규정과 헌법재판소의 관련 판시내용

정당해산심판의 대상이 되는 정당을 확정하는 일은 정당해산심판제도의 가장 핵심적인 과제일 뿐 아니라 심판의 청구절차와 심판절차에서 다 함께 의미를 갖는 중요한 일이다. 그런데 우리 헌법($^{제8조}_{제4항}$)과 헌법재판소법($^{제55}_{조}$)은 단지 '정당의 목적이나 활동이 민주적 기본질서에 위배될 때'라고만 추상적으로 규정하고 있기 때문에 정당해산심판의 대상이 되는 정당을 확정하기가 쉽지 않다. 그렇다고 해서 이와 관련된 축적된 판례가 있는 것도 아니다.

다만 우리 헌법재판소는 1990년 국가보안법에 관한 위헌심판사건에서 자유민주적 기본질서의 의미에 관해서 판시한 적이 있을 따름이다. 즉 그에 따르면 자유민주적 기본질서란 '모든 폭력적 지배와 자의적 지배를 배제하고 다수의 의사에 의한 국민의 자치, 자유·평등의 기본원칙에 의한 법치주의적 통치질서를 말하고 구체적으로는 기본적 인권의 존중, 권력분립, 의회제도, 복수정당제도, 선거제도, 사유재산과 시장경제를 골간으로 한 경제질서 및 사법권의 독립 등 우리의 내부체제를 말한다.'[1] 헌법재판소는 그 후에도 기회가 있을 때마다 이 판시내용을 되풀이하고 있다.[2] 그러나 이 판시는 정당해산심판과 관련된 것이 아니기 때문에 정당해산심판의 대상이 되는 정당을 확정할 때 그대로 적용할 수 있을 것인지는 분명하지 않았지만 2014년 헌법재판소는 통합진보당의 해산결정을 하면서 대체로 같은 내용의 판시를 했다.[3]

이와 관련해서 정당해산심판의 대상이 되는 정당을 확정하는 데 있어서는 정당해산심판제도의 연혁적인 발생국인 독일에서 연방헌법재판소가 세 건[4]의

---

1) 헌재결 1990. 4. 2. 89헌가113, 판례집 2, 49(64면) 참조.
2) 예컨대 헌재결 1994. 4. 28. 89헌마221; 헌재결 2001. 9. 27. 2000헌마238 등 참조.
3) 헌재결 2014. 12. 19. 2013헌다1 참조.
4) 2000년에도 연방정부와 연방의회 및 연방참사원은 공동으로 나치의 후계정당이라고 평가되는 NPD에 대한 정당해산심판을 연방헌법재판소에 청구했지만, 연방헌법재판소는 2001년에 증거조사 등 여러 차례의 절차적인 결정을 통해 사실상 실질적인 판단 없이 사건을 종결하고 말았다. 그러나 이 NPD에 대한 연방참사원의 그 후의 위헌정당해산심판청구는 본안심판 끝에 기각되었다. 2017. 1. 17. 2 BvB 1/13의 핵심판시내용 뒤 303면 각주 1) 참조.

정당해산심판사건을 통해서 확립해 놓은 관련 판시가 하나의 유용한 참고자
료가 될 수 있을 것이다.

Ⅱ. 독일 기본법규정과 연방헌법재판소의 판례와 학설

(1) 독일 기본법이 정한 정당해산사유

독일 기본법(제21조 제2항)은 '정당의 목적이나 당원의 활동이 자유민주적 기
본질서를 침해 또는 제거하려는 것이거나, 독일연방공화국의 존립을 위태롭게
하는 경우에는 그 정당은 위헌이다'라고 규정하고 있다. 따라서 독일 기본법
은 정당해산사유를 '자유민주적 기본질서에 대한 공격'과 '국가의 존립에 대한
위협'의 두 가지 경우로 나누어서 규정하고 있다. 또 위헌요건을 명시하는 방
법으로 정당의 해산사유를 규정함으로써 연방헌법재판소가 주문에서 먼저 정
당의 위헌성을 확인한 후에 해산결정을 하도록 했다.[1] 이 점이 우리 헌법(제8조 제4항)
의 규정형식과 다르다.

(2) 연방헌법재판소의 판례

1) 자유민주적 기본질서에 대한 공격

독일 연방헌법재판소가 기본법(제21조 제1절 제2항)이 규정한 '자유민주적 기본질
서'의 내용에 대해서 처음으로 자세히 판시한 것은 사회주의정당(SRP)에 대한
위헌·해산판결에서이다. 즉 자유민주적 기본질서란 '모든 폭력과 자의의 지배
를 배제하고 상황에 따라 가변적인 다수의 의사에 따른 국민의 자주적인 결
정과 자유 및 평등의 기초 위에서 이루어지는 법치국가적 통치질서'를 뜻한다
고 판시했다.[2] 결국 자유민주적 기본질서는 기본법이 지향하는 자유주의와 법
치국가적 민주주의의 핵심적인 기본요소를 보호의 대상으로 삼고 있다는 뜻이

BVerfGE 103, 41; 104, 38, 39, 41, 42, 63, 214, 370 참조.

1) 예컨대 독일공산당 판결(KPD-Urteil)의 주문은 세 부분으로 구성되어 있다. 즉 첫 부분에
   서는 i) 위헌확인, ii) 해산결정, iii) 대체정당설립 금지, iv) 잔여재산 국고귀속에 관한 주문
   을, 두 번째 부분에서는 판결의 집행기관을 지정하는 주문을, 세 번째 부분에서는 이 판결
   내용 또는 판결의 집행을 어기는 행위에 대한 처벌에 관한 주문을 담고 있다. BVerfGE 5,
   85(86f.) 참조.
2) BVerfGE 2, 1(12f.) 참조.

다. 연방헌법재판소가 그러한 기본요소로 꼽고 있는 것은 기본법에 구체화된
기본권의 존중, 특히 생명권과 인격권 및 자유로운 개성신장, 국민주권, 권력
분립, 정부의 책임, 법치행정, 사법권의 독립, 복수정당제도[1]를 포함해서 정당
의 기회균등과 헌법에 따라 야당으로 조직·활동할 수 있는 권리[2] 등이다. 연
방헌법재판소가 꼽고 있는 이러한 요소를 종합하면 자유민주적 기본질서는 민
주주의와 법치주의가 기능하기 위한 모든 전제조건을 모두 포괄하고 있다고
볼 수 있는데, 특히 기본권적인 자유와 평등권의 보장을 중요시하고 있다고
할 것이다. 자유민주주의에서는 기본법 제1조 제1항이 보장하는 인간의 존
엄성이 최고의 가치를 뜻하고 인간의 존엄과 가치는 모든 기본권의 기초이기
때문에 모든 국가권력은 인간의 존엄성을 실현해야 하는 헌법적인 의무를 지
고 있는데 나머지 자유민주적 요소들은 결국 인간의 존엄과 가치를 통치질서
내에서 실현하기 위한 수단에 불과하다고 볼 수 있기 때문이다. 그리고 인간
의 존엄성에 기초한 자유는 모든 인간의 고유한 권리이기 때문에 모든 인간
은 이 점에서 평등하고 국가로부터 평등한 대우를 받아야 하는 것은 자유민
주주의의 당연한 원칙이다.[3] 나아가 자유민주주의 통치질서에서 국가는 정치
문제에 대한 모든 가능한 해결책을 개방해서 실존하는 다수의 뜻에 따른 해
결이 이루어지고, 다수는 자신의 결정을 전체국민 특히 소수국민에게 정당화
하도록 유도하는 책임을 지고 있다.[4]

연방헌법재판소의 판시에 따르면 자유민주주의에서는 정권 획득을 위한
정치투쟁에서 어떤 정당도 자유민주주의에 내재하는 사회적·정치적 정책목표
의 개방성을 부인하고 자신의 정치적인 이념만을 절대시함으로써 자신의 정
치 이념에 반하는 경쟁 정당을 배척하는 현상은 용납될 수 없다.[5] 그리고 자
유민주적인 헌법국가의 최고가치를 혼란스럽게 만드는 정당은 위헌적인 목적
을 추구하는 정당이라고 판시했다.[6] 즉 정당이 고의로 지속적·계획적으로 자
유민주주의의 기본가치와 자유민주적인 기본가치에 입각해서 세워진 국가질

---

1) BVerfGE 5, 85(230f.) 참조.
2) BVerfGE 2, 1(13) 참조.
3) BVerfGE 5, 85(205) 참조.
4) BVerfGE 5, 85(198); 69, 315(347) 참조.
5) BVerfGE 5, 85(317ff.) 참조.
6) BVerfGE 2, 1(12) 참조.

서를 험담하거나 조롱하는 것은 바로 자유민주주의를 침해하거나 자유민주주의의 제거를 지향하는 것이라고 판시했다.[1)

나아가 연방헌법재판소는 이러한 위헌적인 목적을 정당이 공개적으로 선전해야 하는 것은 아니라고 설명하면서 어떤 정당도 위헌적인 목적의 추구를 공개적으로 천명하는 일은 없을 것이기 때문이라고 판시했다.[2)] 또 한편 연방헌법재판소가 강조하는 점은 정당이 자유민주적 기본질서의 기본원리를 단지 소극적으로 인정하지 않는 것만으로는 위헌정당으로 볼 수 없고, 정당이 이들 원리에 대해서 적극적으로 투쟁적·공격적인 자세를 취하면서 궁극적으로 이 기본원리를 제거할 목적으로 치밀한 계획에 따라 자유민주적 기본질서의 기능을 해칠 때에만 비로소 위헌정당으로 판단할 수 있다는 사실이다.[3)] 이러한 위헌정당의 요건은 정당의 간부뿐 아니라 정당의 당원 심지어 지지자 내지 후원자의 언동에 의해서도 인식할 수 있다고 한다.[4)]

2) 국가의 존립에 대한 위협

두 건의 정당해산심판에서 연방헌법재판소는 '국가의 존립에 대한 위협'이 구체적으로 무엇을 의미하는 것인지에 대해서는 명시적으로 판시한 바가 없다. 주로 자유민주적 기본질서의 침해가 쟁점이었기 때문이다. 그러나 그 후 다른 사건의 판결에서 '국가의 존립에 대한 위협'의 의미를 간접적으로 암시하는 판시를 하고 있다. 즉 그에 의하면 기본법에 의해서 세운 독일연방공화국은 질서 및 평화유지의 기능을 하고 있기 때문에 국가의 존립이 보장되지 않고는 공동체에서 인간의 공동생활은 불가능하다고 연방헌법재판소는 강조한다.[5)] 또 연방헌법재판소의 견해에 따르면 국가가 질서 및 평화유지의 기능을 하기 위해서 권력을 독점하는 것은 불가피하기 때문에 국가의 법질서를 파괴하는 것을 목표로 무정부주의 내지는 법허무주의(Rechtsnihilismus)를 지향하는 정당은 국가의 존립을 위협하는 위헌적인 정당이 된다. 나아가 국가의 영

---

1) BVerfGE 5, 89(389) 참조.
2) BVerfGE 2, 1(20); 5, 85(144) 참조.
3) BVerfGE 5, 85(141) 참조.
4) BVerfGE 5, 85(142f.) 참조.
5) BVerfGE 66, 116(142) 참조.

토적인 통일성과 국제법 주체로서의 동질성을 부인하면서 분리주의를 추구하는 정당도 같은 평가를 받는다. 그 밖에도 독일의 주체적인 국가성(Staatlichkeit)을 포기하고 유럽연방국가만을 추구하는 것도 국가의 존립을 위협하는 것이다.[1]

(3) 학   설

일부의 학설은 정당이 기본법의 개정을 추진하는 그 자체는 위헌성과 관계가 없지만, 기본법($_{제3항}^{제79조}$)이 개정을 금지하고 있는 사항의 개정을 위해서 투쟁하는 것은 위헌성의 의심을 받기에 충분하다고 한다. 그러나 그것만으로 바로 위헌정당이 되는 것은 아니라고 한다. 그 이유는 기본법($_{항~제1절}^{제21조~제2}$)이 말하는 '자유민주적 기본질서'의 본질적인 내용과 기본법($_{제3항}^{제79조}$)이 정하는 개정금지 사항의 내용은 동일하지 않기 때문이라고 한다. 예컨대 개정금지사항으로 규정되어 지속적인 존속 보장을 받고 있는 사회국가원리와 연방국가원리($_{조~제1항}^{기본법~제20}$)는 자유민주적 기본질서의 핵심적인 요소는 아니라고 한다.[2] 그러나 이러한 견해에 대해서는 강하게 반대하는 주장도 있어서[3] 학계의 통일된 견해로 보기는 어렵다.

---

1) 독일 연방헌법재판소는 2017. 1. 17. 이른바 나치 후계정당이리라고 볼 수 있는 극우 NPD에 대해서 독일 연방참사원이 신청한 정당위헌심판에서 이 정당이 독일 기본법이 추구하는 자유민주주의 질서에 위배되는 목적을 추구하는 정당임은 분명하지만 국가의 존립에 대한 위협이 미미하다는 이유로 기각결정했다. 그러면서 독일연방헌법재판소가 1956년 독일공산당(KPD)해산결정에서 위헌정당의 성공잠재력의 유무를 해산결정의 기준으로 삼지 않은 논증을 변경해서 성공잠재력의 존재와 자유민주주의 가치에 대한 구체적 위협여부가 정당해산결정의 중요한 기준이라고 새롭게 판시했다. 이 새로운 기준에 비추어 볼 때 NPD가 지난 50년 동안 한 번도 선거를 통해 연방 또는 주의회에 진출한 전력이 없을 뿐 아니라 국민의 정치적 의사형성과정에서의 영향력도 미미하고 폭력이나 위법행위를 통한 목적지향도 확인된 일이 없다는 점을 강조했다. 2017. 1. 17. 2 BvB 1/13 참조.

2) 예컨대 *E. Denninger*, in: Benda/Maihofer/Vogel(Hg.), HdBVerfR, 2. Aufl., 1994, § 16 RN. 33-38 mwN.

3) 예컨대 *H. H. Klein*, VVDStRL 37, 1979, S. 53(57ff.).

4. 정당해산심판의 절차

정당해산심판은 심판의 청구절차와 심판절차로 이원화되어 있다.

Ⅰ. 정당해산심판의 청구절차

(1) 심판청구의 주체(청구인)

헌법($^{제8조}_{제4항}$)과 헌법재판소법($^{제55}_{조}$)은 정부만이 정당해산을 요구하는 심판청구를 할 수 있다고 정하고 있다. 따라서 정부 외에는 누구도 정당해산심판을 청구할 수 없다.[1]

1) 청구인으로서의 정부

정부는 넓은 의미의 정부가 아니라, 좁은 의미의 정부를 뜻하기 때문에 대통령을 수반으로 하는 행정부($^{제66조}_{제4항}$)를 말한다. 따라서 행정부를 대표하는 대통령이 정부의 이름으로 심판청구를 한다.

2) 심판청구의 절차

정부가 정당해산심판을 청구하기 위해서는 반드시 국무회의의 심의를 거쳐야 한다. 헌법($^{제89조}_{제14호}$)이 정당해산의 제소를 국무회의의 필요적 심의사항으로 규정하고 있을 뿐 아니라, 헌법재판소법($^{제55}_{조}$)도 국무회의의 심의를 거쳐서 청구하도록 요구하고 있기 때문에 국무회의의 심의를 거치지 아니한 정당해산심판청구는 적법하지 않다. 국무회의의 심의를 거친 정당해산심판청구는 국무총리와 관계 국무위원이 부서한 문서로써 행하여야 한다($^{제82}_{조}$). 그리고 정당해산심판은 정부가 당사자인 심판절차이기 때문에 법무부장관이 정부를 대표해서 심판청구서를 헌법재판소에 제출한다($^{법 제25조}_{제1항}$).

---

[1] 독일에서는 연방의회, 연방참사원, 연방정부가 모두 심판청구의 주체가 될 수 있다. 그리고 주(州)정부는 그 주의 영역 내에서만 조직을 갖는 정당에 대해서만 청구인이 될 수 있다. 연방헌법재판소법 제43조 제 1 항과 제 2 항 참조.

3) 심판청구서의 기재사항

심판청구서에는 해산을 요구하는 정당을 표시하고 청구의 이유를 기재하여야 한다(법$_{제56조}$).[1] 청구의 이유에서는 해산을 요구하는 정당의 목적이나 활동이 어떤 점에서 민주적 기본질서에 위배되는지를 구체적으로 명시하여야 한다.

4) 일사부재리의 원칙

일사부재리의 원칙(법$_{제39조}$) 때문에 정부는 헌법재판소가 이미 정당해산심판을 한 경우에는 동일한 정당에 대해서 동일한 사유를 들어 다시 심판청구를 할 수는 없다. 그러나 동일한 정당이라고 하더라도 다른 해산사유를 이유로 다시 심판청구를 하는 것은 가능하다. 청구사유의 동일성 여부는 결국 헌법재판소가 판단할 사항이다.

5) 심판청구의 의무 인정 여부

정부의 심판청구를 정부의 의무로 볼 것인지에 대해서는 청구의무설과 청구재량설로 견해가 갈린다.

(가) 청구의무설

청구의무설은 정부의 심판청구는 일종의 기속행위로 보아야 하므로 청구사유가 있으면 반드시 심판청구를 해야 한다고 주장한다. 정당해산심판이 자유민주주의를 보호하기 위한 투쟁적·방어적 수단인 동시에 소추절차적인 특별한 헌법보호수단이라는 점을 고려할 때 해산사유가 있는 정당을 정부가 방치하는 것은 정부의 헌법보호의무를 위반하는 것이 된다는 논리이다.

(나) 청구재량설

정부의 심판청구를 정부의 재량행위로 이해하는 입장에서도 정부의 완전한 자유재량을 주장하는 견해는 흔치 않다. 청구재량설은 대부분 정부의 심판청구를 기속재량행위(pflichtgemäßes Ermessen)로 이해하고 있다. 즉 정부는 해

---

1) 정당해산심판청구서에는 국무회의 심의를 거쳤음을 증명하는 서류, 중앙당등록대장 등본 등 피청구인이 심판대상정당임을 증명할 수 있는 서류를 첨부해야 한다. 심판규칙 제65조 참조.

산사유가 있는 정당을 발견한 경우에도 정당해산심판절차가 아닌 다른 방법으로 충분히 헌법보호의 목적을 달성할 수 있다고 확신하는 때에는 심판청구를 유보할 수도 있다는 입장이다. 독일에서 학설[1] 판례[2]가 취하는 입장이다.[3]

(다) 비판 및 사견

정부의 심판청구는 정부의 기속재량행위로 이해하는 것이 합리적이라고 생각한다. 정당해산심판은 그 자체가 목적이 아니라 헌법을 보호하기 위한 헌법소송적인 수단에 불과하기 때문에 정당해산심판이 아니고도 헌법 보호의 목적을 충분히 달성할 수 있는 경우까지 정부가 심판청구의 의무를 져야 한다는 것은 헌법의 통일성을 무시한 주장이라고 할 것이다. 정당활동을 충분히 보장하는 것도 헌법실현의 한 수단인 동시에 헌법 보호에 속하는 일이라고 생각할 때 정당탄압의 인상을 주는 정당해산보다는 민주적인 정치활동을 통해서 위헌적인 정당의 세력 확산과 헌법질서에 대한 위협을 충분히 막을 수 있다면 그 방법을 선택하는 것이 오히려 헌법정신에 더 충실한 것이라고 할 것이다. 그러나 정부의 심판청구는 결코 정부의 자유재량행위는 아니기 때문에 위헌정당에 대한 적합한 대처수단도 없이 심판청구를 게을리해서 헌법질서의 위험을 초래하는 것은 정부의 직무유기에 해당한다. 이런 상황에서는 정부의 재량권이 영으로 축소된다는 주장[4]이 그래서 설득력을 갖는다.

정부의 심판청구를 기속재량행위로 이해하는 경우에는 정부가 심판청구를 한 후에 정당풍토 내지는 정치적인 상황변화가 생겨 정당해산심판이 더 이상 피할 수 없는 유일한 헌법보호의 수단이 아니라고 판단한 경우에는 정부가 심판청구를 취하할 수 있다고 할 것이다. 그러나 정부의 심판청구를 정부의 기속행위로 이해하는 입장에서는 심판청구의 취하는 허용되지 않을 것이다.

또 청구의무설이 실효성을 갖기 위해서는 청구의무를 어기는 정부를 상대로 실효성 있는 헌법소송적인 대응방법이 마련되어야 한다. 예컨대 정부가 심판청구의무를 이행하지 않아 권리 침해를 받았거나 법적인 지위가 불리해

---

1) 예컨대 *Benda/Klein*, aaO., RN. 1136 참조.
2) 예컨대 BVerfGE 5, 85(113) 참조.
3) 사실상 연방헌법재판소가 해산한 독일공산당(KPD)의 대체정당이라고 볼 수 있는 DKP, 옛 동독 사회주의통일당(SED)의 대체정당인 PDS나 Die Linke, 나치정당(NSDAP)의 대체정당인 NPD가 독일에서 건재하는 이유도 바로 그 때문이다.
4) *H. H. Klein*, in: Maunz/Durig(Hg), GG, Art. 21 RN. 546f. 참조.

졌다고 주장하는 경쟁 정당[1]이나 국민이 정부를 상대로 권한쟁의심판청구나 헌법소원심판청구를 통해 권리구제를 받을 수 있어야 한다. 그러나 국민의 입장에서는 정부의 청구의무불이행으로 인한 기본권 침해를 주장하기가 어렵다고 할 것이다. 또 독일과 달라 우리 헌법재판제도에서는 정당이 정부를 상대로 권한쟁의심판을 청구할 수도 없다. 결국 청구의무설은 이론적으로 뿐 아니라 실효성면에서도 설득력이 약하다고 할 것이다.

(2) 청구대상 정당(피청구인)

정당해산심판 청구의 대상은 정당법(제17조와 제18조)이 정하는 정당의 요건을 구비하고 정당업무를 관장하는 중앙선거관리위원회에 등록절차를 마친 위헌적인 정당이다. 등록절차를 마치지 못했어도 중앙당 창당준비위원회를 결성한 후 대표자가 중앙선관위에 신고한 상태에서(정당법 제7조) 정당법이 정하는 법정 시·도당수(제17조)와 시·도당의 법정당원수(제18조)의 요건을 구비한 후 등록절차만을 남겨 둔 정당도 피청구인이 될 수 있다고 할 것이다. 또 정당의 부분조직도 피청구인이 될 수 있다. 그러나 정당의 방계조직은 일반단체이지 정당이 아니므로 피청구인이 될 수 없고 일반정치결사체로 취급된다. 정부가 피청구인을 특정해서(법 제56조 제1호) 심판청구를 한 후에는 피청구인은 피청구인의 동질성에 영향을 미치는 행위(분당 또는 합당)를 하는 것이 허용되지 않는다고 할 것이다. 이를 허용하는 경우 정당해산심판의 목적 달성을 방해하는 수단으로 악용할 가능성이 있기 때문이다. 자진해서 해산하는 것도 재산의 국고귀속을 회피하기 위한 수단으로 악용될 가능성이 있지만 원칙적으로 허용된다고 할 것이다.

---

[1] 예컨대 정당해산에 의해 국회의 의석 분포에 변화가 생겨 유리한 원내활동을 기대할 수 있는 정당이거나, 국민의 정치적 의사형성에 참여해서는 아니 되는 위헌정당을 정부가 방치함으로써 정치적 의사형성과정에서 정치적인 경쟁을 하는 데 있어서 기회균등의 원칙이 준수되지 않아 정당활동이 제약을 받았다고 주장하는 정당 등을 상정할 수 있을 것이다. 이 문제에 대해서는 H. H. Klein, in: Maunz/Durig(Hg.), GG, Art. 21, RN. 546 u. RN. 156 참조.

Ⅱ. 정당해산심판절차

정당해산심판은 헌법재판소가 한다(제8조 제4항과 제111조 제1항 제3호 및 법 제55조).

(1) 사건의 접수 및 송달과 답변서 제출

헌법재판소는 법무부장관이 정부를 대표해서 제출하는 정당해산심판청구서를 접수하고 사건기록을 편성하는데, 사건번호(사건부호는 '헌다')와 사건명 등을 부여한다. 헌법재판소는 접수한 심판청구서의 등본을 지체없이 피청구인인 정당에 송달하여야 한다(법 제27조 제1항). 심판청구서의 송달을 받은 피청구인은 헌법재판소에 답변서를 제출할 수 있다(법 제29조).

(2) 가 처 분

헌법재판소는 정당해산심판의 청구를 받은 때에는 종국결정의 선고시까지 피청구인의 활동을 정지하는 가처분결정을 할 수 있다(법 제57조).[1]

1) 가처분의 목적

정당해산심판은 정당의 형식으로 조직된 정치단체가 헌법을 침해하는 것을 방지하기 위한 헌법 보호의 수단이기 때문에 헌법 보호의 목적을 달성하기 위해서 피청구인의 정당활동을 정지하는 것이 불가피한 경우를 상정할 수 있다. 특히 헌법재판소의 종국결정의 선고까지는 많은 시간이 소요되므로 종국결정 때까지 피청구인의 정당활동을 허용하는 것이 돌이킬 수 없는 헌법적인 피해가 예상되는 때에는 피청구인의 정치활동을 정지시킬 수밖에 없다. 헌법재판소법이 정당해산심판에서 가처분을 규정하고 있는 이유도 바로 그 때문이다.

2) 가처분의 절차 개시

가처분절차는 청구인의 신청이 있거나 신청이 없더라도 직권으로 개시할

---

1) 정당해산심판에 가처분을 허용하는 헌재법 제57조는 정당활동의 자유를 침해하지 않는다 (헌재결 2014. 2. 27. 2014헌마7).

수 있다($\frac{법}{제57조}$). 정당해산심판을 청구하는 지경에 이른 경우 청구인은 가처분
신청을 하는 것이 원칙이라고 할 것이다. 가처분신청을 하지 않는 심판청구라
면 심판청구의 진지성이 의문시된다고 할 것이다.

3) 가처분결정과 효과

헌법재판소의 가처분결정은 일반심판정족수로 하기 때문에 7인 이상의
재판관이 참여해서 심리한 후 과반수의 찬성으로 결정한다($\frac{법}{제23조}$).

헌법재판소가 가처분의 결정을 하면 피청구인의 모든 활동은 정지된다.
피청구인에 소속된 국회의원은 국회의원의 신분은 유지하지만 피청구인을 내
세운 정치활동은 할 수 없다. 피청구인은 국회 내·외에서의 정치활동뿐 아니
라 정당의 재산처분 등의 사법상의 행위도 정지된다. 피청구인에 대해서 해산
결정이 내려지면 잔여재산이 국고에 귀속되는 것을 피하기 위한 탈법적인 재
산처분을 막아야 하기 때문이다. 또 피청구인은 국고보조금의 지급은 물론이
고 후원금도 받을 수 없다.

4) 가처분결정의 통지

헌법재판소가 가처분결정을 한 때에는 피청구인을 비롯해서 국회와 중앙
선거관리위원회에 통지하여야 한다($\frac{법 제58조 제 1 항 및 심}{판규칙 제66조 제 1 항}$). 피청구인은 소송당사자
로서 가처분결정 사실을 알아야 하기 때문이다. 국회는 정치활동의 중심이 되
는 대의기관이기 때문에 피청구인이 교섭단체를 구성하고 있는지와 관계 없이
가처분결정 사실을 통지받도록 했다. 중앙선거관리위원회는 정당사무를 관장
하며 국고보조금을 지급하고 정당후원금을 관리하는 기관이기 때문에 통지를
받는 대상에 당연히 포함된다.

(3) 정당해산심판의 심리

1) 구두변론

정당해산심판은 청구인인 정부와 제소된 정당 즉 피청구인의 대립적 소
송구조를 갖기 때문에 구두변론에 의한 심리를 한다($\frac{법 제30조}{제 1 항}$). 재판부가 변론을
열 때에는 기일을 정하고 당사자와 관계인에게 출석을 요구해야 한다($\frac{법 제30조}{제 3 항}$).

변론은 공개한다($^{법 \ 제34조}_{제1항}$).

2) 증거조사

재판부는 심리에 필요하다고 인정하는 경우에는 당사자의 신청 또는 직권에 의한 증거조사를 할 수 있다($^{법}_{제31조}$). 또 재판부는 다른 국가기관 또는 공공단체의 기관에 대하여 심판에 필요한 사실을 조회하거나 기록의 송부나 자료의 제출을 요구할 수 있다($^{법}_{제32조}$). 그러나 재판·소추 또는 범죄수사가 진행 중인 사건의 기록에 대해서는 송부를 요구할 수 없다($^{법 \ 제32조}_{단서}$).

3) 민사소송 법령 준용

정당해산심판의 심리에 관하여 법에 특별한 규정이 있는 경우를 제외하고는 헌법재판의 성질에 반하지 아니하는 한도 내에서 민사소송에 관한 법령의 규정이 준용된다($^{법 \ 제40조}_{제1항}$). 헌법재판소도 우리나라 최초의 정당해산심판인 통합진보당 해산심판사건에서 민사소송법을 준용해서 심리했다.[1]

(4) 정당해산심판의 결정

헌법재판소는 정당해산심판의 심리를 마치면 심리결과를 종국결정으로 선고하는데, 종국결정에는 각하결정, 기각결정, 해산결정의 세 가지 유형이 있다.

1) 각하결정

정부의 정당해산심판의 청구가 부적법하다고 판단하면 각하결정을 한다. 정부의 심판청구가 부적법하더라도 심판청구의 보정을 통해서 적법한 것으로 할 수 있기 때문에($^{법}_{제28조}$) 실제로 각하결정을 하는 경우는 드물 것이다.

2) 기각결정

정부의 정당해산심판의 청구가 이유 없는 것으로 판단되면 기각결정을 한다. 정당의 목적이나 활동이 해산을 정당화할 만큼 민주적 기본질서를 위배

---

1) 정당해산심판절차에 민사소송에 관한 법령을 준용할 수 있도록 규정한 헌법재판소법 제40 조 제 1 항은 공정한 재판을 받을 권리를 침해하지 않는다(헌재결 2014. 2. 27. 2014헌마7).

한 것이 아니라고 판단하는 경우와, 정부가 제시한 민주적 기본질서에 대한 위배사실을 전혀 인정할 수 없는 경우에 기각결정을 하게 된다. 또 해산결정의 정족수를 채우지 못하면 기각결정을 한다.

3) 해산결정

정부의 정당해산심판청구가 이유 있다고 판단하면 헌법재판소는 피청구 정당의 해산을 명하는 해산결정을 한다. 다만 해산결정에는 헌법($^{제113조}_{제1항}$)과 헌법재판소법($^{제23조 \ 제2}_{항 \ 제1항}$)에서 정한 대로 재판관 6인 이상의 찬성이 필요하다. 해산결정의 주문은 '피청구인 … 정당을 해산한다' 또는 '피청구인 … 정당의 해산을 명한다'라는 형식을 취하게 된다. 이 점에서 피청구 정당의 위헌성을 확인하는 주문 다음에 해산 주문을 내는 독일 연방헌법재판소의 주문형식과 다르다.[1]

(5) 정당해산결정의 효력

헌법재판소가 정당해산결정을 하면 해당 정당은 해산된다($^{법}_{제59조}$). 헌법재판소법은 그 이외의 효력에 관해서는 더 이상의 규정을 하지 않고 있다. 그렇지만 해산결정은 정당법에 따라 대체정당의 금지 및 잔여재산의 국고귀속 등의 효력을 발생시킨다. 나아가 법률의 명문규정은 없지만, 해산정당 소속 국회의원의 의원직 상실 등의 효력도 함께 발생한다고 할 것이다. 우리 헌법재판소도 2014년 통합진보당 해산결정에서 통합진보당 소속 국회의원 5인(지역구 및 비례대표)의 의원직 상실을 함께 결정했다.[2]

1) 해산결정의 창설적 효력

헌법재판소의 해산결정은 창설적 효력을 갖는다. 헌법재판소법($^{제59}_{조}$)은 '정당의 해산을 명하는 결정이 선언된 때에는 그 정당은 해산된다'고 규정함으로

---

1) 독일 연방헌법재판소의 정당해산 주문형식에 관해서는 독일 연방헌법재판소법(제46조)과 이를 근거로 한 앞(295면 각주 1)의 공산당해산 결정주문 참조할 것.
2) 헌재결 2014. 12. 19. 2013헌다1 참조. 이 사건 국회의원의 의원직 상실결정이 위법하다는 재심청구사건에서 적법한 재심사유에 해당하지 않는다고 각하결정했다. 헌재결 2016. 5. 26. 2015헌아20, 헌재공보 236, 864(865면 이하) 참조.

써 해산결정이 창설적 효력을 갖도록 했다. 따라서 정당사무를 관장하는 중앙
선거관리위원회가 해산결정을 집행하면서($_{제60조}^{법}$) 정당법($_{조}^{제47}$)에 따라 해당 정당
의 등록을 말소하고 공고하는 행위는 단순히 선언적·확인적 의미밖에는 없다.
또 정당의 해산결정은 정당의 존립 그 자체를 부인하는 것이기 때문에 해산
정당의 부분조직과 정당활동을 뒷받침한 모든 정당관련 조직도 해산결정으로
해체된다. 우리 정당조직의 실제 상황을 감안할 때 법적·조직적으로 정당으로
부터 완전히 독립한 부분조직을 상정할 수 없기 때문에 부분조직에 대한 해
산결정은 있을 수 없다고 할 것이다.[1] 또 해산결정의 창설적 효력은 해산결
정이 장래효를 갖는다는 것을 의미한다. 즉 해산결정이 확정된 정당은 더 이
상 정당이 아니기 때문에 해산결정 이후에는 행정처분의 대상이 되는 하나의
불법결사(不法結社)에 불과하다. 해산결정의 효력은 소급해서 발생하는 것은
아니기 때문에 해산된 정당의 과거 정당활동에 대해서 법적인 책임을 물을
수는 없다. 그러나 해산정당이나 소속당원이 다른 법률에 따라 지게 되는 민
사상·형사상의 책임은 정당해산의 소급효와는 무관한 일이다.

2) 해산정당 잔여재산의 국고귀속

정당법($_{제2항}^{제48조}$)은 헌법재판소의 해산결정에 의하여 해산된 정당의 잔여재산
은 국고에 귀속한다고 정하고 있다. 잔여재산의 국고 귀속에 관해서 필요한
사항은 중앙선거관리위원회규칙으로 정한다($_{조~제3항}^{정당법~제48}$). 정당해산심판에 의한
정당해산의 실효성을 확보하기 위한 불가피한 조치라고 할 것이다. 따라서 정
당이 헌법재판소의 해산결정과 무관하게 다른 이유로 등록이 취소되거나($_{제44조}^{정당법}$)
자진 해산한($_{제45조}^{정당법}$) 경우에는 정당 스스로 당헌에 따라 그 잔여재산을 처분한
다($_{조~제1항}^{정당법~제48}$).

3) 대체정당의 창당 및 동일 당명 사용금지

정당이 헌법재판소의 결정으로 해산된 때에는 그 정당의 대표자 및 간부

---

1) 이 점이 독일의 경우와 다르다. 독일에서는 연방헌법재판소가 법적·조직적으로 정당과 독
   립한 정당의 한 부분에 대해서만 위헌을 확인하고 해산을 명할 수 있다. 연방헌법재판소법
   제46조 제2항 참조.

는 해산된 정당의 강령 또는 기본정책과 동일하거나 유사한 정당을 창당하지 못한다(정당법 제40조). 그리고 해산결정된 정당의 명칭과 동일한 명칭은 정당 명칭으로 다시 사용하지 못한다(정당법 제41 조 제2항). 정당해산심판제도의 본질에 비추어 해산결정의 당연한 효과라고 할 것이다.

4) 해산정당 소속국회의원의 자격상실

헌법재판소가 해산시킨 정당에 소속한 국회의원의 자격상실 여부에 관해서는 명문의 규정은 없다. 그래서 의원신분자동상실설과 의원신분유지설이 대립하고 있다.

우리 헌정사에서 제3공화국헌법(제38 조)은 국회의원이 임기중에 당적을 이탈·변경하거나 소속정당이 해산한 때에는 합당·제명의 경우를 제외하고는 소속의원은 의원직을 상실한다고 규정하고 있었다. 의원신분자동상실설의 내용을 헌법에 규정했던 것이다.

(가) 의원신분자동상실설

이 학설은 정당해산심판제도가 방어적 내지 투쟁적 민주주의의 수단이라는 점을 감안할 때 해산된 정당의 정당활동을 사실상 주도하고 있는 소속국회의원의 신분을 상실하게 하는 것은 해산결정의 실효성과 헌법보호의 목적달성을 위한 불가피한 수단이라는 점을 강조한다.[1]

(나) 의원신분유지설

이 학설은 국회의원은 비록 정당에 소속한다고 해도 본질적으로는 국민에 의해서 선거된 국민의 대표이고 정당과는 별도의 헌법기관이기 때문에 소속정당의 해산으로 신분상의 영향을 받아서는 아니 된다고 한다. 그렇기 때문에 해산된 정당 소속국회의원의 자격을 상실하게 하려면 정당해산결정과는 별도로 국회에서의 자격심사나 제명처분 등의 별도의 조치가 있어야 한다고 한다.[2]

(다) 비판 및 사견

의원신분유지설은 정당해산심판제도가 갖는 특별한 헌법보호수단으로서

---

1) 예컨대 권영성, 헌법학원론, 2005, 1148면.
2) 예컨대 김철수, 헌법학개론, 2005, 1444면.

의 의미와 기능을 올바로 이해한 것으로 보기 어렵다. 국민에 의해서 선출된 국회의원이 헌법기관으로서 정당기속(政黨羈束)과 무관하게 자유위임(自由委任)에 의한 정치활동을 할 수 있는 것은 헌법적인 테두리 내에서 우리 헌법이 추구하는 자유민주적 기본질서를 존중하고 실현하는 경우에만 주장할 수 있는 논리이다. 국회의원이 헌법기관으로서의 지위와 자유위임을 악용해서 위헌적인 정당에 소속해서 위헌적인 정치활동을 하는 것까지 그런 논리로 보호를 받을 수는 없다. 바로 그러한 경우에 대처해서 헌법을 지키기 위한 것이 정당해산심판이기 때문에 해산된 정당 소속국회의원은 이미 신분유지의 헌법적인 근거를 상실한 것이라고 할 것이다. 따라서 국회에서 신분상실을 위한 별도의 조치를 해야 한다는 논리도 정상적인 의정활동을 전제로 한 국회의 자율권 취지를 오해한 것이라고 할 것이다.

독일 연방헌법재판소도 해산정당 소속국회의원의 의원자격상실에 관한 명문의 규정이 없던 상태에서 1952년 사회주의정당(SRP)의 해산판결을 하면서 해산 당시 이 정당에 소속된 연방의회와 주(州)의회 의원의 의원자격을 상실하게 하는 주문을 선고했었다.[1] 그 후에 연방선거법의 개정을 통해 비로소 해산정당 소속국회의원의 의원직상실에 관한 명문규정을 두었다.[2] 우리도 이 문제를 입법적으로 해결하는 것이 바람직하지만, 입법이 이루어질 때까지는 해산정당 소속국회의원의 의원자격을 상실하게 하는 것이 불가피하다고 할 것이다. 우리 헌법재판소도 2014년 통합진보당 해산결정에서 같은 취지의 결정을 했다.[3] 우리 대법원은 위헌정당 해산결정의 법적 효과의 판단은 법원의 권한이라는 전제로 헌법재판소의 판시취지와 같이 해산된 통합진보당 소속 국회의원의 직위를 상실시키는 것은 필수 불가결하다고 판시했다.[4] 다만 지방의회 의원은 국회의원과 그 역할, 헌법·법률상 지위 등에 있어 본질적인 차이가 있어 비례대표 지방의회의원의 의원직 상실이 헌법재판소의 정당해산

---

1) BVerfGE 2, 1(2; Entscheidungsformel I 4) 참조. 이 판결의 같은 주문에서 해당 의회의 의원정수는 의원직을 상실한 의원수만큼 줄어든다는 점과, 사회주의정당 소속의원의 의원직상실로 인해서 의회가 전에 했던 결정은 영향을 받지 않는다는 점을 함께 선고했다. BVerfGE 5, 85(392)도 같은 취지의 판시를 했다.

2) 독일 연방선거법(BWahlG) 제46조 제1항 제5호 및 제47조 제1항 제2호 참조.

3) 헌재결 2014. 12. 19. 2013헌다1 참조.

4) 대판 2021. 4. 29. 2016두39856 참조.

결정 취지에서 곧바로 도출된다고 할 수는 없다고 통진당 소속 전라북도의회 의원의 지위 확인소송에서는 원고승소판결의 원심을 확정했다.[1]

(6) 정당해산결정의 집행

정당해산을 명하는 헌법재판소의 결정은 중앙선거관리위원회가 정당법의 규정에 의하여 이를 집행하도록 했다($\frac{법}{제60조}$). 정당법($\frac{제47}{조}$)은 당해 선거관리위원회가 해산정당의 등록을 말소하고 지체없이 그 말소사실을 공고하는 방법으로 집행한다고 정하고 있다.

(7) 종국결정의 송달 등

정당해산심판의 종국결정이 선고되면 헌법재판소는 지체없이 결정서 정본을 당사자인 청구인과 피청구 정당에 송달하여야 한다($\frac{법 제36조}{제4 항}$). 특히 정당해산결정을 한 때에는 당사자 외에도 국회와 중앙선거관리위원회에도 결정서 등본을 송달하여야 한다($\frac{법 제58조 제2항 및 심}{판규칙 제66조 제1항}$).[2] 그리고 각하결정과 기각결정으로 정당해산심판을 종료한 경우에도 헌법재판소장은 그 사실을 국회와 중앙선거관리위원회에 통지하여야 한다($\frac{법 제58조}{제1 항}$).

---

1) 대판 2021. 4. 29. 2016두39825 참조.
2) 정당해산을 명하는 결정서를 정부에 송달할 경우에는 법무부장관에게 송달해야 한다(심판규칙 제66조 제2 항).

제 4 장   권한쟁의심판

1. 권한쟁의심판의 의의와 연혁

Ⅰ. 권한쟁의심판의 의의와 법적 근거

권한쟁의심판은 국가기관 상호간 또는 국가기관과 지방자치단체간 그리고 지방자치단체 상호간에 헌법과 법률에 의한 권한과 의무의 범위와 내용에 관해서 다툼이 생긴 경우에 이를 헌법소송을 통해 유권적으로 심판함으로써 국가기능의 수행을 원활히 하고, 국가기관 및 지방자치단체 상호간의 견제와 균형을 유지시켜 헌법이 정한 권능질서의 규범적 효력을 보호하는 헌법재판제도를 말한다.

헌법($_{항 제4호}^{제111조 제1}$)과 헌법재판소법($_{제4호}^{제2조}$)은 권한쟁의심판을 헌법재판소의 관장사항으로 정하고 헌법재판소법($_{67조}^{제61조-}$)이 권한쟁의심판의 절차를 자세히 규정하고 있다.

Ⅱ. 권한쟁의심판의 연혁

권한쟁의심판은 독일에서 발전해 온 헌법재판제도이다. 19세기 독일 헌정사에서 특히 입헌군주와 국민대표기관 사이에 발생하는 헌법적인 다툼을 국사재판소(Staatsgerichtshof)가 심판하던 제도에 그 뿌리를 두고 있다. 그러나 독일에서 권한쟁의심판제도가 오늘의 형태로 제도화된 것은 1949년 기본법이 헌법재판제도를 광범위하게 규정하면서부터이다. 즉 기본법($_{항 제1호}^{제93조 제1}$)은 기본법 또는 헌법기관의 조직법에 의해서 독자적인 권한을 갖도록 설치된 국가기관 또는 기타의 관련기관간에 권리·의무의 범위에 관한 다툼이 생긴 경우 이를 계기로 발생하는 기본법의 해석과 관련된 심판권한은 연방헌법재판소가 관장한다고 규정했다. 독일의 기관쟁의심판(Organstreitverfahren)이 바로 그것이다. 이 기본법규정 내용을 연방헌법재판소법($^{제13조}_{제5호}$)이 그대로 반복하고 같은 법($^{제63조-}_{제67조}$)에서 기관쟁의심판절차를 자세히 규정함으로써 독일에서는 기관쟁의심판이 하나의 중요한 헌법재판의 종류로 자리잡게 되었다.

우리 헌정사에서는 1960년 제 2 공화국헌법($^{제83조}_{의 3}$)이 처음으로 헌법재판소를 설치하고 국가기관간의 권한쟁의심판을 헌법재판소의 관할사항으로 규정하면서 이 제도를 도입했다. 그러나 제 2 공화국의 단명으로 인해서 헌법재판소는 설치되지 못한 채 권한쟁의심판제도도 실현되지 못했었다.[1]

현행 헌법에서 정하고 있는 권한쟁의심판은 우리 헌정사에서 두 번째인데 제 2 공화국헌법이 채택했던 권한쟁의심판보다 심판의 범위를 확대하고 있다. 즉 당시에 채택했던 국가기관 상호간의 권한쟁의뿐 아니라, 국가기관과 지방자치단체간, 지방자치단체 상호간의 권한쟁의심판까지 심판 범위를 넓혀서 규정하고 있다.

2. 권한쟁의심판의 헌법상 의의와 성질 및 기능

Ⅰ. 권한쟁의심판의 헌법상 의의와 성질

(1) 권한쟁의심판의 헌법상 의의

권한쟁의심판은 헌법과 법률에 의해서 헌법기관과 국가기관 및 지방자치단체에 부여하고 있는 권능 행사와 의무이행을 원활하게 보장함으로써 헌법을 실현하려는 헌법재판제도로서의 의의를 갖는다.

(2) 권한쟁의심판의 성질

1) 객관적 소송

권한쟁의심판은 권한침해를 당했다고 주장하는 청구인과 청구인의 권한

---

1) 제 2 공화국의 헌법재판제도 및 권한쟁의심판에 관해서 자세한 것은 앞 부분 제 2 편 참조할 것.

행사에 부정적인 영향을 미쳤다고 추정되는 피청구인 간의 대립적인 소송구
조를 갖는다. 그러나 권한쟁의심판은 전통적 의미의 주관적 권리구제를 목적
으로 하는 주관적 소송은 아니라고 할 것이다. 왜냐하면 권한쟁의심판의 당사
자는 국가기관이나 그 구성부분 또는 지방자치단체이기 때문에 본래적 의미
의 주관적 권리의 주체는 아니다. 본래 주관적 권리의 특징은 권리주체가 권
리를 임의로 처분하고 포기할 수 있어야 하는데, 헌법과 법률에 의해서 창설
된 국가기관과 지방자치단체에 부여하고 있는 권한은 이러한 특징을 갖지 않
는다. 그들 기관의 권한은 각 기관이 임의로 처분할 수 있는 권한이 아니고,
각 기관이 헌법과 법률이 정한 내용대로 행사해야만 하는 권능을 의미한다.
이 권능이 제대로 행사되는 것은 견제와 균형의 원리에 의해서 수평적·수직
적인 권력분립이 이루어진 국가가 국가의 과제를 통일적·효율적으로 실천하
기 위한 전제조건을 의미한다. 따라서 권한쟁의에서의 '권한'(Recht)은 실제로
주관적인 권리가 아니라 관할(Zuständigkeiten) 내지는 권능(Kompetenzen)에 지
나지 않는다고 할 것이다. 권한쟁의심판의 성질을 이해하는 데 있어서 항상
이 점을 간과해서는 아니 된다. 독일에서 주관적 권리의 인상을 주는 '권한쟁
의'라는 개념 대신 객관성이 강한 '기관쟁의'라는 개념이 통용되고 있는[1] 이
유도 그 때문이다.

　　권한쟁의심판을 통해 국가기관과 지방자치단체가 헌법과 법률에 의해서
부여받은 자신의 관할권 내지 권능을 방어함으로써 전체적인 권능체계가 원
활하게 작동하는 것은 통치기능의 수행과 헌법질서의 보호에 매우 중요하다.
그렇기 때문에 권한쟁의심판의 우선적인 목적은 헌법질서의 보호에 있고, 권
한쟁의심판은 객관적 소송으로서의 성질을 갖는다.[2] 독일 연방헌법재판소도
독일의 기관쟁의소송이 '헌법의 객관적 보장'(objektive Bewahrung des Verfas-
sungsrechts)에 기여하는 객관적 소송이라는 점을 강조하고 있다.[3] 결론적으로

---

1) 예컨대 BVerfGE 1, 208(211) 참조. 연방헌법재판소가 최근에는 Organstreitverfahren 대신
　에 Organklage라는 개념을 자주 사용하고 있다. 예컨대 BVerfGE 103, 164(169); 104, 310
　(311). 그러나 '권한'보다 '기관'을 강조하는 본질은 같다.
2) 우리 헌재도 이 점을 강조하고 있지만 주관적 권리구제의 측면에 너무 큰 비중을 두는 듯
　한 판시를 해서 아쉽다. 예컨대 헌재결 2009. 5. 28. 2006헌라6, 헌재공보 152, 1050(1054
　면) 참조.
3) BVerfGE 2, 79(86) 참조.

권한쟁의심판은 주관적으로 정해지는 소송의 대상과 객관적으로 인식되는 소송의 목적이 상호 보완적인 관계에서 실제의 소송법적인 절차에 영향을 미치는 객관적 소송으로서의 성질을 갖는다고 할 것이다.

2) 소수보호소송

또 독일 연방헌법재판소의 판시에서 강조하듯이 객관적 소송으로서의 기관쟁의는 권능질서의 확립을 통해 법적 평화를 보장하는 기능을 갖는다. 그런데 기관쟁의에서 심판청구는 주로 소수집단 내지는 약한 기관에 의해서 행사된다는 점과 관련해서 연방헌법재판소가 기관쟁의에 내재된 소수 내지 약자 보호의 기능을 특히 반복해서 강조하고 있다는 점을 주목할 필요가 있다.[1] 우리 권한쟁의심판에서 청구인의 범위를 국회의 야당 내지는 소수의 교섭단체에까지 확대해야 하는 당위성도 권한쟁의심판의 소수보호소송으로서의 성질과 불가분의 관련성을 갖는다.

(3) 권한쟁의심판의 구조적 특징

우리 권한쟁의심판제도는 구조적으로 쟁의당사자와 쟁의대상을 확대하고 있다는 특징을 갖는다.

1) 쟁의당사자의 확대

비교법적으로 외국에서는 권한쟁의의 당사자를 국가기관으로 한정하는 것이 통상적인 관례인데 우리는 권한쟁의의 당사자를 국가기관에 한정하지 않고 지방자치단체까지 포함시킴으로써 국가기관 상호간의 권한쟁의를 비롯해서 국가기관과 지방자치단체간 및 지방자치단체 상호간의 권한쟁의까지 제도적으로 인정하고 있다($\substack{\text{법 제61조}\\\text{제 1 항}}$).

2) 쟁의대상의 확대

헌법상의 권한분쟁만을 권한쟁의심판의 대상으로 삼는 독일의 제도[2]와

---

1) 예컨대 BVerfGE 45, 1(29f.); 60, 319(325); 67, 100(126); 68, 1(77); 70, 324(352); 90, 286(390f.)-Sondervotum 참조.
2) 독일 연방헌법재판소법 제93조 제 1 항 제 1 호 및 BVerfGE 1, 208(211); 60, 374(379) 참조.

달리 우리는 '헌법 또는 법률에 의하여 부여받은 청구인의 권한을 침해하였거나 침해할 현저한 위험이 있을 때'($^{법 제61조}_{제2항}$) 권한쟁의심판을 청구할 수 있도록 해 권한쟁의심판의 대상을 헌법상의 권한에 관한 분쟁뿐 아니라 법률상의 권한에 관한 분쟁까지도 포함하고 있다. 그 결과 권한쟁의심판이 법률상의 분쟁해결을 위한 법원의 기관소송관할권과 중복될 가능성을 배제할 수 없다. 그러나 행정소송법($^{제3조}_{제4호}$)은 '국가 또는 공공단체 상호간에 권한의 존부 또는 그 행사에 관한 다툼이 있을 때 제기하는' 기관소송 중에서 헌법재판소의 관장사항으로 되는 소송은 법원의 기관소송의 대상에서 제외함으로써 헌법재판소의 원칙적·포괄적 관할권을 인정해 권한쟁의심판에 우선권을 주는 방법으로 해결을 모색하고 있다. 그러나 뒤에서 설명하는 바와 같이 이 규정으로 법원의 기관소송과 권한쟁의심판의 모든 관할 중복 문제가 다 해결되는 것은 아니다.

Ⅱ. 권한쟁의심판의 기능

(1) 권능질서 확립 통한 사회통합기능

권한쟁의심판은 헌법과 법률에서 정한 권능질서가 권능이기주의(Kompe-tenzegoismus)에 의해서 왜곡되지 않고 정상적인 기능을 수행해서 국가기관과 지방자치단체가 원활한 권능행사를 하게 함으로써 헌법이 추구하는 사회통합의 목적을 달성하는 데 기여하는 기능을 한다. 사회통합은 권능질서의 평화를 전제로 하기 때문이다.

(2) 권능주체간의 견제 . 균형기능

국가기관 상호간, 국가기관과 지방자치단체간, 지방자치단체 상호간에 분배된 권한이 각 권능 주체간의 상호 존중과 감시를 통해서 원활하게 작동하는 것은 헌법이 권능분배를 통해서 추구하는 수평적 또는 수직적 권력분립에서의 견제와 균형의 원리를 실현하는 기능을 한다. 권능주체간의 지속적인 견제·균형의 유지는 권능의 순화를 위한 불가피한 수단이다.

(3) 소수보호의 헌법소송기능

권한쟁의심판은 소수의 헌법상·법률상의 권능을 보호하는 헌법소송적 수단으로서의 기능을 한다. 소수가 다수의 권능 횡포에 굴복하지 않고 헌법소송적인 쟁송수단을 갖는다는 것은 권능질서의 확립과 소수의 보호 내지는 소수에 의한 다수의 견제 등을 위해서 매우 중요한 의미를 갖는다.

(4) 정당의 정부 견제기능

독일처럼 국민의 정치적 의사형성과정에 참여하는 정당의 헌법적 권능과 관련해서 정당이 국가기관과 쟁의하는 것을 예외적으로 인정하는 경우에는[1] 권한쟁의심판은 정당의 정부 견제기능도 하게 된다. 오늘날 고전적·조직적 권력분립에 의한 권력통제가 여당과 야당간의 기능적인 권력통제의 형식으로 변환된 상황에서 정당이 정부를 견제한다는 것은 결국 야당이 정부·여당을 견제하는 것을 뜻하기 때문에 기능적 권력통제의 관점에서도 적지않은 의미를 갖는다.

(5) 권능질서에 관한 헌법의 구체화기능

권한쟁의심판은 쟁의당사자들의 구체적인 쟁의를 통해서 헌법과 법률이 정하고 있는 권능질서의 내용을 구체화함으로써 권능주체간의 평화를 보장하는 기능을 한다. 권한쟁의심판은 추상적인 법률문제가 아닌 구체적인 권한다툼을 해결하기 위한 헌법소송수단이기 때문이다.[2]

---

1) 예컨대 BVerfGE 44, 125(137); 60, 53(61); 66, 107(115); 84(290) 참조. 독일 연방헌법재판소는 예컨대 총선거를 앞둔 시기에 정부가 많은 예산을 들여 정부 업적을 지나치게 홍보함으로써 선거에 영향을 미치려는 것은 국민의 정치적 의사형성과정에서 야당의 기회균등을 침해하는 것이라는 이유로 정부를 상대로 야당이 제기한 기관쟁의를 이유 있다고 인정하는 판결을 한 일이 있다. BVerfGE 44, 125 참조.

2) BVerfGE 1, 208(221); 2, 347(365) 참조.

3. 권한쟁의심판의 종류와 당사자

헌법($\substack{제111조\ 제1 \\ 항\ 제4호}$)과 헌법재판소법($\substack{제2조\ 제4호\ 및\ 제61 \\ 조\ 제1항과\ 제62조}$)은 국가기관 상호간, 국가기관과 지방자치단체간, 지방자치단체 상호간의 권한쟁의심판 등 세 가지 종류의 권한쟁의심판을 규정하면서 국가와 지방자치단체를 권한쟁의심판의 당사자로 지정하고 있다. 국가와 지방자치단체는 각각 법인격의 주체이기 때문에 당연히 권한쟁의심판의 당사자능력을 갖는다. 그리고 국가기관은 그 자체로서 법인격의 주체는 아니지만 헌법과 헌법재판소법에 의해서 당사자능력을 인정받고 있다. 실체법에 의해서 권한과 의무의 주체로서의 지위를 가지는 국가기관이 권한·의무의 방어를 위해서 권한쟁의심판의 당사자가 되는 것은 당연하기 때문이다.

I. 국가기관 상호간의 권한쟁의심판

(1) 법률의 규정 내용

국가기관 상호간의 권한쟁의심판에 관해서 헌법재판소법($\substack{제62조\ 제1 \\ 항\ 제4호}$)은 '국회, 정부, 법원 및 중앙선거관리위원회 상호간의 권한쟁의심판'이라고 규정하고 있다.[1] 즉 이들 국가기관간의 권한쟁의심판은 국가기능의 원활한 수행을 도모하고 국가권력간의 균형을 유지하여 헌법질서를 수호·유지하기 위한 것이다.[2] 그런데 법에서 규정하고 있는 4개의 국가기관 이외의 국가기관은 권

---

[1] 독일 연방헌법재판소법(제63조)은 기관쟁의의 당사자를 우리보다는 넓게 구체적으로 규정하고 있다. 즉 그에 따르면 연방대통령, 연방의회, 연방참사원, 연방정부를 비롯해서 기본법과 연방의회법 및 연방참사원법에 의해서 독자적인 권한을 갖는 이들 기관의 부분기관도 기관쟁의의 당사자가 될 수 있다. 그 결과 연방의회의 교섭단체와 연방의회 의원, 연방의회 및 연방참사원 의장, 연방수상, 연방장관 등도 기관쟁의의 당사자가 된다. 그리고 법에는 명문의 규정이 없지만, 처음에는 정당의 국가기관성을 인정해서(BVerfGE 4, 27(131)), 나중에는 정당의 국가기관성을 부인하면서도(BVerfGE 20, 56(100f.)) 국민의 정치적 의사형성 과정에 참여하는 정당의 헌법상의 기능이 침해된 경우에 한해서 정당도 기관쟁의의 당사자가 될 수 있다는 것이 연방헌법재판소의 일관된 입장이다. 예컨대 앞 면의 각주 1 및 BVerfGE 85, 264(284); 104, 14(19) 참조. 우리 헌재는 정당은 국가기관이 아니라는 이유로 권한쟁의심판의 당사자가 될 수 없다는 입장이다. 헌재결 2020. 5. 27. 2019헌라6 등 참조.
[2] 헌재결 1997. 7. 16. 96헌라2, 판례집 9-2, 154(163면) 참조.

한쟁의의 당사자가 될 수 없는 것인가에 관해서 한 동안 논란이 있었고 헌법
재판소의 판시도 일관된 입장을 지키지 않고 변화를 보이고 있다.

(2) 헌법재판소의 판시 변화

1) 엄격한 해석의 처음 판례 내용

헌법재판소는 처음에 헌법재판소법($\frac{제62조}{항}\frac{제1}{제1호}$)이 국가기관 상호간의 권한쟁
의심판의 당사자로서 '국회, 정부, 법원 및 중앙선거관리위원회'를 한정해서
정한 의미는 당사자의 범위에 이들 국가기관 이외의 국가기관을 포함시키지
않으려는 의도라고 설명했다. 즉 헌법재판소는 이 점과 관련해서 앞의 헌법재
판소법조항에 '열거되지 아니한 기관이나, 또는 열거된 국가기관 내의 각급기
관은 비록 그들이 공권력 처분을 할 수 있는 지위에 있을지라도 권한쟁의심
판의 대상이 되지 않는다고 볼 수밖에 없다'[1]고 판시함으로써 이 법률조항을
열거적·한정적 규정으로 엄격하게 해석해 국회의원의 당사자능력을 부인했다.

2) 당사자 범위 확대한 변경된 판례

(가) 판시 내용

헌법재판소는 그 후 종전의 입장을 바꾸는 새로운 판시를 했다. 즉 헌법
재판소는 헌법재판소법($\frac{제62조}{항}\frac{제1}{제1호}$)의 규정 내용을 언급하면서 '이 법률조항의
문언에 얽매여 곧바로 이들 기관 외에는 권한쟁의심판의 당사자가 될 수 없
다고 단정할 수는 없다. … 헌법 제111조 제 1 항 제 4 호가 규정하고 있는 '국
가기관 상호간'의 권한쟁의심판은 헌법상의 국가기관 상호간에 권한의 존부나
범위에 관한 다툼이 있고 이를 해결할 수 있는 적당한 기관이나 방법이 없는
경우에 헌법재판소가 헌법해석을 통해서 그 분쟁을 해결함으로써 국가기능의
원활한 수행을 도모하고 국가권력간의 균형을 유지하여 헌법질서를 수호·유
지하고자 하는 제도라고 할 것이다. 따라서 헌법 제111조 제 1 항 제 4 호 소
정의 '국가기관'에 해당하는지 아닌지를 판별함에 있어서는 그 국가기관이 헌
법에 의하여 설치되고 헌법과 법률에 의하여 독자적인 권한을 부여받고 있는
지 여부, 헌법에 의하여 설치된 국가기관 상호간의 권한쟁의를 해결할 수 있

---

1) 헌재결 1995. 2. 23. 90헌라1, 판례집 7-1, 140(149면) 참조.

는 적당한 기관이나 방법이 있는지 여부 등을 종합적으로 고려하여야 할 것이다. … 헌법재판소법 제62조 제 1 항 제 1 호의 규정도 한정적·열거적인 조항이 아니라 예시적인 조항으로 해석하는 것이 헌법에 합치된다'[1]고 판시했다.

(나) 판시의 의미

헌법재판소의 위 판시는 두 가지 의미를 갖는다. 첫째 헌법재판소가 헌법재판소법의 조항을 해석함에 있어서 헌법이 정하는 권한쟁의심판제도의 본질에 입각해서 권한쟁의심판의 당사자 범위를 확대하고 있다는 점이고, 둘째 당사자 범위를 정하기 위한 구체적인 세 가지 기준을 제시하고 있다는 점이다. 즉 헌법재판소가 제시한 세 가지 기준에 의하면 국가기관으로서의 당사자 능력을 인정함에 있어서는 i) 헌법에 의해 설치된 기관인지 여부,[2] ii) 헌법과 법률에 의한 독자적인 권한을 부여받고 있는지 여부, iii) 권한쟁의를 해결할 수 있는 다른 적당한 기관이나 방법이 있는지 여부 등을 종합적으로 고려해서 판단해야 한다는 것이다.[3]

(다) 판시기준에 따른 당사자의 범위

헌법재판소의 위 판단기준에 비추어 볼 때, i) 국회에 속하는 국가기관으로는 전체 국회와 국회의 기관인 국회의장($^{제48}_{조}$),[4] 국회의원($^{제41조}_{제1항}$),[5] 국회의 각

1) 헌재결 1997. 7. 16. 96헌라2, 판례집 9-2, 154(163면) 참조.
2) 헌재는 이 기준에 따라 헌법상의 설치근거 없이 오로지 법률에 의해 설치된 국가인권위의 권한쟁의심판청구 당사자능력을 부인했다. 헌재결 2010. 10. 28. 2009헌라6 참조. 국가경찰위원회도 같다. 헌재결 2022. 12. 22. 2022헌라5 참조.
3) 헌재가 이 기준에 따라 국가인권위의 권한쟁의심판청구인 당사자능력을 부인하는 결정을 했다. 헌재결 2010. 10. 28. 2009헌라6, 헌재공보 169, 1821 참조. 또 대법원은 국가권익위원회가 국가기관이 아니어서 권한쟁의심판의 당사자가 될 수 없다는 이유를 들어 국가기관(경기선관위)도 항고소송(행정소송)의 당사자가 될 수 있다는 판결을 했다. 즉 경기선관위가 국가권익위의 처분으로 불이익을 받을 수 있는 상황인데도 권익위법에서 권익위의 조치 요구에 대해서는 기관소송을 허용하지 않고 있고 항고소송 외에는 다른 구제수단이 없으므로 국가기관인 경기선관위도 항고소송을 낼 수 있다고 판시했다. 행정처분의 무효 취소를 다투는 국민만이 항고소송을 할 수 있다는 종전의 판례와 다른 입장이어서 주목을 끈다. 대판 2013. 7. 25. 2011두1214 참조.
4) 헌재는 국회부의장의 피청구인적격을 부인하면서 국회부의장은 국회의장의 위임에 따라 그 직무를 대리하여 법률안 가결선포행위를 할 수 있을 뿐 법률안 가결선포행위에 따른 법적 책임을 지는 주체가 될 수 없다는 이유를 들고 있다. 헌재결 2009. 10. 29. 2009헌라8 등(병합); 헌재결 1997. 7. 16. 96헌라2, 판례집 9-2, 154(163면); 헌재결 2000. 2. 24. 99헌라1, 판례집 12-1, 115(126면) 참조.
5) 헌재는 1997. 7. 16. 96헌라2 판례를 시작으로 국회의장과 국회의원의 당사자능력을 인정하는 많은 판례를 내고 있다. 예컨대 헌재결 1998. 8. 27. 97헌마8 등, 판례집 10-2, 439면; 헌

위원회($^{제62}_{조}$),[1] 원내교섭단체($^{제41조와}_{제8조}$) 등이 권한쟁의심판의 당사자능력을 갖는다
고 볼 수 있다. 그러나 이 중 교섭단체에 대해서는 헌법재판소가 2020년 교섭
단체의 권한쟁의심판청구인 능력을 부인하는 판시를 했다.[2] 교섭단체의 당사
자능력을 부인해도 교섭단체 소속 국회의원의 권한쟁의심판청구를 통해서 해
결할 수 있다는 이유를 들었다. 그러나 헌재가 같은 날 선고한 또 다른 결
정[3]에서, 국회의사결정 과정에서 교섭단체의 기능상의 역할과 중요성을 강조
하면서 의원의 정당 내지 교섭단체기속의 필요성을 앞세운 판시와도 배치될
뿐 아니라, 국회의원과 교섭단체는 엄연히 다른 국가기관이기 때문에 교섭단
체의 권한쟁의심판청구 당사자능력을 부인한 결정은 부당하다고 생각한다. 소
속 의원들의 뜻을 모아 교섭단체의 이름으로 할 수 있는 권한관련 분쟁해결
을 교섭단체 소속 국회의원들이 각각 따로 하라고 하는 것은 소송경제적인
측면에서도 불필요한 낭비다. 독일연방헌법재판소는 심지어 국회 교섭단체구
성 정족수 요건(원내 전체의석의 5% 이상)을 충족하지 못하는 소수 정당(Die
Linke) 원내 단체에게도 입법관련 기관소송의 당사자능력을 인정하고 있다는
점을 참고할 필요가 있다.[4] ii) 정부에 속하는 국가기관으로는 전체 정부와
대통령($^{제66}_{조}$), 국무총리($^{제86}_{조}$), 행정각부의 장($^{제94}_{조}$), 감사원($^{제97}_{조}$), 국무회의($^{제89}_{조}$) 등

재결 2000. 2. 24. 99헌라1, 판례집 12-1, 115면; 헌재결 2003. 10. 30. 2002헌라1, 판례집 15-
2(하), 17면; 헌재결 2020. 5. 27. 2019헌라1; 헌재결 2020. 5. 27. 2019헌라6등 참조.

1) 헌재는 국회 외교통상위원회 위원장을 권한쟁의심판피청구인으로 인정하는 판시를 했다.
   헌재결 2010. 12. 28. 2008헌라7 참조. 그러나 헌재는 국회 상임위나 특별위 내의 소위회는
   권한쟁의심판의 당사자능력을 인정하지 않는다. 헌재결 2020. 5. 27. 2019헌라4와 2019헌라5
   참조.

2) 헌재결 2020. 5. 27. 2019헌라6 참조.

3) 헌재결 2020. 5. 27. 2019헌라1 및 2019헌라3 등(사법개혁특별위원회 위원 개선(이른바 사·
   보임) 등 사건) 참조. 이 사건에서 헌재의 법정의견(5인)은 여당인 민주당과 군소정당(이른
   바 4+1)이 공수처법과 검·경 수사권 조정법안 및 준연동형 비례대표제를 도입하는 선거
   법 개정을 통과시키는 과정에서 바른미래당 소속 사개특위원을 본인의사에 반해 개선한
   것을 정당화하는 논거로 국회의원의 정당 내지 교섭단체기속의 필요성과 교섭단체의 역할
   과 중요성을 매우 강조했다. 이 결정에서 4인의 반대의견은 본인의사에 반한 사개특위원
   개선행위는 국회법(제46조 제 6 항 본문)을 어기고 헌법과 국회법에서 정한 자유위임의 원
   칙에 따라 보장받는 해당 위원의 법률안에 대한 심의·표결권을 침해했다고 논증했는데 이
   논증이 법리적으로 훨씬 설득력이 있다. 이 결정문은 상당히 길지만 독자들은 쟁점별로 법
   정의견과 반대의견을 비교해서 읽으면서 양쪽 논증의 차이점과 합리성여부를 판단하면
   legal mind 형성에 많은 도움을 받을 것이다.

4) 2 BvE 4/14(2016년 5월 3일 판결) 참조.

이 당사자능력을 갖는다. 다만 정부기관 상호간에 발생하는 권한쟁의는 정부
조직법상의 상급기관이나 국무회의($^{제89조 제 1 호 · 제10호 ·}_{제11호, 제13조, 제17조}$) 또는 대통령에 의한 조정
($^{제66조}_{제 4 항}$) 내지 해결의 가능성이 있으므로 헌법재판소의 기준에서 볼 때 권한쟁
의의 대상이 되는 경우는 흔치 않을 것이다. iii) 사법부에 속하는 국가기관으
로는 대법원과 각급법원($^{제101조}_{제 2 항}$)이 당사자가 될 수 있고, iv) 중앙선거관리위원
회에 속하는 국가기관으로는 중앙선거관리위원회와 각급 선거관리위원회($^{제114}_{조}$)
가 당사자가 될 수 있다.[1] v) 헌법재판소는 권한쟁의의 당사자가 될 수 없다고
보는 것이 합리적이다. 자기소송(自己訴訟)의 금지는 로마법과 영미법의 확고한
전통일 뿐 아니라 제척 · 기피 · 회피제도의 취지에서 볼 때도 권한쟁의의 심판기
관이 스스로 권한쟁의의 당사자가 되는 것은 제도상으로 불가능하기 때문이다.

Ⅱ. 국가기관과 지방자치단체간의 권한쟁의심판

(1) 법률의 규정 내용

헌법재판소법($^{제62조 제1}_{항 제2호}$)은 국가기관과 지방자치단체간의 권한쟁의심판의
당사자에 관해서 정부와 광역지방자치단체 및 정부와 기초지방자치단체간의
권한쟁의심판을 규정하고 있다. 즉 정부와 특별시 · 광역시 · 특별자치시 · 도 또
는 특별자치도(道)간의 권한쟁의심판, 정부와 시 · 군 또는 자치구간의 권한쟁
의심판을 규정함으로써 정부와 특별시 · 광역시 · 특별자치시 · 도 · 특별자치
도 및 시 · 군 · 자치구를 권한쟁의심판의 당사자로 인정하고 있다. 이처럼 정부
와 각종 지방자치단체간의 권한쟁의심판을 규정한 것은 헌법($^{제117조와}_{제118조}$)이 보장
하는 지방자치의 기능적인 실효성을 확보해 특히 정부와 지방자치단체간에도
수직적인 견제와 균형의 메커니즘이 작동하게 하려는 취지라고 할 것이다.[2]

---

1) 헌재결 2008. 6. 26. 2005헌라7, 헌재공보 141호, 884(888면)도 같은 판시를 했다.
2) 그렇기 때문에 지자법 제 4 조 제 8 항에 따라 공유수면 매립지의 관할귀속에 관한 행안부장
   관의 결정에 이의가 있는 지자체는 대법원에 소송을 제기할 수 있지만, 그와는 별개로 지
   자체는 헌재에 권한쟁의심판을 청구할 수 있다고 할 것이다. 대법원에 제기하는 취소소송
   과 헌재에 제기하는 관할귀속에 관한 권한쟁의심판은 소송물을 달리하기 때문이다. 우리
   헌재도 대법원에 계속 중인 취소소송과 별개로 제기한 권한쟁의심판청구 사건(충청남도 등
   과 행자부장관 등 간의 권한쟁의)에서 청구인들의 자치권한이 침해되거나 침해될 현저한
   위험을 인정할 수 없다고 각하하긴 했어도 헌재의 관할권을 부정하지는 않았다. 헌재결
   2020. 7. 16. 2015헌라3 참조.

그런데 권한쟁의의 당사자로서의 '정부'는 행정부만을 지칭하는 것이 아니라 지방자치단체와 수직적인 견제·균형관계에 있는 '국가기관'을 의미하는 것이라고 보아야 할 것이다. 그 결과 정부의 구성부분은 물론이고, 국회, 법원, 중앙선거관리위원회 등 다른 국가기관과 그 구성부분도 지방자치단체와의 권한쟁의심판에서 당사자능력을 갖는다.

(2) 헌법재판소의 판례

지방자치단체는 자치사무뿐 아니라 국가의 위임사무(기관위임사무 및 단체위임사무)도 함께 처리하는데, 처리하는 사무의 성질에 따라 국가와의 권한쟁의심판의 당사자능력에 차이가 있다. 즉 지방자치단체가 자치사무의 주체로서 기능할 때만 국가기관과의 사이에서 권한쟁의심판의 당사자능력을 가지며, 위임사무의 주체로서 기능할 때에는 당사자능력을 갖지 않는다는 것이 헌법재판소의 입장이다.[1] 헌법재판소는 성남시와 경기도간의 권한쟁의심판에서 '도시계획사업실시계획인가사무는 시장·군수에게 위임된 기관위임사무로서 국가사무라고 할 것이므로, 청구인의 이 사건 심판청구 중 인가처분에 대한 부분은 지방자치단체의 권한에 속하지 아니하는 사무에 관한 것으로서 부적법하다'고 판시했다.[2] 이 판례는 동시에 광역지방자치단체장이 행정심판의 재결청의 지위에서 처분을 행하는 경우 그 재결청인 광역지방자치단체의 장은 국가기관의 지위에 있다고 할 수 있으므로 재결처분으로 관할구역 내의 기초지방자치단체의 권한을 침해했다면 그것은 국가기관과 지방자치단체간의 권한쟁의로 보아야지 지방자치단체 상호간의 권한쟁의로 보아서는 아니 된다는 점도 분명히 밝히고 있다.[3] 결국 지방자치단체가 국가와의 관계에서 권한쟁의심판의 당사자가 될 수 있는 것은 자치사무에 대한 국가기관의 침해가 있는 경우에 한한다는 점을 강조한 것이라고 할 것이다.[4]

---

1) 예컨대 지자체장이 기관위임사무를 수행하면서 지출한 경비에 대해서 기획재정부장관에게 예산배정요청을 했지만 거부당한 경우 이 거부처분은 권한의 존부 또는 범위에 관한 다툼이 아니고 관리비용부담을 둘러싼 단순한 채권채무관계의 다툼에 불과하므로 권한쟁의심판청구는 부적법하다고 판시했다. 헌재결 2010. 12. 28. 2009헌라2 참조.
2) 헌재결 1999. 7. 22. 98헌라4, 판례집 11-2, 51(66면) 참조.
3) 위 판례집 65면 참조.
4) 화성시와 국방부장관 간의 권한쟁의심판사건에서도 같은 취지의 판시를 했다. 헌재결 2017.

Ⅲ. 지방자치단체 상호간의 권한쟁의심판

헌법재판소법($\frac{제62조\ 제1}{항\ 제3호}$)은 지방자치단체 상호간의 권한쟁의심판에 관해서 세 가지 유형으로 나누어 i) 특별시·광역시·특별자치시·도·특별자치도(광역 지방자치단체) 상호간, ii) 시·군·자치구(기초지방자치단체) 상호간, iii) 광역지방 자치단체와 기초지방자치단체 상호간의 권한쟁의심판을 규정하고 있다. 각종 지방자치단체 상호간에 여러 형태의 권한쟁의가 발생할 수 있다는 것을 전제 로 한 것인데, 지방자치제도가 정착되고 지방자치가 제대로 기능해서 지방자 치가 통치기구의 구성원리로서 실효성[1]을 나타내기 위해서는 지방자치단체 상호간의 권한쟁의[2]를 조정하고 해결하는 것이 필요하다. 지방자치단체 상호 간의 권한쟁의심판에서 말하는 '상호간'이란 서로 상이한 권리주체 간을 의미 하므로 예컨대 교육감과 해당 지방자치단체 사이의 내부적 분쟁과 관련한 심 판청구는 서로 상이한 권리주체 간의 권한쟁의심판청구로 볼 수 없다.[3] 헌법 재판소법이 정하는 지방자치단체 상호간의 권한쟁의심판의 당사자는 특별시· 광역시·특별자치시·도·특별자치도 등 광역지방자치단체와 시·군·자치구 등 기초지방자치단체이다.[4] 따라서 지방자치단체의 장은 지방자치단체의 기관에 불과하므로 원칙적으로 권한쟁의심판청구의 당사자능력이 없다. 그 결과 지방자치단체의 장은 지방자치단체 상호간의 권한쟁의심판의 청구인과 피청구 인이 될 수 없다.[5] 그렇지만 지방자치법($\frac{제101}{조}$)에 따라 지방자치단체의 통할대 표권은 지방자치단체의 장에게 있으므로 각 지방자치단체의 장이 지방자치단

---

12. 28. 2017헌라2 참조.

1) 지방자치의 본질과 기능에 관해서는 졸저(拙著), 한국헌법론, 2016, 840-851면 참조.

2) 지방자치권 자체에 관한 분쟁을 말한다. 따라서 지방자치단체는 자신의 권한이 아닌 국가사 무에 관해 다툴 수 없고 기관위임사무를 집행하는 국가기관 또는 다른 지방자치단체의 장을 상대로 권한쟁의를 할 수는 없다. 헌재결 2009. 7. 30. 2005헌라2, 헌재공보 154, 1442(1448 면); 헌재결 2011. 9. 29. 2009헌라3, 헌재공보 180, 1404 참조.

3) 같은 취지의 헌재결 2016. 6. 30. 2014헌라1, 헌재공보 237, 1021(1023면) 참조. 지자체 의 회와 지자체 장 사이의 내부적 분쟁도 권한쟁의심판에 속하지 않는다. 거제시 의회와 거제 시장 간의 권한쟁의에 관한 헌재결 2018. 7. 26. 2018헌라1 참조.

4) 따라서 지방의회 의원과 지방의회 의장 사이의 내부적 분쟁은 권한쟁의심판의 범위에 포함 되지 않는다. 이 점이 국회의원과 국회의장 사이의 권한쟁의가 인정되는 것과 다르다. 헌재 결 2010. 4. 29. 2009헌라11, 판례집 22-1(상), 596(602면).

5) 헌재결 2006. 8. 31. 2003헌라1, 헌재공보 119, 1231(1235면)도 같은 판시를 했다.

체를 대표해서 권한쟁의심판의 당사자의 역할을 수행하게 되는 것은 별개의
문제이다.

Ⅳ. 교육·학예 관련 자치사무에 관한 권한쟁의심판

헌법재판소법(제62조)은 권한쟁의가 지방교육자치에 관한 법률 제 2 조의 규
정에 의한 교육·학예에 관한 지방자치단체의 사무에 관한 것인 때에는 국가
기관과 지방자치단체간 및 지방자치단체 상호간의 권한쟁의심판에서 교육감이
당사자가 된다고 규정하고 있다. 따라서 지방자치단체의 장이 아닌 교육감
이 당사자가 되는 권한쟁의심판을 상정하고 있다. 그런데 지방교육자치에 관
한 법률(제3조와)은 특별시·광역시·도 등 광역지방자치단체에서만 지방교육자
치를 시행하게 하면서 교육전문집행기관으로 교육감을 두고 교육·학예에 관
한 지방자치단체의 사무는 교육감이 당해 광역지방자치단체를 대표한다고 정
하고 있기 때문에 사실상 교육감이 당사자가 되는 권한쟁의심판은 광역지방자
치단체의 권한쟁의심판이라고 할 것이다.[1]

4. 권한쟁의심판과 기타 관련소송과의 관계

권한쟁의심판이 쟁의대상을 국가기관 상호간의 권한쟁의에 한정하지 않
고 국가기관과 지방자치단체간 및 지방자치단체 상호간의 권한쟁의까지 그
대상을 확대함으로써 행정소송법상의 기관소송 또는 지방자치법이 정하는 소
송과의 사이에 관할중복의 문제가 발생할 수 있다.

---

1) 헌법재판소는 전북 교육감과 교육부장관의 권한쟁의심판사건에서 교육감 소속 교육공무원
   에 대한 징계사무는 법령에 의해서 교육감에게 위임된 국가사무이고 교육감의 자치고유사
   무가 아니므로 교육부장관이 학교폭력사실의 학생부 기록 지시를 어긴 해당 지자체 교육공
   무원에 대하여 징계의결을 요구하는 업무지시는 교육감의 권한침해가 아니라고 판시했다.
   헌재결 2013. 12. 26. 2012헌라3 참조.

Ⅰ. 기관소송과의 관계

행정소송법($\substack{제3조 \\ 제4호}$)이 정하는 기관소송은 국가 또는 공공단체 상호간에 권한의 존부 또는 그 행사에 관한 다툼이 있을 때에 제기하는 소송이다. 따라서 국가와 지방자치단체간 또는 지방자치단체 상호간에 발생하는 권한의 존부 내지 행사에 관한 쟁의는 헌법재판소의 관할인 권한쟁의심판과 법원의 관할인 기관소송의 두 가지 형태로 성립할 수 있다. 그러나 이 경우에는 행정소송법($\substack{제3조 제 \\ 호 단서4}$)이 헌법재판소의 관장사항으로 되는 것은 법원의 기관소송의 대상에서 제외해 헌법재판소의 관할에 우선권을 주는 규정을 둠으로써 관할중복의 문제는 생기지 않게 되었다. 그 결과 법원은 공공단체 내의 기관 상호간에 생기는 권한 다툼에 관한 기관소송만 관장하게 되었다. 즉 i) 지방자치단체의 장과 지방의회 사이의 기관소송($\substack{지자법 제107조 제3항 \\ 및 제172조 제3항}$),[1] ii) 교육감과 시·도의회 또는 교육위원회간의 기관소송($\substack{지방교육자치법 \\ 제28조 제3항}$)[2]이 바로 그것이다.

Ⅱ. 지방자치법상의 소송과의 관계

지방자치단체의 자치사무 또는 위임사무에 대한 국가감독기관 또는 상급 지방자치단체의 감독처분과 관련해서 지방자치법이 규정하고 있는 소송은 두 가지이다.

(1) 위법·부당한 명령·처분의 시정 관련소송

감독기관(주무부장관 또는 시·도지사)이 지방자치단체의 장의 위법·부당한 명령이나 처분의 시정을 명하고 이에 따르지 않는 경우 그 처분을 취소하거나 정지하는 경우 이에 이의가 있는 지방자치단체의 장이 15일 이내에 대법원에 제소하는 감독처분에 대한 소송($\substack{지자법 \\ 제169조}$)이 있다. 예컨대 서울시가 서울시

---

1) 즉 지방의회 의결에 대한 지방자치단체의 장의 재의요구와 지방의회의 법령위반 재의결사항에 대한 20일 이내의 대법원에의 제소 및 의결집행정지결정신청의 경우이다.
2) 즉 교육·학예에 관한 시·도의회 또는 교육위원회의 의결에 대한 교육감의 재의요구와 시·도의회 또는 교육위원회의 법령위반 재의결사항에 대한 20일 이내의 대법원에의 제소의 경우이다.

의회 유급보좌관을 채용하기 위해 채용공고를 내는 것은 위법하다고 행정자
치부장관이 직권취소한 처분에 대해서 서울시가 행정자치부장관을 상대로 제
기한 직권취소처분 취소소송이 그런 소송이다.[1] 그런데 특히 지방자치단체의
자치사무처리가 위법하여 공익을 해친다고 판단해서 감독기관이 행하는 시정
명령이나 취소 또는 정지처분은 지방자치단체의 자치권을 침해할 소지가 있
다. 이 때 지방자치단체는 감독기관을 상대로 헌법재판소에 권한쟁의심판도
청구할 수 있을 것이다. 그 결과 대법원에의 제소와 헌법재판소에의 권한쟁의
심판청구가 중복될 수 있다. 국가와 지방자치단체간의 권한쟁의심판을 헌법재
판소의 관장사항으로 정하고 있는 헌법($^{제111조 제1}_{항 제4호}$)과 헌법재판소법($^{제62조 제1}_{항 제2호}$)의
취지에 비추어 볼 때 지방자치단체의 장의 중복제소가 있는 경우 헌법재판소
가 우선적인 심판권을 갖는다고 할 것이다. 헌법의 규정이 법률의 규정보다
우선적인 효력을 가지기 때문이다. 그러나 권한쟁의심판청구의 길을 봉쇄하지
않는 한 지방자치법의 관련규정이 위헌이라고 보기는 어렵다고 할 것이다.

(2) 직무이행명령 관련소송

지방자치단체의 장이 국가위임사무 또는 시·도 위임사무의 관리·집행을
명백히 해태하는 경우 주무부장관 또는 시·도지사가 기간을 정해 이행명령을
하고, 이에 따르지 않으면 해당 지방자치단체의 비용부담으로 대집행 또는 행
정·재정상 필요한 조치를 할 수 있는데, 이에 이의가 있는 지방자치단체의
장은 15일 이내에 대법원에 제소하고 이행명령집행정지결정을 신청할 수 있
는 직무이행명령에 대한 소송이 있다($^{지자법}_{제170조}$).[2] 이 경우는 자치사무가 아닌 위임

---

1) 이 소송에서 대법원은 다음과 같이 판결했다. '지자법 제169조 제1항은 지자체의 자치행정
사무처리가 법령 및 공익의 범위 내에서 행해지도록 감독하기 위한 규정이므로 그 적용대
상을 항고소송의 대상이 되는 행정처분으로 제한할 이유가 없다. 따라서 서울시가 서울시
의회 입법조사관의 정책지원요원으로 임용하기 위해서 낸 공무원채용공고는 직권취소의 대
상이 될 수 있는 지자체의 사무에 관한 처분에 해당한다. 그런데 공무원의 임용은 개별 지
방의회에서 정할 사항이 아니라, 국회의 법률로써 규정할 입법사항이고 지자법 등 다른 법
률에서도 입법보조원을 지방의회에 둘 수 있는 법적 근거가 없다. 따라서 서울시의 채용공
고는 위법하고 이를 직권취소한 행자부장관의 처분은 적법하다'(대판 2017. 4. 13. 2016추
5087).
2) 대법원 판례에 따르면 지자체간의 분쟁에 관한 행정자치부장관의 분쟁조정결정이 있는 경우에
는 지자체법 제170조 제3항에 따라 분쟁조정결과에 따른 후속이행명령을 기다렸다가 이 명령
에 이의를 제기하는 소를 대법원에 제기할 수 있을 뿐, 이 이행명령을 받기도 전에 분쟁조정

사무의 처리와 관련된 것이어서 하위 수임국가기관 또는 하위 수임지방자치단체가 상위 위임국가기관 또는 위임지방자치단체를 상대로 제기하는 기관소송의 성질을 갖는 것이어서 권한쟁의심판청구는 성립될 수 없다. 따라서 관할 중복문제는 생기지 않는다.

5. 권한쟁의심판청구의 절차

Ⅰ. 심판청구서의 제출

(1) 서면청구와 도달주의

권한쟁의심판의 청구는 권한쟁의심판청구서를 헌법재판소에 제출해야 하는데($^{\text{법 제26조}}_{\text{제1항}}$), 헌법재판소법($^{\text{제63}}_{\text{조}}$)이 정하는 청구기간의 계산에서는 도달주의가 적용되므로 청구기간 내에 청구서가 헌법재판소에 도달해야 한다.

(2) 청구서의 기재사항

헌법재판소법은 심판청구서의 기재사항을 정하고 있다($^{\text{법}}_{\text{제64조}}$).

1) 청구인 및 대리인

청구인 또는 청구인이 속한 기관 및 심판수행자 또는 대리인의 표시를 해야 한다($^{\text{법 제64조}}_{\text{제1호}}$). 즉 청구인 또는 청구인이 속한 기관의 명칭과 기관대표자의 성명 등을 기재하여야 한다. 그리고 변호사를 선임해서 심판 수행을 맡기는 경우에는 선임된 변호사인 소송대리인의 성명과 주소(사무소)를 기재하여야 하고, 변호사 선임 없이 변호사의 자격이 있는 소속직원이 심판을 수행하는 때에는 그 직원의 성명과 직위를 기재해야 한다. 어느 경우이든 대리인의 선임을 증명하는 위임장을 첨부하여야 한다.

결과에 불복하는 소를 바로 대법원에 제기할 수는 없다. 대판 2015. 9. 24. 2014추613 참조.

2) 피청구인

피청구인의 표시를 해야 하는데($^{법 제64조}_{제2호}$), 심판청구의 상대방인 피청구인의 명칭과 대표자의 성명 등을 기재하여야 한다.

3) 심판대상

심판대상이 되는 피청구인의 처분 또는 부작위를 표시해야 한다($^{법 제64조}_{제3호}$). 즉 다툼의 원인이 된 피청구인의 처분이나 부작위의 내용 등을 구체적으로 특정하여 기재해야 한다.

4) 청구취지

헌법재판소법에는 청구취지의 기재에 관한 명문의 규정은 없다. 그러나 청구인이 권한쟁의심판을 통해서 달성하려는 목적이 무엇인지를 분명히 밝히는 것은 권한쟁의심판의 소송물(訴訟物) 즉 심판대상을 특정하는 의미를 갖기 때문에 소송의 수행에서 중요하다. 대개의 경우 피청구인의 처분 또는 부작위에 의하여 청구인의 권한이 침해되었다고 권한쟁의심판을 청구하는 경우에는[1] '권한의 존부 또는 범위'에 대한 확인을 구하는($^{법 제66조}_{제1항}$) 청구취지가 함께 내포되어 있다고 할 것이다. 그리고 이 경우 청구인은 자신의 권한을 침해하는 피청구인의 처분의 취소나 무효 확인을 구하는 청구도 할 수 있다($^{법 제66조}_{제2항}$).

5) 청구이유

청구의 이유를 표시하여야 한다($^{법 제64조}_{제4호}$). 청구이유는 청구취지에서 요구하는 사항의 정당성을 밝히는 것이다. 즉 i) 청구인과 피청구인의 권한분배에 관한 헌법 및 법률규정을 근거로 권한의 소재와 범위에 관한 규정 내용을 밝히고, ii) 피청구인과의 사이에 권한의 존부 또는 범위에 관한 쟁의가 발생하게 된 경위를 설명하며, iii) 피청구인의 처분 또는 부작위에 의하여 청구인의 헌법 또는 법률상의 특정한 권한이 침해받았거나 침해받을 현저한 위험이 있

1) 예컨대 헌재결 1997. 7. 16. 96헌라2, 판례집 9-2, 154; 헌재결 1998. 7. 14. 98헌라3, 판례집 10-2, 74; 헌재결 2000. 2. 24. 99헌라1, 판례집 12-1, 115 참조.

다는 이유 등을 설명하면서, iv) 피청구인의 처분 등이 위헌 또는 위법이어서 취소하거나 무효임을 확인해야 한다는 청구이유를 기재한다.

6) 기타 필요사항

기타 필요한 사항을 기재한다($^{법 \ 제64조}_{제5항}$). 기타 필요한 사항으로는 불변기간으로 정해진 청구기간($^{법}_{제63조}$)을 준수한 내용을 기재하는 것도 포함될 수 있을 것이다.

(3) 첨부서류

청구서에는 필요한 증거서류 또는 참고자료를 첨부할 수 있다($^{법 \ 제26조}_{제2항}$).

Ⅱ. 심판청구의 적법요건

(1) 당 사 자

권한쟁의심판 청구가 적법하기 위해서는 우선 권한쟁의심판 청구인과 피청구인 즉 당사자가 당사자능력과 당사자적격을 가져야 한다.

1) 청 구 인

(가) 청구인적격

청구인으로서 당사자적격을 가지기 위해서는 헌법과 법률에 의하여 부여받은 권한을 가진 자가 그 권한의 침해를 받았거나 권한을 침해받을 현저한 위험이 있어야 한다.

따라서 권한쟁의심판청구를 하는 청구인이 청구인적격을 가지기 위해서는 피청구인의 처분 또는 부작위로 인하여 자신의 권한을 침해받았거나 침해받을 현저한 위험이 있어야 한다($^{법 \ 제61조}_{제1항}$). 지방자치단체가 기관위임사무의 침해를 이유로 하는 권한쟁의심판청구의 청구인적격을 가질 수 없는 것도 기관위임사무는 국가사무이지 지방자치단체의 권한에 속하는 사항이 아니기 때문이다.[1] 그런데 권한쟁의심판청구의 적법요건으로서의 청구인적격은 엄격한 기준에 의

---

1) 동지: 헌재결 1999. 7. 22. 98헌라4, 판례집 11-2, 51(65면 이하) 참조.

한 판단보다는 침해된 권한과 청구인이 일정한 관련성을 가질 수 있다는 개연성의 판단으로 족하다고 할 것이다.[1]

(나) 제 3 자 소송담당

a) 제 3 자 소송담당의 의의와 기능

청구인의 당사자적격과 관련해서 이른바 제 3 자 소송담당(Prozessstandschaft)의 허용 여부가 문제된다. 즉 권한쟁의심판청구의 청구인이 될 수 있는 기관의 구성부분이 소속기관 전체의 권한에 관하여 권한쟁의를 청구할 수 있는 당사자적격을 갖느냐의 문제이다. 예컨대 국회의 교섭단체가 국회의 권한 침해를 이유로 침해기관을 상대로 권한쟁의심판을 청구할 수 있는가의 문제이다. 이 경우 청구인은 기관의 법적인 대리인도 아니고 타인의 권한을 타인의 이름으로 다투는 것이 아니라, 권한쟁의의 당사자로서 타인의 권한을 자신의 이름으로 방어하는 것이라는 특징을 갖는다. 즉 스스로 방어하려는 그 권한의 주체도 아니고 그 권한을 스스로 행사할 수도 없으면서 그 권한을 주장한다는 독특한 소송법적 구조를 갖는다. 이러한 제 3 자 소송담당을 인정하는 헌법이론적인 근거는 소수의 보호[2]와 여당과 야당간의 기능적인 권력통제를 통한 헌법의 기능보호라고 할 것이다. 의회가 그 자체로서 정부를 통제하는 고전적 권력분립의 장치가 정당을 통한 권력 융화현상으로 인해서 무력화된 상황에서 의회의 권한은 의회 다수당에 대해서도 보호되어야만, 헌법이 정한 국가기관 상호간의 견제·균형의 메커니즘이 제대로 기능할 수 있게 되기 때문이다.[3]

b) 독일의 입법례와 판례

독일 연방헌법재판소법(제64조 제1항)은 기관의 구성부분도 소속기관을 위해서 권한쟁의를 청구할 수 있다고 제 3 자 소송을 허용하는 명문규정을 두고 있다. 즉 기본법 또는 연방의회와 연방참사원법에 의해서 독자적인 권한을 갖도록 구성된 이들 기관의 구성부분은 연방의회와 연방참사원의 권한을 주장할 수 있게 한 것이다. 그 결과 예컨대 연방의회의 야당 교섭단체가 연방정부를 상

---

1) 독일연방헌법재판소도 지방의회에서 소수당이 발의한 선거제도관련 법률안이 다수당의 반대로 부결된 경우 그 소수당이 지방의회를 피청구인으로 해서 청구한 기관쟁의(Organstreit) 심판을 적법하다고 판시했다. BVerfGE 120, 82ff.(101ff.) 참조.

2) 동지: BVerfGE 68, 1(77); 104, 151(197).

3) *H. Bethge*, in: BVerfGG-Kommentar, §64 RN. 78 참조.

대로 연방의회의 권한 침해를 이유로 권한쟁의를 청구할 수 있다.[1] 그러나 연방의회 의원은 독립한 헌법기관으로서의 지위를 갖기 때문에 자신의 헌법상 권한 침해를 주장하는 권한쟁의를 청구할 수는 있지만, 연방의회의 권한 침해를 이유로 하는 제 3 자 소송담당은 할 수 없다.[2]

c) 우리나라의 논의 상황

우리나라는 제 3 자 소송담당에 대한 명문규정을 두지 않았다. 그래서 인정 여부에 관한 찬반의견이 갈린다. 헌법재판소는 국회의원과 정부간의 권한쟁의심판에서 제 3 자 소송담당을 허용하는 명문규정이 없을 뿐 아니라 허용하는 경우 다수결원리를 무시한 남용의 우려가 있다는 이유로 제 3 자 소송담당을 불허하는 판시를 하고 있다.[3] 다만 소수의 재판관이 권력분립원칙과 소수자보호를 위해서 제 3 자 소송담당을 허용해야 한다고 반대의견을 냈다. 그들은 국회 교섭단체 또는 그에 준하는 정도의 실체를 갖춘 의원집단에게는 제 3 자 소송담당을 허용해야 한다고 주장한다.[4] 1998년에도 김종필 국무총리 서리 임명에 대한 국회의원과 대통령간의 권한쟁의 사건의 심판(각하결정)에서 1인의 재판관은 제 3 자 소송담당에 관해서 긍정적인 판시를 한 일이 있다. 즉 그는 '일정 수 이상의 소수의원이나 소수의원으로 구성된 교섭단체에게는 국회를 위하여 권한쟁의심판을 청구할 적격이 인정된다'고 제 3 자 소송담당을 인정했다. 그러나 제 3 자 소송담당은 소수자를 보호하기 위한 것이라는 점을 지적하면서 '재적의원 과반수의 다수의원이나 그들 의원으로 구성된 교섭단체의 경우에는 그들 스스로 국회의 의결을 거쳐 침해된 국회의 권한을 회복하기 위한 방법을 강구할 수 있으므로, 이들에게까지 굳이 법률에 규정되어 있지도 아니한 제 3 자 소송담당을 허용할 필요성은 없다'고 강조했다.[5] 그리고 같은 심판에서 3인의 재판관은 국회의원이 국회의 구성원으로서 국무총리 임

---

1) 연방헌법재판소의 일관된 입장이다. 예컨대 BVerfGE 100, 266(268f.); 90, 286(336); 68, 1(65); 67, 100(125); 45, 1(24); 2, 347(367f.); 1, 351(359) 참조.
2) 동지: BVerfGE 90, 286(342ff.); 94, 351(369); 99, 19(29); 2 BVerfGE 117, 359.
3) 헌재결 2007. 7. 26. 2005헌라8, 헌공보 130, 824(827면 이하). 같은 취지 헌재결 2015. 11. 26. 2013헌라3(국회의원과 대통령의 권한쟁의심판) 참조.
4) 위 2007년 결정에서 송두환 재판관의 반대의견 및 2015년 결정에서 김이수, 이진성, 강일원 재판관의 반대의견 참조.
5) 헌재결 1998. 7. 14. 98헌라1, 판례집 10-2, 1(17면) 김용준 재판관의 의견 참조.

명에 대한 국회의 동의권한과 국회의원의 임명동의 표결권 침해를 이유로 권
한쟁의를 청구할 자격이 있다는 견해를 피력해 부분적으로 제 3 자 소송담당
에 관해 언급했다.[1)]

   생각건대 독일의 학설·판례에 따라 제 3 자 소송담당의 헌법상 의의를 소
수의 보호와 여당과 야당간의 기능적 권력통제를 통한 헌법의 기능 보호에서
찾아야 한다면 우리나라에서도 제 3 자 소송담당을 인정하는 것이 마땅하다고
할 것이다. 입법적인 해결이 이루어질 때까지는 헌법재판소가 긍정적인 방향
으로 판례를 변경하는 것이 바람직할 것이다.

2) 피청구인

   권한쟁의심판청구에서 피청구인은 처분 또는 부작위를 야기해서 청구인
의 권한을 침해했거나 침해할 현저한 위험을 발생시킨 기관이다. 부작위의 경
우에는 단순한 사실상의 부작위가 아니라 헌법과 법률에 의한 명시적인 작위
의무를 이행하지 않아서 권한 침해를 야기한 때에만 피청구인이 된다.[2)] 즉
작위·부작위를 불문하고 청구인의 권한 침해에 대해서 법적인 책임을 지는
기관이 피청구인의 적격을 가진다. 합의체기관이 법적인 책임을 지는 경우에
는 그 기관의 대표자가 피청구인이 된다.

(2) 소송참가

   권한쟁의심판은 국가의 권능질서 내에서 생기는 권한주체간의 다툼을 유
권적으로 해결해서 권능질서가 제대로 기능하게 하려는 것이기 때문에 청구
인과 피청구인 이외의 제 3 자의 권한과 의무의 내용에도 영향을 미칠 수 있
다. 더욱이 권한쟁의심판의 결정은 모든 국가기관과 지방자치단체를 기속하
기 때문에($\frac{법\ 제67조}{제1항}$) 권한쟁의심판의 결과에 의해서 직접적으로 영향을 받게 될
국가기관과 지방자치단체에게 권한쟁의심판절차에 참여할 기회를 주는 것
이 합리적이다. 헌법재판소가 소송참가의 이익이 있는 기관에게 접수된 권한
쟁의심판사건을 통지하는 것도 소송참가의 길을 열어 주는 한 방법이 될 것이

---

1) 위 판례집 24면, 김문희, 이재화, 한대현 재판관의 반대의견 참조.
2) 동지: 헌재결 1998. 7. 14. 98헌라3, 판례집 10-2, 74(81면) 참조.

다.[1]

그러나 소송참가자는 청구인 또는 피청구인의 어느 한쪽 편을 보조하는 의미를 갖기 때문에 스스로가 독립한 소송당사자가 되는 것은 아니다.[2] 소송참가에 관해서는 헌법재판소법에 별도의 명문규정이 없기 때문에 행정소송법과 민사소송법의 관련규정이 준용된다($_{제40조}^{법}$). 그 결과 소송참가는 원칙적으로 당사자의 신청 또는 헌법재판소의 직권에 의한 결정으로 이루어지게 된다($_{조 제1항}^{행소법 제17}$). 합의체기관이 소송참가를 하려면 합의체의 적법한 의결이 있어야 한다.[3] 그리고 헌법재판소가 소송참가에 관한 결정을 하고자 할 때에는 당사자 및 당해 참가기관의 의견을 들어야 한다($_{조 제2항}^{행소법 제17}$). 그리고 소송참가기관에 대해서는 민사소송법 제76조가 준용되므로($_{조 제3항}^{행소법 제17}$) 소송참가기관은 심판절차에서 소송의 진행 정도에 따라 허용되는 공격·방어·이의(異議) 그 밖의 모든 소송행위를 할 수 있다. 그러나 소송참가인의 소송행위는 피참가인의 소송행위에 어긋나서는 아니 되기 때문에[4] 어긋나는 경우에는 효력이 없다.

(3) 청구기간

권한쟁의심판청구는 헌법재판소법($_{조}^{제63}$)이 정하는 청구기간을 준수해야 한다. 즉 권한쟁의의 심판은 '그 사유가 있음을 안 날로부터 60일 이내에, 그 사유가 있은 날로부터 180일 이내에 청구하여야 한다'($_{제1항}^{법 제63조}$). 그리고 이 '기간은 불변기간으로 한다'($_{제2항}^{법 제63조}$).

1) 처분의 경우

처분에 의한 권한 침해를 이유로 권한쟁의심판을 청구하는 경우에는, 처분행위가 있으면 권한 침해는 종료하고 위법상태는 계속되므로 청구기간의 계산에서는 권한 침해를 안 날로부터 60일 이내, 권한 침해가 있은 날로부터

---

1) 소송참가를 명문으로 인정하고 있는 독일 연방헌법재판소법(제65조)은 연방헌법재판소로 하여금 연방대통령, 연방의회, 연방참사원, 연방정부에 권한쟁의심판절차의 개시를 통지하도록 정하고 있다(같은 법 제2항).
2) 동지: BVerfGE 12, 308(310) 참조.
3) 합의체의 의결이 없는 소송참가는 무효라는 독일 연방헌법재판소의 판례가 있다. BVerfGE 7, 282(288f.) 참조.
4) 동지: BVerfGE 6, 309(326) 참조.

180일 이내에 청구해야 한다.

2) 부작위의 경우

부작위를 대상으로 권한쟁의심판을 청구하는 경우에는, 부작위가 계속되는 동안은 권한 침해도 계속되므로 청구기간의 제약을 받지 않는다.

3) 청구변경의 경우

청구인이 심판청구를 한 후에 심판청구서 정정신청서를 제출해서 청구를 추가하는 등 청구변경을 한 경우에 새로운 청구는 정정신청서를 제출한 때 제기한 것으로 보아 이 때를 기준으로 청구기간의 준수 여부를 판단한다.[1)]

4) 불변기간 적용의 예외

권한쟁의심판의 청구기간은 불변기간이므로 헌법재판소의 직권조사사항이며 헌법재판소가 임의로 연장하거나 단축할 수 없다. 그러나 불변기간의 적용에도 예외가 인정된다. 즉 i) 청구인이 자신의 귀책사유 없이 불변기간을 지키지 못한 경우인데, 이 때는 청구방해 사유가 소멸한 날부터 2주일 내에 지체된 소송행위(청구서 제출)를 보완할 수 있다. 사유 소멸 당시 외국에 체류 중인 사람은 사유 소멸한 날부터 30일 내에 청구하면 된다($\binom{\text{법 제40조 및 민소법}}{\text{제173조 제 1 항}}$). ii) 또 예외적인 부가기간을 부여하는 경우인데, 주소·거소가 원거리에 있는 사람을 위하여 따로 부가기간을 부여할 수 있다($\binom{\text{법 제40조 및 민소법 제}}{\text{172조 제 1 항과 제 2 항}}$).

Ⅲ. 심판청구의 취하

권한쟁의심판은 권능질서를 보호하기 위한 객관적 소송으로서의 성질을 가지기 때문에 주관적 소송처럼 심판청구의 취하가 자유로운 것은 아니다. 그러나 당사자간의 권능 다툼이 해소되어 더 이상 관할권 보호 내지는 심판 이익이 없는 경우에는 청구의 취하가 허용된다고 할 것이다.[2)] 청구취하가 있으

---

1) 헌재결 1992. 6. 26. 91헌마134, 판례집 4, 457(459면); 헌재결 1999. 7. 22. 98헌라4, 판례집 11-2, 51(65면); 헌재결 2016. 5. 26. 2015헌라1, 헌재공보 236, 866(873면) 참조.
2) 헌재결 2001. 6. 28. 2000헌라1, 판례집 13-1, 1218(1225면) 참조. 독일 연방헌법재판소의 판

면 원칙적으로 심판절차는 종료된다. 다만 권능질서에 대한 다툼이 표본적인
성격을 갖는 것이어서 권한쟁의심판사건을 계기로 관할의 소재를 분명히 밝
혀 권능질서를 명확하게 확립할 공익적인 필요성이 있는 경우에는 심판의 이
익이 크기 때문에 설령 청구의 취하가 있더라도 헌법재판소는 종국결정을 하
는 것이 옳다.[1]

6. 권한쟁의심판의 절차

Ⅰ. 사건의 접수

헌법재판소가 권한쟁의심판청구서를 접수하면 사건기록을 편성하고, 사건
번호와 사건명을 부여한다(사건부호는 '헌라'). 그리고 권한쟁의사건부에 기재하
여 사건을 등록한다. 또 심판규칙($\frac{제67}{조}$)이 정하는 국가기관 또는 지방자치단체
에 그 사실을 바로 통지해야 한다.

Ⅱ. 심리의 방식

권한쟁의심판사건의 심리는 구두변론에 의한다($\frac{법 제30조}{제1항}$). 따라서 재판부가
변론을 열 때에는 기일을 정하고 당사자와 소송참가자 등 관계인의 출석을
요구하여야 한다($\frac{법 제30조}{제3항}$).

Ⅲ. 심판의 대상

권한쟁의심판의 대상은 청구인과 피청구인 간의 권한과 의무에 대한 다

시에 의하면 구두변론 후에는 심판청구의 취하에 연방헌법재판소의 동의가 필요한데, 연방헌
법재판소는 공익상의 필요가 있으면 취하를 거부할 수 있다고 한다. BVerfGE 24, 299(300)
참조. 그러나 BVerfGE 83, 175(181)에서는 공익상 필요에 의한 취하 거부를 많이 완화하는
판시를 하고 있다.
1) 따라서 헌법재판소가 위의 결정에서 민사소송법을 준용해서 심판절차종료선언을 하면서 종
국결정을 기피한 것은 비판받아 마땅하다. 위 판례집 1226면 이하 반대의견 참조.

툼이다.[1] 즉 '권한의 존부 또는 범위에 관한 다툼'($^{법\ 제61조}_{제1항}$)인데, 구체적으로는 '피청구인의 처분 또는 부작위가 헌법 또는 법률에 의하여 부여받은 청구인의 권한을 침해하였거나 침해할 현저한 위험이 있는'지의 여부($^{법\ 제61조}_{제2항}$)를 심판하는 것이다.

권한쟁의심판은 대부분 피청구인의 처분[2] 또는 부작위에 의해서 청구인의 권한이 침해되었거나, 아직 침해가 발생하지는 않았지만 침해가 발생할 현저한 위험이 임박했을 때 제기하는 것이기 때문에 적극적인 권한쟁의의 성질을 갖는다. 즉 특정 권한에 관해서 청구인과 피청구인이 서로 자기의 관할임을 주장해서 생기는 권한쟁의가 적극적 권한쟁의이다. 그러나 경우에 따라서는 청구인과 피청구인이 반대로 특정 권한과 의무에 관해 서로 자기의 관할이 아니라고 주장해서 생기는 소극적 권한쟁의도 발생할 수 있다.

(1) 적극적 권한쟁의

피청구인의 처분 또는 부작위에 의한 청구인의 권한침해 여부가 심판의 대상이다. 따라서 처분 또는 부작위의 의미와 내용을 밝히는 일이 중요하다. 그런데 권한 침해를 일으키는 처분과 부작위가 언제나 명확하게 구별되는 것은 아니다. 경우에 따라서는 청구인의 권한을 침해하는 피청구인의 행위가 처분과 부작위의 혼합으로 이루어질 수도 있기 때문이다. 이런 경우에는 청구인이 주로 다투는 내용이 처분인지 부작위인지에 따라 심판대상이 정해진다.[3] 그렇지만 처분과 부작위를 동시에 다투는 경우도 상정할 수 있다.

---

1) 헌법재판소법(제61조)은 '권한'에 관해서만 언급하고 있지만 권한과 의무는 상호 표리의 관계에 있을 뿐 아니라, 부작위에 의한 권한 침해는 당연히 작위의무를 전제로 하는 것이기 때문에 '의무'에 관한 다툼도 심판의 대상에 포함된다고 할 것이다. 우리 헌법재판소의 판시도 같은 취지이다. 헌재결 1995. 2. 23. 90헌라1, 판례집 7-1, 140(147면) 참조. 독일 연방헌법재판소법(제64조 제1항)은 기관쟁의의 심판대상을 '권한과 의무'의 침해 또는 직접적인 침해위험이라고 명시하고 있다.
2) 피청구인의 장래처분을 대상으로 하는 권한쟁의심판청구는 원칙적으로 허용되지 않지만, 장래처분이 확실하게 예정되어 있고 그 장래처분에 의해서 청구인의 권한이 침해될 위험이 있어서 청구인의 권한을 사전에 보호해 주어야 할 필요성이 매우 큰 예외적인 경우에만 심판청구가 허용된다. 헌재결 2009. 7. 30. 2005헌라2, 헌재공보 154, 1442(1450면) 참조.
3) BVerfGE 104, 238(245) 참조.

1) 피청구인의 처분

청구인의 권한을 침해하거나 침해할 현저한 위험이 있는 피청구인의 '처분'은 포괄적인 개념이기 때문에 개별적인 법률행위뿐 아니라, 법규범정립행위,[1] 사실행위도 포함된다. 예컨대 정부의 총선거일의 결정,[2] 국회의원의 현안질의에 대한 정부의 답변,[3] 국회의장의 국회의원에 대한 본회의에서의 경고조치,[4] 비교섭단체 소속국회의원이 발의한 의정활동의 기회균등에 필요한 예산배정 요구 안건의 본회의 부결[5] 등이 모두 처분의 범위에 포함된다는 것이 독일의 판례이다. 우리 헌법재판소도 국회의장의 개의일시 미통지를 처분이라고 판시했다.[6] 행정부가 법규명령을 제정한 행위, 국회의 동의를 요하는 국정행위를 동의 없이 하는 정부의 행위(국무총리·대법원장·헌법재판소장·감사원장·대법관 임명, 국군의 해외파병, 중요 조약체결 등), 헌법기관이 규칙을 제정하는 행위 등도 모두 처분에 포함된다.

그런데 피청구인의 처분이 심판의 대상이 되기 위해서는 피청구인의 처분이 법적인 효과(Rechtserheblichkeit)를 갖는 것이어야 한다.[7] 따라서 법적인 효과를 발생하지 않는 사전준비행위, 법률안 제출행위, 결의안 작성행위, 법적 효력이 없는 의견개진, 단순한 업무협조요청,[8] 단순한 업무연락 등은 그 자체로서 청구인의 권한을 침해할 수 없기 때문에 심판의 대상에 포함되지 않는다.[9]

---

1) 동지: BVerfGE 92, 203(227); 84, 304(318); 82, 322(335); 80, 188(209) 참조.
2) BVerfGE 68, 1(66) 참조.
3) BVerfGE 57, 1(5); 13, 123(125) 참조.
4) BVerfGE 60, 374(381) 참조.
5) BVerfGE 80, 188(215) 참조.
6) 헌재결 1997. 7. 16. 96헌라2, 판례집 9-2, 154면 참조.
7) 동지: BVerfGE 103, 81(86); 97, 408(414) 참조. 독일 연방헌법재판소는 전에는 처분의 법적인 효과 문제를 청구권의 관점에서 평가했지만, 이제는 심판대상의 적격의 문제로 파악하고 있다. 예컨대 이전 판례 BVerfGE 2, 143(168); 2, 347(366) 참조.
8) 국무총리 소속 사회보장위원회가 '지자체 유사·중복 사회보장사업 정비 추진방안'을 의결한 행위와 보건복지부장관이 이 의결내용을 구체화한 정비지침을 지자체장에게 통보한 행위는 그 통보내용을 강제하기 위한 권력적·구체적인 후속조치가 예정되어 있지 않아 지자체의 임의적이고 자발적인 협력을 기대한 업무협조요청에 불과해서 권한쟁의의 심판대상인 처분이라고 볼 수 없다고 각하한 헌재결 2018. 7. 26. 2015헌라4가 그 예이다.
9) 헌재결 2006. 3. 30. 2005헌라1, 헌재공보 114, 525(528면) 참조. 구 선관위가 자치구에 선

또 국회를 피청구인으로 해서 피청구인의 법률제정·개정행위를 다투는 경우에는 법률규정 그 자체는 심판의 대상이 될 수 없다.[1] 다만 제정된 법률규정을 근거로 한 처분이 행해져 청구인의 권한이 침해된 때에는 그 처분이 법률규정의 내용을 단순히 집행·적용하는 성질의 것일 때는 법률규정도 기관쟁의에서 처분의 범위에 포함될 수 있다는 독일 연방헌법재판소의 판시[2]가 있다. 그렇지만 비판적인 견해가 많다.[3] 권한쟁의심판은 법률규범의 위헌 여부를 가리는 것이 목적이 아니라 피청구인이 법률의 제정 또는 법률제정에 참여함으로써 청구인의 권한을 침해했는지를 심판하기 위한 것이기 때문이다.[4] 따라서 청구인이 규범통제를 지향(指向)하려면 별도로 해당 헌법소송절차를 밟아야 한다. 그리고 규범통제를 통해 해당 법률규정이 위헌결정된다고 하더라도 그 위헌인 법률규범의 제정행위로 인해 청구인의 권한이 침해되었는지의 여부는 가려진 것이 아니기 때문에 법률제정행위에 대한 권한쟁의심판은 여전히 유효하고 심판의 이익이 있다고 할 것이다.

그리고 피청구인의 처분은 객관적으로 존재해야지 청구인이 피청구인의 처분으로 자신의 권한을 침해받았다고 주장하는 것만으로는 안 된다. 헌법재판소는 청구인의 권한을 침해한 것이 과연 피청구인의 처분에서 비롯된 것인지를 밝혀서 심판한다.[5] 그렇기 때문에 헌법재판소는 청구인이 주장하는 권한이 진정으로 헌법과 법률에 의해 청구인에게 부여된 권한인지, 그리고 피청구인의 처분이 그의 권한 범위에 속하는 것으로서 진실로 권능질서에 어긋나

거비용을 통보하는 행위도 심판대상인 처분이 아니다. 헌재결 2008. 6. 26. 2005헌라7, 헌재공보 141, 884(889면) 참조.

　법률안 제출행위가 아닌 법률제정행위만을 권한쟁의심판의 대상으로 인정한 다음 판례 참조할 것. 헌재결 2005. 12. 22. 2004헌라3, 판례집 17-2, 650(658면); 헌재결 2006. 5. 25. 2005헌라4, 헌재공보 116, 768(770면).

1) 헌재결 2016. 5. 26. 2015헌라1, 헌재공보 236, 866(873면) 참조.

2) BVerfGE 80, 188(209) 참조.

3) 예컨대 *C. Pestalozza*, Verfassungsprozessrecht, 3. Auf., 1991, §7 RN. 20 m. FN. 90; *Hillgruber/Goos*, Verfassungsprozessrecht, 2004, RN. 360 m. FN. 97 참조.

4) 독일연방헌법재판소도 연방헌법재판소법 제72조 제2항을 근거로 같은 취지의 판시를 하고 있다. BVerfGE 120, 82ff.(124) 참조. 이것을 '비본질적인 규범통제'(akzidentielle Normen-kontrolle)라고 부르는 학자도 있지만 적절한 개념이라고 볼 수 없다. H. Bethge, in: Maunz usw., BVerfGG, §64 RN. 35 참조.

5) BVerfGE 68, 1(74); 73, 1(30); 80, 188(216); 82, 322(336); 90, 286(338) 참조.

게 행사된 것인지를 심판하게 된다. 그 결과 피청구인의 적격성에 대한 심판은 권한쟁의심판의 적법성뿐 아니라 정당성까지도 함께 판단하는 효과를 갖게 된다. 그렇지만 심판청구가 과연 정당한 것인가에 대한 심판은 본안심판에서 별도로 이루어질 수밖에 없다.

2) 피청구인의 부작위

청구인의 권한을 침해하는 피청구인의 부작위를 다투기 위해서는 피청구인에게 헌법과 법률에 의한 구체적인 작위의무가 있는데도 불구하고 작위의무를 이행하지 않는 경우이어야 한다.[1] 따라서 단순한 사실상의 부작위로 권한 침해가 발생하는 경우는 심판대상이 아니다. 대통령의 국정행위는 국무총리와 관계국무위원의 부서(副署)가 필요한데도($\frac{제82}{조}$) 부서를 받지 않는 경우, 국무회의의 심의를 거쳐야 하는 사항을 심의 없이 행하는 경우($\frac{제89}{조}$), 대통령이 긴급재정·경제처분 및 긴급명령을 국회에 보고하지 않는 경우($\frac{제76조}{제3항}$), 국회의 계엄해제요구에도 대통령이 계엄을 해제하지 않는 경우($\frac{제77조}{제5항}$), 정부가 회계연도 개시 90일 전까지 예산안을 국회에 제출하지 않는 경우($\frac{제54조}{제2항}$), 국회가 회계연도 개시 30일 전까지 예산안을 의결하지 않는 경우($\frac{제54조}{제2항}$), 국회의 감사원에 대한 감사청구에 대해 감사원이 정해진 기간 내에 감사결과를 국회에 보고하지 않는 경우($\frac{국회법}{제127조의\ 2}$) 등이 심판의 대상이 되는 부작위에 속한다. 입법부의 입법부작위가 심판의 대상이 되는 부작위에 포함될 수 있는가에 대해서는 논란이 있지만, 입법형성권을 남용하는 입법부작위는 심판대상이 된다고 할 것이다.[2]

3) 권한의 침해 또는 침해할 현저한 위험

(가) 권한의 침해

피청구인의 처분이 청구인의 권한을 침해하기 위해서는 적어도 피청구인

---

1) 헌재결 1998. 7. 14. 98헌라3, 판례집 10-2, 74(81) 참조. 독일 연방헌법재판소도 같은 취지의 판시를 하고 있다. BVerfGE 103, 81(86); 96, 264(277) 참조.
2) 동지: *Benda/Klein*, aaO., RN. 1025 FN. 121. 독일 연방헌법재판소는 BVerfGE 92, 80(87)에서 이 문제에 대한 명시적인 판단을 유보하고 있다. 그러나 독일의 일부 주(Nordrhein-Westfalen) 헌법재판소는 이를 명시적으로 인정하고 있다. 예컨대 VerfGH NW, Urt. v. 29. 9. 1994, NVwZ 1995, S. 579, S. 11ff. 참조.

의 행위가 청구인의 권한을 침해하기에 적합한 것이어야 한다. 헌법재판소는 국회의원이 특정 정보를 인터넷 홈페이지에 게시하거나 언론에 알리는 것과 같은 행위는 헌법과 법률이 특별히 국회의원에게 부여한 국회의원 독자적인 권능이라고 할 수 없어 법원이 가처분재판과 간접강제재판으로 그런 게시행위를 제한했더라도 그로 인해 국회의원의 권한(법률안 제출·표결권, 국정감사·조사관련 권한 등)이 침해될 가능성이 없다고 판시하면서 국회의원이 법원을 상대로 제기한 권한쟁의심판청구를 각하했다.[1] 또 국회의장이 입법교착상태에 빠진 법률안에 대한 국회재적 과반수 국회의원들의 심사기간지정요청을 거부한 행위는 국회의원인 청구인들의 법률안 심의·표결권을 침해하거나 침해할 위험성이 없다고 심판청구를 각하했다.[2]

독일 연방헌법재판소는 처음에는 권한 침해의 적합성(Geeignetheit)을 기준으로 권한침해 여부를 판단했었다.[3] 그러나 최근에는 권한 침해의 적합성보다는 앞에서 설명한 대로 피청구인의 행위가 갖는 법적인 효과(Rechtserheblichkeit)를 기준으로 권한 침해 여부를 판단하는 방향으로 입장을 바꾸고 있다.[4] 예컨대 연방의회 의장이 연방의회 의원의 품위 없는 발언에 대해서 경고하는 행위는 법적인 효과가 없기 때문에 권한 침해가 있다고 볼 수 없다는 것이다.[5] 마찬가지로 연방정부나 그 각료가 연방의회에서 특정 정당의 헌법 적대적 정치활동에 대한 비판적인 의견을 개진했다고 하더라도 그러한 의견 개진만으로는 법적인 효과가 없기 때문에 정당의 헌법상 권한을 침해했다고 볼 수 없다고 판시했다.[6] 그러나 정부가 공개적으로 그러한 의견을 개진하는 것은 정당의 직접적인 권한 침해를 발생하는 법적 효과는 없다고 하더라도, 적어도 정당의 헌법상의 지위와 정당활동의 기회균등에 좋지 않은 영향을 미치는 것은 부정할 수 없다는 의미에서 이 판결에 대해서 비판적인 견해를 피력

---

1) 헌재결 2010. 7. 29. 2010헌라1, 헌재공보 166, 1351(1355면 이하) 참조.
2) 헌재결 2016. 5. 26. 2015헌라1, 헌재공보 236, 866(875면) 참조.
3) 예컨대 BVerfGE 2, 143(168); 2, 347(366) 참조.
4) 예컨대 BVerfGE 99, 19(31); 97, 408(414); 96, 264(277); 60, 374(380f.) 참조.
5) BVerfGE 60, 374(381) 참조.
6) 독일에서는 정당도 예외적으로 기관쟁의심판의 당사자가 될 수 있기 때문에 이 판결은 의미가 있지만, 우리의 경우는 다르다. BVerfGE 13, 123(126); 57, 1(5ff.) 참조.

하는 학자가 있다.[1] 결과적으로 권한 침해 여부의 판단기준으로 피청구인의
행위가 갖는 법적인 효과를 고려하는 것은 불가피하고, 또 법적인 효과가 없
는 피청구인의 처분은 통상적으로 권한 침해를 발생하지 않는다고 하더라도,
경우에 따라서는 법적인 효과와 무관한 권한 침해가 있을 수 있다는 점을 유
의할 필요가 있다고 할 것이다.

(나) 권한을 침해할 현저한 위험

피청구인의 행위로 청구인에게 현실적으로 권한 침해가 발생한 것은 아
니지만, 여러 가지 상황을 고려할 때 경험상 권한 침해의 개연성이 매우 높아
권한 침해가 임박한 상태도 권한쟁의의 대상이 된다. 헌법재판소법(제61조 제 2 항)이
정하는 '현저한 위험'의 인정 여부는 가치판단의 문제이다. 그러나 헌법재판소
가 개입해서 사태의 진전을 중단시키지 않으면 사항적으로나 시간적으로 구체
적인 다툼으로 발전할 수 있을 정도로 구체화된 권한 침해가 거의 확실히 예
상되는 경우에는 '현저한 위험'을 인정할 수 있다고 할 것이다.[2] 그 결과 피
청구인의 잠재적인 권한 침해행위를 확실히 기대할 수 있지만, 그 행위는 미
래에 발생할 것이 예상되는 경우 권한 침해의 시기가 이미 확정되었는가의
여부는 '현저한 위험'의 판단에서 중요하지 않다고 할 것이다. 그러나 예컨대
국회의 야당교섭단체가 국회 상임위원회를 통과한 법률이 야당의 정치활동을
제약하는 요소를 담고 있다고 해서 해당 상임위원장을 상대로 권한쟁의심판
을 청구하는 것은 권한 침해의 현저한 위험을 인정할 합리성이 없다고 할 것
이다. 그 법률안이 국회 본회의에서 계속 심의될 것인지 또는 국회 본회의를
통과할 것인지가 불투명하기 때문이다. 또 정부가 대북 전력지원사업을 추진
하면서 그 법적인 근거를 법률안으로 국회에 제출하지 않은 경우에 국회는
정부의 부작위로 인한 입법권한 침해의 현저한 위험을 주장하는 권한쟁의를
할 수 없다고 할 것이다. 왜냐하면 국회 스스로 언제든지 관련법률을 발의해
서 제정할 입법권을 가지고 있기 때문이다.[3]

---

1) 예컨대 *Hillgruber/Goos*, aaO., RN. 357; *Benda/Klein*, aaO., RN. 1028 참조.
2) 동지: *Benda/Klein*, aaO., RN. 1029 참조.
3) 독일에서도 군비증강과 관련된 연방의회 야당과 정부와의 기관쟁의심판에서 연방헌법재판
   소가 비슷한 취지의 판시를 한 일이 있다. BVerfGE 68, 1(66ff.) 참조. 다음은 같은 유형의
   판례이다. BVerfGE 60, 319(324); 92, 74(80).

이처럼 권한 침해의 현저한 위험을 미리 권한쟁의의 심판대상으로 인정하는 것은 권능질서의 기능적인 정상화를 위해서 사전에 적절한 조치를 취하는 것이 침해가 발생한 후의 사후조치보다 효과적이라는 인식에 바탕을 두고 있다. 권한 침해의 현저한 위험의 존재 여부는 본안판단에서 가려야 할 문제이지만, 심판청구의 적법성 심사단계에서도 어느 정도 고려의 대상이 되는 것은 불가피하다. 불필요한 권한쟁의로 인해서 권한쟁의의 당사자간에 헌법소송이 오래 진행되는 것은 국익에 도움이 되지 않기 때문이다. 아무튼 청구인이 그러한 권한침해의 위험을 구체적으로 입증하도록 요구하는 것이 독일의 판례 입장이다.[1]

4) 권리보호이익

권한쟁의심판에서 소송물은 주관적으로 정해지지만, 소송의 목적은 객관적인 성격을 갖기 때문에 청구인의 권리보호이익이 특별히 필요한 것은 아니다. 그러나 청구인에게 청구인적격을 인정하기 위해서는 권리보호이익을 함께 고려하지 않을 수 없다.[2] 예컨대 국회의원이 제기한 권한쟁의심판에서 청구인이 임기만료로 국회의원의 신분을 상실했다면 원칙적으로 권리보호이익도 인정하기 어렵다.[3] 그리고 국회의원인 청구인이 다투고 있는 피청구인의 권한 침해 조치가 청구인의 임기만료 후에 비로소 법적인 효과를 나타낸다면 청구인적격이 없는 경우라고 할 것이다.[4] 그런데 대개의 경우 청구인적격의 심사단계에서 권리보호이익도 검토되는 것이 상례이다. 결국 권리보호이익에 관한 별도의 검토를 요하는 것은 아니지만, 청구인적격의 심사에서 청구인이 권한의 침해 또는 침해의 위험성을 주장한다면 그것은 바로 권리보호이익을 암시하는 것이라고 보아야 할 것이다.[5] 그러나 청구인이 스스로 피청구인의 권한 침해 행위를 방지할 수 있었다면 청구인의 권리보호이익은 인정할 수

---

1) 예컨대 BVerfGE 92, 74(79); 81, 310(329); 70, 324(350); 2, 347(366) 참조.
2) 독일 연방헌법재판소가 초기에 청구인적격과 권리보호이익을 개념적으로 특별히 구별하지 않은 이유도 그 때문이다. BVerfGE 2, 347(365f.) 참조.
3) 동지: BVerfGE 87, 207(209) 참조. 그러나 임기만료에도 불구하고 권리보호의 이익을 인정할 수 있는 경우도 있을 수 있다는 점을 잊어서는 아니 된다.
4) 동지: BVerfGE 92, 74(79) 참조.
5) 동지: BVerfGE 87, 207(209); 68, 1(77); 67, 100(127); 62, 1(33) 참조.

없다.[1] 예컨대 앞에서 설명한 정부의 대북전력지원사업과 관련된 정부의 법률안 미제출 행위로 인한 국회의 입법권 침해의 경우에 권리보호이익을 인정할 수 없는 이유도 그 때문이다. 독일 연방헌법재판소[2]가 적절히 지적하는 바와 같이 불가피한 이유도 없이 국회가 할 일을 헌법재판소가 대신 하라고 요구하는 것을 허용할 수는 없다. 그런데 권능질서의 유지가 진정으로 권한쟁의 당사자의 이익만을 위한 것이라면 독일 연방헌법재판소의 이 판시는 설득력이 있다. 그렇지만 정치적인 해결의 길이 있더라도, 국회 내의 의석 분포상황으로 보아 그 실현 가능성을 거의 기대할 수 없거나, 권능질서의 유지가 당사자의 이익을 넘어 일반적인 의미를 갖고 자유민주주의 헌법질서의 유지를 위해서 불가결한 중요성을 갖는 것이라면 권한쟁의심판이 갖는 객관적 소송으로서의 성질을 감안할 때 권리보호이익을 지나치게 강조하는 것은 옳지 않다고 할 것이다.[3] 독일 연방헌법재판소가 법률제정에 의해서 국민의 정치적 의사형성과정에 균등하게 참여할 수 있는 정당활동의 자유를 침해받았다고 제기한 정당(NPD)의 기관쟁의심판의 심리중에 관련 법률조항이 추상적 규범통제에서 위헌판결을 받은 후에도 청구인의 권리보호이익을 인정하면서, 그 이유로 기관쟁의심판은 규범 그 자체를 대상으로 하는 것이 아니라, 입법기관의 규범정립 조치에 의한 권한 침해 여부를 대상으로 한다고 강조한 것도 그 때문이다.[4] 또 독일 연방정부가 NATO구성원으로서 조약상의 의무이행을 위해서 연방의회의 동의 없이 연방군대를 해외의 분쟁지역에 평화유지군으로 파병한 조치에 대해서 연방정부에 참여하고 있는 연방의회의 자유민주당(F.D.P.) 교섭단체가 연방정부의 연립정당(CDU/CSU)과 함께 개헌을 추진하다가 야당(SPD)의 반대로 좌절되자, 제 3 자 소송담당으로 연방의회의 권한 침해를 이유로 연방정부를 상대로 제기한 기관쟁의에서, 청구인이 추구하는 것은 연방의회의 동의 없는 해외파병으로 인한 연방의회의 권한 침해를 다투기보다는, 연방정부의 파병행위가 위헌임을 확인받음으로써 개헌의 필요성을 강조하기 위

---

1) 따라서 2009. 7. 대의정치를 부인하는 야당의 물리적인 의사진행방해 때문에 야기된 국회의 미디어법처리에 대한 야당의 권한쟁의심판청구의 적법성을 인정한 헌재의 결정은 권리보호이익의 관점에서 비판의 여지가 많다. 헌재결 2009. 10. 29. 2009헌라8 등(병합) 참조.
2) BVerfGE 68, 1(77) 참조.
3) 동지: BVerfGE 68, 1(77f.) 참조.
4) BVerfGE 20, 134(141) 참조.

한 것이었는데도 불구하고 연방헌법재판소는 청구인의 권리보호이익을 인정
하는 판시를 했다. 이 경우 연방헌법재판소는 UN조치의 일환으로 연방군대의
해외파병에 대해서 연방의회가 동의하는 것이 연방정부를 기속하는 법적인
효력을 갖는 것인지에 관해서 아직 헌법적으로 해명한 일이 없다는 점을 들
어 권리보호이익을 인정했다.[1] 헌법문제에 관한 다툼은 정치적으로 해결할
수 없고 헌법재판소만이 종결할 수 있다고 본다면 이 판결은 정당하다고 할
것이다. 그러나 반면에 기관쟁의심판이 대립되는 당사자간의 대립적인 소송이
라는 점을 생각한다면 청구인이 자신의 권한 또는 자신이 속한 기관의 권한
이나 기능을 보호하려는 것이 아니고, 쟁점이 되고 있는 헌법문제에 관해서
피청구인(연방정부)의 주장대로 해결되기를 바라는 것이라면 권리보호이익의
인정은 무리라는 비판도 가능하다고 할 것이다. 결론적으로 연방헌법재판소는
기관쟁의에서 권리보호이익에 관해서 엄격하지 않은 매우 유동적인 입장을
취하고 있다고 할 것이다.[2]

(2) 소극적 권한쟁의

1) 법률의 규정 내용

소극적 권한쟁의란 청구인과 피청구인이 특정 권한과 의무에 관해서 서
로 자신의 관할이 아니라고 주장해서 생기는 권한쟁의를 말한다. 헌법재판소
법(제61조 제1항)은 '권한의 존부 또는 범위에 관한 다툼'이라고 규정하고 있어 소극적
권한쟁의가 포함될 수 있는 문언을 사용하고 있지만, 곧 이어서 제 2 항에서는
'권한의 침해 또는 침해할 현저한 위험이 있는 때에 한하여' 청구할 수 있다는
표현을 사용함으로써 소극적 권한쟁의의 인정 여부에 대해서 애매한 입장을
취하고 있다. 그 결과 소극적 권한쟁의의 인정 여부를 둘러싸고 논란이 있다.

---

1) BVerfGE 90, 286(340) 참조. 이 판결에서 연방헌법재판소는 주문에서 무장군대의 해외파병
   은 원칙적으로 사전에 연방의회의 동의를 받아야 하는 것이 기본법이 연방정부에 부여한
   의무라고 밝히면서, 연방의회의 동의 없는 연방정부의 해외파병조치는 위헌이라고 판시했
   다. 두 재판관은 권리보호이익을 인정할 수 없다고 각하소견의 반대의견을 냈다. 같은 판례
   집 394면 참조.
2) 우리 헌재도 권한침해상태가 이미 종료된 권한쟁의심판에서 권한침해의 반복위험성과 헌법
   적 해명의 필요성을 이유로 심판청구의 이익을 인정하고 있다. 헌재결 2009. 5. 28. 2006헌
   라6 참조.

2) 인정 여부에 관한 학설과 판례

(개) 긍 정 설

소극적 권한쟁의를 인정하는 입장에서는 i) 헌법($^{제111조 제1}_{항 제4호}$)은 모든 유형의 권한쟁의를 포괄한다는 취지로 규정한 것이고, ii) 헌법재판소법($^{제61조}_{제1항}$)이 정하는 '권한의 존부 또는 범위에 관한 다툼'도 소극적 권한쟁의를 당연히 포함하는 개념이며, iii) 소극적 권한쟁의를 인정하지 않으면 권한과 의무의 주체간에 서로 책임회피가 있는 경우 객관적인 권한질서의 유지와 국가업무의 지속적인 수행이 어려워져 결과적으로 국민의 이익을 해치는 현상이 생길 수 있다는 점을 강조한다.

(내) 부 정 설

소극적 권한쟁의를 부정하는 입장에서는 i) 헌법($^{제111조 제1}_{항 제4호}$)을 소극적 권한쟁의의 근거규정으로 원용하는 것은 무리이고, ii) 소극적 권한쟁의를 포함해서 권한쟁의제도의 구체적인 형성권은 입법자에게 있는데, iii) 헌법재판소법($^{제61조}_{제2항}$)은 권한쟁의심판청구의 요건으로 '청구인의 권한을 침해하였거나 침해할 현저한 위험이 있는 때에 한하여' 할 수 있다고 규정함으로써 소극적 권한쟁의를 포함할 수 있는 해석상의 여지를 주지 않았으며, iv) 우리 사법제도상 행정소송법($^{제36}_{조}$)이 정하는 부작위위법확인소송을 비롯한 다른 방법으로도 소극적 권한쟁의를 해결할 길이 있다는 점을 강조한다.

(다) 헌법재판소의 입장

헌법재판소가 소극적 권한쟁의의 인정 여부에 관해서 명시적으로 언급한 판례는 아직 없다. 소극적 권한쟁의의 성질을 갖는 두 개의 심판사건이 있었지만 소극적 권한쟁의에 관한 명시적인 언급 없이 다른 논증으로 사건을 해결했다. 즉 i) 포항시가 정부를 상대로 제기한 권한쟁의심판사건에서 청구인은 어업면허 유효기간 연장 불허가처분에 따른 손실보상금 지급사무에 관한 권한이 청구인과 피청구인 중 누구에게 있는지를 확정해 달라는 취지의 심판청구를 했다. 그러나 헌법재판소는 심판대상이 된 다툼은 '유효기간 연장의 불허가처분으로 인한 손실보상금 지급권한의 존부 또는 범위 자체에 관한 당사자 사이의 직접적인 다툼이 아니라, 그 손실보상금 채무를 둘러싸고 어업권

자와 청구인, 어업권자와 피청구인 사이의 단순한 채권채무관계의 분쟁에 불
과한 것으로 보인다'는 이유를 들어 각하결정을 했다.[1] 청구인과 피청구인 간
의 소극적 권한쟁의사건으로 판단하지 않은 것이다. ii) 시흥시가 정부를 상대
로 제기한 권한쟁의심판사건에서 청구인은 정부가 시화공업단지 내의 공공시
설의 관리권자임을 전제로 피청구인이 해당 공공시설을 관리하지 아니함으로
인하여 시흥시의 자치재정권이 침해되었다고 주장했다. 헌법재판소는 해당 공
공시설의 관리권자는 청구인의 주장과는 달리 피청구인이 아니라 청구인이므
로 권한 침해를 인정할 수 없고, 설령 피청구인이 관리권자라고 하더라도 청
구인으로서는 해당 공공시설을 관리하지 않으면 그뿐이므로 피청구인의 부작
위로 인하여 청구인의 권한이 침해될 여지는 없다는 이유를 들어 기각결정을
했다. 3인의 재판관은 해당 공공시설의 관리권의 주체가 누구인가와 관계 없
이 피청구인의 부작위로 인한 청구인의 권한이 침해될 우려는 없기 때문에
헌법재판소법($^{제61조}_{제2항}$)이 정하는 적법요건을 구비하지 못한 것이므로 각하해야
한다는 반대의견을 냈다.[2] 이 사건에서도 헌법재판소는 소극적 권한쟁의사건
으로 판단하지 않았다.

　(라) 사　　견

　　권한쟁의심판제도의 취지가 권능질서의 유지를 통한 통치기능의 보호에
있다면 적극적 권한쟁의뿐 아니라 소극적 권한쟁의도 권능질서에 부정적인 영
향을 미치는 것은 마찬가지이다. 더욱이 원활한 통치기능과 국민의 법률생활
을 위해서 불가결한 권능작용이 권능주체간의 관할 부인 내지 회피 사태로
인해서 행사되지 않거나 방치되는 것은 공공복리의 정신에도 어긋난다. 따라
서 헌법재판소법($^{제61조}_{제2항}$)이 정하는 '권한 침해'와 '부작위'의 개념을 기능적으로
연관지어 이해한다면 이 개념은 적극적인 침해뿐 아니라 소극적인 침해도 포
함된다고 합목적적으로 해석하는 것이 바람직하다고 생각한다. 따라서 관련
법률규정을 문의적으로 지나치게 좁게 해석하는 부정설은 찬성하기 어렵다.
또 행정소송법이 정하는 부작위위법확인소송 등 기타의 해결방법으로 소극적
권한쟁의의 모든 문제가 해결될 수도 없다. 독일도 소극적 기관쟁의에 관한

---

　1) 헌재결 1998. 6. 25. 94헌라1, 판례집 10-1, 739면 참조.
　2) 헌재결 1998. 8. 27. 96헌라1, 판례집 10-2, 364면 참조.

규정은 없지만, 소극적 기관쟁의에 관해서 따로 규정하지 않은 이유는 독일에
서는 헌법기관 상호간의 기본법상의 권한 침해만을 기관쟁의의 대상으로 삼고
있으며, 부작위에 의한 권한 침해의 범위에 소극적 기관쟁의도 포함시킬 수
있다는 인식 때문이다.[1]

Ⅳ. 결   정

권한쟁의심판에서 헌법재판소는 심판대상에 대한 심리를 마치면 결정을
하는데 결정은 종국결정선고시까지 잠정적인 효력을 갖는 가처분결정과 종국
결정으로 구분된다.

(1) 심판정족수

헌법재판소는 재판관 9인으로 구성되는 전원재판부에서 권한쟁의심판을
관장하는데($^{법\ 제22조}_{제1항}$), 재판관 7인 이상의 출석으로 사건을 심리하며($^{법\ 제23조}_{제1항}$) 종
국심리에 관여한 재판관 과반수의 찬성으로 사건에 관한 결정을 한다($^{법\ 제23조}_{제2항}$).
우리의 헌법재판 종류 중에서 유일하게 과반수 결정을 정하고 있는데, 가처분
결정과 종국결정에서 모두 과반수 결정의 심판정족수가 적용된다.

(2) 가처분결정

헌법재판소법($^{제65}_{조}$)은 권한쟁의심판에서의 가처분결정에 관해서 규정하고
있는데 가처분결정의 요건은 다음과 같다.

1) 직권 또는 가처분신청

헌법재판소의 가처분결정은 직권 또는 당사자의 신청에 의해서 이루어진
다. 가처분신청은 권한쟁의심판의 청구와 동시에 할 수는 있지만, 권한쟁의심
판 전에 할 수는 없다고 보아야 한다. 권한쟁의의 내용이 정해지지 않은 가처
분은 성립할 수도 없고 무의미하기 때문이다. 더더욱 직권에 의한 가처분은
사건이 헌법재판소에 계속(係屬)되어야 가능하다.

---

1) 예컨대 *Benda/Klein*, aaO., RN. 1027 참조.

2) 가처분의 요건

(가) 형식적 요건

계속중인 권한쟁의심판사건이 부적법하거나 이유 없음이 명백하지 않아야 한다.

(나) 실질적 요건

가처분결정에는 행정소송법과 민사소송법의 가처분에 관한 규정이 준용된다($\frac{법}{제40조}$). 그 결과 권한쟁의심판에서의 가처분결정은 피청구기관의 처분 등 그 집행 또는 절차의 속행으로 발생할 수 있는 회복하기 어려운 손해를 예방할 필요가 있거나 기타 공공복리상의 중대한 사유가 있고 그 처분의 효력을 정지시켜야 할 긴급한 필요가 있는 경우에 할 수 있다.[1] 그 밖에도 가처분신청을 기각한 후 종국결정에서 청구가 인용되었을 때 발생하게 될 불이익과, 가처분신청을 인용한 후 종국결정에서 청구가 기각되었을 때 발생하게 될 불이익을 비교형량하여 전자가 후자보다 큰 경우에 한하여 가처분결정을 할 수 있다고 할 것이다.[2]

3) 가처분의 내용과 효력

가처분결정은 쟁의의 대상이 된 피청구인의 처분의 효력을 종국결정의 선고시까지 정지하는 내용의 결정이다($\frac{법}{제65조}$).[3] 헌법재판소가 효력정지 가처분결정을 할 때에는 효력정지기간도 정할 수 있는데, 종국결정의 선고시기를 지나서까지 가처분결정이 효력을 갖도록 할 수는 없다. 헌법재판소는 피청구인의 처분의 효력을 정지하게 하는 가처분결정 이외에도 준용하는 행정소송법($\frac{제23조와}{제24조}$)과 민사집행법($\frac{제300}{조}$)이 정하는 기타의 가처분결정도 할 수 있다고 할 것이다. 피청구인의 처분의 효력을 정지시키는 것과 관련성이 있는 처분의 집행정지 또는 피청구인이 진행하는 절차의 속행을 중지시키는 결정 등이 그에

---

1) 행정소송법 제23조 제 2 항과 제 3 항 참조.
2) 동지: 헌재결 1999. 3. 25. 98헌사98, 판례집 11-1, 264면; 헌재결 2018. 4. 26. 2018헌사242 등, 헌재공보 259, 785면 참조.
3) 헌법재판소도 앞에서 소개한 성남시와 경기도 간의 권한쟁의심판사건에서 피청구인인 경기도지사가 행한 처분의 효력을 정지하는 가처분결정을 했다. 헌재결 1999. 3. 25. 98헌사98, 판례집 11-1, 264면 참조.

해당하는데, 행정소송법(제23조 제2항)은 처분의 집행정지 또는 절차의 속행정지로 가처분의 목적을 달성할 수 있는 경우에는 처분의 효력정지가처분은 할 수 없도록 정하고 있다는 점을 유의할 필요가 있다. 그리고 가처분의 목적 달성에 꼭 필요하다면 쟁의의 대상이 된 권리관계에 대한 임시조치(민사집행법 제300조 제2항)도 할 수 있을 것이다. 헌법재판소의 가처분결정은 권한쟁의의 당사자뿐 아니라 모든 국가기관과 지방자치단체를 기속하는 효력을 가진다(법 제67조 제1항).

(3) 종국결정

헌법재판소의 종국결정은 크게 각하결정과 기각결정 및 인용결정의 세 가지 유형으로 나눌 수 있는데, 인용결정은 다시 권한의 존부 및 범위확인결정, 처분취소결정 및 무효확인결정과 부작위위법확인결정으로 구분할 수 있다.[1] 그리고 예외적으로 심판절차종료선언이 있다.

1) 각하결정

권한쟁의심판청구가 형식요건을 구비하지 않아 부적법한 경우에는 각하결정을 한다. 청구인의 당사자적격의 흠결, 쟁의대상의 부존재, 제 3 자 소송담당의 요건 불비, 청구기간의 미 준수, 권리보호이익의 결핍 등이 각하 사유가 된다.[2] 각하결정은 '이 사건 심판청구를 각하한다'라는 주문으로 표시한다.[3]

2) 기각결정

권한쟁의심판청구가 적법하지만, 심리결과 청구인이 주장하는 권한 침해 또는 권한 침해의 현저한 위험을 인정할 수 없을 때는 기각결정을 한다. 기각

---

1) 독일 연방헌법재판소는 기관쟁의심판에서 연방헌법재판소법(제67조)의 규정에 따라 i) 쟁의대상이 된 피청구인의 처분 또는 부작위가 기본법에 위배되는지 여부를 밝히고, ii) 기관쟁의의 근거가 된 기본법의 규정을 명시하며(연방헌법재판소법 제64조 제 2 항에 의해 청구인이 표시한 규정에 구애받지 않는다. BVerfGE 68, 1(64)), iii) 기본법 위배 여부의 판단에서 중요한 의미를 갖는 해당 기본법의 해석에 관한 입장을 천명하는 판결(결정)을 한다. '권한의 존부 내지 침해 여부'를 가리는 것이 아니라, '기본법 위배 여부'를 판단하는 것이 결정의 핵심이라는 점이 우리와 다르다.
2) 독일에서는 각하결정을 할 때에는 기본법해석에 관한 별도의 판시가 불필요하다는 것이 연방헌법재판소의 입장이다. 예컨대 BVerfGE 2, 143(172) 참조.
3) 예컨대 헌재결 1997. 7. 16. 96헌라2, 판례집 9-2, 154면; 헌재결 1998. 7. 14. 98헌라1, 판례집 10-2, 1면 참조.

결정은 '이 사건 심판청구를 기각한다'라는 주문으로 표시한다.[1]

3) 인용결정

권한쟁의심판에서 헌법재판소의 인용결정은 본질적으로 확인결정의 성질을 갖는다. 즉 심판의 대상이 된 청구인과 피청구인 간의 '권한의 존부 또는 범위에 관하여 판단'하는($\binom{법\ 제66조}{제1항}$) 확인결정이다. 그리고 헌법재판소가 권한의 존부 또는 범위에 관한 판단을 기초로 권한 침해의 원인이 된 피청구인의 처분을 취소하거나 그 무효를 확인하는 인용결정을 하거나, 부작위로 인한 권한 침해에 대한 심판청구를 인용하는 결정을 하는 것 등($\binom{법\ 제66조}{제2항}$)도 모두 확인결정이다.

(가) 권한의 존부 및 범위확인결정

우리의 권한쟁의심판제도에서는 청구인과 피청구인 간에 다툼이 있는 권한의 귀속처가 누구인지 그리고 그 권한의 범위가 어디까지인지 등을 확인하는 것이 권한쟁의심판의 가장 핵심적인 종국결정의 유형이다. 독일의 기관쟁의제도에서는 쟁의대상인 처분 또는 부작위의 기본법 위배 여부를 확인하는 것이[2] 핵심적인 종국결정인 것과 다른 점이다. 우리의 경우 헌법재판소는 권한의 존부 또는 범위에 관하여 판단할 때 헌법과 법률의 권능질서에 관한 규정을 기초로 한다. 우리는 독일과 달리 법률상의 권한의 존부 및 범위도 권한쟁의의 대상으로 삼고 있기 때문이다. 그런데 권한의 존부 및 범위를 확인하기 위한 권한쟁의에도 두 가지 유형이 있다. 권한의 귀속처 또는 범위에 대한 다툼과 권한 행사로 인한 권한 침해에 관한 다툼이 그 것이다.

a) 권한의 귀속처 또는 범위에 대한 쟁의

쟁의의 대상이 되고 있는 특정 권한이 청구인과 피청구인 중 누구에게 주어진 권한인가, 그리고 그 쟁의의 대상이 된 권한의 범위에 특정 권한이 포함되는지를 결정하는 경우이다. 공유수면 매립지의 관할구역의 경계를 다투는 지방자치단체 간의 권한쟁의도 이 유형에 속한다.[3] 이 경우에는 권한의 귀속

---

1) 예컨대 헌재결 2000. 2. 24. 99헌라1, 판례집 12-1, 115면; BVerfGE 68, 1(3); 73, 1(2); 104, 151 참조.
2) 독일 연방헌법재판소법 제67조 제1항 참조.
3) i) 헌재는 종래 매립 전 공유수면의 해상경계선을 매립지의 관할구역 경계선으로 판시한(예컨대 헌재결 2011. 9. 29. 2009헌라3) 선례를 변경해서 새로운 관할기준을 제시했다. 즉 매립 전 공유수면을 관할한 지자체가 당연히 매립지에 대한 관할권을 갖는다고 볼 수는 없다

처 또는 권한의 범위를 주문으로 밝히는 결정을 하여야 하기 때문에 ' … 권한
은 청구인(피청구인)에게 속한다(속하지 않는다)', 또는 청구인(피청구인)의 권한
에는 … 권한이 포함된다(포함되지 않는다)'라는 주문으로 표시하게 될 것이다.

b) 권한 행사로 인한 권한 침해에 대한 쟁의

청구인과 피청구인 간에 권한의 귀속처 내지는 범위에 관해서는 견해가
일치하지만, 피청구인의 권한 행사가 헌법과 법률이 정한 권한 행사의 적법요
건을 충족하지 않아 청구인의 권한을 침해했는지를 결정하는 경우이다. 이 경
우에는 권한 침해 여부를 밝히는 결정을 해야 하기 때문에 '피청구인의 처분
(부작위)은 헌법(또는 법률)에 정한 청구인의 … 권한을 침해한 것이다'의 주문
으로 표시하게 된다.[1]

(나) 처분의 취소 또는 무효확인결정

헌법재판소는 권한쟁의심판에서 권한 침해의 원인이 된 피청구인의 처분

고 판시했다. '매립지의 관할권은 공유수면의 매립목적, 그 사업목적의 효과적 달성, 매립지
와 인근 지자체의 교통관계나 외부로부터의 접근성 등 지리상의 조건, 행정권한의 행사내
용, 사무처리의 실상, 매립 전 공유수면에 대한 행정권한의 행사연혁이나 주민들의 사회적·
경제적 편익 등을 모두 종합하여 형평의 원칙에 따라 합리적이고 공평하게 그 경계를 확
정해야' 한다고 논증했다. 이 기준에 따라 경남 사천시가 경남 고성군을 상대로 제기한 권
한쟁의심판청구에서 쟁송매립지에 대한 관할권한이 청구인에게 귀속된다고 볼 수 없다고
기각결정했다. 또 피청구인이 쟁송매립지에서 행사할 장래처분으로 헌법과 법률에 의해서
부여받은 청구인의 자치권이 침해될 현저한 위험성도 없다고 판시했다. 헌재결 2019. 4. 11.
2015헌라2 참조. ii) 공유수면의 관할구역 경계획정을 다투는 고창군과 부안군 간의 권한쟁
의 사건에서도 쟁송해역에서 제반 사정을 종합적으로 고려하여 형평의 원칙에 따라 해상경
계선을 확정해야 한다면서 고창군의 관할권한을 침해한 부안군의 공유수면 점용·사용료
부과처분의 일부를 무효라고 확인했다. 헌재결 2019. 4. 11. 2016헌라8 등 참조. iii) 또 헌
재는 국가기본도상의 해상경계선을 그 자체로 불문법상의 해상경계의 기초로 볼 수는 없고
등거리 중간선 등 형평의 원칙에 따라 해상 경계선을 획정해야 한다는 새 기준을 설정하는
결정(헌재결 2015. 7. 30. 2010헌라2)을 했음에도 불구하고, 그 후 경남도가 이 새로운 기준
설정을 적용받기 위해서 전남도를 상대로 제기한 해상경계 획정에 관한 권한쟁의사건에서
쟁송해역에서 행해진 장기간 반복된 관행이 존재하고 그에 대한 쟁의대상 두 지자체와 주
민들의 법적 확신이 존재한다는 것을 확인한 이상 국가기본도상의 해상경계선은 두 지자체
관할경계에 관해서는 그 기준이 된다고 피청구인 전남도의 관할권을 인정함으로써 앞의
2010헌라2 이후 불문법상 해상경계를 최초로 확인했다. 헌재결 2021. 2. 25. 2015헌라7 참조.
1) 예컨대 헌재결 1999. 7. 22. 98헌라4, 판례집 11-2, 51(61면 주문 1): '피청구인이 1998. 4.
16. 경기도 고시 제1998-142호로 행한 … 에 대한 도시계획사업시행자지정처분은 도시계획
법 제23조 제 5 항에 의한 청구인의 권한을 침해한 것이다'. 또 헌재결 2022. 8. 31. 2021헌
라1: 경기도가 양주시에 대하여 사전조사자료의 명목으로 감사자료를 요청한 것은 '양주시
의 자치권을 침해한 것이다'. 경기도가 남양주시를 특별조정교부금 배분에서 제외한 행위는
남양주시의 자치재정권의 침해가 아니다. 헌재결 2022. 12. 22. 2020헌라3 참조.

을 취소하거나 그 무효를 확인하는 결정을 할 수 있다($^{법\ 제66조}_{제2항}$). 이 결정은 앞에서 설명한 권한 침해에 대한 확인결정을 전제로 헌법재판소가 권능질서의 확립을 위해서 필요하다고 판단하는 경우에 직권 또는 청구인의 신청에 의하여 할 수 있다. 따라서 모든 권한쟁의심판에서 반드시 행해지는 필수적인 결정은 아니다.[1] 이 결정은 처분의 취소결정과 처분 무효확인결정에 따라 주문이 달라지는데, 전자의 경우에는 '피청구인의 처분을 취소한다', 후자의 경우에는 '피청구인의 처분이 무효임을 확인한다'라는 주문 표시를 하게 된다.[2] 처분취소결정 또는 무효확인결정이 있으면 피청구인의 처분은 사실상 법적 효력을 상실하므로 권능질서는 회복된다. 그렇지만 헌법재판소가 처분의 취소결정을 하더라도 그 처분이 그 처분의 상대방에 대하여 이미 생긴 효력에는 영향을 미치지 않는다($^{법\ 제67조}_{제2항}$). 선의의 제 3 자와 법적 안정성을 보호하기 위한 규정이다. 그 결과 취소결정은 처분의 상대방에게는 소급효력을 갖지 않아 처분의 상대방은 이미 생긴 법적 지위에 영향을 받지 않는다. 그러나 처분의 취소결정 이후에는 처분의 제 3 자에게도 영향을 미쳐 취소된 처분은 더 이상 법적 효력이 없다.

처분의 취소결정과 처분의 무효결정의 차이에 대해서 헌법재판소는 행정행위의 하자이론에 따라 '무효인 행정행위'와 '취소할 수 있는 행정행위'의 구별기준을 원용하는 판시를 하고 있다. 즉 처분이 '중대하고 명백한 흠'이 있으면 무효결정을 한다는 입장이다.[3] 그러나 헌법재판의 실무에서 청구인의 권한을 침해하는 피청구인의 처분이 '중대하고 명백한 흠'이 있는지 아니면 단순히 취소할 수 있는 것인지를 구별하는 일이 그처럼 쉽게 이루어지리라고 기대하기 어렵다. 따라서 쟁의의 대상인 처분이 갖는 흠의 질에 따라 취소와 무효를 구별할 것이 아니라 침해된 권능질서의 회복을 기준으로 취소와 무효를 구별

---

1) 예컨대 헌재결 1997. 7. 16. 96헌라2, 판례집 9-2, 154면: '피청구인이 1996. 12. 26. 06:00시경 제182회 임시회 제 1 차 본회의를 개의하고 국가안전기획부법 중 개정법률안 …을 상정하여 가결 선포한 것은 청구인들의 법률안 심의·표결의 권한을 침해한 것이다'라고 권한 침해를 확인하면서도 처분 취소 또는 무효확인은 하지 않았다. 헌재결 2009. 10. 29. 2009헌라8 등도 같은 내용의 결정이다.

2) 예컨대 헌재결 1999. 7. 22. 98헌라4, 판례집 11-2, 51(61면 주문 2): '피청구인의 위 처분은 무효임을 확인한다 …' 참조.

3) 예컨대 헌재결 1999. 7. 22. 98헌라4, 판례집 11-2, 51(61면 주문 2) 참조.

하는 것이 합리적이라고 생각한다. 즉 장래효를 갖는 취소결정만으로 권능질
서가 회복될 수 있는 경우도 있을 것이고, 소급효를 갖는 무효결정을 해야만
권능질서를 회복할 수 있는 경우도 있을 것이기 때문이다. 결국 헌법재판소법
에서 사용하고 있는 '취소'와 '무효'의 개념은 행정행위 하자이론에서 사용하는
개념과는 반드시 일치하지는 않는다고 이해하는 것이 바람직하다고 할 것이다.[1]
국회의 입법에 대한 권한쟁의심판에서 국회 다수당이 강행한 입법이 그 절차
상의 하자가 중대할 뿐 아니라 법률의 내용 면에서도 헌법원리와 기본권을 침해
하는 규정이 들어 있다면 당연히 해당 입법이 무효임을 선언할 수 있다($^{법~제66조}_{제2항}$).
규범통제에서 재판관 6인 이상의 찬성으로 법률규정을 위헌결정할 수 있다는
법 규정은 입법 절차상의 다툼이 없이 효력을 갖는 법률에 관한 규정이다. 반
면에 권한쟁의 심판소송에서 입법 절차상의 중대한 하자가 확인된 경우에는 재
판관 5인의 찬성으로 입법의 무효를 확인할 수 있다. 법리적으로 법률 규정의
위헌 무효와 입법의 무효는 구별할 필요가 있다. 전자의 경우 법률에 대한 위
헌결정은 소급효 또는 장래효를 갖는다. 그러나 후자의 경우에는 입법행위 자
체가 무효라는 뜻이다. 그렇기 때문에 국회는 헌법재판소가 무효로 결정한 입법
에 대해서 절차상 또는 내용상의 하자를 보완하든지 법률을 폐기해야 할 의무
가 있다. 헌법재판소의 입법에 관한 무효결정은 국회에 대해서도 기속력을 가지
기 때문이다($^{법~제67조}_{제1항}$). 따라서 헌법재판소가 무효로 결정한 입법행위로 만들어진
법률은 국회의 후속 조치가 있을 때까지 효력이 정지된다고 해석하는 것이 헌
법과 헌법재판소법의 정신에 비추어 합리적이라고 할 것이다.

(다) 부작위 위법확인결정

헌법재판소는 권한쟁의심판에서 피청구인의 부작위로 인하여 청구인의 권
한이 침해된 것을 확인한 때에는 부작위 위법확인결정을 한다($^{법~제66조}_{제2항}$). 피
청구인의 부작위가 청구인의 권한을 침해하기 위해서는 헌법과 법률에 의한 일
정한 작위의무가 피청구인에게 있음에도 불구하고 피청구인이 그 작위의무를

---

1) 독일 연방헌법재판소는 기관쟁의심판에서 피청구인의 작위 또는 부작위가 기본법에 위배되
   는지를 판단하는 주문을 내지만, 피청구인의 행위가 기본법에 위배된다고 판결하는 경우에
   도 그 행위를 무효라고 선언할 수는 없다는 일관된 입장을 견지하고 있다. 그 이유로 특히
   연방헌법재판소법(제35조)이 정하는 판결의 집행방법을 규율하는 판시를 통해 판결의 실효
   성을 확보할 수 있기 때문에 무효선언은 불필요하다는 것이다. 예컨대 BVerfGE 1, 351(371);
   20, 119(129); 20, 134(140); 24, 300(351); 85, 264(326) 참조.

이행하지 않아야 한다. 따라서 부작위 위법확인결정은 피청구인의 작위의무의 존재 내지 작위의무의 범위 확인을 먼저 한 후에 행해지게 된다. 부작위 위법확인결정은 '피청구인이 헌법(법률)에 의한 … 작위의무를 이행하지 않아 청구인의 권한을 침해한 것은 위법임을 확인한다'라는 주문 표시를 하게 될 것이다. 헌법재판소가 부작위 위법확인결정을 하면 피청구인은 결정취지에 따른 처분을 해야 한다($^{법 \ 제66조}_{제2항}$). 과거처럼 헌법소원심판에서도 검찰의 불기소처분을 대상으로 삼는 경우 그것이 일종의 작위를 뜻하는 것인지, 부작위에 해당하는지는 논란의 여지가 있지만,[1] 불기소처분을 취소하는 헌법재판소의 결정이 있으면 공소제기처분을 하는 것이 법의 정신에 충실한 태도라고 할 것이다.

4) 심판절차종료선언

청구인이 권한쟁의심판청구를 취하하고 그 사건이 권능질서에 비추어 더 이상 심판의 이익도 없는 경우에는 헌법재판소가 심판절차종료선언을 해서 사건을 종결한다. 이 때 헌법재판소는 '이 사건 권한쟁의심판절차는 청구인의 심판청구의 취하로 년 월 일 종료되었다'는 주문 표시의 결정을 한다.[2]

(4) 결정의 효력

1) 기 속 력

권한쟁의심판의 종국결정은 모든 국가기관과 지방자치단체를 기속하는 기속력을 갖는다($^{법 \ 제67조}_{제1항}$). 다만 실체적 판단을 포함하지 않은 각하결정이 기속력을 갖지 않는 것은 당연하다. 기속력으로 인하여 모든 국가기관과 지방자치단체는 헌법재판소의 결정취지에 어긋나는 작위 또는 부작위를 해서는 아니 된다.

2) 피청구인에 대한 효력

결정의 효력은 피청구인에게도 미치는데, 그는 심판대상이 되었던 것과

---

1) 헌법재판소도 검찰의 불기소처분이 위법하다고 판단하면 불기소처분 위법확인결정을 하는 것이 아니라, 검찰의 불기소처분을 하나의 처분으로 의제해서 취소하는 결정을 함으로써 이러한 논란에 원인을 제공해 주고 있다.

2) 예컨대 헌재결 2001. 6. 28. 2000헌라1, 판례집 13-1, 1218(1221면) 참조.

동일하거나 본질적으로 같다고 볼 수 있는 작위 또는 부작위를 되풀이하지 말아야 하는 반복금지의 법적 의무를 진다. 그리고 피청구인은 헌법재판소가 별도로 취소 또는 무효결정을 하지 않더라도 법적·사실적으로 가능한 범위 내에서 청구인의 권한을 침해하는 자신의 작위 또는 부작위를 제거해야 할 의무를 진다. 부작위의 경우 피청구인은 헌법재판소의 결정취지에 따른 처분을 하여야 한다고 규정한 이유도 그 때문이다($^{법\ 제66조}_{제2항}$).

3) 처분취소결정의 소급효 제한

피청구인의 처분을 취소하는 결정은 그 처분의 상대방에 대하여 이미 생긴 효력에는 영향을 미치지 않는 소급효의 제한을 받는다($^{법\ 제67조}_{제2항}$). 이 점은 앞에서 이미 설명했다.

4) 자기구속력과 형식적·실질적 확정력

권한쟁의심판의 종국결정도 헌법재판소 결정이 갖는 자기구속력과 형식적·실질적 확정력을 갖는다.[1] 특히 피청구인이 반복금지의무를 어기고 청구인의 권한을 침해하는 동일한 행위를 반복하는 경우 청구인은 다시 권한쟁의심판을 청구할 수 있고,[2] 헌법재판소는 사실적·법적 사정이 변하지 않은 한 자신이 행한 이전의 결정에 기속되는 자기구속력을 받기 때문에 다른 결정을 할 수 없다.[3]

---

[1] 이 점에 관해서는 앞의 제 3 편 제 3 장 일반심판절차에 관한 설명 참조할 것.
[2] 이 경우 청구인의 권리보호이익은 특히 강화된다고 할 것이다.
[3] 동지: *Bethge*, in: Maunz usw., BVerfGG-Kommentar, §69 RN. 177f. 참조.

제 5 장   헌법소원심판

1. 헌법소원심판의 의의와 연혁

Ⅰ. 헌법소원심판의 의의와 법적 근거

(1) 헌법소원심판의 의의

헌법소원심판(憲法訴願審判)은 공권력에 의한 기본권 침해를 헌법소송절차를 통해 구제함으로써 기본권 보장을 통한 사회통합을 추구하는 헌법실현의 헌법재판제도이다. 헌법의 목적과 기능은 사회의 정치적인 통합에 있고, 사회통합은 국민의 생활 속에 자리잡고 있는 공감적 가치를 실현할 때만 기대할 수 있는데, 그 공감적 가치가 헌법에 기본권으로 보장되고 있기 때문에 헌법이 보장하는 기본권의 규범적인 내용을 공권력으로부터 보호하는 것은 사회통합의 필수적인 전제조건이다. 헌법상의 기본권규정은 단순한 명목상의 규정이 아니라 국가의 통치권 행사와 국민생활에서 존중하고 실천해야 하는 직접적 효력규범이라는 것을 확인하고 보장하는 헌법재판제도가 바로 헌법소원심판이다. 우리나라에서 채택하고 있는 헌법재판제도 중에서 헌법소원심판은 직접 기본권 보장과 실현을 목적으로 하는 유일한 헌법재판제도이다. 규범통제, 탄핵심판, 정당해산심판, 권한쟁의심판 등이 간접적으로 기본권의 보호와 실현에 기여하는 헌법재판제도라면, 헌법소원심판은 직접 기본권 보호와 실현에 기여하기 위해서 마련된 헌법재판제도이다. 그렇기 때문에 헌법소원심판은 헌법재판의 종류 중에서 유일하게 주관적 소송으로서의 성격도 함께 갖는 헌법재판제도이다.

(2) 헌법소원심판의 법적 근거와 제도상의 문제점

1) 법적 근거

우리 헌법은 '법률이 정하는 헌법소원에 관한 심판'($^{제111조\ 제1}_{항\ 제5호}$)을 헌법재판소의 관장사항의 하나로 규정함으로써 헌법소원심판을 헌법재판의 한 종류로 채택했다. 그러나 그 제도의 구체적인 내용은 법률로 정하도록 위임하고 있다. 그리고 '헌법소원에 관한 인용결정을 할 때에는 재판관 6인 이상의 찬성이 있어야 한다'($_{제1항}^{제113조}$)고 정해 입법권자의 헌법소원에 관한 입법형성권을 제한하고 있다. 헌법의 위임에 따라 헌법재판소법($_{제75조}^{제68조}$)이 헌법소원심판에 관한 구체적인 헌법소송절차를 규정해서 헌법소원심판의 내용을 정하고 있다.

2) 제도상의 문제점

(가) 권리구제형과 규범통제형의 혼합

그러나 헌법소원심판제도가 우리 헌정사에서 연혁적으로 낯설다 보니 헌법소원제도를 구체화하는 입법형성권을 행사하는 데 있어서 적지않은 체계상의 모순을 드러내고 있다. 특히 기본권구제를 직접적인 목적으로 하는 헌법소원심판규정($_{제68조}^{법}$)에 규범통제를 직접적인 목적으로 하는 규범소원심판($_{제2항}^{법 제68조}$)에 관한 규정을 함께 둔 것 등이 그 대표적인 제도상의 모순이다. 그래서 헌법소원제도의 선진국에서는 그 예를 찾기 어려운 권리구제형 헌법소원($_{제1항}^{법 제68조}$)과 규범통제형 헌법소원($_{제2항}^{법 제68조}$)이라는 우리만의 생소한 개념이 등장해서 통용되고 있다. 그러나 이른바 규범통제형 헌법소원은 순수한 의미의 헌법소원이 아니라 본질적으로 규범통제에 속하는 헌법재판제도이다.

(나) 헌법재판소의 판례 변화

a) 동질적인 사건으로 심판

우리 헌법재판소는 처음에는 권리구제형 헌법소원($_{제1항}^{법 제68조}$)과 규범통제형 헌법소원($_{제2항}^{법 제68조}$)을 동질적인 사건으로 파악해서 후자를 '위헌소원'이라고 부르면서 같은 사건부호 '헌마'를 부여해 심판했다. 그 결과 두 유형 모두 심판청구의 적법성을 판단할 때 권리 보호 내지 소의 이익 및 권리 침해의 현재성을 심사하는 과정을 거쳤다.[1]

b) 이질성(異質性)의 파악

헌법재판소는 1990년에 두 유형의 헌법소원사건을 같은 사건부호로 처리

---

1) 예컨대 헌재결 1989. 9. 29. 89헌마53, 판례집 1, 302(304면); 헌재결 1989. 12. 18. 89헌마32 등, 판례집 1, 343(347면) 참조.

하면서도 규범통제형의 경우 심판청구의 적법성심사에서 청구인의 소의 이익
의 유무가 아니라, 심판대상 법률조항의 당해 소송재판에서의 전제성(前提性)
유무를 따지는 태도로 변했다.[1] 즉 규범통제형 헌법소원을 구체적 규범통제
의 한 유형으로 파악하기 시작했다는 것을 의미한다. 그래서 1991년부터는
규범통제형 헌법소원사건에는 따로 '헌바'의 사건부호를 붙여 심판 유형적으
로도 권리구제형과 분리하는 입장을 취했다.[2]

　　c) 이질적인 사건으로 판시

　　헌법재판소는 마침내 1994년에 권리구제형($^{법\ 제68조}_{제1항}$)과 규범통제형($^{법\ 제68조}_{제2항}$)
헌법소원은 그 심판청구의 요건과 대상이 각기 다르다고 명시적으로 판시하
기에 이르렀다.[3] 결국 규범통제형 헌법소원의 본질을 헌법소원이 아닌 규범
통제라고 확인한 것을 의미한다.

　　이 책에서도 규범통제형 헌법소원은 이미 구체적 규범통제를 설명하면서
함께 다루었다. 그래서 이 장에서는 규범통제형 헌법소원은 꼭 짚고 넘어가야
하는 불가피한 경우에만 다시 설명하기로 한다.

Ⅱ. 헌법소원심판제도의 연혁

(1) 독일 제도 모방한 헌정사상 최초의 제도

　　헌법소원심판제도는 우리 헌정사상 처음으로 도입한 헌법재판제도이다.
그러나 헌법소원심판제도는 우리의 독창적인 발명품은 아니다. 헌법재판의 선
진국에서 이미 기본권 보장의 수단으로 제도화하여 시행해 온 제도를 민주화
와 인권향상의 열망 속에서 제정된 현행 헌법에서 모방적으로 수입한 헌법재
판제도이다. 특히 우리 헌법소원심판제도는 재판소원 배제 등 몇 가지를 제외
하고는 기본골격에서 독일의 헌법소원심판제도를 모방한 내용이 많다. 그래서
독일의 헌법소원심판제도의 연혁과 내용 및 그 운용실태를 제대로 아는 것은
우리 제도의 이해와 운용에도 유용한 참고자료가 된다.

---

1) 예컨대 헌재결 1990. 6. 25. 89헌마107, 판례집 2, 178면 참조.
2) 예컨대 헌재결 1991. 2. 11. 90헌바17 등, 판례집 3, 51면 참조.
3) 예컨대 헌재결 1994. 4. 28. 89헌마221, 판례집 6-1, 239(257면) 참조.

(2) 독일의 헌법소원심판제도의 연혁

독일 헌정사에서 헌법상의 기본권 침해에 대한 권리구제수단으로서의 헌법소원(Verfassungsbeschwerde)제도를 처음으로 도입하려고 시도한 것은 1849년의 헌법초안[1]이었지만 실현되지는 못했다. 그 후 1919년과 1946년 독일 바이언(Bayern)주 헌법[2]을 비롯한 햇센(Hessen)주 헌법[3]이 헌법소원제도를 도입했었다. 그러나 헌법소원심판제도는 1949년 서독 기본법에 의해서 세워진 독일연방공화국의 차원에서 처음에는 법률상의 제도로 도입했다가 헌법상의 제도로 승격하는 과정을 거쳐 오늘에 이르고 있다.

즉 서독 최초의 기본법($^{제93}_{조}$)이 규정한 연방헌법재판소의 관장사항에는 헌법소원심판이 포함되어 있지 않았다. 그러나 헌법소원심판은 서독 연방헌법재판소가 업무를 시작한 1951년부터 헌법재판소법에 의해 기본권 보호를 위한 법률상의 제도로 도입되어[4] 헌법재판업무의 대부분을[5] 차지할 정도로 큰 비중을 차지하고 있었다. 즉 누구든지 공권력에 의해서 자신의 기본권 또는 기본법($^{제20조 \ 제 4 항, \ 제33조, \ 제38조,}_{제101조, \ 제103조 \ 및 \ 제104조}$)에 포함된 기본권 유사한 권리가 침해된 것을 이유로 연방헌법재판소에 헌법소원심판을 청구할 수 있었다. 이처럼 처음에는 법률상의 제도이던 헌법소원심판은 1969년에 기본법 개정($^{제93조}_{4a와 \ 4b}$)[6]을 통해서[7] 비로소 연방헌법재판소의 관장사항에 추가된 헌법상의 제도가 되었다. 그 결과 헌법소원심판청구권은 기본권을 침해하는 공권력을 상대로 기본권주체가

---

1) § 126 Buchst. g) des Entwurfs der Paulskirchenverfassung von 1849 참조.
2) Art. 120 u. Art 98 Satz 4 참조.
3) Art. 131 Abs. 1 참조.
4) 기본법(제93조 제 2 항)은 연방헌법재판소가 기본법이 정한 관장사항 이외에도 연방법률이 부여하는 사건도 관장한다는 규정을 두고 있었기 때문에 연방헌법재판소법 제90조 이하에 헌법소원심판을 도입할 수 있었다.
5) 연방헌법재판소에 접수된 사건의 약 95%가 헌법소원심판사건이었다.
6) 기본법 제93조 4a는 국민이 제기하는 헌법소원심판을, 그리고 같은 조문 4b는 지방자치단체가 제기하는 헌법소원심판을 규정하고 있다. 독일에서는 지방자치단체가 기관쟁의의 주체가 아니라 헌법소원의 주체로 인정받고 있는 점이 우리와 다르다.
7) 1969년의 기본법 개정은 주로 국가비상사태를 대비한 국가긴급권을 도입하기 위한 것이었는데 긴급권 남용으로 인한 기본권 침해를 염려해서 헌법소원심판을 헌법상의 제도로 함께 규정했다는 점을 유의할 필요가 있다. 이 때 기본법 제94조 제 2 항에 헌법소원의 사전심사제도 도입을 위한 헌법적 근거도 함께 규정했다.

기본권의 효력을 관철할 수 있는 절차적인 기본권의 유형으로 새로 창설된 것이다. 헌법소원심판이 헌법상의 제도로 발전함과 동시에 연방헌법재판소법도 개정해서 헌법소원심판을 연방헌법재판소의 관장사항목록에 추가하고[1] 그 구체적인 소송절차도 상세하게 다시 규정하기에 이르렀다.[2]

(3) 독일 헌법소원제도의 의의

독일에서 이미 반 세기 이상의 역사를 가지는 헌법소원심판은 여전히 연방헌법재판소의 재판업무에 큰 부담으로 작용하고 있는 것은 사실이다.[3] 그러나 연방헌법재판소가 인용한 헌법소원사건은 모든 공권력이 기본권에 기속됨에도($\binom{기본법 제1}{조 제3항}$) 불구하고 기본권을 침해한 것이어서 헌법소원심판제도가 없었더라면 구제받을 수 없고, 공권력의 권력 남용을 바로잡을 수도 없었다는 점을 상기한다면 결코 부담스러운 회의적인 제도로만 평가할 수 있는 일은 아니라고 할 것이다.[4]

그에 더하여 독일에서 헌법소원제도는 국민의 주관적 권리의 보호를 통해서 법적인 평화를 회복할 뿐 아니라, 헌법을 수호하고 기본권해석을 통해서 헌법 발전에도 기여하는 객관적인 기능을 수행하고 있다는 점도 간과할 수 없다고 할 것이다. 또 독일 연방헌법재판소[5]가 강조하듯이 헌법소원심판은 개별 사건의 주관적인 권리 보호의 차원을 넘어서 '일반적인 교육효과'(genereller Edukationseffekt)를 갖는다는 점도 소홀히 할 수 없다. 무엇보다도 헌법소원심판을 통해서 연방헌법재판소가 국민에게 기본권의 수호자로 인식되고, 헌법소원을 통한 기본권구제가 국민 사이에 기본법에 대한 수용과 '헌법에의 의지'를 제고하는 촉매작용을 하게 되어 기본법의 규범적 효력이 강화되고 있다는 긍정적인 측면을 유념할 필요가 있다.

---

1) 독일 연방헌법재판소법 제13조 제8a호 참조.
2) 같은 법 제90조-제95조 참조.
3) 2008년 한 해 연방헌법재판소에서 처리된 5,852건의 헌법소원사건 중에서 약 1.90%에 해당하는 111건만이 인용되었다. 1993년 예비심사의 기준에 관한 연방헌법재판소법(제93a조 제2항) 개정 이후 평균 매년 약 5,000건의 헌법소원사건이 접수되어 한 원(Senat)이 약 2,500건을 처리하는 것으로 집계되고 있다. 자세한 최근 통계는 독일 연방헌법재판소 홈페이지 www.bverfg.de를 통해서 확인할 수 있다.
4) 동지: *Benda/Klein*, aaO., RN. 362 참조.
5) BVerfGE 33, 247(259); 45, 63(74); 51, 130(139) 참조.

2. 헌법소원심판제도의 헌법상의 의의와 기능

I. 헌법소원심판제도의 헌법상의 의의

우리의 헌법소원심판제도는 우리 헌정사상 전례가 없는 제도이어서 그 헌법상의 의의가 매우 큰 제도라고 할 것이다. 다만 헌법소원의 헌법적인 근거조항에서 헌법소원심판의 내용에 관한 최소한의 언급도 없이 법률에 위임하고 있어 기본권 보호제도로서의 헌법소원제도의 헌법상 의의가 감소되고 있는 점도 부인하기 어렵다. 헌법($^{제111조}_{항\ 제5호}{}^{제1}$)에 적어도 '기본권 구제를 위한 헌법소원심판'이라고 정해 헌법소원심판제도가 기본권 보호를 위한 헌법적인 결단임을 명시했어야 한다. 독일의 헌법소원제도를 염두에 두고 단순히 '법률이 정하는 헌법소원에 관한 심판'이라고 규정함으로써 입법권자에게 헌법소원심판의 대상과 절차를 모두 정하게 한 것은 헌법사항까지 입법에 위임하는 큰 잘못을 범한 것이다. 헌법재판소법($^{제68조}_{제1항}$)이 헌법소원의 심판대상에서 법원의 재판을 제외하면서도 헌법소원의 보충성을 강조함으로써 대부분의 행정처분까지도 헌법소원의 대상이 되지 못하게 한 입법체계상의 모순도 그래서 발생했다. 공권력에 의한 기본권 침해는 주로 행정작용에 의해서 생긴다는 점을 상기한다면 결코 가볍게 넘길 수 없는 중대한 제도상의 결함이다. 헌법소원심판제도를 통해서 달성하려는 기본권 보호와 헌법실현을 위해서 조속한 입법개선이 요구되는 부분이다. 헌법재판소가 판례를 통해서 재판소원의 길을 제한적으로 열어주는 것만으로는[1] 입법상의 결함을 완전히 해소하는 데 한계가 있다.

헌법소원제도의 선진국인 독일에서처럼 우리도 헌법재판사건의 대부분을 헌법소원사건이 차지한다는 현상에 대해서 부정적인 측면보다 긍정적인 면을 더 부각시켜야 한다고 생각한다. 1961년부터 37년간의 군인통치시대를 거치는 동안 우리의 인권상황이 매우 열악했었다는 사실은 잘 알려진 일이다. 그렇기 때문에 현행 헌법이 헌법소원심판제도를 기본권 보호제도로 도입하여 기본권

---

1) 헌재결 1997. 12. 24. 96헌마172 등, 판례집 9-2, 842면 참조.

을 침해하는 많은 공권력작용이 위헌으로 확인되고, 국민에게 기본권은 더 이상 선언적 규정이 아니라 살아 있는 헌법상의 권리라는 사실이 각인되어, 공권력작용을 기본권의 잣대로 재려는 풍토가 국민 사이에 확산되고 있다는 점만으로도 헌법소원심판제도는 매우 긍정적인 평가를 받을 수 있다고 할 것이다. 따라서 접수되는 헌법소원심판사건 수에 비해서 인용되는 사건의 비율이 매우 적다는[1] 사실만으로, 또 이유 없는 헌법소원사건으로 인해서 헌법재판소의 업무부담이 너무 커진다는 사실만으로 헌법소원심판제도의 헌법상의 의의를 결코 과소평가해서는 아니 된다고 할 것이다.

II. 헌법소원심판제도의 기능

헌법소원심판제도는 기본권을 보호하는 가장 핵심적인 기능 이외에도 공권력 행사가 기본권을 존중하도록 촉구하는 기능을 통해 기본권 보장에 의한 사회통합과 헌법실현의 기능을 갖는다.

(1) 기본권 보장기능

헌법소원심판은 헌법이 보장하는 기본권의 규범적인 효력을 담보하는 기능을 갖는다. 헌법소원심판이 기본권주체의 주관적 소송으로서의 성격을 갖는다고 평가되는 이유도 그 때문이다. 행정소송을 비롯한 법원의 사법작용도 기본권 보호에 기여하지만, 특히 행정소송은 기본권 보호뿐 아니라 행정목적 달성이라는 공익적인 관점에서 사정판결(事情判決)의 길을 열어 두는 등(행소법 제28조) 기본권 보호만을 위한 제도는 아니다. 그에 비하여 헌법소원심판은 일차적으로 국민의 기본권을 보장하기 위해서 마련된 헌법재판제도이다. 그 결과 헌법소원심판에 의해서 기본권구제가 비로소 제 기능을 할 수 있게 된다. 독일 연방헌법재판소[2]가 헌법소원심판은 소송절차를 통해 기본권을 관철하기 위한 추가적인 권리구제수단이라고 성격화하는 이유도 그 때문이다. 추가적인 권리

---

1) 2021년 12월 말까지의 헌법재판소의 사건 통계자료에 의하면 전체 처리된 헌법소원심판사건(38,712)에 대한 인용(1,393)비율은 약 27.8%이다. 헌재공보 제293호, 2021. 2. 20, 303면 참조.
2) 예컨대 BVerfGE 1, 5(6f.); 18, 315(325); 33, 247(258f.) 참조.

구제수단이 되기 위해서는 재판소원은 불가피하다. 그래서 독일에서 재판소원은 당연한 것으로 인식되고 있다.[1]

(2) 공권력 행사의 기본권 존중 촉구기능

기본권을 침해하는 공권력작용을 취소하거나 그것이 위헌임을 확인하는 헌법재판소의 결정은 공권력작용에 대한 교정적인 의미를 갖지만, 동시에 공권력작용이 기본권을 존중하도록 촉구하는 기능도 하게 된다. 헌법소원심판이 갖는 '교육적 효과'는 인용결정의 기속력($\frac{법 제75조}{제1항}$)을 감안할 때 특히 공권력작용의 주체에게 미치게 된다는 점을 부인하기 어렵다. 헌법소원에 대한 인용비율이 줄어드는 것은 역설적으로 인용결정이 공권력에 미친 교육적 효과의 결과라고도 평가할 수 있을 것이다.

(3) 헌법질서 수호 . 유지기능

헌법소원심판은 기본권을 침해하는 공권력작용의 효력을 부인하고 공권력작용이 기본권을 존중하도록 촉구함으로써 기본권실현을 통해 사회통합을 달성하려는 헌법질서의 수호·유지기능을 한다. 기본권은 헌법상의 주관적인 권리인 동시에 사회공동체의 객관적 질서를 의미하는 양면성을 갖기 때문에 헌법소원심판이 기본권을 보장하기 위한 주관적인 소송의 성격뿐 아니라, 헌법질서의 수호·유지를 위한 객관적 소송으로서의 성격도 함께 갖는다고 평가되는 이유도 그 때문이다.[2] 우리 헌법재판소가 헌법소원심판이 갖는 객관적 소송으로서의 성격을 강조하는 판시를 하는 이유도 그 때문이다.[3] 그 결과 주관적 소송으로서의 헌법소원심판에서 중요한 의미를 갖는 권리보호이익이 소멸한 경우라도 객관적 헌법질서의 수호·유지를 위해서 필요하다면 심판이익을 인정해서 심판을 하는 경우가 발생한다. 우리 헌법재판소도 기본권 침해의 공권력작용이 종료하여 취소의 여지가 없어져 주관적 권리 보호의 이익에 별로 도움이 되지 않더라도 동일한 기본권 침해행위가 반복될 위험이 있거나

---

1) 헌법소원의 보충성을 요구하는 경우 헌법소원의 대부분은 재판소원일 수밖에 없다는 것이 일반적인 상식이다. *Benda/Klein*, aaO., RN. 368 참조.

2) 예컨대 BVerfGE 33, 247(258f.) 참조.

3) 예컨대 헌재결 1992. 1. 28. 91헌마111, 판례집 4, 51(56면) 참조.

당해 분쟁에 연관된 헌법문제의 해명이 헌법질서의 수호·유지를 위해서 긴요
한 사항으로서 중대한 의미를 지니고 있는 경우에는 심판청구의 이익을 인정
해야 한다는 일관된 입장을 견지하고 있다.[1] 그러나 헌법소원심판이 객관적
헌법질서의 수호·유지를 위한 객관적인 기능도 하기 때문에 주관적 권리보호
이익과 별도로 심판이익을 중요시하고 사전심사제도(제72조법)를 통해 사건을 선
별하더라도 주관적인 기본권 보호의 기능이 약화되어서는 아니 된다. 헌법소
원심판제도의 객관적 기능은 주관적인 기본권 보호의 기능을 약화시키기 위한
것이 아니라, 기본권의 효력을 전체적으로 강화하는 것이 그 궁극적인 목적이
라는 점을 잊어서는 아니 된다. 기본권을 침해하는 공권력작용의 종료로 청구
인의 권리보호이익은 소멸했어도, 그러한 기본권 침해에 대한 일반적이고 객
관적인 보호이익이 인정되는 경우 심판이익을 인정해서 심판을 하는 것도 바
로 그 때문이다.

3. 헌법소원심판청구절차

Ⅰ. 헌법소원심판의 청구인

헌법소원심판의 청구인과 관련해서 헌법소원능력(Beschwerdefähigkeit)과
헌법소원청구능력(Prozeßfähigkeit)(청구인적격) 및 헌법소원심판수행능력(Postula-
tionsfähigkeit)을 구별할 필요가 있다.

(1) 헌법소원능력

기본권 주체는 누구나 헌법소원심판의 청구인이 될 수 있다. 따라서 헌
법소원능력은 기본권 능력과 일치한다. 기본권 주체는 헌법소원을 통해서 공
권력으로부터 자신의 기본권을 방어할 수 있다. 기본권 주체라도 기본권 이외
의 권리를 지키기 위해서는 헌법소원능력이 인정되지 않는다. 헌법소원능력은

---

1) 예컨대 위 판례 이외에도 헌재결 1999. 5. 27. 97헌마137 등, 판례집 11-1, 653(660면); 헌
재결 2013. 8. 29. 2010헌마562 등, 헌재공보 203, 1171(1173면) 참조.

기본권 능력을 전제로 하는 개념이기 때문에 민법상의 권리능력과는 다르다. 민법상 권리능력이 없는 사단(社團)도 기본권의 주체이면 헌법소원능력을 가지며, 민법상 권리능력이 있는 법인이라도 기본권의 주체가 될 수 없는 경우에는 헌법소원능력을 가질 수 없다.

1) 자 연 인

우리나라 국민인 자연인은 기본권 주체이기 때문에 헌법소원능력도 갖는다. 외국인은 우리 헌법상의 기본권 주체로 인정되는 범위 내에서[1] 헌법소원능력도 갖는다. 태아(nasciturus)는 생명권 또는 상속권 등 기본권의 주체로 인정되는 범위 내에서 헌법소원능력도 갖는다. 유전공학의 발달과 배아줄기세포를 이용한 인공장기(人工臟器)의 생산 등 태아의 기본권 관련문제가 법적 분쟁으로 발전할 가능성이 커지고 있기 때문에 태아의 헌법소원능력은 진지한 연구의 대상이 되어야 한다.[2] 사람은 생존한 동안 기본권의 주체가 되기 때문에 죽은 사람은 원칙적으로 기본권 능력을 갖지 않는다. 따라서 죽은 사람은 헌법소원능력이 없다. 그러나 생전의 헌법소원능력이 사망으로 인하여 언제나 자동적으로 상실되는 것은 아니다. 일신전속적인 기본권에 관한 헌법소원능력은 사망으로 상실되지만, 재산권 등 상속인에 의하여 승계가 가능한 경우에는 상속인이 헌법소원을 승계할 수 있다고 할 것이다.[3] 또 억울하게 형사처벌을 받고 죽은 사람의 명예회복을 위해서는 헌법소원보다는 유가족이 형사소송법상의 재심청구를 통해서 해결할 수 있을 것이다.[4] 공권력이 죽은 사람의 명예를 심하게 훼손한 경우, 죽은 사람의 이름으로 헌법소원을 제기할 수는 없지만, 유가족이 죽은 사람의 명예회복을 위한 헌법소원을 제기할 수는 있다고

---

1) 외국인의 기본권 주체성에 관해서는 졸저(拙著), 한국헌법론, 2021, 258면 참조할 것.
2) 독일에서는 태아가 생명권과 신체의 훼손을 받지 않을 기본권(기본법 제 1 조 제 1 항과 제 2 조 제 2 항)의 주체가 된다는 점에 대해서는 대체로 견해가 일치하고 있다. 예컨대 *Schmidt-Bleibtreu*, in: BVerfGG-Kommentar, §90 RN. 23; *Leibholz/Rupprecht*, BVerfGG, §90 RN. 13; *Umbach/Clemens*, BVerfGG, §90 RN. 10 참조. 독일 연방헌법재판소는 세 번의 낙태판결에서 태아의 기본권 주체성에 대한 명시적인 언급은 없이, 기본권의 객관적인 규범으로서의 성격 때문에 국가가 태아를 보호해야 하는 의무를 진다고 판시했다(BVerfGE 39, 1(4)). BVerfGE 45, 376(386); 88, 203(251f.) 참조. 그러나 세 번 모두 추상적 규범통제에 관한 판결이었기 때문에 태아의 소송법적 지위에 대해서는 심판의 필요성이 없었다.
3) 동지: BVerfGE 3, 162(164); 93, 165(170); 94, 12(30) 참조.
4) BVerfGE 6, 389(442); 37, 201(206) 참조.

보아야 한다. 유교적인 전통 때문에 아직도 가문(家門)과 출신성분을 따지는 경향이 있는 우리의 사회 풍토에 비추어 볼 때 죽은 사람의 명예훼손은 그 유가족의 명예에도 부정적인 영향을 미칠 수 있기 때문이다. 이 경우 유가족에게 제 3 자 소송담당의 법리를 적용할 수 있을 것이다.[1] 죽은 사람의 인격권(Persönlichkeitsrecht)은 인정하기 어렵지만 죽은 사람도 인간의 존엄과 가치의 주체는 될 수 있다는 독일 연방헌법재판소의 판시도 이를 뒷받침하고 있다고 생각한다.[2]

2) 권리능력 없는 사단

권리능력 없는 사단도 결사의 자유를 비롯한 평등권 등 기본권의 주체가 될 수 있기 때문에 헌법소원능력을 갖는다.[3] 다만 권리능력 없는 사단은 그 구성원의 기본권이 아닌 사단 자신의 기본권과 관련해서만 헌법소원능력을 갖는다.[4] 정당은 통상 권리능력 없는 사단으로 보고 있기 때문에 정당도 헌법소원능력을 갖는다.[5] 우리 헌법재판소가 정당[6]뿐 아니라 정당등록이 취소된 이후에도 등록정당에 준하는 권리능력 없는 사단으로서의 실질을 유지하고 있는 단체의 헌법소원을 인정하는 이유도 그 때문이다.[7]

3) 법   인

㈎ 사 법 인

사법인(私法人)도 기본권의 주체가 되는 범위 내에서 헌법소원능력을 갖

---

1) 동지: *W. Löwer*, in: Handbuch, 3. Aufl., 2005, §70, RN. 177 참조.
2) 예컨대 BVerfGE 30, 173(Mephisto-Beschluß) 참조.
3) 동지: BVerfGE 10, 89(99) 참조.
4) 동지: 헌재결 1991. 6. 3. 90헌마56, 판례집 3, 289(297면) 참조.
5) 독일 연방헌법재판소는 정당의 헌법상의 지위 또는 국민의 민주적 여론형성과정에 참여하는 정당활동의 자유가 쟁점인 때는 정당을 기관쟁의의 당사자로 인정하고, 그 이외에는 정당의 기본권능력과 헌법소원능력을 인정한다. 기관쟁의 판례: BVerfGE 4, 27ff.; 57, 1(9). 헌법소원 판례: BVerfGE 7, 99(103); 47, 198(223); 69, 257(265f.) 참조.
6) 우리 헌재는 국회교섭단체에 한하여 정책연구위원을 배정하는 국회법규정은 교섭단체를 구성하지 못한 정당의 기본권 침해가능성이 있으므로 정당도 헌법소원의 청구인적격성을 갖는다고 판시했다. 헌재결 2008. 3. 27. 2004헌마654, 헌재공보 138, 434(437면) 참조.
7) 예컨대 헌재결 1991. 3. 11. 91헌마21, 판례집 3, 91(114면); 헌재결 2006. 3. 30. 2004헌마246, 헌재공보 114, 553(556면).

는다.[1] 사법인은 그 설립목적에 따라 기본권의 보호영역이 다양한데, 종교목적의 사법인에게 종교의 자유가 중요하다면 보도목적의 사법인에게는 언론의 자유를 보장하는 것이 중요하다. 기본권의 성질이 허용하는 한 사법인도 기본권의 주체가 되고 헌법소원능력을 갖는다는 점은 우리 헌법재판소도 인정하고 있다.[2]

(나) 공 법 인

공법인(公法人)은 원칙적으로 기본권의 주체가 아니므로 헌법소원능력을 갖지 않는다. 대표적인 공법인으로 간주되는 국가와 지방자치단체는 국민에게 기본권을 보장해 주어야 하는 공권력 행사의 주체로서 스스로 기본권을 주장할 수 있는 지위에 있지 않다. 지방자치단체는 국가와의 관계에서 자치권의 침해를 이유로 하는 법적 분쟁이 생길 수도 있지만, 그것은 권한쟁의를 통해서 해결할 수 있다.[3] 공법인의 구성부분인 국가기관 또는 헌법기관도 헌법상의 지위와 기능에 관해서는 기본권의 주체가 될 수 없기 때문에 헌법소원이 아닌 권한쟁의를 통해서 해결해야 한다.[4] 헌법재판소가 '국가나 국가기관 또는 국가조직의 일부나 공법인은 기본권의 수범자(Adressat)이지 기본권의 주체로서 그 소지자(Träger)가 아니'라고 공법인의 기본권 주체성을 원칙적으로 부인하는 것도 그 때문이다.[5] 그러나 공법인도 예외적으로 국가와의 관계에서 기본권 주체로서의 지위와 기능을 가지는 경우가 있을 수 있는데, 그 때에는 공법인도 헌법소원능력을 가진다고 할 것이다. 즉 공법인이나 이에 준하는 지위를 가진 자 하더라도 공무를 수행하거나 고권적 행위를 하는 경우가 아닌 사경제 주체로서 활동하는 경우나 조직법상 국가로부터 독립한 고유 업무를 수행하는 경우, 그리고 다른 공권력 주체와의 관계에서 지배복종관계가 성립되어 일반 사인처럼 그 지배하에 있는 경우 등에는 기본권 주체가 될 수

---

1) 법인의 기본권 주체성에 관해서는 졸저(拙著), 한국헌법론, 2015, 252면 이하 참조.
2) 헌재결 1991. 6. 3. 90헌마56, 판례집 3, 289(295면); 헌재결 1996. 3. 28. 94헌바42, 판례집 8-1, 199(206면) 참조. 그러나 대표자가 있는 사단·재단에서 단체 내부에 설치된 단순한 내부기구(예컨대 학교법인의 기성회 이사회)는 헌법소원을 청구할 능력이 없다. 헌재결 2010. 7. 29. 2009헌마149, 헌재공보 166, 1477(1479면) 참조.
3) 독일 기본법(제93조 제 1 항 제4b호)은 지방자치단체의 자치권 보호를 위해서 지방자치단체의 헌법소원을 별도로 인정하고 있다.
4) 예컨대 국회의원의 원내활동과 관련된 헌법소원이 인정되지 않는 것은 그 때문이다. 예컨대 헌재결 1995. 2. 23. 90헌마125, 판례집 7-1, 238(242면); 헌재결 2000. 8. 31. 2000헌마156, 판례집 12-2, 258(262면) 참조.
5) 예컨대 헌재결 1998. 3. 26. 96헌마345, 판례집 10-1, 295(300면 이하) 참조.

있다. 예컨대 공법상의 영조물인 서울대학교는 공권력 행사의 주체인 동시에 학문의 자유와 대학의 자율권의 주체라는 기본권적인 지위도 함께 갖는다.[1] 우리 헌법재판소도 이 점을 명시적으로 인정하는 판시를 하고 있다.[2] 같은 논리에 따라 공법인인 한국방송공사는 보도의 자유의 주체로서 헌법소원능력을 가질 수 있다.[3] MBC 문화방송도 공법상 재단법인인 방송문화진흥회가 최다출자자인 방송사업자로서 방송법 등 관련규정에 의하여 공법상의 의무를 부담하고 있지만, 상법에 의하여 설립된 주식회사로 설립목적은 언론의 자유의 핵심영역인 방송사업이므로 이러한 업무 수행과 관련하여 당연히 기본권 주체가 될 수 있다.[4] 또 축협중앙회처럼 공법인성(公法人性)과 사법인성(私法人性)을 함께 가지는 특수법인도 기본권 주체성을 가지므로 헌법소원능력도 가진다고 할 것이다.[5] 그리고 공법인이 소송당사자가 된 경우에는 소송절차에서 사법(司法)절차적 기본권의 주체가 되는 것은 기본권의 수범자의 지위와 배치되지 않는다.[6]

(2) 헌법소원청구능력(청구인적격)

헌법소원청구능력은 헌법소원능력을 전제로 한다. 그러나 헌법소원능력을 가진 모든 사람이 헌법소원심판을 청구할 수 있는 것은 아니다. 헌법소원심판의 청구는 공권력에 의한 기본권 침해를 받은 기본권 주체만이 할 수 있기 때문이다($^{\text{법 제68조}}_{\text{제1항}}$).[7] 헌법소원을 민중소송(Popularklage)과 구별하는 이유이다.[8] 기본권

---

1) 독일 연방헌법재판소도 공법인인 대학교는 학문의 자유의 주체로서 헌법소원능력을 갖는다고 판시하면서 공법인도 국가로부터 보호받는 기본권 영역을 가질 수 있다고 강조하고 있다. BVerfGE 15, 256(262); 39, 302(314) 참조.
2) 헌재결 1992. 10. 1. 92헌마68 등, 판례집 4, 659(670면) 참조.
3) 동지: BVerfGE 31, 314(322); 39, 302(314); 59, 231(254); 83, 238(295f.); 90, 60(87) 참조. 같은 이유로 공법인인 교회조직에 대해서도 종교의 자유의 주체성과 헌법소원능력을 인정하는 판례가 있다. BVerfGE 19, 1; 30, 120; 42, 322; 102, 370(387) 참조.
4) 헌재결 2013. 9. 26. 2012헌마271, 헌재공보 204, 1398(1400면) 참조.
5) 동지: 헌재결 2000. 6. 1. 99헌마553, 판례집 12-1, 686(709면) 참조.
6) 동지: BVerfGE 6, 45(49f.); 12, 6(8); 18, 441(437); 21, 362(373); 61, 82(104); 82, 286(295) 참조.
7) 대통령의 선거개입발언을 자제하라는 중앙선관위의 대통령에 대한 선거중립의무준수요청이 표현의 자유에 대한 침해라고 대통령이 제기한 헌법소원의 적법성을 인정한 헌재의 결정은 매우 잘못된 판시이다. 헌재결 2008. 1. 17. 2007헌마700. 이 결정에 대한 저자의 평석, 헌법판례연구 10권, 207면 이하, 2008 참조.
8) BVerfGE 60, 360(370) 참조.

침해를 받은 기본권 주체가 자신의 이름으로 헌법소원심판을 청구하며, 재판관의 기피신청을 하고, 헌법소원심판청구를 취하하는 등 기본권 구제를 위한 일련의 소송행위를 할 수 있는 능력을 헌법소원청구능력이라고 말한다. 따라서 행위능력의 제한을 받는 미성년자와 피성년후견인 또는 피한정후견인 등은 기본권 침해를 받더라도 법정대리인의 도움을 받아야 헌법소원심판을 청구할 수 있다. 다만 미성년자가 법률에 의해서 갖는 권리가 기본권적인 의미를 갖는 경우에는 미성년자도 법정대리인의 도움 없이 헌법소원청구능력을 갖는다.[1]

(3) 헌법소원심판 수행능력

헌법소원청구능력을 가진 청구인적격자도 대부분의 경우 스스로 헌법소원심판에서 자력으로 소송을 수행할 수는 없다. 헌법소원의 청구능력을 가진 사람도 변호사강제주의($^{법 \, 제25조}_{제3항}$) 때문에 자신이 변호사자격을 가진 사람이 아니면 스스로 헌법소원심판을 수행할 수는 없고 반드시 변호사인 소송대리인을 통해서만 헌법소원심판청구를 하는 등 헌법소원의 심판절차를 밟을 수 있다. 그 결과 헌법소원심판에서 소송수행능력은 변호사자격을 가진 청구권자 또는 헌법소원청구권자가 선임한 변호사인 대리인, 그리고 국선대리인($^{법}_{제70조}$)만이 갖는다. 독일에서는 헌법소원심판에서도 변호사강제주의가 적용되지 않는다. 다만 구두변론이 열리는 경우에는 변호사 또는 법학교수인 대리인을 통해서만 변론을 할 수 있게 했다. 이 경우에도 대리인을 선임하지 않으면 구두변론에 참여할 수 없는 불이익을 받을 뿐이고 헌법소원심판 그 자체에는 영향이 없다.[2] 또 대리인 선임능력이 없는 사람을 위해서 연방헌법재판소가 대리인을 붙여 주는(Beiordnung) 관행도 있다.[3] 변호사강제주의를 채택하지 않은 독일에서는 권리능력 없는 사단 등이 단체소송의 형식으로 헌법소원심

---

1) 예컨대 독일에서는 성년인 만 18세보다 빠른 만 14세를 종교성년으로 보장하고 있기 때문에 종교성년자는 부모의 의사와 관계 없이 종교의 자유를 위한 헌법소원심판을 청구할 수 있다. BVerfGE 1, 87(88f.) 참조. 미성년자인 병역의무자가 양심상의 이유로 인한 병역거부권을 위해서 독자적으로 헌법소원심판을 청구하는 것도 같은 경우이다. BVerfGE 28, 243(255) 참조.
2) 연방헌법재판소법 제22조 제 1 항 제 1 절 제 2 문 및 *Benda/Klein*, aaO., RN. 456 참조.
3) *Wolfgang Löwer*, in: Handbuch, 3. Aufl., Bd. 3, §70, RN. 183 참조.

3

판을 청구하는 경우, 연방헌법재판소가 1인 내지 몇 사람의 소송수행자를 선
임하도록 지시할 수 있는데,[1] 이 때에는 선임된 사람만이 소송수행능력을 갖
는다.

Ⅱ. 헌법소원심판청구서의 제출

(1) 서면주의 요건

헌법소원심판의 청구는 헌법소원심판청구서를 헌법재판소에 제출하여야
한다(법 제26조 제1항).[2] 구두로 청구하는 것은 허용되지 않는다. 청구서에 반드시 기재
해야 하는 사항은 헌법재판소법(제71조)이 정하고 있다. 헌법소원심판청구서에는
헌법소원심판을 수행할 대리인의 선임을 증명하는 서류 또는 국선대리인
(법 제70조) 선임통지서를 첨부하여야 한다(법 제71조 제3항). 변호사강제주의가 적용되기 때문
이다(법 제25조 제3항). 청구서의 제출은 우편으로도 가능하지만, 청구서가 헌법재판
소에 도달한 날을 기준으로 헌법소원의 청구기간(법 제69조)을 계산한다(도달주의).
인터넷을 통한 e-mail에 의한 청구서의 제출은 헌법재판소의 전자접수시스템
의 구축과 그 시험기간이 끝나 가능해졌다. 전자정보처리조직을 통한 심판절차
의 수행을 가능하게 하는 근거규정이 신설되었기 때문이다(법 제76조-제78조). 헌법소원
의 청구서에는 필요한 증거서류 또는 참고자료를 첨부할 수 있다(법 제26조 제2항).

(2) 심판청구서의 기재사항

심판청구서에는 다음 사항을 반드시 기재해야 한다(필수적 기재사항)(법 제71조).

1) 권리구제형 헌법소원(법 제68조 제1항 및 심판규칙 제68조 제1항)심판청구서

(가) 청구인 및 대리인의 표시

청구인의 성명, 주소, 전화번호 등의 인적 사항을 기재하여야 하는데, 주
소는 거주지 이외에 송달 수신 주소를 별도로 기재할 수도 있다. 대리인의 표

---

[1] 연방헌법재판소법 제21조 참조.
[2] 헌법소원심판청구서에는 국선대리인 선임신청을 동시에 하는 경우를 제외하고는 대리인의
선임을 증명하는 서류를 첨부해야 하고(심판규칙 제69조 제1항), 9통의 심판용 부본과 송
달에 필요한 수만큼의 송달용 부본을 함께 제출해야 한다(심판규칙 제9조).

시는 선임된 변호사의 성명, 사무소 주소, 전화번호 등을 기재하여야 한다.

(나) 침해된 권리

공권력에 의하여 침해된 기본권을 특정해서 기재하여야 한다.[1] 청구인의 관점에서 침해되었다고 생각하는 기본권을 기재하라는 것이지, 법적으로 정확히 침해 기본권을 판단해서 기재하라는 의미가 아니다.

(다) 침해의 원인이 된 공권력의 행사 또는 불행사

기본권을 침해하는 공권력의 행사 또는 불행사를 구체적으로 특정해서 기재함으로써 헌법소원심판의 대상을 명확히 하라는 의미이다. 즉 i) 법률이 기본권을 침해했다면 법률의 명칭과 기본권 침해조항, 법률의 제정 또는 개정일, 법률번호 등을, ii) 행정처분이 기본권을 침해했다면 처분을 행한 행정청의 명칭과 처분 일시 및 구체적인 처분 내용 등을, iii) 행정청의 부작위가 기본권을 침해했다면 작위의무가 있는 행정청의 명칭, 작위의무의 법적 근거, 부작위의 구체적 내용 등을 기재하여야 한다.[2]

(라) 청구이유

헌법소원심판을 청구하게 된 경위와 공권력의 행사 또는 불행사가 청구인의 기본권을 침해하거나 위헌인 이유를 자세히 기재하여야 한다.

(마) 기타 필요한 사항

헌법소원심판청구의 적법요건, 예컨대 청구기간의 준수 내용(심판규칙 제68조 제1항 제7호)과 다른 법률에 의한 구제절차의 이행 여부(심판규칙 제68조 제1항 제6호) 등을 기재하고 관련 소명자료를 첨부한다.

(바) 청구취지

헌법재판소법의 필요적 기재사항에는 포함되지 않지만, 헌법소원심판청구를 통해서 달성하려는 목적을 분명히 밝히라는 의미에서 실무상으로는 청구취지를 기재하도록 지도하고 있다. 즉 예컨대 '… 법률조항은 청구인의 … 기

---

[1] 어떠한 기본권이 제한(침해)되고 있는지에 대한 구체적인 기재가 없는 헌법소원은 부적법하다. 헌재결 2005. 2. 3. 2003헌마544 등, 판례집 17-1, 133(143면) 참조. 또 여러 사람이 공동으로 헌법소원심판을 청구하려면 청구인별로 침해된 기본권과 침해원인이 된 공권력을 특정할 수 있어야 한다. 헌재결 2007. 11. 29. 2005헌마347 참조.

[2] 이 기재사항을 비롯해서 침해된 기본권을 특정하지 않은 채 청구한 헌법소원이 부적법하다고 각하된 사례가 많다. 예컨대 헌재결 1992. 12. 24. 90헌마158, 판례집 4, 922면 참조.

본권을 침해하므로 헌법에 위반된다'는 등의 청구취지를 기재하게 한다.

(사) 피청구인

헌법소원심판은 대립적인 소송구조를 갖는 헌법재판이 아니므로 반드시 피청구인을 기재해야 하는 것은 아니다. 헌법소원심판에서 중요한 것은 기본권을 침해하는 공권력작용 그 자체이기 때문에 헌법소원심판의 대상 이외에 그 작용을 행한 기관이 특별히 문제되는 것은 아니기 때문이다. 그러나 심판규칙($^{제68조\ 제1}_{항\ 제2호}$)에서는 법령에 대한 헌법소원의 경우를 제외하고는 피청구인의 기재를 의무화했다. 그렇지만 피청구인을 기재하지 않거나 피청구인을 잘못 기재하더라도 부적법하지는 않다고 보아야 한다. 그래서 심판규칙 제정 전에는 피청구인을 기재하지 않더라도 헌법재판소가 청구인의 주장 요지를 종합적으로 판단했으며, 침해된 기본권과 침해의 원인이 된 공권력을 직권으로 조사하여 피청구인과 심판대상을 확정하여 판단했다.[1] 또 피청구인을 잘못 기재하면 헌법재판소가 직권으로 피청구인을 지정해서 정정했다.[2] 그리고 복수의 피청구인을 공동피청구인으로 함께 기재하면서 잘못 지정된 피청구인이 포함되었으면 잘못 지정된 피청구인의 청구부분은 부적법하므로 각하했다.[3] 그러나 앞으로 피청구인의 지정에서 부작위에 대한 헌법소원의 경우에는 행위의무가 있다고 주장하는 공권력 기관을 각각 피청구인으로 특정해서 기재하는 것이 바람직할 것이다.

2) 규범통제형 헌법소원($^{법\ 제68조\ 제2항\ 및}_{심판규칙\ 제68조\ 제2항}$)심판청구서

이 경우에는 구체적 규범통제에서의 법원의 제청서의 기재사항에 관한 규정($^{법}_{제43조}$)을 준용하도록 정하고 있다($^{법\ 제71조}_{제2항}$). 따라서 i) 청구인 및 대리인의 표시, ii) 법원에 계속중인 사건 및 당사자의 표시, iii) 위헌이라고 해석되는 법률 또는 법률조항, iv) 위헌이라고 해석되는 이유,[4] v) 법률이나 법률조항의 위헌 여부가 재판의 전제가 되는 이유, vi) 기타 필요한 사항을 기재하여

---

1) 예컨대 헌재결 1993. 5. 13. 91헌마190, 판례집 5-1, 312(320면) 참조.
2) 예컨대 헌재결 1999. 11. 25. 98헌마456, 판례집 11-2, 634(638면): 건교부장관으로 잘못 기재된 피청구인을 한국토지공사로 정정; 헌재결 2001. 7. 19. 2000헌마546, 판례집 13-2, 103(106면 이하): 경찰청장으로 잘못 기재된 피청구인을 영등포 경찰서장으로 정정한 판례 참조.
3) 헌재결 1992. 12. 24. 92헌마204, 판례집 4, 973(978면) 참조.
4) 위헌이라고 해석되는 이유를 기재하지 않은 것은 부적법하다. 헌재결 2009. 5. 12. 2009헌바 65, 헌재공보 152, 1037 참조.

야 하는데, 당해 재판사건의 소장·공소장 등 관계문서 등이 포함될 것이다. 그리고 규범통제형 헌법소원심판청구서를 제출할 때에는 법원에 제출한 위헌 제청신청서와 법원의 기각결정서 사본, 위헌심판제청신청기각결정서 송달증명 원, 당해 사건의 재판서를 송달받은 경우에는 그 재판서 사본 등을 함께 제출 해야 한다($\genfrac{}{}{0pt}{}{\text{심판규칙}}{\text{제69조 제 2 항}}$).

Ⅲ. 헌법소원심판청구의 대상

헌법소원심판청구는 기본권을 침해하는 공권력의 행사 또는 불행사를 대 상으로 한다($\genfrac{}{}{0pt}{}{\text{법 제68조}}{\text{제 1 항 본문}}$). 엄밀한 의미에서 헌법소원에서는 피청구인(Beschwerde-gegner)이 존재하지 않는다고 인식되는 이유도 그 때문이다.[1] 규범통제형 헌 법소원($\genfrac{}{}{0pt}{}{\text{법 제68조}}{\text{제 2 항}}$)은 재판의 전제가 되는 법률의[2] 위헌 여부의 제청신청이 기각 된 때에 헌법재판소에 직접 법률의 위헌 여부를 가려 달라고 청구하는 것이 기 때문에 그 본질이 규범통제이지 기본권 구제를 목적으로 하는 헌법소원이 아니라는 것은 앞에서($\genfrac{}{}{0pt}{}{\text{205면}}{\text{이하}}$) 이미 설명했다. 따라서 여기서는 따로 다루지 않 고 규범통제에서의 관련 설명으로 대신한다.

(1) 공권력의 작용

헌법소원의 대상이 되는 공권력작용은 기본권을 침해하는 우리나라의 공권력작용을 의미한다. 국민의 기본권을 확인하고 보장할 의무를 지는 것은 우리나라의 공권력이기 때문이다($\genfrac{}{}{0pt}{}{\text{제10조}}{\text{제 2 문}}$). 따라서 외국의 기관 또는 국제기구 의 공권력작용은 헌법소원의 대상이 아니다.[3] 북한은 외국으로 볼 수는 없지 만, 북한은 우리 헌법을 존중하는 통치집단이 아니기 때문에 북한의 공권력작 용은 헌법소원의 대상이 될 수 없다. 북한에서 범법행위를 하고 우리나라로

---

1) *Benda/Klein*, aaO., RN. 468 u. 469 참조.
2) 진정입법부작위는 입법행위가 없어 규범통제형 헌법소원의 대상이 될 수 없다. 그에 반해 부진정입법부작위에 해당하는 결함 있는 법률이 재판의 전제가 된 때에는 규범통제형 헌법 소원이 허용된다. 헌재가 행소법 제 4 조가 의무이행소송을 항고소송의 하나로 규정하지 아 니한 입법부작위를 다투는 헌법소원에서 그 부작위를 진정입법부작위로 평가하면서 규범통 제형 헌법소원이 허용되지 않는다고 각하한 이유도 그 때문이다. 헌재결 2008. 10. 30. 2006 헌바80, 헌재공보 145, 1433(1438면) 참조.
3) 헌재결 1997. 9. 25. 96헌마159, 판례집 9-2, 421(427면) 참조.

탈북한 북한 주민을 우리나라에서 처벌하는 경우 그 처벌행위는 우리나라의 공권력작용이기 때문에 헌법소원의 대상이 된다.[1] 외국의 공권력에 의한 기본권 침해가 발생하면 정부가 외교적인 노력으로 국민의 기본권을 보호하는 것이 당연하다. 이러한 보호의 당위성이 헌법($\substack{제2조 \\ 제2항}$)과 법률에 의한 국가의 작위의무를 뜻하게 되는 경우에는 중요한 기본권(특히 생명, 신체의 자유, 재산권 등)의 보호를 소홀히 하는 국가의 부작위는 헌법소원의 대상이 될 수는 있을 것이다.[2] 조약의 체결처럼 우리나라의 공권력이 외국의 공권력과 공동으로 공권력의 행사를 하는 경우에 그 조약의 내용이 국회의 비준·동의($\substack{제60조 \\ 제1항}$)를 요하는 것이면 기본권을 침해하는 조약은 당연히 헌법소원의 대상이 된다. 다만 그 조약의 비준·동의를 저지하기 위한 헌법소원을 제기할 수는 없다고 할 것이다. 비준·동의를 받기 전의 조약은 효력을 발생하지 않아 기본권을

---

1) 독일 통일 전에 동독에서 선고한 형사판결을 서독에서 집행하는 문제에 대해서 연방헌법재판소는 그 판결이 서독 기본법상의 법치국가의 원칙에 위배되지 않는 경우에만 집행이 허용되며 그 집행결정은 헌법소원의 대상이 된다고 판시했다. BVerfGE 1, 332(341ff.) 참조.

2) 동지: BVerfGE 55, 349(364ff.) 참조. 우리 헌재가 일본위안부피해자의 일본에 대한 배상청구권의 소멸여부에 관한 한일청구권협정 제 2 조 제 1 항의 해석을 둘러싼 양국간 분쟁을 우리 정부가 이 협정 제 3 조가 정한 절차에 따라 해결하지 않고 있는 부작위는 헌법 제10조와 제 2 조 제 2 항 및 헌법전문에서 유래하는 법령상의 구체적인 작위의무를 어긴 부작위의 공권력행사이므로 위헌이라고 판시한 이유도 그 때문이다. 헌재결 2011. 8. 30. 2006헌마788, 헌재공보 179, 1285(1293면 이하) 참조. 헌재는 앞서 2000년 동일한 협정 제 3 조 제 2항에 따른 중재요청을 하지 않은 부작위위헌확인헌법소원사건(헌재결 2000. 3. 30. 98헌마206)에서는 정부의 구체적인 작위의무를 부인했지만 그 때의 쟁점은 해당 협정의 해석에 관한 분쟁을 해결하기 위한 다양한 방법 중 '특정 방법을 취할 작위의무'의 존부였는데 반해서 이 사건에서는 "이 사건 협정의 해석에 관한 분쟁을 해결하기 위하여 위 협정의 규정에 따른 외교행위 등을 할 작위의무"가 있는지 여부이므로 앞 선례의 사안과는 구별되므로 선판례와 모순되지 않는다고 설명했다(앞 헌재공보 1296면). 헌재는 원폭피해자의 대일본 배상청구권에 대해서도 같은 취지의 정부 부작위위헌결정을 했다. 헌재결 2011. 8. 30. 2008헌마648 참조. 그러나 (a) 일제의 강제동원에 따른 한국인 BC급 전범들이 국제전범재판에 따른 처벌로 입은 피해의 회복을 위해서 정부가 1965년 한일청구권협정 제 3 조에 따른 일본과의 분쟁해결절차에 나서지 않았다고 제기한 부작위 헌법소원심판에서, 헌재는 일본 위안부 피해자나 원폭피해자의 경우와 달리, 한국인 BC급 전범들에 대한 국제전범재판소의 판결은 국제법적으로 유효하며 헌법규정과 정신에 따라 국내의 모든 국가기관이 존중해야 하고 한일청구권협정과 무관하므로 그 협정 제 3 조에 따른 분쟁해결절차에 나아가야 할 구체적 작위의무가 인정된다고 보기 어렵다고 판시했다. (b) 또 BC급 전범재판에 이르게 한 일제의 강제 동원으로 인한 피해에 대해서도 이 사건 협정의 해석에 관한 분쟁이 현실적으로 존재한다고 보기 어려울(분쟁의 미성숙) 뿐 아니라, 설령 이 사건 협정 해석상의 분쟁이 존재한다고 해도 정부는 지속적인 외교적인 조치를 통하여 그 작위의무를 이행하였다고 볼 수 있다고 판시하면서 심판청구는 부적법하다고 각하했다(5:4 결정). 헌재결 2021. 8. 31. 2014헌마888 참조.

침해할 수 없기 때문이다.

우리나라의 공권력작용이면 입법·집행·사법작용을 행사하는 모든 국가기관과 공법인, 공법상의 영조물 등 공공단체 등이 행하는 권력작용은 물론이고 권력적 사실행위도 다 포함된다.[1] 국가 또는 공공단체의 사법상(私法上)의 행위는 헌법소원의 대상이 아니다.[2] 그러나 사경제주체로서의 행위처럼 보여도 공권력행사로서의 성질을 갖는 경우에는 헌법소원의 대상이 된다.[3] 우리 헌법재판소는 공권력 행사에 관해서 다음과 같이 판시하고 있다. 즉 수사관서의 장이 요청하면 전기통신사업자가 통신자료를 제공할 수도 있도록 정한 경우 전기통신사업자가 아무런 의무나 부담을 지지 않고 불응에 대한 제재도 예정하지 않았다면 수사관서의 전기통신사업자를 통한 통신자료 취득행위는 강제력이 개입하지 않은 임의수사에 해당하므로 헌법소원의 대상인 공권력의 행사라고 볼 수 없다는 것이다.[4] 그러나 헌법재판소는 그 후 해당 법률조항(전기통신사업법 제83조 제 3 항)에 대한 헌법소원에 대해서는 선 판례와 달리 직접성을 인정했다. 즉 통신자료 취득행위에 대한 불복수단의 존재 여부가 불분명하고 법률 그 자체에 의해서 헌법소원 청구인들의 법적 지위에 영향을 미친다고 볼 수 있다는 이유로 직접성을 인정해서 심판했다.[5] 또 공직선거에서의 개표행위는

---

1) 헌재결 2001. 3. 21. 99헌마139 등, 판례집 13-1, 676(692면) 참조.
2) 헌재결 2005. 2. 24. 2004헌마442, 판례집 17-1, 284(293면): 한국증권거래소의 회원사에 대한 상장폐지결정 및 상장폐지확정결정은 사법상의 계약관계를 해소하려는 의사표시에 불과해서 헌법소원의 대상이 되는 공권력의 처분이 아니다. 헌재결 2006. 11. 30. 2005헌마855: 공법인인 한국방송공사가 행한 사원채용시험의 응시자격제한은 사법적인 성질의 것으로서 헌법소원의 대상인 공권력작용이 아니다. 헌재결 2008. 11. 27. 2006헌마1244: 잡종재산인 불요존국유림에 대한 대부계약은 국가가 사경제적 주체로서 행하는 사법상의 법률행위이므로 기본권침해가능성이 없다.
3) 헌재결 2007. 5. 31. 2003헌마579, 헌재공보 128, 610(617면): 정부입찰공사의 사전심사단계에서 국가가 일방적으로 산정한 환산재해율에 의한 불이익을 주는 것과 이 환산재해율을 반영하여 건설업체들에 대한 시공능력평가액을 산출해 줌으로써 국가기관이나 개별 발주자들이 이를 입찰에 반영하도록 하는 것은 계약상대방이 될 건설업자들의 법률상 지위에 영향을 준다는 의미에서 사경제주체로서의 행위라기보다는 공권력행사로서의 성질을 가져 헌법소원의 대상이다.
4) 헌재결 2012. 8. 23. 2010헌마439, 헌재공보 191, 1653(1665면) 참조.
5) 헌재결 2022. 7. 21. 2016헌마388 등. 헌재는 이 결정에서 전기통신사업법 제83조 제 3 항이 통신자료 취득 사실을 이용자에게 사후에 통지하는 절차를 두지 않은 것은 적법절차원칙에 위배되어 개인정보 자기결정권을 침해한다고 판시했다(2023. 12. 31. 시한부 잠정적용 헌법불합치결정).

집합적 행위인 선거관리라는 일련의 과정상의 하나의 행위에 불과해서 공권
력작용의 준비행위 내지 부수행위이고 투표결과를 집계하기 위한 단순한 사
실행위에 불과해서 그 자체 헌법소원심판의 대상이 되는 공권력행사에 해당
하지 않는다고 판시했다.[1] 그리고 방송통신심의위원회가 방송사업자의 경미
한 심의규정 위반방송에 대해서 제재조치에 해당하지 않는 행정지도로서의
'의견제시'를 하는 것은($\binom{구방송법 제100조}{제1항 단서}$) 방송사업자의 권리와 의무에 대하여 직
접적인 법률효과를 발생시키지도 않고, 법률관계 내지 법적 지위를 불리하게
변화시키지도 않는 비권력적 사실행위로서, 방송사업자의 표현의 자유를 제한
할 정도의 위축효과를 초래하지도 않는다고 헌법소원의 대상이 되지 않는다
고 판시했다.[2] 또 금융위원회가 시중은행을 상대로 가상통화 거래를 위한 가
상계좌의 신규제공을 중단하도록 한 조치 등은 공권력 행사에 해당하지 않는
다고 판시했다.[3]

1) 입법작용

입법작용의 핵심은 법률제정·개정 작용이다. 따라서 법률은 헌법소원의
대상이 된다. 그리고 국내법과 같은 효력을 갖는 조약과 일반적으로 승인된
국제법규($\binom{제6조}{제1항}$)도 헌법소원의 대상에 포함된다. 나아가 입법부작위도 헌법소
원의 대상이 될 수 있다.

(가) 법   률

법률은 일반적 효력을 갖기 때문에 구체적인 사건에 집행·적용되기 전에
는 직접 기본권을 침해하는 경우가 흔치 않다. 따라서 법률이 직접 헌법소원
의 대상이 되는 것은 극히 예외적인 현상이다. 즉 법률이 구체적인 집행·적용
작용 없이도 직접, 현실적으로, 자신의 기본권을 침해하는 경우에 한해서 법률
은 헌법소원의 대상이 된다. 이 경우에는 법률의 효력을 직접 다투는 것을 소

---

1) 헌재결 2016. 3. 31. 2015헌마1056, 헌재공보 234, 669(671면) 참조.
2) 헌재결 2018. 4. 26. 2016헌마46, 헌재공보 259, 739(742면) 참조. 그렇기 때문에 헌재법 제
   75조 제 5 항에 의하여 이 사건 의견제시의 근거법률조항에 대한 위헌여부를 판단할 수는
   없다고 밝혔다. 그 밖에도 헌재는 교육부가 작성한 교장임용 제청 기준강화방안은 행정부
   내부행위에 불과해서 공권력 행사가 아니라고 판시했다(헌재결 2018. 6. 28. 2015헌마1072,
   헌재공보 261, 1152(1154면)).
3) 헌재결 2021. 11. 25. 2017헌마1384 참조.

송물로 하는 행정소송이 불가능하기 때문에 법률에 대한 헌법소원이 유일한 권리구제방법이다.[1] 헌법소원의 대상이 되는 법률은 시행중인 유효한 법률이어야 하는 것이 원칙이다. 국회에서 심의중인 법률안은 진행중인 입법형성의 과정이므로 헌법소원의 대상이 될 수 없다.[2] 그러나 이미 공포절차는 마쳤지만 아직 효력을 발생하기 전의 법률은 그 법률로 인한 청구인의 불이익을 충분히 예측할 수 있는 때에는 예외적으로 헌법소원의 대상이 된다.[3] 이것은 엄밀히 말하면 청구인적격의 문제라고 할 것이다. 또 헌법재판소가 이미 위헌결정한 법률[4] 또는 이미 폐지된 법률은 헌법소원의 대상이 될 수 없다. 그러나 유효한 법률조항을 대상으로 헌법소원을 제기했지만 헌법소원 결정선고 당시 그 법률은 이미 폐지되고 유사한 내용을 규정한 새로운 법률조항이 제정된 경우에는 사정이 다르다. 즉 이 경우에는 폐지된 법률조항의 위헌 여부가 아직 해명된 바가 없고 그 법률조항이 기본권을 침해하는 것으로 판단한다면 폐지된 법률조항에 대해서도 본안판단의 필요성이 인정된다. 신법조항이 폐지된 법률조항과 유사한 내용을 규정하고 있어 신법조항에 의한 기본권 침해가 확실히 예상되기 때문에 폐지된 법률에 대한 본안판단은 신법조항의 개정을 촉진하여 위헌법률에 의한 기본권 침해의 위험을 사전에 제거하는 등 헌법질서의 수호·유지를 위해서 긴요한 사항이어서 헌법적으로 그 해명이 중대한 의미를 갖기 때문이다.[5] 그리고 헌법소원심판청구의 대상이었던 법률이 심판계속중에 개정되어 조문위치의 조정, 조문내용의 일부 추가 등의 변화가 있더라도 그 실질적 내용에 아무런 차이가 없다면 개정된 법률이 심판의 대상이 된다.[6] 그렇지만 법률의 개폐(改廢)를 요구하는 것은 헌법소원의 대상이 될 수

---

1) 동지: 헌재결 1990. 6. 25. 89헌마220, 판례집 2, 200(203면) 참조.
2) BVerfGE 1, 396(340); 68, 143(150) 참조. 헌재결 1994. 8. 31. 92헌마174, 판례집 6-2, 249(265면)는 정부의 법률안 제출행위가 국가기관의 내부적 행위에 불과해서 국민에게는 직접적인 법률효과가 발생하지 않는다고 헌법소원의 적법성을 부인했지만 같은 취지라고 할 것이다.
3) 헌재결 1994. 12. 29. 94헌마201, 판례집 6-2, 510(523면) 참조.
4) 헌재결 2006. 6. 29. 2005헌마44, 헌재공보 117, 943(946면)에서 헌재가 헌법불합치결정을 하면서 입법개선시까지 잠정적용을 명한 법률조항에 대한 헌법소원은 권리보호이익이 없다고 각하했다.
5) 동지: 헌재결 1995. 5. 25. 91헌마67, 판례집 7-1, 722(735면) 참조.
6) 헌재결 2007. 6. 28. 2004헌마644 등, 헌재공보 129, 763(766면) 참조.

없다. 법률의 개정 또는 폐지는 입법기관의 소관사항이므로 헌법소원을 통해
서 강요할 수 있는 일이 아니기 때문이다.[1]

　기본권 보호의 실효성을 높이도록 헌법소원심판제도를 도입한 독일에서
도 법률은 예외적으로만 헌법소원의 대상이 된다. 즉 독일에서는 법률의 집행
작용에 의해서 기본권 침해가 발생한 경우에 행정쟁송 등 일반적인 권리구제
절차를 먼저 밟은 다음 그래도 권리구제가 되지 않은 때만 법원의 최종재판
을 헌법소원의 대상으로 삼는 것이 원칙이다. 그 결과 법률을 직접 헌법소원
의 대상으로 삼는 이른바 법규소원(Rechtssatzverfassungsbeschwerde)은 재판소원
(Urteilsverfassungsbeschwerde)에 비해서 그 수가 현저히 적은 것이 현실이다.
또 독일 연방헌법재판소도 판례를 통해 법규소원의 요건을 엄격하게 제한하
고 있는 실정이다.[2] 법률에 의한 기본권 침해가 발생했을 때 법원에 의한 권
리구제의 기회를 우선적으로 부여하는 것은 헌법재판소의 부담을 덜어줄 뿐
만 아니라, 법원의 재판을 통해서 전문분야에 관한 법률해석과 적용에 관한
유용한 정보와 자료를 헌법재판소가 얻을 수 있다는 실용적인 장점이 있다.
그러나 법원의 재판을 통한 권리구제절차를 지나치게 강조하는 경우 주관적
인 권리보호이익에는 부정적인 영향을 미칠 수도 있다. 그렇기 때문에 독일
연방헌법재판소는 종래 법규소원의 요건으로 확립한 세 가지 조건, 즉 법규범
이 자기 '자신'의 기본권을 '현재' '직접'적으로 침해한(eigene, gegenwärtige und
unmittelbare Betroffenheit) 경우에만 허용하던 조건[3] 이외에도 이익형량에 기
초한 '수인 기대가능성'(Zumutbarkeit)의 요건을 추가로 검토하고 있다. 즉 법
원에 의한 권리구제절차의 이행을 강요하는 것이 과연 기본권구제를 원하는
청구인에게 기대할 수 있는 일인가를 검토하면서 청구인이 법규소원을 통해
서 얻을 수 있는 주관적인 이익과 그로 인해서 발생할 수 있는 제 3 자 또는
객관적인 불이익을 서로 이익형량해서 사전권리구제절차의 이행을 준수하도
록 요구할는지의 여부를 결정하려는 것이다.[4] 이러한 기대가능성의 검토는
기본권 침해의 자기관련성·현재성·직접성의 적용이 갖는 정형화의 취약점을

---

1) 동지: 헌재결 1992. 6. 26. 89헌마132, 판례집 4, 387(405면) 참조.
2) 예컨대 BVerfGE 68, 319(325f.); 70, 35(53f.); 71, 305(335ff.) 참조.
3) BVerfGE 53, 30(48) 참조.
4) BVerfGE 71, 305(335ff.) 참조.

보완해서 개별적인 헌법소원의 특성에 맞게 주관적 권리구제의 기능을 높이려는 것이다. 그럼에도 불구하고 법률에 의한 기본권 침해의 경우 기대가능성의 관점에서 법규소원이 허용되는 예외적인 경우 외에는 재판소원이 여전히 헌법소원의 대부분을 차지하고 있다는 점에는 큰 변화가 없다.

(나) 조약과 국제법규 및 관습법과 군정법령

헌법에 의하여 체결·공포된 조약과 일반적으로 승인된 국제법규는 국내법과 같은 효력을 가지므로($^{제6조}_{제1항}$) 헌법소원의 대상이 된다. 헌법재판소가 한 일어업협정을 헌법소원의 대상으로 인정한 이유도 그 때문이다.[1] 또 관습법도 헌법소원의 대상이 된다는 헌법재판소의 결정이 있다.[2] 그리고 광복 후 과도기에 미군정청이 발령한 군정법령도 헌법소원의 대상으로 인정했다.[3]

(다) 입법부작위

입법부작위에는 진정입법부작위(echtes Unterlassen)와 부진정입법부작위(unechtes Unterlassen)의 두 가지 유형이 있다. 전자는 헌법상의 입법의무가 있는 사항에 대해서 입법권자가 전혀 입법을 하지 않아 법률이 처음부터 존재하지 않는 경우이고, 후자는 헌법상의 입법의무가 있는 사항에 관해서 입법권자가 불완전하고 결함이 있는 입법을 해서 법률이 불완전하고 흠결이 있는 상태로 존재하는 경우이다. 우리 헌법재판소도 입법부작위를 이 두 가지 유형으로 구별해서 심판하고 있다.[4] 두 가지 경우 모두 헌법소원의 대상이 되지만 그 요건과 방법은 다르다.

a) 진정입법부작위

진정입법부작위는 제한적으로만 헌법소원의 대상이 된다. 즉 헌법상의 명시적인 입법위임을 입법권자가 방기(放棄)하거나, 헌법해석상 명백히 발생한

---

1) 헌재결 2001. 3. 21. 99헌마139 등, 판례집 13-1, 676(692면) 참조.
4) 헌재결 2020. 10. 29. 2017헌바208 헌법소원사건에서 분묘기지권에 관한 관습법을 헌법소원 심판의 대상으로 인정하고 이 관습법을 통해 분묘기지권을 보호해야 한다고 판시했다.
3) 헌재는 1945년 9월 25일 공포한 군정법령 제2호 제4조 본문(1945. 8. 9. 이후에 한국의 일본인 재산을 대상으로 성립된 거래를 전부 무효로 한 내용)과 1945년 12월 6일 공포한 군정법령 제33호 제2조 전단(1945. 8. 9. 이후 한국의 일본인이 소유·관리하는 재산을 1945. 9. 25.자로 전부 미국 군정청이 취득하도록 한 내용)을 근거로 한 헌법소원사건에서 헌법소원의 적법성을 인정하는 결정을 했다. 그리고 본안판단에서는 진정소급입법에 대해서 예외적으로 합헌결정을 했다. 헌재결 2021. 1. 28. 2018헌바88 참조.
4) 헌재결 1996. 10. 31. 94헌마108, 판례집 8-2, 480(489면) 참조.

특정인의 기본권을 보장하기 위해서 필요한 국가의 입법행위 또는 보호의무
를 이행하지 않은 경우에만 헌법소원의 대상이 된다. 우리 헌법재판소도 '헌
법에서 기본권 보장을 위해 법령에 명시적인 입법위임을 하였음에도 입법자
가 장기간 이를 방치하고 있거나, 헌법해석상 특정인에게 구체적인 기본권이
생겨 이를 보장하기 위한 국가의 행위의무 내지 보호의무가 발생하였음이 명
백함에도 입법자가 전혀 아무런 입법조치를 취하고 있지 않은 경우에만' 헌법
소원의 대상이 된다고 판시했다.[1] 그래서 군정법령에 근거한 사설(私設)철도
주식의 수용에 대하여 보상에 관한 법률을 제정해야 할 입법자의 헌법상 명
시된 입법의무가 발생했는데도 30년이 지나도록 계속되는 입법자의 부작위는
입법재량의 한계를 넘는 입법의무의 불이행으로서 보상청구권이 확정된 자의
헌법상 재산권을 침해하는 것이어서 위헌이라고 판시했다.[2] 그렇지만 외국에
서 얻은 침구사자격을 국내에서도 인정하는 법률을 제정하지 않은 입법부작
위나,[3] 지방자치법(제13조의2)에서 규정한 주민투표권을 보장하기 위한 법률을 제
정하지 않은 입법부작위,[4] 기존 침구사 또는 한의사들의 업권(業權) 보호를
위해 침구사 아닌 자의 침구시술행위에 대한 금지·처벌규정을 제정하지 않은
입법부작위,[5] 골프장 캐디처럼 특수형태 근로자가 근로기준법과 동일한 정도
의 보호를 내용으로 하는 새로운 입법을 해 달라는 내용의 진정입법부작위[6]
등에 대해서는 헌법소원의 대상이 되지 않는다고 판시했다. 그리고 '자유권규
약위원회'(Human Rights Committee)('시민적 및 정치적 권리에 관한 국제규약'의 조
약상 기구)가 양심적 병역거부로 처벌받은 사람에 대한 효과적인 구제조치의
이행을 우리나라에 촉구한 '견해'(Views)는 법적 구속력이 인정되기 어렵고 입

1) 헌재결 1989. 3. 17. 88헌마1, 판례집 1, 9(16면) 참조.
2) 헌재결 1994. 12. 29. 89헌마2, 판례집 6-2, 395(409면) 참조. 또 지방자치단체가 지방공무
   원법 제58조 제 2 항에 따라 '사실상 노무에 종사하는 공무원의 범위'를 정하는 조례를 제정
   하도록 위임받고도 이를 정당한 이유 없이 36년이 지나도록 제정하지 아니한 진정입법부작
   위는 헌법상 의무를 위반하여 지방공무원이 노동 3 권을 부여받을 기회를 사전에 차단 또는
   박탈했다고 볼 수 있어 위헌이라고 판시했다. 헌재결 2009. 7. 30. 2006헌마358, 헌재공보
   154, 1524(1528면) 참조.
3) 헌재결 1991. 11. 25. 90헌마19, 판례집 3, 599(603면) 참조.
4) 헌재결 2001. 6. 28. 2000헌마753, 판례집 13-1, 1431(1437면) 참조.
5) 헌재결 1993. 11. 25. 90헌마209, 판례집 5-2, 433(442면) 참조.
6) 헌재결 2016. 11. 24. 2015헌바413 참조.

법자가 반드시 그 견해의 구체적인 내용을 그대로 따라야 할 입법의무가 발
생하였다고 볼 수도 없다는 이유로 헌법소원심판의 대상이 되는 입법부작위에
해당하지 않는다고 결정했다.[1]

　b) 부진정입법부작위

　　부진정입법부작위도 헌법소원의 대상이 되지만, 이 때는 입법부작위가 헌
법소원의 대상이 되는 것이 아니라, 불완전하고 결함이 있는 법률규정 그 자
체가 헌법소원의 대상이 된다는 것이 우리 헌법재판소의 입장이다.[2] 즉 결함
이 있는 불완전한 법률규정이 위헌이라는 적극적인 헌법소원을 제기해야 한
다는 것이다.[3] 그러나 기본권 보호의 관점에서 청구기간의 제약을 받는 결함
있는 법률조항에 대한 적극적인 헌법소원보다는, 입법자의 입법개선의무 위반
을 입법부작위로 평가해 입법부작위에 대한 헌법소원의 길을 열어 주는 것이
더 합리적이라고 할 것이다. 부진정입법부작위가 헌법소원의 대상이 되는 이
유는 입법자가 헌법이 보장하는 기본권의 보호의무를 '너무 부족하게'(zu-wenig
Gewähr) 이행하고 있기 때문이다. 결혼해서 여러 명의 자녀를 두고 있는 공
무원의 급여를 자녀가 없는 미혼인 공무원에 비해 지나치게 낮게 책정한 경
우를 예로 들 수 있다.[4] 결국 입권권자가 기본권 보장을 위해서 필요한 입법
의무 또는 보호의무를 충분히 이행하지 않았거나 보호목적의 달성에 부적합
한 수준으로 입법을 함으로써 기본권을 침해했다는 것을 입증해야 한다.[5] 따

---

　1) 헌재결 2018. 7. 26. 2011헌마306 등 참조.
　2) 헌재결 1996. 10. 31. 94헌마108, 판례집 8-2, 480(489면) 참조.
　3) 예컨대 형소법(제420조)상의 재심이유의 누락(헌재결 1997. 3. 27. 94헌마235, 판례집 9-1,
　　390(400면)); 1980년 국보위 정화계획으로 강제 해직된 정부산하기관 임직원에 대하여 강
　　제 해직된 공무원과는 달리, 구제하기 위한 특별조치법의 수혜범위에 포함시키지 않은 것
　　(헌재결 1996. 11. 28. 93헌마258, 판례집 8-2, 636(644면)); 국내에 주민등록이 없는 재외국
　　민이 국내 선거에 참여할 수 있는 절차를 규정하지 않은 것(헌재결 1999. 1. 28. 97헌마253
　　등, 판례집 11-1, 54(64면)) 등이 부진정입법부작위에 해당한다고 판시했다. 그런데 입법자
　　가 처음부터 특정집단을 그 적용대상에서 배제하려는 분명한 입법의지를 가지고 법률제정
　　을 한 경우 그 법률의 적용대상에서 제외된 집단이 입법부작위를 다투는 헌법소원을 제기
　　하는 경우 헌재가 부진정입법부작위사건으로 심판하면서 헌법소원의 청구인들이 제외된 것
　　은 그 법률의 혜택부여규정이 인적 적용범위를 제한한 데 따른 결과에 지나지 않는다고 설
　　명하는 것은 올바른 판단이라고 보기 어렵다. 예컨대 헌재결 2009. 6. 25. 2008헌마393, 헌
　　재공보 153, 1311(1313면 이하) 참조.
　4) BVerfGE 99, 300 참조.
　5) BVerfGE 92, 26(46) 참조.

라서 부진정입법부작위에 대한 헌법소원의 청구인은 입법자가 기본권 보호의
무를 부족하게 이행했다는 점 이외에 자신에게 기본권 보호청구권이 있다는
것을 입증해야 한다.[1] 이 보호청구권과 입법자의 보호의무가 서로 상승작용
을 일으켜 입법자는 입법 후에도 언제나 축적된 자료와 경험을 바탕으로 상
황변화에 맞는 입법개선을 해야 할 의무를 지게 된다.[2] 따라서 입법자가 이
입법개선의무를 이행하지 않아 기본권을 침해하는 경우에는 그 부작위 자체
를 다툴 수 있는 헌법소원을 허용하는 것이 옳다. 따라서 불완전한 법률을 대
상으로 하는 적극적인 헌법소원 이외에 입법개선의무 위반을 대상으로 하는
헌법소원의 길을 함께 열어 주어야 기본권 보호의 실효성을 기대할 수 있다.

2) 입법기관의 기타 공권력작용

입법기관의 입법행위 이외에도 헌법소원의 대상이 되는 입법기관의 공권
력작용이 있을 수 있다. 즉 국민은 국회에 대해서도 청원할 권리를 가지며 국
회는 심사할 의무를 지기 때문에(제26조) 국민의 입법청원권을 침해하는 입법기
관의 처분은 헌법소원의 대상이 된다. 청원법이 정한 대로 문서로 제기한 청
구인의 청원을 국회의장이 정당한 이유 없이 심사하지 않는 청원심사부작위는
헌법소원의 대상이 될 수 있다는 것이 헌법재판소의 판시이다.[3]

3) 행정작용

행정작용의 핵심은 행정행위로 불려지는 행정처분이다. 그러나 행정처분
은 다른 법률에 구제절차가 있는 경우에는 그 절차를 모두 거친 후가 아니면
헌법소원을 청구할 수 없는 보충성의 요건과, 법원의 재판을 헌법소원의 대상
에서 제외하는 헌법재판소법(제68조제1항)의 규정 때문에 헌법소원의 대상이 되는 행
정처분은 매우 제한되어 있다. 즉 행정소송에 의한 권리구제가 불가능한 경우
또는 행정소송에 의한 권리구제의 기대가능성이 없어 보충성원칙의 예외가 인

---

1) BVerfGE 77, 170(214f.) 참조.
2) BVerfGE 49, 89(130); 56, 54(79) 참조.
3) 헌재결 2000. 6. 1. 2000헌마18, 판례집 12-1, 733(738면) 참조. 그러나 국회의장의 단순한
   민원회신은 기본권을 직접 침해하는 공권력 행사에 해당되지 않는다. 헌재결 2006. 11. 30.
   2006헌마679 참조. 행정기관의 민원회신도 마찬가지이다.

정되는 경우로 제한된다.[1] 그 결과 헌법소원의 대상이 되는 행정작용은 기본권을 침해하는 통치행위, 행정입법, 행정입법부작위, 권력적 사실행위,[2] 검사의 불기소처분 등이다. 공법상의 사단 및 재단 등의 공법인과 국립대학교와 같은 영조물 등의 작용도 헌법소원의 대상이 된다.[3] 독일에서도 행정처분은 헌법소원의 대상으로 특별한 의미를 갖지 못하는데 그 이유는 행정처분에 의한 기본권 침해가 있는 경우 다른 권리구제절차를 먼저 거치고 나서 마지막으로 법원의 최종재판결과를 재판소원의 대상으로 삼기 때문이다.

㈎ 통치행위

대통령이 행사하는 국가긴급권 등 통치행위는 좁은 의미의 행정처분은 아니지만, 넓은 의미로는 행정작용에 포함된다. 통치행위는 단순히 기계적으로 법률을 집행하는 행정작용이 아니라, 고도의 정치 결단적인 집행작용을 뜻하기 때문에 흔히 일반적인 행정작용과는 구별된다고 한다.[4] 그러나 통치행위도 기본권 실현의무에서 자유로울 수 없는 공권력작용이기 때문에 통치행위가 국민의 기본권 침해와 직접 관련되는 경우에는 당연히 헌법소원의 대상이 된다. 국가긴급권의 일종인 대통령의 긴급재정경제명령이 헌법소원의 대상이 되는 것도 그 때문이다.[5] 나아가 유신헌법에 의해서 행해진 유신당시의 대통령 긴급조치를 다투는 헌법소원심판에서 우리 헌법재판소는 헌법의 역사성 등을 근거로 현행헌법을 심사기준으로 삼아 심판대상 긴급조치(제1호, 제2호 및 제9호)를 위헌결정한 판례도 마찬가지이다.[6] 북한의 핵실험과 미사일 발사 등 도발 행위에 대응해서 단행된 2016년 2월 대통령의 개성공단 전면 중단 조치가 고도의 정치적 결단을 요하는 행위이지만 그 조치로 개성공단 투자기업인들에게

---

1) 예컨대 부패방지법(제40조)에 따른 국민감사청구에 대해서 감사원장이 기각결정한 경우 별도의 구체적인 권리구제절차가 마련되어 있지 않으므로 보충성의 예외를 인정해서 감사원장의 기각결정에 대한 헌법소원을 적법하다고 판시했다. 헌재결 2006. 2. 23. 2004헌마414, 헌재공보 111, 365(368면) 참조.
2) 독일 연방헌법재판소는 선거시기에 강화된 정부의 홍보활동처럼 공권력의 단순한 사실행위(Realakte)에 의해서도 선거의 자유가 잠재적으로 침해될 수 있다고 판시했다. BVerfGE 63, 230(241f.) 참조.
3) 헌재결 2013. 5. 30. 2009헌마514, 판례집 25~1, 337(343면) 참조.
4) 통치행위의 본질과 사법적 통제에 관해 자세한 것은 졸저(拙著), 한국헌법론, 2021, 1046면 이하 참조.
5) 헌재결 1996. 2. 29. 93헌마186, 판례집 8-1, 111(116면) 참조.
6) 헌재결 2013. 3. 21. 2010헌바70 등, 판례집 25-1, 180면 참조.

기본권 제한이 발생했고, 그런 조치는 헌법과 법률에 따라 결정하고 집행하도
록 견제하는 것이 헌법재판소의 본연의 임무라는 이유를 들어 헌법소원심판의
대상이 된다고 결정하기도 했다.[1] 다만 통치행위 중에서 대통령이 행하는 외
교행위, 중요 정책의 국민투표 부의행위, 헌법개정 발의행위, 법률안에 대한
거부권 행사, 헌법기관 구성행위, 은사권(恩赦權) 행사 등 국민의 기본권 침해
와 직접적인 관련이 없고, 그러한 대통령의 국정행위에 대해서 직접 민주적
또는 대의정치적인 통제수단이 따로 마련되어 있는 경우에는 헌법재판소가 사
법적 자제의 입장을 취할 수 있기 때문에 헌법소원의 대상으로서는 적합하지
않다고 할 것이다. 국군의 이라크 파병결정을 대상으로 하는 헌법소원에 대해
서 헌법재판소가 보인 태도가 바로 그런 것이다.[2]

(나) 행정입법

행정입법은 행정기관이 법률에서 위임받은 사항과 법률을 집행하기 위해
서 필요한 사항을 대통령령·총리령·부령 등의 법규명령($\binom{제75조와}{제95조}$)과 행정규칙으
로 제정하는 행위를 말한다. 그런데 우리 헌법은 명령·규칙 등 법률 하위규
범의 구체적 규범통제권을 대법원의 관할로 정하고 있기 때문에($\binom{제107조}{제2항}$) 행정
입법은 예외적인 경우에만 헌법소원의 대상이 된다. 즉 법규명령과 행정규칙
등이 별도의 집행작용 없이 직접 기본권을 침해하면 헌법소원의 대상이 된다.
행정소송법의 해석상 기본권을 침해하는 법규명령·규칙 자체의 효력을 다투
는 것을 소송물로 하여 일반법원에 소송을 제기할 수 있는 방법은 인정되지
않을 뿐 아니라 그 밖의 다른 법률에 의한 구제절차도 없기 때문이다.

a) 재판 부수적 행정입법 위헌심사

명령·규칙 또는 처분이 헌법이나 법률에 위반되는 여부가 재판의 전제가
된 경우에는 대법원은 이를 최종적으로 심사할 권한을 가진다($\binom{제107조}{제2항}$). 따라서
구체적인 재판과 무관한 행정입법에 대한 독립한 규범통제는 우리 제도상으로
는 허용되지 않는다.[3]

b) 헌법소원의 대상이 되는 행정입법

별도의 구체적인 집행작용 없이 직접·현실적으로 기본권을 침해하는 명령·

---

1) 헌재결 2022. 1. 27. 2016헌마364 참조.
2) 헌재결 2004. 4. 29. 2003헌마814 참조.
3) 동지: 대결 1994. 4. 26. 93부32, 법원공보 1994, 1705면 참조.

규칙 등은 헌법소원의 대상이 된다. 법무사법 시행규칙에 대한 헌법소원 사건[1] 이후 헌법재판소가 취하는 일관된 입장이다. 행정입법인 '국가유공자 예우에 관한 법률' 시행령 제 7 조에서 서훈 등급에 따라 부가연금(附加年金)을 차등지 급하도록 규정한 것이 평등권과 영전일대의 원칙에 위배된다고 제기한 헌법 소원의 적법성을 헌법재판소가 인정한 이유도 그 때문이다.[2]

   c) 행정규칙

   행정규칙은 통상 행정기관 내부에서만 효력을 갖고 대외적인 구속력이 없는 것이 원칙이므로 헌법소원의 대상이 되지 않는다.[3] 그러나 행정규칙도 예외적으로 헌법소원의 대상이 되는 경우가 있다. 즉 i) 법령이 행정관청에 법령의 구체적 내용을 보충할 권한을 부여해서 제정된 행정규칙,[4] ii) 행정규 칙이 대외적 구속력을 갖게 되는 경우인데, 계호(戒護)근무준칙처럼 행정공무 원이 재량의 여지 없이 행정규칙에 따라야 할 자기구속을 당하면 그 행정규 칙은 대외적 구속력을 가지게 된다.[5] 또 재량행정의 준칙이 되는 행정규칙에 따라 성립된 행정관행으로 인해서 행정관청이 평등의 원칙과 신뢰보호의 관 점에서 행정의 상대방에 대한 관계에서 행정규칙에 따라야 하는 자기 구속을 당하게 되면 행정규칙은 대외적인 구속력을 가지게 된다,[6] iii) 법령의 직접적 인 위임에 따라 수임행정기관이 그 법령의 시행에 필요한 구체적 사항을 정 한 행정규칙, 이 경우 그 제정형식은 비록 법규명령이 아닌 고시·훈령·예규· 기본계획·지침·통보·공고 등과 같은 행정규칙이라도 그것이 상위법령의 위

---

1) 법무사법 시행규칙은 행정입법이 아니라 대법원이 규칙제정권(제108조)에 의해서 제정한 대법원규칙이지만 헌법소원의 대상성에 있어서는 행정입법과 동일하다. 헌재결 1990. 10. 15. 89헌마178, 판례집 2, 365(369면) 참조.
2) 기각결정: 헌재결 1997. 6. 26. 94헌마52, 판례집 9-1, 659(667면) 참조.
3) 동지: 헌재결 1991. 7. 8. 91헌마42, 판례집 3, 380(383면); 헌재결 1997. 7. 16. 97헌마70, 판 례집 9-2, 131(141면); 헌재결 2000. 6. 29. 2000헌마325, 판례집 12-1, 963(970면); 헌재결 2001. 2. 22. 2000헌마29, 판례집 13-1, 414(424면); 헌재결 2001. 5. 31. 99헌마413; '변호인 의 피의자신문참여 운영지침'에 관한 헌재결 2017. 11. 30. 2016헌마503 참조.
4) 헌재결 1990. 9. 3. 90헌마13, 판례집 2, 298(303면) 참조.
5) 예컨대 법무부 훈령인 계호근무준칙(제298조 제 1 호와 제 2 호)이 그 예이다. 헌재결 2005. 5. 26. 2004헌마49, 판례집 17-1, 754(761면) 참조. 또는 국토해양부의 '저소득가구 전세자 금 지원기준'(2009. 4. 1.자) 2. 나. (4)의 직접적인 상대방은 기금수탁자인 농협중앙회와 우 리은행이지, 지원을 받는 국민은 아니지만, 수탁자는 실질적으로 이러한 지원기준에 따라 전세자금지원에 관한 사무를 처리할 수밖에 없으므로 대외적인 구속력을 갖는다(헌재결 2011. 10. 25. 2009헌마588, 헌재공보 181, 1637(1639면)).
6) 위 판례의 판시 내용 참조.

임한계를 벗어나지 아니하는 한, 상위법령과 결합하여 대외적인 구속력을 갖
는 법규명령으로 기능하게 된다.[1]

(다) 행정입법부작위

헌법 또는 법률의 위임에 의해서 행정입법이 예정된 경우 행정입법은 헌
법상의 의무에 해당하기 때문에 행정입법부작위로 기본권 침해가 발생하면
행정입법부작위도 헌법소원의 대상이 된다. 그런데 행정입법부작위도 국회입
법부작위와 같이 진정입법부작위와 부진정입법부작위의 두 가지 유형으로 나
뉜다. 헌법소원의 대상으로서의 행정입법부작위에 적용되는 법리도 원칙적으
로 국회입법부작위와 그 테두리를 같이한다.

a) 진정행정입법부작위

진정행정입법부작위는 다음의 요건을 충족하는 경우에만 헌법소원의 대
상이 된다. 즉 i) 행정청에게 행정입법에 관한 법적 의무가 있는데도, ii) 상당
한 기간이 경과하도록, iii) 행정입법의 법적 의무를 이행하지 않아야 한다. 우
리 헌법재판소도 이 세 가지 요건을 기준으로 치과전문의제도에 관한 행정입
법부작위를 위헌으로 확인했다.[2] 그 밖에도 국군포로에 대한 예우를 규정한
국군포로법(_{제2항}^{제15의5})에 따른 대통령령을 제정할 작위의무를 어긴 행정입법부작
위를 위헌으로 확인하면서 그로 인해 등록 포로 등의 가족의 명예권을 침해
한다고 결정했다.[3]

---

1) 예컨대 음비게법의 위임에 따른 문화관광부고시(게임제공업소의 경품취급기준)가 그에 해
당한다. 헌재결 2008. 11. 27. 2005헌마161 참조. 그 밖에도 헌재결 1992. 6. 26. 91헌마25,
판례집 4, 444(449면); 헌재결 1997. 5. 29. 94헌마33, 판례집 9-1, 543(551면); 헌재결
2000. 7. 20. 99헌마455, 판례집 12-2, 153(160면); 헌재결 2000. 12. 14. 2000헌마659, 판례
집 12-2, 437(444면) 참조. 그러나 폐지된 「중국동포국적업무처리지침」(법무부예규)은 사무
처리준칙에 불과할 뿐 법규적 효력이 없으므로 헌법소원의 대상이 아니다. 헌재결 2006. 3.
30. 2003헌마806, 헌재공보 114, 542(548면) 참조. 정부포상업무지침(행안부제정)도 마찬가
지이다. 헌재결 2009. 7. 30. 2008헌마367, 헌재공보 154, 1574(1576면); 품질경영 및 공산품
안전관리법과 그 시행령에 근거한 PVC관 안전기준의 적용범위에 관한 고시도 공권력 행사성
이 인정되어 헌법소원의 대상이 된다. 헌재결 2015. 3. 26. 2014헌마372, 헌재공보 222, 567
(570면) 참조. 또 지방자치단체를 당사자로 하는 계약에 관한 법률 시행령의 재위임에 의해
서 행자부장관이 제정한 예규 중 국가가 일방적으로 정한 기준에 따라 지자체와 수의계약
을 체결할 자격 내지 기회를 박탈하는 내용은 법적인 불이익으로서 상대방의 법적지위에
영향을 미치는 것이어서 헌법소원의 대상이 되는 공권력의 행사에 해당한다. 헌재결 2018.
5. 31. 2015헌마853, 헌재공보 260, 896(899면) 참조.
2) 헌재결 1998. 7. 16. 96헌마246, 판례집 10-2, 283(305면) 참조.
3) 헌재결 2018. 5. 31. 2016헌마626, 헌재공보 260, 931(934면 이하) 참조.

b) 부진정행정입법부작위

부진정행정입법부작위는 행정청이 행정입법의 법적 의무를 불완전 또는 결함 있게 이행한 경우이기 때문에 불완전하고 결함 있는 행정입법으로 인해서 기본권 침해가 발생하면 불완전한 행정입법을 대상으로 적극적인 헌법소원을 제기할 수 있다. 따라서 이 경우에는 행정입법부작위를 헌법소원의 대상으로 할 것이 아니라 불완전한 행정입법 그 자체가 위헌이라는 헌법소원을 제기해야 한다.[1]

(라) 행정계획과 공고 및 고시와 안내·권고·정보제공행위

a) 행정계획

행정계획은 행정청이 행정에 관한 장래의 활동기준으로 설정한 것으로서[2] 국민에게는 사전에 정보를 제공하는 사실상의 행정준비행위에 불과해서 행정쟁송대상인 행정처분이나 공권력의 행사는 아니다. 그러나 행정계획도 예외적으로 헌법소원의 대상이 되는 경우가 있다. 즉 i) 행정계획이 국민의 기본권에 직접 영향을 미치는 내용이고, ii) 앞으로 법령의 뒷받침에 의해서 그대로 실시될 것이 확실히 예상되어, iii) 그로 인한 기본권 침해가 발생한 때에는 피해자에게는 사실상의 규범작용으로 인한 위험성이 이미 발생했다고 보아야 하므로 헌법소원의 대상이 되는 공권력 행사에 해당한다. 헌법재판소가 서울대학교의 '1994학년도 대학입학고사 주요 요강'을 행정계획안으로 보면서도 그에 대한 헌법소원을 적법하다고 판단한 이유도 그 때문이다.[3] 그에 반해 기획재정부장관이 확정·공포한 '공공기관 선진화추진계획'에 대해서는 헌법소원의 대상인 공권력행사에 해당하지 않는다고 판시했다. 또 고용노동부장관이 공공기관의 단체협약 내용 중 불합리한 요소를 개선하라고 요구한 조치도 그 불이행에 따른 불이익이 명시적으로 예정되어 있지 않고 행정지도로서

---

1) 헌재결 1998. 11. 26. 97헌마310, 판례집 10-2, 782(791면) 참조.

2) 대법원은 행정계획을 다음과 같이 정의하고 있다. 즉 '행정계획은 행정에 관한 전문적·기술적 판단을 기초로 하여 특정한 행정목표를 달성하기 위하여 서로 관련되는 행정수단을 종합·조정함으로써 장래의 일정한 시점에 있어서 일정한 질서를 실현하기 위한 활동기준으로 설정된 것을 말한다'(대판 1996. 11. 29. 96누8567, 법원공보 1997상, 210).

3) 헌재결 1992. 10. 1. 92헌마68 등, 판례집 4, 659(668면) 참조. 그러나 보건복지부장관이 결정하는 '장애인차량 LPG 지원사업지침변경'은 대외적 효력이 없는 행정기관 내부의 업무처리지침 내지 업무편람변경에 불과해서 헌법소원의 대상이 될 수 없다고 판시했다. 헌재결 2007. 10. 25. 2006헌마1236, 헌재공보 133, 1124(1126면) 참조.

의 한계를 넘어 규제적·구속적 성격을 강하게 갖는 것도 아니어서 공권력행사로 볼 수 없다고 결정했다.[1] 법무부장관이 변호사시험 합격기준(원칙적으로 입학정원 대비 75% 이상)을 공표하는 것은 행정관청 내부의 지침을 대외적으로 공표하는 것에 불과해서 공권력 행사에 해당하지 않는다.[2]

b) 공   고

행정청이 행하는 공고는 특정한 사실을 불특정 다수인에게 알리는 행위이므로 그 법률적 효과는 개별공고 내용과 관련 법령규정에 따라 다양하므로 개별적으로 판단해야 한다. 공고가 법령에 정해지거나 이미 다른 공권력 행사를 통해서 결정된 사항을 단순히 알리는 것에 지나지 않는 경우에는 헌법소원의 대상인 공권력 행사가 아니다. 그와 달리 공고내용이 형성적인 성질의 것이어서 관련 기본권주체에게 구체적인 법적 효과를 발생하는 경우에는 공고도 헌법소원의 대상이 될 수 있다. 공무원 채용시험공고에서 모집인원과 응시자격의 제한 및 응시연령 상·하한선을 세부적으로 형성·확정하는 경우가 이에 해당한다.[3] 또 국가자격시험 시행계획공고에서 시험과목의 내용과 범위를 종래와 달리 정하는 경우도 헌법소원의 대상이 되는 공권력의 행사이다.[4]

c) 고   시

행정청의 고시 중에도 헌법소원의 대상이 되는 공권력의 행사로 평가해야 하는 경우가 있다. 예컨대 국가기술표준원의 '안전 확인 대상 생활용품의

---

1) 헌재결 2011. 12. 29. 2009헌마330 참조.
2) 헌재결 2014. 3. 27. 2013헌마523, 헌재공보 210, 667(669면) 참조.
3) 예컨대 헌재결 2000. 1. 27. 99헌마123, 판례집 12-1, 75(78면)(제 5 회 지방고시 응시연령공고); 헌재결 2008. 6. 26. 2007헌마917, 헌재공보 141, 930(931면)(사법시험 2차시험의 과목당 시험시간을 결정공지하는 공고) 참조. 공고의 헌법소원 적법성을 인정한 또 다른 판례, 헌재결 2001. 9. 27. 2000헌마159, 판례집 13-2, 353(359면); 헌재결 2007. 5. 31. 2004헌마243, 헌재공보 128, 628(631면); 헌재결 2010. 4. 29. 2009헌마399(법학적성시험 시행공고), 판례집 22-1(하), 147(155면)도 참조할 것. 그러나 헌법소원 적법성 부인한 응시연령공고 판례(헌재결 2001. 9. 27. 2000헌마173, 헌재공보 61, 945(947면))와 비교 검토할 것. 방위사업청장이 행정5급 일반임기제 공무원 채용공고를 하면서 '변호사 자격 등록'을 응시자격요건으로 정한 것은 헌법소원의 대상인 공권력행사에 해당한다. 헌재결 2019. 8. 29. 2019헌마616 참조.
4) 예컨대 2019년도 변리사 국가자격시험 시행계획 공고에 '제 2 차 시험과목 중 특허법과 상표법 과목에 실무형 문제를 각 1개씩 출제'한다는 내용이 그에 해당한다. 헌재는 이 공고에 대한 헌법소원심판에서 적법성을 인정했지만 본안판단에서 포괄위임금지원칙에 위배되지 않고, 직업선택의 자유와 평등권의 침해도 아니라고 판시했다. 헌재결 2019. 5. 30. 2018헌마1208 등 참조.

안전기준' 고시(제2조 제2항 제32호)에서 전동킥보드의 최고속도를 25km/h로 제한하는 것처럼 국민 생활에 직접적인 영향을 미치는 경우가 그 예이다.[1]

d) 안내·권고·정보제공행위

행정상의 안내, 권고, 정보제공행위 등은 어떤 법적인 구속력도 없는 것이어서 헌법소원 대상인 공권력 행사가 아니다.[2] 그런데도 헌법재판소는 육군훈련소에 입소한 훈련병들에게 일요일에 훈련소 내 종교시설(개신교, 불교, 천주교, 원불교)에서 개최되는 종교행사 중 하나에 참석하도록 권유한 행위(불참시 아무런 불이익이나 제재가 수반될 수 없는 단순한 권유)를 공권력의 행사로 보아 본안판단을 통해 종교의 자유의 침해로 판단했다.[3] 반면에 헌법재판소는 앞서 금융위원회가 시중은행을 상대로 가상통화 거래를 위한 가상계좌의 신규 제공을 중단하도록 한 조치에 대해서는 공권력 행사가 아니라고 판단했다.[4] 권고행위에 대해서 공권력 행사를 인정하는 일관된 기준을 가지고 있지 않아 보인다. 하루 속히 일관된 기준을 확립할 필요가 있다.

(마) 행정청의 기타 행위

a) 권력적 사실행위

기본권을 침해하는 행정청의 권력적 사실행위는 다른 법률에 의한 구제수단이 없는 것이 통례이므로 헌법소원의 대상이 된다.[5] 그런데 대법원은 권

---

1) 헌재는 해당 고시를 대상으로 하는 헌법소원심판에서 해당 고시가 평등권과 자기결정권 및 일반적 행동의 자유를 침해하지 않는다고 기각 결정했다. 헌재결 2020. 2. 27. 2017헌마1339 참조.

2) 헌재결 2022. 9. 29. 2018헌마1169 참조.

3) 헌재결 2022. 11. 24. 2019헌마941 참조. 이 결정에서 공권력 행사로 볼 수 없다고 헌법소원의 부적법성을 주장한 3인 재판관의 반대의견이 더 설득력이 있다.

4) 헌재결 2021. 11. 25. 2017헌마1384 참조.

5) 국제그룹을 해체시킨 공권력작용(헌재결 1993. 7. 29. 89헌마31, 판례집 5-2, 87(105면)); 미결수용자의 서신에 대한 교도소장의 검열·지연발송·지연교부행위(헌재결 1995. 7. 21. 92헌마144, 판례집 7-2, 94(102면)); 교도소 내 접견실의 칸막이 설치행위(헌재결 1997. 3. 27. 92헌마273, 판례집 9-1, 337(342면)); 미결수용자의 재판 출정 때 재소자용 의류를 착용시킨 구치소장의 행위(헌재결 1999. 5. 27. 97헌마137 등, 판례집 11-1, 653(658면 이하)); 피의자에게 차폐시설이 불충분한 유치장 화장실을 사용하게 한 경찰서장의 행위(헌재결 2001. 7. 19. 2000헌마546, 판례집 13-2, 103(109면)); 피의자에 대한 경찰서장의 정밀신체수색(헌재결 2002. 7. 18. 2000헌마327, 판례집 14-2, 54); 비자신청서에 일정사항의 기재를 요구하는 비자발급기관의 행위(헌재결 2005. 3. 31. 2003헌마87, 판례집 17-1, 437(447면)); 미결수용자에 대한 수갑·포승 사용행위(헌재결 2005. 5. 26. 2001헌마728, 판례집 17-1, 709(727면)); 수사관이 피의자신문에 참여한 변호인에게 피의자 뒤에 앉으라고 요구한 행

력적 사실행위에 대해서 처분성을 인정하는 경우도 있다.[1] 따라서 처분성이 인정되는 권력적 사실행위는 행정소송에 의한 구제가 가능하므로 보충성의 요건을 충족해야 헌법소원의 대상이 된다.

b) 행정청의 부작위

행정청의 부작위도 헌법소원의 대상이 되는 경우가 있다. 즉 i) 행정청에게 헌법 또는 법률상의 작위의무가 있고,[2] ii) 청구인에게 구체적인 행정행위 청구권이 있는데도, iii) 행정청이 작위의무를 해태해서, iv) 청구인의 기본권을 침해하는 경우이다. 공정거래위원회가 공정거래법 위반에 관한 탄원서를 접수해서 심의한 후 시정명령만을 발하고 형사고발을 하지 않은 부작위에 대해서 헌법소원을 인정한 것이 그 예이다.[3] 나아가 사인(私人)에 의한 기본권 침해가 있는 경우 행정청이 공권력을 행사했더라면 기본권 침해상태의 제거가 가능했음에도 불구하고 행정청의 부작위로 기본권 침해상태가 계속되는 경우에도 행정청의 부작위는 헌법소원의 대상이 된다.[4] 따라서 기본권 침해와 무관한 행정청의 단순한 부작위는 헌법소원의 대상이 될 수 없다.[5]

c) 행정청의 거부행위

행정청의 거부행위도 헌법소원의 대상이 될 수 있는데, 국민이 행정청을 상대로 일정한 행정행위를 신청한 경우 행정청이 그 신청에 따른 행정행위를 하도록 요구할 수 있는 법적 권리가 있는 경우에 행정청의 거부행위는 헌법소원의 대상이 된다.[6] 경찰서장이 고소장을 제출받고도 부적법하게 진정사건

위(헌재결 2017. 11. 30. 2016헌마503) 등이 권력적 사실행위와 관련된 판례이다.

1) 예컨대 대판 2014. 2. 13. 2013두20899 참조. 또 경찰관 직무집행법 제 6 조 제 1 항의 범죄예방을 위한 경찰관 제지행위를 즉시강제인 동시에 권력적 사실행위로 본 판례도 있다. 대판 2018. 12. 13. 2016도19417 참조.

2) 국민고충처리위원회의 시정조치권고의결이나 행정규제위원회의 시정권고결정은 법적 구속력이나 집행력을 갖지 않으므로 그 상대방인 행정기관에게 그 권고내용대로 이행할 작위의무가 발생하는 것은 아니라는 것이 우리 헌재의 판시이다. 헌재결 2002. 7. 18. 2001헌마538 등; 헌재결 2007. 2. 22. 2003헌마428 등, 헌재공보 125, 220(226면) 참조.

3) 헌재결 1995. 7. 21. 94헌마136, 판례집 7-2, 169(173면) 참조.

4) 헌재결 1997. 3. 27. 94헌마277, 판례집 9-1, 404(409면) 참조.

5) 동지: 헌재결 1996. 11. 28. 92헌마237, 판례집 8-2, 600(606면) 참조. 또 초등학교 교감 승진대상자를 교감승진후보자명부에 등재하는 것은 승진여부를 결정하기 위한 행정청 내부의 준비과정에 불과해서 기본권 침해와 무관하므로 등재하지 않는 행위는 헌법소원의 대상이 아니다. 헌재결 2009. 3. 17. 2009헌마108 제 1 지정재판부 참조.

6) 헌재결 1999. 6. 24. 97헌마315, 판례집 11-1, 802(816면); 헌재결 2000. 2. 24. 97헌마13 등, 판례

으로 접수하여 내사종결처분을 하였다면 헌법소원의 대상인 공권력의 행사에 해당한다.[1]

(ㅂ) 행정소송을 거친 행정처분

행정처분에 대해서 행정소송을 제기해서 권리구제를 받지 못한 채 그 판결이 확정된 경우에는 그 판결의 기판력에 의한 기속으로 인해서 그 원행정처분은 원칙적으로 헌법소원의 대상이 되지 않는다.[2] 다만 법원의 재판이 예외적으로 헌법소원의 대상이 되어 헌법재판소가 법원의 재판을 취소한 경우에는 법원의 재판대상이었던 원행정처분도 헌법소원의 대상이 된다. 헌법재판소가 위헌결정한 법령을 적용함으로써 국민의 기본권을 침해한 법원의 재판이 이에 해당한다.[3]

4) 자치입법작용

지방자치단체의 의회가 자치입법권에 의해서 제정하는 자치조례가 집행행위 없이 직접·현실적으로 기본권을 침해하는 경우에는 헌법소원의 대상이 된다.[4] 그런데 우리 대법원은 자치조례가 직접 국민의 구체적인 권리의무나 법적 이익에 영향을 미치는 등의 법률상 효과를 발생하는 경우에 그 자치조례는 항고소송의 대상이 되는 행정처분으로 보아야 하므로 조례 공포권자인 지방자치단체의 장을 피고로 하는 항고소송을 제기해야 한다는 판시를 하고 있다.[5] 이처럼 헌법재판소와 대법원이 서로 상충하는 판시를 하고 있기 때문에 권리구제를 바라는 국민의 입장에서는 혼란스러울 수 있다. 그러나 자치조례를 행정처분으로 보는 대법원의 논증은 법리적으로 설득력이 약하다고 할 것이다. 자치조례가 비록 집행행위의 개입 없이 직접 기본권을 침해하는 경우

집 12-1, 252(266면); 헌재결 2006. 2. 23. 2004헌마414, 헌재공보 113, 365(368면) 참조. 그러나 청구인의 서훈추천신청에 대해서 공적심사결과 추천을 거부한 국가보훈처장의 거부행위는 헌법소원의 대상이 아니다. 헌재결 2005. 6. 30. 2004헌마859, 판례집 17-1, 1016(1021면) 참조.

1) 헌재결 2014. 9. 25. 2012헌마175, 헌재공보 216, 1579(1580면) 참조.
2) 헌재결 1998. 5. 28. 91헌마98 등, 판례집 10-1, 660(671면) 참조. 헌법재판소는 이 결정에서 기판력의 논거 이외에도 헌법 제107조 제 2 항과 재판소원을 제외하고 있는 헌법재판소법 제68조 제 1 항을 주요한 논거로 삼고 있다.
3) 헌재결 1997. 12. 24. 96헌마172 등, 판례집 9-2, 842(865면).
4) 동지: 헌재결 1995. 4. 20. 92헌마264, 판례집 7-1, 564(571면); BVerfGE 65, 325(326) 참조.
5) 대판 1996. 9. 20. 95누8003, 법원공보 1996하, 3210 참조.

라고 하더라도 자치조례는 어디까지나 일반적인 효력을 갖는 법규범으로 보아야 하기 때문이다. 또 항고소송을 가능하게 하기 위해서 자치조례의 제정주체인 지방의회를 배제하고 공포권자인 지방자치단체의 장을 처분청으로 의제해서 피고적격자로 평가하는 논증도 불합리하다고 할 것이다. 따라서 자치조례가 직접 기본권을 침해하는 경우에는 자치조례를 대상으로 헌법소원을 제기해서 권리구제를 받는 것이 원칙이다. 우리 헌법재판소도 행정중심복합도시건설청이 제정한 옥외광고물 표시제한 특정구역 지정고시의 위헌확인사건에서 이 고시는 관계근거법령에 비추어 고시라는 명칭에도 불구하고 조례의 효력을 가질 뿐 아니라, 처분적 조례에 해당한다고 보기 어려워 항고소송의 대상이 되는 행정처분에 해당하는지 여부 또한 불확실하다고 보충성의 예외를 인정해서 본안판단(기각결정)을 했다.[1]

5) 검찰작용

검찰은 수사권을 행사하는 행정관청으로서 검찰작용도 행정작용에 속하지만, 검찰작용의 특성을 고려해서 행정작용과 구별하는 것이 관례이다. 검찰은 수사권을 행사하면서 신체의 자유를 비롯한 기본권의 효력에 중대한 영향을 미치기 때문에 기본권을 침해하는 검찰작용은 반드시 통제가 이루어져서 시정되어야 한다. 특히 기소독점주의와 기소편의주의로 인한 검찰권의 악용·남용에 대한 견제장치는 반드시 필요하다. 헌법소원도 검찰작용에 의한 기본권 침해를 구제하기 위한 하나의 수단은 될 수 있다. 그러나 법리적으로 볼 때 헌법소원은 검찰작용에 대한 통제의 방법으로서 가장 적합한 수단은 아니다. 검찰작용은 법원의 재판으로 통제를 하는 것이 가장 합리적이고 효율적인 방법이다. 형사소송법($^{제260}_{조}$)상의 재정신청제도를 확대·개편해서 검찰의 불기소처분을 통제하도록 하고 검찰의 불기소처분은 헌법소원의 대상에서 제외하는 것이 합리적이다. 헌법재판의 선진국에서도 검찰작용을 헌법재판의 대상으로 하고 있는 예는 찾아보기 어렵다. 다행히 개정된 형사소송법($^{제260}_{조}$)은 재정신청대상을 모든 고소사건 범죄로 확대했기 때문에 법원에 의한 불기소처분의 통제가 가능하게 되었다. 그 결과 고소사건에 대한 검찰의 불기소처분은 앞으로

---

1) 헌재결 2016. 3. 31. 2014헌마794, 헌재공보 234, 651(654면) 참조.

헌법소원의 대상이 될 여지가 없어졌다($^{뒤}_{참조}$ 425면). 그 결과 헌법소원의 대상이 되는 검찰작용은 이제 형사피의자가 불복하는 기소유예처분[1]과 범죄피해자의 고소사건을 진정사건으로 수리하여 행한 공람종결처분(일종의 불기소처분)[2] 및 고소하지 않은 형사피해자 등이 다투는 검찰불기소처분 등이다.[3]

(가) 과거 헌법소원의 대상이 된 검찰작용

i) 검찰의 자의적인 불기소처분은 형사피해자의 재판절차진술권($^{제27조}_{제5항}$)과 고소인의 평등권($^{제11}_{조}$)을 침해할 수 있으므로 헌법소원의 대상이 되었다.[4] ii) 수사를 소홀히 하고, 수사상 형평성을 상실하여 자의금지원칙에 위배되는 검찰의 '혐의 없음' 처분도 헌법소원의 대상이었다.[5] iii) 자의적인 기소중지처분은 고소인의 재판절차진술권과 평등권을 침해할 뿐 아니라,[6] 피의자의 평등권과 행복추구권도 침해할 수 있어[7] 헌법소원의 대상이 되었다. 또 기소중지처분을 한 후에 고소인 또는 피의자가 기소중지사유의 해소를 이유로 수사재기신청을 한 경우 검찰의 수사재기불요결정은 새로운 기소중지처분에 해당하므로 헌법소원의 대상이 되었다.[8] iv) 기소유예처분은 정상을 참작한 기소편의주의의 산물이지만 재량권을 남용한 경우 형사피해자의 재판절차진술권과 평등권,[9] 형사피의자의 평등권을 침해하므로[10] 헌법소원으로 다툴 수 있었다. v) '죄가 안됨' 처분은 소추장애사유로 인한 기소불가(起訴不可)처분인데, 범죄피해자는 기본권 침해를 이유로 헌법소원을 제기할 수 있었다.[11] vi) '공소권 없음' 처분은 불기소처분의 유형에 속하기 때문에 형사피해자와 고소인이 헌법소원을 할 수 있었다.[12]

---

1) 예컨대 헌재결 2019. 5. 30. 2017헌마1217 참조.
2) 예컨대 헌재결 1999. 1. 28. 98헌마85 참조.
3) 그런데도 이런 종류의 헌법소원사건이 날로 증가하고 있어 2018년 검찰처분 헌법소원사건이 638건으로 전체 헌법소원사건 2,408건의 26.5%를 차지한다는 통계가 보여주듯이 또 다른 대응책 강구가 시급한 실정이다. 법률신문 2019. 7. 15. 제4716호 참조.
4) 헌재결 1989. 4. 17. 88헌마3, 판례집 1, 31(36면) 이래 확립된 판례.
5) 헌재결 1989. 7. 14. 89헌마10, 판례집 1, 121(125면) 참조.
6) 헌재결 1991. 4. 1. 90헌마115, 판례집 3, 175(180면) 참조.
7) 헌재결 1997. 2. 20. 95헌마362, 판례집 9-1, 179(183면) 참조.
8) 헌재결 1997. 2. 20. 95헌마362, 판례집 9-1, 179(183면 이하) 참조.
9) 헌재결 1999. 3. 25. 98헌마303, 판례집 11-1, 251(258면) 참조.
10) 헌재결 1989. 10. 27. 89헌마86, 판례집 1, 309(316면) 참조.
11) 헌재결 1996. 11. 28. 93헌마229, 판례집 8-2, 610(617면) 참조.
12) 헌재결 1998. 10. 29. 98헌마292; 헌재결 1995. 7. 21. 95헌마8 등, 판례집 7-2, 206(212면)

이상에서 열거한 검찰의 처분은 모두가 불기소처분의 성질을 갖는 것으로서 군검찰의 불기소처분도 이에 포함되었다. 그런데 우리 헌법재판소가 과거 검찰의 불기소처분을 헌법소원의 대상으로 인정하면서 침해된 기본권으로 꼽았던 평등권은 엄격한 비교집단을 전제로 하는 평등권의 본질상 언제나 기계적으로 거론할 수 있는 것은 아니었다고 할 것이다. 범죄의 유형과 범인의 정상이 다양한 상황에서 불기소처분의 경우 형사피해자 또는 고소인의 평등권이 침해되었다고 일률적으로 논증하는 것이 과연 적절한 것이었는지 엄밀한 재검토가 요구된다고 생각한다.

(나) 헌법소원의 대상이 되지 않는 검찰작용

i) 검찰의 공소제기처분(기소처분)은 형사재판절차를 통해 법원의 통제를 받고 피고인에게 방어권 행사의 기회가 주어지므로 헌법소원의 대상이 되지 않는다.[1] ii) 검찰의 공소취소처분에 따른 법원의 공소기각결정이 확정된 후 검찰이 공소취소처분을 취소하는 처분을 하는 경우, 이 때는 법원의 공소기각결정이 재심에 의해서 취소되지 않으면 원래의 기소상태는 회복이 불가능하므로 헌법소원의 대상이 아니었다.[2] iii) 진정(내사)종결처분은 수사기관 내부적 사건처리방식이므로 헌법소원의 대상인 공권력작용이 아니었다. 진정은 수사소추기관의 적의(適宜)처리를 요망하는 진정인의 의사표시에 불과하고 처리결과에 대해서는 고소·고발이 가능하므로 권리 행사에 영향이 없다.[3] iv) 수사재기결정은 수사기관 내부의 의사결정에 불과해서 기본권 침해와 무관하기 때문에 헌법소원의 대상이 아니었다.[4] 그와 함께 고소사건에 대한 재항고를 진정으로 받아들여 재기수사를 명할 수 있도록 규정한 재항소사건 처리지침(대검 예규) 역시 검찰청 내부의 사무처리지침에 불과해서 공권력 행사가 아니므로 헌법소원의 대상이 아니다.[5]

참조.
1) 헌재결 1992. 12. 24. 90헌마158, 판례집 4, 922(928면) 참조.
2) 헌재결 1997. 3. 27. 96헌마219, 판례집 9-1, 412(414면) 참조.
3) 헌재결 1990. 12. 26. 89헌마277, 판례집 2, 474(480면) 참조.
4) 헌재결 1996. 2. 29. 96헌마32 등, 판례집 8-1, 170(176면) 참조.
5) 헌재결 2011. 6. 28. 2011헌마300, 헌재공보 177, 883(884면) 참조.

6) 사법작용

사법작용의 핵심은 법원의 재판이다. 그러나 사법입법작용과 사법행정작용도 사법작용에 포함된다. 이들 사법작용도 기본권을 침해하면 헌법소원의 대상이 된다.

(가) 법원의 재판

법원의 재판은 법원의 법 인식작용으로서 종국판결·본안전 종국판결·중간판결을 비롯하여 소송절차의 파생적·부수적 사항에 대한 공권적 판단을 모두 포함하는 말인데,[1] 판결·결정·명령 등 다양한 형식으로 행해진다. 그런데 법원이 이러한 재판을 할 때 헌법과 법률의 해석을 그르쳐 기본권을 침해하는 판결·결정·명령을 하면 그 재판은 헌법소원의 대상이 되는 공권력작용임이 분명하다. 특히 법원이 기본권의 파급효과를 소홀히 하고 실정법을 기계적으로 적용하는 재판을 함으로써 생기는 기본권 침해는 국민의 일상생활에 매우 심각한 영향을 미치기 마련이다. 흔히 법원은 권리구제의 보루로 평가되기 때문이다.

그런데도 불구하고 우리 헌법소원제도는 법원의 재판을 처음부터 헌법소원의 대상에서 제외하고 있기 때문에(법 제68조 제1항 본문) 법원의 재판에 의한 기본권 침해가 발생해도 더 이상 권리구제의 방법이 없다. 이미 여러 차례 언급한 대로 국민생활과 가장 밀접한 연관성을 갖는 행정작용에 의한 기본권 침해가 발생한 경우 헌법소원을 제기하려면 먼저 법원에 의한 권리구제절차를 밟도록 요구하면서(보충성의 요건), 다른 한편 법원의 재판은 헌법소원의 대상이 될 수 없도록 함으로써 사실상 행정작용에 의한 기본권 침해조차도 헌법소원에 의한 권리구제의 길을 차단하는 셈이 되고 말았다.

다행히 우리 헌법재판소가 1997년의 판례를 통해 재판소원을 배제한 헌법재판소법(법 제68조 제1항 본문)의 규정을 기본권 보호에 충실하도록 합헌적인 해석을 해서 제한적이나마 재판소원을 허용하고 있기 때문에[2] 기본권구제의 길이 다소 넓어진 것은 그나마 환영할 일이다. 앞으로 재판소원의 길을 확대하는 방향의

---

1) 헌재결 1992. 12. 24. 90헌마158, 판례집 4, 922(928면) 참조.
2) 헌재결 1997. 12. 24. 96헌마172 등, 판례집 9-2, 842(859면) 참조.

입법개선과 헌법재판소의 노력이 절실히 요망된다.

헌법재판소의 판시에 따르면, '법원이 헌법재판소가 위헌으로 결정하여 그 효력을 전부 또는 일부 상실하거나 위헌으로 확인된 법률을 적용함으로써 국민의 기본권을 침해한 경우에도 법원의 재판에 대한 헌법소원이 허용되지 않는 것으로 해석한다면, 헌법재판소법 제68조 제 1 항은 그러한 한도 내에서 헌법에 위반된다'.[1] 따라서 헌법재판소가 위헌결정(한정합헌·한정위헌·헌법불합치결정 포함)한 법률을 적용하여 국민의 기본권을 침해하는 법원의 재판은 헌법소원의 대상이 된다.[2] 나아가 헌법재판소가 행한 '법률에 대한 위헌결정(한정위헌결정 포함)의 기속력에 반하거나 기속력을 부인하는 재판'도 헌법소원의 대상이 될 뿐 아니라 그 '재판'은 헌법재판소 위헌결정의 기속력을 어겨 위헌이므로 당연히 취소되어야 한다($\genfrac{}{}{0pt}{}{\text{법 제75조}}{\text{제3항}}$).[3] 그러나 헌법소원의 대상이 되는 법원의 재판은 헌법재판소가 위헌결정을 한 이후에 선고된 법원의 재판에 한하기 때문에 위헌결정 이전에 행해진 재판은 설령 그 후 헌법재판소가 위헌결정한 법률을 적용했어도 헌법소원의 대상이 아니다.[4] 또 헌법재판소가 위헌결정한 법령을 근거로 행해진 행정처분은 당연무효가 아니라 취소할 수 있는 행정처분에 불과하다고 선고한 재판도 헌법소원의 대상이 될 수 없다는 것이 헌법재판소의 판례이다.[5] 그런데 법령에 대한 헌법재판소의 위헌결정과 이

---

1) 위 판례 참조. 헌법재판소는 이 판시에 따라 헌법재판소가 이미 한정위헌결정을 선고하여 그 효력을 상실한 구 소득세법 제23조 제 4 항 단서 등을 적용하여 재판한 대법원 판결은 청구인의 재산권을 침해했다는 이유로 헌법재판소법 제75조 제 3 항에 따라 취소했다(위 판례집 862면 참조).

2) 그런데 「대학의 교원은 당해 학교법인의 정관이 정하는 바에 따라 기간을 정하여 임면할 수 있다」는 구 사립학교법 제53조의 2 전문에 대한 헌법불합치결정(헌재결 2003. 2. 27. 2000헌바26; 헌재결 2003. 12. 18. 2002헌바14 등)이 있은 후에 재임용에서 탈락한 기간임용 대학교원이 재판에서 패소하고 제기한 재판소원사건에서 헌재는 「법원의 판결은 헌재가 헌법불합치결정한 규정을 적용한 것이 아니고, 청구인과 학교법인 사이의 계약은 성질상 사법상의 고용계약이므로 그 약정상의 임용기간이 만료되면 고용계약은 이후 효력을 상실한다고 보아 결론을 내린 것이므로 헌재가 위헌결정한 법령을 적용한 재판이 아니라」고 판시했다. 그러나 이 판시는 견강부회적인 판시라는 비판을 면하기 어렵다. 법원은 위헌결정한 규정의 취지에 따라 판결한 것에 지나지 않기 때문이다. 헌재결 2006. 2. 23. 2005헌마20, 헌재공보 113, 385(389면) 참조.

3) 헌재결 2022. 6. 30. 2014헌마760·763(병합) 참조.

4) 헌재결 1998. 7. 16. 95헌마77; 헌재결 2022. 6. 30. 2014헌마760·763(병합), 이 사건에서도 헌재는 대법원과 광주고법의 재심기각결정을 취소하는 결정을 했다.

5) 헌재결 1998. 4. 30. 95헌마93 등, 판례집 10-1, 452(462면) 참조.

위헌결정한 법령을 적용한 법원의 재판이 우연히 같은 날 이루어진 경우에는 법원의 재판은 헌법소원의 대상이 된다고 할 것이다.[1] 법령에 대한 위헌결정의 효력은 같은 날 행해진 법원의 재판에도 미친다고 보는 것이 합리적이며, 위헌법령에 의한 기본권 침해의 가능성을 조금이라도 줄이기 위해서는 재판소원의 범위를 넓히는 것이 불가피하기 때문이다.

헌법재판소가 제한적이나마 재판소원을 허용하는 결정을 한 것은 기본권 보호의 관점에서 높이 평가할 수 있지만, 같은 판례에서 재판소원을 배제하고 있는 법률조항($^{법 \ 제68조}_{제1항}$)에 대해서 '입법형성권의 한계를 넘는 위헌적인 법률조항이라고 할 수 없다'[2]고 재판소원 배제 자체의 합헌성을 강조하는 판시를 한 것은 납득하기 어려운 주장이라고 할 것이다. 헌법재판소법($^{제68조 \ 제1}_{항 \ 본문}$)에 '법원의 재판을 제외하고는'이라는 문구가 들어가게 된 입법과정이 대법원의 그릇된 우월의식의 제도적인 산물이라는 것이 입법의 역사를 통해서 확인되고 있다. 그런데도 헌법재판소가 한편으로는 재판소원 배제의 합헌성을 주장하면서 다른 한편으로는 재판소원을 부분적으로 허용하는 합헌적 해석을 시도하는 판시를 하는 것은 자가당착적인 모순을 범하는 것이라고 할 것이다. 재판소원 배제문구에 대한 합헌평가 없이 재판소원을 부분적으로 허용하는 합헌적 해석을 하는 것이 재판소원 허용의 설득력을 높이는 올바른 법해석이라고 생각한다.

독일의 경우 법원의 재판이 헌법소원의 주된 대상이 되고 있다고 하는 것은 앞에서 이미 여러 차례 설명한 바 있다. 더욱이 헌법에 근거도 없는 헌법소원제도를 법률로 도입하면서 재판소원을 당연한 것으로 포함시켰다는 사실을 주목할 필요가 있다.

(나) 사법입법작용

헌법($^{제108}_{조}$)이 부여한 대법원의 규칙제정권에 따라 대법원이 제정하는 소송절차, 법원의 내부규율과 사무처리규칙이 기본권을 직접·현실적으로 침해하

---

1) 헌재는 2005. 11. 24. 2004헌가28 사건에서 필요적 운전면허취소사유를 정하는 도로교통법 규정을 위헌결정했는데, 같은 날 헌재의 이 위헌결정과 다른 판결을 선고한 대판 2005. 11. 24. 2005두8061을 다투는 재판소원사건(2005헌마1198)에서 재판소원의 적법성을 인정하고 본안판단에서 대법원의 위 판결을 취소하는 내용의 평의까지 마쳤지만 원고의 청구취하로 별도의 선고 없이 심판절차가 종료되었다. 헌재는 이 사건을 통해 위헌결정의 기속력이 같은 날 선고된 법원의 재판에도 미친다는 점을 분명히 했다.
2) 헌재결 1997. 12. 24. 96헌마172 등, 판례집 9-2, 842(859면) 참조.

는 경우에는 헌법소원의 대상이 된다.[1] 헌법 또는 법률의 명시적인 입법의무
를 어기는 사법입법부작위의 경우에도 마찬가지이다.[2]

(다) 사법행정작용

법관의 임용·보직결정 등 사법행정작용도 기본권을 침해할 수 있지만 다
른 법률에 의한 구제절차, 즉 행정소송이 가능하기 때문에 헌법소원의 대상이
되는 경우는 드물다고 할 것이다.[3] 또 법원행정처장이 재판사무 또는 법령해
석에 관한 질의를 받고 회신하는 것은 법적 구속력이 없으므로 헌법소원의
대상인 공권력의 작용이 아니다.[4]

(라) 재판진행 관련작용

재판장의 재판진행에 관한 소송지휘권의 행사는 대개의 경우 명령 또는
권력적 사실행위의 형식으로 이루어져 재판에 해당할 뿐 아니라, 종국판결 선
고 후에는 종국판결에 흡수·포함되기 때문에 별도로 헌법소원의 대상이 되지
않는다는 것이 헌법재판소의 입장이다.[5] 그래서 기일지정신청을 무시하는 재
판지연,[6] 법정 판결선고기간 내의 판결선고 불이행,[7] 법관의 기피신청에 대
한 재판지연으로 기피신청을 무력화하는 행위[8] 등도 모두가 헌법상의 명시적
인 작위의무가 없는 재판에 속하는 일이라는 이유로 헌법소원의 대상이 되지
않는다고 한다.

그러나 법정 판결선고기간에 관한 법률규정을 훈시규정으로 해석하면서
법정 판결선고기간 내의 판결선고 불이행이 신속한 재판을 받을 권리(제27조 제3
항 제1절)
를 침해한 것이 아니라는 헌법재판소의 판시는 논증상 중대한 모순을 범하고

---

1) 헌재결 1990. 10. 15. 89헌마178, 판례집 2, 365(373면) 참조.
2) 헌재결 1997. 5. 29. 96헌마4 참조.
3) 헌재결 2001. 12. 20. 2001헌마245, 판례집 13-2, 915면 참조.
4) 헌재결 1992. 6. 26. 89헌마132, 판례집 4, 387(402면) 참조. 그러나 법원행정처 송무국장이
   재심청구를 민원사항으로 처리해 민원에 대한 질의회신의 형식으로 청구인에게 반려한 행
   위는 실질적으로는 재심청구에 대한 반려처분의 성격을 가지며, 청구인의 재심을 청구할
   수 있는 법적 지위 및 권리관계에 직접적인 영향을 미친다고 보아야 하므로 공권력처분성
   이 인정되어 헌법소원의 대상이 된다. 헌재결 2007. 2. 22. 2005헌마645, 헌재공보 125,
   248(249면) 참조.
5) 헌재결 1992. 6. 26. 89헌마271, 판례집 4, 413(418면) 참조.
6) 헌재결 1994. 6. 30. 93헌마161, 판례집 6-1, 700(704면) 참조.
7) 헌재결 1999. 9. 16. 98헌마75, 판례집 11-1, 364(370면 이하) 참조.
8) 헌재결 1998. 5. 28. 96헌마46 참조.

있다. 즉 헌법재판소는 '신속한 재판을 받을 권리의 실현을 위해서는 구체적인 입법형성이 필요하며, 다른 사법절차적 기본권에 비하여 폭 넓은 입법재량이 허용된다'고 전제하면서 '법률에 의한 구체적 형성 없이는 신속한 재판을 위한 어떤 직접적이고 구체적인 청구권이 발생하지 아니한다'[1]고 논증한다. 그러나 각종 법률에서 정하고 있는 법정 판결선고기간은 이미 입법자가 여러 요소를 복합적으로 고려하여 결정한 입법형성의 결과이다. 그렇기 때문에 이 법정 판결선고기간의 규정에 의해서 신속한 재판을 받을 권리는 법원에 대한 직접적이고 구체적인 청구권으로서의 효력을 가지는 것이라고 할 것이다. 헌법재판소가 말하는 '법률상 쟁점의 난이도, 개별사건의 특수상황, 접수된 사건량 등의 여러 가지 요소'는 물론 법원의 재판진행에 영향을 미치는 요소이지만, 그렇다고 해서 헌법과 법률에 의해서 발생한 신속한 재판을 요구할 수 있는 직접적이고 구체적인 국민의 청구권을 무시해도 좋을 만한 재판지연사유가 될 수는 없다고 할 것이다. 헌법재판소가 강조하는 대로 입법자가 이미 그런 '요소를 모두 복합적으로 고려해서' 법정판결선고기간을 정한 것으로 보아야 하기 때문이다. 따라서 '법정판결선고기간을 직무상의 훈시규정으로 해석하는 것이 법학계의 지배적 견해이고, 법원도 이에 따르고 있으므로, 그 기간 이후에 이루어진 판결의 선고가 위법으로 되는 것은 아니'[2]라는 헌법재판소의 판시는 납득하기 어렵다고 할 것이다. 그렇기 때문에 정당한 이유 없이 법원의 재량권을 내세워 법정판결선고기간을 지키지 않는 법원의 재판지연은 헌법소원의 대상이 되는 공권력의 작용이라고 보아야 한다. 강행규정의 형식으로 정해진 법정판결선고기간을 도저히 지킬 수 없다면 법률조항을 훈시규정의 형식으로 개정하거나 재판기간을 늘리도록 입법자에게 촉구하는 것이 바람직하다.

(2) 기본권 침해

헌법소원의 대상이 되는 공권력작용은 기본권을 침해하는 공권력작용이어야 한다(법 제68조 제1항 본문).

---

1) 헌재결 1999. 9. 16. 98헌마75, 판례집 11-2, 364(371면) 참조.
2) 위 판례 참조.

1) 기본권의 범위

헌법소원에 의해 구제받을 수 있는 기본권은 헌법 제 2 장 '국민의 권리와 의무'에 규정된 기본권에 국한되지 않는다. 그 밖에도 기본권적인 성질을 갖는 헌법상의 자유와 권리는 모두 기본권의 범위에 포함된다. 예컨대 정당조항($^{제8}_조$)에서 보장하는 정당설립 및 정당활동의 자유, 민주적 선거법의 기본원칙조항($^{제41조 \ 제 1 항과}_{제67조 \ 제 1 항}$)에서 보장하는 보통·평등·직접·비밀·자유선거의 권리, 선거관리조항($^{제116}_조$)에 내포된 선거운동의 기회균등의 권리 및 선거공영의 원칙에 따른 선거경비로부터 자유로울 권리 등이 그것이다. 또 제도적 보장은 기본권과 구별되는 객관적 법규범이지만,[1] 제도적 보장에 의해서 보호되는 주관적 공권으로서의 기본권의 침해도 헌법소원의 대상이 된다. 예컨대 지방자치제도의 보장($^{제117조와}_{제118조}$)으로 지방자치단체가 갖는 지역고권에 의해서 지방자치단체의 폐치·분합을 행하면 그 지역 주민의 기본권(거주이전의 자유, 평등권 등)의 침해도 발생하게 된다.[2] 그 결과 기본권은 헌법에서 명문규정으로 보장한 것 이외에도 헌법해석을 통해 도출되는 것을 포괄하는 개념이다. 헌법재판소가 개별헌법규정의 해석을 통해서 헌법이 보장하는 기본권을 도출할 수 있다고 판시하는 이유도 그 때문이다.[3] 그런데 헌법재판소는 영토조항($^{제3}_조$)에 영토권이 포함되는 것으로까지 해석하면서도[4] 헌법상의 국민주권의 원리($^{제 1 조}_{제 2 항}$)와 대의민주주의원리($^{특히 \ 제41조와}_{제72조}$)에서 도출되는 선거를 통한 국회구도결정권의 기본권적 성질을 인정하지 않는 것은[5] 모순이다. 국민의 선거권이 대의민주주의의 기능적인 수단이라면, 선거권의 행사로 정해진 국회의 세력분포 내지는 정당구도를 선거 후에 임의적인 당적 변경, 정당 통합 등을 통해 자의적으로 바꾸는 것은 국민생활과 직결된 정책결정의 내용과 질(質)에 심각한 영향을 미치는 일이다. 그렇기 때문에 선거제도에 내포된 주권자의 국회구도결정권을 부인하는 것은 올바른 헌법해석이라고 할 수 없다.

---

1) 동지: 헌재결 1997. 4. 24. 95헌바48, 판례집 9-1, 435(444면) 참조.
2) 헌재결 1994. 12. 29. 94헌마201, 판례집 6-2, 510(522면) 참조.
3) 헌재결 2001. 3. 21. 99헌마139 등, 판례집 13-1, 676(692면 이하) 참조.
4) 헌재결 2001. 3. 21. 99헌마139, 판례집 13-1, 676(695면) 참조.
5) 헌재결 1998. 10. 29. 96헌마186, 판례집 10-2, 600(605면) 참조.

헌법소원은 기본권을 침해하는 공권력작용을 대상으로 하는 것이므로 기본권에 포함되지 않는 단순한 법률상의 권리의 침해는 헌법소원으로 다툴 수 없다. 예컨대 지방자치법(제13조의 2)이 규정하는 주민투표권은 단순한 법률상의 권리로서 헌법상의 참정권과는 구별되므로 그 침해가 있어도 헌법소원의 대상은 아니다.[1] 나아가 단순한 기대이익 또는 반사적 이익은 기본권이 아니므로 기대이익 또는 반사적 이익을 상실하게 하는 공권력작용은 헌법소원의 대상이 되는 기본권 침해가 아니다.[2] 결국 헌법소원에 의해서 보호받을 수 있는 기본권의 범위는 기본권의 보호영역에 의해서 정해지기 때문에 기본권의 보호영역을 제대로 파악하는 것이 매우 중요하다.[3]

2) 기본권 침해의 의미

공권력이 기본권을 침해한다는 것은 공권력의 행사 또는 불행사로 인해서 자유의 제한, 의무의 부과, 권리 또는 법적 지위의 박탈이 생긴 경우를 말한다.[4] 우리 헌법재판소가 시혜적 내용의 법령규정에 의한 기본권 침해 가능성을 일단 부인하는 이유도 그 때문이다.[5] 또 법령규정이 당사자의 법적 지위에 아무런 영향을 미치지 않는 경우에는 처음부터 기본권침해의 가능성이나 위험성이 없으므로 그런 법령규정을 대상으로 헌법소원을 청구하는 것은 허용되지 않는다.[6] 나아가 공권력작용이 법적인 효과를 발생하는 경우에만 기본권 침해는 가능하다. 따라서 법적인 효과를 발생하지 않는 공권력작용은 헌법소원의 대상이 아니다.[7]

---

1) 헌재결 2001. 6. 28. 2000헌마735, 판례집 13-1, 1431(1439면 이하) 참조.
2) 헌재결 1998. 7. 16. 96헌마246, 판례집 10-2, 283(309면) 참조.
3) 기본권의 보호영역의 문제는 특히 다음 문헌 참조할 것. *Peter Lerche*, Grundrechtlicher Schutzbereich, in: HStR Bd. 5, 2. Aufl., 2000, § 121.
4) 헌재결 1992. 11. 12. 91헌마192, 판례집 4, 813면 참조.
5) 헌재는 시혜적 법령은 보다 넓은 입법형성권을 인정해야 하므로 시혜내용이 기대에 못미친다거나 시혜대상에서 제외되었다는 이유만으로 바로 기본권 침해가 발생하는 것은 아니라고 판시했다. 헌재결 2007. 7. 26. 2004헌마914, 헌재공보 130, 864(872면 이하) 참조. 그러나 법률에 의해 인정되는 청구권의 수준에 이르지 못하는 시혜적 내용을 규정한 시행규칙 등은 기본권 침해 가능성이 있다. 헌재결 2008. 5. 29. 2006헌마170, 헌재공보 140, 790(793면) 참조.
6) 같은 취지의 헌재결 2015. 7. 30. 2012헌마957, 헌재공보 226, 1236(1237면) 참조.
7) 그러나 법령이 행위의 금지 또는 의무이행을 요구하면서 그 불이행에 대하여 아무런 형사상·행정상 제재수단을 두고 있지 않아도 그 금지 또는 의무이행을 강제할 간접적이고 사

독일 연방헌법재판소도 '청구인이 공권력작용으로 자신의 기본권을 침해받은 경우에만 헌법소원을 제기할 수 있다고 전제하면서, 기본권을 침해했다는 것은 공권력작용이 자신의 기본권 또는 기본권적인 지위를 직접 현실적으로 침해하기에 적합한(geeignet) 경우를 말하다'고 판시했다.[1] 그리고 헌법소원은 민중소송(Popularklage)이 아니므로, 청구인이 자신의 기본권과 관련된 것을 막연히 주장할 것이 아니라, 기본권 침해의 가능성을 설득력 있게 설명해야 한다고 판시했다.[2] 이것을 기본권 침해와 관련해서 '가능성 이론'(Möglichkeits-theorie)이라고 한다.[3] 그렇기 때문에 헌법소원의 청구인은 기본권 침해의 가능성을 입증해야 할 의무를 지게 되지만, 연방헌법재판소의 실무에서는 변호사강제주의가 적용되지 않는 사정을 감안해서 청구인에게 지나치게 무거운 입증책임을 요구하지 않고 있다.[4] 기본권 침해와 관련된 공권력작용의 과정을 자세히 서술하고 그 공권력작용으로 침해되었다고 표시한 기본권이 얼마나 어떻게 제한을 받게 되었는가를 설명하는 것으로 만족하고 있는 실정이다.[5]

공권력에 의한 기본권 침해 여부는 궁극적으로는 기본권이론에서 다루어지는 기본권의 보호영역을 어떻게 확정하느냐에 따라 정해지는 문제이다. 그 결과 헌법소원을 제기하는 청구인은 가능하면 설득력 있게 기본권 침해를 구체적으로 주장하여야 하지만, 기본권 침해 여부는 헌법소원의 본안심판절차에서 헌법재판소의 직권심사사항이다.[6]

그런데 헌법소원의 청구인은 공권력에 의한 기본권의 침해와 기본권의 제한을 엄격히 구별해야 한다. 기본권의 제한은 헌법(제37조 제2항 대표적으로)이 스스로 예정하고 있기 때문에 허용된다. 그러나 기본권 제한 때 지켜야 하는 과잉금지원칙 또는 본질적 내용의 침해금지의 원칙을 어기면 비로소 기본권 침해가 발생한다. 그 결과 단순한 입법절차의 하자로 인한 기본권 침해는 원칙적으로 생

실적인 수단이 존재하는 경우에는 구속력 있는 규범으로서 기본권 침해 가능성이 있다. 헌재결 2008. 10. 30. 2006헌마1401 등, 헌재공보 145, 1566(1572면) 참조.
1) BVerfGE 53, 30(48) 참조.
2) BVerfGE 64, 367(375); 65, 227(233) 참조.
3) 예컨대 BVerfGE 53, 30(51) 참조.
4) BVerfGE 47, 182(208) 참조.
5) BVerfGE 81, 208(214); 99, 84(87) 참조.
6) 헌재결 1989. 9. 4. 88헌마22, 판례집 1, 176면 참조.

기지 않는다는 것이 헌법재판소의 판례이다.[1] 그러나 입법절차의 하자가 국회 제정 법률 내용에 직접적이고 결정적인 영향을 미쳐 그 법률이 적법절차 원리에 어긋난다고 판단하는 경우, 그 법률이 직접·현실적으로 자신의 기본권을 침해하는 경우에는 법규소원의 대상이 된다고 할 것이다. 우리 헌법재판소[2]와 독일 연방헌법재판소[3]가 입법절차의 하자에 대해서 심판권을 행사하고 있는 이유도 그 때문이라고 할 것이다. 또 헌법상의 기본원리 내지는 헌법상 보장된 제도의 본질을 훼손하는 공권력작용은 기본권 침해와 무관하다고 한다.[4]

(3) 법적 관련성

공권력의 기본권 침해가 헌법소원의 대상이 되기 위해서는 기본권 침해의 공권력작용과 헌법소원청구인 사이에 법적인 관련성이 있어야 한다. 독일 연방헌법재판소가 처음에 법규소원(Rechtssatzverfassungsbeschwerde)에 관해서 판례를 통해 확립한[5] 이 법적 관련성은 그 후 재판소원(Urteilsverfassungsbesch-werde)에도 적용함으로써[6] 이제는 모든 헌법소원의 중요한 전제조건으로 작용하고 있다. 법적 관련성의 구체적인 내용은 자기관련성(Selbst-Betroffenheit), 직접관련성(Unmittelbar-Betroffenheit), 현재관련성(Gegenwärtig-Betroffenheit)을 의미한다. 즉 헌법소원이 적법하기 위해서는 청구인이 위헌이라고 주장하는 공권력 처분으로 인해서 '자신'의 기본권을 '직접', '현실적'으로 침해받은 경우이어야 한다. 청구인적격성을 결정짓는 중요한 3요소(Trias)이다. 우리 헌법재판소도 초기부터 이 법적 관련성의 구비 여부에 따라 헌법소원의 적법성을 판단하고 있다.[7]

---

1) 헌재결 1998. 8. 27. 97헌마8 등, 판례집 10-2, 439(442면 이하) 참조.
2) 헌재결 1997. 1. 16. 92헌바6 등; 헌재결 1997. 7. 16. 96헌라2; 헌재결 1998. 8. 27. 97헌마8 등 참조.
3) BVerfGE 62, 1; 80, 188 참조.
4) 헌재결 1995. 2. 23. 90헌마125, 판례집 7-1, 238(243면) 참조.
5) BVerfGE 1, 97(101ff., LS 2) 참조.
6) BVerfGE 53, 30(48) 참조.
7) 헌재결 1989. 7. 21. 89헌마12, 판례집 1, 128(129면 이하) 참조. 그런데 헌재는 최근에 법적 관련성을 넓게 인정하려는 경향을 보이고 있다. 즉 헌재는 농림부장관의 미국산쇠고기 수입조건고시에 대한 일반 소비자들의 헌법소원에 대해 이 고시는 일반소비자의 생명·신체의 안전을 보호하기 위한 조치의 일환으로 행해진 것이어서 일반소비자들과 법적 관련성을 갖는다고 적법성을 인정하는 판시를 했다. 헌재결 2008. 12. 26. 2008헌마419 참조.

1) 자기관련성

㈎ 자기관련성의 의미와 판례

자기관련성이란 헌법소원청구인 스스로가 기본권 침해의 법규범 또는 기타 공권력작용의 수신인(受信人)인 경우이다.[1] 단체의 구성원이 기본권을 침해당한 경우 단체가 구성원의 권리구제를 위하여 그를 대신하여 헌법소원을 제기할 수 없는 이른바 제3자 소송담당이 허용되지 않는 이유도 그 때문이다.[2] 기본권 침해의 자기관련성은 민중소송을 배제하는 개념이다. 기본권 침해의 공권력작용과 간접적·사실적인 관련성이 있거나 경제적인 이해관계만을 갖는 제3자 또는 반사적 불이익을 받는 제3자 등은 자기관련성이 없다.[3] 불기소처분과 고발인,[4] 학교법인에 대한 과세처분과 그 학교법인이 운영하는 학교의 재학생,[5] 백화점 셔틀버스 운행금지와 백화점 소비자,[6] 세무대학교 폐지법률과 세무대학 진학 준비중인 학생,[7] 의료사고에 대한 불기소처분과 생존한 의료사고 피해자의 아버지,[8] 언론법인에 대한 법적 규제와 언론법인의 대표자[9] 등의 자기관련성이 인정되지 않는 이유도 그 때문이다. 또 침해적 법령과는 달리 수혜적 법령에 대한 기본권 침해의 자기관련성은 매우 제한적으로만 인정된다. 즉 수혜범위에서 제외된 사람이 평등권 침해를 주장하고, 혜택을 주는 법령의 위헌결정으로 수혜집단의 혜택이 제거되거나 자신이 추가로 혜택의 수혜자가 될 가능성이 있는 등 비교집단과의 관계에서 자신의 법적 지위가 상대적으로 향상된다고 볼 여지가 있는 사람은 비록 그 법령의 직접적인 수범자가 아니라도 평등권 침해의 자기관련성을 인정할 수 있다.[10]

1) 동지: 헌재결 1997. 3. 27. 94헌마277, 판례집 9-1, 404(409면); BVerfGE 102, 197(206f.) 참조.
2) 헌재결 1991. 6. 3. 90헌마56, 판례집 3, 289(297면) 참조.
3) 헌재결 1993. 3. 11. 91헌마233, 판례집 5-1, 104(111면); BVerfGE 6, 273(278); 34, 338 (340); 70, 1(23) 참조.
4) 헌재결 1989. 12. 22. 89헌마145, 판례집 1, 413(416면) 참조.
5) 헌재결 1993. 7. 29. 89헌마123, 판례집 5-2, 127(134면) 참조.
6) 헌재결 2001. 6. 28. 2001헌마132, 판례집 13-1, 1441(1456면) 참조.
7) 헌재결 2001. 2. 22. 99헌마613, 판례집 13-1, 367(374면) 참조.
8) 헌재결 1993. 11. 25. 93헌마81, 판례집 5-2, 535(537면) 참조.
9) 법인과 그 대표자 개인을 엄격히 구별하기 때문이다. 헌재결 2006. 6. 29. 2005헌마165 등, 헌재공보 117, 950(961면) 참조.
10) 예컨대 헌재결 2010. 4. 29. 2009헌마340, 판례집 22-1(하), 140(145면); 헌재결 2011. 6. 30.

(나) 제 3 자의 자기관련성

a) 원칙과 예외

제 3 자는 원칙적으로 자기관련성이 없지만 법규범에 의한 기본권 침해의 경우에 제 3 자도 예외적으로 자기관련성을 갖는 경우가 있을 수 있기 때문에 신중하게 판단해야 한다. 즉 법규범의 입법목적, 실질적인 규율대상, 제한 또는 금지하는 법규범의 내용이 제 3 자에 미치는 효과 내지는 진지성 등을 종합적으로 고려하여 제 3 자의 자기관련성을 판단하여야 한다.[1] 예컨대 방송위원회의 소관인 방송광고의 사전심의제도 및 심의기준을 규정하는 법령은 광고회사에 소속되어 사전심의의 대상이 되는 광고표현물의 제작에 참여하는 광고인들을 수규자(受規者)로 하는 것은 아니다. 그렇지만 광고인들은 광고제작에서 사실상 심의기준의 제약을 받고 있으므로 사전심의제도 및 심의기준을 규정한 법령의 자기관련성을 갖는다고 보아야 한다.[2] 또 의료보험조합의 통합과 관련해서 공법인인 직장의료보험조합을 수규자로 하는 국민건강보험법 부칙 제 6 조와 제 7 조의 경우 법규정이 내포하는 불이익이 수규자의 범위를 넘어 제 3 자인 조합원들에게도 거의 동일한 불이익의 효과를 미치므로 조합원들의 자기관련성을 인정할 수 있다.[3] 나아가 국가의 재정보조를 전제로 하는 국가유공자 자녀에 대한 대학의 수업료 면제제도에서 자녀를 해외에 유학 보낸 국가유공자의 자기관련성도 마찬가지로 인정된다.[4][5] 또 교육부장관

2008헌마715 등, 판례집 23-1(하), 430(436면) 참조.

1) 헌재결 1997. 9. 25. 96헌마133, 판례집 9-2, 410(416면) 이후 일관된 입장이다.

2) 헌재결 1998. 11. 26. 94헌마207, 판례집 10-2, 716(726면) 참조. 같은 이유로 변호사에게 자동적으로 변리사자격을 부여하는 변리사법(제 3 조 제 1 항 제 2 호)규정은 변호사를 수범자로 하므로, 변리사시험을 통해 변리사가 되려는 변리사시험 응시자는 제 3 자에 해당한다. 하지만 변호사로 충당되는 변리사와 변리사시험 합격자로 충당되는 두 개의 변리사 공급원은 어떤 형태와 정도에 의해서든 개념상 상관관계를 가질 수밖에 없다. 따라서 위 조항은 변리사시험 응시자에게 자기관련성이 인정된다. 헌재결 2010. 2. 25. 2007헌마956, 판례집 22-1(상), 329(339면) 참조.

3) 헌재결 2000. 6. 29. 99헌마289, 판례집 12-1, 913(934면) 참조.

4) 헌재결 2003. 5. 15. 2001헌마565, 판례집 15-1, 568(575면) 참조.

5) 또 헌재에 따르면 학교위탁급식업자는 학교급식을 학교장직영운영방식으로 바꾸는 학교급식법규정의 간접적 수범자에 불과하지만 원칙적으로 더 이상 영업을 할 수 없는 제한을 받게 되어 직업수행의 자유 내지 법적 이익에 불리한 영향을 받을 수 있으므로 자기관련성이 인정된다. 헌재결 2008. 2. 28. 2006헌마1028, 헌재공보 137, 370(375면 이하) 참조. 또 정보통신망법이 정보통신 서비스 제공자를 직접적인 수범자로 하고 있지만, 정보통신망에 의해 사생활 침해 또는 명예훼손 등의 권리침해를 받았다고 주장하는 사람은 정보통신서비스 제

이 여성만이 진학할 수 있는 여자대학교의 법학전문대학원의 설치를 인가한 것은 법학전문대학원 총정원주의 때문에 남성들이 진학할 수 있는 법학전문대학원의 정원이 적어지는 결과를 초래해 남성들의 직업선택의 자유와 평등권을 침해할 가능성이 있다고 인가처분의 직접적인 상대방이 아닌 제 3 자인 남자들의 자기관련성을 인정한 판례도 있다.[1] 또 휴대폰을 구입하고자 하는 사람은 이동통신 단말장치 유통구조 개선법률의 직접적인 수범자는 아니지만 이 법률(제4조 제1항과 제2항 본문 및 제5항)이 정하고 있는 지원금상한조항과 자기관련성을 갖는다고 판시했다.[2]

그런데 행정처분이나 재판작용의 자기관련성을 파악하는 것은 큰 어려움이 없다. 행정처분의 수신인 또는 구체적인 소송의 당사자는 자기관련성을 갖기 때문이다. 그러나 법규범의 자기관련성을 판단하는 것은 쉽지 않을 수 있다.[3]

b) 독일의 판례

독일 연방헌법재판소는 법규범에 의한 주관적인 권리 침해와 단순한 반사적 효과에 의한 불이익을 구별하면서도 제 3 자 보호의 필요성이 있다고 인정되는 경우에는 주관적 권리 보호의 범위를 제 3 자 보호의 영역(Drittschutz-konstellationen)[4]까지 비교적 넓게 인정하는 판시를 하고 있다. 예컨대 정당에 대한 기부금의 조세감면금지규정은 정당을 직접 수규자로 하는 법률규정은 아니지만 정당이 단순한 반사적인 불이익을 받는 데 그친다고 볼 수는 없다고 한다.[5] 또 특정 정당을 불리하게 규율하는 선거법은 그 정당을 지지하는

공자에게 삭제요청과 접근차단 등의 임시조치를 요구할 수 있어 자기관련성이 인정된다는 판시도 있다. 헌재결 2012. 5. 31. 2010헌마88, 판례집 24-1(하), 578(586면) 참조.

1) 헌재결 2013. 5. 30. 2009헌마514, 판례집 25-1, 337(342면) 참조.

2) 헌재결 2017. 5. 25. 2014헌마844, 헌재공보 248, 541(543면) 참조. 헌재는 이 사건 본안판단에서 이 조항이 포괄위임원칙과 계약의 자유를 침해하지 않는다고 판시했다.

3) 헌법재판소가 자기관련성을 인정한 사례: i) 형사피해자는 아니지만 범죄로 인한 법률상의 불이익을 받게 되는 자의 재판절차진술권의 자기관련성(헌재결 1995. 7. 21. 94헌마136, 판례집 7-2, 169(175면)), ii) 주식회사 임원의 업무상 횡령사건에서 피해자인 주주의 자기관련성(헌재결 1991. 4. 1. 90헌마65, 판례집 3, 160(165면)), iii) 공무원의 직권남용죄로 인해서 의무 없는 일을 강요받거나 정당한 권리 행사를 방해받은 피해자의 자기관련성(헌재결 1993. 7. 29. 92헌마262, 판례집 5-2, 211(217면)), iv) 특정 업체만을 지정하여 특혜를 부여하는 경우 특혜에서 제외된 제 3 자인 경쟁업자의 자기관련성(헌재결 2005. 6. 30. 2003헌마841, 판례집 17-1, 996(1005면 이하)) 등이다.

4) BVerfGE 83, 182(194); 31, 33(39f.) 참조.

5) 예컨대 BVerfGE 6, 273(278); 78, 350(354) 참조.

선거권자에게도 관련성이 있다고 한다.[1] 사용자를 수규자로 하는 경영공동결정(Mitbestimmung)에 관한 규정은 사용자연합체(Arbeitgeberkoalition)도 관련성을 가질 수 있다고 한다.[2] 상점의 영업시간에 관한 규정은 마치 소비자를 직접 수규자로 정한 것처럼 소비자에게도 관련성이 있다고 판시한다.[3] 경쟁업체에게 베푼 조세감면조치는 영업의 경쟁에서 불리한 지위를 갖게 되는 경쟁자에게 자기관련성이 있다고 한다.[4] 그러나 연방의회 의원의 급여에 대한 과세기준을 정하는 법률규정은 일반 납세의무자와 관련성이 없다고 판시했다.[5] 또 재판의 자기관련성과 관련해서 법원의 판결에서 착오로 가정파괴자로 지목된 사람은 소송의 당사자가 아니라도 자기관련성을 갖는다고 한다.[6] 그러나 이 경우에 다른 소송절차를 통해 명예회복의 길이 있다면 재판소원을 통한 권리 보호의 이익을 인정하기는 어렵다는 것이 연방헌법재판소의 판시이다.[7]

독일 연방헌법재판소의 자기관련성에 관한 판례를 종합하면 자기관련성의 판단에서 침해된 기본권의 의미와 비중이 중요한 기준으로 작용할 뿐 아니라, 권리 보호이익과 기대가능성의 관점도 함께 영향을 미친다고 할 것이다.

c) 자기관련성 판단의 새로운 문제

그런데 자기관련성의 판단은 과학기술의 발달에 따라 실무상 새로운 어려운 문제를 제기하고 있다. 예컨대 핵발전소의 건설을 허가하는 공권력작용의 경우 잠재적인 발전사고를 가정해서 생명·건강에 관한 기본권 침해의 자기관련성을 주장할 수 있는 청구인의 범위를 정하는 문제가 그것이다. 이 문제에 대한 대답은 결국 핵발전소의 건설에 따른 안전장치의 기술에 따라 달라질 수 있다. 핵발전사고가 발생했을 때 핵발전소 인근주민이 자기관련성을 갖는 것은 의문의 여지가 없지만, 핵발전소로부터 직경 어느 범위까지의 주민이 자기관련성을 갖는다고 인정할 것인지는 안전장치에 관한 기술발달에 따라 달라질 수 있다. 또 유전자조작에 의한 농산물 생산과 관련된 유전공학의

---

1) BVerfGE 12, 10(22); 13, 1(11) 참조.
2) BVerfGE 50, 290(320) 참조.
3) BVerfGE 13, 230(232f.); 53, 1(14f.) 참조.
4) BVerfGE 18, 1(12f. u. 17) 참조.
5) BVerfGE 49, 1(9) 참조.
6) BVerfGE 15, 283(286) 참조.
7) 위의 판례 287f. 참조.

발달도 같은 문제를 제기한다.[1] 생명·건강에 관한 기본권을 보호해야 할 국가의 책임과 의무는 핵발전소의 경우와 다를 바가 없기 때문이다. 이런 경우 기본권 보호의 관점에서 자기관련성은 실무상 넓게 인정할 수밖에 없을 것이다. 궁극적으로 실무상의 이성(理性)에 따라 판단하는 길 이외에 다른 묘책은 찾기 어렵다고 할 것이다. 다만 생명·신체의 자유 또는 인격권의 침해가 문제되는 경우에는 재산권 침해의 경우에 비해서 자기관련성을 더 넓게 인정하는 것이 불가피하다고 할 것이다.

d) 형벌규정과 자기관련성

자기관련성의 요건과 관련해서 일반적인 효력을 갖는 형벌규정은 특별한 의미를 갖는다. 형사법에서 직업·성·연령 등을 따지지 않고 모든 사람에게 일정한 행위의무 또는 금지의무를 부과하고 위반하면 제재수단으로서 형벌 또는 행정벌을 규정한 경우에 형사법규정은 모든 사람이 자기관련성을 갖는다고 볼 수 있다. 그렇다고 해서 누구나 일반적인 효력을 갖는 형사법규정이 자신이 범할 수도 있는 행위를 기본권에 어긋나게 형벌로 위협하고 있다고 자기관련성을 주장하며 헌법소원을 제기하는 것을 허용할 수는 없는 일이다.[2] 특히 동성애·간통·병역의무 등 가치관의 차이가 심한 사항에 관한 형사법규정의 경우에 현실적인 문제로 대두할 수 있다. 그러나 또 한편 관련당사자나 일반인에게 위헌이라고 생각하는 형사법규정의 위헌성을 형사재판절차에서 주장하기 위해서 스스로 형사법을 어기는 범법행위를 하라고 요구할 수도 없는 일이다. 결국 형사법규정에 대한 민중소송도 방지하면서 스스로 범법행위를 통해 형사법규정의 위헌성을 따져야 하는 모험적이고 우회적인 방법도 피할 수 있는 길을 모색해야 한다. 그것은 궁극적으로 권리 보호이익과 기대가능성의 심사로 귀착한다고 할 것이다.

---

1) 유전공학의 법적 규율에 관한 다음 문헌 참조할 것. *W. Richter*, Gentechnologie als Regelungsgegenstand des technischen Sicherheitsrechts, Freiburger Diss. 1988.
2) 국보법 위반사유가 없는 사람이 국보법규정을 다투는 경우에 국보법규정에 의한 기본권 침해의 자기관련성과 현재성을 인정할 수 없는 이유도 그 때문이다. 헌재결 1994. 6. 30. 91헌마162, 판례집 6-1, 672(677면) 참조. 고소·고발한 사실이 없는 사람이 형소법의 재정신청규정(제260조 제 1 항)을 다투는 것도 마찬가지이다. 헌재결 1989. 7. 21. 89헌마12, 판례집 1, 128(130면) 참조.

2) 직 접 성

(가) 직접성의 의미와 판례

기본권 침해의 직접성이란 집행행위에 의하지 아니하고 법률 그 자체에 의하여 자유의 제한, 의무의 부과, 권리 또는 법적 지위의 박탈이 생긴 경우를 뜻한다.[1] 따라서 단순한 선언적 또는 권고적 성격의 법률규정이나 임의규정으로서 수범자의 법적 지위에 아무런 영향도 미치지 않는 것이면 기본권 침해의 가능성이나 직접성을 인정할 수 없다.[2] 즉 직접성이란 헌법소원 청구인이 공권력작용(작위·부작위)으로 직접 기본권을 침해받은 것을 의미한다.[3] 특히 법규소원의 경우 직접성의 요건은 핵심적인 의미를 갖는다. 즉 원칙적으로는 법규범의 경우 그 집행행위를 기다려 집행행위를 대상으로 소송을 하고 소송과정에서 법원이 헌법재판소에 그 법규범의 위헌제청을 하거나 법원이 위헌제청신청을 하지 않는 경우 규범소원을 하거나($^{법\ 제68조}_{제2항}$) 법원의 최종판결을 재판소원으로 다투어야 한다. 그러나 집행작용을 필요로 하지 않는 법규범의 경우에는 보충성의 요건을 충족하면 직접 기본권 침해의 법규범에 대한 헌법소원을 할 수 있다.

그러므로 '구체적인 집행행위를 통하여 비로소 당해 법률 또는 법률조항에 의한 기본권 침해의 법률효과가 발생하는 경우에는 직접성의 요건이 결여된다고 할 것이다'.[4] 그러나 법규범이 구체적인 집행행위를 예정하고 있더라

---

1) 예컨대 주민이 지방의회에 청원을 하려면 반드시 지방의회 의원의 소개를 받도록 규정한 지자법(제65조)조항(헌재결 1999. 11. 25. 97헌마54, 판례집 11-2, 583(587면)); 종전에 자유롭게 어로활동을 하던 수역에서의 어로활동을 새롭게 제한하는 한일간의 신어업협정(헌재결 2001. 3. 21. 99헌마139, 판례집 13-1, 676(697면 이하)) 등이 그런 경우이다.

2) 신문법과 언론중재법에 대한 헌법소원심판에서 헌재가 소원대상이 된 많은 법조항에 대해 각하결정을 한 이유도 그 때문이다. 헌재결 2006. 6. 29. 2005헌마165 등, 헌재공보 117, 950(966면) 참조.

3) 따라서 부진정 입법부작위를 다투는 헌법소원에서도 불완전한 법령조항 자체를 심판대상으로 삼는 것이므로 기본권 침해의 직접성 요건을 갖추어야 한다. 헌재결 2010. 7. 29. 2008헌마664 등, 헌재공보 166, 1464(1475면) 참조. 헌법재판소법(제68조 제 1 항)과 헌재의 확립된 판례를 통해 '직접성'을 헌법소원의 적법요건 중의 하나로 요구하는 것은 재판청구권의 본질적인 내용의 침해가 아니라는 것이 헌재의 입장이다. 헌재결 2005. 5. 26. 2004헌마671, 판례집 17-1, 785(790면) 참조.

4) 헌재결 1992. 11. 12. 91헌마192, 판례집 4, 813(823면)의 판시 내용이다. 예컨대 교도소 수용자의 서신수발은 교도관의 검열을 받아야 한다는 행형법(제18조 제 3 항 본문)은 기본권

도 집행행위 없이 예외적으로 법규범에 의한 권리 침해의 직접성이 인정되는 경우가 있다. 즉 '법규범의 내용이 집행행위 이전에 이미 국민의 권리관계를 직접 변동시키거나, 국민의 법적 지위를 결정적으로 정하는 것이어서, 국민의 권리관계가 집행행위의 유무나 내용에 의해서 좌우될 수 없을 정도로 확정된 상태라면 그 법규범은 권리 침해의 직접성이 인정된다'.[1] 예컨대 국민건강보험법상의 재정통합조항(제33조 제2항)이 직접 직장가입자와 지역가입자간의 재정통합을 명하고 있어서 집행행위의 매개 없이도 직접 기본권(평등권) 침해가 이루어진다고 직접성을 인정했다.[2] 그리고 집행행위에 대한 행정소송 등의 권리구제수단이 있다고 하더라도 그 구제수단의 이행이 불필요한 우회절차를 강요하는 결과가 되는 경우에도 기본권침해의 직접성을 인정한 판례도 있다.[3] 나아가 헌법소원의 대상이 된 법률조항이 그 시행령조항과 서로 불가분의 관계를 이루면서 전체적으로 하나의 규율내용을 형성하고 있는 경우에는 수권조항과 시행령조항 모두에 대해 기본권침해의 직접성을 인정할 수 있다.[4] 또 법률이 법률시행에 필요한 구체적인 사항을 부령에 위임하고, 부령에서 다시 더 세부적인 사항을 소관부처 장관의 고시로 정하도록 재위임한 경우, 고시내용이 구체적인 집행행위를 예정하고 있다고 하더라도 그 고시내용이 엄격하고 구체적으로 정해졌다면 고시가 요구하는 엄격하고 구체적인 요건을 갖추지 못한 자들에게는 형식적인 집행행위 이전에 이미 그 고시내용으

침해의 직접성이 부인되는 이유도 그 때문이다(헌재결 1998. 8. 27. 96헌마398, 판례집 10-2, 416(426면)). 또 행정재산인 요존국유림에 대한 사용허가에서 사용료의 산정과정과 사용료부과처분 전에는 기본권 침해의 직접성이 없다(헌재결 2008. 11. 27. 2006헌마1244). 나아가 신고납세방식을 택하는 조세법령도 과세처분이라는 구체적인 집행행위를 매개로 하여 기본권을 침해하는 것이어서 법령이 그 자체로 기본권을 침해하는 것이 아니므로 직접성이 인정되지 않는다(헌재결 2009. 10. 29. 2008헌마239).

1) 헌재결 1997. 7. 16. 97헌마38, 판례집 9-2, 94(104면). 또 직접성요건을 완화해서 인정한 다음 판례도 참조할 것. 헌재결 2008. 12. 26. 2007헌마1387; 헌재결 2008. 12. 26. 2006헌마1192.
2) 헌재결 2012. 5. 31. 2009헌마299, 판례집 24-1(하), 505(514면). 헌재는 이 결정에서 보험료 산정조항을 직접성요건과 무관하게 함께 본안심판범위에 포함시키면서 다음과 같이 논증했다. 즉 '비록 보험료산정조항만으로 바로 구체적인 보험료액이 결정되는 것은 아니라 하더라도 보험료 산정조항은 재정통합조항과 그 내용상 서로 내적인 연관관계에 있어서 보험료 산정조항의 내용을 고려하지 않고서는 부담공평의 관점에서 재정통합의 위헌여부를 판단할 수 없으므로 기본권 침해의 직접성요건의 충족여부와 관계없이 함께 본안판단에 포함시킨다'(514면 이하).
3) 헌재결 2012. 7. 26. 2010헌마7 등, 헌재공보 190, 1388(1393면) 참조.
4) 헌재결 2012. 8. 23. 2010헌마328, 헌재공보 191, 1646(1649면) 참조.

로 인한 기본권 침해의 직접성이 인정된다는 판시도 있다.[1] 그리고 그 자체
로서는 기본권 침해의 직접성이 없는 법률규정이라도 그 위헌성 여부가 적법
하게 헌법소원의 심판대상이 된 법률부분에 시원적인 영향을 미치고 있다면
함께 심판대상이 된다.[2] 또 법규정에서 국민에게 일정한 행위 또는 부작위의
무를 부과하면서 의무위반에 대한 제재수단으로서 형벌 또는 행정벌 등의 부
과를 규정한 경우에는 별도의 집행행위가 없어도 제재 근거법률은 기본권 침
해의 직접성이 인정된다. 그 법규범의 시행 자체로 행위 또는 부작위의무가
발생할 뿐 아니라, 형벌 또는 행정벌은 직접성 요건으로서의 집행행위가 아니
라 의무위반에 대한 제재이기 때문이다.[3] 독일 연방헌법재판소도 질서벌을
규정하는 법규정에 대해서 직접성을 인정하면서 청구인에게 법규위반의 모험
을 하라고 요구할 수는 없기 때문이라고 판시했다.[4] 그런데 우리 헌법재판소
는 형벌조항을 위반한 경우에 기소 전에는 그 형벌조항에 대한 직접성의 예
외를 인정할 수도 있지만, 기소 후에는 재판과정에서 헌법소원 등의 구제방법
이 있어 직접성의 예외를 인정할 수 없다는 취지의 판시를 함으로써 종래의
예외인정사유를 다소 제한하는 듯한 판시를 했다.[5] 또 법무부장관이 현직 검
찰총장에 대하여 검사징계위원회에 징계를 청구함과 동시에 직무정지명령을
하자 검찰총장은 법무부장관이 징계위원을 지명 또는 위촉하도록 정한 검사징
계법(제 5 조 제 2 항 제 2 호와 제 3 호 중 해당부분)이 자신의 공무담임권 등을 침해한다고 제기한 헌법소
원심판사건에서 직접성 요건을 충족하지 않았다고 각하결정을 했다.[6]

---

1) 헌재결 2011. 11. 25. 2010헌마661, 헌재공보 181, 1665(1671면). 외국인 근로자의 고용 등
　에 관한 법률에 따른 대행기관지정요건과 관련된 결정.
2) 인구규모의 고려 없이 국회의원지역선거구 기준으로 일률적으로 시·도의원 정수를 2인으
　로 규정하고 있는 선거법(제22조 제 1 항) 규정은 개별적인 지역선거구를 직접 획정하지는
　않으므로 기본권 침해의 직접성은 없지만, 이 규정을 근거로 마련된 선거구 구역표에 시원
　적인 영향을 미치고 있어 헌법소원의 심판대상이 된다. 헌재결 2007. 3. 29. 2005헌마985
　등, 헌재공보 126, 325(329면) 참조.
3) 동지: 헌재결 1998. 3. 26. 97헌마194, 판례집 10-1, 302(312면) 참조.
4) BVerfGE 46, 246(256) 참조.
5) 헌재결 2016. 11. 24. 2013헌마403 및 이 판시가 종래의 헌재판시 취지에 반한다는 4인 재
　판관의 반대의견 참조.
6) 헌재결 2021. 6. 24. 2020헌마1641 참조. [평석] 헌재의 판시대로 법무부장관이 검사징계위
　원회의 징계위원을 지명 및 위촉하도록 한 심판대상조항은 조직규범이다. 그래서 징계위원
　회의 징계의결(해임·면직·정직 등)과 그 집행행위에 의하여 비로소 기본권 침해가 발생한
　다고 볼 수도 있다. 그러나 이 구체적인 사건에서는 그러한 형식논리로 각하한 것은 문제

(나) 집행행위의 존재와 법규범의 직접성

법령에 따른 구체적 집행행위가 예정되어 있고 그 집행행위가 재량행위
인 경우 법령에 의한 기본권 침해의 직접성이 인정될 여지는 없다.[1] 그러나
구체적인 집행행위가 존재하는 경우에도 그 집행행위가 아닌 법규범에 의한
기본권 침해의 직접성이 예외적으로 인정되는 경우가 있다.[2] 즉 그 집행행위
를 대상으로 하는 권리구제절차가 없거나, 권리구제절차가 있더라도 권리구제

가 있다. 왜냐하면 결정문의 사건개요에서 보듯 심판청구 12일 후에 피청구인이 구성한 징
계위원회에서 청구인에 대하여 2개월의 정직의결을 했고, 피청구인의 제청으로 청구인은 다
음 날 2개월의 정직처분을 받았다. 그리고 청구인이 즉시 서울행정법원에 징계처분 취소소
송과 함께 집행정지신청을 해서 집행정지결정을 받아 업무에 복귀했다가 자진 사임했다. 그
렇다면 이 사건에서는 헌재의 심판진행 중에 청구인이 주장한 기본권 침해가 현실적으로 발
생한 경우이다. 피청구인의 징계청구가 심판대상 조직규범으로 인해서 곧 징계조치로 이어
졌기 때문이다. 따라서 심판청구 당시의 조직규범은 헌재의 결정시에는 기본권 침해의 집행
규범으로 작용한 상태였다. 더욱이 피청구인의 청구인에 대한 직무정지명령과 징계처분에
대한 행정법원의 두 차례 집행정지 가처분 인용결정을 통해서 알 수 있듯이 이 사건의 본질
은 피청구인의 청구인에 대한 월권적이고 불법적인 권한과 권리침해의 당부를 다투는 것이
본질이었다고 할 수 있다. 헌법소원의 적법요건인 자기관련성, 직접성, 현재성 등 법적 관련
성을 모두 충족했다고 보아야 한다. 나아가 이 사건은 헌재의 일관된 판시에 따르더라도 헌
법적인 해명이 반드시 필요한 내용을 다루고 있다는 점에서 심판이익을 부인하기 어렵다.
검찰총장은 헌법에 근거를 둔 헌법기관으로, 국무회의 심의와 인사청문회를 거쳐 임명되고,
다른 국무위원들과 달리 검찰청법에 따라 임기 2년이 보장된다. 준 사법기관인 검찰의 독립
성과 정치적 중립성을 보장하기 위해서다. 그런데도 심판대상 조항은 정치인인 법무부장관
에게 사실상 해임권을 부여한 것과 다를 바 없다. 따라서 심판대상조항은 법치주의 실현을
위한 적법절차와 견제·균형원리에 정면으로 반하는지 여부의 헌법적인 판단이 반드시 필요
하다. 징계청구자가 심판자까지 좌우하는 것은 로마법 이래의 자연법적 당위명제 '누구도 자
기 사건의 심판자가 될 수 없다(Nemo iudex in sua causa)'는 원리에도 합치되지 않는다.
독일 연방헌재법(제90조 제 2 항 2문)도 이런 경우 보충성 요건의 예외를 인정하고 있다. 우
리 헌재도 권리구제절차 선이행의 요건을 완화한 경우도 있다(헌재결 1996. 3. 28. 95헌마
211). 독일 연방헌재도 '법령의 규정 내용이 권리구제를 구하는 사람에게 명백히 불리하게
규정되어 있는 경우(BVerfGE 56, 363(380))'와 '권리구제의 불확실성이 청구인에게 큰 부담
으로 작용하는 경우(BVerfGE 107, 299(309))' 등에는 보충성의 요건을 완하고 있다. 그럼
에도 불구하고 헌재가 이선애 재판관을 제외한 8인의 합의로 이 사건에서 본안판단을 회피한
것은 이 사건의 정치적인 민감성을 고려하더라도 헌법수호의 관점에서 크게 아쉬운 일이다.

1) 헌재결 1998. 4. 30. 97헌마141, 판례집 10-1, 496(504면); 헌재결 2007. 5. 31. 2003헌마422,
   헌재공보 128, 597(600면) 참조.
2) 예컨대 이자소득 및 배당소득에 대해서 분리과세를 도입하면서 20%의 세율로 원천징수하
   도록 규정한 금융실명거래법(부칙 제12조 제 1 항 및 제 2 항)의 경우에 이 규정을 근거로
   한 원천징수행위는 구체적 집행행위로 보기 어려울 뿐 아니라, 설령 구체적 집행행위로 본
   다고 하더라도 징수의무의 이행일 뿐 쟁송대상이 되는 과세처분은 아니기 때문에 권리구제
   절차가 없다. 그러므로 법규정에 의한 기본권 침해의 직접성을 인정할 수 있다(헌재결
   1999. 11. 25. 98헌마55, 판례집 11-2, 593(605면 이하)). 같은 취지의 결정 헌재결 2015. 6.
   25. 2013헌마128, 헌재공보 225, 1040(1043면) 참조.

의 기대가능성이 없어, 청구인에게 불필요한 우회절차를 강요하는 결과밖에
안 되는 경우에는 당해 법규범에 의한 기본권 침해의 직접성이 인정된다.[1]

(다) 위임입법과 직접성

그러나 법률규정의 구체화를 위해서 행정입법·자치조례 등의 위임입법이
예정되어 있는 경우에는 법률규정에 의한 기본권 침해의 직접성은 인정될 수
없다.[2] 기본권 침해는 행정입법 또는 자치조례에 의해서 비로소 발생하는 것이
지 법률규정이 직접 기본권을 침해하는 것은 아니기 때문이다. 다만 위임입법
의 내용이 일반적인 위임입법과는 성격이 다른 특수한 헌법문제를 내포하고 있
어 그 헌법적인 해명이 필요한 경우에는 예외적으로 법률에 의한 기본권 침해
의 직접성을 인정할 수도 있다. 예컨대 농업기반공사 및 농지관리기금법이 조
합장 예우사항을 행정규칙도 아닌 농업기반공사의 정관에 위임한 경우 그 법
률 자체에 대한 헌법소원에서 직접성이 인정되는데, 이 경우에는 행정입법이
나 자치조례가 아닌 농림부 산하기관의 정관에 기본권 관련사항을 위임하는
것이 허용되는지에 관한 헌법문제의 해명이 필요하기 때문이다.[3] 또 수권법률
규정과 그 내용을 구체적으로 정하고 있는 시행령조항이 불가분의 일체를 이루
고 있는 경우에는 수권법률에 의한 기본권 침해의 직접성을 인정할 수 있다.[4]

(라) 독일의 법규정과 판례

a) 법률규정과 직접성에 관한 판시

독일 연방헌법재판소법(제90조 제2항)은 보충성의 요건을 규정하면서 권리구제가
가능한 경우에는 먼저 권리구제절차를 거친 다음에 헌법소원을 하도록 요구
하고 있다. 다만 권리구제절차를 거치지 않고 제기한 헌법소원이라도 일반적
인 의미를 갖거나,[5] 권리구제절차를 거치도록 요구하는 것이 청구인에게 회

---

1) 헌재결 1997. 8. 21. 96헌마48, 판례집 9-2, 295(303면) 참조.
2) 헌재결 1996. 2. 29. 94헌마213, 판례집 8-1, 147(154면 이하); 헌재결 2001. 1. 18. 2000헌마
   66, 판례집 13-1, 151(161면) 참조.
3) 헌재결 2001. 4. 26. 2000헌마122, 판례집 13-1, 962(969면 이하) 참조.
4) 예컨대 도시정비법에서는 재건축조합의 임대주택공급의무만을 정하고 그 임대주택의 비율
   을 대통령령에 위임하고 있는 경우 도시정비법규정과 그 임대주택공급비율을 구체적으로
   정하고 있는 시행령조항은 불가분의 일체를 이루어 임대주택공급의무를 정하고 있다고 볼
   수 있어 도시정비법도 직접성요건을 갖추었다고 할 것이다. 헌재결 2008. 10. 30. 2005헌마
   222 등, 헌재공보 145, 1466(1475면) 참조.
5) 일반적인 의미를 갖는다는 것은 연방헌법재판소의 결정이 그 구체적인 사건을 초월해서 유

복하기 어려운 심각한 손해를 생기게 하는 경우에는 보충성 요건의 예외를 인정한다고 규정하고 있다. 기본권을 침해하는 선거법규정이 대표적인 경우이다.[1] 이 예외규정을 사전결정권능(Vorabentscheidungsbefugnis)이라고 부르기도 하는데,[2] 헌법소원의 객관적 소송으로서의 측면을 잘 보여 주는 규정이다.

연방헌법재판소는 활동 초기부터 이 보충성의 요건과 그 예외에 관한 규정에서 '직접성'의 요건을 이끌어 내는 판시를 함으로써[3] 보충성의 요건과 함께 직접성의 요건을 통해서 연방헌법재판소에 헌법소원이 지나치게 폭주하는 것을 막으려고 노력했다. 즉 독일 연방헌법재판소는 '법률의 집행에 법정요건 또는 사실상의 행정실무상 요건으로 집행기관의 의지를 반영한 별도의 집행행위를 예정하고 있는 경우에는 개인의 기본권을 직접 침해하는 것은 그 집행행위이므로 헌법소원은 그 집행행위를 대상으로만 할 수 있다'[4]고 직접성의 요건을 강조하는 판시를 했다.

b) 보충성과 직접성의 관계

이처럼 직접성의 요건은 판례상의 개념이고 보충성의 요건은 법률상의 개념이지만 기능적으로 상호 불가분의 연관성을 갖는 개념으로 확립된 것이다. 그렇지만 완전히 동의어는 아니다. 법률에 의한 기본권 침해의 경우 구체적 규범통제의 길은 언제나 열려 있으므로 직접성을 인정할 수 없다고 단정할 수는 없기 때문이다. 또 보충성의 요구와 권리구제의 길이 존재해도 직접성의 요건이 충족되는 경우도 생각할 수 있기 때문이다. 예컨대 세무관청이 세법을 적용할 때 전혀 재량권을 행사할 여지도 없고 해석할 필요도 없이 법률이 정한 대로 단순히 그대로 집행해야 한다면 그 집행행위는 행정처분의 형식으로 이루어지지만 본질은 법률규정 그 자체에 불과하다. 이런 경우에는 권리구제를 위한 행정소송이 가능하기 때문에 보충성의 요건을 충족하도록 요구할 수 있지만, 기본권을 침해하는 것은 행정처분이 아닌 법률규정 그 자체라고 볼 수 있어 직

사한 다수의 사건에서의 법적인 상황을 분명하게 밝히는 것을 말한다고 판시했다. BVerfGE 19, 268(273); 68, 176(185) 참조.
1) BVerfGE 7, 99(105); 14, 121(130) 참조.
2) 예컨대 *W. Löwer*, in: HStR, aaO., RN. 199 참조.
3) BVerfGE 1, 97(101ff.) 참조.
4) BVerfGE 1, 97(101ff.); 70, 35(50f.); 79, 174(187f.) 참조.

접성을 인정할 수 있다.[1] 이런 경우 상급행정관청이나 법원은 전혀 다른 판단을 할 여지가 없기 때문이다. 그럼에도 불구하고 직접성을 부인하고 보충성요건의 충족을 요구하는 것은 불필요한 시간의 낭비일 뿐 아니라 청구인에게도 심각한 손해를 야기하는 결과가 될 수도 있다.[2] 그렇기 때문에 독일에서 일부 학자[3]가 주장하는 것처럼 '직접성'의 문제는 법률이 정하는 보충성의 요건과 그 예외의 경우에 포섭해서 충분히 해결할 수 있으므로 따로 따질 필요가 없다는 견해에는 찬성하기 어렵다. 법률이 정하는 보충성요건의 예외로 인정하기 위해서는 적어도 일반적인 의미를 갖는 법규범이어야 하기 때문에, 그 나머지 법규범에 의한 직접적인 기본권 침해의 경우에는 여전히 직접성의 요건을 통해서 구제해야 할 필요성이 있다.

나아가 연방헌법재판소가 직접성의 요건을 요구하는 것은 집행행위가 예정된 경우에는 되도록 법원의 재판을 통한 권리구제를 받도록 강조함으로써 연방헌법재판소가 재판소원을 심판하는 경우에 전문적인 법률에 관한 법원의 해석과 적용을 통해 헌법재판의 질적인 수준 제고를 도모할 수 있는 자료를 확보할 수 있다는 고려도 함께 작용하고 있다고 할 것이다.[4]

3) 현 재 성

(가) 현재성의 의미와 판례

기본권 침해의 현재성이란 공권력작용에 의한 미래의 기본권 침해 가능성을 배제한 현실적인 실제의 기본권 침해를 의미한다.[5] 그리고 공권력작용이 기본권에 대한 침해 위협에 불과하더라도 기본권 침해와 동일하게 평가할 수 있다면 예외적으로 기본권 침해의 현재성을 인정할 수 있다.[6] 이

---

1) BVerfGE 43, 108(117) 참조. 유사한 취지의 다음 판례도 참조할 것. BVerfGE 43, 291(386); 75, 246(263); 79, 1(20); 90, 128(136); 97, 157(164).
2) 우리 헌재가 '예외적으로 법령이 일의적이고 명백한 것이어서 집행기관이 심사와 재량의 여지 없이 그 법령에 따라 일정한 집행행위를 하는 때에는' 직접성의 요건을 충족했다고 보면서도, 이 경우를 보충성의 예외로 파악하고 있는 것은 직접성과 보충성의 관계를 오해하고 있는 것으로 보인다. 헌재결 2005. 2. 23. 90헌마214, 판례집 17-1, 245(254면 이하) 참조.
3) 예컨대 *H. Klein*, in: FS Zeidler, Ⅱ (1987), 1325ff.(1340).
4) 동지: *Benda/Klein*, aaO., RN. 568 참조.
5) BVerfGE 1, 97(102) 참조.
6) BVerfGE 49, 89(141); 66, 39(59) 참조.

러한 현재성의 요건도 법률에 의한 기본권 침해의 경우에 중요한 의미를 갖는다.

우리 헌법재판소는 미래에 발생하는 기본권 침해라도 그 침해가 현재 확실히 예측된다면 기본권구제의 실효성을 위해서 현재성을 인정한다고 판시했다.[1] 예컨대 공포 후 시행 전의 법률에 의한 기본권 침해 위험의 현재성을 인정한 것이라든지,[2] 혼인을 앞둔 예비신랑의 가정의례에 관한 법률(결혼식 때 하객들에게 음식물 등의 접대 금지규정)에 의한 기본권 침해의 현재성을 인정한 것,[3] 공무원 공채시험 준비생에게 국가유공자 가산점제도[4] 내지는 제대군인 가산점제도[5]에 의한 기본권 침해의 현재성을 인정한 것, 그리고 지방자치단체의 장의 공직선거법규정(임기중 대통령·국회의원 등 다른 공직선거의 입후보 금지)에 의한 기본권 침해의 현재성을 인정한 것,[6] 군법무관을 다른 법조인과 달리 정부 각종 위원의 자격에서 원칙적으로 배제하고 있는 구 국가공무원법 등에 의한 기본권 침해의 현재성을 인정한 것,[7] 장래의 선거에서 반드시 부재자투표신고를 한다는 보장이 없는 선거인이 부재자투표기간을 선거일 전에 종료하게 정한 선거법규정의 기본권 침해를 다투는 헌법소원에서 '주기적으로 반복되는 선거의 특성과 기본권 구제의 실효성 측면을 고려해서' 기본권 침해의 현재성을 인정한 것[8] 등이 그 대표적인 판례이다.[9] 나아가 상고심에 계류

---

1) 헌재결 1992. 10. 1. 92헌마68 등, 판례집 4, 659(669면); 헌재결 2005. 4. 28. 2004헌마219, 판례집 17-1, 547(552면) 참조.
2) 헌재결 1994. 12. 29. 94헌마201, 판례집 6-2, 510(523면 이하); 헌재결 2015. 3. 26. 2014헌마372, 헌재공보 222. 567(570면) 참조.
3) 헌재결 1998. 10. 15. 98헌마168, 판례집 10-2, 586(595면) 참조.
4) 헌재결 2001. 2. 22. 2000헌마25, 판례집 13-1, 386(398면) 참조.
5) 헌재결 1999. 12. 23. 98헌마363, 판례집 11-2, 770(780면) 참조.
6) 헌재결 1999. 5. 27. 98헌마214, 판례집 11-1, 675(694면 이하) 참조.
7) 헌재결 2007. 5. 31. 2003헌마422, 헌재공보 128, 597(600면) 참조.
8) 헌재결 2010. 4. 29. 2008헌마438, 판례집 22-1(하), 110(119면) 참조.
9) 그러나 헌재가 국회의원을 공수처의 수사대상으로 정한 공수처 관련규정(제 2 조와 제 3 조 제 1 항 및 제 8 조 제 4 항)에 대한 국회의원의 헌법소원사건에서 '기본권 침해가 수사처의 수사로 구체화·현실화하는 시점에서는 적시에 권리구제를 기대하는 것이 언제나 가능하다고 단정하기 어려우므로 유효적절한 권리구제를 위해서 그 전에 기본권 침해 여부를 판단할 필요가 있다'는 이유로 현재성을 인정한 것은 현재성의 인정범위를 지나치게 확대한 것으로 동의하기 어렵다. 따라서 헌법소원제도의 본질에 비추어 이선애 재판관의 반대의견이 훨씬 설득력이 있다고 생각한다. 헌재결 2021. 1. 28. 2020헌마264등 참조.

중인 형사사건에서 형벌규정에 의한 기본권 침해를 헌법소원으로 다투는 경우에 상고심 확정판결 전에 기본권 침해의 현재성을 인정하면서, 법률심인 상고심에서 원심판결이 번복될 가능성이 객관적으로 희박하기 때문이라고 설명하는 것도[1] 같은 취지의 판시라고 할 것이다. 독일 연방헌법재판소도 일상생활 내지 직업생활의 정상적인 전개과정으로 미루어 어느 정도의 가능성을 예측할 수 있는 경우에는 현재성의 요건을 인정하는 판시를 하고 있다.[2] 기술공학을 공부하는 대학생이 기술자(Ingenier)라는 직업명의 폐지를 다투는 경우 청구인의 미래의 직업이 확정되지도 않은 상태에서 현재성의 요건을 인정한 것이 그 예이다.[3] 또 재산형성을 촉진하기 위해서 베풀던 종래의 조세감면혜택을 갑자기 폐지하는 경우 조세감면혜택이 소득의 일부를 저축하게 하는 동기유발요소로 작용했다는 이유로 '동기의 침해'(Beeinträchtigung in der Motivation)를 현재성의 판단기준으로 삼아 헌법소원을 인정한 것 등도 같은 취지의 판시이다.[4]

(나) 현재성과 과거의 공권력작용

현재성의 요건은 과거에 발생한 공권력작용과도 관련성이 있다. 중요한 것은 기본권 침해의 효과가 여전히 계속되고 있는지, 그리고 아직도 기본권 침해를 확인할 이익이 있는지의 여부이다. 과거에 행해진 공권력작용이 효력을 상실했어도 여전히 기본권 침해의 효과를 나타내거나,[5] 과거의 공권력작용이 반복될 가능성이 있는 경우가 있기 때문이다.[6] 이런 경우 권리보호이익의 관점에서 현재성의 판단에 유연성이 필요하다. 왜냐하면 재판기간의 장기화로 인해서 다른 법률에 의한 권리구제절차의 이행을 통한 권리구제의 실효성을 기대하기 어렵기 때문이다. 독일 연방헌법재판소가 의무교육기관(학교)의 교실에 걸어 놓은 십자가 고상(苦像, Kruzifixe)에 대해서 종교의 자유 내지는 학부모의 자녀교육권을 근거로 문제삼는 학생과 학부모의 헌법소원에서 청구인이 이미 학령아동인지 또는 아직도 학생인지의 여부는 중요하지 않다고 판

---

1) 헌재결 1995. 11. 30. 94헌마97, 판례집 7-2, 677(688면) 참조.
2) BVerfGE 29, 283(296) 참조.
3) BVerfGE 26, 246(251, 252) 참조.
4) BVerfGE 45, 104(118f.) 참조.
5) BVerfGE 15, 226(230) 참조.
6) BVerfGE 52, 42(51f.); 56, 99(106) 참조.

시한 이유도 그 때문이다.[1)]

    결국 아직 유효한 과거의 공권력작용이 현재도 기본권 침해의 효력을 갖고 있으면 현재성은 당연히 인정된다. 그러나 이미 종료한 과거의 공권력작용이 여전히 헌법소원청구인에게 영향을 미치는 경우에는 현재성의 문제라기보다 헌법소원심판의 대상에 대한 검토사항에 속한다. 그리고 현재는 이미 종료한 공권력작용으로 인한 청구인의 피해가 없는 경우에는 현재성은 없기 때문에 심판이익의 관점에서 접근할 문제일 뿐이다. 즉 과거 일정한 기간의 과세를 규율하는 세법이 효력을 상실한 경우에도 이 기간의 과세문제의 처리가 아직도 남아 있다면 그 세법은 헌법소원의 대상이 될 수는 있다. 그러나 헌법소원청구인의 과세문제가 이미 종결 처리되었다면 청구인은 그 세법의 규율을 받은 일이 있더라도 이제는 더 이상 관련자가 아니다.

  (다) 현재성과 사회법의 영역

    기본권 침해의 현재성을 인정하는 기준을 완화해서 현재의 실제적인 기본권 침해뿐 아니라 확실히 예상되는 미래의 기본권 침해의 경우까지 포함하는 것은 기본권 보호의 관점에서 불가피한 일이다. 그런데 국민연금제도 등을 규율하는 사회법의 분야에서는 그 기준을 더욱 완화할 필요성이 있다. 연금제도는 노후의 생활안정을 위한 장기적인 제도이기 때문에 연금제도에 관한 규율은 많은 국민의 노후생활설계에 영향을 미치기 마련이다. 따라서 예컨대 연금수령 연령을 60세에서 65세로 연장하는 국민연금법 개정법률의 규정에 대한 헌법소원을 현재성의 요건을 이유로 현실적인 연금수령 해당자에 국한하는 경우 나머지 연금가입자들의 기본적인 장기생활설계의 혼란과 차질은 피할 수 없게 된다. 그 결과 그들의 보호가치 있는 재산권적인 이익은 소홀하게 될 수밖에 없다. 따라서 이처럼 장기적인 생활설계와 직접적인 관련이 있는 사회법의 분야에서는 기본권 보호의 관점에서 현재성의 요건을 특별히 완화해서 합리적인 범위 내의 해당자들에게 헌법소원의 길을 열어 주는 것이 바람직할 것이다. 그렇다고 해서 헌법소원이 민중소송으로 변질하는 것을 허용할 수는 없다. 권리보호이익 내지는 권리보호 필요성을 따져 현재성의 요건에 대한 유연한 판단을 해야 할 것이다.

---

1) BVerfGE 93, 1(13) 참조.

4) 법적 관련성과 권리보호이익

자기관련성·직접성·현재성 등 법적 관련성이 있으면 권리보호이익(Rechts-schutzinteresse)[1]도 긍정할 수 있는 것이 대부분의 경우이다. 법적 관련성이 있다는 것은 청구인의 권리를 보호할 필요가 있다는 것을 시사하기 때문이다. 그렇지만 법적 관련성이 권리보호이익과 언제나 일치하는 것은 아니다. 그래서 법적 관련성의 존재에도 불구하고 권리보호이익을 따로 검토하는 것을 배제할 수는 없다. 권리 보호와 관련해서 보호할 만한 가치 있는 이익을 청구인이 갖고 있는지를 따지는 것은 당연하기 때문이다. 그러므로 권리보호이익은 법률로 규정한 헌법소원의 적법성의 요건과는 달리 법률의 규정 여부를 떠나 헌법재판소가 헌법소원의 심판에서 고려해야 하는 법제도이다. 독일 연방헌법재판소가 법적 관련성의 심사에서 권리 보호의 필요성 또는 보호가치 있는 이익에 관해서 언급하는 것도 그 때문이다.[2] 독일 연방헌법재판소는 권리보호이익의 판단에서 관련성이 있는 모든 주관적·객관적인 관점에서 헌법소원의 청구 내용을 이익형량했을 때 과연 청구인이 요구하는 대로 권리 보호를 하는 것이 마땅한가를 판단한다. 보충성의 원칙에도 불구하고 보충성의 예외를 인정하는 것도 권리보호이익 때문이다. 따라서 권리보호이익은 법적 관련성과는 별도의 헌법소원의 전제조건인 동시에 헌법소원심판에서 검토해야 하는 사항으로서 헌법소원의 적법성을 제한하는 의미를 갖는다. 권리보호이익이 있다고 해서 다른 적법성의 결함이 치유될 수 없는 것처럼, 다른 적법성의 요건이 충족되었다고 해서 권리보호이익을 대신하거나 무시할 수는 없다.

그런데 일반적인 소송법이론과 연관시켜 권리보호이익이 없는 다음의 세 가지 경우에 대해서는 다툼이 없다. 즉 i) 소송 이외의 방법 또는 더 간편한 소송방법으로도 소송목적을 달성할 수 있거나, ii) 소송을 통해서 소송과는 거리가 멀거나 법질서가 허용하지 않는 목적을 추구하거나, iii) 소송이 원고에게 유리하게 종결되더라도 권리 보호를 원하는 원고에게 아무런 실익이 없다

---

1) 권리보호이익은 권리보호필요성(Rechtsschutzbedürfnis)이라고도 한다. 독일 연방헌법재판소는 두 가지 개념을 다 사용하지만, 권리보호이익이라는 개념을 주로 사용하고 있다.
2) BVerfGE 43, 291(386); 65, 1(37); 68, 287(300); 72, 39(44); 106, 210(214) 참조.

면 권리보호이익은 인정하기 어렵다.[1]

우리 헌법재판소는 경찰서장이 공소시효의 완성을 이유로 내사종결처분을 한 고소사건에서 고소인이 공소시효가 완성되지 않았다고 주장하면서 제기한 헌법소원사건에서 청구인은 범죄의 성립여부를 판단하지 아니한 채 공소시효가 완성되었다고 판단한 경찰서장의 처분 자체를 다투고 있으므로 권리보호이익을 인정함이 상당하다고 판시했다. 그러나 4인 재판관은 그에 반해서 이 사건의 경우 이미 공소시효가 완성되었으므로 경찰서장의 처분의 당부를 살펴볼 필요도 없이 권리보호이익의 흠결을 이유로 각하하는 것이 마땅하다고 반대의견을 폈다.[2] 이 사례에서는 반대의견의 논리에 따라 권리보호의 이익을 부정하는 것이 더 설득력이 있다고 생각한다.

Ⅳ. 보충성의 요건 — 다른 권리구제절차 선이행

(1) 보충성요건의 의미

공권력의 기본권 침해에 대한 헌법소원심판은 '다른 법률에 구제절차가 있는 경우에는 그 절차를 모두 거친 후가 아니면 청구할 수 없다'(법 제68조 제1항 단서). 이것을 보충성의 요건 내지는 보충성의 원칙(Subsidiaritätsprinzip)이라고 한다.[3] 보충성의 원칙은 결국 헌법소원심판을 청구하기 전에 가능한 모든 권리구제절차를 먼저 거칠 것을 요구하는 것이기 때문에 '권리구제절차 선이행(先履行)의 원칙'(Grundsatz der Rechtswegerschöpfung)이라고도 부를 수 있다.[4] 헌

---

1) *Herbert Posser*, Die Subsidiarität der Verfassungsbeschwerde, 1993, S. 325 참조.

2) 헌재결 2014. 9. 25. 2012헌마175, 헌재공보 216, 1579(1580면) 참조.

3) 독일과 오스트리아의 보충성의 원칙에 관해서 자세한 것은 특히 다음 문헌을 참조할 것. *Peter Lerche*, Aspekte verfassungsgerichtlicher Subsidiarität in Deutschland und Öster-reich, in: FS 125 Jahre Bestehen der juristischen Gesellschaft zu Berlin, 1984, S. 369ff.; *Reinhard Warmke*, Die Subsidiarität der Verfassungsbeschwerde, 1993, insb. S. 109ff.; *Herbert Posser*, Die Subsidiarität der Verfassungsbeschwerde, 1993, insb. S. 68ff.; *Gertrude Lübbe-Wolff*, Substantiierung und Subsidiarität der Verfassungsbeschwerde, in: EuGRZ 2004, S. 669ff.; *Bruno Schmidt-Bleibtreu*, in: BVerfGG-Kommentar, §90, Son-derdruck, 2004, RN. 18ff.

4) 독일 연방헌법재판소법(제90조 제 2 항 제 1 절)도 우리 헌법재판소법과 마찬가지로 헌법소원의 청구에서 권리구제절차 선이행(先履行)의 원칙을 규정하고 있는데, 독일 연방헌법재판소는 이 규정에 의한 요구를 종합하는 의미로 '헌법소원의 보충성'이라는 개념을 사용하고 있다. 예컨대 BVerfGE 22, 287(290f.) 참조.

법소원심판은 우리 헌법재판소가 강조하는 대로 어디까지나 예비적·보충적인 기본권구제수단을 의미하기 때문에[1] 보충성의 요건을 요구하거나 권리구제절차의 선이행을 준수하도록 요구하는 것은 너무나 당연한 일이다. 따라서 보충성의 원칙을 준수하지 아니하고 청구한 헌법소원심판은 원칙적으로 적법하지 않으므로 각하된다.

그러나 보충성의 요건은 정상적인 경우를 전제로 하는 것이므로 모든 헌법소원심판청구에 획일적으로 적용할 수는 없다. 보충성의 원칙의 예외를 인정해야 하는 이유도 그 때문이다. 그 결과 보충성의 원칙은 정확히 표현한다면, 공권력에 의한 기본권 침해가 있는 경우 가능하거나 기대할 수만 있다면 언제든지 헌법소원심판을 청구하기 전에 먼저 법원의 재판 등 다른 권리구제수단으로 방어해야 한다는 원칙을 의미한다고 할 것이다.[2] 그렇기 때문에 헌법소원은 원칙적으로 확정된 법원의 최종재판을 대상으로 할 수밖에 없다는 결론에 이른다.[3] 우리 헌법재판소법(제68조 제1항 본문)이 법원의 재판을 헌법소원의 대상에서 제외하고 있는 것은 이러한 보충성의 원칙의 본질과도 조화될 수 없다.

(2) 권리구제절차 선이행 요구의 기능

헌법소원의 청구에서 권리구제절차 선(先)이행의 원칙 내지 헌법소원의 보충성의 원칙은 그 본질이 권리 보호의 필요성과 국가작용의 기능법적인 고려(funktionellrechtliche Erwägung)에 근거를 둔 소송법적 제도이다.[4] 즉 공권력에 의한 기본권 침해가 발생했을 때 권리 보호는 일반적인 행정쟁송절차에 따르는 것이 원칙이고 기본권에 관한 헌법규범을 실현하는 기능은 일차적으로 집행기관과 법원에 속하기 때문에 이러한 일반적인 기능경로를 통해서 권리 보호를 하도록 하는 제도가 바로 권리구제절차 선이행의 원칙이다. 그런데 우리 헌법재판소는 권리구제절차의 선이행을 요구하는 입법취지는 '업무처리의 효율성의 측면에서 당해 처분기관 자체에서 우선 스스로 시정할 수 있는 기회

---

1) 예컨대 헌재결 1993. 12. 23. 92헌마247, 판례집 5-2, 682(692면) 참조.
2) 동지: BVerfGE 42, 163(167f.); 75, 318(325); 104, 65(70f.) 참조.
3) 독일 연방헌법재판소가 법원의 형사재판에서 증거불충분을 이유로 무죄선고를 받은 형사피고인이 실체적인 무죄를 주장하며 제기한 재판소원을 적법하다고 판시한 이유도 그 때문이다. BVerfGE 6, 7(9); 15, 283(286); 28, 151(159) 참조.
4) 예컨대 BVerfGE 84, 203(208) 참조.

를 갖도록 하는 데 그 본래의 뜻이 있다'[1]고 판시함으로써 다소 부차적인 기능을 입법취지로 들고 있다. 당해 처분기관 자체의 시정은 권리구제절차의 극히 일부분에 불과하고 대부분의 경우는 재판을 통해 비로소 시정되기 때문이다.

권리구제절차 선이행의 원칙은 정상적인 권리구제통로를 거치는 동안 정리된 법률 내지 헌법문제를 헌법재판소가 다루게 함으로써 헌법소원심판이 일상생활과 유리되지 않도록 담보하는 기능도 한다. 국민의 일상생활과 관련된 다양한 법적인 분쟁을 재판하는 일반법원과 달리 헌법재판소는 일반법률이 국민의 일상생활에서 구체적으로 어떻게 적용되고 기능하는 것인지에 대한 법적용의 현실감각이 떨어지기 마련이다.[2] 헌법재판소로 하여금 이 법적용의 현실감각을 보완할 수 있는 기회를 갖도록 하는 것은 헌법재판소 결정의 타당성을 높이는 길이기도 하다. 재판소원을 배제하는 우리 헌법소원제도의 문제점은 여기에서도 나타난다.

(3) 권리구제절차 선이행의 의미

공권력의 기본권 침해에 대해서 다른 법률에 구제절차가 있는 경우에는 헌법소원을 제기하기 전에 그 절차를 먼저 이행하라는 뜻은 공권력의 행사를 직접 대상으로 하는 권리구제절차를 거치라는 의미이다.[3] 따라서 공권력작용에 대한 사후적이고 보충적인 구제수단인 손해배상청구 또는 손실보상청구를 의미하지는 않는다.[4] 헌법재판소는 먼저 헌법소원심판을 청구하고 나서 종국결정 전에 권리구제절차를 거친 경우에는 사전에 권리구제절차를 거치지 않은 흠결이 치유될 수 있다고 판시함으로써[5] 선이행의 요건을 완화하는 입장을 보이고 있다. 그런데 먼저 거쳐야 하는 권리구제절차는 공권력 행사의 유형과 성질에 따라 다르다.

---

1) 헌재결 1992. 10. 1. 91헌마31, 판례집 4, 620(626면 이하) 참조.
2) 독일 연방헌법재판소도 이 점을 강조한다. BVerfGE 74, 69(74f.) 참조.
3) 그러므로 현행범으로 체포되어 경찰서 유치장에 구금된 자가 형소법이 정하는 체포적부심 절차를 거치지 않고 제기한 헌법소원은 부적법하다. 헌재결 2010. 9. 30. 2008헌마628, 헌재공보 168, 1717(1721면) 참조.
4) 헌재결 1989. 4. 17. 88헌마3, 판례집 1, 31(35면) 참조.
5) 헌재결 1996. 3. 28. 95헌마211, 판례집 8-1, 273(278면) 참조. BVerfGE 2, 105(109); 54, 53(66) 등도 권리구제절차 미경유의 흠결이 치유될 수 있다고 판시한다.

1) 일반행정작용에 의한 기본권 침해의 경우

일반행정작용이 기본권을 침해하는 경우에는 행정심판법이나 행정소송법
에 의한 적법한 행정쟁송적인 권리구제절차를 먼저 거쳐야 한다.[1] 따라서 예
컨대 적법한 행정심판을 거치지 않고 행정소송을 제기했다가 각하된 경우[2]
또는 행정소송을 제기했다가 소송을 취하하거나 취하 간주된 경우에[3] 헌법소
원심판을 청구하는 것은 적법한 권리구제절차를 거쳤다고 할 수 없다. 그런데
우리 행정소송법은 소송대상의 개괄주의를 채택하고 있기 때문에 거의 모든
행정작용이 행정소송의 대상에 포함된다. 그 결과 행정소송의 대상이 되는 행
정작용으로 인한 기본권 침해의 경우에는 행정소송을 먼저 거쳐야 하는데, 행
정소송을 통한 권리구제에 실패한 경우에는 재판소원의 배제로 인하여 헌법소
원의 청구는 법적으로 불가능하게 된다. 그렇기 때문에 행정쟁송이 불가능하
거나 행정소송의 대상 여부가 불명확하거나[4] 행정소송의 대상이 아닌 행정작
용으로 인한 기본권 침해에 한해서 헌법소원청구가 가능하다는 불합리한 결론
에 이르게 된다. 우리 헌법소원제도의 중대한 모순이고 결정적인 취약점이다.

2) 불기소처분에 의한 기본권 침해의 경우

2007년까지는 검찰의 불기소처분(혐의 없음·죄가 안됨·공소권 없음·각하·

---

1) 예컨대 헌재결 1991. 6. 3. 89헌마46, 판례집 3, 263(266면); 헌재결 1992. 6. 19. 92헌마110,
   판례집 4, 294(296면); 헌재결 1995. 7. 21. 92헌마144, 판례집 7-2, 94(102면); 헌재결
   1998. 10. 29. 98헌마4, 판례집 10-2, 637(643면) 참조. 지목정정신청반려처분을 항고소송의
   대상으로 인정하는 변경된 대법원 판례(대판 2004. 4. 22. 2003두9015)로 인해서 행정소송을
   거치지 않은 지목정정신청반려처분에 대한 헌법소원은 보충성요건을 흠결한 것이 된다. 헌
   재결 2005. 9. 13. 2005헌마829, 헌재공보 108, 994면 참조.
2) 헌재결 1994. 6. 30. 90헌마107, 판례집 6-1, 645(650면) 참조.
3) 헌재결 1999. 9. 16. 98헌마265, 헌재공보 38, 793(795면) 참조.
4) 예컨대 법원의 확립된 판례에 따를 때 행정처분성의 인정 여부가 의문일 때 등이다. 국가인
   권위원회의 진정각하 또는 기각결정이 그에 해당했었다. 그렇지만 대법원의 판결과 2015년
   헌재의 판례변경으로 이제는 국가인권위의 진정각하 또는 기각결정은 항고소송의 대상이 되
   는 행정처분에 해당하므로 그에 대한 다툼은 우선 행정심판이나 행정소송을 거쳐야 한다.
   따라서 보충성의 예외로 인정되지 않는다. 헌재결 2009. 2. 26. 2008헌마275, 헌재공보 149,
   510(511면); 헌재결 2011. 3. 31. 2010헌마13, 판례집 23-1, 428(433면); 헌재결 2012. 7. 26.
   2011헌마829, 헌재공보 190, 1459(1461면); 헌재결 2015. 3. 26. 2013헌마214, 판례집 27-1,
   302(311면) 등. 대판 2009. 4. 9. 2008두16070; 대판 2015. 1. 29. 2014두42711 참조.

기소유예·기소중지 등)으로 기본권을 침해당한 경우에는 검찰청법($\frac{제10}{조}$)이 정하
는 항고와 재항고 절차를 먼저 거친 후에 재항고 기각결정이 있을 때 헌법재
판소법($\frac{제69조}{제1항 단서}$)이 정하는 청구기간(30일) 내에 헌법소원을 제기할 수 있었
다.[1] 또 군검찰관의 불기소처분에 대해서는 검찰항고를 인정하지 않는 대신 모
든 범죄에 대해서 고등군사법원에 재정신청을 허용하고 있기 때문에($\frac{군사법원법}{제301조 이하}$)
고등군사법원에의 재정신청과 대법원에의 즉시항고($\frac{군사법원법}{제464조}$)를 거쳐야 헌법소
원을 제기할 수 있었다.[2]

그러나 2008년부터는 개정된 형사소송법($\frac{제260}{조}$)에 따라 재정신청대상이 모
든 범죄로 확대되어 검찰의 불기소처분으로 기본권 침해를 받은 고소인은 원
칙적으로 검찰항고($\frac{검찰청법}{제10조}$)를 거쳐[3] 관할고등법원에 재정신청을 해서 구제받
을 수 있게 되었다. 그리고 재정법원이 공소제기결정을 하면 검사가 공소제기
를 해서(기소강제제도) 공소를 유지해야 하며($\frac{법}{제262조}$) 검사는 재정법원의 공소제
기결정취지에 반하는 공소취소를 하지 못하게 했다($\frac{법 제264}{조의 2}$). 나아가 재정법원
의 공소제기결정에 대해서는 불복할 수 없다. 반면에 재정법원의 재정신청기
각결정에 대해서는 즉시항고를 할 수 있다($\frac{법 제262조}{제4항 전단}$). 재정신청이 있으면 재정
결정이 확정될 때까지 공소시효의 진행이 정지된다($\frac{법 제262조}{의 4 제1항}$).

그 결과 헌법소원의 대상에서 법원의 재판을 제외하고 있는 현행법 아래
서는 검찰의 불기소처분에 의한 기본권 침해는 원칙적으로 헌법소원의 대상
이 아닌 법원의 통제대상으로 바뀌었다. 바람직한 제도개선이다.[4] 따라서 검

---

1) 헌재결 1992. 7. 23. 92헌마103, 판례집 4, 554(558면); 헌재결 1991. 7. 8. 91헌마42, 판례집 3, 380(383면); 헌재결 1995. 5. 25. 94헌마200, 판례집 7-1, 822(824면); 헌재결 1996. 3. 28. 95헌마211, 판례집 8-1, 273(278면); 헌재결 1993. 7. 29. 92헌마262, 판례집 5-2, 211(219면) 참조.
2) 헌재결 1990. 10. 8. 89헌마278, 판례집 2, 353(355면) 참조.
3) 그런데 검찰청법 제10조 제3항은 형소법 제260조에 따라 재정신청을 할 수 있는 자는 항고권자에 해당하지 않음을 명문으로 규정하고 있다. 따라서 바로 재정신청을 할 수 있다. 같은 취지 헌재결 2009. 1. 20. 2009헌마20 제1 지정재판부, 헌재공보 148, 293(294면) 참조.
4) 재정신청 확대에도 불구하고 헌법소원의 대상이 되는 기소유예처분취소사건 청구, 불기소처분취소사건의 재심청구, 재정신청을 거치고 원처분인 불기소처분에 대해 하는 헌법소원청구사건 등은 여전히 헌재에 접수되고 있지만 그 수는 많지 않다. 그런데 불기소처분에 대해 재정신청을 했지만 기각된 후 기각결정이 취소되지 않아 재판이 확정되었다면 불기소처분은 헌법소원의 대상이 될 수 없다: 헌재결 2008. 7. 29. 2008헌마487, 제2 지정재판부, 헌재공보 142, 992(994면) 참조. 반면 검사의 재기불요결정을 헌법소원의 대상으로 인정한 헌재결 2009. 9. 24. 2008헌마210도 참조. 또 기소유예처분의 근거법률에 대한 사후의 위헌결

찰의 불기소처분에 대해서 법원에 재정신청을 했지만 기각되고 법원의 재정
신청에 대한 재판이 취소된 바 없다면 재정신청 기각결정의 심판대상이 되었
던 불기소처분은 헌법소원심판의 대상이 될 수 없다.[1]

　　재정신청대상에서 제외된 고발사건의[2] 경우 검찰의 불기소처분으로 인한
기본권 침해의 자기관련성을 인정할 수는 없지만, 고발인이 헌법이 보장하는
재판절차진술권을 침해받은 형사피해자인 경우에는 고발인은 항고·재항고를
거친 후 헌법소원을 제기할 수 있을 것이다. 그러나 재정신청을 할 수 있는 고
소인·고발인에 대하여는 재항고권을 부여하지 않는다(검찰청법 제10조 제3항).[3] 또 고소·
고발 없이 인지 수사한 사건에 대한 검찰의 불기소처분으로 재판절차진술권을
침해받은 형사피해자는 다른 권리구제절차를 밟지 않고도(즉 보충성 요건의 충
족 없이도) 불기소처분을 헌법소원으로 다툴 수 있다. 헌법재판소가 형사피해
자의 개념은 반드시 형사실체법상의 보호법익을 기준으로 한 피해자 개념에
한정하여 결정할 것이 아니라, 문제된 범죄행위로 말미암아 법률상 불이익을
받게 되는 사람의 뜻으로 풀이해야 한다고 판시했기 때문이다.[4]

3) 사법권의 작용에 의한 기본권 침해의 경우

　　사법권의 작용을 재판작용과 기타의 사법권의 작용으로 구분할 때 헌법

정으로 그 근거법률이 소급하여 효력을 상실한 경우에도 기소유예처분 취소를 구하는 헌법
소원은 적법하다. 헌재결 2010. 7. 29. 2009헌마205, 헌재공보 166, 1481(1482면) 참조. 나아
가 뇌물수수혐의의 유일한 증거인 뇌물공여자의 진술이 기소유예처분 이후 번복된 경우 제
기된 헌법소원에서 헌재는 기소유예처분 취소취지로 결정했다(헌재결 2011. 5. 26. 2010헌마
420). 그러나 반의사불벌죄에 해당하는 피의사실로 기소유예처분을 받아 헌법소원이 청구
된 이후 피해자가 처벌불원의사를 표명한 서면이 헌재에 제출된 경우는 기소유예처분 취소
사유가 아니라고 결정했다(헌재결 2011. 5. 26. 2010헌마579).

1) 헌재결 2011. 10. 25. 2010헌마243, 헌재공보 181, 1653(1655면) 참조.
2) 형법 제123조-제125조의 범죄는 고발사건도 재정신청대상이다.
3) 공무원의 직무에 관한 죄인 직권남용죄 등의 고발인에게는 재항고권을 부여하지 않은 검찰
청법 제10조 제3항은 고발인의 평등권 침해가 아니라는 헌재의 결정이 있다. 재항고권 대
신 재정신청권만을 인정해도 고발인의 권리구제에 부족함이 없다고 결정이유를 밝혔다. 헌
재결 2014. 2. 27. 2012헌마983 참조.
4) 예컨대 교통사고로 사망한 범죄피해자의 부모가 이에 해당한다. 헌재결 1993. 3. 11. 92헌마
48, 판례집 5-1, 121(129면) 참조. 개정된 형소법(제294조의 2)은 피해자의 재판절차진술권
을 강화하여 피해자 사망시 배우자, 직계친족 또는 형제자매에게도 법정진술권을 보장하면
서 피해의 정도와 결과, 피고인의 처벌에 대한 의견 기타 당해 사건에 관한 의견진술의 기
회를 부여하고 있다.

재판소법($^{제68조}_{제1항\ 본문}$)은 재판작용을 처음부터 헌법소원의 대상에서 제외하고 있으므로 권리구제절차 선이행의 원칙이 적용될 여지가 없다. 헌법재판소가 판례를 통해서 예외적으로 재판소원을 허용하는 경우에도 권리구제절차 선이행은 별 의미가 없다. 다만 법원의 재판이 헌법재판소가 위헌으로 결정한 법률을 적용하여 기본권을 침해하는 경우에는 법원의 재판을 거친 것이 권리구제절차 선이행의 의미를 갖게 될 것이다.

재판 이외의 기타 사법권의 작용이 기본권을 침해하는 경우에는 법률이 정하는 권리구제절차를 먼저 거친 후에 헌법소원을 제기해야 한다. 예컨대 강제집행방법 내지 집행절차에 대한 헌법소원은 민사집행법($^{제16}_{조}$)이 정하는 이의신청 후에 집행법원의 재판을 거친 후에 제기해야 한다.[1] 또 법원 사건접수 공무원의 처분에 대한 헌법소원은 공무원 소속법원에 이의신청의 구제절차를 거친 후에 제기해야 한다($^{민소법}_{제223조}$).[2]

대법원장의 법관에 대한 인사처분에 대한 헌법소원은 법원조직법($^{제70}_{조}$)과 국가공무원법($^{제16}_{조}$) 및 행정소송법($^{제1}_{조}$)에 의해서 법원행정처의 소청심사절차와 행정소송의 권리구제절차를 거쳐야 하고,[3] 법원의 판결이유에 관한 정보공개 거부처분에 대한 헌법소원은 공공기관의 정보공개법($^{제17조와}_{제18조}$)에 따른 행정쟁송의 구제절차를 거쳐야 제기할 수 있다.[4]

4) 규범소원과 보충성의 원칙

법령이 자체집행(self executing)력으로 인해서 직접 기본권을 침해하는 경우에는 대법원의 판례에[5] 따르더라도 그 법령 자체의 효력을 직접 다투는 것을 소송물로 하여 법원에 소송을 제기하는 방법이 없으므로 바로 헌법소원을 제기할 수 있다.[6] 그런데 우리 대법원은 지방자치단체의 조례에 대해서는 다른 판시를 하고 있어 혼선을 일으키고 있다. 즉 조례가 자체집행력을 발휘해

1) 헌재결 1989. 10. 7. 89헌마203, 판례집 1, 307(308면) 참조.
2) 헌재결 1991. 11. 25. 89헌마235, 판례집 3, 593(597면) 참조.
3) 헌재결 1993. 12. 23. 92헌마247, 판례집 5-2, 682(692면) 참조.
4) 헌재결 2000. 12. 29. 2000헌마797, 헌재공보 51, 52면 참조.
5) 대결 1994. 4. 26. 93부32, 공보 1994, 1705면 참조.
6) 헌재결 1996. 10. 4. 94헌마69 등, 헌재공보 18, 590면; 헌재결 2005. 5. 26. 99헌마513 등, 판례집 17-1, 668(678면) 참조.

서 별도의 집행행위의 개입 없이도 국민의 구체적인 권리의무나 법적 이익에
영향을 미치는 등의 법률상 효과를 발생하는 경우에는 그 조례는 항고소송의
대상이 되는 행정처분에 해당한다고 판시하고 있다.[1] 따라서 조례가 직접 기
본권을 침해하는 경우에는 항고소송을 거친 후에야 헌법소원을 제기할 수 있
다는 이야기가 된다.

    그런데 독일에서는 행정소송법($^{VwGO}_{\S43}$)에 따라 법률관계부존재확인소송이
가능하기 때문에 자체집행력을 갖는 위헌적인 법규명령이 국민에게 일정한 작
위 내지 부작위의무를 부과하는 경우에는 국민은 법률관계부존재확인행정소
송을 제기하면서 법률관계를 규정하는 법규명령이 위헌이기 때문에 작위·부
작위의무의 법률관계는 존재하지 않는다는 것을 주장할 수 있다. 이 때 행정
법원은 위헌적인 법규명령을 스스로 적용에서 배제하는 판결을 할 수 있다. 법
률의 경우에는 당연히 헌법재판소에 위헌심판을 제청할 의무가 있다($^{기본법 \ 제100}_{조 \ 제1항}$).
독일 연방헌법재판소의 예심재판부도 행정소송법의 이러한 발전내용을 헌법소
원의 보충성의 적용에서 부분적으로 반영하는 입장을 취하고 있다. 즉 자체집
행력을 갖는 법규범에 의한 기본권 침해의 경우에는 헌법소원 전에 먼저 행
정소송을 거칠 것을 요구하는 경우가 있다.[2] 다만 자체집행력을 갖는 법규범
을 어기는 경우에 형벌이 예정되어 있는 경우까지 행정소송을 거치도록 요구
하는 것은 권리 보호의 관점에서 기대하기 어렵다는 이유로 예외적으로 행정
소송을 거치지 않고도 직접 헌법소원의 제기를 허용하고 있다. 그러나 독일
연방헌법재판소도 이러한 일부 예심재판부의 입장을 그대로 수용하고 있다고
보기는 어렵다.[3]

    독일 행정소송법과 같은 법제도가 없는 우리나라에서 대법원이 자체집행
력을 갖는 조례를 항고소송의 대상으로 삼아 직접적인 헌법소원 제기의 길을
막는 것은 권리구제의 실효성을 위해서 재고(再考)할 필요가 있는 판례라고
생각한다.

---

1) 대판 1996. 9. 20. 95누8003, 공보 1996하, 3210면 참조.
2) 예컨대 BVerfG(K) v. 2. 4. 1997, in: NVwZ 1998, S. 169; BVerfG(K) v. 24. 10. 2000, in:
   NVwZ-RR 2001, S. 209; BVerfG(K) v. 3. 7. 2001, in: NVwZ-RR, 2002, S. 1 참조.
3) 예컨대 BVerfGE 102, 26(31f.); BVerwG v. 30. 9. 1999, in: DVBl 2000, S. 636 참조.

(4) 보충성원칙의 예외

헌법소원을 제기하기 전에 권리구제절차를 먼저 거치도록 요구하는 보충성의 원칙에도 예외를 인정할 수밖에 없다. 즉 권리구제절차의 선이행을 기대하기 어려운 경우와 법률상 권리구제절차가 없는 경우에는 보충성원칙의 예외가 인정되기 때문에 바로 헌법소원심판을 청구할 수 있다. 우리 헌법재판소도 보충성원칙의 예외를 인정하는 판시를 하고 있다.

1) 권리구제절차의 선이행을 기대하기 어려운 경우

우리 헌법재판소는 i) 청구인의 불이익으로 돌릴 수 없는 정당한 이유 있는 착오로 전심(권리구제)절차를 거치지 않은 경우, ii) 전심절차를 거쳐도 권리구제의 가능성이 거의 없거나, iii) 권리구제절차의 허용 여부가 객관적으로 불확실하여 전심절차 이행을 기대할 수 있는 가능성이 없을 때에는 보충성의 원칙의 예외를 인정하는 판시를 하고 있다.[1] 법인화되지 않은 국립대학 및 국립대학총장은 행정소송의 당사자 능력을 인정하지 않는 것이 법원의 확립된 입장이므로 강원대학교가 교육부장관의 처분을 다투는 헌법소원심판을 청구한 것은 보충성의 예외에 해당한다고 결정한 것이 그 예이다.[2] 교도소장이 행한 미결수용자의 서신에 대한 검열·지연발송·지연교부는 권력적 사실행위로서 행정심판이나 행정소송의 대상이 된다고 단정하기 어렵고 설령 소송의 대상이 된다고 하더라도 이미 종료된 행위이기 때문에 소(訴)의 이익이 부정될 가능성이 많아 헌법소원 이외에 다른 효과적인 권리구제방법이 없다는 이유로 보

---

1) 헌재결 1995. 12. 28. 91헌마80, 판례집 7-2, 851(865면) 참조. 같은 취지의 헌재결 2005. 7. 21. 2003헌마282 등, 헌재공보 107, 949(953면): 교육정보시스템(NEIS)에 일정한 정보를 보유하는 행위가 행정소송의 대상이 되는지 여부가 불확실하여 권리구제절차 이행의 기대가능성이 없어 보충성의 예외에 해당한다. 또 국가인권위의 진정각하 또는 기각결정의 행정처분성이 법원의 확립된 판례에 의해 인정되고 있지 않아 보충성의 예외에 해당한다. 헌재결 2009. 9. 24. 2009헌마63, 헌재공보 156, 1843(1844면). 출입국항에서 난민신청자에 대해 난민인정심사불허가 결정이 내려진 후 송환대기실에 수용된 상태에서 신청한 변호인 접견신청이 거부된 경우 구체적 사실에 관한 '법집행'이 아니어서 행소법상 '처분'에 해당되지 않는다는 이유로 각하될 가능성이 크다는 이유로 보충성의 예외를 인정했다(헌재결 2018. 5. 31. 2014헌마346). 고용노동부장관이 한 2018년과 2019년에 적용할 최저임금액 고시에 대해서도 같은 이유로 보충성의 예외를 인정했다. 그러나 계약의 자유와 기업의 자유는 침해하지 않는다고 기각했다(헌재결 2019. 12. 27. 2017헌마136).
2) 헌재결 2015. 12. 23. 2014헌마1149 참조.

충성의 원칙의 예외를 인정한 것도 그 예이다.[1] 또 구 행형법($\frac{제 6 조}{제 1 항}$)상의 청원제도는 불충분하고 우회적인 제도이므로 필수적인 사전구제절차로 보기 어렵다.[2] 그러나 대법원의 확립된 판례에 비추어 패소할 것이 예견된다는 점만으로는 전심절차를 거쳐도 권리구제의 가능성이 없다고 단정할 수 없기 때문에 보충성의 예외를 인정하지 않았다.[3] 또 전통사찰보존구역 내 토지소유자가 제출한 전통사찰보존구역 지정해제신청에 대한 거부처분에 대한 헌법소원 사건에서 토지소유자에게 전통사찰보존구역 지정해제를 구할 신청권이 있는지에 관한 확립된 대법원 판례가 있다고 볼 수 없다는 사정만으로 행정소송을 통한 권리구제를 받을 가능성이 확정적으로 없어졌다고 단정할 수 없다고 보충성의 예외를 인정하지 않았다.[4]

2) 법률상 권리구제절차가 없는 경우

i) 기본권을 침해하는 공권력작용에 대해서 행정소송의 대상이 되는 행정처분이 아니라는 대법원의 일관된 판례가 있거나, ii) 행정입법부작위를 다투는 부작위위법확인소송의 대상은 구체적 권리의무에 관한 분쟁이어야 하고, 추상적인 법령의 제정 여부 등은 그 자체로서 행정소송의 대상이 될 수 없다는 대법원의 판례[5]가 있는 경우 등에는 구제절차가 없는 경우에 해당한다.[6]

---

1) 헌재결 1995. 7. 21. 92헌마144, 판례집 7-2, 94(102면). 그 밖에도 보충성의 예외를 인정한 다음 판례 참조. 헌재결 1991. 7. 8. 89헌마181, 판례집 3, 356(365면); 헌재결 1997. 11. 27. 94헌마60, 판례집 9-2, 675(686면); 헌재결 2005. 5. 26. 2001헌마728, 판례집 17-1, 709(720면). 방송사에 대한 방송위의 경고처분을 다투는 헌법소원에서도 전심절차로 권리가 구제될 가능성이 객관적으로 불확실하다는 이유로 보충성의 예외를 인정했다. 헌재결 2007. 11. 29. 2004헌마290 참조.
2) 헌재결 2005. 5. 26. 2001헌마728, 판례집 17-1, 709(720면) 참조. 또 선거방송 대담토론 초청대상 후보자 제외결정에 대한 헌법소원심판에서 헌재는 행정소송을 거치도록 요구하는 것은 실효성 없는 우회적인 절차를 강요하는 것이라고 보충성원칙의 예외를 인정했다. 헌재결 2006. 6. 29. 2005헌마415, 헌재공보 117, 1017(1021면) 참조.
3) 헌재결 1999. 12. 23. 97헌마136, 판례집 11-2, 764(768면) 참조.
4) 헌재결 2011. 10. 25. 2009헌마647, 헌재공보 181, 1644(1647면) 참조.
5) 대판 1992. 5. 8. 91누11261, 공보 1992, 1874면 참조.
6) 헌재는 중복처방의 경우 원칙적으로 요양급여를 인정하지 아니하고 환자의 전액부담으로 하되, 일정한 사유가 있는 경우는 요양급여를 인정한다는 내용의 보건복지부고시는 처분의 성격을 지닌 것이라기보다는 행정규칙 형식의 법규명령으로서 일반적·추상적인 규정의 성격을 지닌 것이라고 봄이 상당한데 이 고시에 의한 직접적인 기본권 침해가 문제되는 경우 그 법령 자체의 효력을 직접 다투는 일반법원의 권리구제절차는 없다고 보아 보충성원칙의

예컨대 세무대학장의 교수 '재임용추천거부행위'와 같은 대학 총·학장의 임용제청이나 철회에 대한 헌법소원,¹⁾ 지적공부상의 토지의 지목정정신청을 반려한 처분에 대한 헌법소원,²⁾ 세법의 명문규정이 없는데도 조리상의 경정청구권에 근거한 경정청구를 거부한 처분에 대한 헌법소원,³⁾ 기소유예처분을 받은 형사피의자의 헌법소원,⁴⁾ 고소인이 아닌 범죄피해자가 불기소처분에 대하여 제기했던 헌법소원,⁵⁾ 법무부훈령인 계호근무준칙이 정하는 검사조사실에서의 구속피의자에 대한 계구사용에 관한 규정을 다투는 헌법소원⁶⁾ 등은 전자의 예에 해당한다. 그리고 국민의 구체적인 권리의무에 직접적 변동을 초래하는 것이 아닌 추상적인 법령의 행정입법부작위에 대한 헌법소원⁷⁾은 후자의 예에 속한다.

그런데 권리구제절차의 유무에 관해서 대법원과 헌법재판소의 견해가 다를 수 있다. 자체집행력을 갖는 자치조례가 그 예이다. 이 경우 헌법재판소는 권리구제절차가 없는 것으로 판단하는 사건을 법원에서는 권리구제절차가 있는 것으로 항고소송을 접수해서 재판하는 경우 헌법소원의 청구기간을 도과할 위험성이 있다. 또 반대의 경우에는 법원의 재판을 거치지 않은 헌법소원은 부적법한 것이 된다. 그렇다고 청구인에게 법원에의 소송과 헌법소원을 동시에 제기하라고 요구하는 것은 근본적인 문제해결이 아니다. 헌법재판소와 법원이 서로 헌법상의 권한과 관할을 존중하고 각 기관이 자신의 권한 범위

예외를 인정해서 해당고시에 대한 헌법소원청구를 적법하다고 판시했다. 헌재결 2010. 9. 30. 2008헌마758, 헌재공보 168, 1727(1732면) 참조.

1) 헌재결 1993. 5. 13. 91헌마190, 판례집 5-1, 312(321면) 참조.
2) 헌재결 1999. 6. 24. 97헌마315, 판례집 11-1, 802(823면) 참조. 그런데 대법원의 판례변경 (대판 2004. 4. 22. 2003두9015)으로 이제는 헌재도 이 헌법소원에 대해서 보충성의 흠결을 이유로 각하하고 있다. 헌재결 2005. 9. 13. 2005헌마829, 헌재공보 108, 994면 참조.
3) 헌재결 2000. 2. 24. 97헌마13 등, 판례집 12-1, 252(273면) 참조.
4) 헌재결 1992. 11. 12. 91헌마146, 판례집 4, 802(806면); 헌재결 2010. 6. 24. 2008헌마716, 판례집 22-1(하), 588(592면) 참조.
5) 헌재결 1992. 1. 28. 90헌마227, 판례집 4, 40(44면); 수사기관이 인지한 비고소사건의 경우 고소하지 않은 피해자는 통상 불기소처분에 대한 권리구제절차도 없고 별도의 고소절차를 거치게 하는 것은 불필요한 우회절차를 강요하는 것이어서 보충성원칙의 예외를 인정해야 한다고 판시한 최근 판례 헌재결 2010. 6. 24. 2008헌마716, 판례집 22-1(하), 588(593면 이하); 헌재결 2010. 9. 30. 2009헌마651, 헌재공보 168, 1739(1742면) 참조.
6) 헌재결 2005. 5. 26. 2004헌마49, 판례집 17-1, 754(762면) 참조.
7) 헌재결 1998. 7. 16. 96헌마246, 판례집 10-2, 283(300면) 참조.

에 충실한 업무수행을 할 때만 문제는 근본적으로 해결될 수 있다. 헌법재판
소는 헌법문제에 대한 우선적인 판단권한을 갖고 법원은 일반법률의 해석과
적용에 관한 우선적인 권한을 갖는다고 강조한 독일 연방헌법재판소의 판시
를 상기할 필요가 있다.[1]

3) 보충성의 예외에 대한 독일의 판례와 법률규정

독일 연방헌법재판소도 보충성의 예외를 넓게 인정하는 판시를 하고 있
다. 즉 권리구제절차의 선이행으로 권리구제의 기대가능성이 없는 경우에 보
충성의 예외를 인정하고 있다. i) 특히 최근의 일관된 법원 판례로 보아 권리
구제절차를 밟는다고 해도 부정적인 결과가 거의 확실한 경우에는 권리구제절
차의 경유를 기대할 수 없다는 입장이다.[2] 그러나 법원의 일관된 판례에도 불
구하고 문헌상으로 매우 설득력 있고 비중 있는 새로운 이론이 제시되어 최고
법원이 종전의 판례를 재검토하게 되리라는 충분한 확신을 갖는 경우, 특히
그 새로운 이론이 연방헌법재판소가 아직 판시한 일이 없는 헌법문제에 관한
것인 때에는 권리구제절차를 밟아야 한다는 것이 연방헌법재판소의 판례이다.[3]
그 밖에도 ii) 법령의 규정 내용이 권리구제를 구하는 사람에게 명백히 불리하
게 규정되어 있는 경우,[4] iii) 권리구제수단의 허용 여부가 매우 의문시되는
경우,[5] iv) 권리구제의 불확실성이 청구인에게 큰 부담으로 작용하는 경우,[6]
v) 법원이 소송의 승소 가능성을 아주 낮게 평가하는 경우[7] 등에도 권리구제
절차의 경유를 요구하지 않고 곧바로 헌법소원의 제기를 허용하고 있다.

그리고 독일 연방헌법재판소법(제90조 제2 항 제2절)은 우리 헌법재판소법과는 달리
연방헌법재판소에 앞에서 언급한 '우선결정권'(Vorabentscheidungsbefugnis)을 부
여하고 있어서 법적으로 권리구제절차 선이행의 예외를 명문으로 규정하고
있다는 점을 주목할 필요가 있다. 즉 '연방헌법재판소는 권리구제절차를 거치

---

1) BVerfGE 1, 418(420); 18, 85(92f.) 이래 일관된 판시 참조.
2) BVerfGE 7, 275(282); 9, 3(7f.); 28, 151(159); 78, 155(160) 참조.
3) BVerfGE 91, 93(106f.) 참조.
4) BVerfGE 56, 363(380) 참조.
5) BVerfGE 17, 252(257) 참조.
6) BVerfGE 107, 299(309) 참조. 법원의 판결이유에 의한 기본권 침해의 경우도 이에 해당한
   다. BVerfGE 6, 7(9) 참조.
7) BVerfGE 22, 349(355); 78, 179(181) 참조.

지 않고 제기한 헌법소원이라도 그 헌법소원이 일반적인 의미를 갖는 것이거나, 권리구제절차의 선이행을 요구함으로써 청구인이 중대하고 회복하기 어려운 불이익을 입게 되는 경우에는 즉시 결정할 수 있다'고 규정하고 있다. 이 규정을 통상 '우선결정권'이라고 부르는 것이 학계의 관행이다.[1] 연방헌법재판소가 판례로 인정한 보충성의 예외의 경우와는 성질이 다르다. 이 우선결정권은 권리구제절차의 경유가 가능한 경우를 상정하고 있기 때문에[2] 청구기간의 경과 등으로 적법한 헌법소원의 제기가 불가능하면 우선결정의 요건을 충족했어도 우선결정은 고려의 대상이 될 수 없다.[3] 그런데 이 우선결정권은 주관적인 권리구제와 객관적인 헌법질서의 실현을 목적으로 하는 헌법소원의 본질에서 그 규정의 정당성을 찾을 수 있다고 할 것이다.

독일 연방헌법재판소는 이 우선결정권에도 불구하고 우선결정에 장애가 되는 다른 사유가 없어야만 우선결정을 할 수 있다는 이유로 우선결정권을 강제규정으로 이해하지 않고 우선결정 여부를 이익형량할 수 있는 근거규정으로 이해하고 있다.[4] 그래서 법이 정한 우선결정의 구성요건을 충족한 경우에도 예컨대 방대한 증거조사의 필요성으로 인해서 단기간 내에 결정하기 어렵거나,[5] 일반법원의 법 적용과 해석을 필요로 하는 일반적인 법률문제가 걸려 있는 경우[6] 등에는 우선결정을 하지 않는다. 그러나 이러한 유형의 결정장애요인이 존재하지 않고 우선결정의 구성요건이 충족되고 있으면 우선결정을 하고 있다.[7]

그리고 연방헌법재판소의 판시에 따르면 연방헌법재판소의 결정이 구체적인 당해 사건을 떠나서 근본적인 헌법문제의 해명을 가져오거나 유사한 내용의 다른 많은 사건의 법률관계에 명확성을 제공해 주는 것이라면 '일반적인 의미를 갖는' 사건이라고 볼 수 있다고 한다.[8] 예컨대 고등법원의 관할구역 내에서

---

1) 예컨대 *Wolfgang Löwer*, in: HStR, aaO., RN. 199; *Hillgruber/Goos*, Verfassungsprozessrecht, 2004, RN. 222; *Benda/Klein*, aaO., 2. Aufl., RN. 609 참조.
2) 동지: BVerfGE 11, 244; 22, 349(354); 56, 54(68) 참조.
3) BVerfGE 11, 244; 22, 349(354); 56, 54(68f.) 참조.
4) BVerfGE 8, 222(227); 76, 248(251f.); 86, 15(25) 참조.
5) BVerfGE 8, 222(227) 참조.
6) BVerfGE 86, 15(26f.) 참조.
7) BVerfGE 91, 294(306); 98, 218(243f.) 참조.
8) BVerfGE 19, 268(273); 27, 88(97f.); 68, 176(185); 85, 167(172); 그 밖에도 Sammel- u.

일반적으로 존중되고 있는 고등법원의 형벌규정에 대한 해석을 다투는 헌법소원이 그에 해당한다.[1] 그러면서 이러한 '일반적인 의미'도 우선결정의 여부를 판단하기 위한 이익형량의 한 요소에 지나지 않는다는 점을 강조한다.[2] 그리고 우선결정의 또 다른 구성요건인 '중대하고 회복하기 어려운 불이익'과 관련해서는 매우 제한적으로만 구성요건의 충족을 인정하고 있다. 그 결과 '불이익'과 관련해서 적은 액수의 과세처분으로는 이 요건이 충족될 수 없고,[3] 기본권 침해 효과가 발생하기 전에 정정할 수 있는 공권력작용은 '회복하기 어려운' 경우가 아니라고[4] 판시했다.

그런데 독일 연방헌법재판소는 선거가 대의민주정치에 미치는 영향을 고려해서 특히 선거권과 관련해서 우선결정권을 행사한 사례가 많다.[5] 그 밖에도 즉시 집행력이 있는 외국인의 강제추방결정에 대해서 제기한 헌법소원은 우선결정의 필요성이 있다고 판시했다.[6] 강제추방결정으로 추방당한 외국인은 고향에서 독일을 상대로 자신의 권리를 충분히 효과적으로 주장하기가 어렵다는 이유 때문이다.

V. 청구기간의 준수

(1) 청구기간에 관한 법규정

헌법소원심판의 청구는 법이 정한 청구기간 내에 하여야 한다. 헌법재판소법($^{제69}_{조}$)은 권리구제형 헌법소원($^{법 제68조}_{제1항}$)과 규범통제형 헌법소원($^{법 제68조}_{제2항}$)의 청구기간을 다르게 규정하고 있다. 즉 권리구제형 헌법소원심판은 '그 사유가 있음을 안 날부터 90일 이내에, 그 사유가 있은 날부터 1년 이내에 청구하여야 한다.[7] 다만 다른 법률에 의한 구제절차를 거친 헌법소원의 심판은 그 최

Nachschlagewerk der Rspr. des BVerfG, §90 Abs. 2 BVerfGG, Nr. 164 참조.
1) BVerfGE 62, 338(342) 참조.
2) BVerfGE 71, 305; 86, 382(388) 참조.
3) BVerfGE 8, 222(226) 참조.
4) BVerfGE 78, 290(305) 참조.
5) 예컨대 BVerfGE 7, 99(105); 14, 121(130) 참조.
6) BVerfGE 35, 382(397) 참조.
7) 다만 헌법재판소가 발족하기 전에 발생했던 기본권 침해에 대한 헌법소원심판의 청구는 헌법재판소가 구성된 1988. 9. 19.부터 기산해서 청구기간을 계산한다. 헌재결 1990. 10. 8. 89

종결정을 통지받은 날로부터 30일 이내에 청구하여야 한다'($_{제1항}^{법 제69조}$). 그리고 규범통제형 헌법소원심판은 위헌 여부 심판의 제청신청을 기각하는 법원의 결정을 통지받은 날부터 30일 이내에 청구하여야 한다($_{제2항}^{법 제69조}$).[1] 이 청구기간은 2003년의 헌법재판소법 개정[2]을 통해 연장한 것인데, 행정소송의 제소기간과 같게 조정한 것이다. 종전의 헌법소원 제소기간(60일/180일)은 행정소송의 제소기간($_{제20조}^{행소법}$)보다 짧아서 기본권의 구제와 헌법의 수호·유지에 미흡하다는 지적을 많이 받아왔다. 그래서 헌법소원의 공익성과 객관소송으로서의 성격을 반영해서 제소기간을 90일/1년으로 연장한 것이다.[3]

(2) 청구기간 기산의 도달주의원칙

헌법소원심판 청구기간의 기산은 헌법과 법률에 따로 특별한 규정이 없는 한 원칙적으로 법의 일반원칙인 도달주의에 따른다. 발신주의는 적용되지 않는다. 따라서 심판청구서가 헌법재판소에 도달해서 접수한 날부터 청구기간의 준수 여부를 판단하므로, 헌법소원심판청구서를 청구기간 전에 발송했더라도 그 청구서가 헌법재판소에 접수된 시점에 이미 청구기간이 경과했으면 청구기간은 준수하지 못한 것으로 평가된다.[4] 그런데 기간의 계산에는 민사소송법($_{조}^{제170}$)과 민법($_{조}^{제161}$)의 규정이 적용되므로($_{제1항}^{법 제40조}$), 헌법소원 청구기간의 마

헌마89, 판례집 2, 332(337면); 헌재결 1991. 9. 16. 89헌마151, 판례집 3, 501(504면) 참조.

1) 형사사건 공판정에서 위헌제청신청 청구인이 출석한 가운데 형사사건에 대한 판결과 동시에 위헌법률심판제청신청에 대한 기각취지의 주문을 낭독한 경우에는 그 시점이 통지받은 날이므로 그로부터 30일이 지나서 헌법소원심판을 제기하면 부적법하다(헌재결 2018. 8. 30. 2016헌바316).

2) 2003. 3. 12. 법률 제6861호 참조.

3) 독일 연방헌법재판소법(제93조)은 재판소원과 법규소원을 구별해서 재판소원(동법 제 1 항)은 원칙적으로 재판결과를 통지받은 날부터 한 달 이내, 법규소원과 권리구제절차가 없는 공권력처분에 대한 헌법소원(동법 제 3 항)은 법규의 효력발생일 또는 공권력의 처분일로부터 1년 이내에 청구하도록 규정하고 있다. 그리고 재판소원의 경우 청구인의 과실 없이 청구기간을 경과한 경우에는 청구의 장애사유가 소멸한 후 2주 내에 청구권의 회복을 신청할 수 있게 했다(동법 제 2 항). 기간 경과 후 1년 이후에는 청구권 회복 신청이 불가능하다. 그리고 재판소원에서 법원의 판결·결정의 이유를 헌법소원의 대상으로 삼는 경우에는 판결·결정의 선고일이 아니라 판결·결정의 상세한 이유가 통지된 때부터 청구기간이 시작된다는 것이 연방헌법재판소의 판례이다. BVerfGE 28, 151(159). 또 법규소원의 경우 법규가 소급해서 효력을 발생하면 청구기간이 단축되지 않도록 법규의 공포일로부터 1년의 청구기간이 계산된다. BVerfGE 1, 415(416f.) 참조.

4) 헌재결 1990. 5. 21. 90헌마78, 판례집 2, 129(130면) 참조.

지막 날이 공휴일에 해당한 때에는 그 다음날 자정이 청구기간의 종료일이
된다. 헌법재판소는 통상적인 근무시간 종료 후 자정까지 도달되는 헌법소원
의 심판청구서를 접수하기 위한 필요한 조치를 강구해야 한다.[1]

(3) 청구기간 제한의 취지와 한계

1) 청구기간 제한의 취지

헌법소원의 청구기간을 정하면서 이 청구기간 내에만 헌법소원의 심판청
구를 하도록 제한하는 이유는 법치국가의 기초인 법적 안정성을 확립해야 할
필요성 때문이다. 독일처럼 헌법소원의 대부분을 재판소원이 차지하는 나라에
서는 청구기간의 제한 없이 언제든지 헌법소원의 심판청구를 할 수 있게 한
다면 재판의 법적인 효력이 불확실해져서 소송당사자들의 법적인 지위에 심
각한 불안정을 초래하고 국민의 법률생활에도 부정적인 영향을 미치게 된다.
독일 연방헌법재판소[2]가 그러한 법적인 불안정성은 결코 용납해서는 아니 되
므로 청구기간의 제한은 불가피하다고 판시하는 이유도 그 때문이다.

우리나라의 권리구제형 헌법소원의 심판청구에서도 법적 안정성의 요청
은 역시 중요하다. 기본권을 침해하는 공권력작용이라도 헌법소원심판청구를
통해서 다툴 수 있는 기간을 제한하지 않는다면 공권력작용에 의해서 형성되
는 법률관계의 불확실성으로 인해서 법치국가의 기초인 법적 안정성에 심각
한 혼란이 초래될 수 있다. 우리 헌법재판소가 헌법소원의 청구기간을 제한하
는 법률규정(법 제69조 제1항)은 재판청구권을 침해하는 것이 아니라고 판시하는 이유
도 그 때문이다.[3]

2) 청구기간 제한의 한계

그렇지만 법적 안정성의 요청을 중요시한 나머지 헌법소원의 청구기간을
지나치게 짧게 정하는 것은 헌법의 가치적인 공감대인 기본권의 실현과 헌법
질서의 수호·유지에 부정적인 영향을 미치게 된다. 그렇기 때문에 헌법소원

---

1) 독일 연방헌법재판소는 야간우편함을 따로 설치해서 이 문제를 해결하고 있다.
2) BVerfGE 4, 309(313ff.) 참조.
3) 헌재결 2001. 9. 27. 2001헌마152, 판례집 13-2, 447(456면) 및 헌재결 2007. 10. 25. 2006헌
마904, 헌재공보 133, 1121(1123면) 참조.

의 청구기간을 법률로 정할 때 입법권자는 법적 안정성의 요청과 기본권실현
을 통한 헌법질서의 수호·유지라는 헌법의 요청을 잘 조화시킬 수 있는 합리
적인 입법형성을 해야 한다. 헌법소원의 청구기간을 처음에 60일/180일로 정
했다가 90일/1년으로 연장한 법률개정은 그러한 관점에서 불가피한 입법개선
이었다고 할 것이다.

　　독일에서 불변의 제척기간으로 정한 재판소원의 청구기간에 관한 규정
($^{연방헌법재판소법}_{제93조 제1항}$)을 오랜 논란 끝에 1993년에 고쳐 청구인의 귀책사유 없는 청구
기간의 경과시에는 일정기간 내에 청구권 회복의 신청을 할 수 있도록 한 것
($^{동법 제93}_{조 제2항}$)도 법적 안정성의 요청과 권리구제의 필요성을 조화시키기 위한 사후
적인 입법개선이었다고 할 것이다. 이 때 법규소원의 청구에 관한 불변기간은
손대지 않은 이유는 추상적·구체적 규범통제의 길이 따로 열려 있어 권리구
제에 미흡함이 없다고 판단한 때문이다.

　　우리 헌법재판소가 행정소송법($^{제20조 제2}_{항 단서}$)을 준용해서($^{법 제40조}_{제1항}$) 청구기간이
경과했더라도 청구기간 경과의 원인 등 여러 가지 사정을 종합해서 뒤늦게
청구한 헌법소원을 허용하는 것이 사회통념상 상당한 때에는 정당한 사유가
있는 것으로 보아 청구기간의 경과 후에 제기한 헌법소원이라도 적법하다고
판시한[1] 이유도 헌법소원을 통한 권리구제와 헌법질서의 수호·유지를 고려한
법적 안정성의 불가피한 제한이었다고 평가할 수 있다.

(4) 청구기간의 유형과 적용사례

　　청구기간에 관한 법률규정과 실제사례를 통해서 적용되는 청구기간의 유
형에는 여러 가지가 있다. 권리구제절차를 먼저 거친 경우와 그렇지 않은 경
우, 부작위에 대한 헌법소원의 경우, 법령에 대한 헌법소원의 경우, 청구취지
를 변경한 경우, 국선대리인의 선임신청을 한 경우 등 헌법소원의 청구기간은
다양하게 산정된다.

1) 다른 법률이 정하는 권리구제절차를 거친 경우

　　헌법재판소법($^{제69조}_{제1항 단서}$)에 의해서 '다른 법률에 의한 구제절차를 거친 헌

---

1) 예컨대 국제그룹사건: 헌재결 1993. 7. 29. 89헌마31, 판례집 5-2, 87(111면) 참조.

법소원의 심판은 그 최종결정을 통지받은 날로부터 30일 이내에 청구하여야
한다'. 재정신청(형소법제260조)이 불가능한 검찰의 불기소처분에 대해서는 검찰청법
(제10조)이 권리구제수단으로 항고·재항고절차를 규정하고 있으므로 이 권리구제
절차를 거쳐 헌법소원심판을 청구하여야 한다.[1] 따라서 이 때에는 검찰총장
의 재항고기각결정통지를 받은 날로부터 30일 이내에 헌법소원심판을 청구해
야 한다. 검찰청법(제10조제3항)은 검찰의 불기소처분에 대해서 재정신청과 항고를
동시에 하는 것을 원칙적으로 허용하지 않고 있기 때문에 재정신청이 가능한
경우에는 재정신청을 통한 권리구제를 추구하는 것이 원칙이다(앞 429면 참조).

2) 권리구제절차를 먼저 거치지 않은 경우

다른 법률이 정하는 권리구제절차가 없거나, 권리구제절차가 있더라도 권
리구제절차를 먼저 거쳐야 하는 보충성요건의 예외가 인정되어 권리구제절차
선(先)이행의 의무가 면제된 경우에는 헌법소원의 '사유가 있음을 안 날부터
90일 이내에, 그 사유가 있은 날부터 1년 이내에 청구하여야 한다'(법 제69조제1항 본문).
이 때 '90일의 기간과 1년의 기간을 모두 준수해야 적법한 청구가 되고 그 중
어느 하나라도 경과하면 부적법한 청구가 된다'는 것이 헌법재판소의 판시이
다.[2] 그리고 법원의 확립된 판례를 통해서 행정소송의 대상이 되지 않는
행정처분에 대해서 행정소송을 거쳐서 헌법소원을 제기했더라도 청구기간의
산정에서는 90일/1년의 규정(법 제69조제1항 본문)이 적용된다.[3] 이 경우 법원의 관할에
속하지 않는 사항에 대해서 행정소송을 거쳤어도 구제절차가 될 수 없는 무
익(無益)한 절차를 거친 것에 불과하기 때문이다.

(가) '사유가 있음을 안 날'의 의미

헌법소원의 '사유가 있음을 안 날'의 의미에 대해서 헌법재판소는 '법령의
제정 등 공권력 행사에 의한 기본권 침해의 사실관계를 안 날을 뜻하는 것이
지, 법률적으로 평가하여 그 위헌성 때문에 헌법소원의 대상이 됨을 안 날을

---

1) 헌재결 1992. 7. 23. 92헌마103, 판례집 4, 554(558면 이하); 헌재결 1993. 3. 11. 92헌마142,
   판례집 5-1, 151(155면) 참조.
2) 헌재결 2004. 4. 29. 2003헌마484, 판례집 16-1, 574(583면) 참조.
3) 헌재결 2003. 9. 25. 2002헌마789, 판례집 15-2(상), 492(497면) 참조.

뜻하는 것은 아니'라고 판시했다.[1] 그리고 기본권 침해의 '사실관계를 안다'는
뜻은 '공권력의 행사에 의한 기본권 침해의 사실관계를 특정할 수 있을 정도
로 현실적으로 인식하여 심판청구가 가능해진 것을 안 경우를 뜻하는 것으로
풀이함이 상당하다'고 판시하면서 '권력적 사실행위의 경우에는 사실관계를
완전하게 안 때로 보아 당사자 측에 유리하게 해석하는 것이 헌법재판을 받
을 권리를 존중'하는 것이라고 설명했다.[2]

(나) '사유가 있은 날'의 의미

헌법소원의 '사유가 있은 날'이란 공권력의 행사에 의하여 기본권 침해가
현실적으로 발생한 날을 뜻한다. 따라서 법률의 시행과 동시에 기본권 침해가
발생한 경우에는 법률이 시행된 날, 법률시행 후에 비로소 법정요건을 충족하
여 기본권 침해를 받은 경우에는 법정요건의 충족일, 권력적 사실행위에 의한
기본권 침해의 경우에는 권력적 사실행위가 있은 날[3] 등이 '헌법소원의 사유가
있은 날'에 해당한다. 그리고 법률의 소급효력 때문에 기본권 침해를 받았다면
'사유가 있은 날'은 법률의 소급효력 발생일이 아니라 소급법률의 공포일이다.[4]

3) 부작위에 대한 헌법소원의 청구기간

공권력의 부작위로 기본권 침해가 발생한 경우 헌법소원의 청구기간은 진정
부작위와 부진정부작위에 따라 다르다. 주로 입법부작위의 경우가 대부분이다.

(가) 진정부작위의 경우

진정입법부작위, 진정행정입법부작위 등으로 기본권 침해가 발생하면 부
작위가 계속하는 동안은 언제든지 헌법소원을 제기할 수 있으므로 청구기간
의 제한은 없다. 우리 헌법재판소와[5] 독일 연방헌법재판소[6]도 같은 취지의

---

1) 헌재결 1993. 11. 25. 89헌마36, 판례집 5-2, 418(425면 이하) 참조.
2) 헌재결 1993. 7. 29. 89헌마31, 판례집 5-2, 87(109면) 참조. 그런데 국가의 기소독점주의에
   의한 사인(私人)소추금지규정(형소법 제246조)에 의한 기본권 침해 사실은 청구인이 고소
   를 한 때에 이미 알았다고 보아야 한다는 것이 헌재의 판례이다. 헌재결 2005. 3. 31. 2004
   헌마436, 판례집 17-1, 455(458면) 참조.
3) 따라서 계속되는 권력적 사실행위를 대상으로 하는 헌법소원에서는 청구기간 도과의 문제
   는 생기지 않는다. 헌재결 2005. 5. 26. 99헌마513 등, 판례집 17-1, 668(679면) 참조.
4) 동지: BVerfGE 1, 415(416f.); 32, 157(162); 64, 367(376) 참조.
5) 헌재결 1994. 12. 29. 89헌마2, 판례집 6-2, 395(408면) 참조.
6) BVerfGE 6, 257(266); 10, 302(308); 58, 208(218); 77, 179(214) 참조.

판시를 하고 있다.

(나) 부진정부작위의 경우

부진정입법부작위, 부진정행정입법부작위 등으로 기본권 침해가 발생하면 불완전하고 결함이 있는 법규정을 대상으로 적극적인 헌법소원을 제기해야 한다는 것이 우리 헌법재판소의 판례이기 때문에 헌법재판소법($^{제69조}_{제1항}$)이 정하는 청구기간(90일/1년) 내에 헌법소원심판을 청구해야 한다.[1] 독일 연방헌법재판소는 결함이 있는 불완전한 법률규정으로 인해서 직접 평등권 등의 침해를 받았다고 생각하는 사람은 독일 연방헌법재판소법($^{제93조}_{제3항}$)에 따라 1년 이내에 적극적인 헌법소원심판을 청구해야 한다고 판시하고 있지만[2] 입법권자가 명시적으로 청구인의 권리를 부정하는 규정을 두어 평등권을 침해한 경우에만 그렇다는 점을 아울러 분명히 밝히고 있다. 따라서 명시적으로 권리 부정을 하지 않는 불완전 입법으로 기본권 침해를 받은 경우 입법개선의무 불이행이 지속되는 동안은 언제나 헌법소원을 제기할 수 있다.

4) 법령에 대한 헌법소원의 청구기간

법률이나 법규명령이 구체적인 집행·적용을 거치지 않고 자체집행력을 나타내서 직접 기본권을 침해하는 경우에는 따로 권리구제의 방법이 없기 때문에 그 법령이 헌법소원의 대상이 될 수밖에 없다(법령 내지 규범소원).[3] 그런데 헌법소원의 청구기간에 관한 규정($_{제69조}^{법}$)에는 독일의 연방헌법재판소법($^{제93조}_{제3항}$)[4]과는 달리 법령에 대한 헌법소원의 청구기간에 관해서 따로 정하지 않고 있다. 따라서 헌법재판소의 판시대로 다음의 구분에 따라 청구기간에 관한 규정을 적용할 수밖에 없다.

(가) 법령시행과 동시에 기본권 침해를 받은 경우

그 법령이 시행된 사실을 안 날부터 90일 이내, 법령이 시행된 날부터 1

---

1) 헌재결 1996. 10. 31. 94헌마108, 판례집 8-2, 480(489면 이하) 참조.
2) BVerfGE 13, 284(287); 15, 126(132) 참조.
3) 헌재결 1989. 3. 17. 88헌마1 이래의 일관된 판례이다. 따라서 헌재법 제69조 제 1 항 단서는 적용될 여지가 없다. 헌재결 2008. 3. 27. 2006헌마1041, 헌재공보 138, 448(451면) 참조.
4) 법률(Gesetz)에 대한 헌법소원은 법률시행일부터 1년 이내에 청구하여야 한다고 규정하고 있다. 법률에 대한 헌법소원의 청구기간은 법규명령(Rechtsverordnungen)에 대한 헌법소원에도 적용된다는 것이 독일 연방헌법재판소의 판례이다. BVerfGE 53, 1(15) 참조.

년 이내에 헌법소원을 청구해야 한다.[1] 그런데 법령이 시행된 후에 법령을 개정했어도 자구만 수정되었을 뿐 개정 전의 조항과 비교하여 실질적인 내용에 변화가 없어 헌법소원 심판 청구인이 기본권을 침해 당하고 있다고 주장하는 내용에 전혀 영향을 주지 않는 경우에는 법령의 개정에도 불구하고 청구기간의 기산은 개정 전의 법령 시행일을 기준으로 한다는 헌재의 판례가 있다.[2]

(나) 법령시행 후에 기본권 침해를 받은 경우

a) 원   칙

법령이 시행된 후에 비로소 그 법령에 해당하는 사유가 발생하여 기본권의 침해를 받게 된 경우에는 그 사유가 발생하였음을 안 날부터 90일 이내에, 그 사유가 발생한 날부터 1년 이내에 헌법소원을 청구하여야 한다.[3] 즉 자기관련성의 요건과 관련해서 청구인이 법령시행 후 장차 법령의 적용을 받게 될 것인지 여부가 명백하지 않은 경우에는 해당사유발생일부터 청구기간을 기산해야 한다.

b) 예   외

법령시행 후에 그 법령에 해당하는 사유가 발생하여 기본권의 침해를 받게 된 때에도 사유발생일이 아니라 그 법령의 시행일부터 청구기간을 기산하는 예외적인 경우가 있다.

α) 법령시행으로 이미 법적 지위의 변동을 받고 있는 경우

청구인이 법령시행 후 이미 법령의 적용을 받아 법적 지위의 변동을 받고 있는 경우에는 법령시행일부터 청구기간을 기산해야 한다는 것이 헌법재판소의 입장이다.

예컨대 중등교원의 정년을 65세에서 62세로 단축하는 법률이 1999. 1. 공포·시행되고 청구인은 2000. 2. 이 법률에 따른 정년퇴직을 한 경우 이 법률을 다투는 사람이 제기하는 헌법소원의 청구기간의 기산점은 2000. 2.이 아니라, 1999. 1.로 보는 것이 타당하다는 것이다. 청구인은 '이 법률의 시행으로 인하여 그 즉시 정년이 62세로 단축된 중등교원의 지위를 갖게 되는 효과를

1) 헌재결 1992. 4. 28. 91헌마62, 판례집 4, 277(280면) 참조.
2) 그 결과 청구기간이 지나 부적법하다고 판시했다. 헌재결 2019. 8. 29. 2018헌마608; 헌재결 2021. 5. 27. 2018헌마1168 참조.
3) 헌재결 1996. 11. 28. 95헌마280, 판례집 8-2, 647(652면) 참조.

받게 된 것이지, 이후 62세에 달하여 실제 정년퇴직(2000. 2.)에 이르러서야 비로소 기본권의 제한을 받게 되었다고 할 것은 아니'라는 것이 헌법재판소의 논증이다.[1] 그러면서 헌법재판소가 종전에 판시한 내용, 즉 법령시행 후에 비로소 그 법령에 해당하는 사유가 발생한 경우에는 법령시행일이 아닌 해당 사유발생일부터 청구기간을 기산해야 한다는 취지는 기본권구제의 측면에서 부당하게 청구기간을 단축하는 결과가 되거나 기산일을 불확실하게 해서 청구권의 유무를 불안정하게 하는 결과를 피하기 위한 것이지, 이미 법령의 적용을 받아 자신의 지위에 변동을 받고 있는 경우에까지 이를 확대하여 청구기간의 기산점을 늦추라는 취지는 아니라고 강조했다.[2]

β) 시행 유예기간을 갖는 법령의 경우

법령의 시행에 유예기간을 둔 경우 그 법령에 의한 기본권 침해는 유예기간의 경과 후에 비로소 발생하는 것이기 때문에 헌법소원청구기간의 기산점은 시행유예기간 경과일이다.[3] 전에는 이와 달리 기본권 침해는 이미 법령시행일에 발생한다고 보는 것이 헌법재판소의 입장이었다. 예컨대 종전에 허용하던 영업을 금지하는 법령개정을 하면서 부칙에서 유예기간을 둔 경우에, 헌법재판소는 개정법령의 시행에 관한 유예기간과 관계 없이 그 개정법령의 시행일에 기본권 침해가 발생한다는 입장을 취하고 있었다. 법령시행 전부터 영업을 해왔더라도 개정법령시행일에 이미 유예기간 이후에는 영업을 할 수 없게 영업기간의 제한을 받으므로 부칙의 유예기간과 관계 없이 그 법령시행일에 기본권 침해가 발생한다는 논리였다.[4] 이러한 헌법재판소의 법정의견과는 달리 이 경우 기본권의 구체적·현실적 침해는 법령시행일이 아니라 유예기간 경과 후 영업을 금지당한 때에 비로소 발생한다는 유력한 반대의견

---

1) 헌재결 2002. 1. 31. 2000헌마274, 판례집 14-1, 72(76면) 참조.
2) 위 판례집 같은 면 참조.
3) 헌재결 2020. 4. 23. 2017헌마479 법령에 대한 헌법소원의 청구기간에 관한 규정은 기본권 보장이 강화되는 방향으로 해석함으로써 헌법소원심판청구권 보장과 법적 안정성 확보 사이의 균형을 달성할 수 있다고 판시하면서 법령 시행일을 청구기간의 기산점으로 판시한 선판례를 변경한 결정이다.
4) 헌재결 1996. 3. 28. 93헌마198, 판례집 8-1, 241(251면); 헌재결 2003. 1. 30. 2002헌마516, 판례집 15-1, 161(169면과 170면); 헌재결 2011. 5. 26. 2009헌마285, 헌재공보 176, 823 (826면); 헌재결 2013. 11. 28. 2011헌마372; 헌재결 2014. 5. 29. 2013헌마100, 헌재공보 212, 1024(1026면) 참조.

도 있었다.[1] 결국 이 반대의견이 이젠 법정의견이 된 셈이다. 상황성숙이론과
도 밀접한 관련이 있는 문제이다.

(다) 청구기간과 상황성숙성이론

법령에 대한 헌법소원의 청구기간을 계산하는 데 있어서 상황성숙성이론
과 현재성 요건은 중요한 의미를 갖는다. 왜냐하면 법령에 의한 기본권 침해
가 현실적으로 발생하지는 않았지만, 그 침해가 확실히 예상될 때(기본권 침해
의 상황이 성숙한 때)에 미리 헌법소원을 청구할 수 있게 할 것인지에 따라 청
구기간의 기산점이 달라지기 때문이다. 우리 헌법재판소는 처음에는 상황성숙
의 시점을 청구기간의 기산점으로 삼았다가 나중에는 그러한 입장을 바꿨다.

a) 최초의 판례

헌법재판소는 처음에는 상황성숙성이론과 청구기간의 기산점을 분리하지
않았다. 즉 기본권 침해의 '사유가 발생한 날'은 당해 법령이 청구인의 기본권
을 명백히 구체적으로 현실 침해한 경우뿐 아니라, 아직 현실적인 기본권의
침해가 없더라도 기본권 침해가 확실히 예상되는 등 실체적인 여러 요건이
성숙해서 헌법판단에 적합하게 된 때에도 현재성 요건이 충족된 것으로 보아
기본권 침해의 상황이 성숙한 시점을 청구기간의 기산점으로 삼았다.[2]

이러한 초기 판례는 현재성의 요건을 완화해서 기본권구제의 실효성을
높이겠다는 취지에도 불구하고, 청구기간의 기산점을 불명확하게 할 뿐 아니
라, 청구기간을 부당하게 단축하는 결과가 되어 기본권 보호에 부정적인 결과
를 초래한다는 비판을 받았다.

b) 변경된 판례

헌법재판소는 그 후 현재성 요건을 강화해서 상황성숙성이론과 청구기간
의 기산점을 분리하는 방향으로 처음의 판례를 변경했다. 즉 법령에 대한 헌
법소원의 청구기간은 법령으로 인한 기본권 침해가 확실히 예상되는 등 여러
요건이 성숙한 때가 아니라, 오로지 법령에 의해서 기본권을 현실적으로 침해

---

1) 위 첫번째 판례에서 4인 재판관의 반대의견, 판례집 8-1, 241(253면) 및 두 번째 판례에서
   5인 재판관의 반대의견, 판례집 15-1, 171(173면), 세 번째 판례에서 3인 재판관의 반대의
   견, 헌재공보 176, 829면, 위 네 번째 판례에서 4인 재판관의 반대의견 헌재공보 206, 1724
   면; 위 다섯 번째 판례에서 4인 재판관의 반대의견, 헌재공보 212, 1026면 참조.
2) 헌재결 1990. 6. 25. 89헌마220, 판례집 2, 200(204면); 헌재결 1996. 2. 29. 94헌마213, 판례
   집 8-1, 147(155면) 참조.

받은 때로부터 기산해야 한다고 판시했다.[1] 그 결과 기본권의 현실적인 침해 시점을 확정하는 것이 청구기간의 계산에서 중요한 의미를 갖게 되었다.[2]

c) 현재관련성 확장과 청구기간

법령에 대한 헌법소원의 경우 아직 그 법령에 의한 기본권 침해는 없으나 장래 확실히 기본권 침해가 예측되므로 기본권 보호를 위해서 미리 앞당겨 현재의 법적 관련성을 인정하는 경우에는 청구기간의 준수 여부는 문제되지 않는다.[3] 앞서 말한 상황성숙성이론은 기본권 침해의 상황이 성숙한 시점에 기본권 침해가 있다고 보기 때문에 그 때부터 청구기간을 기산하는 것이지만, 기본권 침해상황이 없는데도 장래의 확실시되는 기본권 침해를 예측해서 현재관련성을 인정하는 경우에는 기본권 침해를 전제로 하는 것이 아니므로 청구기간의 도과가 발생할 수 없다. 즉 상황성숙성이론의 경우에는 기본권 침해의 상황성숙을 전제로 하기 때문에 청구기간의 준수 여부가 중요하고 그 기산점이 문제되지만, 기본권 침해의 상황성숙성과 무관하게 현재관련성을 인정하는 경우에는 청구기간이 지났다는 논리는 성립할 수 없다. 실제로 기본권 침해가 발생하면 그 때부터 청구기간을 기산해서 헌법소원을 제기할 수 있는 길은 여전히 남아 있기 때문이다. 예컨대 국가공무원 채용시험 응시준비생이 제대군인가산점제도를 다투어 청구한 헌법소원에서 청구인이 채용시험에 응시할 경우 이 제도가 적용될 것이 확실히 예측된다는 이유로 헌법재판소가 청구인에 대한 이 제도의 현재관련성을 인정하여 청구기간과 무관하게 심판한 이유도 그 때문이다.[4] 시험준비생이 공무원 채용시험에 응시한 후 이 제

---

1) 헌재결 1996. 3. 28. 93헌마198, 판례집 8-1, 241(251면) 참조.

2) 이 점에 대해서는 앞부분 '현재성의 요건'에 관한 설명 참조할 것. 예컨대 무주택단독세대주에게는 국민임대주택을 공급받을 수 있는 면적을 40제곱미터 이하로 제한하는 주택공급에 관한 규칙을 대상으로 헌법소원을 제기하는 경우에는 해당 규칙이 시행된 시점이 아니라, 청구인이 국민임대주택을 '신청하고자 했을 때' 혹은 '실제로 신청했을 때' 비로소 기본권이 구체적·현실적으로 침해되었으므로 이 때부터 청구기간을 계산해야 한다. 헌재결 2010. 5. 27. 2009헌마338, 판례집 22-1(하), 347(355면) 참조.

3) 예컨대 변호사 결격사유를 규정하는 변호사법 제 5 조 제 1 호에 대한 헌법소원사건에서 헌재가 밝힌 판시도 같은 취지이다. 헌재결 2006. 4. 27. 2005헌마997, 헌재공보 115, 681(684면) 참조.

4) 헌재결 1999. 12. 23. 98헌마363, 판례집 11-2, 770(781면). 동지: 헌재결 2001. 2. 22. 2000헌마25, 판례집 13-1, 386(398면) 참조. 선거법에 의한 기본권 침해를 이유로 선거종료 후 90일이 지나 제기한 헌법소원심판에서 헌재가 선거의 특성 등을 고려하여 장래 실시될 선거에서 확실히 예측되는 기본권 침해를 미리 앞당겨 다투는 것으로 보아 청구기간의 도과

도를 다투어 헌법소원을 제기하는 길은 여전히 남아 있기 때문이다.

5) 청구취지 변경한 때의 청구기간

헌법소원청구인은 심판청구 후에도 청구취지 또는 청구원인을 변경할 수 있는데, 이 경우에는 준용($^{법\ 제40조}_{제1항}$)되는 민사소송법($^{제265}_{조}$)의 규정에 따라 변경 또는 추가된 청구서가 헌법재판소에 제출된 시점을 기준으로 청구기간을 계산한다.[1)]

6) 국선대리인 선임신청한 때의 청구기간

헌법소원을 제기하려는 사람이 변호사를 대리인으로 선임할 자력이 없어 헌법재판소에 국선대리인의 선임신청을 한($^{법\ 제70조\ 제}_{1항\ 제1절}$) 경우에는 헌법소원의 청구기간은 국선대리인 선임신청일을 기준으로 계산한다($^{법\ 제69조\ 제}_{1항\ 제2절}$).[2)] 따라서 헌법소원심판청구서의 제출 전에 국선대리인 선임신청부터 하고 헌법소원을 청구기간 경과 후에 제기하더라도 국선대리인 선임신청이 청구기간 내라면 청구기간은 준수한 것이 된다.[3)] 이 때 헌법재판소가 국선대리인 선임신청을 거부하는 결정을 하고 신청인에게 통지하는 경우에는 선임신청을 한 날부터 이 통지를 받은 날까지의 기간은 청구기간에 산입하지 않는다($^{법\ 제70조}_{제4항}$). 그리고 헌법소원심판청구서를 대리인의 선임 없이 먼저 제출하거나 국선대리인 선임신청서와 함께 제출하면 청구기간은 심판청구서가 헌법재판소에 도달한 날을 기준으로 계산한다.

7) 정당한 사유에 의한 청구기간 경과

청구기간을 지나서 제기한 헌법소원은 원칙적으로 부적법하다. 다만 헌법재판에서 준용되는($^{법\ 제40조}_{제1항}$) 행정소송법($^{제20조\ 제2}_{항\ 단서}$)은 정당한 사유가 있는 경우에는 제소기간을 경과해서 제기한 행정소송도 허용하고 있다. 그렇기 때문에 헌

문제가 발생하지 않는다고 판시한 것도 같은 취지이다. 헌재결 2007. 6. 28. 2004헌마644 등, 헌재공보 129, 763(769면) 참조.
  1) 헌재결 1998. 5. 28. 96헌마151, 판례집 10-1, 695(703면) 참조.
  2) 헌재결 1998. 7. 16. 96헌마268, 판례집 10-2, 312(336면) 참조.
  3) 헌재결 1997. 6. 26. 94헌마52, 판례집 9-1, 659(667면) 참조.

법소원에서도 청구인에게 책임을 물을 수 없는 정당한 사유가 있는 경우에는 청구기간의 경과 후에 제기한 심판청구를 적법한 것으로 판단해야 한다. 이 때 '정당한 사유'란 '청구기간 경과의 원인 등 여러 가지 사정을 종합하여 지연된 심판청구를 허용하는 것이 사회통념상으로 보아 상당한 경우를 뜻한다'는 것이 헌법재판소의 판시이다.[1] 우리 헌법재판소는 이 기준에 따라 공권력 행사로 인한 재산권 침해에 대한 국제그룹의 헌법소원에 대해서 지연 청구한 정당한 사유를 인정해서 심판했다.[2]

4. 헌법소원심판절차

I. 헌법소원심판청구서의 접수와 배당

헌법소원심판청구서가 헌법재판소에 제출되면 헌법재판소는 심판청구서를 접수하고 사건기록을 편성하며, 사건번호(사건부호 '헌마'(법 제68조 제 1 항 사건) 또는 '헌바'(법 제68조 제 2 항 사건))와 사건명을 부여하여 사건을 특정한다.[3] 헌법재판소는 하나의 헌법소원으로 헌법재판소법 제68조 제 1 항에 의한 청구와 제 2 항에 의한 청구를 함께 병합해서 제기하는 것도 적법한 것으로 허용한다.[4] 사건을 특정한 후 헌법소원사건부에 이를 기재하여 사건을 등록한다. 그리고 헌법재판소 사건배당에 관한 내규에 따라 사건배당을 하는데, 헌법소원심판사건은 먼저 적법요건의 구비 여부에 관한 지정재판부의 사전심사를 거쳐야 하므로(법 제72조 제1항) 재판관 3인으로 구성하는 지정재판부에 사건 배당이 된다.

---

1) 헌재결 1993. 7. 29. 89헌마31, 판례집 5-2, 87(111면) 참조.
2) 위의 판례집 5-2, 111면 이하 참조.
3) 그러나 헌법소원심판청구서 접수공무원이 헌재의 사건접수규칙에 따라 '헌바' 부호를 부여한 사건을 '헌마' 사건으로 심판한 경우도 있다. 사건부호는 헌재의 내부준칙일 뿐 헌법소원의 성격을 결정하는 기준이 될 수는 없다고 판시했다. 헌재결 2007. 11. 29. 2005헌바12 참조.
4) 헌재결 2010. 3. 25. 2007헌마933, 판례집 22-1(상), 496(502면 이하) 참조.

Ⅱ. 지정재판부의 사전심사

(1) 법 규 정

헌법재판소법($^{제72조}_{제1항}$)은 헌법소원의 사전심사제도를 규정하고 있다. 따라서 헌법소원은 권리구제형($^{법 제68조}_{제1항}$)과 규범통제형($^{법 제68조}_{제2항}$)을 가리지 않고 재판관 3인으로 구성되는 지정재판부의 사전심사를 받아야 한다. 헌법재판소법은 헌법소원의 사전심사를 헌법재판소장의 재량결정사항으로 규정하고 있지만 재판실무에서는 헌법소원의 필수적인 심판절차로 운용하고 있다. 독일 연방헌법재판소법($^{제93a}_{조}$)은 3인의 재판관으로 구성되는 예심재판부(Kammer)의[1] 사전심사를 헌법소원심판의 필수적인 절차로 규정하고 있다.

(2) 지정재판부의 구성

지정재판부의 구성과 운영에 관하여 필요한 사항은 헌법재판소규칙으로 정하는데($^{법 제72조}_{제6항}$) 헌법재판소는 '지정재판부의 구성과 운영에 관한 규칙'을 제정해서 시행하고 있다. 이 규칙에 따라 헌법재판소는 3개의 지정재판부[2]를 구성해서 사전심사를 하고 있다. 지정재판부의 구성원은 임기 만료에 의한 재판관 변동이 없는 한 원칙적으로 교체되지 않는다. 독일 연방헌법재판소의 예심재판부의 구성원은 3년마다 교체되는 것과 다른 점이다. 예심재판부 구성원을 주기적으로 교체하도록 정한 독일 제도의 입법취지를 우리도 참고할 필요가 있다. 특히 재판관의 제척·기피·회피제도($^{법}_{제24조}$)[3]가 지정재판부의 사전심사절차에서도 적용된다는 점을 감안하면 지정재판부 구성원의 장기간 고착화는 뜻하지 않은 부작용을 낳을 수도 있기 때문이다.

---

1) 8인의 전원재판부는 매 업무연도 초에 여러 개의 예심재판부를 구성하는데, 예심재판부는 3년 이상 같은 재판관으로 구성해서는 아니 되도록 규정하고 있다(연방헌법재판소법 제15a조 제1항). 그 결과 예심재판부 구성원은 3년마다 교체되는 것이 관행이다.

2) 제1, 제2, 제3 지정재판부라고 부르며(규칙 제2조), 각 지정재판부의 구성원은 재판관 회의의 의결을 거쳐 헌법재판소장이 가열, 나열, 다열로 편성한다(규칙 제3조). 헌법재판소장은 제1 지정재판부의 재판장이 되고, 제2 및 제3 지정재판부의 재판장은 주심 재판관 바로 앞 열의 재판관이 된다(규칙 제4조). 그리고 지정재판부 재판관의 유고시에 대비해서 직무대행방법도 규정하고 있다(규칙 제5조).

3) 재판관의 제척·기피·회피제도에 관해서는 앞 부분 제3편 제3장 3 일반심판절차 관련부분 설명 참조할 것.

(3) 사전심사제도의 의의와 기능

헌법소원의 사전심사제도는 권리 보호를 약화시키는 역기능을 나타낼 수
도 있지만, 헌법소원제도의 실효성을 확보한다는 관점에서는 불가피한 측면이
있다. 우리뿐 아니라 헌법소원제도의 선발국가인 독일에서 예심절차를 필수적
인 제도로 도입·시행하고 있는 이유도 그 때문이다. 헌법소원의 사전심사제도
는 무분별한 헌법소원의 남소(濫訴)현상에 대비해서 의미 있는 헌법소원과 그
렇지 않은 헌법소원을 미리 가려 권리보호이익 내지 심판이익이 있는 헌법소
원을 집중적으로 심리할 수 있는 인력과 시간을 확보함으로써 기본권 보호와
헌법질서의 수호·유지의 실효성을 높인다는 순기능을 갖는다. 다만 사전심사
제도의 이러한 순기능이 제대로 발휘되기 위해서는 합리적인 사전심사기준이
마련되어 공평하게 적용되어야 한다. 법적용의 평등은 독일 연방헌법재판소의 지
적처럼 '정의의 영혼'(die Seele der Gerechtigkeit)을[1] 뜻하기 때문이다.

독일이 헌법소원의 예심절차에 관한 규정에서 처음에는 헌법소원의 성공
가능성을 심사기준으로 정했다가, 1993년에 그러한 기준을 바꿔 원칙적인 의
미를 갖는 헌법사항이거나, 기본권 보호의 관철에 필요하거나,[2] 청구인에게
특별히 중대한 불이익의 발생이 예상되는 경우[3]에는 헌법소원을 전원재판부
(Senat)의 심판에 회부하도록 예심의 심사기준을 법으로 정하고 있는(연방헌법재판소법
제93a조 제 2 항)
이유도 그 때문이다.

미국 연방대법원(Supreme Court)도 일종의 사전심사제도라고 볼 수 있는
certiorari절차(Write of Certiorari)를 도입해서 시행함으로써 불필요한 업무량의
증가에 대처하고 있다. 이 제도에 의하면 연방대법원에 접수되는 소송사건에
대해서 연방대법원의 고위재판연구관(Clerk)이 심판의 가치가 없다고 판단하는
사건은 폐기장부(Dead List)에 기록해서 재판관들에게 회람시킨다. 재판관의 회
람 결과 적어도 9명의 재판관 중에서 4명의 재판관이 심판회부(grant of cer-

---

1) BVerfGE 54, 277(296) 참조.
2) '원칙적인 의미를 갖는 헌법사항' 또는 '기본권 관철에 필요'하다는 의미가 무엇인지에 관해
   서 다음 판례 참조. BVerfGE 90, 22(24f.).
3) 형사재판의 유죄판결을 다투는 재판소원은 언제나 '특별히 중대한 불이익의 발생'에 해당하
   는 경우라고 판시했다. BVerfGE 96, 245ff. 참조.

tiorari)의 견해를 피력해야만 심판에 회부된다(rule of four). 그 나머지 사건들은 따로 이유 설명 없이 종결된 것으로 간주된다.[1] 이 제도는 독일의 예심절차보다 심판회부 여부에 관해서 더 자유로운 결정을 가능하게 한다고 볼 수 있다.

(4) 지정재판부의 심리

헌법소원사건을 배당받은 지정재판부는 사전심사를 하는데, 사전심사는 심판청구의 본안사안에 대해서 심리하는 것이 아니라, 헌법소원심판청구가 적법하게 이루어진 것인가의 여부를 심리하는 적법요건의 구비 여부에 관한 심사이다. 따라서 지정재판부의 심리범위는 매우 한정되어 있다.

그런데 지정재판부의 심리에서도 심판청구의 보정($\frac{법}{제28조}$), 증거조사($\frac{법}{제31조}$), 자료제출요구 등($\frac{법}{제32조}$), 심판의 지휘와 법정경찰권($\frac{법}{제35조}$) 등 일반심판절차의 주요 규정들이[2] 그대로 준용된다.

1) 심판청구의 보정

재판장은 헌법소원심판청구가 부적법하지만 보정을 하면 적법하게 될 수 있다고 판단하는 경우에는 상당한 기간을 정하여 청구인에게 보정을 요구하여야 한다($\frac{법\ 제28조\ 제1항}{및\ 심판규칙\ 제70조}$). 재판장이 지정한 이 보정기간은 지정재판부의 사전심사기간($\frac{법\ 제72조}{제4항}$)[3]과 헌법재판소 심판기간($\frac{법}{제38조}$)에 산입하지 않는다($\frac{법\ 제28조}{제4항}$). 재판장의 요구대로 청구인의 보정이 있는 때에는 처음부터 적법한 심판청구가 있는 것으로 본다($\frac{법\ 제28조}{제3항}$). 그리고 청구인의 보정서면이 접수되면 지정재판부는 지체없이 그 등본을 피청구인에게 송달하여야 한다($\frac{법\ 제28조\ 제2항과}{제27조\ 제1항}$).

2) 증거조사

지정재판부는 사건심리를 위해서 필요하다고 인정하는 경우에는 당사자의 신청 또는 직권으로 당사자 내지 증인의 신문, 당사자 또는 관계인이 소지하는 문서 등 증거자료의 제출요구와 영치, 감정과 검증 등의 증거조사를 할

---

1) 미국 연방대법원의 certiorari procedure에 관해서 자세한 것은 *Daniel E. Hall*, Constitutional Law, 1997, pp. 130-131 참조.
2) 일반심판절차에 대한 앞 부분 제 3 편 제 3 장 관련 설명 참조할 것.
3) 헌재결 1993. 10. 29. 93헌마222, 판례집 5-2, 372(376면) 참조.

수 있다($_{제31조}^{법}$). 그리고 재판장은 필요하다고 인정할 경우에는 재판관 중 1인
을 지정하여 증거조사를 하게 할 수 있다($_{제 2 항}^{법 제31조}$).

3) 자료제출 요구 등

지정재판부는 결정으로 다른 국가기관 또는 공공단체의 기관에 대하여
심판에 필요한 사실을 조회하거나, 기록의 송부나 자료의 제출을 요구할 수
있다. 다만 재판·소추 또는 범죄수사가 진행중인 사건의 기록에 대하여는 송
부를 요구할 수 없다($_{제32조}^{법}$).

4) 심판의 지휘와 법정경찰권

지정재판부 재판장은 심판정의 질서와 변론의 지휘 및 평의의 정리를 담
당하기 때문에 필요한 법정경찰권을 갖고 심판정의 질서를 유지한다($_{제35조}^{법}$).

(5) 지정재판부의 결정과 통지

1) 지정재판부의 결정

(가) 결정 내용과 결정기간

지정재판부는 헌법소원의 적법요건의 구비 여부만을 심사하기 때문에 각
하 또는 심판회부결정만을 할 수 있다. 지정재판부가 심리한 결과 헌법소원이
보충성의 요건 및 청구기간 등 적법요건을 준수하지 않았다고 판단하면 심판
청구를 각하하고, 적법요건을 구비했다고 판단하면 그 사건을 전원재판부의
심판에 회부하는 결정을 한다. 그런데 지정재판부의 각하결정은 재판관 3인의
일치된 의견으로만 할 수 있기 때문에 의견일치가 안 되면 전원재판부에 회
부하는 결정을 한다($_{4 항 제 1 절}^{법 제72조 제}$). 그리고 각하결정은 헌법소원심판청구 후 30일
이내에 하여야 하고, 30일이 경과할 때까지 각하결정이 없는 때에는 심판회부
결정이 있는 것으로 본다($_{4 항 제 2 절}^{법 제72조 제}$). 다만 재판부 또는 재판관 기피신청으로
심판절차가 정지된 경우에는 그 정지된 기간은 30일의 사전심사기간에 산입
하지 않는다.[1]

---

1) 헌재결 1993. 10. 29. 93헌마222, 판례집 5-2, 372(377면) 참조.

(나) 각하사유

헌법재판소법($\substack{제72조 \\ 제3항}$)과 판례에 의해서 다음과 같은 경우에는 각하결정을 하여야 한다. 즉 i) 다른 법률에 의한 구제절차가 있는데도 그 절차를 모두 거치지 아니한 경우, ii) 재판소원의 대상이 되지 않는 법원의 재판을 대상으로 청구한 경우,[1] iii) 청구기간을 준수하지 않은 경우, iv) 변호사의 자격이 없는 청구인이 변호사를 대리인으로 선임하지도 않고($\substack{법 \\ 제25조}$) 국선대리인의 선임을 신청하지도 않은 경우($\substack{법 \\ 제70조}$), v) 그 흠결의 보정이 불가능한 부적법한 청구의 경우 등에 지정재판부는 각하결정을 하여야 한다.[2] 다만 재판관 한 사람이라도 각하결정에 반대하면 심판회부가 될 수밖에 없다. 그 결과 각하결정은 재판관 전원의 합의가 필요하지만, 심판회부결정은 재판관 한 사람의 결정으로도 이루어진다. 이 점이 각하결정이건 심판회부결정이건 전원합의를 필요로 하는 독일 연방헌법재판소 예심재판부의 결정방법과 다르다.[3]

이러한 차이점 때문에 특히 검찰처분에 대한 헌법소원사건의 각하비율이 적어 전원재판부에서 심판해야 하는 검찰처분(고소인이 아닌 피해자가 다투는 불기소처분, 피의자가 다투는 기소유예처분, 고소를 제기하지 않은 피해자가 다투는 사건의 혐의없음 처분[4] 등)에 대한 헌법소원사건의 증가는 헌법재판소의 업무량만 지나치게 증가시켜 제도개선이 시급하다.

2) 독일 예심재판부의 결정

우리의 지정재판부와는 달리 독일 연방헌법재판소의 예심재판부는 구체적 규범통제에서도 구두변론 없이 재판관 전원의 합의로 각하결정을 할 수 있고[5]

---

1) 법률에 대한 헌법재판소의 위헌결정 이후에 그 법률을 적용한 법원의 재판은 헌법소원의 대상이 된다. 헌재결 1997. 12. 24. 96헌마172 등, 판례집 9-2, 842(845면); 헌재결 1998. 4. 30. 92헌마239, 판례집 10-1, 435(441면) 참조.
2) 헌재가 정한 보정기간까지 보정명령에 따른 보정을 하지 않은 경우에는 심판청구를 각하할 수 있다. 심판규칙 제70조 제 2 항 참조.
3) 연방헌법재판소법 제93d조 제 3 항 참조.
4) 고소인이 고소한 사건에 대한 검찰의 혐의없음 처분이나 불기소처분은 형소법(제260조)에 따라 재정신청의 대상이어서 법원 합의부에서 심판한다.
5) 연방헌법재판소법 제81a조. 이 조문 제 2 문에 따라 <u>각 주의 헌법재판소와 연방최고법원의 규범통제신청에 대해서는 예심재판부에 그런 권한이 없고 전원재판부의 전속권한이다.</u>
   예컨대 주택임대료 상한을 규제하는 민법규정의 위헌여부의 심판을 제청한 Berlin 항소심 법원의 위헌제청사건에서 제청법원이 연방헌재법 제80조 제 2 항이 규정하는 위헌의 확신을 헌법소원심판에서도 각하[1]와 심판회부결정 이외에 예외적으로 헌법소원 인용 결정도 할 수 있다.[2] 즉, 헌법소원이 기본권 관철을 위해서 필요한 내용이고, 해당 헌법소원의 본안심판의 기준이 되는 핵심적인 헌법문제에 대해서 이미 연방헌법재판소가 전에 결정한 사실이 있었다면 객관적으로 이유 있는 헌법소원에 대해서 예심재판부는 구두변론 없이도 재판관의 일치된 의견으로 헌법소원의 인용결정을 할 수 있다. 다만 법률의 위헌·무효에 관한 결정은 전원재판부의 전속권한이어서 예심재판부가 할 수는 없다. 마찬가지로 법률의 적용을 일시 정지시키는 가처분결정도 예심재판부가 할 수 없다. 예심재판부의 헌법소원 인용결정은 전원재판부의 재판과 같은 효력을 가지며 더 이상 다툴 방법이 없다. 그리고 예심재판부의 각하결정에는 이유를 붙이지 않아도 된다 (연방헌법재판소법 제93c조 및 제93d조). 예심재판부에서 합의가 안 되는 경우에는 전원재판부(Senat)가 각하 또는 심판회부결정을 하는데,[3] 심판회부결정에는 재판관 3인 이상의 찬성이 있어야 한다.[4] 전원재판부의 이 결정은 예심재판부의 결정처럼 구두변론 없이 이루어지며, 이유를 붙일 필요도 없고[5] 또 다툴 수도 없다.[6] 그리고 예심재판부의 결정과 같이 본안에 대한 심판이 아니기 때문에 기판력이나 기속력이 생기지 않는다. 그런데 독일에서도 헌법소원의 예심절차에 관해서 비판적 견해가 있는데, 특히 예심절차의 투명성 부족, 심판기간의 장기화, 구두변론의 생략, 이유 설명 없는 각하결정 등이 주로 비판의 대상이 되고 있다.[7]

갖게 된 구체적인 이유를 밝히지 않고 제청했다는 이유로 연방헌재 제 1 원 제 3 예심재판부전원의 합의로 각하결정했다. 2019. 7. 18. 1 BvL 1/18; 1 BvL 4/18 참조.

1) 각하결정을 할 때도 우리 지정재판부와 달리 적법성 심사뿐 아니라, 헌법소원의 원인이 된 법률의 위헌성이나 기본권 침해여부를 자세히 논증한 후 헌법소원의 성공가능성이 희박하다고 각하사유를 구체적으로 판시하는 경우도 있다. 예컨대 임대료제한을 다투는 임대인의 헌법소원에 대한 연방헌재 제 1 원 제 3 예심재판부의 2019. 7. 18. 결정이 그 예이다. 1 BvR 1595/18 참조.

2) 연방헌법재판소법 제93c조 제 1 항 참조.

3) 연방헌법재판소법 제93b조 제 2 절 참조.

4) 연방헌법재판소법 제93d조 제 3 항 제 2 절 참조.

5) 그 결과 연방헌법재판소규칙(제31조 제 3 항)은 특별한 의미가 있는 각하결정만 헌법재판소 판례집에 수록하도록 정했다. 판례집 수록의 예: BVerfGE 44, 103 참조.

6) 연방헌법재판소법 제93d조 제 1 항 참조.

7) 예컨대 *Benda/Klein*, aaO., RN. 412ff. 참조.

3) 결정의 통지

지정재판부가 헌법소원에 대해서 각하 또는 심판회부결정을 한 때에는 그 결정일로부터 14일 이내에 청구인 또는 그 대리인 및 피청구인에게 그 사실을 통지하여야 한다. 지정재판부가 심판기간인 30일 이내에 각하결정을 하지 않아 심판회부로 간주된 경우에도 마찬가지이다($^{법\ 제73조}_{제1항}$). 그리고 지정재판부가 심판회부결정을 한 경우(심판회부 간주의 경우 포함)에는 헌법재판소장은 법무부장관과, 규범통제형 헌법소원($^{법\ 제68조}_{제2항}$)의 경우에는 청구인이 아닌 당해 사건의 당사자에게 지체없이 그 사실을 통지하여야 한다($^{법\ 제73조}_{제2항}$). 그 밖에 헌법소원심판에 이해관계가 있는 국가기관 또는 공공단체는 헌법재판소에 헌법소원심판에 관한 의견서를 제출할 수 있도록 규정한($^{법\ 제74조}_{제1항}$) 취지로 보아 이들에게도 통지하는 것이 바람직하다고 할 것이다.

Ⅲ. 전원재판부의 심리

(1) 심리 내용

헌법소원이 전원재판부의 심판에 회부되면 전원재판부가 심리를 하는데 재판관 7인 이상의 출석으로 사건을 심리한다($^{법\ 제23조}_{제1항}$). 전원재판부는 적법요건에 대한 심리와 본안에 대한 심리를 함께 한다. 지정재정부가 적법요건에 대한 심리를 해서 심판회부결정을 했더라도 전원재판부는 다시 적법요건의 심리를 통해 지정재판부 결정의 타당성 여부를 검토하게 된다. 특히 지정재판부에서 전원합의가 이루어지지 않아 각하결정을 하지 못하고 전원재판부의 본안심판에 회부된 경우와 30일의 사전심사기간을 경과해서 전원재판부의 심판에 회부된 것으로 간주된 사건의 경우에는 전원재판부의 적법요건에 관한 심리는 매우 실질적인 의미를 갖는다.

(2) 심리시의 준용규정

전원재판부의 심리에는 일반심판절차에서 설명한 여러 규정들이 그대로 준용된다. 즉 심판청구서의 송달($^{법}_{제27조}$), 심판청구의 보정($^{법}_{제28조}$), 답변서의 제출

($^{법}_{제29조}$), 심리의 방식($^{법 제30조 제 2}_{항과 제 3 항}$), 증거조사($^{법}_{제31조}$), 자료제출요구($^{법}_{제32조}$), 심판의
장소($^{법}_{제33조}$), 심판의 공개($^{법}_{제34조}$), 심판의 지휘와 법정경찰권($^{법}_{제35조}$), 심판비용
($^{법}_{제37조}$), 심판기간($^{법}_{제38조}$), 일사부재리($^{법}_{제39조}$) 등의 규정에 따라서 심리가 진행된
다. 그리고 헌법소원심판의 성질에 반하지 않는 한도 내에서 민사소송에 관한
법령과 행정소송에 관한 법령이 준용된다($^{법 제40조}_{제 1 항}$).[1] 이 경우 두 법령이 서로
저촉되면 행정소송에 관한 법령의 내용이 민사소송에 관한 법령의 내용에 우
선해서 준용된다($^{법 제40조}_{제 2 항}$).[2]

(3) 직권주의와 심판의 범위

헌법소원은 주관적 권리구제수단일 뿐 아니라 헌법질서의 수호·유지를
위한 객관소송으로서의 성질도 함께 갖기 때문에 헌법소원의 심리에는 변론주
의가 아닌 직권주의가 적용된다. 그 결과 헌법재판소는 헌법소원의 심리에서
당사자의 주장이나 청구취지 등에 구애받지 않고 독자적인 판단에 의해서 심
판의 대상과 범위 및 피청구인을 결정해서 심판한다.[3] 심판대상의 축소 또는
확장이 이루어지는 이유는 그 때문이다. 청구취지의 변경이 있는 경우 이를
적극적으로 고려하여 심판대상을 확정하지만 반드시 그에 구속되지는 않는
다.[4]

독일 연방헌법재판소도 헌법소원심판에서 심사의 기준과 범위를 정하는
데 있어서 청구인의 주장에 얽매이지 않고 독자적인 판단에 따르고 있다.[5]

---

1) 헌재는 공권력의 처분에 대한 헌법소원심판절차에서 제 3 자의 소송참가를 규정하는 행소법
   제16조가 준용된다고 판시하면서 제 3 자의 심판참가를 허용했다. 헌재결 2008. 10. 6. 2005
   헌마1005, 헌재공보 145, 1515(1516면) 참조.
2) 일반심판절차의 규정에 관해서는 앞 부분 제 3 편 제 3 장 관련 설명 참조할 것.
3) 헌재결 1989. 9. 4. 88헌마22, 판례집 1, 176(188면) 판시 이후 일관된 판례이다.
4) 청구취지의 변경이 있는데도 받아들이지 않고 처음의 청구에 의해서 정해진 심판대상에 대
   해서 판단한 헌재결 2007. 5. 31. 2003헌마579, 헌재공보 128, 610(615면)과 반대로 청구취지
   변경을 받아들여 심판대상을 확정한 헌재결 2010. 9. 30. 2008헌마758, 헌재공보 168,
   1727(1728면) 참조. 또 청구인의 대리인이 헌재법 제68조 제 1 항의 헌법소원으로 청구해서
   적법하게 '헌마'사건으로 접수된 사건에서 헌재가 청구인의 원래 의도를 추정해 헌재법 제68
   조 제 2 항의 헌법소원으로 심판한 헌재결 2008. 10. 30. 2006헌마447, 헌재공보 145, 1537
   (1539면) 참조.
5) 예컨대 BVerfGE 1, 264(271); 17, 252(258); 53, 366(390); 71, 202(204) 참조.

(4) 공탁금 납부명령

헌법재판소는 헌법소원심판의 청구인에 대하여 헌법재판소규칙으로 정하는 공탁금의 납부를 명할 수 있으며($^{법\ 제37조}_{제1항}$), 헌법소원을 각하하는 경우와 기각하는 경우에 그 심판청구가 권리의 남용이라고 인정되면 헌법재판소규칙이 정하는 바에 따라 공탁금의 전부 또는 일부의 국고귀속을 명할 수 있다($^{법\ 제37조}_{제2항}$). 불필요한 헌법소원의 남용을 억제하기 위한 규정이다. 그런데 공탁금의 납부 및 국고귀속에 관한 헌법재판소규칙은 아직 제정되지 않아서 공탁금납부제도는 시행되지 않고 있다.[1]

(5) 심리의 방식

헌법소원에 관한 심판은 원칙적으로 서면심리에 의한다. 다만 재판부가 필요하다고 인정하는 경우에는 변론을 열어 당사자·이해관계인 기타 참고인의 진술을 들을 수 있다($^{법\ 제30조}_{제2항}$). 변론을 열 때에는 기일을 정하고 당사자와 관계인을 소환해야 하는 것은 당연하다($^{법\ 제30조}_{제3항}$). 그리고 서면심리에 의하는 경우에는 심리는 공개하지 않지만 변론과 결정의 선고는 공개한다($^{법}_{제34조}$).

독일 연방헌법재판소의 헌법소원심판은 원칙적으로 변론을 열어 당사자·이해관계인·소송참가자 등의 진술을 청취하는 형식으로 진행하며, 변론절차에 더 이상 기대할 것이 없거나 소송당사자 등 진술권을 가진 사람이나 기관이 변론을 포기하는 경우에만 변론을 생략할 수 있다($^{연방헌법재판소법}_{제94조\ 제5항\ 제2절}$). 변론을 거쳐서 하는 결정은 판결(Urteil)이라고 하고 변론 없이 하는 결정은 결정(Beschluß)이라고 불러 구별한다. 우리의 헌법소원심리방식과 다른 점이다.

---

1) 독일에서도 헌법재판소의 소송비용은 국고부담이기 때문에 우리처럼 무료이다(연방헌법재판소법 제34조 제1항). 그러나 헌법소원심판청구와 선거소송 및 가처분신청이 권리남용·악용이라고 판단하면 2,600유로(Euro)까지의 수수료를 부과할 수 있다(동법 제34조 제2항). 그리고 실무상으로도 수수료를 부과하는 경우가 종종 있다. 다만 수수료의 부과는 우리의 법규정과 달리 사전공탁제가 아니라 사후의 소송비용부과의 형식으로 이루어진다. 그리고 헌법소원이 인용되는 경우에는 헌법소원청구인에게 소송비용의 전부 또는 일부를 보상해 준다(동법 제34a조 제2항).

(6) 심판기간

헌법재판소는 헌법소원심판사건을 접수한 날로부터 180일 이내에 종국결정의 선고를 하여야 한다. 다만 재판관의 궐위로 7인의 출석이 불가능한 때에는 그 궐위된 기간은 심판기간에 산입하지 아니한다($\frac{법}{제38조}$). 그리고 재판장이 보정명령을 한 경우 그 보정기간은 심판기간에 산입하지 않는다($\frac{법\ 제28조\ 제4항\ 및}{제72조\ 제5항}$). 그런데 심판기간에 관한 법규정은 실무상으로 강행규정이 아닌 훈시규정으로 해석해서 운용하고 있기 때문에 헌법소원의 심판기간은 대부분의 경우 180일을 넘기고 있다.

(7) 심판의 기준(권리보호이익과 심판이익)

1) 권리보호이익과 심판이익의 구별

헌법소원은 공권력에 의한 기본권 침해를 구제해 주는 주관적 소송으로서의 성격과 헌법질서의 수호·유지를 위한 객관소송으로서의 성격을 함께 갖는 이중적 소송구조를 갖기 때문에 심판의 기준을 정하는 데 있어서도 이 두 가지 요구를 모두 반영해야 한다. 주관적 소송으로서의 특성을 살리기 위해서는 권리보호이익의 유무가 중요한 심판의 기준이 된다. 반면에 객관소송으로서의 측면에서는 권리보호이익과는 별도로 심판이익의 유무가 검토되지 않을 수 없다. 그래서 권리보호이익은 없더라도 헌법질서의 수호·유지를 위해서 심판이익이 있다고 인정하는 경우에는 심판을 하게 된다. 예컨대 공권력에 의한 기본권 침해의 효과가 소멸해서 권리보호이익은 없더라도, 분명하지 않은 헌법문제의 해명이 필요하고, 침해 반복 내지 유사한 공권력 행사의 위험 등을 예방할 필요가 있으면 심판이익을 인정해서 심판하게 된다.[1] 따라서 권리보호이익과 심판이익이 항상 일치하는 것은 아니다. 권리보호이익과 심판이익을 구

---

[1] 헌재결 1992. 1. 28. 91헌마111, 판례집 4, 51(56면 이하): '기본권 침해행위가 이미 종료하여 이를 취소할 여지가 없기 때문에 헌법소원이 주관적 권리구제에는 별 도움이 안 되는 경우라도 그러한 침해행위가 앞으로도 반복될 위험이 있거나, 당해 분쟁의 해결이 헌법질서의 수호·유지를 위하여 긴요한 사항이어서 헌법적으로 그 해명이 중대한 의미를 지니고 있는 경우에는 심판청구의 이익을 인정하여 이미 종료한 침해행위가 위헌이었음을 선언적 의미에서 확인할 필요가 있다'. 같은 취지로 심판이익을 인정한 헌재결 2014. 3. 27. 2012헌마652, 헌재공보 210, 654(657면) 참조.

별해야 하는 이유도 그 때문이다. 그런데도 우리 헌법재판소가 권리보호이익
과 심판이익을 명확히 구별하지 않고 심판이익을 '권리보호이익의 예외사유'
라고 판시하는 것은[1] 시정할 필요가 있다.

2) 권리보호이익

권리보호이익은 헌법소원을 제기하기 위한 적법요건에 해당하기 때문에
권리보호이익이 없는 헌법소원의 심판청구는 부적법하다.[2] '이익 없으면 소
(訴) 없다'는 소송제도의 보편적인 원리가 헌법소원에서는 권리보호이익의 요
청으로 나타난다. 따라서 권리보호이익은 헌법소원심판을 청구할 때뿐 아니라
헌법재판소의 종국결정시에도 존재해야 한다. 헌법소원심판을 청구할 때 존재
하던 권리보호이익이 심판 계속중에 사정변경(사실관계 또는 법령의 변동, 기본
권 침해행위의 배제 등)으로 소멸한 경우에는 심판청구는 원칙적으로 부적법하
게 된다.[3] 그런데 권리보호이익의 유무를 판단하는 데에는 매우 신중한 검토
가 필요하다. 권리보호이익의 범위를 정하는 데 따라 헌법소원의 적법성 여부
가 좌우되고 자칫 재판청구권의 침해가 생길 수 있기 때문이다. 그래서 권리
보호이익을 판단할 때에는 분쟁의 다른 해결수단의 유무, 행정적·입법적 구
제수단의 유무 등을 기준으로 융통성 있게 판단해야 한다.[4] 권리보호이익에
관한 우리 헌법재판소의 판례를 유형별로 살펴보면 다음과 같다.

(가) 권리보호이익을 인정한 판례의 예

a) 주관적 목적 달성이 가능한 경우

지적공부에 토지의 지목이 '밭'으로 바뀐 것을 알고도 소유권이전등기를
한 사람이 그로부터 19년이 경과한 시점에 지적법(제38조 제2항)에 따라 지적공부에
'밭'으로 등록되어 있는 사항을 '대지'로 정정해 줄 것을 신청한 지목정정신청

1) 헌재결 2005. 4. 28. 2004헌마219, 판례집 17-1, 547(552면) 참조.
2) 헌재결 1989. 4. 17. 88헌마3, 판례집 1, 31(38면) 참조.
3) 동지: 헌재결 1993. 11. 25. 92헌마169, 판례집 5-2, 489(492면); 헌재결 2005. 9. 29. 2004헌
　마323, 헌재공보 108, 1050(1051면) 참조.
4) 동지: 헌재결 2001. 9. 27. 2001헌마152, 판례집 13-2, 447(454면) 참조. 우리 헌재는 헌법소
　원심판청구가 청구기간 도과를 이유로 각하되자 청구기간을 제한하고 있는 헌재법 제69조
　제1항을 대상으로 제기한 헌법소원심판에서 권리보호이익을 인정해서 본안판단을 했다.
　헌재결 2007. 10. 25. 2006헌마904, 헌재공보 133, 1121(1123면) 참조.

을 반려한 행정처분을 다투는 헌법소원에서, 헌법재판소는 청구인이 취소를 구하는 것은 19년 전의 피청구인의 지목변경처분이 아니라, 지목정정신청 반려처분이라고 전제하고, 지목에 관한 등록정정이 해당 토지 소유자인 청구인의 실체적 권리관계에 영향을 미치는 것이기 때문에 적법한 등록사항 정정신청을 이유 없이 거부한 것은 청구인의 재산권을 침해하는 것인데, 피청구기관의 반려처분이 취소되면 청구인은 지목정정이라는 주관적인 목적을 달성할 수 있다고 권리보호이익을 인정했었다.[1] 또 법원의 수사서류 열람·등사 허용결정에도 불구하고 검사가 열람만 허용하고 해당 수사서류의 등사를 거부한 권력적 사실행위에서도 청구인의 기본권 침해가 해소되지 않아 주관적 목적 달성이 가능하기 때문에 권리보호이익을 인정했다. 그리고 본안심판에서 검사의 행위가 신속하고 공정한 재판을 받을 권리와 변호인의 도움을 받을 권리를 침해한다고 위헌결정했다.[2]

b) 공소시효 경과 후에도 피의자에게 보다 유리한 처분 기대되는 경우

검찰의 기소유예처분을 받은 형사피의자가 무죄임을 주장하여 제기한 헌법소원에서 피의사실의 공소시효가 이미 완성된 때에는 헌법재판소가 헌법소원을 인용해서 기소유예처분을 취소하더라도 검찰은 '공소권 없음'의 처분을 할 것이다. 그러나 이 '공소권 없음' 처분은 피의사실을 인정하는 기소유예처분과 달라 범죄혐의 유무에 관한 실체적 판단을 하는 것이 아니기 때문에 피의자에게 유리하므로 공소시효 완성에도 불구하고 예외적으로 권리보호이익이 있다.[3] 그에 더하여 공소시효제도(형소법제249조)가 위헌임을 주장하면서 이 규정에 근거한 '공소권 없음'의 불기소처분을 다투었던 헌법소원에서는 공소시효가 이미 완성되었다고 권리보호이익이 부인되어서는 아니 되고, 위 법률조항의 위헌 여부를 가려 '공소권 없음'의 불기소처분으로 인한 기본권 침해가 있는지를 심판해야 할 권리보호이익이 있다.[4]

---

1) 헌재결 1999. 6. 24. 97헌마315, 판례집 11-1, 802(824면) 참조. 그러나 이제는 대법원의 판례변경(대판 2004. 4. 22. 2003두9015)으로 항고소송의 대상이 되기 때문에 헌법소원은 부적법하게 되었다. 헌재결 2005. 9. 13. 2005헌마829, 헌재공보 108, 994면 참조.
2) 헌재결 2017. 12. 28. 2015헌마632 참조.
3) 헌재결 1997. 5. 29. 95헌마188, 헌재공보 22, 441(443면) 참조.
4) 헌재결 1995. 7. 21. 95헌마8 등, 판례집 7-2, 206(212면) 참조.

c) 청구인의 사망 후 재심청구가 가능한 경우

형벌법률의 위헌 여부를 다투는 규범통제형 헌법소원($^{법\ 제68조}_{제2항}$)에서 청구인이 심판절차 중에 사망했더라도 헌법소원이 인용되면 형사소송법($^{제424}_{조}$)상 그 배우자와 직계친족 또는 형제자매 등은 확정된 유죄판결에 대해서 재심청구를 할 수 있으므로 청구인의 사망에도 불구하고 권리보호이익이 있다.[1]

(나) 권리보호이익을 부인한 판례의 예

a) 기본권 침해행위가 배제된 경우

헌법소원심판청구 후에 기본권 침해의 공권력 행사가 취소되거나 새로운 공권력 행사 등 사정변경으로 인해서 기본권 침해행위가 배제되어 청구인에 대한 기본권 침해가 더 이상 없는 경우에는 권리보호이익은 없다.[2]

b) 과거 불기소처분에 대한 헌법소원에서 권리보호이익이 부인된 경우

고소사건에 대한 검찰의 불기소처분을 다투던 헌법소원에서 피고소인이 심판절차 중 사망한 경우에는 청구인에게 권리보호이익이 없다.[3] 또 친고죄의 경우 고소기간이 법으로 정해진 경우 고소기간을 지나 고소를 했다면 검사는 피고소인을 기소할 수 없으므로 이 때에도 권리보호이익이 없다.[4] 일죄(一罪)의 일부에 대해서 확정판결이 있다면 나머지 범죄사실에 대해서도 기판력이 미쳐 따로 공소를 제기할 수 없으므로 이 부분의 불기소처분에 대한 헌법소원은 권리보호이익이 없다.[5]

c) 공소시효 때문에 권리보호이익이 부인된 경우

검사의 불기소처분을 다투던 헌법소원에서 검사가 불기소처분한 피의사실의 공소시효가 헌법소원청구 당시 이미 완성되었거나,[6] 헌법소원청구 후에 완성되었다면[7] 권리보호이익은 없다. 헌법소원청구로 공소시효는 정지되지 않기 때문이다.[8]

---

1) 헌재결 1997. 1. 16. 89헌마240, 판례집 9-1, 45(70면) 참조.
2) 헌재결 1993. 11. 25. 92헌마169, 판례집 5-2, 489(493면) 참조.
3) 헌재결 1992. 11. 12. 91헌마176 등 참조.
4) 헌재결 1998. 5. 28. 98헌마62 참조.
5) 헌재결 2000. 8. 31. 99헌마250, 헌재공보 49, 749(750면) 참조.
6) 헌재결 1989. 4. 17. 88헌마3, 판례집 1, 31(38면) 참조.
7) 헌재결 1997. 7. 16. 97헌마40, 헌재공보 23, 570면 참조.
8) 헌재결 1993. 9. 27. 92헌마284, 판례집 5-2, 340(346면) 참조.

d) 사정변경으로 권리보호이익이 부인된 경우

권리보호이익은 헌법소원의 심판청구시뿐 아니라 헌법재판소의 결정시에도 존재해야 한다. 따라서 헌법소원심판 계속중에 사실 또는 법률관계의 변동이 생겨 청구인이 주장하는 기본권의 침해가 종료되면 원칙적으로 권리보호이익도 소멸한다.[1] 예컨대 i) 헌법소원청구 후 관계법령의 제정·개정·폐지 등으로 기본권의 침해행위가 배제된 경우가 그에 해당하는데, 교원의 복수노조금지로 인한 기본권 침해가 복수노조를 허용하는 법제정으로 배제된 경우,[2] 노조의 정치활동금지로 인한 기본권 침해가 관련규정의 폐지로 인해서 배제된 경우,[3] 특정지역의 국회의원선거구를 확정하지 않는 입법부작위로 인한 기본권 침해가 해당 선거구를 확정하는 입법으로 배제된 경우[4] 등에는 권리보호이익이 소멸한다.[5] 또 ii) 권력적 사실행위로 인한 기본권 침해의 경우에는 권력적 사실행위가 종료하면 기본권 침해도 끝나므로 권리보호이익도 소멸한다. 예컨대 교도소 내 변호인접견실의 칸막이 설치로 인한 기본권 침해는 칸막이가 철거되면 종료하므로 권리보호이익도 소멸한다.[6] 나아가 iii) 행정기관의 정보 비공개로 인한 기본권 침해는 정보의 공개로 종료하므로 권리보호이익도 소멸한다.[7] 그리고 iv) 비송사건절차법에 의한 재판으로 인해서 이미 효력을 상실한 행정기관의 과태료부과처분의 취소를 구하는 헌법소원은 권리보호이익이 없다.[8]

e) 청구인의 사망 또는 지위변동으로 인한 권리보호이익의 부인

헌법소원청구인이 심판계속중에 사망하면 청구인의 상속인 등이 당해사건 심판결과에 따라 어떤 법적인 이익을 얻을 수 있는 등 유가족에 의한 재심

---

1) 헌재결 1997. 3. 27. 93헌마251, 판례집 9-1, 366(370면) 참조.
2) 헌재결 1999. 7. 22. 96헌마141, 판례집 11-2, 223(226면) 참조.
3) 헌재결 1999. 11. 25. 95헌마154, 판례집 11-2, 555(571면 이하) 참조.
4) 헌재결 2000. 3. 30. 99헌마594, 헌재공보 44, 350(353면) 참조.
5) 또 헌법소원 제기 후에 기본권을 제한하는 심판대상 조례가 재량규정으로 개정되었고, 지자체의 장이 개정 전의 규정에 따른 기존의 처분을 취소하고 개정된 조항에 따라 새로운 처분을 했다면 청구인이 주장하는 기본권 침해사태가 종료되어 권리보호이익이 없다. 나아가 개정된 조례조항은 재량권을 부여한 규정이므로 개정 전의 조례조항과 같은 유형의 기본권 침해가 반복될 위험이 있다거나 헌법적 해명이 긴요한 사안도 아니므로 심판이익도 인정할 수 없다는 헌법판례가 있다. 헌재결 2013. 12. 26. 2012헌마196 및 2012헌마308 참조.
6) 헌재결 1997. 3. 27. 92헌마273, 판례집 9-1, 337(342면) 참조.
7) 헌재결 1997. 4. 24. 92헌마47, 판례집 9-1, 449(453면) 참조.
8) 유사사례: 헌재결 1998. 9. 30. 98헌마18, 판례집 10-2, 567(572면) 참조.

청구가 가능한 경우를 제외하면 원칙적으로 권리보호이익도 소멸한다. 그리고 청구인의 법적 지위가 변경되어 더 이상 기본권을 침해받을 여지가 없게 되었다면 권리보호이익도 소멸한다.[1]

3) 심판이익

헌법소원에서 권리보호이익이 인정되면 심판이익도 있는 것이 일반적이다. 공권력에 의한 기본권 침해로부터 기본권을 보호해 주고 헌법소원청구인의 권리를 구제해 주는 그 자체가 헌법질서의 수호·유지를 뜻하기 때문이다. 그렇지만 심판이익이 인정된다고 해서 권리보호이익이 발생하는 것은 아니다. 그런데 권리보호이익은 없더라도 심판이익이 인정되면 헌법재판소는 심판을 해야 한다. 즉 헌법소원의 심판이 청구인의 주관적 권리구제에는 별 도움이 되지 않아도, 같은 유형의 기본권 침해행위가 앞으로도 반복해서 발생할 위험이 있고, 헌법질서의 수호·유지를 위해서 긴요한 사항이어서 헌법적으로 그에 대한 해명이 중대한 의미를 지니고 있는 경우에는 심판이익은 있기 때문에 선언적 의미에서 기본권 침해를 확인할 필요가 있다.[2] 심판이익을 인정하기 위한 두 가지

---

1) 헌재결 2000. 11. 30. 99헌마190, 판례집 12-2, 325(341면 이하) 참조.
2) 헌재결 1992. 1. 28. 91헌마111, 판례집 4, 51(56면 이하) 이래의 일관된 판시이다. 최근의 판례로는 헌재결 2005. 5. 26. 2001헌마728, 판례집 17-1, 709(712면); 헌재결 2016. 3. 31. 2014헌마794, 헌재공보 234, 651(654면) 참조. 그리고 종료된 권력적 사실행위에 대한 헌법소원에서 심판이익을 인정해서 심판했지만 기본권 침해는 부인한 판례도 있다. 헌재결 2005. 3. 31. 2003헌마87, 판례집 17-1, 437(448면). 또 교도소장이 교도소수용자의 동절기 취침시간을 밤 9시로 정한 행위의 기본권침해여부를 다투는 헌법소원심판사건에서 헌재는 권리보호이익은 소멸했지만 사안이 개별적 사건의 성격을 넘어 일반적으로 헌법적 해명의 필요성이 있는 경우에 해당한다고 심판이익을 인정해서 본안판단을 하고 기본권(일반적 행동자유권)의 침해를 부정했다. 헌재결 2016. 6. 30. 2015헌마36, 헌재공보 237, 1117(1118면) 참조. 또 옥외 집회·시위 등의 현장에서 신고유무와 관계없이 경찰이 집회·시위 참가자를 촬영한 행위는 기본권 침해행위의 반복가능성이 있고, 촬영행위의 헌법적 한계를 확정짓고 그에 대한 합헌적 기준을 제시하는 것은 촬영행위 대상자의 기본권 침해 여부를 확인하는 일이므로 헌법적 해명의 필요성이 있다고 심판이익을 인정해서 본안판단을 했지만 촬영행위는 촬영대상자의 일반적 인격권, 개인정보자기결정권 및 집회의 자유를 침해하지 않는다고 결정했다(4 : 5 결정)(헌재결 2018. 8. 30. 2014헌마843) 참조. 그 밖에도 공무원 채용공고에서 예외적으로 심판이익을 인정한 헌재결 2019. 8. 29. 2019헌마616 참조. 또 시위대를 향한 진압경찰의 직사살수행위로 상해를 입고 제기한 헌법소원심판 계속 중에 청구인이 결국 사망에 이르게 된 경우 권리보호이익은 소멸했지만 예외적으로 심판절차가 종료된 것으로 볼 수 없다고 판단하면서 경찰의 직사살수행위는 사람의 생명이나 신체에 중대한 위험을 초래할 수 있는 공권력 행사에 해당하고 헌재가 아직 직사살수행위가 헌법에 합치

기준은 기본권 침해의 반복 위험성과 헌법질서의 수호·유지를 위해서 긴요한 사항에 대한 헌법적 해명의 필요성이다.

㈎ 기본권 침해의 반복 위험성

기본권 침해가 종료했거나 기본권 침해를 배제했더라도 같은 유형의 기본권 침해행위가 앞으로도 반복해서 발생할 위험성이 있으면 심판이익은 인정된다. 이 경우 '기본권 침해의 반복 위험성'이란 단순한 '추상적·이론적 가능성이 아니라, 구체적인 것이어야 한다'.[1] 그러나 기본권 침해의 반복 위험성을 예상할 수 있는 경우라도 정형적인 침해유형과 달라 구체적인 사실관계의 확정이 선행되어야 하고 구체적인 사정을 고려하여 개별사안마다 개별적·구체적인 판단이 필요하다면 그것은 위헌성이 아닌 위법성의 문제이므로 심판이익을 인정할 수 없다는 것이 헌법재판소의 입장이다.[2] 그런데 기본권 침해의 반복 위험성의 유무는 헌법재판소가 스스로 판단할 사항이지 청구인에게 입증을 요구할 성질의 것은 아니다. 따라서 이 부분에 관해서 청구인의 입증책임을 거론한 헌법재판소의 초기 판시는[3] 재검토되어야 할 것이다. 헌법재판소가 심판이익을 인정해서 종료한 기본권 침해의 위헌확인결정을 한 많은 경우가 기본권 침해의 반복 위험성을 그 이유로 한다. 예컨대, 구속피의자의 변호인접견방해,[4] 수사기록열람·등사 거부,[5] 수형자의 서신검열,[6] 수용자

하는지 여부에 대한 해명을 한 일이 없다고 심판이익을 인정해서 심판하고 생명권 및 집회의 자유의 침해가 위헌임을 확인한 헌재결 2020. 4. 23. 2015헌마1149 참조. 그런데 법령에 근거한 기본권침해 상태가 이미 종료되어 권리보호이익이 없는 경우 기본권 침해 그 자체 행위뿐 아니라 기본권 침해의 근거가 된 법령에 대해서도 동시에 헌법소원심판을 청구했다면 이미 종료된 기본권 침해행위에 대한 심판이익은 인정되지 않는다. 어차피 그 기본권 침해의 근거법령에 대한 위헌여부를 심판하게 되기 때문이다. 예컨대 헌재결 2018. 8. 30. 2016헌마263; 헌재결 2020. 5. 27. 2018헌마867 참조.

1) 이미 헌재결 1991. 7. 8. 89헌마181, 판례집 3, 356(367면)에서 처음 판시했고, 그 후 이 판시를 반복해서 인용하고 있다. 예컨대 헌재결 1994. 7. 29. 91헌마137, 판례집 6-2, 122(134면) 참조.

2) 헌재결 2016. 10. 27. 2014헌마626(교도소내 부당처우행위 위헌확인 사건): 헌재결 2022. 1. 27. 2020헌마497(세계적인 코로나 팬데믹 상황에서 실시한 2020년 제21대 국회의원 총선거 당시 주독일 및 주캐나다 대사관이 공직선거법 제218조의29 제 1 항에 근거해서 행한 재외선거사무 중지 결정 위헌확인 사건) 참조.

3) 헌재결 1991. 7. 8. 89헌마181, 판례집 3, 356(367면) 참조.

4) 위 판례 참조.

5) 헌재결 1997. 11. 27. 94헌마60, 판례집 9-2, 675면 참조.

6) 헌재결 1998. 8. 27. 96헌마398, 판례집 10-2, 416(425면 이하) 참조.

구독신문 일부기사 삭제,¹⁾ 미결수용자의 재소자용 수의착용,²⁾ 차폐시설 불충
분한 경찰서 유치장 화장실 사용강제³⁾ 등에 대한 헌법재판소의 판례가 그에
해당한다.

(나) 헌법질서 수호·유지에 긴요한 사항의 헌법적 해명 필요성

헌법소원에서 권리보호이익이 소멸한 경우에도 그 사건이 헌법질서의 수
호·유지를 위해서 긴요한 사항에 대한 헌법적 해명의 필요성이 있는 쟁점을
내포하고 있다면 심판이익을 인정해서 헌법적으로 중요한 그 쟁점에 대해서
헌법재판소가 헌법적인 해명을 한다. 우리 헌법이 지향하고 있는 근본이념 내
지 기본원리⁴⁾의 구현과 직접·간접으로 관련성이 있는 사항인데도 아직 분명
한 헌법적인 해명이 없는 경우가 그에 해당한다고 할 것이다.⁵⁾ 특히 통일적인
학설이나 판례가 확립되지 못한 헌법적인 쟁점에 대한 헌법재판소의 판시는
헌법질서의 수호·유지를 위해서 매우 중요한 의미를 갖게 된다. 예컨대
이미 종료한 대통령선거의 기탁금제도,⁶⁾ 종료한 공직선거에서의 선거연령의
제한,⁷⁾ 이미 종료한 대통령선거에서의 여론조사금지,⁸⁾ 이미 종료한 선거에서
의 선거운동제한,⁹⁾ 이미 종료한 대통령선거에서의 TV토론회 후보자 제한초
청,¹⁰⁾ 형사소송법(^{제338조}_{제1항})에 따라 상소권 부여에서 배제된 형사피해자의 권리¹¹⁾
등에 관한 헌법소원에서 헌법재판소가 심판이익을 인정해서 심판한 이유도 그
때문이다. 다만 헌법재판소는 선거연령의 제한이나 구치소내 과밀수용행위에

1) 헌재결 1998. 10. 29. 98헌마4, 판례집 10-2, 637(644면) 참조.
2) 헌재결 1999. 5. 27. 97헌마137 등, 판례집 11-1, 653(660면) 참조.
3) 헌재결 2001. 7. 19. 2000헌마546, 판례집 13-2, 103(108면) 참조.
4) 우리 헌법의 근본이념과 기본원리에 관한 자세한 내용은 졸저, 한국헌법론, 2015, 143면 이
   하 참조.
5) 예컨대 형사재판에 계속 중인 사람에 대한 출국금지조치에서 이미 출국금지기간이 지나 권
   리구제가능성이 소멸했는데도 출국의 자유와 관련되는 중요한 미해명 헌법문제라는 이유로
   심판이익을 인정한 판례가 있다. 헌재결 2015. 9. 24. 2012헌바302, 헌재공보 228, 1395(1398
   면) 참조.
6) 헌재결 1995. 5. 25. 92헌마269 등, 판례집 7-1, 768(777면) 참조.
7) 헌재결 1997. 6. 26. 96헌마89, 판례집 9-1, 674(679면); 헌재결 2001. 6. 28. 2000헌마111,
   판례집 13-1, 1418(1425면) 참조.
8) 헌재결 1998. 5. 28. 97헌마362 등, 판례집 10-1, 712(717면) 참조.
9) 헌재결 2001. 8. 30. 99헌바92 등, 판례집 13-2, 174(192면) 참조.
10) 헌재결 1998. 8. 27. 97헌마372 등, 판례집 10-2, 461(473면) 참조.
11) 헌재결 1998. 10. 29. 97헌마17, 판례집 10-2, 609(612면) 참조.

관한 판시에서처럼 때로는 기본권 침해의 반복 위험성과 헌법적으로 해명할
필요가 있는 중요한 사안을 함께 인정해서 심판한 경우도 있다.[1]

(다) 심판이익을 부인한 경우

헌법재판소가 헌법소원에서 법령개정에 의한 기본권 침해의 배제로 인해
서 권리보호이익이 소멸함과 동시에 심판이익도 없다고 한 판례도 있다.[2]

(8) 일사부재리의 원칙

헌법재판소는 이미 심판을 거친 동일한 사건에 대하여는 다시 심판할 수
없다(법제39조). 헌법재판소 결정은 헌법재판소에 대해서 자기기속력을 가지므로
원칙적으로 취소하거나 변경하는 것이 허용되지 않으며, 헌법재판소가 한 번
결정한 사건을 다시 심판하는 것은 법적 안정성을 해치는 일이다.[3] 그러나
헌법재판소가 변호사인 대리인의 비(非)선임, 다른 법률에 의한 권리구제절차
미(未)경유 등 형식요건의 흠결을 이유로 각하한 사건의 경우에 대리인을 선
임하거나 권리구제절차를 거치는 등 그 흠결을 보정하여 헌법소원의 심판을
다시 청구한 때에는 일사부재리의 원칙이 적용되지 않는다.[4] 적법요건에 관한
흠결의 보정이 가능한데도 흠결의 보정 없이 동일한 내용의 심판청구를 반복
하거나,[5] 흠결의 보정이 불가능한 심판청구를 반복하는 경우에는[6] 일사부재
리의 원칙이 적용된다.

---

1) 예컨대 헌재결 2001. 6. 28. 2000헌마111, 판례집 13-1, 1418(1425면 이하); 헌재결 2016.
   12. 29. 2013헌마142; 헌재결 2017. 11. 30. 2016헌마503; 헌재결 2018. 2. 22. 2017헌마322
   (장애인의 자립생활과 사회참여를 지원하는 활동보조기관에 지급하는 시간당 급여비용을
   다투는 헌법소원심판); 헌재결 2018. 4. 26. 2016헌마611(일반사병의 선거운동의 자유를 제
   한하는 국가공무원법 등에 대한 헌법소원 제기 후 만기 전역한 사건). 그 밖에도 헌재결
   2018. 5. 31. 2015헌마476, 헌재공보 260, 888(890면)(경찰의 집회·시위 군중을 향한 최루액
   혼합살수행위) 참조.
2) 예컨대 헌재결 2000. 4. 27. 98헌마6, 헌재공보 45, 413(415면); 헌재결 2001. 9. 27. 2000헌
   마173, 헌재공보 61, 945(947면) 참조.
3) 동지: 헌재결 1989. 7. 24. 89헌마141; 헌재결 2021. 6. 24. 2018헌마1103 참조. 따라서 헌재
   법 제39조의 일사부재리제도는 재판청구권의 제약이 아니다. 헌재결 2007. 6. 28. 2006헌마
   1482 참조.
4) 청구기간 도과를 이유로 각하된 헌법소원을 청구기간제한규정의 위헌결정으로 각하사유가
   해소된 후에 다시 제기하는 것도 일사부재리에 저촉되지 않는다. 헌재결 2007. 10. 25. 2006
   헌마904, 헌재공보 133, 1121(1123면) 참조.
5) 헌재결 1995. 2. 23. 94헌마105, 판례집 7-1, 282(286면) 참조.
6) 헌재결 2001. 6. 28. 98헌마485, 판례집 13-2, 1379(1388면 이하) 참조.

반면에 헌법재판소가 종전에 심판한 사건의 심판대상 법률조항과 중복은 되지만, 종전사건의 심판에서 위헌판단한 사실이 없는 법률조항을 대상으로 다른 청구인이 규범소원($^{법 \; 제68조}_{제2항}$)을 청구했다면 동일한 사건의 중복청구는 아니므로 당연히 일사부재리의 원칙은 적용되지 않는다.[1]

그런데 일사부재리의 원칙과 관련된 우리 헌법재판소의 판례 중에는 쉽게 납득하기 어려운 것도 있다. 예컨대 헌법재판소가 이미 규범소원($^{법 \; 제68조}_{제2항}$)의 심판에서 합헌결정을 한 후에 당해 사건만 다를 뿐 동일한 청구인이 동일한 심판대상(법률조항)에 대해서 다시 규범소원을 청구한 경우에 동일한 사건의 중복청구인데도 불구하고 헌법재판소는 일사부재리의 원칙을 적용하지 않고 다시 합헌결정을 한 경우가 있다.[2]

이런 경우에는 합헌결정을 반복할 것이 아니라, 일사부재리의 원칙을 적용해서 각하결정을 하여야 할 것이다.[3]

(9) 가처분결정

헌법재판소는 권리구제와 헌법질서의 수호·유지를 위해서 불가피하다고 판단하면 종국결정의 선고 전에 필요한 가처분결정을 할 수 있다. 헌법재판소법에는 헌법소원의 심판절차에서 가처분에 관한 규정을 두지 않고 있지만, 헌법재판소는 헌법재판에서 준용($^{법}_{제40조}$)하게 되어 있는 행정소송법과 민사집행법에 따라 가처분결정을 하고 있다.[4] 가처분의 요건과 효력에 관한 자세한 것은 중복을 피하기 위해서 앞의 일반심판절차의 가처분에 관한 설명으로[5] 대신

---

1) 헌재결 1997. 8. 21. 96헌마48, 판례집 9-2, 295(303면) 참조.
2) 헌재결 2001. 6. 28. 2000헌바48, 헌재공보 58, 658(660면) 참조.
3) 헌재결 2006. 5. 25. 2003헌바115 등, 헌재공보 116, 772(776면)에서 이러한 취지의 견해를 밝히는 재판관의 수가 4명에 이르고 있다. 특히 헌재결 2007. 1. 17. 2005헌바40, 헌재공보 124, 129(132면)에서 조대현 재판관은 헌재법 제39조가 정하는 '사건의 동일성'을 판단함에 있어 심판대상인 법률조항과 쟁점이 동일하면 동일한 사건으로 보아야 하고, 당사자나 사실관계의 동일성은 따질 필요가 없다는 견해를 밝히면서, 이런 기준에 따른 일사부재리의 원칙은 종전 판시를 변경할 필요가 있는 경우가 아니면 위헌·합헌선언한 모두의 규범통제의 경우에 적용된다고 한다.
4) 예컨대 헌재결 2000. 12. 8. 2000헌사471, 판례집 12-2, 381(384-385면); 헌재결 2014. 6. 5. 2014헌사592, 헌재공보 213, 1168; 헌재결 2018. 4. 26. 2018헌사242 등, 헌재공보 259, 785 면 참조.
5) 앞의 제 3 편 제 3 장 8 참조.

한다.

⑽ 종국결정

1) 결정서 작성

헌법재판소가 헌법소원사건의 심리를 마치면 종국결정을 해서 사건을 종결한다(법 제36조 제1항). 종국결정을 할 때에는 결정서를 작성하고 심판에 관여한 재판관 전원이 결정서에 서명·날인하여야 하는데, 결정서에는 i) 사건번호와 사건명, ii) 당사자와 심판수행자 또는 대리인의 표시, iii) 주문, iv) 이유, v) 결정일자 등을 기재한다(법 제36조 제2항). 그리고 헌법소원심판에 관여한 재판관은 결정서에 의견을 표시하여야 하는데(법 제36조 제3항), 법정의견·반대의견·별개의견·보충의견 등의 형식으로 의견표시를 한다.

2) 종국결정의 방법과 유형

헌법소원의 종국결정은 심리에 관여한 재판관 과반수의 찬성으로 하는데, 헌법소원의 인용결정과 헌법 또는 법률의 해석·적용에 관한 헌법재판소의 종전 판시를 변경하는 결정을 하려면 재판관 6인 이상의 찬성이 있어야 한다(제113조 제1항 및 법 제23조 제2항).

종국결정에는 각하결정, 기각결정, 인용결정, 심판절차 종료선언 등의 유형이 있다. 그리고 규범소원(법 제68조 제2항)의 경우에는 합헌결정과 위헌결정 등 규범통제의 결정유형이 활용된다.[1]

3) 종국결정의 송달과 공시

종국결정의 선고는 공개하는데(법 제34조), 종국결정이 선고되면 헌법재판소 서기는 지체없이 결정서 정본을 작성하여 이를 당사자에게 송달하여야 한다(법 제36조 제4항). 그리고 종국결정은 관보에 게재함으로써 이를 일반에게 공시한다(법 제36조 제5항).

---

1) 앞의 제4편 제1장 3 규범통제의 결정유형에 관한 설명 참조할 것.

4) 종국결정의 유형별 검토

(가) 각하결정

헌법소원심판청구가 형식요건의 흠결로 부적법한 경우에는 각하결정을 한다. 형식요건의 흠결을 이유로 각하결정을 한 경우, 그 흠결이 보정할 수 있는 것이면 흠결을 보정하여 헌법소원을 다시 청구하는 것이 허용되지만, 흠결의 보정이 불가능한 때에는 헌법소원의 재청구는 일사부재리의 원칙에 위배되므로 허용되지 않는다.

(나) 기각결정

헌법소원심판청구가 적법하지만, 이유가 없는 경우에는 기각결정을 한다. 그런데 심리에 관여한 재판관의 평의결과[1] 이유가 있다고 주장하는 재판관이 과반수라고 하더라도 인용결정의 정족수에 미달하면 기각결정을 하게 된다.[2] 또 과반수의 인용의견과 소수의 각하의견이 대립하는 경우에 평결방식에 따라 기각결정을 하는 경우도 있다.[3] 이 때 인용의견의 과반수 재판관은 헌법소원의 적법성을 인정하기 때문이다.

(다) 인용결정

헌법소원심판청구가 적법하고 청구의 이유가 있다고 판단하는 경우에는 인용결정을 한다. 이미 앞에서도 말한 바와 같이 인용결정은 재판관 6인 이상의 찬성이 있어야 가능하다.

a) 인용결정의 형식과 내용

권리구제형 헌법소원(법 제68조 제1항)을 인용할 때에는 인용결정서의 주문에서 침해된 기본권과 침해의 원인이 된 공권력의 행사 또는 불행사를 특정하여야 한다(법 제75조 제2항). 이 경우 헌법재판소는 주문에서 기본권 침해의 원인이 된 공권력의 행사를 취소하거나 그 불행사가 위헌임을 확인할 수 있다(법 제75조 제3항).

그리고 기본권을 침해하는 공권력의 행사 또는 불행사가 위헌인 법률 또는 법률조항에 기인한 것이라고 인정할 때에는 인용결정서의 주문에서 당해

---

1) 재판관의 평의와 평결방식에 관해서는 앞의 제 3 편 제 3 장 5 Ⅳ 일반심판절차 관련 부분 참조할 것.
2) 예컨대 헌재결 1999. 1. 28. 98헌마85, 판례집 11-1, 73(83면) 참조.
3) 예컨대 헌재결 2000. 2. 24. 97헌마13 등, 판례집 12-1, 252(284면) 참조.

법률 또는 법률조항이 위헌임을 선고할 수 있다(인용결정시의 부수적 규범통제) $\left(\begin{smallmatrix}법\ 제75조\\제5항\end{smallmatrix}\right)$.[1)]

그런데 법령에 의한 직접적인 기본권 침해를 이유로 하는 법령소원$\left(\begin{smallmatrix}법\ 제68조\\제1항\end{smallmatrix}\right)$을 인용할 때에는 인용결정서의 주문에 침해된 기본권을 표시하지 않는다. 이 경우에는 기본권 침해의 직접적인 원인이 법령이기 때문에 규범소원$\left(\begin{smallmatrix}법\ 제68조\\제2항\end{smallmatrix}\right)$의 경우처럼 기본권 침해 법령을 주된 표적으로 삼아 주문에서 그 법령이 위헌임을 선언하는 것이 침해된 기본권을 표시하는 것보다 객관적인 헌법질서의 확립에 더 충실한 효과를 나타내기 때문이다.[2)]

b) 인용결정의 유형

위에서 설명한 헌법소원 인용결정의 내용을 유형별로 보면 i) 기본권 침해 공권력 행사 취소결정$\left(\begin{smallmatrix}법\ 제75조\\제3항\end{smallmatrix}\right)$, 검사의 기소유예처분을 비롯한 불기소처분 취소결정이 주류를 이룬다, ii) 기본권 침해 공권력 불행사 위헌확인결정$\left(\begin{smallmatrix}법\ 제75조\\제3항\end{smallmatrix}\right)$, 예컨대 행정부작위,[3)] 행정입법부작위,[4)] 입법부작위 위헌확인결정[5)] 등이다, iii)

---

1) 예컨대 미결수용자의 변호인접견 방해로 인한 기본권 침해사건에서, 헌법재판소는 미결수용자의 변호인접견시에 수사관이 참여하여 대화내용을 청취하고 기록한 공권력 행사가 위헌임을 확인함과 동시에 그 근거규정인 행형법 준용규정(제62조) 중 같은 법 제18조 제3항을 미결수용자의 변호인접견에 준용하도록 한 부분은 위헌이라고 결정했다. 헌재결 1992. 1. 28. 91헌마111, 판례집 4, 51(54면) 참조.

2) 우리 헌법재판소도 국·공립사범대학 등 출신자를 교육공무원인 국·공립학교 교사로 우선하여 채용하도록 규정한 교육공무원법(제11조 제1항) 때문에 사립사범대학 졸업자 등이 평등권과 직업선택의 자유를 침해받고 있다고 제기한 헌법소원심판에서 인용결정서의 주문에는 침해된 기본권을 표시하지 않고 기본권 침해 법률이 위헌임을 선언한 후 결정이유에서 침해된 기본권을 열거해서 논증했다(헌재결 1990. 10. 8. 89헌마89, 판례집 2, 332(333면과 348면 이하)). 그러면서 법령소원의 경우 인용결정서의 주문에서 침해된 기본권을 표시하지 않는 이유에 대해서 '법률에 대한 헌법소원은 청구인의 침해된 기본권구제의 면도 있으나, 객관적인 헌법질서의 확립이라는 성질이 더 부각되어야 할 것이고, 동 규정(법 제75조 제2항)의 취지가 같은 조 제3항 내지 제5항과의 관계에서 볼 때 입법권, 즉 법률에 의한 기본권 침해의 경우에 부합하는 규정이라고 보여지지 않고, 오히려 같은 조 제6항이 헌법소원을 인용하여 법률의 위헌을 선고할 경우에는 같은 법 제45조, 제47조의 규정을 준용하도록 하고 있어서 구태여 주문에 침해된 기본권을 표시할 필요까지는 없다고 해석되기 때문'이라고 설명했다(헌재결 1991. 3. 11. 91헌마21, 판례집 3, 91(115면 이하)).

3) 예컨대 헌재결 1989. 9. 4. 88헌마22, 판례집 1, 176(179면)(임야조사서 또는 토지조사부의 열람·복사신청에 불응한 행정부작위로 인한 알 권리 침해 위헌확인결정) 참조.

4) 예컨대 헌재결 1998. 7. 16. 96헌마246, 판례집 10-2, 283(288면 이하)(치과전문의자격시험제도 절차에 관한 행정입법부작위 위헌확인결정) 참조.

5) 예컨대 헌재결 1994. 12. 29. 89헌마2, 판례집 6-2, 395(398면)(군정법령으로 수용된 조선철도관련 주식에 대한 손실보상금 지급절차에 관한 입법부작위 위헌확인결정) 참조.

기본권 침해 공권력 행사 위헌확인결정, 기본권 침해의 공권력 행사가 종료했
거나 배제된 후에 심판이익을 인정하여 선언적 의미에서 행하는 결정이다,[1)]
iv) 기본권 침해 공권력작용의 취소결정 또는 위헌확인결정에 부수된 침해 근
거법률의 위헌결정($^{법\ 제75조}_{제5항}$),[2)] 기본권 침해 공권력작용이 위헌인 법률 또는 법
률조항에 기인한 경우의 결정이다.

이 부수적 위헌결정에서는 단순위헌결정뿐 아니라, 법률의 규범통제에서 허
용되는 한정위헌결정과 헌법불합치결정 등 이른바 변형위헌결정도 할 수 있다.

c) 인용결정의 효력

헌법소원 인용결정은 모든 국가기관과 지방자치단체를 기속하는 기속력
을 가진다($^{법\ 제75조}_{제1항}$).[3)] 공권력의 불행사로 인한 기본권 침해를 이유로 하는 헌
법소원을 인용하는 결정도 기속력을 가지기 때문에 피청구인은 헌법재판소의
결정취지에 따른 새로운 처분을 하여야 한다($^{법\ 제75조}_{제4항}$). 헌법소원 인용결정은
그 밖에도 종국결정의 효력을 나타내서 자기구속력, 형식적·실질적 확정력을
갖는다.[4)] 그리고 규범소원($^{법\ 제68조}_{제2항}$)이 인용된 경우 당해 헌법소원과 관련된 법
원 계류 소송사건이 이미 확정된 때에는 당사자는 재심을 청구할 수 있는데
($^{법\ 제75조}_{제7항}$), 형사사건의 재심에는 형사소송법의 규정이, 그 외의 사건의 재심에
는 민사소송법의 규정이 준용된다($^{법\ 제75조}_{제8항}$). 법령소원($^{법\ 제68조}_{제1항}$)을 인용하거나 기
본권 침해 근거법률에 대해서 부수적으로 위헌결정을 하는 경우에 위헌결정
된 법령에 근거한 유죄의 확정판결에 대해서도 재심청구를 할 수 있다.[5)] 그

---

1) 예컨대 헌재결 1993. 7. 29. 89헌마31, 판례집 5-2, 87(91면)(국제그룹 해체와 기업활동의
   자유 및 평등권 침해 위헌확인결정) 참조.
2) 예컨대 헌재결 1992. 1. 28. 91헌마111, 판례집 4, 51(54면)(피의자의 변호인접견시 수사관
   의 참여로 인한 기본권 침해확인결정과 근거법률 위헌결정); 헌재결 2015. 3. 26. 2014헌마
   1089, 헌재공보 222, 585(586면)(기소유예처분의 근거가 되는 정신보건법(제58조)에 대한
   부수적 규범통제와 위헌결정에 따른 기소유예처분 취소결정) 참조.
3) 기속력의 구체적인 내용에 관해서는 앞 부분 제 3 편 제 3 장 7 Ⅵ 일반심판절차 종국결정
   의 효력 중 해당 부분 설명 참조.
4) 이들 효력의 자세한 내용은 앞 부분 제 3 편 제 3 장 7 Ⅵ 일반심판절차 종국결정의 효력에
   관한 설명 참조할 것.
5) 우리 헌법재판소는 헌법재판소법 제75조 제 7 항에 대한 합헌결정에서 이 규정에 의한 재심
   청구는 민사소송법(제451조 제 1 항)과 형사소송법(제420조)의 재심사유와는 다른 독립된
   재심사유의 설정으로 보고 있다. 헌재결 2000. 6. 29. 99헌바66 등, 판례집 12-1, 848(864
   면) 참조. 헌재는 그 후 대법원이 한정위원결정의 기속력을 부인하면서 한정위헌결정을 재
   심사유에서 배제하는 판결을 하자 재심사유에 한정위헌결정이 포함되지 않는다고 해석하는

리고 규범소원($^{법 \ 제68조}_{제 2 항}$)과 법령소원($^{법 \ 제68조}_{제 1 항}$) 및 부수적 규범통제($^{법 \ 제75조}_{제 5 항}$)에서 행한 법령에 대한 위헌결정은 일반적 효력을 가지므로 해당 법령은 사실상 효력을 상실하게 된다($^{법 \ 제47}_{조}$).

(라) 심판절차 종료선언

심판절차 종료선언을 통해서 헌법소원을 종결하는 특별한 예외적인 결정유형이 있다. 헌법소원심판청구인이 사망하거나 심판청구의 취하(取下) 등으로 인하여 헌법소원 심판절차의 종료 여부가 불투명하게 된 경우에 헌법재판소가 헌법소원 심판절차의 종료를 분명하게 밝히기 위해서 행하는 결정이 심판절차 종료선언이다. 심판절차 종료선언은 본안심리의 전후를 불문하고 가능하지만, 심판청구의 취하의 경우에는 제약을 받을 수도 있다.[1] 심판절차 종료선언의 결정주문은 '이 사건 심판절차는 년 월 일 청구인의 사망으로 종료되었다' 또는 '이 사건 심판절차는 청구인의 심판청구 취하로 년 월 일 종료되었다'의 형식으로 표시한다.

a) 청구인의 사망으로 인한 심판절차 종료선언

α) 원 칙

헌법소원청구인이 사망하면 원칙적으로 권리보호이익도 소멸한다. 따라서 심판절차 종료선언을 하게 된다. i) 특히 헌법소원의 심판대상이 일신전속적인 성격이 강한 기본권의 경우에는 청구인의 사망으로 심판절차는 종료하는 것이 원칙이다.[2] ii) 그리고 헌법소원심판절차 계속중에 청구인이 사망한 후 상속인이 헌법소원심판절차의 수계신청(受繼申請)을 하지 않으면 헌법재판소는 심판절차 종료선언을 한다.[3]

한 헌재법 제75조 제 7 항은 헌법에 위반된다는 취지를 결정문에서 분명히 밝혔다. 헌재결 2003. 4. 24. 2001헌마386 참조.

1) 우리 헌재의 판례로는 아직 제약을 받지 않지만, 이론상 제약이 불가피하다.

2) 예컨대 헌재결 1992. 11. 12. 90헌마33, 판례집 4, 782(783면); 헌재결 1999. 11. 25. 99헌마 431 참조. 독일에도 병역법규정을 대상으로 하는 헌법소원에서 청구인의 사망으로 종결처리된 판례가 있다. BVerfGE 12, 311(315) 참조.

3) 예컨대 헌재결 1994. 12. 29. 90헌바13, 판례집 6-2, 351(352면) 참조. 헌재결 2010. 6. 24. 2007헌마1256, 판례집 22-1(하), 560(562면)은 법적으로 직접적인 이해관계가 없는 비상속인은 자기관련성이 없다는 이유로 그의 수계신청을 받아들이지 않고 심판절차종료선언을 했다.

β) 예   외

i) 헌법소원의 심판대상이 일신전속적인 성격이 약한 기본권인 경우에는 청구인이 사망하더라도 상속인에 의한 헌법소원심판절차의 수계가 가능하므로 상속인의 수계의사표시가 있으면 심판절차는 계속되기 때문에 심판절차 종료선언을 하지 않는다.[1] ii) 또 상속인의 수계의사표시가 없더라도 이미 결정을 할 수 있을 정도로 사건이 성숙되어 있고 그 결정에 의하여 유죄판결의 흠이 제거될 수 있음이 명백한 경우 등 특별히 유죄판결을 받은 자의 이익을 위하여 결정의 필요성이 있다고 판단하면 종국결정을 할 수 있다.[2] iii) 또 헌법소원의 청구인은 사망했어도 헌법소원이 인용되면 그 배우자와 직계친족 또는 형제자매가 형사소송법($^{제424}_{조}$)에 따라 확정된 유죄판결에 대해서 재심청구를 할 수 있어 권리보호이익이 인정되면 각하 또는 심판종료선언을 하지 않고 본안판단을 하여야 한다.[3]

b) 심판청구의 취하로 인한 심판절차 종료선언

α) 헌법재판소의 판례와 비판

헌법소원심판청구인이 심판청구를 취하하면 헌법재판소는 소(訴)의 취하에 관한 민사소송법규정($^{제266조와}_{제267조}$)을 준용하여 심판절차 종료선언을 하여야 한다는 입장을 취하고 있다.[4] 그러나 헌법재판소의 이러한 판례입장은 옳지 않다고 할 것이다. 헌법소원은 헌법재판소 스스로 힘주어 강조한 것과 같이 단순히 주관적인 권리구제만이 아니라 객관적인 헌법질서의 수호·유지를 동시에 추구하는 양면성을 갖는 헌법재판이다. 그렇기 때문에 헌법소원의 심판청구가 취하되면 자동적으로 민사소송법의 규정을 준용해서 심판절차 종료선언으로 사건을 종결해야 한다는 입장은 타당하다고 볼 수 없다. 헌법소원에서 권리보호이익과 심판이익을 구별하고 권리보호이익의 유무와 관계 없이 심판이익이 있으면 본안판단을 하는 취지를 감안할 때 '5·18불기소처분취소'를 구하는 헌법소원은 분명히 심판이익이 큰 사건이었기 때문에 심판청구의 취하에

---

1) 위의 판례집 6-2, 354면의 판시 내용이다.
2) 위의 판례집 6-2, 354면의 판시 내용이다.
3) 예컨대 헌재결 1997. 1. 16. 89헌마240, 판례집 9-1, 45(70면) 참조. 독일 연방헌법재판소도 같은 취지의 판시를 하고 있다. BVerfGE 6, 389(442); 37, 201(206) 참조.
4) 예컨대 헌재결 1995. 12. 15. 95헌마221 등, 판례집 7-2, 697(702면과 747면) 참조.

도 불구하고 본안판단을 했어야 한다. 헌법재판소가 심판절차 종료선언을 한 것은 잘못이다. 이 사건의 결정에서 4인의 재판관이 심판절차 종료선언에 반대의견을 피력한 것도[1] 같은 취지라고 할 것이다.

　　나아가 이제는 헌법재판소법($^{제40조}_{제1항}$)의 개정을 통해 민사소송법의 규정을 준용하는 경우에도 '헌법재판의 성질에 반하지 아니하는 한도 내에서'만 준용하도록 했기 때문에 앞으로는 심판청구의 취하가 있더라도 민사소송법의 소 (訴) 취하규정의 준용에 보다 신중한 태도로 임해야 할 것이다.

　　β) 독일의 판례

　　독일 연방헌법재판소는 헌법소원이 갖는 주관적 기능과 객관적인 기능을 조화하기 위해서 노력하면서도 1970년대까지는 헌법소원의 청구인에게 청구를 취하할 수 있는 권리를 비교적 폭 넓게 인정하는 입장을 취했었다. 다만 법률을 대상으로 하는 헌법소원과 비슷한 성격을 갖는 추상적 규범통제에서는 공익에 반하지 않는 경우에만 청구의 취하를 인정하는 판례를 통해서 청구의 취하를 제한했다.[2] 그러다가 1998년에는 독일어 맞춤법 및 표기법 개혁(Rechtschreibreform)에 관한 헌법소원사건을 계기로 헌법소원에서의 청구취하도 제한하는 입장으로 발전했다. 그래서 헌법소원심판절차에서 청구인의 청구취하로 심판절차가 종료된다는 원칙은 언제나 예외 없이 적용되지는 않는다는 점을 분명히 밝혔다. 즉 i) 헌법소원심판청구가 일반적인 의미를 갖는다는 이유로 보충성의 예외가 인정되었고,[3] ii) 이미 구두변론절차를 거쳤으며, iii) 헌법소원이 갖는 일반적인 의미가 결정선고 때까지도 소멸하지 않았다면 객관적인 헌법질서를 수호하고 헌법의 해석을 통해 헌법의 규범적 효력을 높여야 하는 헌법소원의 객관적인 기능이 헌법소원청구인의 주관적인 이익보다 우선한다고 강조하면서, 이런 경우 헌법소원의 심판절차가 전적으로 청구인의 의사에 따라서 좌우될 수는 없으므로 심판청구의 취하는 효력이 없다고 판시하면서 종국결정을 선고했다.[4]

---

1) 위의 판례집 748면 이하 참조.
2) 예컨대 BVerfGE 1, 396(414f.); 8, 183(184); 25, 308(309) 참조.
3) 독일 연방헌법재판소법 제90조 제 2 항 제 2 절 참조. 이 조문의 내용에 관해서 자세한 것은 앞 부분 418면과 419면 참조할 것.
4) BVerfGE 98, 218(242f.) 참조.

결국 독일 연방헌법재판소는 세 가지 전제조건을 제시하면서 헌법소원심판청구의 취하에도 불구하고 종국결정을 선고해야 하는 경우를 분명하게 밝히고 있다는 점을 우리도 타산지석으로 삼을 필요가 있다고 생각한다.

⑾ 재   심

헌법재판소법에 헌법소원심판의 재심(再審)에 관해서 위헌소원($^{법 제68조}_{제2항}$)에 따른 헌법소원이 인용된 경우에 해당 헌법소원과 관련된 사건이 이미 확정된 때에는 당사자는 재심을 청구할 수 있다고 정하면서($^{법 제75조}_{제7항}$) 이 재심에서 형사사건에는 형사소송법을, 그 외 사건에서는 민사소송법을 준용한다고 규정하고 있다($^{법 제75조}_{제8항}$).[1] 그러나 헌법재판소는 권리구제형 헌법소원($^{법 제68조}_{제1항}$)심판에서 재판부 구성이 위법한 경우와 판단유탈의 경우에 부분적으로 헌법소원심판에 대한 재심을 허용하는 판시를 하고 있다.[2] 그러나 규범통제형 헌법소원($^{법 제68조}_{제2항}$)과 법령소원($^{법 제68조}_{제1항}$)의 종국결정은 법령의 위헌 여부에 대한 판단을 그 내용으로 하고 있기 때문에 성질상 그에 대한 재심은 허용될 수 없다. 그렇지만 정당해산심판절차에서는 재심을 허용하지 아니함으로써 얻을 수 있는 법적 안정성의 이익보다 재심을 허용함으로써 얻을 수 있는 구체적 타당성이 더 크므로 재심을 허용하여야 한다.[3]

1) 재판부 구성이 위법한 경우

권리구제형 헌법소원 중에서도 행정작용에 속하는 공권력작용을 대상으로 하는 헌법소원의 종국결정에 대해서만 재심이 허용되는데 그 경우에도 '재판부의 구성이 위법한 경우 등 절차상 중대하고도 명백한 위법이 있어서 재심을 허용하지 아니하면 현저히 정의에 반하는 경우에 한하여 제한적으로 재

---

1) 그리고 심판규칙에서 재심의 심판절차에는 그 성질에 어긋나지 않는 범위 내에서 재심 전 심판절차에 관한 규정을 준용한다는 내용(제52조)과 재심청구서의 기재사항(제53조)만을 정하고 있다.

2) 재심청구는 민소법규정(제456조)을 준용해서 재심사유를 안 날로부터 30일(불변기간) 이내에 해야 한다. 그리고 종국결정 확정 후 5년이 경과하면 재심청구가 불가능하다. 헌재는 재심청구 불변기간 중 '국가배상사건에 대하여 민사법 제456조 제 1 항을 준용하는 부분'이 재판청구권을 침해하지 않고 평등원칙에도 위반되지 않는다고 결정했다(헌재결 2020. 9. 24. 2019헌바130).

3) 헌재결 2016. 5. 26. 2015헌아20, 헌재공보 236, 864(865면) 참조.

심이 허용될 수 있다'.[1]

2) 중대사항에 관한 판단유탈의 경우

헌법재판소는 처음에는 공권력작용을 대상으로 하는 권리구제형 헌법소원심판절차에서의 종국결정은 민사소송법($\frac{제451조 \ 제1}{항 \ 제9호}$)이 정하는 판단유탈에 의한 재심의 대상이 되지 않는다는 입장을 취했다.[2] 그러다가 그 후 입장을 바꿔 '헌법재판소의 결정에 영향을 미칠 중대한 사항에 관하여 판단을 유탈한 때'에는 판단유탈도 재심사유로 인정하는 판시를 했다.[3] 헌법소원심판절차에서 직권주의가 적용된다고 해도 당사자의 주장에 대한 판단유탈이 원천적으로 방지될 수는 없고, 사전구제절차를 거친다고 해서 헌법소원심판시에 판단유탈을 예방할 수 있는 것도 아니라는 것을 이유로 들고 있다. 그리고 민사소송법($\frac{제451조 \ 제1}{항 \ 제9호}$) 소정의 판단유탈을 재심사유로 허용하는 것은 공권력작용을 대상으로 하는 권리구제형 헌법소원의 성질에 반한다고 할 수 없으므로 민사소송법 규정을 준용하는 것이 마땅하다고 논증했다.

3) 재심이 허용되지 않는 경우

i) 규범통제형 헌법소원($\frac{법 \ 제68조}{제2항}$)과 법령소원($\frac{법 \ 제68조}{제1항}$)의 경우에는 그 종국결정에 의해서 심판대상 법령의 위헌 여부를 확인하는 것이기 때문에 재심이 허용될 수 없다.[4] 재심을 허용하는 것은 법령의 효력과 국민생활에 심각한 혼란을 초래할 위험성이 크기 때문에 법치국가의 기초가 되는 법적 안정성의

1) 헌재결 1995. 1. 20. 93헌아1, 판례집 7-1, 113(121면); 헌재결 1998. 3. 26. 98헌아2, 판례집 10-1, 320(325면): 이 결정에서는 5명의 재판관이 1995년 선고한 소극적 입장(판단유탈의 재심사유 배제)의 판례변경을 주장했지만 판례변경 심판정족수 미달로 판단유탈은 재심사유가 아니라는 종전의 견해가 그대로 유지되었다.
2) 위의 판례집 7-1, 122면 참조.
3) 헌재결 2001. 9. 27. 2001헌아3, 판례집 13-2, 457(461면) 참조. 헌재가 판단유탈을 이유로 재심사건에서 스스로 재심대상결정을 취소한 결정도 있다. 헌재결 2009. 6. 25. 2008헌아23, 헌재공보 153, 1327(1328면) 참조. 적법한 불기소처분 취소청구를 잘못 기재된 사실조회 결과를 근거로 각하한 경우도 헌재는 중대사항에 관한 판단유탈의 재심사유가 있다고 보아 재심대상결정을 취소하고 재심을 한 예도 있다. 헌재결 2011. 2. 24. 2008헌아4, 헌재공보 173, 441 참조.
4) 헌재결 1992. 6. 26. 90헌아1, 판례집 4, 378(385면); 헌재결 2006. 9. 26. 2006헌아37, 제2지정재판부, 헌재공보 120호, 1297면 참조.

요청을 충족하기 위해서는 법원의 확정판결에 대한 재심허용 근거로 주장되는 구체적 타당성의 요청이 헌법재판에서는 후퇴할 수밖에 없기 때문이다. ii) 그리고 '사실인정의 오류'는 민사소송법상의 재심사유($^{민소법 \ 제451}_{조 \ 제1항}$)에 포함되어 있지 않으므로 헌법소원에서도 재심사유에 해당하지 않는다.[1]

---

1) 헌재결 2000. 6. 29. 99헌아18, 판례집 12-1, 972(977면) 참조.

부　록

대한민국헌법
헌법재판소법
헌법재판소 심판규칙

대한민국헌법

전 문

유구한 역사와 전통에 빛나는 우리 대한국민은 3·1운동으로 건립된 대한민국임시정부의 법통과 불의에 항거한 4·19민주이념을 계승하고, 조국의 민주개혁과 평화적 통일의 사명에 입각하여 정의·인도와 동포애로써 민족의 단결을 공고히 하고, 모든 사회적 폐습과 불의를 타파하며, 자율과 조화를 바탕으로 자유민주적 기본질서를 더욱 확고히 하여 정치·경제·사회·문화의 모든 영역에 있어서 각인의 기회를 균등히 하고, 능력을 최고도로 발휘하게 하며, 자유와 권리에 따르는 책임과 의무를 완수하게 하여, 안으로는 국민생활의 균등한 향상을 기하고 밖으로는 항구적인 세계평화와 인류공영에 이바지함으로써 우리들과 우리들의 자손의 안전과 자유와 행복을 영원히 확보할 것을 다짐하면서 1948년 7월 12일에 제정되고 8차에 걸쳐 개정된 헌법을 이제 국회의 의결을 거쳐 국민투표에 의하여 개정한다.

1987년 10월 29일

제1장 총 강

제1조 ① 대한민국은 민주공화국이다.

② 대한민국의 주권은 국민에게 있고, 모든 권력은 국민으로부터 나온다.

제2조 ① 대한민국의 국민이 되는 요건은 법률로 정한다.

② 국가는 법률이 정하는 바에 의하여 재외국민을 보호할 의무를 진다.

제3조 대한민국의 영토는 한반도와 그 부속도서로 한다.

제4조 대한민국은 통일을 지향하며, 자유민주적 기본질서에 입각한 평화적 통일정책을 수립하고 이를 추진한다.

제5조 ① 대한민국은 국제평화의 유지에 노력하고 침략적 전쟁을 부인한다.

② 국군은 국가의 안전보장과 국토방위의 신성한 의무를 수행함을 사명으로 하며, 그 정치적 중립성은 준수된다.

제6조 ① 헌법에 의하여 체결·공포된 조약과 일반적으로 승인된 국제법규는 국내법과 같은 효력을 가진다.

② 외국인은 국제법과 조약이 정하는 바에 의하여 그 지위가 보장된다.

제7조 ① 공무원은 국민전체에 대한 봉사자이며, 국민에 대하여 책임을 진다.

② 공무원의 신분과 정치적 중립성은 법률이 정하는 바에 의하여 보장된다.

제8조 ① 정당의 설립은 자유이며, 복수정당제는 보장된다.

② 정당은 그 목적·조직과 활동이 민주적이어야 하며, 국민의 정치적 의사형성에 참여하는데 필요한 조직을 가져야 한다.

③ 정당은 법률이 정하는 바에 의하여 국가의 보호를 받으며, 국가는 법률이 정하는 바에 의하여 정당운영에 필요한 자금을 보조할 수 있다.

④ 정당의 목적이나 활동이 민주적 기본질서에 위배될 때에는 정부는 헌법재판소에 그 해산을 제소할 수 있고, 정당은 헌법재판소의 심판에 의하여 해산된다.

제 9 조   국가는 전통문화의 계승·발전과 민족문화의 창달에 노력하여야 한다.

제 2 장   국민의 권리와 의무

제10조   모든 국민은 인간으로서의 존엄과 가치를 가지며, 행복을 추구할 권리를 가진다. 국가는 개인이 가지는 불가침의 기본적 인권을 확인하고 이를 보장할 의무를 진다.

제11조   ① 모든 국민은 법 앞에 평등하다. 누구든지 성별·종교 또는 사회적 신분에 의하여 정치적·경제적·사회적·문화적 생활의 모든 영역에 있어서 차별을 받지 아니한다.

② 사회적 특수계급의 제도는 인정되지 아니하며, 어떠한 형태로도 이를 창설할 수 없다.

③ 훈장등의 영전은 이를 받은 자에게만 효력이 있고, 어떠한 특권도 이에 따르지 아니한다.

제12조   ① 모든 국민은 신체의 자유를 가진다. 누구든지 법률에 의하지 아니하고는 체포·구속·압수·수색 또는 심문을 받지 아니하며, 법률과 적법한 절차에 의하지 아니하고는 처벌·보안처분 또는 강제노역을 받지 아니한다.

② 모든 국민은 고문을 받지 아니하며, 형사상 자기에게 불리한 진술을 강요당하지 아니한다.

③ 체포·구속·압수 또는 수색을 할 때에는 적법한 절차에 따라 검사의 신청에 의하여 법관이 발부한 영장을 제시하여야 한다. 다만, 현행범인인 경우와 장기 3년 이상의 형에 해당하는 죄를 범하고 도피 또는 증거인멸의 염려가 있을 때에는 사후에 영장을 청구할 수 있다.

④ 누구든지 체포 또는 구속을 당한 때에는 즉시 변호인의 조력을 받을 권리를 가진다. 다만, 형사피고인이 스스로 변호인을 구할 수 없을 때에는 법률이 정하는 바에 의하여 국가가 변호인을 붙인다.

⑤ 누구든지 체포 또는 구속의 이유와 변호인의 조력을 받을 권리가 있음을 고지받지 아니하고는 체포 또는 구속을 당하지 아니한다. 체포 또는 구속을 당한 자의 가족 등 법률이 정하는 자에게는 그 이유와 일시·장소가 지체없이 통지되어야 한다.

⑥ 누구든지 체포 또는 구속을 당한 때에는 적부의 심사를 법원에 청구할 권리를 가진다.

⑦ 피고인의 자백이 고문·폭행·협박·구속의 부당한 장기화 또는 기망 기타의 방법에 의하여 자의로 진술된 것이 아니라고 인정될 때 또는 정식재판에 있어서 피고인의 자백이 그에게 불리한 유일한 증거일 때에는 이를 유죄의 증거로 삼거나 이를 이유로 처벌할 수 없다.

제13조   ① 모든 국민은 행위시의 법률에 의하여 범죄를 구성하지 아니하는 행위로 소추되지 아니하며, 동일한 범죄에 대하여 거듭 처벌받지 아니한다.

② 모든 국민은 소급입법에 의하여 참정권의 제한을 받거나 재산권을 박탈당하지 아니한다.

③ 모든 국민은 자기의 행위가 아닌 친족의 행위로 인하여 불이익한 처우를 받지 아니한다.

제14조   모든 국민은 거주·이전의 자유를 가진다.

제15조   모든 국민은 직업선택의 자유를 가진다.

제16조   모든 국민은 주거의 자유를 침해받지 아니한다. 주거에 대한 압수나 수색을 할 때에는 검사의 신청에 의하여 법관이 발부한 영장을 제시하여야 한다.

제17조   모든 국민은 사생활의 비밀과 자유를 침해받지 아니한다.

제18조   모든 국민은 통신의 비밀을 침해받
지 아니한다.
제19조   모든 국민은 양심의 자유를 가진다.
제20조   ① 모든 국민은 종교의 자유를 가
진다.
② 국교는 인정되지 아니하며, 종교와 정
치는 분리된다.
제21조   ① 모든 국민은 언론·출판의 자유
와 집회·결사의 자유를 가진다.
② 언론·출판에 대한 허가나 검열과 집회·
결사에 대한 허가는 인정되지 아니한다.
③ 통신·방송의 시설기준과 신문의 기능
을 보장하기 위하여 필요한 사항은 법률
로 정한다.
④ 언론·출판은 타인의 명예나 권리 또는
공중도덕이나 사회윤리를 침해하여서는
아니된다. 언론·출판이 타인의 명예나 권
리를 침해한 때에는 피해자는 이에 대한
피해의 배상을 청구할 수 있다.
제22조   ① 모든 국민은 학문과 예술의 자
유를 가진다.
② 저작자·발명가·과학기술자와 예술가의
권리는 법률로써 보호한다.
제23조   ① 모든 국민의 재산권은 보장된
다. 그 내용과 한계는 법률로 정한다.
② 재산권의 행사는 공공복리에 적합하도
록 하여야 한다.
③ 공공필요에 의한 재산권의 수용·사용
또는 제한 및 그에 대한 보상은 법률로써
하되, 정당한 보상을 지급하여야 한다.
제24조   모든 국민은 법률이 정하는 바에
의하여 선거권을 가진다.
제25조   모든 국민은 법률이 정하는 바에
의하여 공무담임권을 가진다.
제26조   ① 모든 국민은 법률이 정하는 바에
의하여 국가기관에 문서로 청원할 권리를
가진다.
② 국가는 청원에 대하여 심사할 의무를
진다.

제27조   ① 모든 국민은 헌법과 법률이 정
한 법관에 의하여 법률에 의한 재판을 받
을 권리를 가진다.
② 군인 또는 군무원이 아닌 국민은 대한
민국의 영역 안에서는 중대한 군사상 기
밀·초병·초소·유독음식물공급·포로·군
용물에 관한 죄 중 법률이 정한 경우와
비상계엄이 선포된 경우를 제외하고는 군
사법원의 재판을 받지 아니한다.
③ 모든 국민은 신속한 재판을 받을 권리
를 가진다. 형사피고인은 상당한 이유가
없는 한 지체없이 공개재판을 받을 권리
를 가진다.
④ 형사피고인은 유죄의 판결이 확정될
때까지는 무죄로 추정된다.
⑤ 형사피해자는 법률이 정하는 바에 의
하여 당해 사건의 재판절차에서 진술할
수 있다.
제28조   형사피의자 또는 형사피고인으로서
구금되었던 자가 법률이 정하는 불기소처
분을 받거나 무죄판결을 받은 때에는 법
률이 정하는 바에 의하여 국가에 정당한
보상을 청구할 수 있다.
제29조   ① 공무원의 직무상 불법행위로 손
해를 받은 국민은 법률이 정하는 바에 의
하여 국가 또는 공공단체에 정당한 배상
을 청구할 수 있다. 이 경우 공무원 자신
의 책임은 면제되지 아니한다.
② 군인·군무원·경찰공무원 기타 법률이
정하는 자가 전투·훈련 등 직무집행과 관
련하여 받은 손해에 대하여는 법률이 정
하는 보상 외에 국가 또는 공공단체에 공
무원의 직무상 불법행위로 인한 배상은
청구할 수 없다.
제30조   타인의 범죄행위로 인하여 생명·신
체에 대한 피해를 받은 국민은 법률이 정
하는 바에 의하여 국가로부터 구조를 받
을 수 있다.
제31조   ① 모든 국민은 능력에 따라 균등

하게 교육을 받을 권리를 가진다.

② 모든 국민은 그 보호하는 자녀에게 적어도 초등교육과 법률이 정하는 교육을 받게 할 의무를 진다.

③ 의무교육은 무상으로 한다.

④ 교육의 자주성·전문성·정치적 중립성 및 대학의 자율성은 법률이 정하는 바에 의하여 보장된다.

⑤ 국가는 평생교육을 진흥하여야 한다.

⑥ 학교교육 및 평생교육을 포함한 교육제도와 그 운영, 교육재정 및 교원의 지위에 관한 기본적인 사항은 법률로 정한다.

제32조 ① 모든 국민은 근로의 권리를 가진다. 국가는 사회적·경제적 방법으로 근로자의 고용의 증진과 적정임금의 보장에 노력하여야 하며, 법률이 정하는 바에 의하여 최저임금제를 시행하여야 한다.

② 모든 국민은 근로의 의무를 진다. 국가는 근로의 의무의 내용과 조건을 민주주의원칙에 따라 법률로 정한다.

③ 근로조건의 기준은 인간의 존엄성을 보장하도록 법률로 정한다.

④ 여자의 근로는 특별한 보호를 받으며, 고용·임금 및 근로조건에 있어서 부당한 차별을 받지 아니한다.

⑤ 연소자의 근로는 특별한 보호를 받는다.

⑥ 국가유공자·상이군경 및 전몰군경의 유가족은 법률이 정하는 바에 의하여 우선적으로 근로의 기회를 부여받는다.

제33조 ① 근로자는 근로조건의 향상을 위하여 자주적인 단결권·단체교섭권 및 단체행동권을 가진다.

② 공무원인 근로자는 법률이 정하는 자에 한하여 단결권·단체교섭권 및 단체행동권을 가진다.

③ 법률이 정하는 주요방위산업체에 종사하는 근로자의 단체행동권은 법률이 정하는 바에 의하여 이를 제한하거나 인정하지 아니할 수 있다.

제34조 ① 모든 국민은 인간다운 생활을 할 권리를 가진다.

② 국가는 사회보장·사회복지의 증진에 노력할 의무를 진다.

③ 국가는 여자의 복지와 권익의 향상을 위하여 노력하여야 한다.

④ 국가는 노인과 청소년의 복지향상을 위한 정책을 실시할 의무를 진다.

⑤ 신체장애자 및 질병·노령 기타의 사유로 생활능력이 없는 국민은 법률이 정하는 바에 의하여 국가의 보호를 받는다.

⑥ 국가는 재해를 예방하고 그 위험으로부터 국민을 보호하기 위하여 노력하여야 한다.

제35조 ① 모든 국민은 건강하고 쾌적한 환경에서 생활할 권리를 가지며, 국가와 국민은 환경보전을 위하여 노력하여야 한다.

② 환경권의 내용과 행사에 관하여는 법률로 정한다.

③ 국가는 주택개발정책 등을 통하여 모든 국민이 쾌적한 주거생활을 할 수 있도록 노력하여야 한다.

제36조 ① 혼인과 가족생활은 개인의 존엄과 양성의 평등을 기초로 성립되고 유지되어야 하며, 국가는 이를 보장한다.

② 국가는 모성의 보호를 위하여 노력하여야 한다.

③ 모든 국민은 보건에 관하여 국가의 보호를 받는다.

제37조 ① 국민의 자유와 권리는 헌법에 열거되지 아니한 이유로 경시되지 아니한다.

② 국민의 모든 자유와 권리는 국가안전보장·질서유지 또는 공공복리를 위하여 필요한 경우에 한하여 법률로써 제한할 수 있으며, 제한하는 경우에도 자유와 권리의 본질적인 내용을 침해할 수 없다.

제38조 모든 국민은 법률이 정하는 바에 의하여 납세의 의무를 진다.

제39조 ① 모든 국민은 법률이 정하는 바

에 의하여 국방의 의무를 진다.

② 누구든지 병역의무의 이행으로 인하여 불이익한 처우를 받지 아니한다.

제 3 장 국   회

제40조 입법권은 국회에 속한다.

제41조 ① 국회는 국민의 보통·평등·직접· 비밀선거에 의하여 선출된 국회의원으로 구성한다.

② 국회의원의 수는 법률로 정하되, 200 인 이상으로 한다.

③ 국회의원의 선거구와 비례대표제 기타 선거에 관한 사항은 법률로 정한다.

제42조 국회의원의 임기는 4년으로 한다.

제43조 국회의원은 법률이 정하는 직을 겸 할 수 없다.

제44조 ① 국회의원은 현행범인인 경우를 제외하고는 회기중 국회의 동의없이 체포 또는 구금되지 아니한다.

② 국회의원이 회기 전에 체포 또는 구금 된 때에는 현행범인이 아닌 한 국회의 요 구가 있으면 회기중 석방된다.

제45조 국회의원은 국회에서 직무상 행한 발언과 표결에 관하여 국회 외에서 책임 을 지지 아니한다.

제46조 ① 국회의원은 청렴의 의무가 있다.

② 국회의원은 국가이익을 우선하여 양심 에 따라 직무를 행한다.

③ 국회의원은 그 지위를 남용하여 국가· 공공단체 또는 기업체와의 계약이나 그 처분에 의하여 재산상의 권리·이익 또는 직위를 취득하거나 타인을 위하여 그 취 득을 알선할 수 없다.

제47조 ① 국회의 정기회는 법률이 정하는 바에 의하여 매년 1회 집회되며, 국회의 임시회는 대통령 또는 국회재적의원 4분 의 1 이상의 요구에 의하여 집회된다.

② 정기회의 회기는 100일을, 임시회의

회기는 30일을 초과할 수 없다.

③ 대통령이 임시회의 집회를 요구할 때 에는 기간과 집회요구의 이유를 명시하여 야 한다.

제48조 국회는 의장 1인과 부의장 2인을 선 출한다.

제49조 국회는 헌법 또는 법률에 특별한 규정이 없는 한 재적의원 과반수의 출석 과 출석의원 과반수의 찬성으로 의결한다. 가부동수인 때에는 부결된 것으로 본다.

제50조 ① 국회의 회의는 공개한다. 다만, 출석의원 과반수의 찬성이 있거나 의장이 국가의 안전보장을 위하여 필요하다고 인 정할 때에는 공개하지 아니할 수 있다.

② 공개하지 아니한 회의내용의 공표에 관하여는 법률이 정하는 바에 의한다.

제51조 국회에 제출된 법률안 기타의 의안 은 회기중에 의결되지 못한 이유로 폐기 되지 아니한다. 다만, 국회의원의 임기가 만료된 때에는 그러하지 아니하다.

제52조 국회의원과 정부는 법률안을 제출 할 수 있다.

제53조 ① 국회에서 의결된 법률안은 정부 에 이송되어 15일 이내에 대통령이 공포 한다.

② 법률안에 이의가 있을 때에는 대통령 은 제 1 항의 기간 내에 이의서를 붙여 국 회로 환부하고, 그 재의를 요구할 수 있 다. 국회의 폐회중에도 또한 같다.

③ 대통령은 법률안의 일부에 대하여 또 는 법률안을 수정하여 재의를 요구할 수 없다.

④ 재의의 요구가 있을 때에는 국회는 재 의에 붙이고, 재적의원과반수의 출석과 출 석의원 3분의 2 이상의 찬성으로 전과 같 은 의결을 하면 그 법률안은 법률로서 확 정된다.

⑤ 대통령이 제 1 항의 기간 내에 공포나 재의의 요구를 하지 아니한 때에도 그 법

률안은 법률로서 확정된다.

⑥ 대통령은 제4항과 제5항의 규정에 의하여 확정된 법률을 지체없이 공포하여야 한다. 제5항에 의하여 법률이 확정된 후 또는 제4항에 의한 확정법률이 정부에 이송된 후 5일 이내에 대통령이 공포하지 아니할 때에는 국회의장이 이를 공포한다.

⑦ 법률은 특별한 규정이 없는 한 공포한 날로부터 20일을 경과함으로써 효력을 발생한다.

제54조 ① 국회는 국가의 예산안을 심의·확정한다.

② 정부는 회계연도마다 예산안을 편성하여 회계연도 개시 90일 전까지 국회에 제출하고, 국회는 회계연도 개시 30일 전까지 이를 의결하여야 한다.

③ 새로운 회계연도가 개시될 때까지 예산안이 의결되지 못한 때에는 정부는 국회에서 예산안이 의결될 때까지 다음의 목적을 위한 경비는 전년도 예산에 준하여 집행할 수 있다.

1. 헌법이나 법률에 의하여 설치된 기관 또는 시설의 유지·운영
2. 법률상 지출의무의 이행
3. 이미 예산으로 승인된 사업의 계속

제55조 ① 한 회계연도를 넘어 계속하여 지출할 필요가 있을 때에는 정부는 연한을 정하여 계속비로서 국회의 의결을 얻어야 한다.

② 예비비는 총액으로 국회의 의결을 얻어야 한다. 예비비의 지출은 차기국회의 승인을 얻어야 한다.

제56조 정부는 예산에 변경을 가할 필요가 있을 때에는 추가경정예산안을 편성하여 국회에 제출할 수 있다.

제57조 국회는 정부의 동의없이 정부가 제출한 지출예산 각항의 금액을 증가하거나 새 비목을 설치할 수 없다.

제58조 국채를 모집하거나 예산 외에 국가의 부담이 될 계약을 체결하려 할 때에는 정부는 미리 국회의 의결을 얻어야 한다.

제59조 조세의 종목과 세율은 법률로 정한다.

제60조 ① 국회는 상호원조 또는 안전보장에 관한 조약, 중요한 국제조직에 관한 조약, 우호통상항해조약, 주권의 제약에 관한 조약, 강화조약, 국가나 국민에게 중대한 재정적 부담을 지우는 조약 또는 입법사항에 관한 조약의 체결·비준에 대한 동의권을 가진다.

② 국회는 선전포고, 국군의 외국에의 파견 또는 외국군대의 대한민국 영역 안에서의 주류에 대한 동의권을 가진다.

제61조 ① 국회는 국정을 감사하거나 특정한 국정사안에 대하여 조사할 수 있으며, 이에 필요한 서류의 제출 또는 증인의 출석과 증언이나 의견의 진술을 요구할 수 있다.

② 국정감사 및 조사에 관한 절차 기타 필요한 사항은 법률로 정한다.

제62조 ① 국무총리·국무위원 또는 정부위원은 국회나 그 위원회에 출석하여 국정처리상황을 보고하거나 의견을 진술하고 질문에 응답할 수 있다.

② 국회나 그 위원회의 요구가 있을 때에는 국무총리·국무위원 또는 정부위원은 출석·답변하여야 하며, 국무총리 또는 국무위원이 출석요구를 받은 때에는 국무위원 또는 정부위원으로 하여금 출석·답변하게 할 수 있다.

제63조 ① 국회는 국무총리 또는 국무위원의 해임을 대통령에게 건의할 수 있다.

② 제1항의 해임건의는 국회재적의원 3분의 1 이상의 발의에 의하여 국회재적의원 과반수의 찬성이 있어야 한다.

제64조 ① 국회는 법률에 저촉되지 아니하는 범위 안에서 의사와 내부규율에 관한 규칙을 제정할 수 있다.

② 국회는 의원의 자격을 심사하며, 의원을 징계할 수 있다.

③ 의원을 제명하려면 국회재적의원 3분의 2 이상의 찬성이 있어야 한다.

④ 제2항과 제3항의 처분에 대하여는 법원에 제소할 수 없다.

제65조 ① 대통령·국무총리·국무위원·행정각부의 장·헌법재판소 재판관·법관·중앙선거관리위원회 위원·감사원장·감사위원 기타 법률이 정한 공무원이 그 직무집행에 있어서 헌법이나 법률을 위배한 때에는 국회는 탄핵의 소추를 의결할 수 있다.

② 제1항의 탄핵소추는 국회재적의원 3분의 1 이상의 발의가 있어야 하며, 그 의결은 국회재적의원 과반수의 찬성이 있어야 한다. 다만, 대통령에 대한 탄핵소추는 국회재적의원 과반수의 발의와 국회재적의원 3분의 2 이상의 찬성이 있어야 한다.

③ 탄핵소추의 의결을 받은 자는 탄핵심판이 있을 때까지 그 권한행사가 정지된다.

④ 탄핵결정은 공직으로부터 파면함에 그친다. 그러나, 이에 의하여 민사상이나 형사상의 책임이 면제되지는 아니한다.

제4장 정 부

제1절 대통령

제66조 ① 대통령은 국가의 원수이며, 외국에 대하여 국가를 대표한다.

② 대통령은 국가의 독립·영토의 보전·국가의 계속성과 헌법을 수호할 책무를 진다.

③ 대통령은 조국의 평화적 통일을 위한 성실한 의무를 진다.

④ 행정권은 대통령을 수반으로 하는 정부에 속한다.

제67조 ① 대통령은 국민의 보통·평등·직접·비밀선거에 의하여 선출한다.

② 제1항의 선거에 있어서 최고득표자가 2인 이상인 때에는 국회의 재적의원 과반수가 출석한 공개회의에서 다수표를 얻은 자를 당선자로 한다.

③ 대통령후보자가 1인일 때에는 그 득표수가 선거권자 총수의 3분의 1 이상이 아니면 대통령으로 당선될 수 없다.

④ 대통령으로 선거될 수 있는 자는 국회의원의 피선거권이 있고 선거일 현재 40세에 달하여야 한다.

⑤ 대통령의 선거에 관한 사항은 법률로 정한다.

제68조 ① 대통령의 임기가 만료되는 때에는 임기만료 70일 내지 40일 전에 후임자를 선거한다.

② 대통령이 궐위된 때 또는 대통령 당선자가 사망하거나 판결 기타의 사유로 그 자격을 상실한 때에는 60일 이내에 후임자를 선거한다.

제69조 대통령은 취임에 즈음하여 다음의 선서를 한다. "나는 헌법을 준수하고 국가를 보위하며 조국의 평화적 통일과 국민의 자유와 복리의 증진 및 민족문화의 창달에 노력하여 대통령으로서의 직책을 성실히 수행할 것을 국민 앞에 엄숙히 선서합니다."

제70조 대통령의 임기는 5년으로 하며, 중임할 수 없다.

제71조 대통령이 궐위되거나 사고로 인하여 직무를 수행할 수 없을 때에는 국무총리, 법률이 정한 국무위원의 순서로 그 권한을 대행한다.

제72조 대통령은 필요하다고 인정할 때에는 외교·국방·통일 기타 국가안위에 관한 중요정책을 국민투표에 붙일 수 있다.

제73조 대통령은 조약을 체결·비준하고, 외교사절을 신임·접수 또는 파견하며, 선전포고와 강화를 한다.

제74조 ① 대통령은 헌법과 법률이 정하는 바에 의하여 국군을 통수한다.

② 국군의 조직과 편성은 법률로 정한다.

제75조 대통령은 법률에서 구체적으로 범위를 정하여 위임받은 사항과 법률을 집행하기 위하여 필요한 사항에 관하여 대통령령을 발할 수 있다.

제76조 ① 대통령은 내우·외환·천재·지변 또는 중대한 재정·경제상의 위기에 있어서 국가의 안전보장 또는 공공의 안녕질서를 유지하기 위하여 긴급한 조치가 필요하고 국회의 집회를 기다릴 여유가 없을 때에 한하여 최소한으로 필요한 재정·경제상의 처분을 하거나 이에 관하여 법률의 효력을 가지는 명령을 발할 수 있다.

② 대통령은 국가의 안위에 관계되는 중대한 교전상태에 있어서 국가를 보위하기 위하여 긴급한 조치가 필요하고 국회의 집회가 불가능한 때에 한하여 법률의 효력을 가지는 명령을 발할 수 있다.

③ 대통령은 제 1 항과 제 2 항의 처분 또는 명령을 한 때에는 지체없이 국회에 보고하여 그 승인을 얻어야 한다.

④ 제 3 항의 승인을 얻지 못한 때에는 그 처분 또는 명령은 그때부터 효력을 상실한다. 이 경우 그 명령에 의하여 개정 또는 폐지되었던 법률은 그 명령이 승인을 얻지 못한 때부터 당연히 효력을 회복한다.

⑤ 대통령은 제 3 항과 제 4 항의 사유를 지체없이 공포하여야 한다.

제77조 ① 대통령은 전시·사변 또는 이에 준하는 국가비상사태에 있어서 병력으로써 군사상의 필요에 응하거나 공공의 안녕질서를 유지할 필요가 있을 때에는 법률이 정하는 바에 의하여 계엄을 선포할 수 있다.

② 계엄은 비상계엄과 경비계엄으로 한다.

③ 비상계엄이 선포된 때에는 법률이 정하는 바에 의하여 영장제도, 언론·출판·집회·결사의 자유, 정부나 법원의 권한에 관하여 특별한 조치를 할 수 있다.

④ 계엄을 선포한 때에는 대통령은 지체없이 국회에 통고하여야 한다.

⑤ 국회가 재적의원 과반수의 찬성으로 계엄의 해제를 요구한 때에는 대통령은 이를 해제하여야 한다.

제78조 대통령은 헌법과 법률이 정하는 바에 의하여 공무원을 임면한다.

제79조 ① 대통령은 법률이 정하는 바에 의하여 사면·감형 또는 복권을 명할 수 있다.

② 일반사면을 명하려면 국회의 동의를 얻어야 한다.

③ 사면·감형 및 복권에 관한 사항은 법률로 정한다.

제80조 대통령은 법률이 정하는 바에 의하여 훈장 기타의 영전을 수여한다.

제81조 대통령은 국회에 출석하여 발언하거나 서한으로 의견을 표시할 수 있다.

제82조 대통령의 국법상 행위는 문서로써 하며, 이 문서에는 국무총리와 관계 국무위원이 부서한다. 군사에 관한 것도 또한 같다.

제83조 대통령은 국무총리·국무위원·행정각부의 장 기타 법률이 정하는 공사의 직을 겸할 수 없다.

제84조 대통령은 내란 또는 외환의 죄를 범한 경우를 제외하고는 재직중 형사상의 소추를 받지 아니한다.

제85조 전직대통령의 신분과 예우에 관하여는 법률로 정한다.

제 2 절 행 정 부

제 1 관 국무총리와 국무위원

제86조 ① 국무총리는 국회의 동의를 얻어 대통령이 임명한다.

② 국무총리는 대통령을 보좌하며, 행정에 관하여 대통령의 명을 받아 행정각부를 통할한다.

③ 군인은 현역을 면한 후가 아니면 국무

총리로 임명될 수 없다.

제87조 ① 국무위원은 국무총리의 제청으로 대통령이 임명한다.

② 국무위원은 국정에 관하여 대통령을 보좌하며, 국무회의의 구성원으로서 국정을 심의한다.

③ 국무총리는 국무위원의 해임을 대통령에게 건의할 수 있다.

④ 군인은 현역을 면한 후가 아니면 국무위원으로 임명될 수 없다.

제 2 관 국무회의

제88조 ① 국무회의는 정부의 권한에 속하는 중요한 정책을 심의한다.

② 국무회의는 대통령·국무총리와 15인 이상 30인 이하의 국무위원으로 구성한다.

③ 대통령은 국무회의의 의장이 되고, 국무총리는 부의장이 된다.

제89조 다음 사항은 국무회의의 심의를 거쳐야 한다.

1. 국정의 기본계획과 정부의 일반정책
2. 선전·강화 기타 중요한 대외정책
3. 헌법개정안·국민투표안·조약안·법률안 및 대통령령안
4. 예산안·결산·국유재산처분의 기본계획·국가의 부담이 될 계약 기타 재정에 관한 중요사항
5. 대통령의 긴급명령·긴급재정경제처분 및 명령 또는 계엄과 그 해제
6. 군사에 관한 중요사항
7. 국회의 임시회 집회의 요구
8. 영전수여
9. 사면·감형과 복권
10. 행정각부간의 권한의 획정
11. 정부안의 권한의 위임 또는 배정에 관한 기본계획
12. 국정처리상황의 평가·분석
13. 행정각부의 중요한 정책의 수립과 조정
14. 정당해산의 제소
15. 정부에 제출 또는 회부된 정부의 정책에 관계되는 청원의 심사
16. 검찰총장·합동참모의장·각군참모총장·국립대학교총장·대사 기타 법률이 정한 공무원과 국영기업체관리자의 임명
17. 기타 대통령·국무총리 또는 국무위원이 제출한 사항

제90조 ① 국정의 중요한 사항에 관한 대통령의 자문에 응하기 위하여 국가원로로 구성되는 국가원로자문회의를 둘 수 있다.

② 국가원로자문회의의 의장은 직전대통령이 된다. 다만, 직전대통령이 없을 때에는 대통령이 지명한다.

③ 국가원로자문회의의 조직·직무범위 기타 필요한 사항은 법률로 정한다.

제91조 ① 국가안전보장에 관련되는 대외정책·군사정책과 국내정책의 수립에 관하여 국무회의의 심의에 앞서 대통령의 자문에 응하기 위하여 국가안전보장회의를 둔다.

② 국가안전보장회의는 대통령이 주재한다.

③ 국가안전보장회의의 조직·직무범위 기타 필요한 사항은 법률로 정한다.

제92조 ① 평화통일정책의 수립에 관한 대통령의 자문에 응하기 위하여 민주평화통일자문회의를 둘 수 있다.

② 민주평화통일자문회의의 조직·직무범위 기타 필요한 사항은 법률로 정한다.

제93조 ① 국민경제의 발전을 위한 중요정책의 수립에 관하여 대통령의 자문에 응하기 위하여 국민경제자문회의를 둘 수 있다.

② 국민경제자문회의의 조직·직무범위 기타 필요한 사항은 법률로 정한다.

제 3 관 행정각부

제94조 행정각부의 장은 국무위원 중에서 국무총리의 제청으로 대통령이 임명한다.

제95조 국무총리 또는 행정각부의 장은 소관사무에 관하여 법률이나 대통령령의 위임 또는 직권으로 총리령 또는 부령을 발

할 수 있다.

제96조 행정각부의 설치·조직과 직무범위는 법률로 정한다.

제4관 감 사 원

제97조 국가의 세입·세출의 결산, 국가 및 법률이 정한 단체의 회계검사와 행정기관 및 공무원의 직무에 관한 감찰을 하기 위하여 대통령 소속하에 감사원을 둔다.

제98조 ① 감사원은 원장을 포함한 5인 이상 11인 이하의 감사위원으로 구성한다.

② 원장은 국회의 동의를 얻어 대통령이 임명하고, 그 임기는 4년으로 하며, 1차에 한하여 중임할 수 있다.

③ 감사위원은 원장의 제청으로 대통령이 임명하고, 그 임기는 4년으로 하며, 1차에 한하여 중임할 수 있다.

제99조 감사원은 세입·세출의 결산을 매년 검사하여 대통령과 차년도국회에 그 결과를 보고하여야 한다.

제100조 감사원의 조직·직무범위·감사위원의 자격·감사대상공무원의 범위 기타 필요한 사항은 법률로 정한다.

제5장 법 원

제101조 ① 사법권은 법관으로 구성된 법원에 속한다.

② 법원은 최고법원인 대법원과 각급법원으로 조직된다.

③ 법관의 자격은 법률로 정한다.

제102조 ① 대법원에 부를 둘 수 있다.

② 대법원에 대법관을 둔다. 다만, 법률이 정하는 바에 의하여 대법관이 아닌 법관을 둘 수 있다.

③ 대법원과 각급법원의 조직은 법률로 정한다.

제103조 법관은 헌법과 법률에 의하여 그 양심에 따라 독립하여 심판한다.

제104조 ① 대법원장은 국회의 동의를 얻어 대통령이 임명한다.

② 대법관은 대법원장의 제청으로 국회의 동의를 얻어 대통령이 임명한다.

③ 대법원장과 대법관이 아닌 법관은 대법관회의의 동의를 얻어 대법원장이 임명한다.

제105조 ① 대법원장의 임기는 6년으로 하며, 중임할 수 없다.

② 대법관의 임기는 6년으로 하며, 법률이 정하는 바에 의하여 연임할 수 있다.

③ 대법원장과 대법관이 아닌 법관의 임기는 10년으로 하며, 법률이 정하는 바에 의하여 연임할 수 있다.

④ 법관의 정년은 법률로 정한다.

제106조 ① 법관은 탄핵 또는 금고 이상의 형의 선고에 의하지 아니하고는 파면되지 아니하며, 징계처분에 의하지 아니하고는 정직·감봉 기타 불리한 처분을 받지 아니한다.

② 법관이 중대한 심신상의 장해로 직무를 수행할 수 없을 때에는 법률이 정하는 바에 의하여 퇴직하게 할 수 있다.

제107조 ① 법률이 헌법에 위반되는 여부가 재판의 전제가 된 경우에는 법원은 헌법재판소에 제청하여 그 심판에 의하여 재판한다.

② 명령·규칙 또는 처분이 헌법이나 법률에 위반되는 여부가 재판의 전제가 된 경우에는 대법원은 이를 최종적으로 심사할 권한을 가진다.

③ 재판의 전심절차로서 행정심판을 할 수 있다. 행정심판의 절차는 법률로 정하되, 사법절차가 준용되어야 한다.

제108조 대법원은 법률에서 저촉되지 아니하는 범위 안에서 소송에 관한 절차, 법원의 내부규율과 사무처리에 관한 규칙을 제정할 수 있다.

제109조 재판의 심리와 판결은 공개한다. 다만, 심리는 국가의 안전보장 또는 안녕

질서를 방해하거나 선량한 풍속을 해할 염려가 있을 때에는 법원의 결정으로 공개하지 아니할 수 있다.

제110조 ① 군사재판을 관할하기 위하여 특별법원으로서 군사법원을 둘 수 있다.

② 군사법원의 상고심은 대법원에서 관할한다.

③ 군사법원의 조직·권한 및 재판관의 자격은 법률로 정한다.

④ 비상계엄하의 군사재판은 군인·군무원의 범죄나 군사에 관한 간첩죄의 경우와 초병·초소·유독음식물공급·포로에 관한 죄 중 법률이 정한 경우에 한하여 단심으로 할 수 있다. 다만, 사형을 선고한 경우에는 그러하지 아니다.

제 6 장 헌법재판소

제111조 ① 헌법재판소는 다음 사항을 관장한다.

1. 법원의 제청에 의한 법률의 위헌여부 심판
2. 탄핵의 심판
3. 정당의 해산 심판
4. 국가기관 상호간, 국가기관과 지방자치단체간 및 지방자치단체 상호간의 권한 쟁의에 관한 심판
5. 법률이 정하는 헌법소원에 관한 심판

② 헌법재판소는 법관의 자격을 가진 9인의 재판관으로 구성하며, 재판관은 대통령이 임명한다.

③ 제 2 항의 재판관 중 3인은 국회에서 선출하는 자를, 3인은 대법원장이 지명하는 자를 임명한다.

④ 헌법재판소의 장은 국회의 동의를 얻어 재판관 중에서 대통령이 임명한다.

제112조 ① 헌법재판소 재판관의 임기는 6년으로 하며, 법률이 정하는 바에 의하여 연임할 수 있다.

② 헌법재판소 재판관은 정당에 가입하거나 정치에 관여할 수 없다.

③ 헌법재판소 재판관은 탄핵 또는 금고 이상의 형의 선고에 의하지 아니하고는 파면되지 아니한다.

제113조 ① 헌법재판소에서 법률의 위헌결정, 탄핵의 결정, 정당해산의 결정 또는 헌법소원에 관한 인용결정을 할 때에는 재판관 6인 이상의 찬성이 있어야 한다.

② 헌법재판소는 법률에 저촉되지 아니하는 범위안에서 심판에 관한 절차, 내부규율과 사무처리에 관한 규칙을 제정할 수 있다.

③ 헌법재판소의 조직과 운영 기타 필요한 사항은 법률로 정한다.

제 7 장 선거관리

제114조 ① 선거와 국민투표의 공정한 관리 및 정당에 관한 사무를 처리하기 위하여 선거관리위원회를 둔다.

② 중앙선거관리위원회는 대통령이 임명하는 3인, 국회에서 선출하는 3인과 대법원장이 지명하는 3인의 위원으로 구성한다. 위원장은 위원중에서 호선한다.

③ 위원의 임기는 6년으로 한다.

④ 위원은 정당에 가입하거나 정치에 관여할 수 없다.

⑤ 위원은 탄핵 또는 금고 이상의 형의 선고에 의하지 아니하고는 파면되지 아니한다.

⑥ 중앙선거관리위원회는 법령의 범위 안에서 선거관리·국민투표관리 또는 정당사무에 관한 규칙을 제정할 수 있으며, 법률에 저촉되지 아니하는 범위 안에서 내부규율에 관한 규칙을 제정할 수 있다.

⑦ 각급 선거관리위원회의 조직·직무범위 기타 필요한 사항은 법률로 정한다.

제115조 ① 각급 선거관리위원회는 선거인

명부의 작성 등 선거사무와 국민투표사무
에 관하여 관계 행정기관에 필요한 지시
를 할 수 있다.

② 제 1 항의 지시를 받은 당해 행정기관
은 이에 응하여야 한다.

제116조 ① 선거운동은 각급 선거관리위원회
의 관리하에 법률이 정하는 범위 안에서
하되, 균등한 기회가 보장되어야 한다.

② 선거에 관한 경비는 법률이 정하는 경
우를 제외하고는 정당 또는 후보자에게
부담시킬 수 없다.

제 8 장 지방자치

제117조 ① 지방자치단체는 주민의 복리에
관한 사무를 처리하고 재산을 관리하며,
법령의 범위 안에서 자치에 관한 규정을
제정할 수 있다.

② 지방자치단체의 종류는 법률로 정한다.

제118조 ① 지방자치단체에 의회를 둔다.

② 지방의회의 조직·권한·의원선거와 지
방자치단체의 장의 선임방법 기타 지방자
치단체의 조직과 운영에 관한 사항은 법
률로 정한다.

제 9 장 경   제

제119조 ① 대한민국의 경제질서는 개인과
기업의 경제상의 자유와 창의를 존중함을
기본으로 한다.

② 국가는 균형있는 국민경제의 성장 및
안정과 적정한 소득의 분배를 유지하고,
시장의 지배와 경제력의 남용을 방지하며,
경제주체간의 조화를 통한 경제의 민주화
를 위하여 경제에 관한 규제와 조정을 할
수 있다.

제120조 ① 광물 기타 중요한 지하자원·수
산자원·수력과 경제상 이용할 수 있는 자
연력은 법률이 정하는 바에 의하여 일정한
기간 그 채취·개발 또는 이용을 특허할
수 있다.

② 국토와 자원은 국가의 보호를 받으며,
국가는 그 균형있는 개발과 이용을 위하
여 필요한 계획을 수립한다.

제121조 ① 국가는 농지에 관하여 경자유전
의 원칙이 달성될 수 있도록 노력하여야
하며, 농지의 소작제도는 금지된다.

② 농업생산성의 제고와 농지의 합리적인
이용을 위하거나 불가피한 사정으로 발생
하는 농지의 임대차와 위탁경영은 법률이
정하는 바에 의하여 인정된다.

제122조 국가는 국민 모두의 생산 및 생활
의 기반이 되는 국토의 효율적이고 균형
있는 이용·개발과 보전을 위하여 법률이
정하는 바에 의하여 그에 관한 필요한 제
한과 의무를 과할 수 있다.

제123조 ① 국가는 농업 및 어업을 보호·
육성하기 위하여 농·어촌종합개발과 그
지원등 필요한 계획을 수립·시행하여야
한다.

② 국가는 지역간의 균형있는 발전을 위
하여 지역경제를 육성할 의무를 진다.

③ 국가는 중소기업을 보호·육성하여야
한다.

④ 국가는 농수산물의 수급균형과 유통구
조의 개선에 노력하여 가격안정을 도모함
으로써 농·어민의 이익을 보호한다.

⑤ 국가는 농·어민과 중소기업의 자조조
직을 육성하여야 하며, 그 자율적 활동과
발전을 보장한다.

제124조 국가는 건전한 소비행위를 계도하
고 생산품의 품질향상을 촉구하기 위한
소비자보호운동을 법률이 정하는 바에 의
하여 보장한다.

제125조 국가는 대외무역을 육성하며, 이를
규제·조정할 수 있다.

제126조 국방상 또는 국민경제상 긴절한
필요로 인하여 법률이 정하는 경우를 제

외하고는, 사영기업을 국유 또는 공유로
이전하거나 그 경영을 통제 또는 관리할
수 없다.

제127조 ① 국가는 과학기술의 혁신과 정
보 및 인력의 개발을 통하여 국민경제의
발전에 노력하여야 한다.

② 국가는 국가표준제도를 확립한다.

③ 대통령은 제1항의 목적을 달성하기
위하여 필요한 자문기구를 둘 수 있다.

제10장 헌법개정

제128조 ① 헌법개정은 국회재적의원 과반
수 또는 대통령의 발의로 제안된다.

② 대통령의 임기연장 또는 중임변경을
위한 헌법개정은 그 헌법개정 제안 당시
의 대통령에 대하여는 효력이 없다.

제129조 제안된 헌법개정안은 대통령이 20
일 이상의 기간 이를 공고하여야 한다.

제130조 ① 국회는 헌법개정안이 공고된
날로부터 60일 이내에 의결하여야 하며,
국회의 의결은 재적의원 3분의 2 이상의
찬성을 얻어야 한다.

② 헌법개정안은 국회가 의결한 후 30일
이내에 국민투표에 붙여 국회의원선거권자
과반수의 투표와 투표자 과반수의 찬성을
얻어야 한다.

③ 헌법개정안이 제2항의 찬성을 얻은
때에는 헌법개정은 확정되며, 대통령은 즉
시 이를 공포하여야 한다.

부 칙

제1조 이 헌법은 1988년 2월 25일부터 시
행한다. 다만, 이 헌법을 시행하기 위하여
필요한 법률의 제정·개정과 이 헌법에 의
한 대통령 및 국회의원의 선거 기타 이
헌법시행에 관한 준비는 이 헌법시행 전
에 할 수 있다.

제2조 ① 이 헌법에 의한 최초의 대통령선
거는 이 헌법시행일 40일 전까지 실시한다.

② 이 헌법에 의한 최초의 대통령의 임기
는 이 헌법시행일로부터 개시한다.

제3조 ① 이 헌법에 의한 최초의 국회의
원선거는 이 헌법공포일로부터 6월 이내
에 실시하며, 이 헌법에 의하여 선출된 최
초의 국회의원의 임기는 국회의원선거 후
이 헌법에 의한 국회의 최초의 집회일로
부터 개시한다.

② 이 헌법공포 당시의 국회의원의 임기
는 제1항에 의한 국회의 최초의 집회일
전일까지로 한다.

제4조 ① 이 헌법시행 당시의 공무원과
정부가 임명한 기업체의 임원은 이 헌법
에 의하여 임명된 것으로 본다. 다만, 이
헌법에 의하여 선임방법이나 임명권자가
변경된 공무원과 대법원장 및 감사원장은
이 헌법에 의하여 후임자가 선임될 때까
지 그 직무를 행하며, 이 경우 전임자인
공무원의 임기는 후임자가 선임되는 전일
까지로 한다.

② 이 헌법시행 당시의 대법원장과 대법
원판사가 아닌 법관은 제1항 단서의 규
정에 불구하고 이 헌법에 의하여 임명된
것으로 본다.

③ 이 헌법 중 공무원의 임기 또는 중임제
한에 관한 규정은 이 헌법에 의하여 그 공
무원이 최초로 선출 또는 임명된 때로부터
적용한다.

제5조 이 헌법시행 당시의 법령과 조약은
이 헌법에 위배되지 아니하는 한 그 효력
을 지속한다.

제6조 이 헌법시행 당시에 이 헌법에 의
하여 새로 설치될 기관의 권한에 속하는
직무를 행하고 있는 기관은 이 헌법에 의
하여 새로운 기관이 설치될 때까지 존속하
며 그 직무를 행한다.

헌법재판소법

[시행 2022. 2. 3.] [일부개정 2022. 2. 3. 법률 제18836호]

제1장 총 칙〈개정 2011. 4. 5〉

제1조(목적) 이 법은 헌법재판소의 조직 및 운영과 그 심판절차에 관하여 필요한 사항을 정함을 목적으로 한다. [전문개정 2011. 4. 5]

제2조(관장사항) 헌법재판소는 다음 각 호의 사항을 관장한다.

1. 법원의 제청(提請)에 의한 법률의 위헌(違憲) 여부 심판
2. 탄핵(彈劾)의 심판
3. 정당의 해산심판
4. 국가기관 상호간, 국가기관과 지방자치단체 간 및 지방자치단체 상호간의 권한쟁의(權限爭議)에 관한 심판
5. 헌법소원(憲法訴願)에 관한 심판

[전문개정 2011. 4. 5]

제3조(구성) 헌법재판소는 9명의 재판관으로 구성한다. [전문개정 2011. 4. 5]

제4조(재판관의 독립) 재판관은 헌법과 법률에 의하여 양심에 따라 독립하여 심판한다. [전문개정 2011. 4. 5]

제5조(재판관의 자격) ① 재판관은 다음 각 호의 어느 하나에 해당하는 직(職)에 15년 이상 있던 40세 이상인 사람 중에서 임명한다. 다만, 다음 각 호 중 둘 이상의 직에 있던 사람의 재직기간은 합산한다.

1. 판사, 검사, 변호사
2. 변호사 자격이 있는 사람으로서 국가기관, 국영·공영 기업체, 「공공기관의 운영에 관한 법률」 제4조에 따른 공공기관 또는 그 밖의 법인에서 법률에 관한 사무에 종사한 사람
3. 변호사 자격이 있는 사람으로서 공인된 대학의 법률학 조교수 이상의 직에 있던 사람

② 다음 각 호의 어느 하나에 해당하는 사람은 재판관으로 임명할 수 없다.

1. 다른 법령에 따라 공무원으로 임용하지 못하는 사람
2. 금고 이상의 형을 선고받은 사람
3. 탄핵에 의하여 파면된 후 5년이 지나지 아니한 사람 [전문개정 2011. 4. 5]
4. '정당법' 제22조에 따른 정당의 당원 또는 당원의 신분을 상실한 날부터 3년이 경과하지 아니한 사람
5. '공직선거법' 제2조에 따른 선거에 후보자(예비후보자를 포함한다)로 등록한 날부터 5년이 경과되지 아니한 사람
6. '공직선거법' 제2조에 따른 대통령선거에서 후보자의 당선을 위하여

자문이나 고문의 역할을 한 날부터 3년이 경과되지 아니한 사람

③ 제2항 제6호에 따른 자문이나 고문의 역할을 한 사람의 구체적인 범위는 헌법재판소규칙으로 정한다.

제6조(재판관의 임명) ① 재판관은 대통령이 임명한다. 이 경우 재판관 중 3명은 국회에서 선출하는 사람을, 3명은 대법원장이 지명하는 사람을 임명한다.

② 재판관은 국회의 인사청문을 거쳐 임명·선출 또는 지명하여야 한다. 이 경우 대통령은 재판관(국회에서 선출하거나 대법원장이 지명하는 사람은 제외한다)을 임명하기 전에, 대법원장은 재판관을 지명하기 전에 인사청문을 요청한다.

③ 재판관의 임기가 만료되거나 정년이 도래하는 경우에는 임기만료일 또는 정년도래일까지 후임자를 임명하여야 한다.

④ 임기 중 재판관이 결원된 경우에는 결원된 날부터 30일 이내에 후임자를 임명하여야 한다.

⑤ 제3항 및 제4항에도 불구하고 국회에서 선출한 재판관이 국회의 폐회 또는 휴회 중에 그 임기가 만료되거나 정년이 도래한 경우 또는 결원된 경우에는 국회는 다음 집회가 개시된 후 30일 이내에 후임자를 선출하여야 한다. [전문개정 2011. 4. 5]

제7조(재판관의 임기) ① 재판관의 임기는 6년으로 하며, 연임할 수 있다.

② 재판관의 정년은 70세로 한다. [전문개정 2014. 12. 30]

제8조(재판관의 신분 보장) 재판관은 다음 각 호의 어느 하나에 해당하는 경우가 아니면 그 의사에 반하여 해임되지 아니한다.

1. 탄핵결정이 된 경우
2. 금고 이상의 형을 선고받은 경우
[전문개정 2011. 4. 5]

제9조(재판관의 정치 관여 금지) 재판관은 정당에 가입하거나 정치에 관여할 수 없다. [전문개정 2011. 4. 5]

제10조(규칙 제정권) ① 헌법재판소는 이 법과 다른 법률에 저촉되지 아니하는 범위에서 심판에 관한 절차, 내부 규율과 사무처리에 관한 규칙을 제정할 수 있다.

② 헌법재판소규칙은 관보에 게재하여 공포한다. [전문개정 2011. 4. 5]

제10조의2(입법 의견의 제출) 헌법재판소장은 헌법재판소의 조직, 인사, 운영, 심판절차와 그 밖에 헌법재판소의 업무와 관련된 법률의 제정 또는 개정이 필요하다고 인정하는 경우에는 국회에 서면으로 그 의견을 제출할 수 있다. [전문개정 2011. 4. 5]

제11조(경비) ① 헌법재판소의 경비는 독립하여 국가의 예산에 계상(計上)하여야 한다.

② 제1항의 경비 중에는 예비금을 둔다. [전문개정 2011. 4. 5]

제2장 조 직 〈개정 2011. 4. 5〉

제12조(헌법재판소장) ① 헌법재판소에 헌법재판소장을 둔다.

② 헌법재판소장은 국회의 동의를 받아 재판관 중에서 대통령이 임명한다.

③ 헌법재판소장은 헌법재판소를 대표하고, 헌법재판소의 사무를 총괄하며, 소속 공무원을 지휘·감독한다.

④ 헌법재판소장이 궐위(闕位)되거나 부득이한 사유로 직무를 수행할 수 없을 때에는 다른 재판관이 헌법재판소규칙으로 정하는 순서에 따라 그 권한을 대행한다. [전문개정 2011. 4. 5]

제13조　삭제 〈1991. 11. 30〉

제14조(재판관의 겸직 금지)　재판관은 다음 각 호의 어느 하나에 해당하는 직을 겸하거나 영리를 목적으로 하는 사업을 할 수 없다.

1. 국회 또는 지방의회의 의원의 직
2. 국회·정부 또는 법원의 공무원의 직
3. 법인·단체 등의 고문·임원 또는 직원의 직

[전문개정 2011. 4. 5]

제15조(헌법재판소장 등의 대우)　헌법재판소장의 대우와 보수는 대법원장의 예에 따르며, 재판관은 정무직(政務職)으로 하고 그 대우와 보수는 대법관의 예에 따른다. [전문개정 2011. 4. 5]

제16조(재판관회의)　① 재판관회의는 재판관 전원으로 구성하며, 헌법재판소장이 의장이 된다.

② 재판관회의는 재판관 전원의 3분의 2를 초과하는 인원의 출석과 출석인원 과반수의 찬성으로 의결한다.

③ 의장은 의결에서 표결권을 가진다.

④ 다음 각 호의 사항은 재판관회의의 의결을 거쳐야 한다.

1. 헌법재판소규칙의 제정과 개정, 제10조의2에 따른 입법 의견의 제출에 관한 사항
2. 예산 요구, 예비금 지출과 결산에 관한 사항
3. 사무처장, 사무차장, 헌법재판연구원장, 헌법연구관 및 3급 이상 공무원의 임면(任免)에 관한 사항
4. 특히 중요하다고 인정되는 사항으로서 헌법재판소장이 재판관회의에 부치는 사항

⑤ 재판관회의의 운영에 필요한 사항은 헌법재판소규칙으로 정한다. [전문개정 2011. 4. 5] [개정 2022. 2. 3.]

제17조(사무처)　① 헌법재판소의 행정사무를 처리하기 위하여 헌법재판소에 사무처를 둔다.

② 사무처에 사무처장과 사무차장을 둔다.

③ 사무처장은 헌법재판소장의 지휘를 받아 사무처의 사무를 관장하며, 소속 공무원을 지휘·감독한다.

④ 사무처장은 국회 또는 국무회의에 출석하여 헌법재판소의 행정에 관하여 발언할 수 있다.

⑤ 헌법재판소장이 한 처분에 대한 행정소송의 피고는 헌법재판소 사무처장으로 한다.

⑥ 사무차장은 사무처장을 보좌하며, 사무처장이 부득이한 사유로 직무를 수행할 수 없을 때에는 그 직무를 대행한다.

⑦ 사무처에 실, 국, 과를 둔다.

⑧ 실에는 실장, 국에는 국장, 과에는 과장을 두며, 사무처장·사무차장·실장 또는 국장 밑에 정책의 기획, 계획의 입안, 연구·조사, 심사·평가 및 홍보 업무를 보좌하는 심의관 또는 담당관을 둘 수 있다.

⑨ 이 법에 규정되지 아니한 사항으로서 사무처의 조직, 직무 범위, 사무처에 두는 공무원의 정원, 그 밖에 필요한 사항은 헌법재판소규칙으로 정한다. [전문개정 2011. 4. 5]

제18조(사무처 공무원) ① 사무처장은 정무직으로 하고, 보수는 국무위원의 보수와 같은 금액으로 한다.

② 사무차장은 정무직으로 하고, 보수는 차관의 보수와 같은 금액으로 한다.

③ 실장은 1급 또는 2급, 국장은 2급 또는 3급, 심의관 및 담당관은 2급부터 4급까지, 과장은 3급 또는 4급의 일반직국가공무원으로 임명한다. 다만, 담당관 중 1명은 3급 상당 또는 4급 상당의 별정직국가공무원으로 임명할 수 있다.

④ 사무처 공무원은 헌법재판소장이 임면한다. 다만, 3급 이상의 공무원의 경우에는 재판관회의의 의결을 거쳐야 한다.

⑤ 헌법재판소장은 다른 국가기관에 대하여 그 소속 공무원을 사무처 공무원으로 근무하게 하기 위하여 헌법재판소에의 파견근무를 요청할 수 있다. [전문개정 2011. 4. 5]

제19조(헌법연구관) ① 헌법재판소에 헌법재판소규칙으로 정하는 수의 헌법연구관을 둔다. [개정 2011. 4. 5]

② 헌법연구관은 특정직국가공무원으로 한다. [개정 2011. 4. 5]

③ 헌법연구관은 헌법재판소장의 명을 받아 사건의 심리(審理) 및 심판에 관한 조사·연구에 종사한다. [개정 2011. 4. 5]

④ 헌법연구관은 다음 각 호의 어느 하나에 해당하는 사람 중에서 헌법재판소장이 재판관회의의 의결을 거쳐 임용한다. [개정 2011. 4. 5]

1. 판사·검사 또는 변호사의 자격이 있는 사람

2. 공인된 대학의 법률학 조교수 이상의 직에 있던 사람

3. 국회, 정부 또는 법원 등 국가기관에서 4급 이상의 공무원으로서 5년 이상 법률에 관한 사무에 종사한 사람

4. 법률학에 관한 박사학위 소지자로서 국회, 정부, 법원 또는 헌법재판소 등 국가기관에서 5년 이상 법률에 관한 사무에 종사한 사람

5. 법률학에 관한 박사학위 소지자로서 헌법재판소규칙으로 정하는 대학 등 공인된 연구기관에서 5년 이상 법률에 관한 사무에 종사한 사람

⑤ 삭제 [2003. 3. 12.]

⑥ 다음 각 호의 어느 하나에 해당하는 사람은 헌법연구관으로 임용될 수 없다. [개정 2011. 4. 5]

1. 「국가공무원법」 제33조 각 호의 어느 하나에 해당하는 사람

2. 금고 이상의 형을 선고받은 사람

3. 탄핵결정에 의하여 파면된 후 5년이 지나지 아니한 사람

⑦ 헌법연구관의 임기는 10년으로 하되, 연임할 수 있고, 정년은 60세로 한다. [개정 2011. 4. 5]

⑧ 헌법연구관이 제6항 각 호의 어느 하나에 해당할 때에는 당연히 퇴직한다. 다만, 「국가공무원법」 제33조 제5호에 해당할 때에는 그러하지 아니하

다. [개정 2011. 4. 5]

⑨ 헌법재판소장은 다른 국가기관에 대하여 그 소속 공무원을 헌법연구관으로 근무하게 하기 위하여 헌법재판소에의 파견근무를 요청할 수 있다. [개정 2011. 4. 5]

⑩ 사무차장은 헌법연구관의 직을 겸할 수 있다. [개정 2011. 4. 5]

⑪ 헌법재판소장은 헌법연구관을 사건의 심리 및 심판에 관한 조사·연구업무 외의 직에 임명하거나 그 직을 겸임하게 할 수 있다. 이 경우 헌법연구관의 수는 헌법재판소규칙으로 정하며, 보수는 그 중 고액의 것을 지급한다. [개정 2011. 4. 5, 2014. 12. 30] [시행일 : 2013. 7. 1]

[본조제목개정 2011. 4. 5]

제19조의2(헌법연구관보) ① 헌법연구관을 신규임용하는 경우에는 3년간 헌법연구관보(憲法硏究官補)로 임용하여 근무하게 한 후 그 근무성적을 고려하여 헌법연구관으로 임용한다. 다만, 경력 및 업무능력 등을 고려하여 헌법재판소규칙으로 정하는 바에 따라 헌법연구관보 임용을 면제하거나 그 기간을 단축할 수 있다.

② 헌법연구관보는 헌법재판소장이 재판관회의의 의결을 거쳐 임용한다.

③ 헌법연구관보는 별정직국가공무원으로 하고, 그 보수와 승급기준은 헌법연구관의 예에 따른다.

④ 헌법연구관보가 근무성적이 불량한 경우에는 재판관회의의 의결을 거쳐 면직시킬 수 있다.

⑤ 헌법연구관보의 근무기간은 이 법 및 다른 법령에 규정된 헌법연구관의 재직기간에 산입한다. [전문개정 2011. 4. 5]

제19조의3(헌법연구위원) ① 헌법재판소에 헌법연구위원을 둘 수 있다. 헌법연구위원은 사건의 심리 및 심판에 관한 전문적인 조사·연구에 종사한다.

② 헌법연구위원은 3년 이내의 범위에서 기간을 정하여 임명한다.

③ 헌법연구위원은 2급 또는 3급 상당의 별정직공무원이나 「국가공무원법」 제26조의5에 따른 임기제공무원으로 하고, 그 직제 및 자격 등에 관하여는 헌법재판소규칙으로 정한다. [개정 2012. 12. 11] [시행일 : 2013. 12. 12]

[본조신설 2007. 12. 21]

제19조의4(헌법재판연구원) ① 헌법 및 헌법재판 연구와 헌법연구관, 사무처 공무원 등의 교육을 위하여 헌법재판소에 헌법재판연구원을 둔다.

② 헌법재판연구원의 정원은 원장 1명을 포함하여 40명 이내로 하고, 원장 밑에 부장, 팀장, 연구관 및 연구원을 둔다. [개정 2014. 12. 30] [시행일 2015. 7. 1]

③ 원장은 헌법재판소장이 재판관회의의 의결을 거쳐 헌법연구관으로 보하거나 1급인 일반직국가공무원으로 임명한다. [신설 2014. 12. 30] [시행일 2015. 7. 1]

④ 부장은 헌법연구관이나 2급 또는 3급 일반직공무원으로, 팀장은 헌법연구관이나 3급 또는 4급 일반직공무원으로 임명하고, 연구관 및 연구원은 헌법연구관 또는 일반직공무원으로 임명한다.

[개정 2014. 12. 30] [시행일 2015. 7. 1]
⑤ 연구관 및 연구원은 다음 각 호의 어느 하나에 해당하는 사람 중에서 헌법재판소장이 보하거나 헌법재판연구원장의 제청을 받아 헌법재판소장이 임명한다. [신설 2014. 12. 30] [시행일 2015. 7. 1]
1. 헌법연구관
2. 변호사의 자격이 있는 사람(외국의 변호사 자격을 포함한다)
3. 학사 또는 석사학위를 취득한 사람으로서 헌법재판소규칙으로 정하는 실적 또는 경력이 있는 사람
4. 박사학위를 취득한 사람
⑥ 그 밖에 헌법재판연구원의 조직과 운영에 필요한 사항은 헌법재판소규칙으로 정한다. [신설 2014. 12. 30] [시행일 2015. 7. 1] [전문개정 2011. 4. 5]

제20조(헌법재판소장 비서실 등) ① 헌법재판소에 헌법재판소장 비서실을 둔다.
② 헌법재판소장 비서실에 비서실장 1명을 두되, 비서실장은 1급 상당의 별정직국가공무원으로 임명하고, 헌법재판소장의 명을 받아 기밀에 관한 사무를 관장한다.
③ 제 2 항에 규정되지 아니한 사항으로서 헌법재판소장 비서실의 조직과 운영에 필요한 사항은 헌법재판소규칙으로 정한다.
④ 헌법재판소에 재판관 비서관을 둔다.
⑤ 재판관 비서관은 4급의 일반직국가공무원 또는 4급 상당의 별정직국가공무원으로 임명하며, 재판관의 명을 받아 기밀에 관한 사무를 관장한다. [전문개정 2011. 4. 5]

제21조(서기 및 정리) ① 헌법재판소에 서기(書記) 및 정리(廷吏)를 둔다.
② 헌법재판소장은 사무처 직원 중에서 서기 및 정리를 지명한다.
③ 서기는 재판장의 명을 받아 사건에 관한 서류의 작성·보관 또는 송달에 관한 사무를 담당한다.
④ 정리는 심판정(審判廷)의 질서유지와 그 밖에 재판장이 명하는 사무를 집행한다. [전문개정 2011. 4. 5]

제 3 장 일반심판절차〈개정 2011. 4. 5〉

제22조(재판부) ① 이 법에 특별한 규정이 있는 경우를 제외하고는 헌법재판소의 심판은 재판관 전원으로 구성되는 재판부에서 관장한다.
② 재판부의 재판장은 헌법재판소장이 된다. [전문개정 2011. 4. 5]

제23조(심판정족수) ① 재판부는 재판관 7명 이상의 출석으로 사건을 심리한다.
② 재판부는 종국심리(終局審理)에 관여한 재판관 과반수의 찬성으로 사건에 관한 결정을 한다. 다만, 다음 각 호의 어느 하나에 해당하는 경우에는 재판관 6명 이상의 찬성이 있어야 한다.
1. 법률의 위헌결정, 탄핵의 결정, 정당해산의 결정 또는 헌법소원에 관한 인용결정(認容決定)을 하는 경우
2. 종전에 헌법재판소가 판시한 헌법 또는 법률의 해석 적용에 관한 의견을 변경하는 경우
[전문개정 2011. 4. 5]

제24조(제척·기피 및 회피) ① 재판관이 다음 각 호의 어느 하나에 해당하

는 경우에는 그 직무집행에서 제척(除斥)된다.

1. 재판관이 당사자이거나 당사자의 배우자 또는 배우자였던 경우
2. 재판관과 당사자가 친족관계이거나 친족관계였던 경우
3. 재판관이 사건에 관하여 증언이나 감정(鑑定)을 하는 경우
4. 재판관이 사건에 관하여 당사자의 대리인이 되거나 되었던 경우
5. 그 밖에 재판관이 헌법재판소 외에서 직무상 또는 직업상의 이유로 사건에 관여한 경우

② 재판부는 직권 또는 당사자의 신청에 의하여 제척의 결정을 한다.

③ 재판관에게 공정한 심판을 기대하기 어려운 사정이 있는 경우 당사자는 기피(忌避)신청을 할 수 있다. 다만, 변론기일(辯論期日)에 출석하여 본안(本案)에 관한 진술을 한 때에는 그러하지 아니하다.

④ 당사자는 동일한 사건에 대하여 2명 이상의 재판관을 기피할 수 없다.

⑤ 재판관은 제1항 또는 제3항의 사유가 있는 경우에는 재판장의 허가를 받아 회피(回避)할 수 있다.

⑥ 당사자의 제척 및 기피신청에 관한 심판에는 「민사소송법」 제44조, 제45조, 제46조 제1항·제2항 및 제48조를 준용한다. [전문개정 2011. 4. 5]

제25조(대표자·대리인) ① 각종 심판절차에서 정부가 당사자(참가인을 포함한다. 이하 같다)인 경우에는 법무부장관이 이를 대표한다.

② 각종 심판절차에서 당사자인 국가기관 또는 지방자치단체는 변호사 또는 변호사의 자격이 있는 소속 직원을 대리인으로 선임하여 심판을 수행하게 할 수 있다.

③ 각종 심판절차에서 당사자인 사인(私人)은 변호사를 대리인으로 선임하지 아니하면 심판청구를 하거나 심판수행을 하지 못한다. 다만, 그가 변호사의 자격이 있는 경우에는 그러하지 아니하다. [전문개정 2011. 4. 5]

제26조(심판청구의 방식) ① 헌법재판소에의 심판청구는 심판절차별로 정하여진 청구서를 헌법재판소에 제출함으로써 한다. 다만, 위헌법률심판에서는 법원의 제청서, 탄핵심판에서는 국회의 소추의결서(訴追議決書)의 정본(正本)으로 청구서를 갈음한다.

② 청구서에는 필요한 증거서류 또는 참고자료를 첨부할 수 있다. [전문개정 2011. 4. 5]

제27조(청구서의 송달) ① 헌법재판소가 청구서를 접수한 때에는 지체 없이 그 등본을 피청구기관 또는 피청구인(이하 "피청구인"이라 한다)에게 송달하여야 한다.

② 위헌법률심판의 제청이 있으면 법무부장관 및 당해 소송사건의 당사자에게 그 제청서의 등본을 송달한다. [전문개정 2011. 4. 5]

제28조(심판청구의 보정) ① 재판장은 심판청구가 부적법하나 보정(補正)할 수 있다고 인정되는 경우에는 상당한 기간을 정하여 보정을 요구하여야 한다.

② 제1항에 따른 보정 서면에 관하여는 제27조 제1항을 준용한다.

③ 제 1 항에 따른 보정이 있는 경우에는 처음부터 적법한 심판청구가 있은 것으로 본다.

④ 제 1 항에 따른 보정기간은 제38조의 심판기간에 산입하지 아니한다.

⑤ 재판장은 필요하다고 인정하는 경우에는 재판관 중 1명에게 제 1 항의 보정요구를 할 수 있는 권한을 부여할 수 있다. [전문개정 2011. 4. 5]

제29조(답변서의 제출) ① 청구서 또는 보정 서면을 송달받은 피청구인은 헌법재판소에 답변서를 제출할 수 있다.

② 답변서에는 심판청구의 취지와 이유에 대응하는 답변을 적는다. [전문개정 2011. 4. 5]

제30조(심리의 방식) ① 탄핵의 심판, 정당해산의 심판 및 권한쟁의의 심판은 구두변론에 의한다.

② 위헌법률의 심판과 헌법소원에 관한 심판은 서면심리에 의한다. 다만, 재판부는 필요하다고 인정하는 경우에는 변론을 열어 당사자, 이해관계인, 그 밖의 참고인의 진술을 들을 수 있다.

③ 재판부가 변론을 열 때에는 기일을 정하여 당사자와 관계인을 소환하여야 한다. [전문개정 2011. 4. 5]

제31조(증거조사) ① 재판부는 사건의 심리를 위하여 필요하다고 인정하는 경우에는 직권 또는 당사자의 신청에 의하여 다음 각 호의 증거조사를 할 수 있다.

1. 당사자 또는 증인을 신문(訊問)하는 일

2. 당사자 또는 관계인이 소지하는 문서·장부·물건 또는 그 밖의 증거자료의 제출을 요구하고 영치(領置)하는 일

3. 특별한 학식과 경험을 가진 자에게 감정을 명하는 일

4. 필요한 물건·사람·장소 또는 그 밖의 사물의 성상(性狀)이나 상황을 검증하는 일

② 재판장은 필요하다고 인정하는 경우에는 재판관 중 1명을 지정하여 제 1 항의 증거조사를 하게 할 수 있다. [전문개정 2011. 4. 5]

제32조(자료제출 요구 등) 재판부는 결정으로 다른 국가기관 또는 공공단체의 기관에 심판에 필요한 사실을 조회하거나, 기록의 송부나 자료의 제출을 요구할 수 있다. 다만, 재판·소추 또는 범죄수사가 진행 중인 사건의 기록에 대하여는 송부를 요구할 수 없다. [전문개정 2011. 4. 5]

제33조(심판의 장소) 심판의 변론과 종국결정의 선고는 심판정에서 한다. 다만, 헌법재판소장이 필요하다고 인정하는 경우에는 심판정 외의 장소에서 변론 또는 종국결정의 선고를 할 수 있다. [전문개정 2011. 4. 5]

제34조(심판의 공개) ① 심판의 변론과 결정의 선고는 공개한다. 다만, 서면심리와 평의(評議)는 공개하지 아니한다.

② 헌법재판소의 심판에 관하여는 「법원조직법」제57조 제 1 항 단서와 같은 조 제 2 항 및 제 3 항을 준용한다. [전문개정 2011. 4. 5]

제35조(심판의 지휘와 법정경찰권) ① 재판장은 심판정의 질서와 변론의 지휘 및 평의의 정리(整理)를 담당한다.

② 헌법재판소 심판정의 질서유지와

용어의 사용에 관하여는 「법원조직법」
제58조부터 제63조까지의 규정을 준용
한다. [전문개정 2011. 4. 5]

제36조(종국결정) ① 재판부가 심리를 마
쳤을 때에는 종국결정을 한다.

② 종국결정을 할 때에는 다음 각 호
의 사항을 적은 결정서를 작성하고 심
판에 관여한 재판관 전원이 이에 서명
날인하여야 한다.

1. 사건번호와 사건명
2. 당사자와 심판수행자 또는 대리인의
   표시
3. 주문(主文)
4. 이유
5. 결정일

③ 심판에 관여한 재판관은 결정서에
의견을 표시하여야 한다.

④ 종국결정이 선고되면 서기는 지체
없이 결정서 정본을 작성하여 당사자
에게 송달하여야 한다.

⑤ 종국결정은 헌법재판소규칙으로 정
하는 바에 따라 관보에 게재하거나 그
밖의 방법으로 공시한다. [전문개정
2011. 4. 5]

제37조(심판비용 등) ① 헌법재판소의 심
판비용은 국가부담으로 한다. 다만, 당
사자의 신청에 의한 증거조사의 비용
은 헌법재판소규칙으로 정하는 바에
따라 그 신청인에게 부담시킬 수 있다.

② 헌법재판소는 헌법소원심판의 청구
인에 대하여 헌법재판소규칙으로 정하
는 공탁금의 납부를 명할 수 있다.

③ 헌법재판소는 다음 각 호의 어느
하나에 해당하는 경우에는 헌법재판소
규칙으로 정하는 바에 따라 공탁금의

전부 또는 일부의 국고 귀속을 명할
수 있다.

1. 헌법소원의 심판청구를 각하하는 경
   우
2. 헌법소원의 심판청구를 기각하는 경
   우에 그 심판청구가 권리의 남용이
   라고 인정되는 경우 [전문개정 2011.
   4. 5]

제38조(심판기간) 헌법재판소는 심판사
건을 접수한 날부터 180일 이내에 종
국결정의 선고를 하여야 한다. 다만,
재판관의 궐위로 7명의 출석이 불가능
한 경우에는 그 궐위된 기간은 심판기간
에 산입하지 아니한다. [전문개정 2011.
4. 5]

제39조(일사부재리) 헌법재판소는 이미
심판을 거친 동일한 사건에 대하여는
다시 심판할 수 없다. [전문개정 2011.
4. 5]

제39조의2(심판확정기록의 열람 · 복사)

① 누구든지 권리구제, 학술연구 또는
공익 목적으로 심판이 확정된 사건기
록의 열람 또는 복사를 신청할 수 있
다. 다만, 헌법재판소장은 다음 각 호
의 어느 하나에 해당하는 경우에는 사
건기록을 열람하거나 복사하는 것을
제한할 수 있다.

1. 변론이 비공개로 진행된 경우
2. 사건기록의 공개로 인하여 국가의
   안전보장, 선량한 풍속, 공공의 질서
   유지나 공공복리를 현저히 침해할
   우려가 있는 경우
3. 사건기록의 공개로 인하여 관계인의
   명예, 사생활의 비밀, 영업비밀(「부
   정경쟁방지 및 영업비밀보호에 관한

법률」 제 2 조 제 2 호에 규정된 영업비밀을 말한다)또는 생명·신체의 안전이나 생활의 평온을 현저히 침해할 우려가 있는 경우

② 헌법재판소장은 제 1 항 단서에 따라 사건기록의 열람 또는 복사를 제한하는 경우에는 신청인에게 그 사유를 명시하여 통지하여야 한다.

③ 제 1 항에 따른 사건기록의 열람 또는 복사 등에 관하여 필요한 사항은 헌법재판소규칙으로 정한다.

④ 사건기록을 열람하거나 복사한 자는 열람 또는 복사를 통하여 알게 된 사항을 이용하여 공공의 질서 또는 선량한 풍속을 침해하거나 관계인의 명예 또는 생활의 평온을 훼손하는 행위를 하여서는 아니 된다. [전문개정 2011. 4. 5]

제40조(준용규정) ① 헌법재판소의 심판절차에 관하여는 이 법에 특별한 규정이 있는 경우를 제외하고는 헌법재판의 성질에 반하지 아니하는 한도에서 민사소송에 관한 법령을 준용한다. 이 경우 탄핵심판의 경우에는 형사소송에 관한 법령을 준용하고, 권한쟁의심판 및 헌법소원심판의 경우에는 「행정소송법」을 함께 준용한다.

② 제 1 항 후단의 경우에 형사소송에 관한 법령 또는 「행정소송법」이 민사소송에 관한 법령에 저촉될 때에는 민사소송에 관한 법령은 준용하지 아니한다. [전문개정 2011. 4. 5]

제 4 장 특별심판절차〈개정 2011. 4. 5〉

제 1 절 위헌법률심판〈개정 2011. 4. 5〉

제41조(위헌 여부 심판의 제청) ① 법률이 헌법에 위반되는지 여부가 재판의 전제가 된 경우에는 당해 사건을 담당하는 법원(군사법원을 포함한다. 이하 같다)은 직권 또는 당사자의 신청에 의한 결정으로 헌법재판소에 위헌 여부 심판을 제청한다.

② 제 1 항의 당사자의 신청은 제43조 제 2 호부터 제 4 호까지의 사항을 적은 서면으로 한다.

③ 제 2 항의 신청서면의 심사에 관하여는 「민사소송법」 제254조를 준용한다.

④ 위헌 여부 심판의 제청에 관한 결정에 대하여는 항고할 수 없다.

⑤ 대법원 외의 법원이 제 1 항의 제청을 할 때에는 대법원을 거쳐야 한다. [전문개정 2011. 4. 5]

제42조(재판의 정지 등) ① 법원이 법률의 위헌 여부 심판을 헌법재판소에 제청한 때에는 당해 소송사건의 재판은 헌법재판소의 위헌 여부의 결정이 있을 때까지 정지된다. 다만, 법원이 긴급하다고 인정하는 경우에는 종국재판 외의 소송절차를 진행할 수 있다.

② 제 1 항 본문에 따른 재판정지기간은 「형사소송법」 제92조 제 1 항·제 2 항 및 「군사법원법」 제132조 제 1 항·제 2 항의 구속기간과 「민사소송법」 제199조의 판결 선고기간에 산입하지 아니한다. [전문개정 2011. 4. 5]

제43조(제청서의 기재사항) 법원이 법률의 위헌 여부 심판을 헌법재판소에 제

청할 때에는 제청서에 다음 각 호의
사항을 적어야 한다.
1. 제청법원의 표시
2. 사건 및 당사자의 표시
3. 위헌이라고 해석되는 법률 또는 법
   률의 조항
4. 위헌이라고 해석되는 이유
5. 그 밖에 필요한 사항
[전문개정 2011. 4. 5]

제44조(소송사건 당사자 등의 의견) 당해
소송사건의 당사자 및 법무부장관은
헌법재판소에 법률의 위헌 여부에 대
한 의견서를 제출할 수 있다. [전문개
정 2011. 4. 5]

제45조(위헌결정) 헌법재판소는 제청된
법률 또는 법률 조항의 위헌 여부만을
결정한다. 다만, 법률 조항의 위헌결정
으로 인하여 해당 법률 전부를 시행할
수 없다고 인정될 때에는 그 전부에
대하여 위헌결정을 할 수 있다. [전문
개정 2011. 4. 5]

제46조(결정서의 송달) 헌법재판소는 결
정일부터 14일 이내에 결정서 정본을
제청한 법원에 송달한다. 이 경우 제청
한 법원이 대법원이 아닌 경우에는 대
법원을 거쳐야 한다. [전문개정 2011.
4. 5]

제47조(위헌결정의 효력) ① 법률의 위
헌결정은 법원과 그 밖의 국가기관 및
지방자치단체를 기속(羈束)한다.
② 위헌으로 결정된 법률 또는 법률의
조항은 그 결정이 있는 날부터 효력을
상실한다.
제 2 항에도 불구하고 형벌에 관한 법
률 또는 법률의 조항은 소급하여 그

효력을 상실한다. 다만 해당 법률 또는
법률의 조항에 대하여 종전에 합헌으
로 결정한 사건이 있는 경우에는 그
결정이 있는 날의 다음 날로 소급하여
효력을 상실한다〈신설 2014. 5. 20.〉
③ 제 3 항의 경우에 위헌으로 결정된
법률 또는 법률의 조항에 근거한 유죄
의 확정판결에 대하여는 재심을 청구
할 수 있다.〈개정 2014. 5. 20.〉
④ 제 4 항의 재심에 대하여는 「형사소
송법」을 준용한다. [전문개정 2011. 4.
5]〈개정 2014. 5. 20.〉

제 2 절 탄핵심판〈개정 2011. 4. 5〉

제48조(탄핵소추) 다음 각 호의 어느 하
나에 해당하는 공무원이 그 직무집행
에서 헌법이나 법률을 위반한 경우에
는 국회는 헌법 및 「국회법」에 따라
탄핵의 소추를 의결할 수 있다.
1. 대통령, 국무총리, 국무위원 및 행정
   각부(行政各部)의 장
2. 헌법재판소 재판관, 법관 및 중앙선
   거관리위원회 위원
3. 감사원장 및 감사위원
4. 그 밖에 법률에서 정한 공무원
[전문개정 2011. 4. 5]

제49조(소추위원) ① 탄핵심판에서는 국
회 법제사법위원회의 위원장이 소추위
원이 된다.
② 소추위원은 헌법재판소에 소추의결
서의 정본을 제출하여 탄핵심판을 청
구하며, 심판의 변론에서 피청구인을
신문할 수 있다. [전문개정 2011. 4. 5]

제50조(권한 행사의 정지) 탄핵소추의
의결을 받은 사람은 헌법재판소의 심

판이 있을 때까지 그 권한 행사가 정지된다. [전문개정 2011. 4. 5]

제51조(심판절차의 정지) 피청구인에 대한 탄핵심판 청구와 동일한 사유로 형사소송이 진행되고 있는 경우에는 재판부는 심판절차를 정지할 수 있다. [전문개정 2011. 4. 5]

제52조(당사자의 불출석) ① 당사자가 변론기일에 출석하지 아니하면 다시 기일을 정하여야 한다.
② 다시 정한 기일에도 당사자가 출석하지 아니하면 그의 출석 없이 심리할 수 있다. [전문개정 2011. 4. 5]

제53조(결정의 내용) ① 탄핵심판 청구가 이유 있는 경우에는 헌법재판소는 피청구인을 해당 공직에서 파면하는 결정을 선고한다.
② 피청구인이 결정 선고 전에 해당 공직에서 파면되었을 때에는 헌법재판소는 심판청구를 기각하여야 한다. [전문개정 2011. 4. 5]

제54조(결정의 효력) ① 탄핵결정은 피청구인의 민사상 또는 형사상의 책임을 면제하지 아니한다.
② 탄핵결정에 의하여 파면된 사람은 결정 선고가 있은 날부터 5년이 지나지 아니하면 공무원이 될 수 없다. [전문개정 2011. 4. 5]

제3절 정당해산심판 〈개정 2011. 4. 5〉

제55조(정당해산심판의 청구) 정당의 목적이나 활동이 민주적 기본질서에 위배될 때에는 정부는 국무회의의 심의를 거쳐 헌법재판소에 정당해산심판을 청구할 수 있다. [전문개정 2011. 4. 5]

제56조(청구서의 기재사항) 정당해산심판의 청구서에는 다음 각 호의 사항을 적어야 한다.
1. 해산을 요구하는 정당의 표시
2. 청구 이유
[전문개정 2011. 4. 5]

제57조(가처분) 헌법재판소는 정당해산심판의 청구를 받은 때에는 직권 또는 청구인의 신청에 의하여 종국결정의 선고 시까지 피청구인의 활동을 정지하는 결정을 할 수 있다. [전문개정 2011. 4. 5]

제58조(청구 등의 통지) ① 헌법재판소장은 정당해산심판의 청구가 있는 때, 가처분결정을 한 때 및 그 심판이 종료한 때에는 그 사실을 국회와 중앙선거관리위원회에 통지하여야 한다.
② 정당해산을 명하는 결정서는 피청구인 외에 국회, 정부 및 중앙선거관리위원회에도 송달하여야 한다. [전문개정 2011. 4. 5]

제59조(결정의 효력) 정당의 해산을 명하는 결정이 선고된 때에는 그 정당은 해산된다. [전문개정 2011. 4. 5]

제60조(결정의 집행) 정당의 해산을 명하는 헌법재판소의 결정은 중앙선거관리위원회가 「정당법」에 따라 집행한다. [전문개정 2011. 4. 5]

제4절 권한쟁의심판 〈개정 2011. 4. 5〉

제61조(청구 사유) ① 국가기관 상호간, 국가기관과 지방자치단체 간 및 지방자치단체 상호간에 권한의 유무 또는 범위에 관하여 다툼이 있을 때에는 해당 국가기관 또는 지방자치단체는 헌

법재판소에 권한쟁의심판을 청구할 수 있다.

② 제1항의 심판청구는 피청구인의 처분 또는 부작위(不作爲)가 헌법 또는 법률에 의하여 부여받은 청구인의 권한을 침해하였거나 침해할 현저한 위험이 있는 경우에만 할 수 있다. [전문개정 2011. 4. 5]

제62조(권한쟁의심판의 종류) ① 권한쟁의심판의 종류는 다음 각 호와 같다. 〈개정 2018. 3. 20〉

1. 국가기관 상호간의 권한쟁의심판
   국회, 정부, 법원 및 중앙선거관리위원회 상호간의 권한쟁의심판
2. 국가기관과 지방자치단체 간의 권한쟁의심판
   가. 정부와 특별시·광역시·특별자치시·도 또는 특별자치도 간의 권한쟁의심판
   나. 정부와 시·군 또는 지방자치단체인 구(이하 "자치구"라 한다) 간의 권한쟁의심판
3. 지방자치단체 상호간의 권한쟁의심판
   가. 특별시·광역시·특별자치시·도 또는 특별자치도 상호간의 권한쟁의심판
   나. 시·군 또는 자치구 상호간의 권한쟁의심판
   다. 특별시·광역시·특별자치시·도 또는 특별자치도와 시·군 또는 자치구 간의 권한쟁의심판

② 권한쟁의가 「지방교육자치에 관한 법률」 제2조에 따른 교육·학예에 관한 지방자치단체의 사무에 관한 것인 경우에는 교육감이 제1항 제2호 및 제3호의 당사자가 된다. [전문개정 2011. 4. 5] 〈개정 2018. 3. 20〉

제63조(청구기간) ① 권한쟁의의 심판은 그 사유가 있음을 안 날부터 60일 이내에, 그 사유가 있은 날부터 180일 이내에 청구하여야 한다.

② 제1항의 기간은 불변기간으로 한다. [전문개정 2011. 4. 5]

제64조(청구서의 기재사항) 권한쟁의심판의 청구서에는 다음 각 호의 사항을 적어야 한다.

1. 청구인 또는 청구인이 속한 기관 및 심판수행자 또는 대리인의 표시
2. 피청구인의 표시
3. 심판 대상이 되는 피청구인의 처분 또는 부작위
4. 청구 이유
5. 그 밖에 필요한 사항

[전문개정 2011. 4. 5]

제65조(가처분) 헌법재판소가 권한쟁의심판의 청구를 받았을 때에는 직권 또는 청구인의 신청에 의하여 종국결정의 선고 시까지 심판 대상이 된 피청구인의 처분의 효력을 정지하는 결정을 할 수 있다. [전문개정 2011. 4. 5]

제66조(결정의 내용) ① 헌법재판소는 심판의 대상이 된 국가기관 또는 지방자치단체의 권한의 유무 또는 범위에 관하여 판단한다.

② 제1항의 경우에 헌법재판소는 권한침해의 원인이 된 피청구인의 처분을 취소하거나 그 무효를 확인할 수 있고, 헌법재판소가 부작위에 대한 심판청구를 인용하는 결정을 한 때에는 피청구인은 결정 취지에 따른 처분을

하여야 한다. [전문개정 2011. 4. 5]

제67조(결정의 효력) ① 헌법재판소의 권한쟁의심판의 결정은 모든 국가기관과 지방자치단체를 기속한다.

② 국가기관 또는 지방자치단체의 처분을 취소하는 결정은 그 처분의 상대방에 대하여 이미 생긴 효력에 영향을 미치지 아니한다. [전문개정 2011. 4. 5]

제 5 절 헌법소원심판 〈개정 2011. 4. 5〉

제68조(청구 사유) ① 공권력의 행사 또는 불행사(不行使)로 인하여 헌법상 보장된 기본권을 침해받은 자는 법원의 재판을 제외하고는 헌법재판소에 헌법소원심판을 청구할 수 있다. 다만, 다른 법률에 구제절차가 있는 경우에는 그 절차를 모두 거친 후에 청구할 수 있다.

② 제41조 제 1 항에 따른 법률의 위헌 여부 심판의 제청신청이 기각된 때에는 그 신청을 한 당사자는 헌법재판소에 헌법소원심판을 청구할 수 있다. 이 경우 그 당사자는 당해 사건의 소송절차에서 동일한 사유를 이유로 다시 위헌 여부 심판의 제청을 신청할 수 없다. [전문개정 2011. 4. 5]

제69조(청구기간) ① 제68조 제 1 항에 따른 헌법소원의 심판은 그 사유가 있음을 안 날부터 90일 이내에, 그 사유가 있는 날부터 1년 이내에 청구하여야 한다. 다만, 다른 법률에 따른 구제절차를 거친 헌법소원의 심판은 그 최종결정을 통지받은 날부터 30일 이내에 청구하여야 한다.

② 제68조 제 2 항에 따른 헌법소원심판은 위헌 여부 심판의 제청신청을 기각하는 결정을 통지받은 날부터 30일 이내에 청구하여야 한다. [전문개정 2011. 4. 5]

제70조(국선대리인) ① 헌법소원심판을 청구하려는 자가 변호사를 대리인으로 선임할 자력(資力)이 없는 경우에는 헌법재판소에 국선대리인을 선임하여 줄 것을 신청할 수 있다. 이 경우 제69조에 따른 청구기간은 국선대리인의 선임신청이 있는 날을 기준으로 정한다.

② 제 1 항에도 불구하고 헌법재판소가 공익상 필요하다고 인정할 때에는 국선대리인을 선임할 수 있다.

③ 헌법재판소는 제 1 항의 신청이 있는 경우 또는 제 2 항의 경우에는 헌법재판소규칙으로 정하는 바에 따라 변호사 중에서 국선대리인을 선정한다. 다만, 그 심판청구가 명백히 부적법하거나 이유 없는 경우 또는 권리의 남용이라고 인정되는 경우에는 국선대리인을 선정하지 아니할 수 있다.

④ 헌법재판소가 국선대리인을 선정하지 아니한다는 결정을 한 때에는 지체 없이 그 사실을 신청인에게 통지하여야 한다. 이 경우 신청인이 선임신청을 한 날부터 그 통지를 받은 날까지의 기간은 제69조의 청구기간에 산입하지 아니한다.

⑤ 제 3 항에 따라 선정된 국선대리인은 선정된 날부터 60일 이내에 제71조에 규정된 사항을 적은 심판청구서를 헌법재판소에 제출하여야 한다.

⑥ 제 3 항에 따라 선정한 국선대리인에게는 헌법재판소규칙으로 정하는 바에 따라 국고에서 그 보수를 지급한다.

[전문개정 2011. 4. 5]

제71조(청구서의 기재사항) ① 제68조 제 1항에 따른 헌법소원의 심판청구서에는 다음 각 호의 사항을 적어야 한다.

1. 청구인 및 대리인의 표시
2. 침해된 권리
3. 침해의 원인이 되는 공권력의 행사 또는 불행사
4. 청구 이유
5. 그 밖에 필요한 사항

② 제68조 제2항에 따른 헌법소원의 심판청구서의 기재사항에 관하여는 제 43조를 준용한다. 이 경우 제43조 제1 호 중 "제청법원의 표시"는 "청구인 및 대리인의 표시"로 본다.

③ 헌법소원의 심판청구서에는 대리인의 선임을 증명하는 서류 또는 국선대리인 선임통지서를 첨부하여야 한다.
[전문개정 2011. 4. 5]

제72조(사전심사) ① 헌법재판소장은 헌법재판소에 재판관 3명으로 구성되는 지정재판부를 두어 헌법소원심판의 사전심사를 담당하게 할 수 있다. 〈개정 2011. 4. 5〉

② 삭제 〈1991. 11. 30〉

③ 지정재판부는 다음 각 호의 어느 하나에 해당되는 경우에는 지정재판부 재판관 전원의 일치된 의견에 의한 결정으로 헌법소원의 심판청구를 각하한다. 〈개정 2011. 4. 5〉

1. 다른 법률에 따른 구제절차가 있는 경우 그 절차를 모두 거치지 아니하거나 또는 법원의 재판에 대하여 헌법소원의 심판이 청구된 경우
2. 제69조의 청구기간이 지난 후 헌법소원심판이 청구된 경우
3. 제25조에 따른 대리인의 선임 없이 청구된 경우
4. 그 밖에 헌법소원심판의 청구가 부적법하고 그 흠결을 보정할 수 없는 경우

④ 지정재판부는 전원의 일치된 의견으로 제3항의 각하결정을 하지 아니하는 경우에는 결정으로 헌법소원을 재판부의 심판에 회부하여야 한다. 헌법소원심판의 청구 후 30일이 지날 때까지 각하결정이 없는 때에는 심판에 회부하는 결정(이하 "심판회부결정"이라 한다)이 있는 것으로 본다. 〈개정 2011. 4. 5〉

⑤ 지정재판부의 심리에 관하여는 제 28조, 제31조, 제32조 및 제35조를 준용한다. 〈개정 2011. 4. 5〉

⑥ 지정재판부의 구성과 운영에 필요한 사항은 헌법재판소규칙으로 정한다. 〈개정 2011. 4. 5〉 [제목개정 2011. 4. 5]

제73조(각하 및 심판회부 결정의 통지)

① 지정재판부는 헌법소원을 각하하거나 심판회부결정을 한 때에는 그 결정일부터 14일 이내에 청구인 또는 그 대리인 및 피청구인에게 그 사실을 통지하여야 한다. 제72조 제4항 후단의 경우에도 또한 같다.

② 헌법재판소장은 헌법소원이 제72조 제4항에 따라 재판부의 심판에 회부된 때에는 다음 각 호의 자에게 지체 없이 그 사실을 통지하여야 한다.

1. 법무부장관
2. 제68조 제2항에 따른 헌법소원심판에서는 청구인이 아닌 당해 사건의

당사자

[전문개정 2011. 4. 5]

제74조(이해관계기관 등의 의견 제출) ① 헌법소원의 심판에 이해관계가 있는 국가기관 또는 공공단체와 법무부장관은 헌법재판소에 그 심판에 관한 의견서를 제출할 수 있다.

② 제68조 제 2 항에 따른 헌법소원이 재판부에 심판 회부된 경우에는 제27조 제 2 항 및 제44조를 준용한다. [전문개정 2011. 4. 5]

제75조(인용결정) ① 헌법소원의 인용결정은 모든 국가기관과 지방자치단체를 기속한다.

② 제68조 제 1 항에 따른 헌법소원을 인용할 때에는 인용결정서의 주문에 침해된 기본권과 침해의 원인이 된 공권력의 행사 또는 불행사를 특정하여야 한다.

③ 제 2 항의 경우에 헌법재판소는 기본권 침해의 원인이 된 공권력의 행사를 취소하거나 그 불행사가 위헌임을 확인할 수 있다.

④ 헌법재판소가 공권력의 불행사에 대한 헌법소원을 인용하는 결정을 한 때에는 피청구인은 결정 취지에 따라 새로운 처분을 하여야 한다.

⑤ 제 2 항의 경우에 헌법재판소는 공권력의 행사 또는 불행사가 위헌인 법률 또는 법률의 조항에 기인한 것이라고 인정될 때에는 인용결정에서 해당 법률 또는 법률의 조항이 위헌임을 선고할 수 있다.

⑥ 제 5 항의 경우 및 제68조 제 2 항에 따른 헌법소원을 인용하는 경우에는

제45조 및 제47조를 준용한다.

⑦ 제68조 제 2 항에 따른 헌법소원이 인용된 경우에 해당 헌법소원과 관련된 소송사건이 이미 확정된 때에는 당사자는 재심을 청구할 수 있다.

⑧ 제 7 항에 따른 재심에서 형사사건에 대하여는「형사소송법」을 준용하고, 그 외의 사건에 대하여는「민사소송법」을 준용한다. [전문개정 2011. 4. 5]

제 5 장 전자정보처리조직을 통한 심판절차의 수행 〈신설 2009. 12. 29〉

제76조(전자문서의 접수) ① 각종 심판절차의 당사자나 관계인은 청구서 또는 이 법에 따라 제출할 그 밖의 서면을 전자문서(컴퓨터 등 정보처리능력을 갖춘 장치에 의하여 전자적인 형태로 작성되어 송수신되거나 저장된 정보를 말한다. 이하 같다)화하고 이를 정보통신망을 이용하여 헌법재판소에서 지정·운영하는 전자정보처리조직(심판절차에 필요한 전자문서를 작성·제출·송달하는 데에 필요한 정보처리능력을 갖춘 전자적 장치를 말한다. 이하 같다)을 통하여 제출할 수 있다.

② 제 1 항에 따라 제출된 전자문서는 이 법에 따라 제출된 서면과 같은 효력을 가진다.

③ 전자정보처리조직을 이용하여 제출된 전자문서는 전자정보처리조직에 전자적으로 기록된 때에 접수된 것으로 본다.

④ 제 3 항에 따라 전자문서가 접수된 경우에 헌법재판소는 헌법재판소규칙

으로 정하는 바에 따라 당사자나 관계인에게 전자적 방식으로 그 접수 사실을 즉시 알려야 한다. [전문개정 2011. 4. 5]

제77조(전자서명 등) ① 당사자나 관계인은 헌법재판소에 제출하는 전자문서에 헌법재판소규칙으로 정하는 바에 따라 본인임을 확인할 수 있는 전자서명을 하여야 한다.

② 재판관이나 서기는 심판사건에 관한 서류를 전자문서로 작성하는 경우에 「전자정부법」 제 2 조 제 6 호에 따른 행정전자서명(이하 "행정전자서명"이라 한다)을 하여야 한다.

③ 제 1 항의 전자서명과 제 2 항의 행정전자서명은 헌법재판소의 심판절차에 관한 법령에서 정하는 서명 · 서명날인 또는 기명날인으로 본다. [본조신설 2009. 12. 29]

제78조(전자적 송달 등) ① 헌법재판소는 당사자나 관계인에게 전자정보처리조직과 그와 연계된 정보통신망을 이용하여 결정서나 이 법에 따른 각종 서류를 송달할 수 있다. 다만, 당사자나 관계인이 동의하지 아니하는 경우에는 그러하지 아니하다.

② 헌법재판소는 당사자나 관계인에게 송달하여야 할 결정서 등의 서류를 전자정보처리조직에 입력하여 등재한 다음 그 등재 사실을 헌법재판소규칙으로 정하는 바에 따라 전자적 방식으로 알려야 한다.

③ 제 1 항에 따른 전자정보처리조직을 이용한 서류 송달은 서면으로 한 것과 같은 효력을 가진다.

④ 제 2 항의 경우 송달받을 자가 등재된 전자문서를 헌법재판소규칙으로 정하는 바에 따라 확인한 때에 송달된 것으로 본다. 다만, 그 등재 사실을 통지한 날부터 1주 이내에 확인하지 아니하였을 때에는 등재 사실을 통지한 날부터 1주가 지난 날에 송달된 것으로 본다. [개정 2022. 2. 3.]

⑤ 제 1 항에도 불구하고 전자정보처리조직의 장애로 인하여 전자적 송달이 불가능하거나 그 밖에 헌법재판소규칙으로 정하는 사유가 있는 경우에는 「민사소송법」에 따라 송달할 수 있다. [전문개정 2011. 4. 5]

제 6 장　벌　　칙 〈개정 2011. 4. 5〉

제79조(벌칙) 다음 각 호의 어느 하나에 해당하는 자는 1년 이하의 징역 또는 100만원 이하의 벌금에 처한다.

1. 헌법재판소로부터 증인, 감정인, 통역인 또는 번역인으로서 소환 또는 위촉을 받고 정당한 사유 없이 출석하지 아니한 자
2. 헌법재판소로부터 증거물의 제출요구 또는 제출명령을 받고 정당한 사유 없이 이를 제출하지 아니한 자
3. 헌법재판소의 조사 또는 검사를 정당한 사유 없이 거부 · 방해 또는 기피한 자

[전문개정 2011. 4. 5]

부　　칙 〈법률 제4017호, 1988. 8. 5〉

제 1 조(시행일) 이 법은 1988년 9월 1일

부터 시행한다. 다만, 이 법에 의한 헌법재판소장·상임재판관 및 재판관의 임명 기타 이 법 시행에 관한 준비는 이 법 시행전에 할 수 있다.

제2조(폐지법률) 법률 제2530호 헌법위원회법은 이를 폐지한다.

제3조(계속사건에 대한 경과조치) 이 법 시행당시 헌법위원회에 계속중인 사건은 헌법재판소에 이관한다. 이 경우 이미 행하여진 심판행위의 효력에 대하여는 영향을 미치지 아니한다.

제4조(종전의 사항에 관한 경과조치) 이 법은 이 법 시행전에 생긴 사항에 관하여도 적용한다. 다만, 이 법 시행전에 헌법위원회법에 의하여 이미 생긴 효력에는 영향을 미치지 아니한다.

제5조(종전 직원에 관한 경과조치) 이 법 시행당시 헌법위원회 사무국공무원은 헌법재판소사무처소속공무원으로 임용된 것으로 본다.

제6조(예산에 관한 경과조치) 이 법 시행당시 헌법위원회의 소관예산은 헌법재판소의 소관예산으로 본다.

제7조(권리의무의 승계) 이 법 시행당시 헌법위원회가 가지는 권리 및 의무는 헌법재판소가 이를 승계한다.

제8조(다른 법률의 개정) ① 법원조직법중 다음과 같이 개정한다.
제7조 제1항 제4호를 삭제한다.
② 행정소송법중 다음과 같이 개정한다.
제3조 제4호에 단서를 다음과 같이 신설한다.
다만, 헌법재판소법 제2조의 규정에 의하여 헌법재판소의 관장사항으로 되는 소송은 제외한다.

③ 국가공무원법중 다음과 같이 개정한다.
제2조 제3항 제1호 나목중 "헌법위원회의 상임위원"을 "헌법재판소의 상임재판관 및 사무처장"으로 한다.
④ 정당법중 다음과 같이 개정한다.
제40조, 제41조 제3항, 제42조 및 제43조 제2항중 "헌법위원회"를 각각 "헌법재판소"로 한다.
⑤ 행정심판법중 다음과 같이 개정한다.
제5조 제2항 제2호중 "헌법위원회"를 "헌법재판소"로 한다.
⑥ 예산회계법중 다음과 같이 개정한다.
제22조중 "헌법위원회"를 "헌법재판소"로 한다.
⑦ 공무원연금법중 다음과 같이 개정한다.
제77조중 "헌법위원회"를 "헌법재판소"로 한다.
⑧ 집회 및 시위에 관한 법률중 다음과 같이 개정한다.
제3조 제1항 제1호중 "헌법위원회"를 "헌법재판소"로 한다.
⑨ 민방위기본법중 다음과 같이 개정한다.
제2조 제2호중 "헌법위원회 사무국장"을 "헌법재판소 사무처장"으로 한다.
⑩ 상훈법중 다음과 같이 개정한다.
제5조 제1항중 "법원행정처장"을 "법원행정처장·헌법재판소사무처장"으로 한다.
⑪ 공직자윤리법중 다음과 같이 개정한다.
제5조 제1항 제4호중 "제3호외의"

를 "제 4 호외의"로 하여 이를 동조동항 제 5 호로 하고, 동조동항 제 4 호를 다음과 같이 신설한다.

4. 헌법재판소장·상임재판관 및 헌법재판소소속공무원은 헌법재판소사무처

부 칙 〈법률 제4408호, 1991. 11. 30〉

제 1 조(시행일) 이 법은 공포한 날부터 시행한다.

제 2 조(경과조치) 이 법 시행 당시 상임재판관 및 상임재판관이 아닌 재판관은 이 법에 의하여 재판관으로 임명된 것으로 보며, 그 임기는 이 법 시행전의 상임재판관 또는 재판관으로 임명된 때부터 기산한다.

제 3 조(다른 법률의 개정) ① 행정심판법중 다음과 같이 개정한다.

제 5 조 제 2 항 제 2 호중 "헌법재판소"를 "헌법재판소사무처장"으로 한다.

제 6 조 제 3 항 단서중 "대법원규칙으로" 다음에, "헌법재판소사무처장의 경우에는 헌법재판소규칙으로"를 삽입한다.

② 국가공무원법중 다음과 같이 개정한다.

제 2 조 제 3 항 제 1 호 나목중 "헌법재판소의 상임재판관 및 사무처장"을 "헌법재판소의 재판관 및 사무처장"으로 한다.

③ 공직자윤리법중 다음과 같이 개정한다.

제 5 조 제 1 항 제 4 호중 "상임재판관"을 "헌법재판소재판관"으로 한다.

제 9 조 제 1 항 본문중 "대법원"다음에

"헌법재판소"를 삽입하고, 동조 제 2 항 제 3 호중 "제 1 호 및 제 2 호"를 "제 1 호 내지 제 3 호"로 하여 이를 동항 제 4 호로 하며, 동항에 제 3 호를 다음과 같이 신설하고, 동조 제 3 항중 "대법원규칙" 다음에 "헌법재판소규칙"을 삽입한다.

3. 헌법재판소공직자논리위원회는 헌법재판소재판관 기타 헌법재판소소속공무원과 그 퇴직공직자에 관한 사항

제17조 제 2 항중 "대법원규칙" 다음에 "헌법재판소규칙"을 삽입한다.

제18조중 "대법원규칙" 다음에 "·헌법재판소규칙"을 삽입한다.

제19조 제 1 항중 "법원행정처장" 다음에 "헌법재판소에 있어서는 헌법재판소사무처장"을 삽입한다.

제21조중 "대법원규칙" 다음에 "헌법재판소규칙"을 삽입한다.

④ 민사소송법중 다음과 같이 개정한다.

제275조 제 2 항중 "국회의 의장과 대법원장"을 "국회의장·대법원장 및 헌법재판소장"으로 한다.

⑤ 집회 및시위에관한법률중 다음과 같이 개정한다.

제11조 제 1 호중 "각급법원" 다음에 "헌법재판소"를 삽입하고, 동조 제 2 호중 "대법원장공관" 다음에 "헌법재판소장공관"을 삽입한다.

⑥ 예산회계법중 다음과 같이 개정한다.

제14조 제 2 항 전단중 "국회의장과 대법원장"을 "국회의장·대법원장 및 헌법재판소장"으로, "국회의 사무총장과

대법원의 법원행정처장"을 "국회의 사무총장·대법원의 법원행정처장 및 헌법재판소의 사무처장"으로 하고, 동항 후단중 "국회의 사무총장과 대법원의 법원행정처장"을 "국회의 사무총장·대법원의 법원행정처장 및 헌법재판소의 사무처장"으로 하며, 동조 제3항중 "국회의장과 대법원장"을 "국회의장·대법원장 및 헌법재판소장"으로 한다.
⑦ 물품관리법중 다음과 같이 개정한다.
제16조 제1항 단서중 "국회와 대법원"을 "국회·대법원 및 헌법재판소"로 한다.
⑧ 국가채권관리법중 다음과 같이 개정한다.
제2조 제2항중 "대법원장" 다음에 "헌법재판소장"을 삽입한다.

부   칙 〈법률 제4815호, 1994. 12. 22〉

이 법은 공포한 날부터 시행한다.

부   칙 〈법률 제4963호, 1995. 8. 4〉

이 법은 공포한 날부터 시행한다.

부   칙 〈법률 제5454호, 1997. 12. 13〉
(정부부처명칭등의변경에따른건축법등의정비에관한법률)

이 법은 1998년 1월 1일부터 시행한다.〈단서 생략〉

부   칙 〈법률 제6622호, 2002. 1. 19〉
(국가공무원법)

제1조(시행일) 이 법은 공포한 날부터 시행한다.〈단서 생략〉
제2조 생략
제3조(다른 법률의 개정) ① 및 ② 생략
③ 헌법재판소법중 다음과 같이 개정한다.
제15조 제1항중 "대법원장의 예에, 재판관의 대우와 보수"를 "대법원장의 예에 의하며, 재판관은 정무직으로 하고 그 대우와 보수"로 한다.
④ 내지 ⑥ 생략

부   칙 〈법률 제6626호, 2002. 1. 26〉
(민사소송법)

제1조(시행일) 이 법은 2002년 7월 1일부터 시행한다.
제2조 내지 제5조 생략
제6조(다른 법률의 개정) ① 내지 〈25〉 생략
〈26〉 헌법재판소법중 다음과 같이 개정한다.
제24조 제6항중 "민사소송법 제40조, 제41조, 제42조 제1항·제2항 및 제44조"를 "민사소송법 제44조, 제45조, 제46조 제1항·제2항 및 제48조"로 한다.
제41조 제3항중 "민사소송법 제231조"를 "민사소송법 제254조"로 한다.
제42조 제2항중 "민사소송법 제184

조”를 “민사소송법 제199조”로 한다.

〈27〉 내지 〈29〉생략

제 7 조 생략

부   칙 〈법률 제6861호, 2003. 3.
12〉

① (시행일) 이 법은 공포후 3월이
경과한 날부터 시행한다.

② (경과조치) 이 법 시행 당시 일반
직국가공무원 또는 별정직국가공무원
인 헌법연구관 및 헌법연구관보는 이
법에 의하여 각각 특정직국가공무원인
헌법연구관과 별정직국가공무원인 헌
법연구관보로 임용된 것으로 본다. 다
만, 이 법 시행전에 헌법연구관 및 헌
법연구관보로 근무한 기간은 이 법 및
다른 법령에 규정된 헌법연구관 및 헌
법연구관보의 재직기간에 산입하고, 국
가기관에서 4급공무원으로 근무한 기
간은 호봉획정시 헌법연구관보로 근무
한 기간으로 본다.

③ (다른 법률의 개정) 공직자윤리법
중 다음과 같이 개정한다.

제 3 조 제 1 항에 제 5 호의2를 다음과
같이 신설한다.

5의2. 헌법재판소 헌법연구관

부   칙 〈법률 제7427호, 2005. 3.
31〉 (민법)

제 1 조(시행일) 이 법은 공포한 날부터
시행한다. 다만, … 생략 … 부칙 제 7
조(제 2 항 및 제29항을 제외한다)의 규
정은 2008년 1월 1일부터 시행한다.

제 2 조 내지 제 6 조 생략

제 7 조(다른 법률의 개정) ① 내지 〈25〉
생략

〈26〉헌법재판소법 일부를 다음과 같이
개정한다.

제24조 제 1 항 제 2 호중 “친족·호주·
가족”을 “친족”으로 한다.

〈27〉 내지 〈29〉 생략

부   칙 〈법률 제7622호, 2005. 7.
29〉

이 법은 공포한 날부터 시행한다.

부   칙 〈법률 제8729호, 2007. 12.
21〉

이 법은 2008년 1월 1일부터 시행한다.

부   칙 〈법률 제8893호, 2008. 3.
14〉

이 법은 공포 후 3개월이 경과한 날부
터 시행한다.

부   칙 〈법률 제9839호, 2009. 12.
29〉

이 법은 2010년 3월 1일부터 시행한
다. 다만, 제28조 제 5 항의 개정규정은
공포한 날부터 시행한다.

부   칙 〈법률 제10278호, 2010. 5.
4〉

이 법은 공포한 날부터 시행한다. 다만, 제19조의4의 개정규정은 공포 후 6개월이 경과한 날부터 시행한다.

부   칙 〈법률 제10546호, 2011. 4. 5〉

이 법은 공포한 날부터 시행한다.

부   칙 〈법률 제11530호, 2011. 12. 11〉

제1조(시행일) 이 법은 공포 후 1년이 경과한 날부터 시행한다. 〈단서 생략〉
제2조부터 제5조까지 생략
제6조(다른 법률의 개정) ①부터 〈26〉 까지 생략
〈27〉헌법재판소법 일부를 다음과 같이 개정한다.
제19조의3 제3항 중 "계약직공무원"을 "「국가공무원법」제26조의5에 따른 임기제공무원"으로 한다.
제19조의4 제3항을 삭제한다.
제7조 생략

부   칙 〈법률 제12597호, 2014. 5. 20〉

이 법은 공포한 날부터 시행한다.

부   칙 〈2014. 12. 30. 법률 제12897호〉

이 법은 공포 후 6개월이 경과한 날부터 시행한다. 다만, 제7조 제2항의 개정규정은 공포한 날부터 시행한다.

부   칙 〈2018. 3. 20. 법률 제15495호〉

이 법은 공포한 날부터 시행한다.

부   칙 〈법률 제17469호, 2020. 6. 9〉

제1조(시행일) 이 법은 공포 후 6개월이 경과한 날부터 시행한다.
제2조(재판관 결격사유에 관한 적용례)
제5조 제2항 및 제3항의 개정규정은 이 법 시행 이후 재판관으로 임명하는 경우부터 적용한다.

부   칙〈법률 제18836호, 2022. 2. 3〉

제1조(시행일) 이 법은 공포한 날부터 시행한다.
제2조(적용례) 제78조 제4항의 개정규정은 이 법 시행 후 최초로 청구서가 접수된 사건부터 적용한다.

헌법재판소 심판규칙

[시행 2021. 9. 14.] [헌재규칙 제436호, 2021. 9. 14. 일부개정]

제 1 장 총 칙

제 1 조(목적) 이 규칙은 「대한민국헌법」 제113조 제 2 항과 「헌법재판소법」 제10조 제 1 항에 따라 헌법재판소의 심판절차에 관하여 필요한 사항을 규정함을 목적으로 한다.

제 2 조(헌법재판소에 제출하는 서면 또는 전자문서의 기재사항) ① 헌법재판소에 제출하는 서면 또는 전자문서에는 특별한 규정이 없으면 다음 각 호의 사항을 기재하고 기명날인하거나 서명하여야 한다. 〈개정 2010. 2. 26〉

1. 사건의 표시
2. 서면을 제출하는 사람의 이름, 주소, 연락처(전화번호, 팩시밀리번호, 전자우편주소 등을 말한다. 다음부터 같다)
3. 덧붙인 서류의 표시
4. 작성한 날짜

② 제출한 서면에 기재한 주소 또는 연락처에 변동사항이 없으면 그 후에 제출하는 서면에는 이를 기재하지 아니하여도 된다.

③ 심판서류는 「헌법재판소 심판절차에서의 전자문서 이용 등에 관한 규칙」에 따라 전자헌법재판시스템을 통하여 전자문서로 제출할 수 있다. 〈신설 2010. 2. 26〉

[제목개정 2010. 2. 26]

제 2 조의2(민감정보 등의 처리) ① 헌법재판소는 심판업무 수행을 위하여 필요한 범위 내에서 「개인정보 보호법」제23조의 민감정보, 제24조의 고유식별정보 및 그 밖의 개인정보를 처리할 수 있다.

② 헌법재판소는 「헌법재판소법」(다음부터 "법"이라 한다) 제32조에 따라 국가기관 또는 공공단체의 기관에 제 1 항의 민감정보, 고유식별정보 및 그 밖의 개인정보가 포함된 자료의 제출 요구 등을 할 수 있다.

[본조신설 2012. 11. 26]

제 3 조(심판서류의 작성방법) ① 심판서류는 간결한 문장으로 분명하게 작성하여야 한다.

② 심판서류의 용지크기는 특별한 사유가 없으면 가로 210mm·세로 297mm (A4 용지)로 한다.

제 4 조(번역문의 첨부) 외국어나 부호로 작성된 문서에는 국어로 된 번역문을 붙인다.

제 5 조(심판서류의 접수와 보정권고 등) ① 심판서류를 접수한 공무원은 심판

서류를 제출한 사람이 요청하면 바로
접수증을 교부하여야 한다.

② 제1항의 공무원은 제출된 심판서
류의 흠결을 보완하기 위하여 필요한
보정을 권고할 수 있다.

③ 헌법재판소는 필요하다고 인정하면
심판서류를 제출한 사람에게 그 문서
의 전자파일을 전자우편이나 그 밖에
적당한 방법으로 헌법재판소에 보내도
록 요청할 수 있다.

제2장   일반심판절차

제1절   당 사 자

제6조(법정대리권 등의 증명) 법정대리
권이 있는 사실, 법인이나 법인이 아닌
사단 또는 재단의 대표자나 관리인이
라는 사실, 소송행위를 위한 권한을 받
은 사실은 서면으로 증명하여야 한다.

제7조(법인이 아닌 사단 또는 재단의 당
사자능력을 판단하는 자료의 제출) 헌
법재판소는 법인이 아닌 사단 또는 재
단이 당사자일 때에는 정관이나 규약,
그 밖에 그 당사자의 당사자능력을 판
단하기 위하여 필요한 자료를 제출하
게 할 수 있다.

제8조(대표대리인) ① 재판장은 복수의
대리인이 있을 때에는 당사자나 대리
인의 신청 또는 재판장의 직권에 의하
여 대표대리인을 지정하거나 그 지정
을 철회 또는 변경할 수 있다.

② 대표대리인은 3명을 초과할 수 없
다.

③ 대표대리인 1명에 대한 통지 또는
서류의 송달은 대리인 전원에 대하여

효력이 있다.

제2절   심판의 청구

제9조(심판용 부본의 제출) 법 제26조
에 따라 헌법재판소에 청구서를 제출
하는 사람은 9통의 심판용 부본을 함
께 제출하여야 한다. 이 경우 제23조에
따른 송달용 부본은 따로 제출하여야
한다.

제10조(이해관계기관 등의 의견서 제출
등) ① 헌법재판소의 심판에 이해관계
가 있는 국가기관 또는 공공단체와 법
무부장관은 헌법재판소에 의견서를 제
출할 수 있고, 헌법재판소는 이들에게
의견서를 제출할 것을 요청할 수 있다.

② 헌법재판소는 필요하다고 인정하면
당해심판에 이해관계가 있는 사람에게
의견서를 제출할 수 있음을 통지할 수
있다.

③ 헌법재판소는 제1항 후단 및 제2
항의 경우에 당해심판의 제청서 또는
청구서의 등본을 송달한다.

제3절   변론 및 참고인 진술

제11조(심판준비절차의 실시) ① 헌법재
판소는 심판절차를 효율적이고 집중적
으로 진행하기 위하여 당사자의 주장
과 증거를 정리할 필요가 있을 때에는
심판준비절차를 실시할 수 있다.

② 헌법재판소는 재판부에 속한 재판
관을 수명재판관으로 지정하여 심판준
비절차를 담당하게 할 수 있다. 〈개정
2017. 5. 30〉

제11조의2(헌법연구관의 사건의 심리 및 심
판에 관한 조사) 헌법연구관은 주장의 정

리나 자료의 제출을 요구하거나, 조사기일을 여는 방법 등으로 사건의 심리 및 심판에 관한 조사를 할 수 있다. 〈개정 2021. 9. 14〉

[본조신설 2018. 6. 15]

제12조(구두변론의 방식 등) ① 구두변론은 사전에 제출한 준비서면을 읽는 방식으로 하여서는 아니되고, 쟁점을 요약·정리하고 이를 명확히 하는 것이어야 한다.

② 재판관은 언제든지 당사자에게 질문할 수 있다.

③ 재판장은 필요에 따라 각 당사자의 구두변론시간을 제한할 수 있고, 이 경우에 각 당사자는 그 제한된 시간 내에 구두변론을 마쳐야 한다. 다만, 재판장은 필요하다고 인정하는 경우에 제한한 구두변론시간을 연장할 수 있다.

④ 각 당사자를 위하여 복수의 대리인이 있는 경우에 재판장은 그 중 구두변론을 할 수 있는 대리인의 수를 제한할 수 있다.

⑤ 재판장은 심판절차의 원활한 진행과 적정한 심리를 도모하기 위하여 필요한 한도에서 진행중인 구두변론을 제한할 수 있다.

⑥ 이해관계인이나 참가인이 구두변론을 하는 경우에는 제1항부터 제5항까지의 규정을 준용한다.

⑦ 조서에는 서면, 사진, 속기록, 녹음물, 영상녹화물, 녹취서 등 헌법재판소가 적당하다고 인정한 것을 인용하고 소송기록에 첨부하거나 전자적 형태로 보관하여 조서의 일부로 할 수 있다. 〈신설 2017. 5. 30〉

⑧ 제7항에 따라 속기록, 녹음물, 영상녹화물, 녹취서를 조서의 일부로 한 경우라도 재판장은 서기로 지명된 서기관, 사무관(다음부터 "사무관등"이라 한다)으로 하여금 당사자, 증인, 그 밖의 심판관계인의 진술 중 중요한 사항을 요약하여 조서의 일부로 기재하게 할 수 있다. 〈신설 2017. 5. 30〉

제13조(참고인의 지정 등) ① 헌법재판소는 전문적인 지식을 가진 사람을 참고인으로 지정하여 그 진술을 듣거나 의견서를 제출하게 할 수 있다.

② 헌법재판소는 참고인을 지정하기에 앞서 그 지정에 관하여 당사자, 이해관계인 또는 관련 학회나 전문가 단체의 의견을 들을 수 있다.

제14조(지정결정 등본 등의 송달) ① 사무관등은 참고인 지정결정 등본이나 참고인 지정결정이 기재된 변론조서 등본을 참고인과 당사자에게 송달하여야 한다. 다만, 변론기일에서 참고인 지정결정을 고지 받은 당사자에게는 이를 송달하지 아니한다. 〈개정 2017. 5. 30〉

② 참고인에게는 다음 각 호의 서류가 첨부된 의견요청서를 송달하여야 한다.

1. 위헌법률심판제청서 또는 심판청구서 사본

2. 피청구인의 답변서 사본

3. 이해관계인의 의견서 사본

4. 의견서 작성에 관한 안내문

제15조(참고인 의견서) ① 참고인은 의견요청을 받은 사항에 대하여 재판부가 정한 기한까지 의견서를 제출하여야 한다.

② 사무관등은 제1항의 의견서 사본

을 당사자에게 바로 송달하여야 한다.

제16조(참고인 진술) ① 참고인의 의견진술은 사전에 제출한 의견서의 내용을 요약·정리하고 이를 명확히 하는 것이어야 한다.

② 재판장은 참고인 진술시간을 합리적인 범위 내에서 제한할 수 있다.

③ 재판관은 언제든지 참고인에게 질문할 수 있다.

④ 당사자는 참고인의 진술이 끝난 후 그에 관한 의견을 진술할 수 있다.

제17조(헌법재판소의 석명처분) ① 헌법재판소는 심판관계를 분명하게 하기 위하여 다음 각 호의 처분을 할 수 있다.

1. 당사자 본인이나 그 법정대리인에게 출석하도록 명하는 일

2. 심판서류 또는 심판에 인용한 문서, 그 밖의 물건으로서 당사자가 가지고 있는 것을 제출하게 하는 일

3. 당사자 또는 제3자가 제출한 문서, 그 밖의 물건을 헌법재판소에 유치하는 일

4. 검증을 하거나 감정을 명하는 일

5. 필요한 조사를 촉탁하는 일

② 제1항의 검증·감정과 조사의 촉탁에는 법 및 이 규칙, 민사소송법 및 민사소송규칙의 증거조사에 관한 규정을 준용한다.

제18조(통역) ① 심판정에서는 우리말을 사용한다.

② 심판관계인이 우리말을 하지 못하거나 듣거나 말하는 데에 장애가 있으면 통역인으로 하여금 통역하게 하거나 그 밖에 의사소통을 도울 수 있는 방법을 사용하여야 한다.

제19조(녹화 등의 금지) 누구든지 심판정에서는 재판장의 허가 없이 녹화·촬영·중계방송 등의 행위를 하지 못한다.

제19조의2(변론영상 등의 공개) 헌법재판소는 변론 및 선고에 대한 녹음·녹화의 결과물을 홈페이지 등을 통해 공개할 수 있다.

[본조신설 2017. 5. 30]

제19조의3(변론 또는 선거방송) 재판장은 필요하다고 인정하는 경우 변론 또는 선고를 인터넷 또는 텔레비전 등 방송통신매체를 통하여 방송케 할 수 있다.

[본조신설 2021. 9. 14]

제4절 기   일

제20조(기일의 지정과 변경) ① 재판장은 재판부의 협의를 거쳐 기일을 지정한다. 다만, 수명재판관이 신문하거나 심문하는 기일은 그 수명재판관이 지정한다.

② 이미 지정된 기일을 변경하는 경우에도 제1항과 같다.

③ 기일을 변경하거나 변론을 연기 또는 속행하는 경우에는 심판절차의 중단 또는 중지, 그 밖에 다른 특별한 사정이 없으면 다음 기일을 바로 지정하여야 한다.

제21조(기일의 통지) ① 기일은 기일통지서 또는 출석요구서를 송달하여 통지한다. 다만, 그 사건으로 출석한 사람에게는 기일을 직접 고지하면 된다.

② 기일의 간이통지는 전화·팩시밀리·보통우편 또는 전자우편으로 하거나 그 밖에 적절하다고 인정되는 방법으로 할 수 있다.

③ 제 2 항의 규정에 따라 기일을 통지한 때에는 사무관등은 그 방법과 날짜를 심판기록에 표시하여야 한다.

제 5 절 송 달

제22조(전자헌법재판시스템·전화 등을 이용한 송달) ① 사무관등은 「헌법재판소 심판절차에서의 전자문서 이용 등에 관한 규칙」에 따라 전자헌법재판시스템을 이용하여 송달하거나 전화·팩시밀리·전자우편 또는 휴대전화 문자전송을 이용하여 송달할 수 있다. 〈개정 2010. 2. 26〉

② 양쪽 당사자가 변호사를 대리인으로 선임한 경우에 한쪽 당사자의 대리인인 변호사가 상대방 대리인인 변호사에게 송달될 심판서류의 부본을 교부하거나 팩시밀리 또는 전자우편으로 보내고 그 사실을 헌법재판소에 증명하면 송달의 효력이 있다. 다만, 그 심판서류가 당사자 본인에게 교부되어야 할 경우에는 그러하지 아니하다. 〈개정 2008. 12. 22, 2010. 2. 26〉 [제목개정 2010. 2. 26]

제22조의2(공시송달의 방법) 「민사소송법」 제194조 제 1 항 및 제3항에 따라 공시송달을 실시하는 경우에는 사무관등은 송달할 서류를 보관하고 다음 각 호 가운데 어느 하나의 방법으로 그 사유를 공시하여야 한다.

1. 헌법재판소게시판 게시
2. 헌법재판소홈페이지 전자헌법재판센터의 공시송달란 게시

[본조신설 2010. 2. 26][개정 2015. 7. 22.]

제22조의3(송달기관) 헌법재판소는 우편이나 재판장이 지명하는 사무처 직원에 의하여 심판서류를 송달한다.

[본조신설 2017. 5. 30]

제23조(부본제출의무) 송달을 하여야 하는 심판서류를 제출할 때에는 특별한 규정이 없으면 송달에 필요한 수만큼 부본을 함께 제출하여야 한다.

제24조(공동대리인에게 할 송달) 「민사소송법」 제180조에 따라 송달을 하는 경우에 그 공동대리인들이 송달을 받을 대리인 한 사람을 지정하여 신고한 때에는 지정된 대리인에게 송달하여야 한다.

제 6 절 증 거

제25조(증거의 신청) 증거를 신청할 때에는 증거와 증명할 사실의 관계를 구체적으로 밝혀야 한다.

제26조(증인신문과 당사자신문의 신청) ① 증인신문은 부득이한 사정이 없으면 일괄하여 신청하여야 한다. 당사자신문을 신청하는 경우에도 마찬가지이다.

② 증인신문을 신청할 때에는 증인의 이름·주소·연락처·직업, 증인과 당사자의 관계, 증인이 사건에 관여하거나 내용을 알게 된 경위를 밝혀야 한다.

제27조(증인신문사항의 제출 등) ① 증인신문을 신청한 당사자는 헌법재판소가 정한 기한까지 상대방의 수에 12를 더한 수의 증인신문사항을 기재한 서면을 함께 제출하여야 한다.

② 사무관등은 제 1 항의 서면 1통을 증인신문기일 전에 상대방에게 송달하여야 한다.

③ 증인신문사항은 개별적이고 구체적이어야 한다.

제28조(증인 출석요구서의 기재사항 등)
① 증인의 출석요구서에는 다음 각 호의 사항을 기재하고 재판장이 서명 또는 기명날인하여야 한다.
1. 출석일시 및 장소
2. 당사자의 표시
3. 신문사항의 요지
4. 출석하지 아니하는 경우의 법률상 제재
5. 출석하지 아니하는 경우에는 그 사유를 밝혀 신고하여야 한다는 취지
6. 제5호의 신고를 하지 아니하는 경우에는 정당한 사유 없이 출석하지 아니한 것으로 인정되어 법률상 제재를 받을 수 있다는 취지
② 증인에 대한 출석요구서는 늦어도 출석할 날보다 7일 전에 송달되어야 한다. 다만, 부득이한 사정이 있으면 그러하지 아니하다.

제29조(불출석의 신고) 증인이 출석요구를 받고 기일에 출석할 수 없으면 바로 그 사유를 밝혀 신고하여야 한다.

제30조(증인이 출석하지 아니한 경우 등)
① 정당한 사유 없이 출석하지 아니한 증인의 구인에 관하여는 「형사소송규칙」중 구인에 관한 규정을 준용한다.
② 증언거부나 선서거부에 정당한 이유가 없다고 한 결정이 있은 뒤에 증언거부나 선서거부를 한 증인에 대한 과태료재판절차에 관하여는 「비송사건절차법」 제248조, 제250조의 규정(다만, 검사, 항고, 과태료재판절차의 비용에 관한 부분을 제외한다)을 준용한다.

제31조(증인신문의 방법) ① 신문은 개별적이고 구체적으로 하여야 한다.

② 당사자의 신문이 다음 각 호의 어느 하나에 해당하는 때에는 재판장은 직권 또는 당사자의 신청에 따라 이를 제한할 수 있다. 다만, 제2호 내지 제6호에 규정된 신문에 관하여 정당한 사유가 있으면 그러하지 아니하다.
1. 증인을 모욕하거나 증인의 명예를 해치는 내용의 신문
2. 「민사소송규칙」 제91조 내지 제94조의 규정에 어긋나는 신문
3. 이미 한 신문과 중복되는 신문
4. 쟁점과 관계없는 신문
5. 의견의 진술을 구하는 신문
6. 증인이 직접 경험하지 아니한 사항에 관하여 진술을 구하는 신문

제32조(이의신청) ① 증인신문에 관한 재판장의 명령 또는 조치에 대한 이의신청은 그 명령 또는 조치가 있은 후 바로 하여야 하며, 그 이유를 구체적으로 밝혀야 한다.
② 재판부는 제1항에 따른 이의신청에 대하여 바로 결정하여야 한다.

제33조(증인의 증인신문조서 열람 등) 증인은 자신에 대한 증인신문조서의 열람 또는 복사를 청구할 수 있다.

제34조(서증신청의 방식) 당사자가 서증을 신청하려는 경우에는 문서를 제출하는 방식 또는 문서를 가진 사람에게 그것을 제출하도록 명할 것을 신청하는 방식으로 한다.

제35조(문서를 제출하는 방식에 의한 서증신청) ① 문서를 제출하면서 서증을 신청할 때에는 문서의 제목·작성자 및 작성일을 밝혀야 한다. 다만, 문서의 내용상 명백한 경우에는 그러하지 아

니하다.

② 서증을 제출할 때에는 상대방의 수에 1을 더한 수의 사본을 함께 제출하여야 한다. 다만, 상당한 이유가 있으면 헌법재판소는 기간을 정하여 나중에 사본을 제출하게 할 수 있다.

③ 제2항의 사본은 명확한 것이어야 하며 재판장은 사본이 명확하지 아니한 경우에는 사본을 다시 제출하도록 명할 수 있다.

④ 문서의 일부를 증거로 할 때에도 문서의 전부를 제출하여야 한다. 다만, 그 사본은 재판장의 허가를 받아 증거로 원용할 부분의 초본만을 제출할 수 있다.

⑤ 헌법재판소는 서증에 대한 증거조사가 끝난 후에도 서증 원본을 다시 제출할 것을 명할 수 있다.

제36조(증거설명서의 제출 등) ① 재판장은 서증의 내용을 이해하기 어렵거나 서증의 수가 너무 많은 경우 또는 서증의 입증취지가 명확하지 아니한 경우에는 당사자에게 서증과 증명할 사실의 관계를 구체적으로 밝힌 설명서를 제출하도록 명할 수 있다.

② 서증이 국어 아닌 문자 또는 부호로 되어 있으면 그 문서의 번역문을 붙여야 한다. 다만, 문서의 일부를 증거로 할 때에는 재판장의 허가를 받아 그 부분의 번역문만을 붙일 수 있다.

제37조(서증에 대한 증거결정) 당사자가 서증을 신청한 경우에 다음 각 호의 어느 하나에 해당하는 사유가 있으면 헌법재판소는 그 서증을 채택하지 아니하거나 채택결정을 취소할 수 있다.

1. 서증과 증명할 사실 사이에 관련성이 인정되지 아니하는 경우
2. 이미 제출된 증거와 같거나 비슷한 취지의 문서로서 별도의 증거가치가 있음을 당사자가 밝히지 못한 경우
3. 국어 아닌 문자 또는 부호로 되어 있는 문서로서 그 번역문을 붙이지 아니하거나 재판장의 번역문 제출명령에 따르지 아니한 경우
4. 제36조에 따른 재판장의 증거설명서 제출명령에 따르지 아니한 경우
5. 문서의 작성자나 그 작성일이 분명하지 아니하여 이를 명확히 하도록 한 재판장의 명령에 따르지 아니한 경우

제38조(문서제출신청의 방식 등) ① 문서를 가진 사람에게 그것을 제출하도록 명하는 방법으로 서증을 신청하려는 경우에는 다음 각 호의 사항을 기재한 서면으로 하여야 한다.

1. 문서의 표시
2. 문서의 취지
3. 문서를 가진 사람
4. 증명할 사실
5. 문서를 제출하여야 하는 의무의 원인

② 상대방은 제1항의 신청에 관하여 의견이 있으면 의견을 기재한 서면을 헌법재판소에 제출할 수 있다.

제39조(문서송부의 촉탁) ① 서증의 신청은 제34조의 규정에 불구하고 문서를 가지고 있는 사람에게 그 문서를 보내도록 촉탁할 것을 신청하는 방법으로 할 수도 있다. 다만, 당사자가 법령에 따라 문서의 정본이나 등본을 청구할

수 있는 경우에는 그러하지 아니하다. 〈개정 2017. 5. 30〉

② 헌법재판소는 법 제32조에 따라 기록의 송부나 자료의 제출을 요구하는 경우로서 국가기관 또는 공공단체의 기관이 원본을 제출하기 곤란한 사정이 있는 때에는 그 인증등본을 요구할 수 있다. 〈신설 2017. 5. 30〉

제40조(기록 가운데 일부문서에 대한 송부촉탁) ① 법원, 검찰청, 그 밖의 공공기관(다음부터 이 조문에서 이 모두를 "법원등"이라 한다)이 보관하고 있는 기록 가운데 불특정 일부에 대하여도 문서송부의 촉탁을 신청할 수 있다.

② 헌법재판소가 제1항의 신청을 채택한 경우에는 기록을 보관하고 있는 법원등에 대하여 그 기록 가운데 신청인이 지정하는 부분의 인증등본을 보내 줄 것을 촉탁하여야 한다.

③ 제2항에 따른 촉탁을 받은 법원등은 그 문서를 보관하고 있지 아니하거나 그 밖에 송부촉탁에 따를 수 없는 특별한 사정이 없으면 문서송부촉탁 신청인에게 그 기록을 열람하게 하여 필요한 부분을 지정할 수 있도록 하여야 한다.

제41조(문서가 있는 장소에서의 서증조사 등) ① 제3자가 가지고 있는 문서를 문서제출신청 또는 문서송부촉탁의 방법에 따라 서증으로 신청할 수 없거나 신청하기 어려운 사정이 있으면 헌법재판소는 당사자의 신청 또는 직권에 의하여 그 문서가 있는 장소에서 서증조사를 할 수 있다.

② 제1항의 경우 신청인은 서증으로 신청한 문서의 사본을 헌법재판소에 제출하여야 한다.

제42조(협력의무) ① 헌법재판소로부터 문서의 전부 또는 일부의 송부를 촉탁받은 사람 또는 문서가 있는 장소에서의 서증조사 대상인 문서를 가지고 있는 사람은 정당한 이유 없이 문서의 송부나 서증조사에 대한 협력을 거절하지 못한다.

② 문서의 송부촉탁을 받은 사람이 그 문서를 보관하고 있지 아니하거나 그 밖에 송부촉탁에 따를 수 없는 사정이 있으면 그 사유를 헌법재판소에 통지하여야 한다.

제43조(문서제출방법 등) ① 헌법재판소에 문서를 제출하거나 보낼 때에는 원본, 정본 또는 인증이 있는 등본으로 하여야 한다.

② 헌법재판소는 필요하다고 인정하면 원본을 제출하도록 명하거나 원본을 보내도록 촉탁할 수 있다.

③ 헌법재판소는 당사자로 하여금 그 인용한 문서의 등본 또는 초본을 제출하게 할 수 있다.

④ 헌법재판소는 문서가 증거로 채택되지 아니한 경우에 당사자의 의견을 들어 제출된 문서의 원본·정본·등본·초본 등을 돌려주거나 폐기할 수 있다.

제44조(감정의 신청 등) ① 감정을 신청할 때에는 감정을 구하는 사항을 적은 서면을 함께 제출하여야 한다.

② 제1항의 서면은 상대방에게 송달하여야 한다.

제45조(감정의 촉탁) 헌법재판소는 필요하다고 인정하면 공공기관, 학교, 그

밖에 상당한 설비가 있는 단체 또는 외국의 공공기관에 감정을 촉탁할 수 있다. 이 경우 선서에 관한 규정은 적용하지 아니한다.

제46조(검증의 신청) 당사자가 검증을 신청할 때에는 검증의 목적을 표시하여 신청하여야 한다.

제47조(검증할 때의 감정 등) 수명재판관은 검증에 필요하다고 인정하면 감정을 명하거나 증인을 신문할 수 있다.

제 7 절   그 밖의 절차

제48조(선고의 방식) 결정을 선고할 경우에는 재판장이 결정서 원본에 따라 주문을 읽고 이유의 요지를 설명하되, 필요한 때에는 다른 재판관으로 하여금 이유의 요지를 설명하게 할 수 있다. 다만, 법정의견과 다른 의견이 제출된 경우에는 재판장은 선고 시 이를 공개하고 그 의견을 제출한 재판관으로 하여금 이유의 요지를 설명하게 할 수 있다.

제49조(결정서 등본의 송달) 헌법재판소의 종국 결정이 법률의 제정 또는 개정과 관련이 있으면 그 결정서 등본을 국회 및 이해관계가 있는 국가기관에게 송부하여야 한다.

제49조의2(종국결정의 공시) ① 다음 각 호의 종국결정은 관보에, 그 밖의 종국결정은 헌법재판소의 인터넷 홈페이지에 각 게재함으로써 공시한다.

1. 법률의 위헌결정
2. 탄핵심판에 관한 결정
3. 정당해산심판에 관한 결정
4. 권한쟁의심판에 관한 본안결정
5. 헌법소원의 인용결정

6. 기타 헌법재판소가 필요하다고 인정한 결정

② 관보에 게재함으로써 공시하는 종국결정은 헌법재판소의 인터넷 홈페이지에도 게재한다. [본조신설 2011. 7. 8]

제50조(가처분의 신청과 취하) ① 가처분의 신청 및 가처분신청의 취하는 서면으로 하여야 한다. 다만, 변론기일 또는 심문기일에서는 가처분신청의 취하를 말로 할 수 있다.

② 가처분신청서에는 신청의 취지와 이유를 기재하여야 하며, 주장을 소명하기 위한 증거나 자료를 첨부하여야 한다.

③ 가처분의 신청이 있는 때에는 신청서의 등본을 피신청인에게 바로 송달하여야 한다. 다만 본안사건이 헌법소원심판사건인 경우로서 그 심판청구가 명백히 부적법하거나 권리의 남용이라고 인정되는 경우에는 송달하지 아니할 수 있다. [개정 2014. 6. 9]

제51조(신청에 대한 결정서 정본의 송달) ① 가처분신청에 대한 결정을 한 때에는 결정서 정본을 신청인에게 바로 송달하여야 한다. 가처분신청에 대하여 답변서를 제출한 피신청인, 의견서를 제출한 이해관계기관이 있을 때에는 이들에게도 결정서 정본을 송달하여야 한다.

② 재판관에 대한 제척 또는 기피의 신청에 대한 결정, 국선대리인 선임신청에 대한 결정을 한 때에는 결정서 정본을 신청인에게 바로 송달하여야 한다. 국선대리인을 선정하는 결정을 한 때에는 국선대리인에게도 결정서 정본을 송달하여야 한다.

제52조(재심의 심판절차) 재심의 심판절차에는 그 성질에 어긋나지 아니하는 범위 내에서 재심 전 심판절차에 관한 규정을 준용한다.

제53조(재심청구서의 기재사항) ① 재심청구서에는 다음 각 호의 사항을 기재하여야 한다.

1. 재심청구인 및 대리인의 표시
2. 재심할 결정의 표시와 그 결정에 대하여 재심을 청구하는 취지
3. 재심의 이유

② 재심청구서에는 재심의 대상이 되는 결정의 사본을 붙여야 한다.

제 3 장   특별심판절차

제 1 절   위헌법률심판

제54조(제청서의 기재사항) 제청서에는 법 제43조의 기재사항 외에 다음 각 호의 사항을 기재하여야 한다.

1. 당해사건이 형사사건인 경우 피고인의 구속여부 및 그 기간
2. 당해사건이 행정사건인 경우 행정처분의 집행정지 여부

제55조(제청법원의 의견서 등 제출) 제청법원은 위헌법률심판을 제청한 후에도 심판에 필요한 의견서나 자료 등을 헌법재판소에 제출할 수 있다.

제56조(당해사건 참가인의 의견서 제출) 당해사건의 참가인은 헌법재판소에 법률이나 법률조항의 위헌 여부에 관한 의견서를 제출할 수 있다.

제 2 절   탄핵심판

제57조(소추위원의 대리인 선임) 소추위원은 변호사를 대리인으로 선임하여 탄핵심판을 수행하게 할 수 있다.

제58조(소추위원의 자격상실과 심판절차의 중지) ① 소추위원인 국회법제사법위원회의 위원장이 그 자격을 잃은 때에는 탄핵심판절차는 중단된다. 이 경우 새로 국회법제사법위원회의 위원장이 된 사람이 탄핵심판절차를 수계하여야 한다.

② 소추위원의 대리인이 있는 경우에는 탄핵심판절차는 중단되지 아니한다.

제59조(변론기일의 시작) 변론기일은 사건과 당사자의 이름을 부름으로써 시작한다.

제60조(소추의결서의 낭독) ① 소추위원은 먼저 소추의결서를 낭독하여야 한다.

② 제1항의 경우에 재판장은 원활한 심리를 위하여 필요하다고 인정하면 소추사실의 요지만을 진술하게 할 수 있다.

제61조(피청구인의 의견진술) 재판장은 피청구인에게 소추에 대한 의견을 진술할 기회를 주어야 한다.

제62조(증거에 대한 의견진술) 소추위원 또는 피청구인은 증거로 제출된 서류나 물건 등을 증거로 하는 것에 동의하는지 여부에 관한 의견을 진술하여야 한다. 〈개정 2017. 5. 30〉 [제목개정 2017. 5. 30]

제62조의2(피청구인에 대한 신문) ① 재판장은 피청구인이 변론기일에 출석한 경우 피청구인을 신문하거나 소추위원과 그 대리인 또는 피청구인의 대리인으로 하여금 신문하게 할 수 있다.

② 피청구인은 진술하지 아니하거나 개

개의 질문에 대하여 진술을 거부할 수
있다.

③ 재판장은 피청구인에 대한 신문 전
에 피청구인에게 제 2 항과 같이 진술
을 거부할 수 있음을 고지하여야 한다.

④ 제 1 항에 따른 피청구인에 대한 신
문은 소추위원과 피청구인의 최종 의견
진술 전에 한다. 다만, 재판장이 필요하
다고 인정한 때에는 피청구인의 최종
의견진술 후에도 피청구인을 신문할 수
있다.

[본조신설 2017. 5. 30]

제63조(최종 의견진술) ① 소추위원은 탄
핵소추에 관하여 최종 의견을 진술할
수 있다. 다만, 소추위원이 출석하지
아니한 경우에는 소추의결서 정본의
기재사항에 의하여 의견을 진술한 것
으로 본다. 〈개정 2017. 5. 30〉

② 재판장은 피청구인에게 최종 의견
을 진술할 기회를 주어야 한다.

③ 재판장은 심리의 적절한 진행을 위
하여 필요한 경우 제 1 항과 제 2 항에
따른 의견진술 시간을 제한할 수 있다.

[제목개정 2017. 5. 30]

제64조(당사자의 불출석과 선고) 당사자
가 출석하지 아니한 경우에도 종국결
정을 선고할 수 있다.

제 3 절   정당해산심판

제65조(정당해산심판청구서의 첨부서류)

① 정당해산심판의 청구서에는 정당해
산의 제소에 관하여 국무회의의 심의
를 거쳤음을 증명하는 서류를 붙여야
한다.

② 정당해산심판의 청구서에는 중앙당

등록대장등본 등 피청구인이 정당해산
심판의 대상이 되는 정당임을 증명할
수 있는 자료를 붙여야 한다.

제66조(청구 등의 통지방법) ① 정당해
산심판의 청구 또는 청구의 취하가 있
는 때, 가처분결정을 한 때 및 그 심판
을 종료한 때에는 헌법재판소장은 국
회와 중앙선거관리위원회에 정당해산
심판청구서 부본 또는 취하서 부본, 가
처분결정서 등본, 종국결정 등본을 붙
여 그 사실을 통지하여야 한다.

② 법 제58조 제 2 항에 따라 정당해산
을 명하는 결정서를 정부에 송달할 경우
에는 법무부장관에게 송달하여야 한다.

제 4 절   권한쟁의심판

제67조(권한쟁의심판청구의 통지) 헌법재
판소장은 권한쟁의심판이 청구된 경우
에는 다음 각 호의 국가기관 또는 지
방자치단체에게 그 사실을 바로 통지
하여야 한다. 〈개정 2011. 7. 8, 2017. 5.
30〉

1. 법무부장관

2. 지방자치단체를 당사자로 하는 권한
   쟁의심판인 경우에는 행정자치부장
   관. 다만, 법 제62조 제 2 항에 의한
   교육·학예에 관한 지방자치단체의
   사무에 관한 것일 때에는 행정자치
   부장관 및 교육부장관

3. 시·군 또는 지방자치단체인 구를
   당사자로 하는 권한쟁의심판인 경우
   에는 그 지방자치단체가 소속된 특
   별시·광역시 또는 도

4. 그 밖에 권한쟁의심판에 이해관계가
   있다고 인정되는 국가기관 또는 지

방자치단체

제5절 헌법소원심판

제68조(헌법소원심판청구서의 기재사항)
① 법 제68조 제1항에 따른 헌법소원
심판의 청구서에는 다음 각 호의 사항
을 기재하여야 한다.
1. 청구인 및 대리인의 표시
2. 피청구인(다만, 법령에 대한 헌법소
   원의 경우에는 그러하지 아니하다)
3. 침해된 권리
4. 침해의 원인이 되는 공권력의 행사
   또는 불행사
5. 청구이유
6. 다른 법률에 따른 구제 절차의 경유
   에 관한 사항
7. 청구기간의 준수에 관한 사항
② 법 제68조 제2항에 따른 헌법소원
심판의 청구서에는 다음 각 호의 사항
을 기재하여야 한다.
1. 청구인 및 대리인의 표시
2. 사건 및 당사자의 표시
3. 위헌이라고 해석되는 법률 또는 법
   률 조항
4. 위헌이라고 해석되는 이유
5. 법률이나 법률 조항의 위헌 여부가
   재판의 전제가 되는 이유
6. 청구기간의 준수에 관한 사항

제69조(헌법소원심판청구서의 첨부서류)
① 헌법소원심판의 청구서에는 대리인
의 선임을 증명하는 서류를 붙여야 한
다. 다만, 심판청구와 동시에 국선대리
인선임신청을 하는 경우에는 그러하지
아니하다.
② 법 제68조 제2항에 따른 헌법소원

심판의 청구서를 제출할 때에는 다음
각 호의 서류도 함께 제출하여야 한다.
1. 위헌법률심판제청신청서 사본
2. 위헌법률심판제청신청 기각결정서 사
   본
3. 위헌법률심판제청신청 기각결정서 송
   달증명원
4. 당해사건의 재판서를 송달받은 경우
   에는 그 재판서 사본

제70조(보정명령) ① 헌법재판소는 청구
서의 필수 기재사항이 누락되거나 명
확하지 아니한 경우에 적당한 기간을
정하여 이를 보정하도록 명할 수 있다.
② 제1항에 따른 보정기간까지 보정
하지 아니한 경우에는 심판청구를 각
하할 수 있다.

부   칙 〈헌법재판소규칙 제201호,
2007. 12. 7〉

제1조(시행일) 이 규칙은 공포 후 30일
이 경과한 날부터 시행한다.
제2조(계속사건에 관한 경과조치) 이 규
칙은 특별한 규정이 없으면 이 규칙
시행 당시 헌법재판소에 계속 중인 사
건에도 적용한다. 다만, 이 규칙 시행
전에 생긴 효력에는 영향을 미치지 아
니한다.

부   칙 〈헌법재판소규칙 제233호,
2008. 12. 22〉

이 규칙은 2009년 1월 1일부터 시행한다.

부　　칙 〈헌법재판소규칙 제251호,
　　　　2010. 2. 26〉

이 규칙은 2010년 3월 1일부터 시행한다.

부　　칙 〈헌법재판소규칙 제265호,
　　　　2011. 7. 8〉

이 규칙은 공포한 날부터 시행한다.

부　　칙 〈헌법재판소규칙 제299호,
　　　　2012. 11. 26〉

이 규칙은 공포한 날부터 시행한다.

부　　칙 〈헌법재판소 규칙 제324호,
　　　　2014. 6. 9〉

이 규칙은 공포한 날부터 시행한다.

부　　칙 〈헌법재판소 규칙 제369호,
　　　　2015. 7. 22〉

이 규칙은 공포한 날부터 시행하되,
2015년 7월 1일부터 적용한다.

부　　칙 〈헌법재판소 규칙 제389호,
　　　　2017. 5. 30〉

이 규칙은 공포한 날부터 시행한다.

부　　칙 〈헌법재판소 규칙 제399호,
　　　　2018. 6. 15〉

이 규칙은 공포한 날부터 시행한다.

부　　칙 〈헌법재판소 규칙 제436호,
　　　　2021. 9. 14.〉

제1조(시행일) 이 규칙은 공포한 날부터 시행한다.

제2조(다른 규칙의 개정) ① 「헌법재판소 기록물 관리규칙」 일부를 다음과 같이 개정한다.

제53조 제1항 제2호 각 목 외의 부분 중 '행정자치부령'을 '행정안전부령'으로, '행정자치부장관'을 '행정안전부장관'으로 하고, 같은 항 제3호 중 '행정자치부령'을 '행정안전부령'으로 한다.

② 「헌법재판소 보안업무규칙」 일부를 다음과 같이 개정한다.

제35조 제3항 중 '행정자치부장관'을 '행정안전부장관'으로 한다.

③ 「헌법재판소 인사사무규칙」 일부를 다음과 같이 개정한다.

제19조 중 '안전행정부장관'을 '행정안전부장관'으로 한다.

판 례 색 인

사 항 색 인

저자약력

경희대학교 법과대학 졸업
독일 München대학교에서 법학박사학위(Dr. jur.) 취득
독일 München대학교 공법연구소 연구위원
독일 Saarbrücken대학교 법경대학 조교수
독일 Bonn대학교 법과대학 초청교수
독일 Bayreuth대학교 법경대학에서 공법정교수자격 취득
독일 Bayreuth대학교 법경대학 교수(계약)
독일 München대학교 법과대학 교수(계약)
경희대학교 교수 역임
사법시험위원, 행정·외무고등고시위원
한국공법학회 회장
독일 훔볼트국제학술상 수상(1997)
독일 Bonn대학교에서 명예법학박사학위(Dr. jur. h. c.) 수령(2007)
연세대학교 법과대학 교수 정년퇴임
명지대학교 초빙교수 역임
헌법재판연구소 이사장
헌법재판소 헌법재판연구원장
현 경희대학교 법학전문대학원 석좌교수

저 서(국내출판)
한국헌법론
헌법이론과 헌법
헌법소송법론
헌법학
사례헌법학
판례헌법(공저)

논 문(독일발표 독문 주요논문)
Begegnung europäischer und ostasiatischer Rechtskultur, in: H. Krüger(Hrsg.),
    Verfassung und Recht in Übersee, Hamburg, 1977, S. 117ff.
Rechtsstaatliche Grenzen der Sozialstaatlichkeit?, in: Der Staat, 1979, S. 183ff. in: Neue
    Entwicklungen im öffentlichen Recht, Stuttgart, 1979, S. 281ff.
Parallelen im deutsch-koreanischen Rechtsdenken, in: FS. f. H. Pfeiffer, 1987, S. 46ff.
Die Grundzüge der neuen koreanischen Verfassung von 1987, JÖR Bd. 38, 1989, S. 565ff.
Sechs Jahre Verfassungsgerichtsbarkeit in der Republik Korea, JÖR Bd. 45, 1997, S. 535ff.
Zur neueren Entwicklung des Verfassungsrechts in der Republik Korea, JÖR Bd. 48, 2000, S. 471ff.
Parteienstaat, repräsentative Demokratie und Wahlsystem, JÖR Bd. 51, 2003, S. 695ff.
Brücken zwischen der europäischen und koreanischen Rechtskultur, JÖR Bd. 52, 2004, S. 93ff.
Entwicklung und Stand der Verfassungsgerichtsbarkeit in Korea, in: Ch. Starck(Hrsg.),
    Fortschritte der Verfassungsgerichtsbarkeit in der Welt-Teil 1, 2004, S. 85ff.
Demographischer Wandel in Korea als sozialstaatliche Herausforderung, in: Ch. Starck-Festschrift,
    2007, S. 813ff.
Präsidialsystem und kontrollmechanismen, in: FS f. Josef Isensee, 2007, S. 459ff.
60 Jahre Grundgesetz aus der Sicht Koreas, JÖR Bd. 58, 2011, S. 199ff.
Digitale Entwicklung der Medien als rechtliche Herausforderung, in: Klaus Stern (Hrsg.), Medien
    und Recht, Thyssen Symposium Asien/Deutschland, Bd. 2, Carl Heymanns Verlag, Köln, 2014,
    S. 19ff.

Rezeption und gegenseitige Befruchtung des Rechts, in: Hess/Hopt/Sieber/Starck(Hrsg.),
   Unternehmen im globalen Umfeld, Fünftes internationales Symposion der Fritz Thyssen Stiftung,
   Carl Heymanns Verlag, Köln 2017, S. 37ff.

제17판
헌법소송법론

초판발행	2006년 1월 10일
제17판발행	2023년 1월 30일

지은이	허 영
펴낸이	안종만·안상준

편 집	김선민
기획/마케팅	조성호
표지디자인	이수빈
제 작	우인도·고철민

펴낸곳	(주)**박영사**
	서울특별시 종로구 새문안로3길 36, 1601
	등록 1959. 3. 11. 제300-1959-1호(倫)
전 화	02)733-6771
f a x	02)736-4818
e-mail	pys@pybook.co.kr
homepage	www.pybook.co.kr
ISBN	979-11-303-4373-0 93360

copyright©허 영, 2023, Printed in Korea

정 가   48,000원